U0629641

龙江哲学研究丛书

儒学新论

NEW INTERPRETATIONS OF CONFUCIANISM

魏义霞◎著

社会科学文献出版社
SOCIAL SCIENCES ACADEMIC PRESS (CHINA)

总　序

　　黑龙江大学哲学学科建立于 1958 年，历史悠久。1958 年原哈尔滨外国语学院扩建为黑龙江大学，当年便组建了哲学系。黑龙江大学成为全国较早建立哲学系的高等院校之一。全国统一恢复高考后，1983 年，黑龙江大学哲学系获批马克思主义哲学硕士点，1986 年获批中国哲学硕士点，1993 年组建哲学与行政管理系，1996 年获批马克思主义哲学博士点，1999 年获批中国哲学博士点。2000 年哲学系发展为哲学与公共管理学院，2003 年获批哲学博士后科研流动站，2006 年获批外国哲学博士点和一级学科博士授予权。2007 年马克思主义哲学获批为国家重点培育学科。2011 年独立为哲学学院，下设 1 个哲学本科专业，1 个哲学硕士学位授予权一级学科，1 个哲学博士学位授予权一级学科。

　　纵观 60 年的发展历程，黑龙江大学哲学学科历经三个阶段：1958 年~1978 年为"艰难的初创期"，以张奎良先生和张锡勤先生等为代表的老一辈学者从祖国各地来到冰城哈尔滨，扎根龙江大地，为龙江哲学的发展奠定了基础；1978 年~1998 年为"起步的发展期"，以丁立群教授和柴文华教授等为代表的一批中青年学者或毕业于这里，或来到这里参加工作，接续龙江哲学的发展传统；1998 年~2018 年为"跨越的转型期"，一批"70后"和"80后"青年博士群体开始回流龙江，加入龙江哲学传统创新发展之列，成为传承龙江哲学血脉的生力军。

　　毋庸置疑，老、中、青几代"黑大哲学人"共同塑造了黑龙江大学哲学学科"爱智致用、批判创新"的学术传统，即"龙江哲学传统"。这一传统具有如下几个特点：第一，从学科门类上来说，马克思主义哲学、中国哲学和外国哲学三大主干学科相互促进，共同发展，形成"文化哲学"和"实践哲学"两个特色研究领域，从而把伦理学、美学、科技哲学等不同二级学科有机结合起来，逐渐呈现打破原有二级学科壁垒的研究态势。第二，从学术研究方法来说，龙江哲学注重史论结合，既关注对马克思主义哲学史、中国伦理思想史和西方哲学史的学术史梳理，又强调从哲学问题出发创新性转换对哲学史的研究，即转换哲学史的研究范畴，转换哲学史的研究视野，转换哲学史的研究方法，转换哲学史的研究目的，从而达到以哲学的方式研究哲学史，将对哲学史的研究转化为哲学研究的有机组成部分。第三，从理论与实践的关系来说，龙江哲学始终关注现实，强调理论要走出"书斋"，积极参与到中国社会的发展实践中去。无论是 80 年代初关于马克思主义的"人道主义与异化"问题的争论，还是 90 年代关于实践唯物主义的讨论、中国现代化路径的文化反思、中国传统伦理思想的再认识、实用主义思想的再评价、马克思主义中国化问题的诸种探讨，以及 21 世纪关于中华优秀传统文化的创造性转化与创新性发展的探索等，都有"黑大哲学人"的积极参与。

2018 年是中国改革开放和恢复高考 40 周年，是马克思诞辰 200 周年，是第 24 届世界哲学大会在北京举办之年，是黑龙江大学命名并确定为综合性大学 60 周年，是黑龙江大学哲学学科建立 60 周年。值此 60 周年之际，学院统一组织出版"龙江哲学研究丛书"，以更好地发展和彰显"龙江哲学传统"。

丁立群　罗跃军
2018 年 9 月

目　录

第一部分　人物聚焦

第二部分　比较研究

第三部分　宏观透视

第四部分　儒学内外

第一部分

人物聚焦

第一章　孔子

孔子是儒家的创始人，孔子的思想在某种程度上框定了儒学的主体内容、致思方向和价值旨趣。在这方面，天具有典型意义。天是孔子哲学的基本范畴之一，天命论构成了孔子自然观和本体论的主要内容。因此，无论对于孔子还是儒家人物来说，天都不可或缺，天命论是不可逾越的。正是由于这个原因，只有从天命论入手，才能真切地领略孔子本体哲学的特征和精髓所在。与此同时，在先秦时期的诸子百家中，尊天奉天法天的还有墨子。孔子对天的理解与墨子不尽相同，与道家之天更是相去天壤。事实上，孔子的天命论不仅在先秦是儒家与墨家、道家的学术分水岭，而且内含着孔子与孟子思想的差异以及有别于后儒的鲜明个性。这一切都使天对于孔子具有了非同寻常的重要意义。

第一节　天本论的隐晦表达

孔子断言："巍巍乎！唯天为大。"（《论语·泰伯》）在他看来，天是宇宙间最神圣的存在和人类社会的最高主宰。这就是说，孔子把天说成是第一性的存在，孔子的思想在实质上是天本论。尽管如此，综观孔子的思想可以发现，他对上天的本体地位和存在状态的阐释并不多。在孔子的学说中，最能体现天之本体地位和绝对权威的是天命论。因此，了解孔子的天本论必须从天命论入手。具体地说，孔子的天命论主要集中在以下几个方面。

一　天决定人的生死和寿夭

孔子认为，人的寿命长短、健康良否都是上天注定的，生病也是命运的安排。根据《论语·雍也》篇的记载，有一次孔子的学生伯牛生了重病，孔子前去探望，从窗户外握着伯牛的手说："难得活了，这是命呀！这样的人竟有这样的病！这样的人竟有这样的病！"在孔子的意识深处，一切都是命中注定的。看到自己的学生病情严重，孔子马上确定这是命运的安排，对上天安排的命不禁脱口而出："这样的人竟有这样的病！"

二　天决定人的家庭组成和社会地位

孔子不仅认为人的死生寿夭等自然属性由天注定，而且宣称人的家庭成员组成以及贫富贵贱等社会属性也逃遁不了上天的安排。《论语·颜渊》记载，司马牛忧愁地说："别人都有好兄弟，单单我没有。"对此，子夏劝慰说："商闻之矣：'死生有命，富贵在天。'"子夏的回答是说，正如人的生死是命运的安排一样，人的贫富贵贱由天注定，一切都是命该如此。循着这个逻辑，人究竟有无兄弟或兄弟几个，当然也归于天命了。值得注意的是，子夏声称这并不是他自己的思想，而是听说的。那么，子夏听谁说的呢？子夏是孔子的高足之一，子夏之所闻十有八九来源于孔子。由此可以推想，子夏的这一观点基本上代表了孔子的看法。

三　天注定人的智力学识和德才贤良

孔子认为，人的才华和品德是天生的，上天在生人之时，就赋予他们不同的才华和品德。这用孔子本人的话说便是："生而知之者，上也。学而知之者，次也。困而学之，又其次也。困而不学，民斯为下矣。"（《论语·季氏》）由此看来，人分为四等，由高至低分别是"生而知之"、"学而知之"、"困而学之"和"困而不学"。孔子虽然非常谦虚地声称自己不是"生而知之"者，只是"敏以好学"而已，但是，孔子对上天给予自己的偏爱很自负，总好以上天委任的承命者自居。例如，《史记·孔子世家》有这样一段记载：

孔子去曹，适宋，与弟子习礼大树下。宋司马桓魋欲杀孔子，拔其树。孔子去，弟子曰："可以速矣。"孔子曰："天生德于予，桓魋其如予何！"

《论语·述而》中也记录了孔子的"天生德于予"这句话。这句话的意思是，我的才德是上天注定的，任何人（包括桓魋在内）都不能把我怎么样，对于他们的挑衅和非难根本就用不着害怕和恐慌。又有一次，孔子离开卫国准备去陈国时，经过匡。匡人曾经遭受鲁人阳货的掠夺和残杀。孔子的相貌与阳货酷似，匡人误认为孔子即是阳货而囚禁了孔子。孔子说："周文王死了以后，一切文化遗产不都在我这里吗？天若是要消灭这种文化，那我也不会掌握这些文化了；天若是不想消灭这些文化，那匡人又能将我怎么样呢？"这就是说，孔子认为，是主宰人类命运的上天把人类的一切文化遗产都托付给了自己，从保护人类的文化遗产计，上天也会保佑自己平安无事的。因此，匡人根本无法奈何自己。

四　天决定人的际遇成败和国家政治

孔子认为，人的际遇如何、主张能否实现都是上天的安排，并非人力所及。据《论语·宪问》记载：

> 公伯寮愬子路于季孙。子服景伯以告，曰："夫子固有惑志于公伯寮，吾力犹能肆诸市朝。"子曰："道之将行也与，命也；道之将废也与，命也。公伯寮其如命何？"

孔子话语的言外之意是，一个人政治际遇的成败得失、主张能否被采纳而得以推行都由上天操纵，他人的挑唆和诋毁无法改变上天既成的安排。

总之，正因为天把持着人的命运和祸福吉凶，因此，一旦遇到不幸或不公正，天便成了孔子哭诉的对象和诅咒发誓的凭证。《论语》中记载了这样两则小故事：

> 颜渊死，子曰："噫! 天丧予! 天丧予!"
>
> 颜渊死，子哭之恸。(《论语·先进》)

> 子见南子，子路不说。夫子矢之曰："予所否者，天厌之! 天厌之!"(《论语·雍也》)

颜渊即颜回，是孔子最得意的学生，孔子对其赞誉甚高。颜渊死了，孔子伤心已极。按照他的逻辑，颜渊之死是天意，上天让颜渊死于自己之前、自己又对颜渊割舍不下，这简直是老天爷在要自己的命。

南子是卫灵公的夫人，当时把持着卫国的政治。传说南子有不正当的行为，名声很不好。心直口快的子路觉得老师去拜见南子这样的人简直是荒唐，脸上自然流露出不悦。为了表明自己的清白，孔子便亮出了最后的王牌——上天，发誓说，我假若做得不对的话，那就让天厌弃我罢!

总之，孔子笃信天命论，断言人的寿夭、富贵、贤否、吉凶等都是上天的安排，一切都是命中注定的。在这里，需要强调的是，孔子一面断言天命是存在的，人的一切吉凶祸福、生死寿夭都是天的安排；一面又宣称天对人之命运的安排是在冥冥之中进行的，没有任何规律或因果必然性可言。这使随机成为上天注定人的命运的唯一方式和基本原则，也成为孔子天命论的典型特征。因此，孔子的天命论是一种随机天命论。按照这种理论，上天在注定每个人的命运时没有统一或固定的标准和凭证，一切都是随机的。第一，在先天的层面上，人与人之间的命运差异是随机的，其间的富贵贫贱之别没有任何因果关系，完全是随机的。第二，在后天的层面上，人的命运与其德行操守无关。因此，一个人的寿命、际遇与其才华和品德之间没有必然联系。进而言之，德行好、才华高的人不一定富贵长寿；行为否、才华浅的人也不一定贫贱命短。在这方面，颜渊是最典型的例子。有一次鲁哀公问孔子："您的弟子之中，谁最好学?"孔子对曰："有颜回者好学，不迁怒，不贰过。不幸短命死矣。"(《论语·雍也》)颜回即颜渊。作为孔子最得意的学生，颜渊不论是人品还是学识都在七十二子之首。但是，这个卓然超群的人命运却不佳——不仅穷居陋巷，而且英年早逝。颜渊的遭遇形象地道出了孔子天命论的随机法则。其实，在孔子看来，人的生死寿夭由天注定，人的贫富贵贱由天注定，人的品德才华也由天注定……对于每一个具体的人来说，其命运只能是各种因素的随机组合：或长寿富贵且德高，或短命贫贱且德浅，或长寿贫贱而德高，或长寿贫贱而识浅，或长寿富贵而识浅，或短命富贵而德高，或短命贫贱而识浅……凡此种种，不一而足。其中，善有善报（即德高且长寿富贵者）和恶有恶报（即德劣且短命贫贱者）只是少数。对于多数人来说，组成命运的各种因素不和谐（如德高命短、富贵德劣、长寿识浅或如颜渊那样德高命短而贫贱）也就不足为怪了。

第二节　"畏天命"的待命之方

作为天本论者，孔子从不怀疑宇宙万物是上天派生的。尽管如此，他强调天不言而物生，作为天地万物和人类主宰的天总是在冥冥之中施展自己无所不至的威力，从不用语言向人暗示或交流什么。他说："天何言哉？四时行焉，百物生焉。天何言哉？"（《论语·阳货》）天不言语，人便得不到暗示。这在增强天的神秘感和魅力的同时，无形中感染了人对天的恐惧、压抑和无助。作为天命论者，孔子断言天注定人的命运采取随机的方式，没有因果规律可循。这更增添了天的神秘莫测，甚至也阻止了人借此窥视天机。如果说在孔子对天和天命的理解中，天的不言不语表明了天的冷漠孤傲的话，那么，天的随机行事又预示了天的高深莫测。天的这种既无任何暗示又无一定之规的特性划定了一道天人之间的无法逾越的鸿沟，使天永远躲藏在其神秘的面纱之后。至于它有什么喜怒好恶和必然法则，人们永远不得而知。上天的这种存在方式和行为法则注定了孔子对待天命的基本态度和做法。

一　"知天命"

毫无疑问，待天命以知天命为理论前提。为了了解孔子的待命之方，必须先分析孔子认为天命是否可知。孔子自身的经历间接地回答了这个问题。在回忆自己的学道和修养过程时，孔子曾说："吾十有五而志于学，三十而立，四十而不惑，五十而知天命。"（《论语·为政》）这表明，孔子从 15 岁开始致力于学习，到了 30 岁有所建树，40 岁不再迷惑，到了 50 岁才"知天命"——整整用了 35 年的时间！这是多么漫长的岁月！在古代那种社会条件下，大概有许多人还没知命就早已毙命了。并且，35 年的时间还是就孔子而言的——孔子虽然否认自己是生而知之者，但是，他却自诩其才华和德行由天造就，并以文化救世者自居，这已远非常人可比了；此外，孔子还孜孜以学、废寝忘食。在孔子如此出众的先天资质和后天努力下，"知天命"还得用 35 年的时间。如此说来，对于天资不殊、困而不学的一般人而言，即使是寿比彭祖恐怕也难知天命了。

尤其值得注意的是，孔子说自己"五十而知天命"。这里的知究竟何意——知晓耶？懂得耶？换言之，孔子宣布自己"知天命"是说自己明白了天命是存在的、知道了人的一切命运都由天定呢？还是说弄懂了命运的真谛、洞彻了天注定人的吉凶祸福的规律呢？根据孔子的一贯主张和做法可以推定，答案只能是前者。因为弄懂了天命，便可依此而行，则不必敬而远之地"畏天命"了；弄懂了天命，便可谈论和讲述天命。种种迹象表明，孔子并非如此。

在《论语》和其他关于孔子的思想资料中，孔子对天与命的阐释并不多。在收徒讲授中，孔子以文行忠信为教学内容（《论语·述而》），却很少谈天命之事。难怪其学生子贡说："夫子之文章，可得而闻也；夫子之言性与天道，不可得而闻也。"（《论语·公冶长》）子贡是孔子平生最得意的几个弟子之一，说他颇得孔子真传并不夸张。就连子贡都说孔子的性命天道之说不得而闻，孔子罕言天命也就可想而知了。

进而言之，既然天命无所不在、人的一切命运都在天的操纵之中，人对此既无法摆脱，又无法逃遁，那么，聪明人和道德修养高的人只有确信命的存在。在这个意义上，孔子断言："不知命，无以为君子也。"（《论语·尧曰》）

二 "畏天命"

在孔子那里，知命并不是目的。在笃信天命无所不在的前提下，时时处处以天为本体依托和行为准则来寻找安身立命之所才是其立言宗旨。其实，孔子为人类所勾勒的天是一个冥冥不得视、默默不得闻的神秘主宰。在安排人的命运时，天的随机而行更加剧了它高深莫测的神秘感。这样的天，人们无法接近和了解。在这样的天的面前，人永远无法摆脱的是无名的恐惧和莫名的悲哀，无助、卑微和渺小是人改变不了的命运——圣鲁皆同、藏否无异。孔子对天的勾画和描绘是其对待命运的理论前提和思维定格。有鉴于此，孔子提出了如下的待命方法。

1. 畏

既然天命不可逃遁又不可确知，那么，人只好终日战战兢兢、谨慎从事，唯恐越雷池一步而触犯天命。这使"畏"成了孔子对待天命的主基调。孔子宣称："君子有三畏：畏天命，畏大人，畏圣人之言。小人不知天命而不畏也。"（《论语·季氏》）尚须提及的是，"畏天命"不是孔子首创，而是对春秋以前儒家经典中天命态度的承袭。《诗经》《礼记》中就有对天命"战战兢兢，如临深渊，如履薄冰"的战栗（《诗经·小雅·小旻》）和"君子慎其独"（《礼记·中庸》）的立命之方。不过，孔子把天命视为君子最惧怕的东西，他对天命的态度由此可见一斑。

2. 祭和祷

孔子虽然敬畏天命，但是，他并不主张束手无策地坐以待毙。与消极待命的宿命论者相反，孔子积极地通过"祭""祷"等手段与鬼神和祖先沟通，企图以此挽回和弥补天命。

祭是指祭祀神仙和祖先，目的是祈福。孔子对祭非常重视，态度特别虔诚。据《论语》载：

> 祭如在，祭神如神在。子曰："吾不与祭，如不祭。"（《论语·八佾》）

从中可知，孔子每次都亲自参加祭祀仪式，从不请别人代祭。孔子在祭祀祖先和鬼神时，犹如祖先和鬼神就在面前一样，虔诚无欺、毕恭毕敬。不仅如此，孔子还强调祭祀要依礼而行，指出"非其鬼而祭之，谄也。"(《论语·为政》）这句话是说，不是自己应该祭祀的鬼神，却去祭祀他，这是献媚。不仅如此，为了将祭祀做得礼仪圆满、一丝不苟，孔子不惜财钱物品竭力而为。有一次，子贡想把鲁国每月初一告祭祖庙的那只活羊去而不用，孔子语重心长地说："赐呀！你可惜那只羊，我珍惜那种礼。"(《论语·八佾》）

与祭不同，祷指直接向上天祈祷，以得福寿和吉安。孔子并不否认祷能祛凶求吉。有一次，卫灵公的大臣王孙贾问孔子说："与其媚于奥，宁媚于灶，何谓也？"孔子答曰："不然。获罪于天，无所祷也。"(《论语·八佾》）奥指屋内西南角的神，灶指弄饭的设备——灶君司命。孔子的回答是说，上天是人的命运的最高和最后主宰，祈祷是人与天沟通的一种方式，目的是乞求上天的庇护。得罪了上天，舍本求末的祈祷还有什么用呢？在此，孔子并没有否认祈祷有求助于天的功效。《论语》又载：

　　子疾病，子路请祷。子曰："有诸？"子路对曰："有之。《诔》曰：'祷尔于上下神祇。'"子曰："丘之祷久矣。"(《论语·述而》）

3. 待

待即对待，而非等待。从根本上说，孔子对待天命的态度是入世的而非出世的，是现实的而非虚幻的。因此，除了祭和祷之外，孔子主张通过自己的力量即通过加强道德修养来对待命运。具体地说，富与贵，乃人之所欲；贫与贱，乃人之所恶。于是，出现了一批不择手段的为富不仁者。孔子则把富和贵与命和道德联系起来：对于富与贵，不以其道得之则不处；对于贫与贱，不以其道除之则不去。身居贫贱时，能把贫贱视为命中注定而心安理得地去接受。因此，《论语》说："子罕言利，与命与仁。"(《论语·子罕》）对于这句话，一般的诠释是：孔子很少谈利，却赞同命和仁。这样解释就把前后割裂了——成了对比句。其实，这句话也可以翻译成这样：孔子很少谈利，谈利时总是结合命和仁一起来谈。这就是说，孔子不排斥富贵和名利，却在追逐名利和富贵时，总是强调得这种利是否符合道德规范（仁），是否应该（命）。这样解释，就与孔子的整体思想一致了。

基于对利与命的关系的这种理解，孔子称赞君子"谋道不谋食""忧道不忧贫"（《论语·卫灵公》），对颜渊安贫乐道、不求富贵的精神极为欣赏。此外，孔子还强调要自强和弘毅，勇敢地接受命运的挑战。他把是否可以迎接重大考验、承担命运的不公看作衡量君子和小人的标准，鼓励人们就像松柏遇寒而不凋一样来面对挫折和失败。当年逾古稀的孔子为了推行自己的主张周游列国时，被追杀过、被囚禁过、被嘲笑过、被讥讽过，但孔子始终"不怨天，不尤人"（《论语·宪问》），抱定"知其不可而为之"（《论语·宪问》）的决心完成了步履维艰的悲壮之旅。尽管这个行程没有使孔子如愿以偿地实现其魂牵梦萦的政治抱负，但他的勇气和壮举却感人至深，给后人留下了永久的回味……

总之，在对待天命的态度和做法上，孔子随机天命论的主基调是畏惧，始终弥漫着浓郁的恐惧、颤栗情绪。孔子提出的待命之方以"畏天命"为核心，祭、祷和待都基于对天命的畏惧，或者说本身就是"畏天命"的一种表现。孔子"畏天命"的待命之方归根结底是其对天和天命的理解所致，与墨子"非命"之豪迈、孟子"万物皆备于我"之自负相去天壤。

第三节　天命论与本体哲学

通过上面的介绍可以看出，天命论构成了孔子本体哲学的基本内容。孔子对天和天命的理解既反映了其本体哲学不同于他人的独特个性，又折射出先秦乃至中国古代本体哲学的一贯特征。

一　天命之随机——鲜明的理论特色

如上所述，孔子主张人命天定，上天主宰人命的方式是随机而莫测的。在这个意义上，孔子的随机天命论是一种偶然命定论。也就是说，每个人的命运放到人类的群体中去考察，为什么人与人的命运如此悬殊，际遇如此迥异——有人通达，有人抑郁；有人贫困，有人富裕；有人长寿，有人夭折？随机天命论的回答是，一切都是天在不经意之中随机安排的，其间没有一定之规和必然法则可循，一切都出于偶然。正是对偶然的强调，把人带入了对命运的扑朔迷离和疑惑不解之中。在此基础上，才有了天之难知和"畏天命"之说。

然而，问题到此并没有结束，强调偶然只是随机天命论的一个方面。问题的另一方面是，随机天命论对偶然的强调中隐藏着不可逃遁的必然。具体地说，按照随机天命论的观点，就每一个生活在现实中的人类个体而言，其命运是必然的、都一定按着上天事先安排好的轨迹活着。不论他后天行为如何，际遇与事先安排好的命运没有一丝背离和偏差，一切都在必然之中。事实上，随机天命论在解释现实人的个体命运时，把人所遇到的一切都说成是无可逃避、无法改变的必然：在人受生之初，一切死生富贵业已注定、不可更改了；在人出世之后，一切早已安排好的祸福吉凶不期而至、不可挽回。一言以蔽之，一切都按照事先预定好的模式没有丝毫差错地运行着。这就是天命，这就是人们永远无法预测的必然。

正是在偶然与必然的相互交错中，孔子把天命归结为人的外在的异己力量：第一，命运是一次成形、不可更改的。孔子认为，人的命运在人出世之前就由上天安排好了，一经安排、永无更改。这样一来，对于每一个现实的人而言，命运成了束手无策、力所不及的某种必然。第二，人的命运与其后天的作为无关。孔子既然断言人的命运一次定形、不可更改，当然也就与人的后天行为没有任何关系了。换言之，一个人德高学广并不能保富保贵，正如行劣才低也不见得一定终身贫贱遭难一样。这种观点在某种程度上否定了人的主观能动性，让人在天的压抑下感到无助和不公。

无论是命运的先天注定、不可预知还是人的行为对其命运的无可奈何都体现了孔子天命论不同于他人的独特气质。由于恪守天命的随机莫测、不可预知，孔子的天命论始终属于客观唯心论。在这方面，孔子的观点与其后继者孟子在天命中加入人心向背和通过"天时不如地利，地利不如人和"（《孟子·公孙丑下》）的强调致使天命人命化的做法呈现出明显差异，与孟子通过尽心知性知命知天的主观唯心主义行为路线和待命之方更是南辕北辙。（《孟子·尽心上》）即使是同属于客观唯心论，孔子的随机天命论与墨子对天命的因果、人力的强调也泾渭分明，不可同日而语。

长期以来，孔子代表的随机天命论在中国民间盛行不衰。一方面，这种命运理论颇具迷信色彩，可以在情感上确信其有，却不可在理智上问个明白。一个人的命运为何如此？如果你一定要弄个清清楚楚、明明白白，回答你的永远是失望。另一方面，对于今人来说，随着社会的发展和文明的进步，人们所付出的代价和承受的灾难在与日俱增。交通事故、空气污染、核爆炸、电器失控等使不计其数的健康人成为现代都市文明的殉葬品。当人们为各种意料不到的偶然事故悲痛欲绝、痛不欲生的时候，如果把这一切的来临都归推于天命，或许是对精神的一种释放理疗，可以帮助人们排遣心中的失衡，尽快从悲哀中挣脱出来。从这个意义上说，随机天命论有其积极的意义和价值。

二　天、天人合一和伦理本位——一贯的价值取向

如果说强调上天的随机莫测以及由此引发的偶然—必然之维是孔子天命论的独特之处的话，那么，以天为本、把上天与人的命运联系起来则代表了中国哲学的一贯做法。作为中国哲学最古老也最基本的范畴之一，尽管具体理解不尽相同，天却为儒家、道家和墨家所一致推崇。在春秋以及春秋战国之交的三位大哲学家中，有两位投身于天之麾下。孔子恪守天命论。墨子虽然极力主张"非命"、反对冥冥之中的命运主宰，却在"天志"、"明鬼"与"非命"的三位一体中建构了一套自己的天命论。从春秋时代开始，天以及由此衍生的天人关系一直是中国哲学的基本问题之一。推崇道为本原的老子、庄子虽然不是天本论者，但是，天在他们的哲学中同样拥有显赫的一席——不仅是重要的哲学范畴，而且拥有不同于万物的特殊身份。更有甚者，庄子对天人关系的独特理解使其对天的推崇较之儒墨有过之而无不及。

孔子本体哲学的核心内容是天命论，这就是说，孔子对上天的推崇主要是就上天对人之命运的注定即人的命运与上天密切相关、人的命运由上天操纵而言的。孔子的这种做法带来了两个相应的后果：第一，哲学建构中本体意识单薄，并没有明确提出天是宇宙本体。天在孔子思想中的权威

地位是通过对人的命运的注定体现出来的。与此相关，孔子对天的特点、内涵和存在状态并没有过多的阐释或说明。这使孔子的本体哲学建构显得单薄，与道家和墨家相比如此，即使是在其自身的思想体系中也与道德哲学、政治哲学等不能相提并论。有人评价说中国古代没有哲学，孔子的本体哲学显然难辞其咎。与此相关，作为新儒学的宋明理学在接替先秦儒家衣钵的同时，在本体哲学方面容纳了佛老等思想因素，目的是充实其形上内涵和意蕴。第二，孔子对上天的推崇围绕着人的命运展开，这决定了孔子是站在人的角度谈天而不是直接关注天本身的。这样一来，由于总是与人命相关而冲淡了天作为宇宙本体的形上神韵，同时使其本体哲学带有浓郁的人生哲学色彩。尽管孔子试图使天高高在上、远离人群，并通过上天的不言不语拉大天与人之间的距离，然而，天对人的命运的注定冲淡了天的形上意蕴，天最终沦落为人安身立命的依托和人生哲学的背景。孔子的本体哲学中蕴涵着人生真谛，乃至向人生哲学倾斜。

在本体哲学向人生哲学倾斜的过程中，孔子一面断言以天为本，一面宣称上天注定人的命运，并基于上天的种种特征提出了待天之方。这实际上开创了中国哲学天人合一的思维格局和价值取向——尽管这一思想倾向尚不明显。这就是说，在孔子那里，人生轨迹和价值追求已经先天注定，人安身立命的过程就是与天合一。进而言之，孔子的天命论和待命之方让人在以德配天、通过道德完善来安身立命，在这个意义上，与天合一的过程就是加强道德修养、道德完善的过程。毫无疑问，通过加强道德修养以待命的处世哲学和以德配天的设想使孔子的本体哲学、人生哲学最终转变为道德哲学。孔子在本体领域对人生哲学尤其是道德哲学的侧重表现了传统哲学的伦理本位。很显然，这是中国传统文化的伦理本位在本体哲学领域的具体体现。孔子开启的以道德完善与天合一的理论方向在孟子那里尽情发挥，具体化为尽心—知性—知命—知天。其实，汉代新儒学和宋明理学走的仍然是这一思维路径。正因为如此，有人指出中国古代道德哲学发达、中国传统文化是伦理本位。这显然是就中国传统文化的主流——儒学而言的，究其极与孔子的本体哲学不无干系。

第二章　孟子

儒家追求治国平天下的理想，具有坚持不懈的政治追求。无论儒家的政治方略还是治国理念都与人性论密不可分。作为"亚圣"的孟子则用"先王有不忍人之心，斯有不忍人之政"概括了儒家的这一理念。"先王有不忍人之心，斯有不忍人之政"既体现了孟子对人性善的认识，又道出了儒家的人性哲学与政治哲学之间互为表里。儒家历来有"学而优则仕"的政治抱负和仕途理想，孟子当然也不例外。远大的政治抱负和道德理想注定了政治哲学在孟子思想中的不可或缺，"达则兼善天下""当今之世，舍我其谁"的社会担当更是凸显了政治哲学的重要地位。事实上，政治哲学不仅是孟子整个思想体系的核心，而且与他的本体哲学和人性哲学密切相关，甚至在某种程度上决定着后者的理论走向和具体内容。

第一节　王道的政治理想和价值旨归

与所有儒家人物一样，孟子魂牵梦萦的政治抱负是治国平天下，道德手段则是通往这一理想愿景的不二法门。众所周知，治国平天下语出《大学》八条目，是儒家的一贯理想。在把自己的理想定位在治国平天下，并且期望以礼乐教化臻于这一理想上，孟子与其他儒家学者并无不同。所不同的是，孟子率先把治国平天下的手段区分为霸道与王道两种方式，并对二者给予截然不同的评价。正是在这个意义上，孟子宣称："以力假仁者霸，霸必有大国。以德行仁者王，王不待大。汤以七十里，文王以百里。以力服人者，非心服也，力不赡也；以德服人者，中心悦而诚服也，如七十子之服孔子也。"（《孟子·公孙丑上》）按照孟子的解释，以力服人与以德服人是两种完全不同的道路——一个是崇尚暴力、以力服人的霸道，一个是崇尚道义、以理服人的王道。以力服人的霸道可以扩大领土、称霸一方，却不能使人心服口服，其受众只是因为力不能敌才不得不屈服其统治；以德服人者称王，以德服人的王道不一定必使国大，却可以让人心悦诚服。这表明，霸道与王道是治理天下的两种道路和方法，更是两种不同的境界和效果。孟子在此虽然摆出了霸道与王道这两种方式、两条道路，但是，他的用意绝不是让人任选其一，而是旨在强调：以力称霸者尽管可以强国却也容易亡国，尚利与尚力一样为有道者所不耻；只有以德服人的王道才是人间正道，能够保证国家的长治久安。由此可见，孟子渴望治国平天下，并没有为了这一目的而不择手段。这就是说，孟子平天下的理想是在王道的支持下实现的，或者说——在孟子看来，平天下的过程就是推行、实现王道的过程。

孟子曾经周游列国，初衷就是说服各诸侯国推行王道。这流露出孟子对王道的梦寐以求，如饥似渴。不仅如此，孟子对王道的渴望和赞美在某种程度上影响了他对理想人格的认定和选择。在对人的模塑和认定上，如果说孔子的理想人格是"忧道不忧贫""谋道不谋食"的君子的话，那么，孟子的理想人格则是王天下的王者。孟子对自身的期望和对王者的呼唤都反映了这一思想端倪。更为明显的是，孟子把人类社会的历史的递嬗剪裁成由王者主宰的治乱交替的轨迹，最终将人类历史演绎为王者的历史。对历史演变法则的这种看法使孟子的历史哲学俨然成为对王者的歌颂和呼唤：第一，孟子断言："天下之生久矣，一治一乱。"（《孟子·滕文公下》）这个观点把人类历史的演变轨迹归结为治乱交替的循环，也成为中国古代历史循环论之滥觞。正是对人类历史治与乱相互交错的进程勾勒，孟子弘扬了王者的作用和意义。第二，根据人类历史周而复始的递嬗规律，孟子精确推导出治乱的周期是 500 年。他声称："五百年必有王者兴，其间必有名世者。"（《孟子·公孙丑下》）孟子还根据这一历史运行周期推断出自己正逢王者兴起之世，并以救世的王者自居，喊出了"夫天，未欲平治天下也；如欲平治天下，当今之世，舍我其谁也?"（《孟子·公孙丑下》）的豪言壮语。这既流露出孟子的自负，又展示出为天下兴亡担当道义的豪迈。在孟子的视界中，如果说"穷则独善其身"而"富贵不能淫，贫贱不能移，威武不能屈"（《孟子·滕文公下》）的君子是大丈夫的话，那么，"达则兼善天下"的君子则是引领天下之人行仁义而王天下的王者。由于孟子推行的王者是以道德立身和处世的，这决定了王道与仁政的必然联系。由此，"不忍人之政"成为孟子的政治理想和价值诉求也就顺理成章了。

第二节　仁政的行政原则和政治路线

孟子对霸道与王道的区分和对王道的希冀秉持了以德服人的政治路线和治国理念，对王者的人格塑造更是将统治者自身的道德垂范奉为平治天下的根本。这注定了他所向往的王道绝非力政而是仁政，也就是"不忍人之政"。

仁政又称"不忍人之政"，源于"先王有不忍人之心，斯有不忍人之政"，是孟子特有的政治术语，与孔子所讲的德治同义且一脉相承。狭义上讲，仁政指发端于"不忍人之心"的统治原则；广义上讲，仁政指以道德而非物质利诱或暴力为手段、为目标的统治原则。在国家的治理上，以暴力为手段的叫暴政，以道德为手段的叫王道；推行法治的叫法治，推行道德的叫仁政。由于仁与德、善在儒家及孟子那里是一致的，因此，孟子所讲的王道就是崇尚道德而非暴力手段，追求道德之善而非物质之利的政治理想和行政理念。在这个意义上，仁政与王道异名而同实。一方面，王道就是仁政。王道以仁政为实际内容和行政原则，是否推行仁政是判断霸道与王道的标准之一；对于推行王道者而言，"行一不义，杀一不辜而得天下，皆不为也"（《孟子·公孙丑上》）。一言以蔽之，王道就是用仁政而非力政、暴政来治国平天下。另一方面，仁政就是王道。仁政的目的是使天下归于王道而平治天下，是否臻于王道也是检验仁政的标准之一。当然，王道与仁政也有细微差别，那就是：如果说与霸道相对应的王道侧重平天下的过程的话，那么，与力政相对应的仁政则侧重治天下的统治之方；在平天下之后，如果说仁政侧重于治国之方的话，那么，王道则侧重于仁政实施的效果。总之，王道包含着仁政，仁政彰显了王道。在这个意义上，王道与仁政是统一的。

无论王道还是仁政都包括手段与目的两个层面，因而回避不了以何手段和为何目的的问题。

关于以何手段治国安民即仁政的手段问题，孟子毅然决然地选择了仁义道德。这与孟子对王道的期盼和对霸道的不耻相印证。《孟子》中的一则故事直观地流露了孟子的这一政治路线和治国理念：

> 鲁欲使乐正子为政。孟子曰："吾闻之，喜而不寐。"公孙丑曰："乐正子强乎？"曰："否。""有知虑乎？"曰："否。""多闻识乎？"曰："否。""然则奚为喜而不寐？"曰："其为人也好善。""好善足乎？"曰："好善优于天下，而况鲁国乎？夫苟好善，则四海之内，皆将轻千里而来告之以善。夫苟不好善，则人将曰：'訑訑，予既已知之矣。'訑訑之声音颜色，拒人于千里之外。士止于千里之外，则谗陷面谀之人至矣。与谗陷面谀之人居，国欲治，可得乎？"（《孟子·告子下》）

在孟子看来，对于一个从政者而言，身体素质、智力水平和知识积累等方面的素质都无关大局，甚至可以忽略不计，最要紧的是人品即道德素质——好善。孟子对从政者之德的重视在与孔子的对比中看得更加清楚。据《论语》记载：

> 季康子问："仲由可使从政也与？"子曰："由也果，于从政乎何有？"曰："赐也，可使从政也与？"曰："赐也达，于从政乎何有？"曰："求也，可使从政也与？"曰："求也艺，于从政乎何有？"（《论语·雍也》）

孔子把做事果敢、明白事理和多才多艺等都视为从政的素质甚至是充分条件，认为一个人只要拥有其中之一就具备了从政的资格。孟子对从政者的资格认定并没有把知识、能力考虑在内，而是对好善之德倍加关注。其实，好善之所以被孟子奉为评价或考察从政者的最高乃至唯一标准，与仁政的最终目标密切相关，即通过为政者好善的带动，使庶民对善趋之若骛。既然仁政信凭的是以德服人，那么，德便成为考察、衡量、选择和评价为政者最重要的砝码。孟子坚信："仁人无敌于天下。"（《孟子·尽心下》）对于统治者来说，如果能够实行仁义，平治天下则易如反掌。

关于为何平天下即仁政的目的问题，孟子的回答是为仁义之善，用他本人的话说就是"兼善天下"。这预示着治国平天下是一个以善之手段臻于善之境界的过程。早期儒家有重义轻利的倾向，孟子则把这一倾向推向了极致，以至于对义与利的关系做对立观。他指出："鸡鸣而起，孳孳为善者，舜之徒也。鸡鸣而起，孳孳为利者，跖之徒也。欲知舜与跖之分，无他，利与善之间也。"（《孟子·尽心上》）循着孟子的逻辑，人们的行为或为善，或为利，其间势不两立、不可调和。这就是说，人正是在排斥对利的追逐中完成仁义的，孜孜求善的仁政、王道以仁义道德为鹄的，与惟利是图的行为不共戴天。这是孟子关于善与利的关系和义利观的基本观点，也是他治理国家的基本思路。据载：

> 孟子见梁惠王。王曰："叟不远千里而来，亦将有以利吾国乎？"孟子对曰："王何必曰利？亦有仁义而已矣。王曰何以利吾国，大夫曰何以利吾家，士庶人曰何以利吾身，上下交征利而国危矣。万乘之国，弑其君者，必千乘之家。千乘之国，弑其君者，必百乘之家。万取千焉，千取百焉，不为不多矣。苟为后义而先利，不夺不餍。未有仁而遗其亲者也，未有义而后其君者也。"（《孟子·梁惠王上》）

在孟子看来，国君为政的路线是为仁义而非为利。君与诸侯、士大夫以及庶民之间"上下交征利"，其国必亡。因此，王者不应该总是想着何以利吾国，而是应该从谋利转向推行仁义。只有以仁义来治理国家，才能确保父兄之亲和君上之长的利益，进而确保百姓有家的天伦之乐，王者有国的长治久安。循着这个逻辑，孟子劝导和告诫为政者唯仁义是务，以仁义而不是以利为出发点来处理包括血缘父子和君臣上下在内的一切人际关系。据《孟子》记载：

> 宋牼将之楚，孟子遇于石丘。曰："先生将何之？"曰："吾闻秦

楚构兵，我将见楚王，说而罢之。楚王不悦，我将见秦王，说而罢之。二王我将有所遇焉。"曰："轲也，请无问其详，愿闻其指。说之将何如？"曰："我将言其不利也。"曰："先生之志则大矣，先生之号则不可。先生以利说秦楚之王，秦楚之王悦于利，以罢三军之师，是三军之士乐罢而悦于利也。为人臣者怀利以事其君，为人子者怀利以事其父，为人弟者怀利以事其兄。是君臣、父子、兄弟终去仁义，怀利以相接，然而不亡者，未之有也。先生以仁义说秦楚之王，秦楚之王悦于仁义，而罢三军之师，是三军之士乐罢而悦于仁义也。为人臣者怀仁义以事其君，为人子者怀仁义以事其父，为人弟者怀仁义以事其兄，是君臣、父子、兄弟去利，怀仁义以相接也。然而不王者，未之有也。何必曰利？"（《孟子·告子下》）

此外，孟子的王道、仁政思想与他的法先王主张具有某种内在的一致性。对于为政必须法先王，孟子一再强调：

遵先王之法而过者，未之有也。（《孟子·离娄上》）

为政不因先王之道，可谓智乎？（《孟子·离娄上》）

基于这种认识，孟子总爱让先王在他的政治哲学中现身说法，以至于《孟子·滕文公上》篇说孟子"言必称尧舜"。孟子对先王推崇有加，从根本上说，是因为先王在他的眼里既是善的化身，又是以仁义治国的典范。这便是上文所说的"孳孳为善者，舜之徒也"。如此说来，孟子呼吁法先王，无非是以先王为榜样，将仁义奉为治国之本。这与孟子轻利重义的治国理念和行政路线是一致的。

第三节　仁政与教化

作为儒家学者，孟子重视教化，甚至认为道德教化比政治措施对于治理国家更为有效，也更为重要。不仅如此，他还对善政与善教之间的优劣得失，进行了如下比较："善政，不如善教之得民也。善政民畏之，善教民爱之；善政得民财，善教得民心。"（《孟子·尽心上》）通过比较，孟子旨在强调，黎民百姓对善政与善教的态度一畏一爱、截然不同，善政充其量只能聚敛民财，善教才能真正获得民心。因此，"善政，不如善教之得民也"。沿着这个思路，孟子自然把为政的希望寄托在善教上。善教指好的、正确的教化，具体指儒家的教化。儒家讲的教化通常指礼乐教化，走的是"省刑罚"的德治路线，重视道德手段、社会舆论和主观自觉的作用，试图通过礼义和音乐等潜移默化的影响、引导和感化使庶民品行端正，达到社会风俗纯美，天下大治的目的。孟子向往的善教与此同义。

对于教化的必要性和重要性，孟子指出："人之有道也，饱食暖衣，逸居而无教，则近于禽兽。圣人有忧之，使契为司徒，教以人伦：父子有亲，君臣有义，夫妇有别，长幼有序，朋友有信。"（《孟子·滕文公上》）这就是说，教化可以使人在远离禽兽中人性日臻完善，对于人之为人至关重要，并非可有可无。关于乐，孟子一面肯定音乐对王道教化的作用，并且没有完全排斥乐；一面告诫国王一定要与民同乐，天下忧则忧，天下乐则乐。不难想象，在礼乐教化的过程中，由于始终依靠感化和引导的作用，从政者的示范便显得尤其重要，这对上者自身的行为和品德提出了更高的要求。从根本上说，礼乐教化最根本的是树立为政者自身的道德表率和榜样作用。正是在这个意义上，孟子宣称："君仁莫不仁，君义莫不义。"（《孟子·离娄下》）只有在为政者好仁义而不是尚利或好暴的教化和感召下，才能"人人亲其亲，长其长，而天下平"（《孟子·离娄上》）。沿着这个思路，孟子断言："天下之本在国，国之本在家，家之本在身。"（《孟子·离娄上》）这既适用于百姓，也适用于——甚至主要针对王公大人。在这个前提下，孟子对尊重贤德之人一而再，再而三的强烈呼吁便显得顺乎自然和易于理解了：

尊贤使能，俊杰在位。（《孟子·公孙丑上》）

贤者在位，能者在职，国家闲暇。及是时，明其政刑，虽大国必

畏之矣。(《孟子·公孙丑上》)

国君进贤，如不得已，将使卑逾尊，疏逾戚。(《孟子·梁惠王下》)

依据孟子的设想和逻辑，贤能俊杰都是道德典范，任用他们从政，必然能够带动庶民从善如流，进而使礼乐教化落到实处。与此相一致，孟子把圣人包装成善于以礼乐道德教化百姓的人伦之师：

圣人，人伦之至也。(《孟子·离娄上》)

圣人，百世之师也。(《孟子·尽心下》)

充实之谓美，充实而有光辉之谓大，大而化之之谓圣。(《孟子·尽心下》)

圣人之所以为圣，是因为他们能够对百姓"大而化之"，使天下风气纯正至美。由此说来，以道德彪炳史册，以道德带动百姓从善如流，圣人所起的作用和存在的意义是一样的。这表明，圣人都是一样的——甚至可以说，只有一个圣人。正是在这个意义上，孟子宣称："舜生于诸冯，迁于负夏，卒于鸣条，东夷之人也。文王生于歧周，卒于毕郢，西夷之人也。地之相去也，千有余里；世之相后也，千有余岁。得志行乎中国，若合符节。先圣、后圣，其揆一也。"(《孟子·离娄下》)

至此，王者、君子、贤能、俊杰与圣人在仁义立身、道德垂教这个关节点上汇合了。在孟子的视界中，自正其身，以道德垂范的君子就是王者、就是圣贤；同样，"居天下之广居，立天下之正位，行天下之大道。得志与民由之，不得志独行其道"(《孟子·滕文公下》)的圣贤、君子理所当然地应该成为王者——至少是王者的最佳人选。

第四节　教化的经济措施和社会分工

儒家是理想主义者，富于理想却不空想；儒家是道德理想主义者，所追求的道德与人道密不可分。这决定了政治、仕途在儒家那里与其说是满足权力欲望或实现个人政治抱负的手段，不如说是"兼善天下"的途径。由于儒家的道德追求以人性为根基，以人性完善为目标，所以，儒家追求道德而非为道德而道德。在推行仁义时，孔子对百姓疾苦的同情和衣食的担忧饱含着浓郁而深切的人道情怀。孔子的人道情愫在孟子这里得以延续和弘扬。从人道的视角来审视孟子的思想可以发现，仁政也好，王道也罢，归根到底都是为了人。有鉴于此，孟子宣称："民为贵，社稷次之，君为轻。"（《孟子·尽心下》）既然人民为贵、社稷政权为轻，那么，为政的重心应该放在为民众的考虑上。而要真正为百姓人民着想，必须先了解他们的疾苦和生存情况。对于民众的心理状态和行为操守，孟子分析说："无恒产而有恒心者，惟士为能。若民，则无恒产，因无恒心。苟无恒心，放辟，邪侈，无不为己。及陷于罪，然后从而刑之，是罔民也。焉有仁人在位，罔民而可为也？"（《孟子·梁惠王上》）

循着这个逻辑，既然老百姓无恒心就会图谋不轨，既然民无恒产就无恒心，那么，仁者从政必然将制民之产业，使民坚守恒心为第一步，而不是等到民众因无恒产、无恒心而陷罪之后，再加以严惩；在民因无恒产、无恒心而犯罪之后再加以处罚，那等于落井下石，不是仁者所为。于是，孟子得出了这样的结论："夫仁政，必自经界始。"（《孟子·滕文公上》）

"经界"即孟子倡导的井田制。由于孟子强调仁政一定要从实行井田、划分民产开始，井田制作为仁政的第一步便具有了非同一般的意义。因此，孟子对井田制十分重视，亲自做了规定和设想："九一而助，国中什一使自赋。卿以下必有圭田，圭田五十亩。余夫二十五亩。死徙无出乡，乡田同井。出入相友，守望相助，疾病相扶持，则百姓亲睦。方里而井，井九百亩，其中为公田。八家皆私百亩，同养公田。公事毕，然后敢治私事，所以别野人也。此其大略也。"（《孟子·滕文公上》）本着人道精神，孟子把实行井田制即解决百姓的衣食问题作为仁政的开始。井田制是仁政最基本的经济基础和经济措施，却不仅仅限于经济方面。尽管孟子声称上述规划还只是雏形（"大略"），其中折射出的儒家惯有的社会理想和生存方式却依稀可见。

就经济方面而言，除了井田制，仁政还包括其他的经济措施。在这方面，孟子不止一次地畅想：

> 不违农时，谷不可胜食也。数罟不入洿池，鱼鳖不可胜食也。斧斤以时入山林，材木不可胜用也。谷与鱼鳖不可胜食，材木不可胜用，是使民养生丧死无憾也。养生丧死无憾，王道之始也。五亩之宅，树之以桑，五十者可以衣帛矣。鸡豚狗彘之畜，无失其时，七十者可以食肉矣。百亩之田，勿夺其时，数口之家可以无饥矣。（《孟子·梁惠王上》）

> 王如施仁政于民，省刑罚，薄税敛，深耕易耨。（《孟子·梁惠王上》）

前一段话涉及农林牧副渔各个行业和领域，在《梁惠王上》篇就出现两次，并且在《尽心上》等篇中出现，孟子对它的重视程度由此可见一斑。后一段话除了"省刑罚"的行政措施之外，主要是轻征薄敛和精耕细作等具体的经济措施。尽管两段引文各有侧重，然而，都表明孟子侧重从物质和经济上保障百姓的生活，以满足百姓的生存需要。由此看来，与孔子的先富、再庶、后教的思路一样，孟子在仁政构思中加入了经济措施以解除庶民的衣食之忧。

必须指出的是，由于孟子对义利关系的对立理解，经济措施所满足的人之物质和生理需求并非仁政的最终目的，解除人们的后顾之忧是为了使人更容易听从王者的道义召唤。因此，孟子在讲仁政的经济措施和百姓的衣食问题时，总是无一例外地让道德教化紧随其后。下仅举其一斑：

> 是故明君制民之产，必使仰足以事父母，俯足以畜妻子，乐岁终

身饱，凶年免于死亡。然后驱而之善，故民之从之也轻。（《孟子·梁惠王上》）

谨庠序之教，申之以孝悌之义，颁白者不负戴于道路矣。老者衣帛食肉，黎民不饥不寒，然而不王者，未之有也。（《孟子·梁惠王上》）

王如施仁政于民，省刑罚，薄税敛，深耕易耨。壮者以暇日修其孝悌忠信，入以事其父兄，出以事其长上，可使制梃以挞秦楚之坚甲利兵矣。（《孟子·梁惠王上》）

这清楚地表明，尽管孟子从人道情怀出发，呼吁保障万民的生存权利和生活需要，然而，衣食问题或物质方面的条件只是第一步，是仁政的基础甚至是推行仁政的手段。这是因为，他之所以要保证百姓衣食无忧，归根结底是为了便于王者推行仁义的礼乐教化和百姓自身道德修养的提高。孟子的这套做法与孔子呼吁对百姓先富之再教之的思路别无二致，是儒家道德理想主义的流露，也是儒家有别于墨、法诸家功利主义价值取向的表现。

除了井田制和其他必要的经济措施之外，仁政还有一项重要内容，那就是：井井有条的经济、政治和社会秩序即社会分工。通过对许行之徒——陈相的层层追问，孟子阐明了自己的分工理论，论证了社会分工的必要性和迫切性。据载：

孟子曰："许子必种粟而后食乎？"曰："然。""许子必织布而后衣乎？"曰："否。许子衣褐。""许子冠乎？"曰："冠。"曰："奚冠？"曰："冠素。"曰："自织之与？"曰："否。以粟易之。"曰："许子奚为不自织？"曰："害于耕。"曰："许子以釜甑爨，以铁耕乎？"曰："然。""自为之与？"曰："否。以粟易之。""以粟易械器者，不为厉陶冶，陶冶亦以其械器易粟者，岂为厉农夫哉？且许子何不为陶冶，舍皆取诸其宫中而用之？何为纷纷然与百工交易？何许子之不惮烦？"曰："百工之事，固不可耕且为也。""然则治天下独可耕且为与？有大人之事，有小人之事。且一人之身，而百工之所为备。如必自为而后用之，是率天下而路也。故曰：或劳心，或劳力；劳心者治人，劳力者治于人；治于人者食人，治人者食于人，天下之通义也。"（《孟子·滕文公上》）

从中可知，孟子赞成以脑力劳动与体力劳动为两大阵营的社会分工，不仅为或劳心，或劳力的社会分工正名，而且论证了剥削的合理性。劳心为大人之事、劳力为小人之事的称谓本身即是一种价值表达，"劳心者治人，劳力者治于人；治于人者食人，治人者食于人"更是为尊卑贵贱的社会等级辩护。《孟子》中的另一则故事印证了孟子的这一价值取向：

公孙丑曰："《诗》曰：'不素餐兮'，君子之不耕而食，何也？"孟子曰："君子居是国也，其君用之，则安富尊荣；其子弟从之，则孝弟忠信。'不素餐兮'，孰大于是？"（《孟子·尽心上》）

孟子向往的社会分工是基于或劳心，或劳力的两大壁垒展开的，并且明确规定了劳心与劳力之间是治于与治、食与食于的统治关系和剥削关系。因此，他的社会分工理念不仅限于经济秩序，而且蕴涵着政治秩序和社会秩序。在劳心与劳力的社会分工中，人与人以及不同行业者之间不仅仅是物质或经济交换关系，而且是基于一定的经济基础、社会地位的社会关系，并由此构成了整个社会的等级秩序。孟子旨在通过社会分工给不同的人在社会中找到一个位置，定以不同的名分，从而保证各行各业有条不紊地运行。这正是儒家追求和向往的亲亲、尊尊的社会秩序。这种秩序基于井田制代表的经济基础，始于以血缘为纽带的亲亲的人伦秩序，终于劳心劳力的社会分工。这是孟子对于仁政的基本构想，也是儒家的一贯思路。

第五节　王道、仁政与天命、人性

"先王有不忍人之心，斯有不忍人之政"是孟子政治哲学的基本逻辑，也使王道、仁政成了孟子政治哲学的主要内容。作为人生追求和社会理想，孟子终身都在为王道、仁政的实现而不懈努力着。作为价值旨趣和理论初衷，王道、仁政不仅限于孟子的政治哲学，而且浸透在本体哲学、人性哲学等方方面面，确切地说，政治哲学从本体、人性哲学中引申出来，故而与后者一脉相承。而将三者联系起来的，则是"先王有不忍人之心，斯有不忍人之政"。可以看到，"先王有不忍人之心，斯有不忍人之政"架起了联结孟子政治哲学与本体哲学、人性哲学的桥梁，并且作为政治哲学的主要内容为孟子的本体哲学、人性哲学注入了特殊意蕴和独特魅力。

就本体哲学与政治哲学的关系而言，孟子的政治哲学直接决定了本体哲学的具体内容和理论走向。具体地说，孟子本体哲学的主要内容是天命论。天命论宣扬人的命运是外在的异己力量——上天注定的，属于客观唯心论。作为天命论者，孟子断言："皆天也，非人之所能为也。莫之为而为者，天也；莫之致而至者，命也。"（《孟子·万章上》）这个说法表明，孟子恪守天命论，孟子的天命论属于客观唯心论，在这一点上与孔子的天命论无异。尽管如此，孟子坚信"先王有不忍人之心，斯有不忍人之政"，在从"不忍人之心"推出"不忍人之政"的过程中，由于对王道、仁政的津津乐道、不能释怀，孟子有意无意地以心为切入点，从人为的因素入手来解释上天对人之命运的决定。例如，他引用伊尹的话说："天之生斯民也，使先知觉后知，使先觉觉后觉。予，天民之先觉者也；予将以此道觉此民也。"（《孟子·万章下》）如此说来，上天在生人之时就已经把人分为先知先觉与后知后觉等不同的等级，并且赋予先知先觉以教化万民的责任和使命，从而使仁政包含的社会分工和社会秩序在天命中得以伸张。在回答弟子提出的天下政权更替的问题时，孟子不仅通过"天视自我民视，天听自我民听"在天命中加入了人命的成分，而且注重统治者的人品和德行。这使孟子天命论的理论走势急剧变奏，由客观唯心论转而向主观唯心论倾斜。据《孟子·万章上》记载：

　　万章曰："尧以天下与舜，有诸？"孟子曰："否。天子不能以天下与人。""然则舜有天下也，孰与之？"曰："天与之。""天与之者，谆谆然命之乎？"曰："否。天不言，以行与事示之而已矣。"曰："以

行与事示之者如之何？"曰："天子能荐人于天，不能使天与之天
下。……昔者尧荐舜于天而天受之，暴之于民而民受之，故曰，天不
言，以行与事示之而已矣。"曰："敢问荐之于天而天受之，暴之于民
而民受之，如何？"曰："使之主祭而百神享之，是天受之；使之主事
而事治，百姓安之，是民受之也。天与之，人与之，故曰：天子不能
以天下与人。舜相尧二十有八载，非人之所能为也，天也。尧崩，三
年之丧毕，舜避尧之子于南河之南。天下诸侯朝觐者，不之尧之子而
之舜；讼狱者，不之尧之子而之舜；讴歌者，不讴歌尧之子而讴歌
舜。故曰，天也。夫然后之中国，践天子位焉。而居尧之宫，逼尧之
子，是篡也，非天与也。《太誓》曰：'天视自我民视，天听自我民
听'，此之谓也。"

一问一答的对话使一个事实逐层浮出水面——上天对人之命运的决定
是天与人之间相互作用的结果，究其极是一个倾听百姓心声的过程：一方
面，天不言不语，只拿事与行来昭示天下。孟子宣称上天在昭示天子的过
程中以万民的耳目为耳目，其实是在天命中融入了人命（百姓之命）的因
素，于是便有了"天时不如地利，地利不如人和"（《孟子·公孙丑下》）
的名句。另一方面，作为上天和万民共同期待和考察的对象，准天子的人
格、德行是一个重要参数，甚至是最基本的参数。正如天下之人朝觐、诉
讼和讴歌皆"不之尧之子而之舜"决定上天把天下与舜一样，最终为舜赢
得万民爱戴的是舜本人的德行即推行王道、仁政而爱民保民。有鉴于此，
孟子呼吁"保民而王"。

孟子所讲的"保民而王"具体包括两层含义：第一，东征而西怨、西
征而东怨的万民爱戴使王者永远立于不败之地。只有保民，才能保持自己
王的地位；否则，王即成了孤家寡人，也就不成其为王了。第二，更为重
要的是，王的作用和价值是保民，只有使民得到庇护和保佑，王才践履了
自己的使命，实现了自己的价值。这是孟子的为政原则，也是他所认可的
王者对待天命的态度和做法。据载：

齐人伐燕，胜之。宣王问曰："或谓寡人勿取，或谓寡人取之。

以万乘之国伐万乘之国，五旬而举之，人力不至于此。不取，必有天殃。取之，何如？"孟子对曰："取之而燕民悦，则取之。……取之而燕民不悦，则勿取。"（《孟子·梁惠王下》）

这则记载表明，在孟子的价值系统中，只有不计较国土的大小而只为万民考虑，才可能成为王者。有了仁政这杆秤，由于价值天平始终指向百姓一方，天殃完全可以置之不理，百姓的忧乐才是王者进行取舍定夺的唯一标准。这则故事反映了孟子设想的王者对待天命的应有态度，也印证了孟子所讲的上天主要对天子负责，侧重国家命运。可以作为例证的有，孟子曾宣称："惟仁者为能以大事小，是故汤事葛，文王事昆夷。惟智者为能以小事大，故太王事獯鬻，勾践事吴。以大事小者，乐天者也；以小事大者，畏天者也。乐天者保天下，畏天者保其国。"（《孟子·梁惠王下》）在这里，无论乐天还是畏天，主体都只能是天子、国君而非一般的民众。孟子所讲的乐天、畏天都不是从普通人对天的态度或天与人的一般关系立论的。因此，只有天子、国君，才有乐天畏天的可能性或乐天与畏天之别。

可见，王道、仁政理想决定了孟子谈论天命的独特视角，乃至影响了天命的具体内容，致使孟子的天命论极富个性魅力。同样恪守天命论，如果说孔子之天侧重决定人之死生、富贵等个体命运的话，那么，孟子之天则着重主宰天下兴衰等群体命运——在这方面，孟子即使讲个人命运也大多与政治或仕途际遇相对接。与此相关，由于王道、仁政乃至民心向背的参与，孟子的天命论由孔子以冥冥之天为主宰的客观唯心论转向了天命即人命的主观唯心论。

就政治哲学与人性哲学的关系而言，"先王有不忍人之心，斯有不忍人之政"使孟子的政治哲学与人性哲学密不可分，甚至成为一而二、二而一的关系。如果说人性之善为王道、仁政的实施和贯彻提供了可能性论证的话，那么，王道、仁政的实现则为人性之善的践履和葆有提供了广阔空间。先王之不忍人之政使人性之善从人性哲学的假说层面提升到政治哲学以仁政为平台的现实层面，拥有了实践操作的平台。

在这里，有一点是可以肯定的，那就是：如果说孟子在本体哲学与政治哲学之间搭建联系是在有意无意之间进行的话，那么，孟子对于以仁政为主的政治哲学与人性哲学之间的密切关系则有清醒的认识。他指出："人皆有不忍人之心。先王有不忍人之心，斯有不忍人之政矣。以不忍人之心，行不忍人之政，治天下可运之掌上。"（《孟子·公孙丑上》）

一方面，孟子着重揭示了人性与政治之间的内在联系，把人性说成是为政的基础和前提，进而用人生而善的本性论证"不忍人之政"的可能性和可行性：第一，先王的善性决定了仁政的制定和出台。既然善是人与生俱来的本性，那么，先王也不例外。正因为先王心怀恻隐，不忍心用残酷的法律桎梏百姓，于是才推出了"不忍人之政"。第二，从仁政的贯彻和执行来看，百姓的善性保证了仁政的贯彻和落实。百姓性善——因为人皆有"不忍人之心"，"不忍人之心"并非先王所特有，百姓与先王一样悦仁义、听从仁政的引导。可以设想，如果人性如韩非所说的那样自私自利、唯利是图的话，那么，以礼乐教化、道德引导等说教手段为主的仁政便显得空洞虚伪、苍白无力，而不如法律的强制来得有力直接。为了说明道德说教与法律强制孰优孰劣，韩非讲述了这样一个例子：

> 今有不才之子，父母怒之弗为改，乡人谯之弗为动，师长教之弗为变。夫以父母之爱、乡人之行、师长之智，三美加焉，而终不动，其胫毛不改。州部之吏，操官兵，推公法，而求索奸人，然后恐惧，变其节，易其行矣。故父母之爱不足以教子，必待州部之严刑者，民固骄于爱、听于威矣。（《韩非子·五蠹》）

在这个例子中，韩非通过父母、乡邻和师长的教诲与酷吏、官兵和法律的威慑之间的鲜明对比，揭示了道德说教的软弱与法制手段的有效，表白了自己推行法治的治国理念和政治主张。与此同时，这个例子也从反面证明了性善说对仁政的理论支持和奠基作用。

另一方面，孟子以王道、仁政为理想境界和政治主要内容的政治哲学使其"道性善"的人性学说由空想变成了现实。换言之，孟子的王道、仁政主张既由性善而来，奠基于人性哲学之上，又反过来为"道性善"的人性哲学提供了广阔而切实的用武之地。在孟子对王道、仁政的畅想中，在上者的善良本性得以酣畅淋漓地释放和运用，王天下的王者以"不忍人之心"平天下或解决与邻国、与下民的关系，治天下的国君以"不忍人之心"处理一切事物；庶民百姓的性善本能得以充分挖掘和施展，在对内事父兄、畜妻子的人伦日用和对外事君敬长的身体力行中臻于人性的完善。于是，国家刑罚省，上下的善良本性皆得以完善。这样一来，每个人与生俱来的、作为良知良能潜在的善之"端"都尽情发挥。

"先王有不忍人之心，斯有不忍人之政"表明，孟子的政治哲学不仅与本体哲学和人性哲学密切相关，而且转变了本体哲学的理论走向和哲学党性，具体表现就是使天命直接与现实的政治生活对接；奠基于人性哲学之上的政治哲学反过来为"道性善"的人性哲学提供了论证，这种论证比起性善说对仁政具有假说性质的前提预设更具说服力。于是，可以设想，离开了由"先王有不忍人之心"而生发出来的"不忍人之政"，孟子的本体、人性哲学将丧失鲜活的现实性和有效的说服力，甚至可能要改写。基于此，在某种程度上可以说，以王道、仁政为主的政治哲学是孟子思想体系的核心，以天命论为基础的本体哲学和由性善说支撑的人性哲学是围绕政治哲学展开，并且为政治哲学服务的。

除此之外，"先王有不忍人之心，斯有不忍人之政"使孟子的政治哲学极富儒家神韵，不仅尽显儒学本色，而且让人可以从中领略儒家一以贯之的学术风采：第一，将为政者自身的表率作用进行到底。崇尚礼乐教化、道德感召的儒家走的一直是上层路线，这凸显了上者行为的重要性，无形之中置上者于万众瞩目的地位。孔子给政下的定义是"政者，正也"，理由很简单——既然为政者是万众之师，那么，"子帅以正，孰敢不正？"（《论语·颜渊》）孟子重视统治者的榜样作用，并且用王者、圣人、贤能和俊杰等组成了一个大系统，以期在各个环节都以正面形象的示范来教化、模塑万民。第二，编织"哲学王"的梦想。在古希腊哲学家柏拉图描述的理想国中，有智慧的哲学王统一天下。其实，儒家也有强烈的"哲学王"情结。唯一不同的是，由于中西文化的差异，柏拉图与儒家对哲学王的具体理解迥异其趣：在膜拜知识的西方文化中，哲学王是智慧之王；在崇尚伦理道德的中国传统文化中，哲学王主要指道德完善的圣人即王天下的圣贤。受哲学王情结的驱使，孔子倾慕的圣人从尧舜到周公等都是一统天下的"政要"。有天下、是国君，这是"哲学王"的政治身份；此外，他们还有一个学术或品行身份，那就是：道德完善的圣人。孟子的哲学王情结与孔子相比不仅毫不逊色，甚至有增无减，他所讲的以德服人而王天下的王者就是哲学王，即以道德立身且立国者。孟子坚信，在理想的国度里，天下理应归于行"不忍人之政"的仁者。更有甚者，不以道德为本即不能得天下。所以，他宣称："三代之得天下也以仁，其失天下也以不仁。"（《孟子·离娄上》）与此同时，孟子还以"兼善天下"的王者自居且自励，终身为王天下的事业而呕心沥血、呼吁奔波。可以看到，孟子壮志未酬的哲学王事业并没有停息。在孟子的身后，荀子一再强调：

> 故天子唯其人。天下者，至重也，非至强莫之能任；至大也，非至辨莫之能分；至众也，非至明莫之能和。此三至者，非圣人莫之能尽，故非圣人莫之能王。圣人者，备道全美者也，是县天下之权称也。（《荀子·正论》）

> 国者，小人可以有之，然而未必不亡也；天下者，至大也，非圣人莫之能有也。（《荀子·正论》）

在荀子看来，天子不仅意味着权利，更意味着责任。只有"备道全美"的哲学王才能肩负天下的责任而不辱使命、不辜负天下人的重托。因此，天下必然是王者的，哲学王得天下便可以长久，小人即使侥幸得天下也不会长久。在荀子淋漓尽致的发挥中，哲学王统治天下不再是孔子对古代世界的美好回忆而是当今世界的现实情境，哲学王统治天下的状态也随之由孟子畅想的理想态变成了常态。正是在这种时空的双维转换中，荀子强化了儒家的哲学王情结，同时彰显了哲学王一统天下的正当性和必然性。

上述内容显示，"先王有不忍人之心，斯有不忍人之政"凝聚了孟子的政治理念和远大抱负，也成为联结他的政治哲学与本体哲学、人性哲学的桥梁。其实，稍加思考不难发现，正如儒家的政治理想与个人抱负密不可分一样，孟子借助"先王有不忍人之心，斯有不忍人之政"抒发的治国平天下的政治理念引领了后世儒家的致思方向和理论走势，由天命而人性而政治的三位一体被宋明理学家演绎为天理为世界本原—人性的善恶双重—德法并施的治国方略的层层推进。

第三章　荀子

天以及天人关系是儒家恒提恒新的话题。荀子用"明于天人之分"既回答了儒家对天人关系的津津乐道，又展示了自己独特的视角和思路。荀子的本体哲学围绕着"明于天人之分"展开，伸张了天本论。在具体的阐释和论证中，荀子不仅从全新的视角界定了天，而且在人的作为中诠释了人的本质。在此基础上，荀子从天人关系的维度阐释了人的命运。

第一节　天论

基于儒家的学术传统，荀子对谈天乐此不疲，专门作《天论》。荀子在《天论》中抒发了对天的理解，并借此阐释了天人关系。荀子对天的理解与孔子和孟子明显不同，这集中表现为不是将天理解为人的命运的主宰，而是理解为包括列星和四时变化在内的整个自然界。在天与人的关系上，荀子试图通过天人相分而臻于天人合一。

一　天就是自然界

在对天的界定上，荀子既没有像孔子那样把天视为冥冥之中的神秘主宰，也没有如墨子一般把天说成具有好恶、意志的人格之神，而是断言天就是整个自然界及其运动和变化。对此，荀子写道："列星随旋，日月递炤，四时代御，阴阳大化，风雨博施，万物各得其和以生，各得其养以成，不见其事而见其功，夫是之谓神。皆知其所以成，莫知其无形，夫是之谓天。"（《荀子·天论》）按照荀子的说法，众星相随地运转，日月交替着照耀大地，季节由春到冬循环变更。由此，构成了自然界及其运动和变化。这便是天。正是在自然界及其各种自然现象的运动之中，阴阳二气相互作用化生出万物，风雨博施使万殊得到各种自然现象的相互调和而产生，得到各种滋养而完成。所谓的天，其实就是整个自然界及其运动、变化和作用。在此，荀子强调，各种事物都是在大自然的化育中产生和成长的，天对万物的生养没有任何意志和目的的支使。天是一种自然的存在，万物的生长是自然而然的。这用他本人的话说便是："不为而成，不求而得，夫是之谓天职。"（《荀子·天论》）

在论述天生成万物的过程中，荀子一再声称人对天"知其无形""不见其事"。借此，荀子旨在强调，天自然而然、没有意志，目的是避免将天神秘化或人格化。其实，与孔子、孟子所讲的天相比，荀子将天解释为自然界的本身在减少天的神秘性的同时，已经使天变得"有形"了许多。基于对天的这种理解，荀子进一步阐述了天人关系。

二　天具有自身规律

荀子强调，天生养万物的过程是自然而然、与人无涉的，天的存在、运动和变化也与人事无关，完全受其自身的必然规律支配。因此，荀子断言："天行有常，不为尧存，不为桀亡。"（《荀子·天论》）这就是说，不论人有何意愿，无论人类社会有什么样的祸福兴衰，都不会影响或改变天。原因在于，天即自然界的存在是不以人的意志为转移的，不会因为人而有所改变。天与人之间的这种关系正如兰芷自生自长在深山之中，不会因为人看不见它，它就不散发芬芳一样。正是在这个意义上，荀子指出："天不为人之恶寒也，辍冬；地不为人之恶辽远也，辍广。……天有常道矣，地有常数矣。"（《荀子·天论》）天不会因为人不喜欢寒冷就取缔了冬季，地也不会因为人不喜欢辽远就停止了宽广。天地的存在与人事没有直接的因果关系，对天地起作用的始终是——也只能是它们自身固有的自然法则。

三　各种怪异现象都是天变化的形式

循着荀子的逻辑，既然自然界的存在和运动都是自然而然的，与人并无直接联系，那么，作为自然界中阴阳变化的形式，各种怪异现象便与人的吉凶祸福无关。沿着这个思路，他指出，人如果看见罕见的现象感到奇怪是可以的，如果觉得恐惧就大可不必了。这是因为，对于一个社会来说，如果君主圣明、政治平和，即使各种怪异现象同时出现也不要紧；如果君主昏庸、政治混乱，即使无一怪异现象出现也没有什么好处。正是在这个意义上，荀子写道："星队、木鸣，国人皆恐。曰：是何也？曰：无何也。是天地之变，阴阳之化，物之罕至者也。怪之，可也；而畏之，非也。夫日月之有蚀，风雨之不时，怪星之党见，是无世而不常有之。上明而政平，则是虽并世起，无伤也；上暗而政险，则是虽无一至者，无益也。"（《荀子·天论》）

四 天不能决定人类社会的治乱兴亡

在荀子看来，既然天的存在和运动受他自身规律的制约，是自然而然的，并且与人无关，那么，天也就不能决定人类社会的治乱盛衰。对此，他说道："治乱天邪？曰：日月、星辰、瑞历，是禹、桀之所同也。禹以治，桀以乱，治乱非天也。时邪？曰：繁启、蕃长于春夏，畜积收藏于秋冬，是又禹、桀之所同也。禹以治，桀以乱，治乱非时也。地耶？曰：得地则生，失地则死。是又禹、桀之所同也。禹以治，桀以乱，治乱非地也。"（《荀子·天论》）这就是说，天地亘古亘今无有不同，春生夏长秋敛冬藏的自然规律也未尝改变。可是，有了禹这样的圣明贤君，天下便太平了；出现了桀这样的昏庸暴君，天下就混乱了。由此可以推断，天不能决定人类社会的治乱和兴衰；人类社会的变故是人自身作为的结果，与天无关。

循着天与人事无关的逻辑，荀子进而指出，人因旱求雨与求吉卜筮一样徒劳无益，这些只不过是统治者蒙惑百姓的托词和掩饰罢了。其实，祭祀和卜筮根本改变不了上天的状况和人的命运。于是，他断言："雩而雨，何也？曰：无何也，犹不雩而雨也。日月食而救之，天旱而雩，卜筮然后决大事，非以为得求也，以文之也。"（《荀子·天论》）

荀子对天的阐述构成了其本体哲学的主要内容，对天的理解和述说则是对天本论的另类表达。上述内容显示，荀子的天论有两个基本要点：第一，张扬了天本论。荀子把自然界的一切现象——包括罕见的怪异现象都视为天的自然作用，致使宇宙中的一切存在包括人在内都成为天之阴阳化育的产物。在此，通过把天说成由日月星辰等自然现象组成的自然界，荀子抽掉了天的神秘性和神圣性。第二，强调天人之分。一方面，天自然无为，不决策人事。另一方面，人之贤否、人事兴衰与天无涉。正如天按照自己的规律运行而不因人事而改变一样，天也不会直接注定人间的兴衰治乱。荀子的说法使天与人都成为相对独立的系统。

第二节　人之命运的社会定格

人是什么？什么是人类独具的特征？究竟要具备什么条件才可冠以人的美称？这是饶有兴趣的问题。为了揭开谜底，荀子进行了艰辛的探索，从不同角度探讨了人与动物的不同，试图揭示人的本质规定性。在荀子的视界中，人之本质从三个维度共同呈现出来。

一　"人有气、有生、有知亦且有义"

荀子把宇宙间的存在分为四类：第一类是只有气的非生物，如水、火等；第二类是有气有生命的植物界，如草、木等；第三类是有气有生命有智慧的动物界，如禽、兽等；第四类是不仅有气有生命有智慧而且有义的人类。他进而强调，这四类存在标志着不同的等级，后一类总是较之前一类内涵丰富、构成繁杂、地位高贵；人居最后，故而"最为天下贵"，是宇宙中最高贵、最复杂的存在。对此，荀子写道："水火有气而无生，草木有生而无知，禽兽有知而无义；人有气、有生、有知亦且有义，故最为天下贵也。"（《荀子·王制》）

荀子进而指出，在人的四种构成要素——气、生、知和义中，前三种是人与其他存在共有的（尽管程度不同，如人类智慧高、动物智慧低等），只有义才是人类独具的特征。换言之，正是义使人从有气有生且有知的动物界中脱颖而出，一举成为天下之贵。由此观之，义是人的本质属性。因此，荀子在《劝学》中宣称："义则不可须臾舍也。为之，人也；舍之，禽兽也。"荀子的这些说法不禁使人想起了孟子的"人之异于禽兽者几希"和"无羞恶之心（即义或义之端——引者注），非人也。"

二 "人能群，彼不能群"

荀子指出，就躯体和生理机能而言，人在某些方面不及动物，如力不如牛大、跑不如马快等。尽管如此，人却可以用牛耕地、用马拉车，使它们为人类服务。为什么牛马的命运如此凄惨而人类却可以耀武扬威？荀子给出了这样的答案："人能群，彼（指牛马等非人之类——引者注）不能群也。"（《荀子·王制》）在他看来，人有群体性而动物没有，群体性是人之所以胜物的关键。单个的人组成了群体，能量就会增加，力气也会强大。这使人在与动物的竞争中无往而不胜。于是，荀子声称："和则一，一则多力，多力则强，强则胜物。"（《荀子·王制》）

有鉴于此，荀子强调，人是群体性的动物，离群索居、逍遥独处是不可能的：第一，从人的情感寄托来看，能群是爱亲的具体表现。宇宙之间，凡是有血气的存在都有智慧，而凡是有智慧的存在都有爱类的本能。例如，大的鸟兽假若与群离散了，时过数日数月必沿途知返；小的燕雀离开群体也会悲鸣着向后张望。动物尚且如此，作为有血气家族中最为上乘的人类，其爱亲爱类的情愫更是深于、浓于他物。荀子断言："故有血气之属莫知于人，故人之于其亲也，至死无穷。"（《荀子·礼论》）正是由于人类的这种亲亲爱类的本能使其组建了家庭，进而形成了国家和群体。第二，从人的物质需要来看，群是人的生存需要。荀子认为，人的生活起居时时处处都与他人发生交涉，由此形成了一定的经济交往和伦理关系，因此不得不群。对此，他指出："故百技所成，所以养一人也。而能不能兼技，人不能兼官，离居不相待则穷。"（《荀子·富国》）人的生存需要各方面的供给，如果不与他人交换技艺或劳动产品，构成一定的关系，既不利己又不利人，最终将招致人类共同的厄运。在这个意义上，荀子呼吁："人之生，不能无群。"（《荀子·富国》）这表明，人必须合群、与他人组成社会群体，否则，将无法生存。同时，只有加强群体的凝聚力，才能扩大人类的力量和智慧，提高人类在宇宙中的地位。从这个意义上说，是"能群"使人成为役使万物的主宰，"能群"是人与动物的根本区别。

三　"人之所以为人者，……以其有辨也"

荀子认为，人之所以成为人，在严格意义上并不是因为人在形体上与动物不同——"二足而无毛"，而是"以其有辨。"（《荀子·非相》）辨，分别也。在他看来，有分别是人类最本质的特征。对此，荀子解释说："夫禽兽有父子而无父子之亲，有牝牡而无男女之别。故人道莫不有辨。"（《荀子·非相》）这就是说，动物有父子、雌雄之分，却无亲疏、尊卑之别，所以成为动物；人类既有父子之亲，又有尊卑、长幼和男女之别，所以才成为人。以此观之，辨、能分是人类的本质属性。正是由于辨对于人的至关重要性，荀子对礼极其重视，专门著《礼论》探讨礼的起源、作用和功能。在他看来，礼起源于人之辨的需要，其作用就是分辨——等贵贱、别尊卑、序长幼。进而言之，对人的本质是辨的认识和对礼的重视影响了荀子伦理思想体系的建构。与孔子以仁、墨子以义为核心建构道德哲学有别，荀子道德哲学的核心是礼。

义、群和辨就既是荀子对人之本质的规定，也是他企图把人从动物圈中划分出来的有益尝试。尽管这三个方面角度不同，实质却是一致的、并且具有内在联系：第一，人能分与人的群体性是一致的：一方面，能分所以能群，分是群的要求。正是在这个意义上，荀子宣称："人何以能群？曰：分。"（《荀子·王制》）正因为有父子、长幼、男女之分和贫富、贵贱、尊卑之别，才可以使每个人都处于不同的社会地位之上，从而达到整个社会的和谐。否则，"群而无分则争，争则乱，乱则穷矣。故无分者，人之大害也。"（《荀子·富国》）另一方面，群必须分，群是分的前提。正因为人类生活在同一群体之中，人与人之间进行交涉和往来，所以才规定了各个人的名分和地位；否则，彼此不相往来，分也就失去了必要。第二，分、群与义具有内在联系。按照荀子的说法，人不能无群，又不能不分；人的群与分是群而有分，分而有群。既然如此，人究竟应该如何群？又如何分？答案是：义为群和分提供了标准和依据。只有依义而分才能分得恰当，也只有依义而群才能合得和谐。与此同时，人"亦且有义"的本质规定也使分、群成为义的题中应有之义。

从将人的本质界定为义、群、辨中可以看出，荀子力图以社会性和道德性来界定人，把人视为社会存在而非生物存在。这与他力图把人与动物区别开来，始终注重在异于禽兽中凸显人的本质一脉相承。在经过了如此努力和探讨之后，荀子把人界定为生活在一定社会群体之中的（"群"），处于一定社会地位之上的（"辨"），履行一定道德规范的（"义"）存在。这是荀子在那个时代对人的本质的极好表述，是人类审视自身的有益收获。这是因为，他注重的是人特有的个性，而不是人与动物共有的共性。例如，在对人之为人的说明中，庄子基于共同的本原——道而注重人与动物的共性，在把道称为"造化者""物物者"的同时，把人归为与道的其他派生物——动植物无异的"物"之范畴。庄子的这一做法在让人崇尚天然本性、返璞归真的同时，在某种程度上抹杀了人特有的个性和人类的尊严。与此不同，荀子批评庄子"蔽于天而不知人"，对人之本质的界定拉开了人与动物的距离。这与儒家的道德情结息息相通，也是其坚守人禽之辨的必然结果。

必须指出的是，荀子不仅认为人具有不同于动物的类本质，而且注意到了人与生俱来的生物本能。荀子承认人生来就有各种欲望，如"饥而欲食，寒而欲暖，劳而欲息，好利而恶劳"（《荀子·非相》）等，并把这些都说成是人与生俱来、不事而成的先天本能。其实，荀子论性，其中的很大一部分是指人欲。他断言："情者，性之质也；欲者，情之应也。"（《荀子·正名》）人欲是人性的主要内容之一，从尊重人、保护人性出发，荀子对人欲给予了一定程度的肯定。他说："虽为守门，欲不可去，性之具也。"（《荀子·正名》）在这个意义上，荀子指出，人欲虽然不可能完全满足，但要尽量予以满足和保障。在这个前提下，基于对人之本质的界定和对人禽之辨的坚守，荀子没有把人与生俱来的生理欲望视为人的本质，而是强调其中潜藏着恶，进而提醒人们，如果不对之予以正确引导或节制，势必引起争端、造成混乱。这便是荀子断言"人之性恶"的缘由。有鉴于此，在给予人欲一定程度保障的同时，荀子大声疾呼改变人性、化性起伪。为此，他一再告诫人"学不可以已"，在劝导人学义以远离禽兽、臻于圣人的同时，注重良师益友、君长礼法的作用。按照荀子的说法，对于先天本性与后天人为，只有两者配合得当才是完满的人。因此，他强调："性伪合，然后成圣人之名。"（《荀子·礼论》）

从上面的介绍可以看出，荀子对人的规定既用社会性和道德性展现了人的高贵，使人位居于万物之上，与动物划清了界限；又用欲望和情感表明了人的生物性和现实性，说明人有血有肉、七情六欲无不备焉，故而与逍遥超脱、不食人间烟火的神无缘。这就是说，人就是社会属性与自然属性、心理机制与生理机制的统一。当然，基于儒家道德主义的思维方式和价值取向，荀子对人的本质的甄别只截取了前者，对后者的注意为人后天的作为开启了努力的方向。在某种程度上可以说，正是对人的这种界定为荀子进一步探索人的命运、价值和作为伏下了契机。

第三节 "制天命而用之"

基于天本论和天人关系，荀子开始了对人命运的破译。在探究人在宇宙中的地位及人的命运、阐释力与命的关系时，他既强调人是自然的产物、应遵循自然规律，又肯定人的作用和价值、鼓励人积极作为；既看到了遵循自然规律和道德准则就能保寿得福的必然性，又注意到了某些偶然因素对人之命运的影响。

一 人是自然的产物，必须遵循自然法则

循着天本论的思维逻辑，荀子断言："天地者，生之本也。"（《荀子·礼论》）这就是说，天地是生物的本原。同样，人在大自然的化育中"形具而神生"（《荀子·天论》），有了耳、目、鼻、舌、身等天然的感官和心这个天然的君主，于是便有了好恶、喜怒、哀乐之情。由此看来，人的一切生理和心理现象都是大自然赋予的，人赖以生存的物质供给也是在自然界中索取的。对此，荀子说："好恶、喜怒、哀乐臧焉，夫是之谓天情；耳、目、鼻、口、形，能各有接而不相能也，夫是之谓天官；心居中虚，

以治五官，夫是之谓天君；财非其类，以养其类，夫是之谓天养；顺其类者谓之福，逆其类者谓之祸，夫是之谓天政。"（《荀子·天论》）

为了彰显人与天的血缘关系，让人时刻遵循自然法则，荀子把人的一切都固定在自然的框架之中：耳目为天然的感官，好恶为天然的情感，心为天然的思维器官；并且，分辨万物、获取供养是"天养"，顺应自然规律是"天政"等。这一切表明，人是自然的产物，永远也逃遁不了自然的制约。作为自然的一部分，人要以遵循自然规律作为行动的前提和依据。只有顺应自然，遵循自然规律，才能收到良好的效果；反之，违背了自然规律，必然招致灾难和祸端。于是，荀子宣称："应之以治则吉，应之以乱则凶。"（《荀子·天论》）同样的道理，只有那些顺应自然规律的合理措施才能给人带来吉祥，那些违背自然规律的不合理措施只能给人带来厄运。这用他本人的话说便是："暗其天君，乱其天官，弃其天养，逆其天政，背其天情，以丧天功，夫是之谓大凶；圣人清其天君，正其天官，备其天养，顺其天政，养其天情，以全其天功。如是，则知其所为，知其所不为矣，则天地官而万物役矣。"（《荀子·天论》）在荀子的视界中，虽然天人相分，天不能干涉人事，人也不能影响天的作为，但是，这绝不意味着人与人毫不相干。事实上，人与天的血缘亲情决定了人必然遵循自然规律而行。这是人一切行为的大前提，也是人永远摆脱不了的宿命。从这个意义上说，人类永远也无法彻底摆脱自然，成为一个自我封闭、自给自足的独立群体。这在天人关系的维度阐明了人之命运的必然性。

二 人生活在社会群体之中，必须遵守社会规范

荀子对人的本质——无论义还是群、辨的认定都指向了以礼为核心的社会规范和伦理道德的必要性，致使遵守社会规范成为人的另一宿命。作为人区别于禽兽的本质规定，义本身即代表了道德观念和伦理规范。群和辨的主要标准则是义，分合以礼才能保障人之为人。

与此同时，荀子对人之性恶的判断加剧了礼等伦理规范的必然性和迫切性。循着他的逻辑，人生来就有的各种欲望如果得不到满足就要外求，外求没有节制、限度就会引起纷争；这样下去，势必产生混乱，一发而不

可收，进而破坏群体的程序与和谐。为了避免这种局面的发生，人必须遵守社会规范，用伦理道德来约束自己的行为。而这个道德约束力量就是以礼为核心的忠、信、爱和义等行为规范。

荀子尤其强调礼的至关重要性，断言"礼者，所以正身也"（《荀子·修身》）。在他看来，小到个人的道德修养、人伦日用，大至国家的治理和行政的运作都应该以礼为标准。只有时时事事处处以礼节制，才能做得恰到好处。例如，"血气、志意、知虑，由礼则治通。……食饮、衣服、居处、动静，由礼则和节。……容貌、态度、进退、趋行，由礼则雅"（《荀子·修身》）。因此，正人君子"礼节行乎朝，……忠、信、爱、利形乎下"（《荀子·儒效》）。对于礼的至关重要性，荀子概括如下："人无礼则不生，事无礼则不成，国家无礼则不宁。"（《荀子·修身》）由于人生活在社会群体中，在人与人、人与群的交往中，仅就社会领域而言，人也不是绝对逍遥的实体。这就是说，即使撇开天人关系，人的行动也必须时时处处受到社会道德规范的限制和束缚。人只有以礼节制、遵守社会道德规范，才能安身立命、保富保贵；如果背离道德规范，个人要身败名裂、一事无成，国家也会受害颇深、永无宁日。

三　大体上，人能主宰和把握命运

荀子强调，在人与天的关系维度，人要遵循自然规律；在人与人的关系维度，人要遵守道德规范。这表明，人并不是完全自由和超脱的。尽管如此，荀子并不赞同老子和庄子等人一味顺应自然、排斥仁义道德的做法。在天与人的关系上，荀子批判庄子"蔽于天而不知人"。在他看来，对待自然与人为的关系，正确的态度应该是：既要遵循自然规律，又要积极作为；在遵循自然规律的基础上，利用规律、改造自然为人类服务。因此，荀子大声疾呼人对自然的改造和作为，提出了"制天命而用之"（《荀子·天论》）的命题，期望通过人自身的积极努力使"天地官而万物役"（《荀子·天论》），达到"财非其类，以养其类"——改造和利用自然万物供养人类的目的。

沿着这个思路，荀子得出了人的贫富、祸福、吉凶不在天而在人，人可以主宰自己命运的结论。对此，他从正反两方面进行了解释和说明：从正的方面看，只要人既因循自然法则又积极作为，便会收到好的结果，即使上天也不能把贫病祸凶强加于人。荀子断言："强本而节用，则天不能贫；养备而动时，则天不能病；修道而不贰，则天不能祸。故水旱不能使之饥，寒暑不能使之疾，祆怪不能使之凶。"（《荀子·天论》）从反的方面看，人若违反自然法则或行动怠惰，便会遭到不幸。对此，上天也无力对人加以补救。这用他本人的话说便是："本荒而用侈，则天不能使之富；养略而动罕，则天不能使之全；背道而妄行，则天不能使之吉。故水旱未至而饥，寒暑未薄而疾，祆怪未至而凶。"（《荀子·天论》）

正反两方面的例子共同说明，一切祸福、寿夭和吉凶归根结底都是人自身行动造成的，是人为的结果，与自然灾害没有直接关系，更不是出自神的安排。正是在这个意义上，荀子写道："楛耕伤稼，枯耘伤岁，政险失民，田岁稼恶，籴贵民饥，道路有死人，夫是之谓人祆；政令不明，举错不时，本事不理，夫是之谓人祆；礼义不修，内外无别，男女淫乱，父子相疑，上下乖离，寇难并至，夫是之谓人祆。祆是生于乱，三者错，无安国。"（《荀子·天论》）

与人可以主宰自己的命运相一致，荀子认为人性可以改变。在他看来，尽管从本性上说人是恶的，然而，人可以通过后天的作为改变不善的人性使之向善。对此，荀子强调，即使至善的圣人也并非性善，在人性恶这一点上，圣人与常人别无二致，是一样的。这就是说，圣人并非生来就与众不同，圣人不同于常人之处也即圣人的可贵之处在于"化性而起伪"——积极不懈地改变人性。由于有了圣人的成功典范，荀子坚信，一般人通过后天的不断积习向善也可以成为圣人。具体地说，改变性中之恶主要有两种途径：一是努力学习不断积习，久而久之成为圣人；一是主动接近良师益友，在良师益友的尧舜汤禹之正言、正行潜移默化的影响和熏染下日臻于正道。正是在内因与外因的相互配合下，人完成了对性恶的超越和自我人性的升华。

四　在细节上，人的命运带有偶然性

荀子认为，从大体上说，人可以主宰自己的命运：遵循自然规律、遵守社会伦理规范得吉，违背自然规律、破坏社会伦理规范得凶——是福是祸全凭自己的选择和作为。在这个前提下，荀子并不排除偶然因素对人命运的影响。偶然事件总是让人始料不及，对人之际遇也会带来某些意想不到的影响或改变。一般说来，有才有德之士可以食高官俸禄，然而，如果命运偏偏捉弄他，使他怀才不遇，得不到赏识，最后也只得抱恨终身。姜尚不遇文王，将会穷困潦倒至老死；孔子如遇明君，何必"知其不可而为之"？同样，修身养性者可求"正命"，然而，意外的事故却可以给他的生命画上一个永久的休止符。在某些情况下，一个偶然的小事件就可以完全改变一个人的命运：或升入天堂，或沉入十八层地狱。也许正是命运的无奈无常，荀子发出了这样的感叹："遇不遇者，时也；死生者，命也。"（《荀子·宥坐》）满腹经纶不遇伯乐者何其多，庸庸常常飞黄腾达者也不少。茫茫宇宙、芸芸众生，并非所有人都能够寿终正寝！于是，激昂奋进之后，荀子给命下了一个哀怨、凄凉而略带神秘的定义："节遇谓之命。"（《荀子·正名》）在这里，荀子把命说成是一种不可捉摸的偶然际遇。对此，他解释说，楚王的侍从之车有数千乘，并不是由于他智慧过人；君子道德高尚却啜菽饮水、生活贫困，并不是由于他愚笨。这一切都出于偶然，是"节遇"的结果。

五　非相

荀子认为，人的命运不在天而在人，决定命运的不是人与生俱来的形体，而是人后天的行为。基于这一认识，他引用大量的事实反驳相术的灵妙，以此反对人们通过观察相貌预测命运的做法。

首先，荀子认为，具有相同命运的人，相貌并不相同，甚至还可能截然不同。对此，他举例说，尧和舜都是帝王，而两人的身材相差悬殊：尧身材修长，舜却身材矮小。文王和周公同是周朝的圣人，文王身高，周公身矮；孔子和其门徒——子弓同是儒学大师，孔子高而子弓矮。这些例子共同证明，一个人身材的高矮、长短、大小以及相貌的美丑与其命运之间没有因果关系。

其次，荀子强调，相貌丑陋并不一定没有才华或命运不济，而是很有可能得福得吉。这方面的例子比比皆是，不乏其人：卫灵公的大臣——公孙吕身长7尺，面长3尺，额宽3寸，丑陋无比却名动天下。楚国的孙叔敖是期思的郊野之人，发短而秃顶，左手长。可是，他坐在车马上指挥、策划，使楚国称霸于诸侯。叶公子高微小短瘠，行若不胜其衣。可白公叛乱时，他诛杀白公，平定楚国易如反掌，仁义功名善于后世。此外，西周时徐国的国君徐偃王的样子，目可瞻额；孔子的样子，脸形凶恶，像古代驱逐疫鬼或出丧开路用的方相；周公的样子，身如一株枯折的树干；皋陶的样子，色如削去皮的瓜；闳夭的样子，鬓须多，脸上简直看不见皮肤；傅说的样子，背驼得像鱼背上的鳍直立起来；伊尹的样子，脸上没有眉；禹像跳着走；汤半身偏枯；尧和舜都三个瞳人。对此，荀子总结说，这些人尽管都相貌奇特，却或功德盖世，或事绩显赫，或文采出众。由此可见，通过身体的长短和相貌的美丑不能预测人的行为和命运。

最后，荀子指出，相貌娇美者不一定德行好，却可能祸国殃民。这方面的典型例子是，古代的暴君夏桀和商纣都身材颀长、容貌姣美，是天下的豪杰，并且能文能武。可是，美貌并不能保证夏桀、商纣的好运，两人身死国亡、为天下大戮。后人言恶，必以两人为例证。可见，相貌美好者未必行为或命运就好。

通过上面的论证，荀子得出了这样的结论："故相形不如论心，论心不如择术。……术正而心顺之，则形相虽恶而心术善，无害为君子也；形相虽善而心术恶，无害为小人也。君子之谓吉，小人之谓凶。故长短、小大、善恶形相，非吉凶也。"（《荀子·非相》）按照荀子的说法，人的相貌美丑不仅与德行才华无关，而且与命运吉凶无涉。既然如此，通过形体相貌预测人之命运（"相形"）纯属无稽之谈，比不可信。

总之，荀子既承认人受规律和法则的制约，又主张人积极作为，主宰自己的命运。这在杜绝消极无为的同时，堵塞了通向狂妄乱为之路。荀子对人之命运的阐释既看到了决定人的命运的主导因素，又看到了命运中的偶然和不测。这是解开人的命运之谜的有益尝试。

第四节　圣贤情结和哲学王构想

　　荀子肯定，人与人之间具有尊卑、贵贱、贫富或智愚之分，这决定了他不可能让处于不同地位、不同阶层的人机会均等地参与一切社会事物或者主宰命运。那么，作为天下之最贵，可以主宰命运的人究竟是谁？换言之，什么样的人才是荀子寄予厚望、委以重任的人呢？

　　荀子所崇拜和期盼的主要有三种人，即圣人、老师和君王。一方面，这三种人具有某些相通之处，都非普通老百姓所能及。另一方面，他们所发挥作用的场所和领域是不同的。

一　圣人，道德高深者也

　　荀子声称："圣也者，尽伦者也。"（《荀子·解蔽》）这就是说，圣人通晓万物之理——当然包括一切伦理纲常和道德规范，理所当然地成为人之命运的导师。具体地说，圣人就是人伦的光辉榜样，人在现实生活中所依据的各种道德原则和行为规范都是圣人制定的。这用荀子本人的话说便是："圣人化性而起伪，伪起而生礼义，礼义生而制法度。"（《荀子·性恶》）由此，他把圣人奉为人的行为典范，一再敦促人效仿圣人化性起伪，在向圣人学习中改变人性之恶。

二　师傅，知识渊博者也

　　圣人是人的行为典范，然而，并非人人都能有幸与圣人并时而生，聆听圣人教诲。为了消除这个遗憾，荀子让人通过老师来领悟圣人之言，模仿圣人之行。对此，他断言："学莫便乎近其人，……方其人之习君子之说，则尊以遍矣，周于世矣。"（《荀子·劝学》）引文中的"其人"，良师也。按照荀子的设想，在良师的谆谆教导和耳濡目染下，人能够克服本

性之恶而日臻于善。于是，荀子得出了如下结论："人无师法，则隆性矣；有师法，则隆积矣。"（《荀子·儒效》）

基于这种认识，荀子提出了贵师重傅的思想。他确信："国将兴，必贵师而重傅；贵师而重傅，则法度存。"（《荀子·大略》）这就是说，是否尊重老师是国家兴衰的关键。尊之则兴，贱之则亡。因为只有在良师的正确引导和教化下，人才能知识速通、勇敢速威、才能速成、周察速尽、辩论速决。是老师为人之成才开启了正确方向，并且使一切都变得事半功倍起来。也正是老师的教导使人免于陷入盗、贼、乱、怪和诞之祸。（均见《荀子·儒效》）由是，荀子盛赞："师法者，人之大宝也。"（《荀子·儒效》）

三 国君，地位至尊者也

荀子论政，历来主张礼法并重。如果说礼乐的教化由圣和师来引导的话，那么，法律的刑罚则由君主来实施。他断言："君者，国之隆也。"（《荀子·致士》）君主是一个国家地位最尊最显之人，君主的威严和表率作用是无穷的。从这个意义上说，"君者，民之原也。原（通"源"——引者注）清则流清，原浊则流浊。"（《荀子·君道》）有鉴于此，荀子认为，君主是一个国家治乱的根本。

总之，荀子最终把人之命运托付给了圣、师、君。选择他们作为人类命运的代言人，流露出荀子的圣贤情结和哲学王构想。从中可以看出，荀子是本着儒家的差等原则以尊者、贵者为推崇对象的，他对人之命运的解释是在宗法等级的视域下进行的。

上述内容显示，荀子对人之命运的阐释是在天人关系的维度中立论并展开的。不仅如此，在天人关系上，荀子不是像其他古代哲学家那样关注天人合一，而是强调天人相分，他的命运观可以称为天人相分命运论。这种命运学说认为，天有天的功能，人有人的功能——天的功能是生养，人的作用是治理；天不能主宰人的命运，人也不能为天谋划或改变自然规律。在这个意义上，天与人是两种互不干涉的独立存在。荀子的这些观点为人主宰自己的命运开辟了自由空间。与此同时，荀子所讲的天人相分并不是天人二分或天人对立。具体地说，荀子之所以强调"明于天人之分"，是因为人在自然的化育中"形具而神生"，人是自然的一部分而并非完全脱离自然的自由存在。正因为如此，人可以"制天命而用之"，前提是顺应自然规律。无论如何，人永远也不能够违天背道而行。遵循天的规律而积极作为必吉，违背天的规律而怠惰乖戾必凶。这是必然的，没有商量的余地和可能。由此可见，在荀子所讲的天人之分中，分的前提是合，分的目的更好地合。

对人与自然关系的现实观照使荀子成为先秦第一个以冷静的目光对人类自身做出反思的哲学家。他对人之本质的界定和对人的命运的阐释对今天解开人类命运之谜仍有指点迷津之益。

荀子不再把人的命运托付给想象中的若有若无的神，而是直接把命运说成是人自身的命运——大致说来，人的命运与其自身的作为有关：遵守客观规律、行为勤勉奋进、崇尚礼义仁智得吉，背离客观规律、行为怠惰散漫、淫乱不孝不义得凶。这在某种程度上肯定了人的命运轨迹与其自身行为的内在因果联系。

与同时代的人相比，荀子对偶然际遇影响人之命运的阐释道出了命运之中具有人所无奈、无助、无法把握的因素，那便是：无论科学技术如何发达、社会如何进化，人都无法百分之百地把握命运，成为一个绝对自由的实体。其实，人的命运一半在人类自身，一半在自然之中；一半取决于自身努力，一半取决于外在因素；一半出于必然，一半出于偶然。

荀子对命运的阐释在思维方式上是对孔子随机命定论的或然论与墨子因果天命论的必然论的综合和概括。在荀子的视界中，人的命运就是每个人的在天者与在人者的无序堆积，即必然与偶然的奇妙组合。有鉴于此，荀子主张对于命运之中不可把握的因素不要苛求，对待命运之中可以把握的因素决不放弃。这用他本人的话说便是："敬其在己者，而不慕其在天者。"（《荀子·天论》）在此基础上，荀子鼓励人心平气和地去迎接命运的每一次挑战和考验，勇敢地做命运的主人。

第四章　董仲舒

董仲舒是公认的西汉大儒，甚至被康有为等人誉为孔子之后第一人，可见董仲舒在儒学中的地位不可小觑。董仲舒在儒学中的重要地位与他对儒学的新开展息息相关。董仲舒用"人副天数"和阳尊阴卑构架了天人之间的预设和谐，并使这种预设和谐通过天与人之间的相互感应进行着。按照董仲舒的说法，意志之天不仅塑造了人的形体，而且赋予人以精神、情感和道德。因此，人是天的副本和摹仿者，人的一切行为都应与天相符。同时，天有意志，施德刑，直接影响甚至决定人类社会的兴衰。人类社会的政治原则和统治方案都是化天数而来的，王者的治国路线和行政措施必须循天之道。对于儒家的和谐思想而言，董仲舒的贡献是，在人道源于天道的前提下，通过上天的阴阳之性论证人类社会上下尊卑的合法性。在此过程中，他既发扬了孟子以践履仁义道德与天合一的思想，又继承了荀子彰显和谐等级意蕴的做法。这样一来，董仲舒既通过阳尊阴卑致使人间的等级秩序因为源于天之秩序具有了神圣性和权威性，又使践履三纲五常成为天人合一的具体方式。

第一节　宇宙的预设和谐

董仲舒认为，天至高无上、广大无极、亘古亘今，是宇宙的本原和依托。正是在这个意义上，他断言："天地者，万物之本，先祖之所出也。广大无极，其德昭明，历年众多，永永无疆。天出至明，众知类也，其伏无不照也。地出至晦，星日为明，不敢暗。"（《春秋繁露·观德》）这就是说，天地是生物之本，世界万殊和人都是天地之气杂合、化生的结果。显然，董仲舒的这种说法在推崇天的权威上，与孔子、孟子代表的先秦儒家的观点并无根本区别。所不同的是，董仲舒吸收了阴阳家和自然科学的思想要素，用以论证四季和四方的形成，把上天生养万物的过程描述得具体详尽、绘声绘色。例如，他认为，天有阴阳，化生出四季、四方和五行。这用他本人的话说便是："天地之气，合而为一。分为阴阳，判为四时，列为五行。"（《春秋繁露·五行相生》）四季、四方为万物的生长提供了时间和空间，五行更是通过参与四季和四方的形成推动了万物的化生。在此过程中，董仲舒特别解释了四季的形成。对此，他不止一次地声称：

> 天有五行，木火土金水是也。木生火，火生土，土生金，金生水。水为冬，金为秋，土为季夏，火为夏，木为春。春主生，夏主长，季夏主养，秋主收，冬主藏。藏，冬之所成也。（《春秋繁露·五行对》）

> 如金木水火，各奉其所主以从阴阳，相与一力而并功。其实非独阴阳也，然而阴阳因之以起，助其所主。故少阳因木而起，助春之生也；太阳因火而起，助夏之养也；少阴因金而起，助秋之成也；太阴因水而起，助冬之藏也。（《春秋繁露·天辨在人》）

依据董仲舒的说法，木在东方，主春位；火在南方，主夏位；金在西方，主秋位；水在北方，主冬位。当阴阳之气运行到某一方位时，就与当地某一方位所主持的某一行相结合。二者合力并功，于是便形成此一季。在董仲舒看来，有了天地、阴阳、四时、四方和五行，也就有了自然万物的繁衍生息。对此，他解释说："故天地之化，春气生而百物皆出，夏气养而百物皆长，秋气杀而百物皆死，冬气收而百物皆藏。是故惟天地之气而精，出入无形，而物莫不应，实之至也。"（《春秋繁露·循天之道》）

总之，董仲舒声称："天者其道长万物。"（《春秋繁露·天地阴阳》）天不仅生养了宇宙万物，而且创造了人类。这就是说，万物和人都沐浴了天的恩德才得以产生和存在，天是宇宙万殊的本体依托和终极本原。离开了天，便没有了万物，没有了人类，没有了宇宙。正是在这个意义上，董仲舒断言："无天而生，未之有也。天者万物之祖，万物非天不生。"（《春

秋繁露·顺命》)

董仲舒进而强调，上天生养万物和人类的过程既不是无为而为的，也不是自然而然的。这是上天有意作为的过程，体现了上天的意志和好恶。

其一，上天对万物的生养有序有时、有条不紊，蕴涵着和谐韵律，因循着和谐法则。董仲舒宣称："天之道，有序而时，有度而节，变而有常，反而有相奉。微而至远，踔而致精，一而少积蓄，广而实，虚而盈。"（《春秋繁露·天容》）

可见，上天之道体现着变与常、微与远、实与虚的和谐。正是这种和谐法则使上天在创造万物时四时交替、五行和合，从而使万物共生共长而处于和谐之中。例如，对于季节，上天在一年中的不同时期赋予其不同的功能和作用，使其区分出春、夏、秋、冬之四季，并且使春、夏、秋、冬相辅相成，共同组成一年。这用董仲舒本人的话说便是："天之道，春暖以生，夏暑以养，秋清以杀，冬寒以藏。暖暑清寒，异气而同功，皆天之所以成岁也。"（《春秋繁露·四时之副》）

其二，上天在创造宇宙万物时，奉行差分原则，协调各方面的利益关系。董仲舒宣称："天不重与，有角不得有上齿。故已有大者，不得有小者，天数也。"（《春秋繁露·度制》）这就是说，上天创造万物时合理地实行予与夺，从而使万物之间呈现出差异和分殊。例如，上天已经赋予羊、鹿以利角，便不再给它们以爪牙；赋予飞鸟、家禽以翅膀，便不再给它们四足（只给它们两只脚）。上天对人也是如此——如果让某人靠爵禄生活，就不再让他靠劳动吃饭。这样，通过上天的予与夺，万物都有所长，都有所短，从而共同生活在宇宙中而不至被它物灭绝或灭绝它物。这表明，上天的意志就是保证宇宙万物的和谐，使它们和谐相处。当然，董仲舒所讲的公正、公平是儒家特有的宗法观念下的等级秩序，而不是墨家、法家一视同仁的无差别的公平。下面所讲的上天对人的关照也是如此。

其三，上天对人格外偏爱和关照，具体表现为让人身心和谐、利义统一。董仲舒断言："天之生人也，使人生义与利。利以养其体，义以养其心。心不得义不能乐，体不得利不能安。"（《春秋繁露·身之养重于义》）由于上天在造人之初不仅给人以身，而且给人以心，这使人生来就具有利与义的双重需要。不仅如此，为了满足人的双重需要，上天尽显其仁慈之德：第一，上天创造了五谷、丝麻和禽兽来满足人衣、食方面的需求。正是在这个意义上，他不厌其烦地告诉人们：

> 五谷，食物之性也，天之所以为人赐也。（《春秋繁露·祭义》）

> 天地之生万物也以养人，故其可适者以养身体。（《春秋繁露·服制像》）

> 天覆育万物，既化而生之，有养而成之，事功无已，终而复始，凡举归之以奉人。察于天之意，无穷极之仁也。（《春秋繁露·王道通三》）

第二，为了满足人的精神欲求和道德需要，上天为人制定了礼义，即"其可威者以为容服，礼之所为兴也。"（《春秋繁露·服制像》）按照董仲舒的说法，人与万物同禀天地之气而生，由于人禀得的是天地之精气，最为高贵，天对人也总是格外关照和偏爱。上天的格外关照和偏袒使人无所不备、无憾无缺，也远远地拉开了人与宇宙万殊之间的距离。

总之，在董仲舒看来，上天具有意志，因循和谐法则创造了人和天地万物，使人与万物生来就处于和谐之中。上天的意志和好恶是协调各种事物之间的关系，使它们和谐相处。从这个意义上说，上天生养万物也就是对宇宙的预定和谐的设计。这使他的天论成为上天创造万物的预定和谐论。

与此同时，董仲舒强调，尽管创造万物的过程体现了上天的意志和好恶，然而，上天无形而难察，其化生万物的过程"出入无形"，没有形迹可寻。这个说法使天成了深藏不露的神秘存在，也拉开了天与人之间的距离。同时，天与人之间的这种距离感反过来又增强了天的神秘性和神圣性。正是在这个意义上，他声称："天高其位而下其施，藏其形而见其光。高其位，所以为尊也；下其施，所以为仁也；藏其形，所以为神；见其光，所以为明。故位尊而施仁，藏神而见光者，天之行也。"（《春秋繁

露·离合根》）

在此基础上，董仲舒进而指出，天不仅"出入无形"，不泄露其行踪，而且从不通过言语阐明其意，这给人知天、察天之意带来了极大的难度。同时，他断言："天不言，使人发其意；弗为，使人行其中。"（《春秋繁露·深察名号》）在这里，董仲舒表达了这样的意思：尽管上天不言、行踪难察，然而，有意志的上天却希望人能发其意、行其中。现在的问题是，既然天"出入无形"、不露形迹，却对人提出了"发其意""行其中"的要求，那么，人能够完成这个任务吗？他用"人副天数"回答了这个问题。通过阐释"人副天数"，董仲舒不仅将人与天归为同类，进一步彰显了人与上天之间的预定和谐，而且通过让人调整自身行为而副天数，制定了一套人与上天合一的原则方向和行为路线。

第二节 "人副天数"

对于天人关系，董仲舒指出："为人者天也。人之人本于天，天亦人之曾祖父也。"（《春秋繁露·为人者天》）在这里，他一面强调上天的本原身份和至尊地位，一面将天归为人的同类。这便是："以类合之，天人一也。"（《春秋繁露·阴阳义》）这个说法引申出天人关系的两个观点：第一，由于与天是同类，人便具有了特殊性。具体地说，人与天是同类，两者的结构、特征是一样的——天有什么，人就有什么；天怎么样，人就应该怎么样。第二，由于天是万物本原、生人之本，人与天虽然是同类，却是不平等的；在天人同类中，天是人的原型，人是天的副本。这就是所谓的"人副天数"。

一 人的形体和生理现象副天数

董仲舒认为，人的形体和生理现象副天数而来，故而与天数偶合。这具体表现在三个方面。

首先，人的生长周期与天相副。董仲舒认为，天的大数是十旬（旬指

旬月，十旬即十月），天生养万物使之由无至成的周期恰好十旬。人从受
胎到出生也是十旬，说明人与天具有同样的生长周期。对此，他宣称：
"天之大数，毕于十旬。旬天地之间，十而毕举。旬生长之功，十而毕成。
十者，天数之所止。……人亦十月而生，合于天数也。是故天道十月而
成，人亦十月而成，合于天道也。"（《春秋繁露·阳尊阴卑》）

其次，人的身体结构与天相副。董仲舒指出，人的身体结构处处显示
了与天的奇妙和谐，"求天数之微，莫若于人。人之身有四肢，每肢有三
节。三四十二，十二节相持而形体立矣。天有四时，每一时有三月。三四
十二，十二月相受而岁数终矣。"（《春秋繁露·官制象天》）在他的视界
中，人的四肢与月数相合。其实，人的身体结构处处如此，无不副天数而
来。例如，人的骨骼有三百六十节，偶一年之天数；人的形体有骨有肉，
偶地之厚；人有耳目聪明，偶日月之象；人体有空穴理脉，偶川谷之
象……总之，人的一切都是仿摹天数而来的，人的身体结构、生理特征与
天类似之处比比皆是。对此，董仲舒写道：

> 是故人之身，首 而员，象天容也；发，象星辰也；耳目戻戻，
> 象日月也；鼻口呼吸，象风气也；胸中达知，象神明也；腹胞实虚，
> 象百物也。……身犹天也，数与之相参，故命与之相连也。天以终岁
> 之数，成人之身，故小节三百六十六，副日数也；大节十二分，副月
> 数也；内有五藏，副五行数也；外有四肢，副四时数也；乍视乍瞑，
> 副昼夜也；乍刚乍柔，副冬夏也；乍哀乍乐，副阴阳也。（《春秋繁
> 露·人副天数》）

最后，人的生理现象和规律与天相副。董仲舒指出，人的生理现象
和运作规律与天相符。人们夜寝昼作，与天相类，日出而作、日落而息
的作息习惯源于一昼一夜的自然节拍。同时，人的各种生理现象和生理
规律源于上天。例如，阴天下雨，阴气滋盛，人的各种风湿偏疾等阴性
病便会发作；与此类似，久旱不雨，阳气强盛，人就会生各种毒疮火疖
等阳性病。

二 人的情感和心理现象与天相副

董仲舒断言，人的形体与上天相副，人的精神包括情感、道德和意志等也都化天数而来。其中，最典型的表现是，天有春夏秋冬四时，人有喜怒哀乐四情。不仅如此，既然人的情感是化天数而来的，那么，情感的发泄就应该与天时相副。正是在这个意义上，他一再强调：

> 人之形体，化天数而成；人之血气，化天志而仁；人之德行，化天理而义。人之好恶，化天之暖清；人之喜怒，化天之寒暑；人之受命，化天之四时。人生有喜怒哀乐之答，春秋冬夏之类也。喜，春之答也；怒，秋之答也；乐，夏之答也；哀，冬之答也。天之副在乎人。人之情性有由天者矣。（《春秋繁露·为人者天》）

> 人生于天，而取化于天。喜气取诸春，乐气取诸夏，怒气取诸秋，哀气取诸冬。四气之心也。四肢之答各有处，如四时寒暑不可移。（《春秋繁露·王道通三》）

在董仲舒看来，正因为人的喜怒哀乐等情感都是化四时而来的，与春夏秋冬一一对应，所以，情感的发泄必须应时而行。正如天道春应暖、夏应热、秋应凉、冬应寒一样，人的各种情感应按其阴阳与四时相符，不同情绪、情感的发泄必须选择与其相符的季节进行。具体地说，喜取于春之暖，应该在春天进行；乐取于夏之热，应该在夏天表达；怒取于秋之清，应该在秋天发出；哀取于冬之寒，应该在冬天宣泄。正是在这个意义上，他又说："夫喜怒哀乐之发，与清暖寒暑，其实一贯也。喜气为暖而当春，怒气为清而当秋，乐气为太阳而当夏，哀气为太阴而当冬。四气者，天与人所同有也，非人所能蓄也。故可节而不可止也。节之而顺，止之而乱。"（《春秋繁露·王道通三》）

董仲舒进而指出，喜怒哀乐四情源于天道之四时，其产生、发泄取决于天。因此，对于四情，人们既不能蓄而不发，又不能随时乱发，只可节制而不能止息。不仅如此，只有使喜怒哀乐随春夏秋冬四时应时而发，才能和谐而顺；否则，将导致失调而引发混乱。这不仅是个人情感发泄的指导纲领，而且是王者颁布、实施庆赏罚刑等行政措施的最终依据。

三　人性与天数相符

董仲舒宣称，天在造人之初，就让人的一切属性都与天相副。这不仅表现为人之形体、生理特征、心理现象和情感与天相合，而且包括人性副天数而来。具体地说，天有阴阳，表现在人性上就是人有性情，人性之贪仁是天之阴阳的具体表现。于是，他反复宣称：

> 人之诚，有贪有仁。仁贪之气，两在于身。身之名，取诸天。天两有阴阳之施，身亦两有贪仁之性。天有阴阳禁，身有情欲栣，与天道一也。（《春秋繁露·深察名号》）

> 情亦性也。谓性已善，奈其情何？故圣人莫谓性善，累其名也。身之有性情也，若天之有阴阳也。（《春秋繁露·深察名号》）

在这里，循着人性化天数而成的思路，董仲舒不仅断言人有性情，而且将人性之善恶与天道之阴阳联系起来。更有甚者，鉴于人性之善恶化天数而来，他断言人性不可更改，善恶之性犹如天赋之命一般。正是在这个意义上，董仲舒一再声明：

> 人受命于天，有善善恶恶之性，可养而不可改，可豫而不可去，若形体之可肥臞，而不可得革也。是故虽有至贤，能为君亲含容其恶，不能为君亲令无恶。（《春秋繁露·玉杯》）

> 天地之符，阴阳之副，常设于身，身犹天也，数与之相参，故命之相连也。（《春秋繁露·人副天数》）

四　人的道德观念源于上天

与人性之善恶源于上天的观点类似，董仲舒认为，人的道德观念和行为规范是副天数而来的，三纲五常和忠孝等都来源于天。例如，对于王道之五常可求于天，他解释说，人类社会的仁、义、礼、智、信来源于天道的五行，因此，五常与五行一一对应。

不仅如此，董仲舒还以五行之间的关系伸张孝和忠的合法性。为了论证孝的天经地义，他把木、火、土、金、水说成是五行相生的父子关系，并把这种父子关系解释为一种授受关系。对此，董仲舒写道："木生火，火生土，土生金，金生水，水生木，此其父子也。……是故木受水，而火受木，土受火，金受土，水受金也。诸授之者，皆其父也；受之者，皆其子也。常因其父以使其子，天之道也。"（《春秋繁露·五行之义》）在董仲舒看来，"木生火"表明木火是父子关系，木为父、火为子。那么，"木已生，而火养之"，就是父生子养。这要求子对父尽"厚养之"的孝道。"金生水"表明金已死而水藏之，即父死子葬。这要求子对父尽"谨送终"之孝道。可见，"夫孝者，天之经也。"（《春秋繁露·五行对》）因为孝源于天道，于是，他断言："《孝经》之语曰：'事父孝，故事天明。'事天与父，同礼也。"（《春秋繁露·尧舜不擅移、汤武不专杀》）对于忠，董仲舒同样以五行关系予以辩护。为此，在五行之中，他特别赞美土德。按照董仲舒的说法，土虽然不像木、火、金、水那样主管四时的一方，却兼管四时。因此，"土者，五行之主也。"土居中央，是"天之股肱"，"其德茂美"。在此基础上，他进而指出，土德是忠。土事奉天竭尽其忠，臣民侍奉君主也应像土之敬天那样尽忠，做有德行之人。有鉴于此，董仲舒得出了这样的结论："是故圣人之行，莫贵于忠，土德之谓也。"（《春秋繁露·五行之义》）

五　人的言语、概念发于天意

董仲舒断言，人的言语和概念不是随意的，而是圣人发天意的结果。

对此，他反复宣称：

> 名者，大理之首章也。录其首章之意，以窥其中之事，则是非可知，逆顺自著，其几通于天地矣。是非之正，取之逆顺；逆顺之正，取之名号；名号之正，取之天地，天地为名号之大义也。古之圣人，謞而效天地谓之号，鸣而施命谓之名。……名号异声而同本，皆鸣号而达天意者也。（《春秋繁露·深察名号》）

> 是故事各顺于名，名各顺于天。天人之际，合而为一。（《春秋繁露·深察名号》）

在董仲舒那里，名号、语言由于发天意而来具有了权威性，因此，人们都应该按照自己的名分行事。只有这样，才能各正其事、各尽其职，从而更好地与上天相符。

如上所示，为了阐发"人副天数"，证明天与人之间的预定和谐，在汲取阴阳家、医学和天文学思想资料的基础上，董仲舒对人的生理现象、心理现象以及社会行为与自然界之间的联系做了尽致淋漓的阐释和比附。在此，他看到了人作为整个宇宙大系统中的一个要素对自然的依附，从而为天与人的和谐做了种种设想和猜测。从古至今，人们总是习惯于日出而作、日落而息。这表明，人的行为与自然界保持着和谐的节拍。人的生理现象和周期与自然界具有某种必然联系，这已被现代医学和科学研究所证实。各种季节病、地方病的发生也证明人的生理现象与大自然之间存在着某种微妙关系。此外，谁也无法否认，自然的变迁、天气的流转会影响人的情绪。从这个意义上说，董仲舒的观点包含一定的合理因素。

进而言之，在董仲舒那里，如果说上天派生万物注定了宇宙的预定和谐的话，那么，"人副天数"则侧重人与天的预定和谐。在他的哲学中，"人副天数"不仅加固了天人之间的预定和谐，而且使人与天合一有了可能和前提保障。在此基础上，通过天人相互感应，董仲舒进一步使天人合一具有了强制性。

第三节　天人感应

在董仲舒那里，上天的至上权威决定了人同于天的必然性，"人副天数"不仅重申了天人的预定和谐，而且指出了人上同于天的可行性。在此基础上，通过天人相与、天人感应，他进一步加大了对人与上天合一的强制性，同时使人与天合一的方法具体化。

一　同类相动

董仲舒指出，调奏琴瑟时，击打宫声，其他宫声与之相应；击打商声，其他商声与之相应。这说明，事物与事物之间，异类相互排斥，同类相互感应。之所以如此，是因为同气相合，同声相应。这使同类事物之间相附相从、相互沟通和相互感应。对此，他解释说：

> 今平地注水，去燥就湿，均薪施火，去湿就燥。百物去其所与异，而从其所与同。故气同则会，声比则应，其验皦然也。试调琴瑟而错之，鼓其宫则他宫应之，鼓其商而他商应之，五音比而自鸣，非有神，其数然也。美事召美类，恶事召恶类，类之相应而起也。如马鸣则马应之，牛鸣则牛应之。帝王之将兴也，其美祥亦先见；其将亡也，妖孽亦先见。物故以类相召也。故以龙致雨，以扇逐暑。(《春秋繁露·同类相动》)

按照董仲舒的说法，不仅五音与五音之间、牛马与牛马之间同类相动，天与人之间也因为是同类而彼此同类相动。更为重要的是，由于"人副天数"，天与人是同类，两者之间同样存在着相互感应。对此，董仲舒解释说，天有阴阳，人也有阴阳，阴阳之气便是天与人之间同类相动的中介和媒体。例如，天地之阴气起，人之阴气会应之而起；而人之阴气起，天地之阴气亦应之而起，"其道一也"。这便是："天有阴阳，人亦有阴阳。

天地之阴气起，而人之阴气应之而起；人之阴气起，而天地之阴气亦宜应之而起，其道一也。"（《春秋繁露·同类相动》）

人与天地之阳气之间的感应大抵也是如此。在此基础上，董仲舒指出，天与人之间的相互感应是通过宇宙的混沌之气来实现的。对此，他写道：

> 天地之间，有阴阳之气，常渐人者，若水常渐鱼也。所以异于水者，可见与不可见耳，其澹澹也。然则人之居天地之间，其犹鱼之离水，一也。其无间若气而淖于水。水之比于气也，若泥之比于水也。是天地之间，若虚而实。人常渐是澹澹之中，而以治乱之气，与之流通相殽也。故人气调和，而天地之化美。殽于恶而味败，此易之物也。推物之类，以易见难者，其情可得。治乱之气，邪正之风，是殽天地之化者也。生于化而反殽化，与运连也。（《春秋繁露·天地阴阳》）

这就是说，天地之间弥漫着阴阳之气，此气渐浸人如同水渐浸鱼一般；人离不开天地之气，正像鱼离不开水一样。在宇宙的大系统中，以天地之气为介质，天与人共存互动：人感染天，天也感染人。更为重要的是，有了这种天地之气，也就保证了天与人之间的和谐：一方面，通过阴阳之气的渐浸，上天将其预定和谐传递给人，甚至对人君的行为予以奖赏或者谴告。另一方面，有了这种天地之气，人的行为会反馈给上天；当然，上天有了人的行为记录也就有了对人的行为的调整和赏罚。在董仲舒那里，天与人之间的相互感应注定了天人和谐的强制性。作为天与人相互感应的两个方面，他既宣称天地之气影响人类，又断言人类社会的治乱之气反过来会影响天地之气。于是，董仲舒指出："以此见人之超然万物之上，而最为天下贵也。人，下长万物，上参天地。故其治乱之故，动静顺逆之气，乃损益阴阳之化，而摇荡四海之内。……而人主以众动之无已时，是故常以治乱之气，与天地之化相殽而不治也。世治而民和，志平而气正，则天地之化精，而万物之美起。世乱而民乖，志僻而气逆，则天地之化伤，气生灾害起。"（《春秋繁露·天地阴阳》）在此，董仲舒强调，宇宙间一切现象的发生都看似自然，实则使然，实际上都是同类相动的结果。正是在这个意义上，他断言："非独阴阳之气可以类进退也。虽不祥祸福所从生，亦由是也。无非己先起之，而物以类应之而动者也。……此物之以类动者也。其动以声而无形，人不见其动之形，则谓之自鸣也。又相动无形，则谓之自然。其实非自然也，有使之然者矣。物固有实使之，其使之无形。"（《春秋繁露·同类相动》）

同类相动是天人感应的哲学依据。正是通过同类相动的证明，董仲舒不仅肯定了天人之间的相互感应，而且为"人副天数"指明了方向。

二　符命祥瑞和灾异谴告

循着天人感应的逻辑，人通过阴阳之气与上天相互感应。以此看来，各种自然现象便不再是纯粹的自然现象，而与人类行为密切相关，是人与天相互感应的结果。由此，董仲舒得出了这样的结论：各种祥瑞或自然灾害的出现都出于上天的故意有为，是对人之行为的或赏或罚。

首先，董仲舒认为，人世间的一切都是上天的有意安排。例如，上天如果想使某人称王，一定会有一种不以人力所获而自然到来的征兆，这就是受天符命。他说："有非力之所能致而自至者，西狩获麟，受命之符是也。"（《春秋繁露·符瑞》）之所以如此，是因为天下人都诚心归服于他，精诚所至，感动了上天，上天才降祥瑞而使之受命称王。同样的道理，如果明君推行王道治理天下，便会元气和顺，风调雨顺，并常有种种祥瑞出现。于是，董仲舒又说："王者，人之始也。王正则元气和顺、风雨时、景星见、黄龙下。王不正则上变天，贼气并见。五帝三王之治天下。……故天为之下甘露，朱草生，醴泉出，风雨时，嘉禾兴，凤凰麒麟游于郊。"（《春秋繁露·王道》）

按照董仲舒的说法，圣王总是与神兽、祥瑞和珍物如影随形、同时出现，这便是："帝王之将兴也，其类祥亦先见。"这种现象的出现没什么神秘之处，归根结底是"物故以类相召"的缘故。（见《春秋繁露·以类相召》）此外，他强调，王和君主都是天之子，要期待祥瑞的出现，他们必须事天如父，每逢岁首、月首或征伐等大事之时都要祭以告天。基于这种认识，董仲舒一再宣称：

> 为人子而不事父者，天下莫能以为可。今为天之子而不事天，何以异是？是故天子每至岁首，必先郊祭以享天，乃敢为地，行子礼也；每将兴师，必先郊祭以告天，乃敢征伐，行子道也。（《春秋繁露·郊祭》）

> 不祭天者，乃不可祭小神也。郊因先卜，不吉不敢郊。百神之祭不卜，而郊独卜，郊祭最大也。（《春秋繁露·郊祀》）

其次，董仲舒指出，如果统治者奢侈荒淫、道德堕落，滥用刑罚残害百姓，那么，就会产生邪气。民怨积多，上下不和，便会阴阳失调而发生灾异。对此，他举例子说："桀纣皆圣王之后，骄溢妄行。……日为之食，星陨如雨，雨虫，沙鹿崩。夏大雨水，冬大雨雪。陨石于宋五，六鹢退飞。陨霜不杀草，李梅实。正月不雨，至于秋七月。地震，梁山崩，壅河，三日不流。昼晦。彗星见于东方，孛于大辰。鹳鹆来巢。"（《春秋繁露·王道》）那么，什么是灾异？灾异与上天之间又有什么关系呢？对此，董仲舒解释说：

> 天地之物有不常之变者，谓之异，小者谓之灾。灾常先至而异乃随之。灾者，天之谴也；异者，天之威也。谴之而不知，乃畏之以威。……凡灾异之本，尽生于国家之失。国家之失乃始萌芽，而天出灾害以谴告之。谴告之而不知变，乃见怪异以警骇之。警骇之尚不知畏恐，其殃咎乃至。以此见天意之仁而不欲陷人也。谨案灾异以见天意。天意有欲也，有不欲也。所欲所不欲者，人内以自省，宜有惩于心；外以观其事，宜有验于国。故见天意者之于灾异也，畏之而不恶也，以为天欲振吾过，救吾失，故以此报我也。（《春秋繁露·必仁且智》）

这就是说，天地万物突然发生的变化叫怪异，怪异之中较小的叫灾害；两者的关系往往是灾害先到，怪异随之而来。之所以如此，原因在于：灾害是天对人君的谴告，怪异是天对人君的威震。换言之，如果国君失道，天便会拿灾害来谴告之；如果谴告之还不知悔改，天便会以怪异来恐吓之；如果恐吓之还不知畏惧，天就会降下种种祸殃。由此可见，灾异的出现既是上天对人君的警告和惩罚，又是挽救人君过失的仁慈之举。

进而言之，按照董仲舒的逻辑，既然一切灾异都是天人相与的结果，便都可以在天与人的相互感应中找到原因和解释。正是根据这套理论，他从人（以王、君为代表）的行为中为自然界的一切变异找到了依据。董仲舒写道：

> 王者与臣无礼，貌不肃敬，则木不曲直，而夏多暴风。风者，木之气也，其音角也，故应之以暴风。王者言不从，则金不从革，而秋多霹雳。霹雳者，金气也，其音商也，故应之以霹雳。王者视不明，则火不炎上，而秋多电。电者，火气也，其阴征也，故应之以电。王者听不聪，则水不润下，而春夏多暴雨。雨者，水气也，其音羽也，故应之以暴雨。王者心不能容，则稼穑不成，而秋多雷。雷者，土气也，其音宫也，故应之以雷。（《春秋繁露·五行五事》）

按着董仲舒的说法，种种灾变都是人（具体地说，是王、君）的行为引起的，归根结底是天人不和谐所致。因此，要补救和避免之，人必须调整自身的行为，以期与上天和谐相符。于是，董仲舒便开了下面这剂补世救道的药方，并且附带上了原理说明：

> 五行变至，当救之以德，施之天下，则咎除。不救以德，不出三年，天当雨石。木有变，春凋秋荣。秋木冰，春多雨。此徭役众，赋敛重，百姓贫穷叛去，道多饥人。救之者，省徭役，薄赋敛，出仓谷，振困穷矣。火有变，冬温夏寒。此王者不明，善者不赏，恶者不绌，不肖在位，贤者伏匿，则寒暑失序，而民疾疫。救之者，举贤良，赏有功，封有德。土有变，大风至，五谷伤。此不信仁贤，不敬父兄，淫泆无度，宫室荣。救之者，省宫室，去雕文，举孝悌，恤黎

元。金有变，毕昴为回，三覆有武，多兵，多盗寇。此弃义贪财，轻民命，重货赂，百姓趣利，多奸轨。救之者，举廉洁，立正直，隐武行文，束甲械。水有变，冬湿多雾，春夏雨雹。此法令缓，刑罚不行。救之者，忧囹圄，案奸宄，诛有罪，蒐（同"搜"——引者注）五日。（《春秋繁露·五行变救》）

最后，根据这套天人感应理论，董仲舒对求雨和止雨提出了一套系统的方法。作为阴阳失调的结果，鉴于人与天地之气的相互感应，他认为，人可以通过自身的行为影响天气，进而达到久旱求雨或大涝止雨的目的。具体地说，"大旱者，阳灭阴也。阳灭阴者，尊厌卑也。……大水者，阴灭阳也。阴灭阳者，卑胜尊也。"（《春秋繁露·精华》）既然旱、雨皆是阴阳失调、同类相动的结果，那么，止雨、求雨之道不外乎阴阳协调：既然旱为阳灭阴，那么，若求雨必须以阴动阴；既然雨为阴灭阳，那么，若止雨则必须动阳以起阳。依据这个原理，董仲舒制定了一套系统而详细的求雨和止雨方法。对此，他解释说："明于此者（天地之阴阳与人道之阴阳同类相动——引者注），欲致雨则动阴以起阴，欲止雨则动阳以起阳，故致雨非神也。"（《春秋繁露·同类相动》）

第四节 "以君随天"

在董仲舒那里，不论是"人副天数"还是同类相动都决定了人必须与上天相符，与上天合一、发天意是人的行动原则。受制于这一原则，他对《春秋》的诠释独辟蹊径，得出了如下认定："《春秋》之法，以人随君，以君随天。……故屈民而伸君，屈君而伸天，《春秋》之大义也。"（《春秋繁露·玉杯》）这是董仲舒发挥的《春秋》的微言大义，也是他和谐建构的基本原则。这条基本原则和行为路线的实质——"以人随君，以君随天"是"人副天数"、天人感应在政治领域的落实和贯彻。正因为如此，通过对《春秋》的阐发，董仲舒在尊天的同时推出了王者随天的主张，试图经过王者将天人合一具体落实到国家的政治生活中。

作为经学大师，董仲舒对孔子的《春秋》情有独钟；作为今文经大师，他关注《春秋》的微言大义。在阐释《春秋》时，董仲舒把《春秋》的微言大义说成是"屈民而伸君，屈君而伸天"。根据这一原则，对于天人合一以及天人感应而言，君显得至关重要。与天合一不仅是百姓的个人行为，更主要的是君主代表的国家行为和行政举措。为了适应这一需要，他专门对王予以界定，在"深察名号"的名义下，强化王者与天合一的责任和使命，致使王成为人与上天合一的代言人乃至第一责任人。受制于这一初衷，董仲舒对之进行了如此界定："三画而连其中，谓之王。三画者，天地与人也，而连其中者，通其道也。取天地与人之中以为贯而参通之，非王者孰能当是？"（《春秋繁露·王道通三》）这就是说，王者之名即贯通天道与人道，王者对于天人合一具有不容推诿的义务和责任。在此基础上，董仲舒指出，为了与天合一，王者必须按照自己的名分行事，在以孝事天的同时，根据天道、天数确立治国的基本方针和行政措施，安排各种政治活动，力求从政治原则到官员选拔统统与上天相合。

一　治国之道源于天道

董仲舒指出："道之大原出于天。"（《举贤良对策三》）这就是说，人类社会的统治秩序出自上天，统治措施源于天意。这要求王者的治国方针必须与天意相符。进而言之，天意究竟如何呢？他宣称："仁之美者在于天。天，仁也。"（《春秋繁露·王道通三》）在董仲舒看来，上天具有至仁至善的美德，天的仁德集中表现在"覆育万物"上——上天既化生万物，又养成万物，生生不息，终而复始。与此同时，天"泛爱群生，不以喜怒赏罚"（《春秋繁露·离合根》）。这一切表明，上天好德而不好刑，生养万物时"任德不任刑"。由此，他推断，"任德不任刑"是天的意愿。基于这种认识，董仲舒宣称，既然"任德不任刑"是天意，按照"王者承天意以从事"的原则，君主应该凭借道德教化万民、治国安邦。于是，他不遗余力地强调：

王者欲有所为，宜求其端于天。天道之大者在阴阳。阳为德，阴为刑，刑主杀而德主生。是故阳常剧大夏，而以生育养长为事，阴常剧大冬，而积于空虚不用之处。以此见天之任德不任刑也。（《举贤良对策一》）

国之所以为国者德也。（《春秋繁露·保位权》）

故以德为国者，甘于饴蜜，固于胶漆。（《春秋繁露·立元神》）

按照董仲舒的说法，由于"察于天之意，无穷极之仁也"，王者必须以德为国。与此同时，上天在任德时辅以刑罚，王者在以德治国的同时，应该辅以刑法。显然，这是一条德主刑辅的治国路线。正是在这个意义上，他断言："教，政之本也。狱，政之末也。"（《春秋繁露·精华》）在此，通过上天之贵阳贱阴，董仲舒揣摩出上天具有"任德不任刑"之意，由是推出了德本刑末，进而为儒家的德主刑辅找到了上天的庇护。

二　国家的行政措施与上天相符

董仲舒宣称："王者配天，谓其道。"（《春秋繁露·四时之副》）作为国家行政措施的制定者和实施者，王者的一切行为都出于天意，与天道相符。具体地说，人类社会的行政措施从天道而来，天有春夏秋冬四时，王有庆赏罚刑四政。在他看来，天以春夏秋冬四季成就万物，贤明的君主循天道治理国家就应该以庆赏罚刑四政对应春夏秋冬四时；四季的功能是春生夏长秋杀冬藏，王者应该以庆功与春暖相副，以赏赐与夏暑相副，以惩罚与秋杀相副，以刑杀与冬寒相副。对此，董仲舒解释并强调说，王道的庆赏罚刑与上天的春夏秋冬之间"以类相应"，如符节相合。因此，四政缺一不可，犹如四季不可或缺；四政之间不可以相互干扰，正如四时不可易处一般。这个原则决定了王者在施政的过程中，既要使庆赏罚刑四政相辅相成、缺一不可，又要适时而发、避免四政相互干扰。正是在这个意义上，他再三指出：

庆赏罚刑与春夏秋冬，以类相应也，如合符。……天有四时，王有四政，四政若四时，通类也，天人所同有也。庆为春，赏为夏，罚为秋，刑为冬。庆赏罚刑之不可不具也，如春夏秋冬不可不备也。庆赏罚刑，当其处不可不发，若暖暑清寒，当其时不可不出也。庆赏罚刑各有正处，如春夏秋冬各有时也。四政者，不可以相干也，犹四时不可相干也。四政者，不可以易处也，犹四时不可易处也。（《春秋繁露·四时之副》）

天之道，春暖以生，夏暑以养，秋清以杀，冬寒以藏。暖暑清寒，异气而同功，皆天之所以成岁也。圣人副天之所以为政，故以庆副暖而当春，以赏副暑而当夏，以罚副清而当秋，以刑副寒而当冬。（《春秋繁露·四时之副》）

行天德者谓之圣人。为人主者，居至德之位，操生杀之势，以变化民。民之从主也，如草木之应四时也。喜怒当寒暑，威德当冬夏。冬夏者，威德之合也；寒暑者，喜怒之偶也。喜怒之有时而当发，寒暑亦有时而当出，其理一也。当喜而不喜，犹当暑而不暑；当怒而不怒，犹当寒而不寒也；当德而不德，犹当夏而不夏也；当威而不威，犹当冬而不冬也。喜怒威德之不可以不直处而发也，如寒暑冬夏之不可不当其时而出也。（《春秋繁露·威德所生》）

三 官员的选拔和设置依天数而来

董仲舒认为，作为王者配天的具体表现和基本原则，不仅国家的行政措施与天相副，而且，官员的选拔和设置也从天数而来。具体地说，为了与天相副，王者选拔官员的时间和数量要符合天数。因为天有四时，故而王有四选；因为每季三月，故而每选三人。这用他本人的话说便是："天有四时，时三月；王有四选，选三臣。是故有孟、有仲、有季，一时之情也；有上、有下、有中，一选之情也。三臣而为一选，四选而止，人情尽矣。人之材固有四选，如天之时固有四变也。"（《春秋繁露·官制象天》）按照董仲舒的说法，官员的选拔与天数相符。根据天有四季、每季三月的法则，王者每年选拔官员四次，每次的名额为三名。

在此基础上，董仲舒进一步指出，不仅王者选拔官员的时节、名额与天数相副，而且，官员的设置及其相互关系也是由天道而来的。拿五官来说，天道有五行，人道有五官；正如天道在五行的辅佐下成就万物一样，王者只有在五官的辅助下才能成就王者事业。可见，人类社会的五官源于天道之五行，是依据天数而来的。基于这一理念，他以人类社会的五官比附天道的五行：其一，五官皆依五行而来，各有自己所对应的一行：木是司农，火是司马，土是司营，金是司徒，水是司寇。其二，五官的职责、行为规范以及其间的关系遵循五行之间的运行规律。对此，董仲舒解释说："行者行也，其行不同，故谓之五行。五行者，五官也，比相生而间相胜也。故为治，逆之则乱，顺之则治。"（《春秋繁露·五行相生》）这就是说，五行之间的关系包括相生与相胜两个方面：第一，比邻的两行相生，如木生火、火生土、土生金、金生水、水生木等。第二，间隔的两行相胜，如木胜土、火胜金、土胜水、金胜木、水胜火等。既然人类社会的五官依据天道的五行而来，便应遵循五行之间的关系。只有五官都恪守自己的职责，五行相生，社会才能治理。

基于这种认识，董仲舒把五官之间的关系说成是或相生或相胜的关系，由此推导出人类社会的治乱机制：第一，将五官相生说成是社会和谐、天下大治的保证。按照董仲舒的观点，司农（木）尚仁，劝农事，司农利于本朝（火），称为"木生火"；司马（火）尚智，举贤诛暴，安定天下，司马安定君官（土），称为"火生土"；司营（土）尚信，忠信事君，威镇四方，司营完成大理，称为"土生金"；司徒（金）尚义，尊卑有等，各尽其事，司徒履行亲安执法（水），称为"金生水"；司寇（水）尚礼，君臣有位，长幼有序，百工成器，司寇供给田官（木），称为"水生木"。第二，断言五官相胜必然导致天下大乱。董仲舒认为，五官为奸、为谗、为神、为贼、为乱必将导致社会混乱，这是五行相胜。具体地说，司农为奸，不劝农事，农民为叛，司徒（金）诛民（木），称为"金胜木"；司马为谗，专权擅势，执法（水）者诛杀司马（火），称为"水胜火"；司营为神，导主以邪，陷主不义，民（木）叛其君（土），称为"木胜土"；司徒为贼，诛杀无罪，侵伐暴虐，司马杀司徒，称为"火胜金"；司寇为乱，破坏法令，诛杀无罪，司营杀司寇，称为"土胜水"（以上均见《春秋繁露·五行相生》）。

经过这样一番比附，人真的成了天的副本——不仅人的外在形体而且人的内在情感，不仅人的道德律令而且人的行动作为都遵从上天的安排和主宰。这样一来，上天在派生万物时所设置的预定和谐便通过人特别是王者在各个方面表现出来并得以落实，也使人完全达到了与上天的合一。正因为如此，董仲舒总结说："循天之道，以养其身，谓之道也。"（《春秋繁露·循天之道》）

在突出天人之间的内在联系和预定和谐的同时，董仲舒忽视、抹煞了天人之间的差别和对立。受此影响，在寻求和谐时，他由于过分强调天人同类而忽视了人与天的不同，否认人类社会遵循不同于自然界的特殊法则，进而将社会秩序、行政措施（人道）与自然现象和自然规律（天道）混为一谈。同时，在天人同类中，"屈民而伸君，屈君而伸天"的原则使董仲舒理解的天人和谐成为人完全与天相符，致使人成为天的被动效仿者和侍奉者，最终抹煞了人的主观能动性和积极创造性。

更为致命的是，在天人同类、天人合一中，董仲舒夸大了天与人的联系，并且把天与人的一切联系都说成是固然而必然的。这增加了天的神秘性，并使天人和谐在人与上天的相副中变得繁琐和僵化。他的这套理论后来与谶纬迷信同流合污，蜕变为世俗迷信的一部分，对中国的传统文化和民众心理产生了广泛而深远的影响。

第五节 阳尊阴卑与儒家思想的新开展

通过"人副天数"和天人感应，董仲舒表达了自己的和谐理念。他的和谐思想具有重要意义，是儒家和谐思想在汉代的新发展。在对儒家和谐的新开展中，董仲舒的主要做法是，通过阴阳贯通天道与人道，进而将孟子开辟的以践履仁义道德与上天合一的思想与荀子奠定的"不齐而齐"的等级和谐有机结合、合二为一。

一　和谐的法则是阴阳的协调

　　董仲舒断言："天地之常，一阴一阳。阳者天之德也，阴者天之刑也。"（《春秋繁露·阴阳义》）在他看来，天具有阴阳二性，天道的精髓、和谐的法则都凝结为阴阳之间的和谐。进而言之，董仲舒理解的阴阳之间的和谐包括两方面的内容：第一，阴阳双方相合相依、缺一不可，彼此之间你中有我，我中有你。这用他本人的话说便是："阴之中亦相为阴，阳之中亦相为阳。诸在上者皆为其下阳，诸在下者皆为其上阴。"（《春秋繁露·阳尊阴卑》）从这个角度看，和谐的前提是阴阳双方的相互作用，缺少任何一方，和谐都无从谈起。第二，阴阳双方的性质、功能各不相同，上天的和谐体现为由阴阳关系的不平等而形成的平衡。这一点是阴阳关系的主导方面，也是和谐的本质所在。按照董仲舒的说法，阴阳具有不同的性质和功能，如阳为德，阴为刑；阳是爱，阴是恶；阳气生，阴气杀等等。这就是说，阳气主管生养，表现了天之德；阴气主管箫杀，体现了天之刑。并且，"恶之属尽为阴，善之属尽为阳。阳为德，阴为刑……阳气暖而阴气寒，阳气予而阴气夺，阳气仁而阴气戾，阳气宽而阴气急，阳气爱而阴气恶，阳气生而阴气杀。"（《春秋繁露·阳尊阴卑》）他进而强调，阴阳的不同属性和功能决定了二者的地位和生养万物的作用并不相同。由于上天具有仁慈的美德，对待阴阳总是"贵阳而贱阴"。"贵阳而贱阴"表现了上天主用仁德而辅用刑罚的意志，也证明上天尊阳卑阴，具有以阳为主、阴为辅的意志和好恶。正因为如此，董仲舒不止一次地宣称：

　　　　是故阳常居实位而行于盛，阴常居空位而行于末。天之好仁而近，恶戾之变而远，大德而小刑之意也。……贵阳而贱阴也。（《春秋繁露·阳尊阴卑》）

　　　　是故天数右阳而不右阴，务德而不务刑。（《春秋繁露·阳尊阴卑》）

由此看来，阴阳之间并不平等，总是阳实阴虚、阳尊阴卑、阳主阴从等等。不仅如此，董仲舒进而强调，阴阳之间的这种关系是"天之制"，因而是不可更改的。对此，他反复指出：

> 天使阳出布施于上而主岁功，使阴入伏于下而时出佐阳。(《举贤良对策一》)

> 阳贵而阴贱，天之制也。(《春秋繁露·天辨在人》)

按照董仲舒的说法，阳贵阴贱、阳尊阴卑、阳主阴辅出于天意，是固定不变的，也是阴阳之间不可更改的关系。这种关系是"天之制"，更是天道。然而，事情到此并没有结束。根据人道源于天道的原则，阳尊阴卑的"天之制"一定在人类社会表现出来，进而转化为人道。

二 天道之阴阳转化为人道之三纲

在董仲舒那里，无论是"人副天数"还是天人感应都加大了人与上天合一的必要性和强制性，并且突出了与天合一的可能性。在此基础上，他将天说成是人道的出处和根源。正是在这个意义上，董仲舒不厌其烦地申明：

> 人之受命于天也，取仁于天而仁也。(《春秋繁露·王道通三》)

> 此见天之亲阳而疏阴，任德而不任刑也。是故仁义制度之数，尽取之天。(《春秋繁露·基义》)

在这里，董仲舒不仅认定人受命于天，而且进一步确证了人与天合一的践履仁义道德之旅。这是因为，"王道之三纲，可求于天。"(《春秋繁露·基义》) 正是在人类社会的道德源于天道的论证中，他由天地之阴阳推导出人间之三纲，通过对三纲的论证将宗法等级固定化，进而奉为道德原则。

必须说明的是，对人伦的关注并不始于董仲舒。在先秦，儒家已经将人与人之间的关系归纳为五种，即君臣、父子、夫妇、兄弟和朋友，即所谓的五伦。不仅如此，孟子还对这五种关系提出了不同的道德要求，即"父子有亲，君臣有义，夫妇有别，长幼有序，朋友有信。"（《孟子·滕文公上》）法家代表韩非突出其中的君臣、父子和夫妇关系，强调臣、子、妻对君、父、夫的绝对服从。于是，他指出："臣事君，子事父，妻事夫，三者顺则天下治，三者逆则天下乱，此天下之常道也。"（《韩非子·忠孝》）尽管如此，董仲舒对三纲的论证对于儒家的和谐理念与建构还是具有不容低估的作用：第一，明确提出了三纲的说法，并在三纲之前冠以"王道"二字，极大地增强了三纲的神圣性。从此，三纲成为中国古代宗法社会的道德原则。第二，强调三纲源于天道，内含尊卑等级。

三纲即君为臣纲、父为子纲和夫为妻纲。诚然，这套具体提法出现在后来的《礼纬·含文嘉》中，然而，这一思想在董仲舒的著作中有明显反映，并且得到了深入、具体的论证。他认为，天道分为阴阳，人道也分为阴阳；人道之阴阳表现为君臣、父子和夫妇——君、父、夫属于阳，臣、子、妻属于阴。对此，董仲舒一再指出：

君臣、父子、夫妇之义，皆取诸阴阳之道。君为阳，臣为阴；父为阳，子为阴；夫为阳，妻为阴。（《春秋繁露·基义》）

天为君而复露之，地为臣而持载之；阳为夫而生之，阴为妇而助之；春为父而生之，夏为子而养之。（《春秋繁露·基义》）

在此基础上，董仲舒进而指出，由于属于阳，君、父、夫永远处于尊位；由于属于阴，臣、子、妻则永远处于从属地位。因为阳尊阴卑、阳主阴从出于天意，是"天之制"，根据"贵阳而贱阴"的天道，属于阴的臣、子、妻只能处于服从的卑贱地位，绝对服从属于阳的君、父、夫，成为他们的依附者和从属者。正因为如此，他反复强调：

天子受命于天，诸侯受命于天子，子受命于父，臣妾受命于君，妻受命于夫。诸所受命者，其尊皆天也，虽谓受命于天亦可。（《春秋

繁露·顺命》)

　　父者，子之天也。(《春秋繁露·顺命》)

　　按照董仲舒的说法，君与臣、父与子以及夫与妻之间的这种尊与卑、主与从、制与受的关系是天经地义的，因而不可改变。之所以如此，是因为这三种关系都是天之阴阳的体现，而阴与阳的地位并不相同，其尊卑关系不可更改。这就是说，君臣、父子、夫妇之间的关系只能是——也永远是君为臣纲、父为子纲和夫为妻纲。

　　众所周知，儒家追求宗法等级和谐。受制于这一价值旨趣，通过天道与人道的相互贯通和阴阳的一以贯之，董仲舒论证了上下尊卑的天然合理性，使三纲五常成为宗法社会伦理道德的核心。与此相关，在用三纲突出宗法等级的同时，他对五常的界定也彰显等级内涵。例如，对于仁，董仲舒的定义是："仁者恻怛爱人，谨翕不争。好恶敦伦，无伤恶之心，无隐忌之志，无嫉妒之气，无感愁之欲，无险诐之事，无辟违之行。故其心舒，其志平，其气和，其欲节，其事易，其行道，故能平易和理而无争也。如此者谓之仁。"(《春秋繁露·必仁且智》) 在这里，董仲舒继承了先秦儒家释仁为爱人的传统，同时将仁之爱人诠释为不争、无争，侧重对宗法等级的服从，因为不争、无争的前提是对等级名分的认同。不仅如此，与仁相比，义中包含的等级因素更为明显。对于义，他一再界定说：

　　义者，谓宜在我者。宜在我者，而后可以称义。(《春秋繁露·仁义法》)

　　是故大小不逾等，贵贱如其伦，义之正也。(《春秋繁露·精华》)

　　在此，董仲舒将义与宜相联系，与《大戴礼记》提出的"义者，宜也"相似。然而，他所讲的宜显然以宗法等级为价值旨归，故而以"大小""贵贱"为前提。正因为如此，董仲舒强调，义以贵贱大小"不逾等"为标准。由于儒家之礼历来有分、别之意，他的这个说法等于使义向礼靠拢，流露出崇礼的思想倾向，这一思想动向又与注重等级密切相关。对于礼，董仲舒解释说："礼者，继天地，体阴阳，而慎主客，序尊卑、贵贱、大小之位，而差外内、远近、新故之级者也。"（《春秋繁露·奉本》）此外，由于将宗法等级注入三纲五常之中，他所向往的德主刑辅成为对宗法等级的贯彻。于是，董仲舒写道："谓之度制，谓之礼节。故贵贱有等，衣服有制，朝廷有位，乡党有序，则民有所让而不敢争，所以一之也。……上下之伦不别，其势不能相治，故苦乱也。"（《春秋繁露·度制》）

综上所述，董仲舒对儒家和谐的新开展表现在两个方面：一是加固天人合一的道德主义模式，一是对宗法等级的强化。在先秦，孟子将和谐寄托于"亲亲而仁民，仁民而爱物"（《孟子·尽心上》）的程序，在强调仁义道德是"天爵"的前提下，开辟了与天合一的道德之路；荀子的和谐理念集中体现在对礼的推崇上，试图通过礼的分、辨作用将宗法等级说成是和谐的题中应有之义。由此不难看出，尽管孟子的"亲亲而仁民，仁民而爱物"强化了仁爱之差等，然而，在本质上并没有超越孔子提出的仁之外在形式是礼的思路，对差等的强调限于主观自觉和道德引导。荀子推崇的礼强化了等级，却侧重外在性和强制性，作为"人道之极""治辨之极"的礼在隆礼重法中难免因为依凭法律而偏离儒家的道德航线。董仲舒整合了孟子和荀子的思想，从而使道德践履与宗法等级在和谐理念和建构中珠联璧合、相得益彰：第一，宣称三纲五常可求于天，是天道，以此强调在践履出于天的三纲五常中与上天合一。第二，在肯定上下尊卑观念源于上天的同时，通过三纲强化人类社会的上下尊卑，将宗法等级注入和谐之中。

在儒家追求和谐的历史进程中，董仲舒的思想具有承上启下的特殊作用：第一，在承上方面，如果说孟子突出了和谐建构的方式是与上天合一的道德完善之旅的话，那么，荀子则强调了和谐的实质是不齐而齐的尊卑等级。在此基础上，董仲舒接续了践履道德与上天合一的行为方式，通过将尊卑等级说成是天地之阴阳，论证了宗法等级的正当性，致使天人合一的道德之路与恪守三纲代表的宗法等级合而为一。正因为如此，董仲舒的和谐理念对宗法等级的论证较之荀子更充分，和谐建构的方式较之孟子更具体。更为重要的是，由于将和谐说成是上天的预定和谐，董仲舒使宇宙秩序与人间秩序合而为一，进而在对上天意志的凸显和贯彻中论证了人类社会的等级秩序是上天的预定和谐。第二，在启下方面，引领了宋明理学家的和谐建构，成为孟子通往宋明理学的思想中转站。孟子企图通过践履道德与上天合一的和谐理念和建构之方被宋明理学家所继承，在宋明理学中转化为本体哲学—人性哲学—道德哲学的三位一体。在和谐理念从孟子到宋明理学的历史递嬗中，董仲舒从天道引申出人道、将人道之三纲说成是"天之制"的做法起了重要作用。正是受董仲舒的启发，宋明理学家一面将宗法等级秩序说成是宇宙本体的题中应有之义，一面通过宇宙本体赋予人性命将等级名分说成是人与生俱来的先天规定性，然后要求人在"去人欲，存天理"中超凡入圣，自觉地维护宗法等级秩序。

第五章　二程

儒家历来对性命问题都非常重视，二程在接续儒家性命话题的同时，提出了"命在义中""以义安命"等核心命题，从而建构了一套较为系统的性命之学。正如在其他领域的情形一样，作为理学的前驱和程朱理学的创立者，二程奠定了宋明理学性命之学的思维方式、理论格局和价值旨趣，那就是：以本体哲学、人性哲学与道德哲学的三位一体为框架，通过把天理说成是人与生俱来的本性使践履天理成为人之神圣使命。有鉴于此，研究二程的性命之学不仅可以加深对他们本人思想的理解，而且有助于解读全部宋明理学的秘密。

需要说明的是，二程虽是兄弟、同为宋明理学的奠基人，然而，两人的哲学倾向却不尽相同。按照学术界的普遍看法，大程——程颢（字伯淳，人称"明道先生"）的哲学带有主观唯心主义色彩，是宋明理学中陆王心学的先师；小程——程颐（字正叔，人称"伊川先生"）的哲学倾向于客观唯心论，成为程朱理学的雏形。尽管如此，他们之间的差别是同中之异。正如程颐自己所言："我昔状明道先生之行，我之道盖与明道同。"（《二程集·河南程氏遗书·伊川先生年谱》）与此同时，二程的思想资料均为其门人所记，难以弄清究竟出自大程还是小程。这是因为，有些标有"明道先生语""正叔先生语"以示区分，有些则未加区分地统标为"二先生语"。鉴于这种情况，在此对大程和小程的思想合而论之。

第一节　似曾相识的儒家学脉

儒家对天情有独钟，致使天命论成为宋代以前儒家本体哲学的基本内容和话语表达。作为儒家学脉的传人，二程接续了先前儒家的天命论传统，在天命论所宣扬的人命天定的框架和致思方向中探讨人之性命。

一　天命论

二程沿袭了儒家的天命论传统，断言人的贵贱寿夭、道德操行皆由天命而定。正是在这个意义上，程颐宣称："在天曰命，在人曰性。贵贱寿夭命也，仁义礼智亦命也。"（《二程集·河南程氏遗书卷二十四》）在这里，程颐肯定了人命天定，在解释命时把贵贱寿夭和仁义礼智统统归为命这一范畴。显而易见，程颐的这个说法不是新说，与孔子和孟子对人命的看法别无二致。所不同的是，在承认命与性的内在勾连、彰显两者之间的内在统一性的基础上，程颐对命与性进行了区分，指出性与命的侧重不同。尽管如此，视二程的天命论为老生常谈并不过分。在两人看来，命由天定，天决定人之命是通过时时操纵人的每一种行为、每一个际遇实现的。例如，对于历史上褒贬不一的孔子见南子一事，二程解释说，孔子之所以见南子是礼当如此，况且，南子想见孔子也是出于好心，圣人岂能拒而不见？孔子见过南子之后，子路不悦，孔子发誓说"予所否塞者天厌之"，这即证明孔子认为"使我至此者天命也"（《二程集·河南程氏外书卷三》）。

在二程看来，命是通过人的种种遭遇表现出来的，在这个意义上，遇就是命。或者说，人的每一种际遇都是前定命运的安排，都是命该如此。下面的记载生动地体现了程颐的这个观念：

问："命与遇何异？"（张横渠云："行同报异，犹难语命，语遇可也。"）先生曰："人遇不遇，即是命也。"曰："长平之战，四十万人死，岂命一乎？"曰："是亦命也。只遇著白起，便是命当如此。又况赵卒皆一国之人。使是五湖四海之人，同时而死，亦是常事。"又问："或当刑而王，或为相而饿死；或先贵后贱，或先贱后贵，此之类皆命乎？"曰："莫非命也。既曰命，便有此不同，不足怪也。"（《二程集·河南程氏遗书卷十八》）

按照程颐的看法，人之命都是上天赋予的：上天赋人以命，人必得其命，犹如影之随形、响之应声，必得其报，一切都在必然之中。于是，他又说：

> "知天命"，是达天理也。"必受命"，是得其应也。命者是天之所赋与，如命令之命。天之报应，皆如影响，得其报者是常理也；不得其报者，非常理也。然而细推之，则须有报应，但人以狭浅之见求之，便谓差互。天命不可易也，然有可易者，惟有德者能之。如修养之引年，世祚之祈天永命，常人之至于圣贤，皆此道也。（《二程集·河南程氏遗书卷十五》）

循着这个逻辑，既然一切都是上天事先命定的必然，那么，人的命运都在不易之中——寿命当然也不例外——既不可增加，也不可减损。以此观之，道教徒们试图通过服食金丹祈求长寿的做法是徒劳而可悲的。故而，程颐云："世之服食欲寿者，其亦大愚矣。夫命者，受之于天，不可增损加益，而欲服食而寿，悲哉！"（《二程集·河南程氏遗书卷二十五》）

二　命定论

人受命于天，这是古代思想家的一贯看法。从这个意义上说，二程的观点与先秦的孔子、孟子并无根本区别。然而，天如何赋人以命？人命同禀于天，为什么会相差悬殊？对这些问题的回答显示了二程不同于前人的独到之见。具体地说，二程性命之学的独特之处是，从理与气两个方面入手阐释现实世界中人之命的迥然相异，既注重人之命的相同性，又肯定其差异性。

二程认为，对于一个具体事物来说，气理不离、气神不离。程颢声称："气外无神，神外无气。"（《二程集·河南程氏遗书卷十一》）这就是说，一方面，任何事物都包含有形的气与无形的神（又称理或道）两个方面。对于具体事物来说，理与气缺一不可，只有理气不离、相互结合，才能生成现实的人和物。另一方面，理与气的作用各不相同——"有形总是气，无形只是道。"（《二程集·河南程氏遗书卷六》）二程进而指出，与万物一样，人是由理与气二种存在构成的。因此，人之命如何，取决于先天所禀的理与气的性质。这使二程把人之性命分为两个方面，即天理命定论与气数命定论。

对于天理命定论，二程认为，天地万殊、人物万形均禀理而生，理是人、物共同的本体依托。正因为如此，程颐断言："动物有知，植物无知。其性自异，但赋形于天地，其理则一。"（《二程集·河南程氏遗书卷二十四》）按照这种说法，由于都禀理而生，人与动植物"其理则一"。那么，人们不禁要问，既然"其理则一"，其性亦应该无异，为什么会"其性自异"呢？尤其是人与人之间为什么会显示出高贵与低贱的命运之差呢？对此，二程解释说："人受天地之中，其生也，具有天地之德。柔强昏明之质虽异，其心之所同者皆然。特蔽有浅深，故别而为昏明；禀有多寡，故分而为强柔；至于理之所同然，虽圣愚有所不异。……禀有多寡，故为强柔；禀有偏正，故为人物。"（《二程集·河南程氏经说卷八》）

在二程看来，人与物禀理而生是一样的，未尝不同；然而，人、物所禀却有偏正之不同。人禀理之正，故而为人；物禀理之偏，故而为物。同样，在现实社会中，有人智睿贤明，有人昏鲁愚顽；有人强健长寿，有人柔弱夭折，也是由于禀理的不同造成的：禀理之多而深者，便聪颖贤圣且长寿；禀理之寡而浅者，便童蒙不肖且短命。这便是二程的天理命定论。按照这一理论，人与人乃至人与物之异都是由于禀理不同所致，人的一切遭遇都可在理那里得到解释和说明。

鉴于人、物之生是理与气的共同作用，二程不仅讲天理命定论，而且讲气数命定论。并且，相比较而言，在说明人与物、人与人之命运的参差不齐时，他们讲得最多的还是气数命定论。二程认为，与理一样，气也是化生万物的必不可少的要素。这便是："万物之始，皆气化；既形，然后以形相禅，有形化；形化长，则气化渐消。"（《二程集·河南程氏遗书卷五》）这种看法使二程走向了气数命运论。对于气数命定论是什么，在回答"上古人多寿，后世不及古，何也"的提问时，程颐说道："气便是命也。……如人生百年，五十以前为盛，五十以后为衰。……虽赤子才生一日，便是减一日也。形体日自长，而数日自减，不相害也。"(《二程集·河南程氏遗书卷十八》)在他看来，先天禀气的好坏直接决定了一个人的命，在这个意义上，气就是命。基于这种认识，他断言，先天所禀之气的性质决定人的寿夭，并且指出气对于人的差异的这种决定是通过善恶之气与天地之气的互动完成的。有鉴于此，程颐宣称："然人有不善之心积之多者，亦足以动天地之气，如疾疫之气亦如此。……才仁便寿，才鄙便夭。寿夭乃是善恶之气所致。仁则善气也，所感者亦善。善气所生，安得不寿？鄙则恶气也，所感者亦恶。恶气所生，安得不夭？"(《二程集·河南程氏遗书卷十八》)这就是说，人虽然都禀气而生，但气有善恶之别。禀善气者便寿，禀恶气者便夭，这是必然的性命法则。进而言之，禀气的性质不仅决定人之寿命长短，而且决定人之善恶圣凡。正是在这个意义上，二程断言："性即气，气即性，生之谓也。人生气禀，理有善恶。然不是性中元有此两物相对而生也。有自幼而善，有自幼而恶，是气禀有然也。"(《二程集·河南程氏遗书卷一》)在他们看来，人禀气而生，气对于人与生俱来。人之所以显示出善与恶的差别，是先天所禀之气的善恶决定的。例如，人与动植物同样禀气而生，而人之所以为人、动植物之所以成为动植物，究其终极原因是禀气的偏正决定的。对此，二程声称："动植之分，有得天气多者。……然要之，虽木植亦兼有五行之性在其中，只是偏得土之气，故重浊也。"(《二程集·河南程氏遗书卷二上》)再如，同为人类，禀气的清浊决定了人与人之间的圣凡慧愚之别，这用程颐的话说便是："禀得至清之气生者为圣人，禀得至浊之气生者为愚人。"(《二程集·河南程氏遗书卷二十二上》)那么，气的清浊为什么会决定人的善恶圣愚呢？对此，他一再解释说：

气清则才善，气浊则才恶。(《二程集·河南程氏遗书卷二十二上》)

性出于天，才出于气。气清则才清，气浊则才浊。譬犹木焉，曲直者性也，可以为栋梁，可以为榱桷者才也。才则有善与不善，性则无不善。(《二程集·河南程氏遗书卷十九》)

这告诉人们，作为构成人的质料，气直接决定人的才资。因此，对于每一个人来说，气清则才清而善且圣，气浊则才浊而恶且愚。

总之，二程一面断言天理主宰人之性命，一面把性命交给了气。在他们看来，天地运行化生人与万物便是理，没有天地的运行之理便没有万物。因此，理是人、物产生的本体根基。与此同时，理只能充当万物之神，而不能充当构成万物的材料和才质。所以，天地生物不仅要有运行不息之理，而且需要气以成万物之形。正是基于这种认识，二程反复宣称：

　　天只主施，成之者地也。（《二程集·河南程氏遗书卷六》）

　　凡有气莫非天，凡有形莫非地。（《二程集·河南程氏遗书卷六》）

进而言之，既然人之命是理与气共同决定的，那么，在操纵人之命运的过程中，理与气的关系究竟怎样呢？对此，二程解释说："义理与客气常相胜，又看消长分数多少，为君子小人之别。义理所得渐多，则自然知得；客气消散得渐少，消尽者是大贤。"（《二程集·河南程氏遗书卷一》）这清楚地表明，二程主张理与气共同决定人之性命，但对二者区别对待。具体地说，他们强调的是理之善与气之恶的区别。基于对理、气善恶不同的判断，二程把理与气视为对立关系，进而指出道德修养——成为"大贤"的朝圣之路就是义理战胜客气、使客气消磨殆尽的过程。这就是说，他们讲理与气对于人之命运而言缺一不可，对理气的态度却迥然不同：一保之，一消之；进而言之，正如义理决定了加强道德修养的正当性、可能性一样，客气凸显了道德修养的必要性、迫切性。正是在可能性与必要性的相互印证中，二程让人相信，只要渐积天理、渐消客气，有朝一日客气消净了，天理积纯了，人便修成了大贤大圣。

第二节　天、理、道、性、命、心为一

作为儒家的学术传人，二程推崇天命论；作为理学的开拓者，他们所

讲的天不同于先前，是一种义理之天。正因为如此，二程突出天、理、道、性、心与命的内在联系。也正是在天、理、道、性、命为一的逻辑框架和价值旨趣中，他们为人的安身立命找到了根基。

一 天、理、道为一

二程沿袭了中国传统的天本论，认为天地为万物的本原。按照他们的说法，所谓上天，其实只是苍苍然之一片，天地生物并非出自天的好恶情感或有意安排。事实上，天地自然动静，万物自然化生。正是在这个意义上，二程反复宣称：

> 如天之所以为天，天未名时，本亦无名。只是苍苍然也，何以便有此名？盖出自然之理，音声发于其气，遂有此名此字。（《二程集·河南程氏遗书卷一》）

> 天地动静之理，天圆则须转，地方则须安静。南北之位，岂可不定下？所以定南北者，在坎离也。坎离又不是人安排得来，莫非自然也。（《二程集·河南程氏遗书卷二上》）

二程进而指出，天的自然法则便是天道，天道即是理，理即是天道。有鉴于此，他们一致声称：

> 言天之自然者，谓之天道。（程颢：《二程集·河南程氏遗书卷十一》）

> 又问："天道如何？"曰："只是理，理便是天道也。"（程颐：《二程集·河南程氏遗书卷二十二上》）

这表明，二程所讲的"天之生物无穷"（《二程集·河南程氏遗书卷六》）的本体之天既不是冥冥之天，也不是意志之天，而是义理之天。在这个意义上，理、道、天同实而异名，可以视为同一个概念。正因为如此，程颐指出：“乾道变化，生育万物，洪纤高下，各以其类，各正性命也。天所赋为命，物所受为性。”（《二程集·周易程氏传卷一》）在他看来，人和万物都是在天的运行中产生的，都产生于天的自然之道，这个自然法则就是道。从这个意义上说，万物产生于天，也就是产生于理，也就是产生于道。这正如程颐所言：“天有是理，圣人循而行之，所谓道也。圣人本天，释氏本心。”（《二程集·河南程氏遗书卷二十一下》）

义理之天以及天、理、道为一的提出不仅开拓了宋明理学有别于先前儒学的思维方式和价值旨趣，而且在义理之天的背景下为人的安身立命提供了新的依托。具体地说，二程所讲的天、道又称天理，实际所指即以三纲五常为核心的伦理道德和行为规范。对此，二程屡屡断言：

> 道之外无物，物之外无道，是天地之间无适而非道也。即父子而父子在所亲，即君臣而君臣在所严。以至为夫妇、为长幼、为朋友，无所为而非道，此道所以不可须臾离也。（《二程集·河南程氏遗书卷四》）

> 所以谓万物一体者，皆有此理，只为从那里来。（《二程集·河南程氏遗书卷二上》）

进而言之，了解二程对天理的“自家体贴”便不难看出，他们把天理视为宇宙本体、用天理来解释人的性命实际上是把伦理道德说成是人与生俱来的本性，以期让人把践履三纲五常视为自己与生俱来的先天之命。

二 天、理、命、性、心为一

从天生万物的认识出发，二程断言，命即天的命令，天与命为一。在这意义上，程颢指出：“言天之付与万物者，谓天命。”（《二程集·河南程氏遗书卷十一》）在他看来，天命是天赋予万物的先天命令，万物禀受了天命便形成了各自的性，率性而为、践履天理便是道。因此，天、命、性、道同实而异名，其真实所指是一样的。有鉴于此，二程再三强调：

在天曰命，在人曰性，循性曰道。（《二程集·河南程氏粹言卷一·论道篇》）

称性之善谓之道，道与性一也。以性之善如此，故谓之性善。性之本谓之命，性之自然者谓之天，自性之有形者谓之心，自性之有动者谓之情，凡此数者皆一也。（《二程集·河南程氏遗书卷二十五》）

上天之载，无声无臭之可闻。其体则谓之易，其理则谓之道，其命在人则谓之性，其用无穷则谓之神，一而已矣。（《二程集·河南程氏粹言卷一·论道篇》）

二程进而指出，由天赋予人的命和人所禀受到的性都表现为主宰人身的心，命、理、性、心说的是一回事。这表明，心、性、命、理同实而异名，只是角度和侧重不同而已。于是，程颐不厌其烦地断言：

在天为命，在义为理，在人为性，主于身为心，其实一也。（《二程集·河南程氏遗书卷十八》）

心即性也。在天为命，在人为性，论其所主为心，其实只是一个道。（《二程集·河南程氏卷遗书卷十八》）

伯温又问："孟子言心、性、天，只是一个理否？"曰："然。自理言之谓之天，自禀受言之谓之性，自存诸人言之谓之心。"（《二程集·河南程氏遗书卷二十二上》）

三 "穷理，尽性，至命，一事也"

从心、性、天只是一个理的认识出发，二程进而宣称，道就在人之身内而不在人之身外。于是，他们断言："道在己，不是与己各为一物，可跳身而入者也。"（《二程集·河南程氏遗书卷一》）二程之所以断言道在己身之内，是因为在他们看来，道即是人与生俱来的性。对此，程颢解释说："道即性也。若道外寻性，性外寻道，便不是。圣贤论天德，盖谓自家元是天然完全自足之物。若无所污坏，即当直而行之；若小有污坏，即敬以治之，使复如旧。所以能使如旧者，盖为自家本质元是完足之物。"（《二程集·河南程氏遗书卷一》）从道即性、因而既不可性外寻道亦不可道外寻性和性之所主便是心的认识出发，二程进而断言，心便是道、便是天，尽心便可知性、便可知天。正是在这个意义上，他们指出："只心便是天，尽之便知性，知性便知天。当处便认取，更不可外求。"（《二程集·河南程氏遗书卷二上》）在二程看来，正如理、性、命未尝有异一样，由心所参与的穷理、尽性、知天和知命也未尝有异。其实，穷理、尽性与至命说的是同一件事。对此，他们不止一次地说道：

> 理也，性也，命也，三者未尝有异。穷理则尽性，尽性则知天命矣。天命犹天道也，以其用而言之则谓之命，命者造化之谓也。（《二程集·河南程氏遗书卷二十一下》）

> 穷理，尽性，至命，一事也。才穷理便尽性，尽性便至命。因指柱曰："此木可以为柱，理也；其曲直者，性也；其所以曲直者，命也。理，性，命，一而已。"（《二程集·河南程氏外书卷十一》）

这就是说，穷理、尽性、至命在内涵上指的是同一件事，在时间上也是同时的。换言之，三者无论在空间上还是在时间上都是一致的。进而言之，既然命、穷理、尽性是一回事，那么，至命就必须要穷理和尽性。这是二程对待命运的本体依托和逻辑构想。

第三节 "命在义中"

从理、性、命"未尝有异"和"穷理，尽性，至命，一事也"的本体思路和思维方式出发，二程把命与义联系起来，进而断言命就是理、"命在义中"，并提出了"以义安命"和"以义顺命"的安身立命之方。

一 安命

二程之所以讲命，根本目的和宗旨不是让人改变命而是让人安命、顺命。具体地说，从一切都是命中注定的命定论出发，他们主张，人应该顺受其命，在面对一切生死存亡、贫富贵贱时听任命运的安排。据载："（二程曰：——引者加）用舍无所预于己，安于所遇者也。或曰：然则知命矣。夫曰安所遇者，命不足道也。君子知有命，故言必曰命。然而安之不以命，知求无益于得而不求者，非能不求者也。"（《二程集·河南程氏经说卷六·论语解·述而》）在二程看来，命运的吉凶是由先天禀理和禀气的性质决定的，人对此根本无法改变。既然如此，人就应该顺应命运的安排，豁达地对待一切生死和贫贱。正是在这个意义上，程颢指出："死生存亡皆知所从来，胸中莹然无疑，止此理尔……死之事即生是也，更无别理。"（《二程集·河南程氏遗书卷二上》）与此相反，如果人不能从容地对待死生利害，非要自己操纵吉凶祸福，那是行不通的。对此，二程写道："君子于任事之际，须成败之由在己，则自当生死以之。今致其身，使祸福死生利害由人处之，是不可也。"（《二程集·河南程氏遗书卷二下》）

鉴于上述认识，程颐对孔子的弟子经商求富、以图改变生活状况的做法含有微词："货殖便生计较，才计较便是不受命。不受命者，不能顺受正命也。"（《二程集·河南程氏遗书卷十九》）在他看来，经商乃是不认命、不顺命的表现，试图通过经商改变自己的生活状况或社会地位便是与命计较，因为这是通过自己的作为改变先天命运的安排。这种做法不仅是不可能的，而且是有害的，其直接后果就是使人不能顺受正命。由此，二程感叹道："人莫不知命之不可迁也，临患难而能不惧，处贫贱而能不变，视富贵而能不慕者，吾未见其人也。"（《二程集·河南程氏粹言卷二·心性篇》）可见，他们待命的基本原则和方式是安，安的主要表现和基本内容即安于贫贱，达到孟子所讲的"富贵不能淫，贫贱不能移，威武不能屈"（《孟子·滕文公下》）。

二 知命

二程强调，人要真正地顺命、受命和安命，首先要知命。为了让人知命，他们一面断言人的生死寿夭、贫富贵贱、清浊圣凡皆由命定，一面对命作了保留和侧重——只讲"至于命"，而不讲"穷命"或"尽命"。对此，二程指出："理则须穷，性则须尽，命则不可言穷与尽，只是至于命也。"（《二程集·河南程氏遗书卷二上》）可见，他们让人"至于命"，而不让人"穷命"或"尽命"，目的是要人对于先前注定的种种命予以不同的对待。不仅如此，为了达到这一目的，二程提出了具体区分和对待命的方法，这便是："知命者达理也，受命者得其应也。天之应若影响然，得其应者常理也。致微而观之，未有不应者；自浅狭之所见，则谓其有差矣。天命可易乎？然有可易者，惟其有德者能之。"（《二程集·河南程氏粹言卷二·心性篇》）

这清楚地表明，二程认为，对待命有豁达与狭隘两种不同的心态，计较贫贱、富贵之差是浅狭之见。言外之意是，人应该超越浅狭之见而无视贫富、贵贱之别，同时用德来改变命。不难看出，他们的这个做法实际上是把命区分为贫富贵贱与圣凡智愚两种性质，进而分别对待：对于前者免生分别，安而不易；对于后者不甘示弱，以德易之。换言之，二程让人逆来顺受、自甘认命的是人的生存状况、经济条件和社会地位，在生死寿夭、贫富贵贱和通塞荣辱等方面让人顺命、受命、安于命；正是在这个意义上，他们宣称："贤不肖之在人，治乱之在国，不可归之命。"（《二程集·河南程氏粹言卷一·论政篇》）与对待生死寿夭之命的态度截然不同，对于人的圣凡、贤不肖等道德完善和精神追求，二程则主张以德易之，不认命。基于这种理解，他们强调命只有一种，那就是先天禀受的命。至于犯上作乱而死者，不可归于命。正是在这个意义上，程颐指出："命皆一也。莫之致而至者，正命也。桎梏而死者，君子不谓命。"（《二程集·河南程氏外书卷六》）针对这种说法，有人提问说："'桎梏而死者，非正命也'，然亦是命否？"对此，程颐回答说："圣人只教人顺受其正，不说命。"有人又问："桎梏死者非命乎？"程颐答曰："孟子自说了'莫非命也'，然圣人却不说是命。"（《二程集·河南程氏遗书卷十八》）既然只讲正命不讲非命、只可顺命不可易命，那么，人究竟如何区分命与非命？对此，程颐说道："口目耳鼻四支之欲，性也。然有分焉，不可谓我须要得，只有命也。仁义礼智，天道在人，赋于命有厚薄，是命也。然有性焉，可以学，故君子不谓命。"（《二程集·河南程氏遗书卷十九》）这就是说，二程知命主要是让人知道这样一个道理：对于生理需求和物质生活应该自认有命，不作奢求，从而使贫者、贱者不求富、不攀贵；相反，对于精神生活和道德追求应该自强不息、孜孜以求。

至此，可以清楚地看出，二程让人所安、所顺之命只是贫贱、寿夭之命；对此，二程断言命不可易、不可移，以让人安于现实的名分和等级制度而不做改变。然而，这只是问题的一个方面。问题的另一方面是，只有这些还不够，在安于现实社会地位、甘于贫贱的基础上，人要对道德完善孜孜不倦，把超凡入圣视为神圣使命，不顾圣凡慧愚的先天差别执著而行。对此，他们称之为命之可易者。这就是二程知命的双重目的。

三　"命在义中"

二程一面教导人对于贫富、贵贱受之、顺之，一面又告诫人命有可移者，在"有性焉，可以学"的前提下，不把圣凡归于命。他们的这套主张和宗旨突出了道德在待命中的作用，使以德待命成为对待命的根本原则和方法。这套原则和方法套用二程的话语结构便是"命在义中"。正是在这个意义上，他们指出："贤者惟知义而已，命在其中。中人以下，乃以命处义。……若贤者则求之以道，得之以义，不必言命。"（《二程集·河南程氏遗书卷二上》）在二程看来，中人以下者往往认为命中注定的就是应该的，其实，有道德修养的贤者则不论命定与否，只是以道求之、以义得之；对于这些贤者而言，不说命而只知有义，因为命即在义中。

为了让人以义安命，二程进一步解释说，义并非因事而显，而是性中自有。命与性一也，性中自有义，也就证明了命中自有义，故而命在义中。这正如书中所载：

义还因事而见否？曰："非也。性中自有。"或曰："无状可见。"曰："说有便是见，但人自不见，昭昭然在天地之中也。且如性，何须待有物方指为性？性自在也。"（《二程集·河南程氏遗书卷十八》）

具体地说，二程所讲的"命在义中"包括两个方面的内涵。

其一，不计利害安危，惟义而行。

"命在义中"要求人不计利害、不虑安危，惟义而行。二程认为，趋利避害乃人之常情，然而，圣人做事不看利害得失，只看义之当为与不当为——当为便为，不当为便不为，这便是命。对此，程颐说道："利害者，天下之常情也。人皆知趋利而避害，圣人则更不论利害，惟看义当为与不当为，便是命在其中也。"（《二程集·河南程氏遗书卷十七》）循着这个逻辑，理国治民应尽防虑之道，至于后果免与不免，皆安然处之；不以危害危难而动其心，但行吾义而已。换言之，命即在行义之中。这用二程的话说便是："当为国之时，既尽其防虑之道矣。而犹不免，则命也。苟唯致其命，安其然，而危害险难无足以动其心者，行吾义而已，斯可谓之君子。"（《二程集·河南程氏粹言卷二·君臣篇》）

其二，不顾成败后果，惟义而行。

"命在义中"要求人尽管知道后果已无可奈何也不放弃努力，惟义而行。二程指出："处患难，知其无可奈何，遂放意而不反，是岂安于义命者？"（《二程集·河南程氏粹言卷一·论学篇》）有鉴于此，他们强调，对于达到"命在义中"境界的人来说，从不计利弊得失之后果，一切皆惟义而行。即使结局已经不可挽回、无可奈何，仍然义无反顾地以义而行，做自己应该做的事。正是在这个意义上，二程宣称："大凡利害祸福，亦须致命。须得致之为言，直如人以力自致之谓也。得之不得，命固已定，君子须知佗命方得。……盖命苟不知，无所不至。故君子于困穷之时，须致命便遂得志。其得祸得福，皆已自致，只要申其志而已。"（《二程集·河南程氏遗书卷二上》）

对此，程颐举例子解释说，孔子既然已知宋桓魋不能害己，为什么又微服过宋？舜既然预知其弟象将来要杀自己，为什么又象忧亦忧、象喜亦喜？国祚长短，自有命数，人君为什么还要汲汲求治？禹稷为了救饥溺者，三过家门而不入，难道他们不知道饥溺死者自有命，为何救之如此之急？"数者之事，何故如此？须思量到'道并行而不相悖'处可也。"（《二程集·河南程氏遗书卷十八》）下面的这则故事反映了程颢与程颐别无二致的待命态度：

> 扶沟地卑，岁有水旱。明道先生经画沟洫之法以治之，未及兴工而先生去官。先生曰："以扶沟之地尽为沟洫，必数年乃成。吾为经画十里之间，以开其端。后之人知其利，必有继之者矣。夫为令之职，必使境内之民，凶年饥岁免于死亡，饱食逸居有礼义之训，然后为尽。故吾于扶沟，兴设学校，聚邑人子弟教之，亦几成而废。夫百里之施至狭也，而道之兴废系焉。是数事者，皆未及成，岂不有命与？然知而不为，而责命之兴废，则非矣。此吾所以不敢不尽心也。"（《二程集·河南程氏外书卷十二》）

至此可见，"命在义中"不仅强调命与义的关联，而且提出了以义为标准的处命原则。在此，义是判断、衡量命的唯一标准，决定了"命在义中"的归宿是以义取代命，即只讲义、不讲命——至少是对贫富、贵贱等现实差别不妄自计较；如果有命，超凡入圣才是唯一的命。

第四节 "以义安命"

如上所述，二程始终强调命与义的内在关联，讲命时总是联系到义；在此过程中，他们重视命与义的区别，认为当不当行便是义，得失祸福便是命。经过如此界定，命与义的界限豁然开朗。于是，对于一个人来说，他的一切行为和遭遇都可归为义与命两个字。据载：

> 崇宁初，家叔舜从。以党人子弟补外官，知河南府巩县，请见伊川先生，问"当今新法初行，当如何做？"先生云："只有义命两字。

当行不当行者义也，得失祸福命也。"（《二程集·河南程氏外书卷十二》）

二程进而指出，一个人必须通晓义命之理，才能立足于社会。这便是："合天人，通义命，此大贤以上事。"（《二程集·河南程氏外书卷七》）在他们看来，义指做事应该还是不应该的道理，命指做事之后得吉还是得凶的结果。义与命有相通之处，也难免发生矛盾和冲突。当义与命发生抵牾之时，应该如何做呢？对此，"命在义中"给出了答案。从"命在义中"的认识和原则出发，二程强调："尽性至命，必本于孝弟。穷神知化，由通于礼乐。"（《二程集·河南程氏粹言卷二·心性篇》）对此，刘安节问曰："孝弟之行，何以能尽性至命也？"二程回答说：

世之言道者，以性命为高远，孝弟为切近，而不知其一统。道无本末精粗之别，洒扫应对，形而上者在焉。世岂无孝弟之人？而不能尽心至命者，亦由之而弗知也。人见礼乐坏崩，则曰礼乐亡矣，然未尝亡也。夫盗贼，人之至不足道者也，必有总属，必有听顺，然后能群起，而谓礼乐一日亡，可乎？礼乐无所不在，而未尝亡也，则于穷神知化乎何有？（《二程集·河南程氏粹言卷二·心性篇》）

由上可见，"命在义中"的归宿便是践履仁义道德，即以义代替了命。循此原则和思路，在现实生活中，人应该如何处理命与义的关系，正确地安身立命呢？二程给出了如下回答。

一 以命辅义

二程认为，对于人的行为而言，命与义缺一不可；然而，命与义的地位并不相同，在判断、选择行为或处理义利关系时，虽然命与义都要看，但是，必须以义为主。有鉴于此，他们呼吁人做事要以义为主、以命辅义，义永远是行为动机和宗旨。正是基于这一宗旨，二程断言：

"乐天知命"，通上下之言也。圣人乐天，则不须言知命。知命者，知有命而信之者尔。……命者所以辅义，一循于义，则何庸断之以命哉？若夫圣人之知天命，则异于此。（《二程集·河南程氏遗书卷十一》）

二 以义安命

二程主张以命辅义，就是让人"以义安命""以义处命"。这正如他们所感叹的那样："人莫不知有命也，临事而不惧者鲜矣。惟圣人为能安命。"（《二程集·河南程氏经说卷六·论语解·述而》）对此，二程解释说，人都说贤者好贫贱而恶富贵，这是违反人之常情的。其实，贤者也好富贵而恶贫贱，只是他们"守义安命"而不像一般人那样妄行改命罢了。有鉴于此，二程得出了是"以义安命"还是"以命安义"是区分君子与小人的标准的结论。这正如书中所载：

> 问："富贵、贫贱、寿夭，固有分定，君子先尽其在我者，则富贵、贫贱、寿夭，可以命言；若在我者未尽，则贫贱而夭，理所当然；富贵而寿，是为徼幸，不可谓之命。"曰："虽不可谓之命，然富贵、贫贱、寿夭，是亦前定。……故君子以义安命，小人以命安义。"（《二程集·河南程氏遗书卷二十三》）

在这里，与"命在义中"的思路和做法别无二致，二程以贫富、贵贱是命中"前定"为借口，让人以义加以安之。这表明，他们让人淡然对待贫贱和禄仕，在处理一切现实生活中的遭遇和义利关系时，都能够以义安命。书中的一则记载集中表达了他们这方面的思想倾向：

> 问："家贫亲老，应举求仕，不免有得失之累，何修可以免此？"曰："此只是志不胜气。若志胜，自无此累。家贫亲老，须用禄仕，然得之不得为有命。"曰："在己固可，为亲奈何？"曰："为己为亲，也只是一事。若不得，其如命何？……人苟不知命，见患难必避，遇

得丧必动，见利必趋，其何以为君子！然圣人言命，盖为中人以上者
设，非为上知者言也。中人以上，于得丧之际，不能不惑，故有命之
说，然后能安。若上智之人，更不言命，惟安于义；借使求则得之，
然非义则不求，此乐天者之事也。上智之人安于义，中人以上安于
命，乃若闻命而不能安之者，又其每下者也。"（《二程集·河南程氏
遗书卷十八》）

按照二程的标准，闻命而不能安是最下等的人，这种人几同于小人；
中人以上的人安于命，这种人不在命外另有所求；上智之人只讲义，不再
讲命，这种人惟义为安、随遇而乐。对于这三种不同的对待命的态度、境
界和做法，二程显然否认第一种，赞扬第三种，因为尽管第二种是常人应
有的心态和做法，但是，第三种是通过道德修养达到的理想境界。其实，
二程所讲的"以义安命"包括下面的"以义处命"和"守身"等都是为
了臻于这一境界。程颐把安于这一境界即"惟安于义"称为"安土顺命"，
并且急于传授"安土顺命"之道。于是，他说道："安土顺命，乃所以守
常。素其位，不援上，不陵下，不怨天，不尤人。居易俟命，自迩自卑，
皆安土顺命之道。"（《二程集·河南程氏经说卷八·中庸解》）进而言
之，为了从小人转向中人、由中人臻于圣人境界，二程提出了"以义安
命"、"以义处命"、安身养义等具体方法和原则。

三　以义处命

按照二程的说法，命是圣人为中人及中人以下的人设立的，旨在告诉
这些人以义安命；道德修养高深的君子不应该仅仅满足于安命，而应提升
为最高的境界——"以义处命"。对此，他们说道："志胜气，义处命，则
无忧矣。……人苟不知命，见利必趋，遇难必避，得丧必动，其异于小人
者几希。"（《二程集·河南程氏粹言卷一·论学篇》）由此可见，"以义
处命"就是以义代命而不复言命。人进入到这一境界，便只讲义当如何，
而完全没有了命的位置。于是，二程指出："言命所以安义，从义不复语
命。以命安义，非循理者也。"（《二程集·河南程氏文集卷八·杂说》）

对此，二程举例子解释说，君子有义有命。孟子所云"求则得之，舍则失之。是求有益于得也，求在我者也。"这是言义。孟子所云"求之有道，得之有命，是求无益于得也，求在外者也。"这是言命。对于圣人而言，则只有义而没有命。所以说"行一不义，杀一不辜，而得天下，不为也。"（《二程集·河南程氏外书卷三》）这是说义而不言命。同样的道理，"富，人之所欲也，苟于义可求，虽屈己可也；如义不可求，宁贫贱以守其志。非乐于贫贱，义不可去也。"（《二程集·河南程氏经说卷六·论语·述而》）基于这种认识，二程往往只讲义而不讲命。据载：

> 或问："周公欲代武王之死，其有是理邪？抑曰为之命邪？"子曰："其欲代其兄之死也，发于至诚，而奚命之论？然则在圣人，则有可移之理也。"（《二程集·河南程氏粹言卷二·圣贤篇》）

这里所讲的"可移之理"即指"义当如此"。二程的这个说法实质上是用义取消、代替了命。于是，二程这样告诫人们："君子处难，贵守正而不知其他也。守正而难不解，则命也。遇难而不固其守，以自放于邪滥。虽使苟免，斯亦恶德也。知义命，不为也。"（《二程集·河南程氏粹言卷二·人物篇》）

四　守身养义

二程指出，要想正确处理命与义的关系，正确的做法和最佳境界是"以义安命""以义处命"。这不是常人境界，而是圣人境界。这一境界是每个人都必须追求的，况且，这一境界可以通过不懈的努力而实现。在他们看来，实现这一境界的具体做法是加强自身的修养，其中，最关键的是守身。据载：

> 问："守身如何？"曰："守身，守之本。既不能守身，更说甚道义？"曰："人说命者，多不守身，何也？"曰："便是不知命。孟子曰：'知命者不立岩墙之下'。"或曰："不说命者又不敢有为。"曰：

"非特不敢为，又有多少畏恐，然二者皆不知命也。"（《二程集·河南程氏遗书卷十八》）

二程所说的"守身"即道德修养的功夫和方法，主要指孟子所讲的涵养浩然之气。在他们看来，人居天地真元之气中，犹如鱼生水中一般；人须涵养天地之气而生，就像鱼须涵养水而得活一样。正是在这个意义上，二程一再强调：

> 真元之气，气之所由生。不与外气相杂，但以外气涵养而已。若鱼在水，鱼之性命非是水为之，但必以水涵养，鱼乃得生尔。人居天地气中，与鱼在水无异。至于饮食之养，皆是外气涵养之道。出入之息者，阖辟之机而已。所出之息，非所入之气。但真元自能生气，所入之气，止当辟时，随之而入，非假此气以助真元也。（《二程集·河南程氏遗书卷十五》）

> 集义生气。方其未养也，气自气尔；惟集义以生，则气与义合，无非道也。合非所以言气，自其未养言之也。（《二程集·河南程氏粹言卷一·论道篇》）

至此，在以义代命的基础上，二程把待命的方法最终落实到道德修养和躬行实践上，既遵循了儒家的道德主义传统，又开创了性命之学道德化，进而用道德修养统摄乃至取代性命之学的新思路。

如上所述，二程宣扬天命论，却不再像孔子那样把天说成是冥冥之中的神秘主宰而断言天意不可知、天机不可泄露，他们增加了天的透明度，其具体办法是断言天所依循的法则就是理，理的实际内容即以三纲五常为核心的道德观念和行为规范。这从本体哲学的高度对伦理道德进行了神化和夸大，并使天理成为人存在的本体依托和安身立命的前提。进而言之，二程的这种做法决定了他们安身立命的方法、途径既不是战战兢兢的畏天命，也不是看破红尘的待天命。事实上，二程向人泄露的天机便是以德配天，这套用他们本人的话语结构即"以义安命"和"以义处命"。换言之，通过对"命在义中""以义安命"的阐释,二程张扬了道德主义的行为模式和价值旨趣,在以道德修养对待命的同时,为人指明了通向圣贤的大道和安身立命的方法。

在延续儒家道德主义旨归的过程中,二程的"命在义中"始终以道德准则——义为标准来审视、对待命。基于这一理论宗旨和价值取向,在对命的阐释中,他们不是关注命之贵贱、贫富而是侧重命与义的关系,致使其性命之学演绎为义与利的关系;最后,对义的推崇使其在道德追求和超凡入圣中取消了命。

进而言之,二程"以义安命"及其以义代替命的根本目的在于,当命与义发生矛盾时,叫人只讲义而不讲命,这实际上是说,遵循宗法道德、安于等级制度既定的名分就是命。至此,道德修养、精神追求成为命的唯一内涵和待命的唯一做法。在这方面,二程讲命让人安贫,不对富贵、名利、仕禄孜孜以求,一切漠然置之。与此同时,他们讲义让人乐道,不倦怠、不沮丧,一切惟义而安、一切惟义而行。这便是"命在义中""以义处命"的真正含义和宗旨。可见,二程以义来审视命的做法尤其是对义与命截然相反的态度表露了他们既想让人在物质生活上认命而安于现状、又在道德追求中不认命而执着追求的双重心理。

就逻辑框架、思维方式和社会影响而言,二程断言天理是本原,进而强调天理表现为人之性命,这实际上是通过强调天理赋人以性命加强了以三纲五常为核心的伦理道德钳制身心的必然性,加重了对人的精神统治和行动束缚。二程的这个说法开辟了宋明理学本体哲学、人性哲学与道德哲学三位一体的学术风尚,奠定并引领了理学的理论态势和思想走向。与此相应,从二程开始,理学家把性与命都视为双重的。二程讲天命论,又用气禀来说明人、物乃至人与人之间的命之差异,走向气禀论。于是,性命成为理命与气禀并行不悖的两个方面。受二程"气即性"与"性即理"的影响,张载讲人性时把天地之性与气质之性并提;同样,朱熹宣布天命之性与气质之性一起构成了人性之双重。此外,朱熹"命有两种"的说法也与二程如出一辙。

第六章　朱熹

朱熹是南宋大儒，也是程朱理学的集大成者。朱熹对于儒学的贡献在于通过道德形而上学的建构论证了天理的绝对权威。基于理本论的思路，朱熹强调理的独一无二、不可分割。对此，他借助"理一分殊"展开了系统而全面的哲学阐述。事实上，朱熹之所以对"理一分殊"兴趣盎然，除了在本体哲学领域夯实理本论的需要之外，还因为"理一分殊"传递并浓缩着朱熹的和谐理念和对等级秩序的建构。因此，"理一分殊"在朱熹的哲学中并不局限于本体领域，而是始于本体领域，贯彻到人性、认识和道德等诸多领域。伴随着"理一分殊"从本体领域向其他领域的渗透，在各个领域之间的层层推进、重重叠叠的相互印证中，朱熹的和谐理念和宗法等级秩序建构通过宇宙背景、人性根基和实践操作得以多维度贯彻，逐渐由隐至显、从观念到行动变得现实和真切起来。

第一节　"理一分殊"

"理一分殊"源于华严宗和禅宗。禅宗玄觉道："一性圆通一切性，一法遍含一切法，一月普现一切水，一切水月一月摄。"（《永嘉证道歌》）这便是佛教的水月之喻，也叫作"月印万川"。这个例子被朱熹等人津津乐道，成为其"理一分殊"直接吸收的思想营养。就宋明理学家来说，尽管把"理一分殊"的提出归功于张载，然而，这一命题的具体阐释始于程颐，程颐使"理一分殊"初具形态。他断言："天下之理一也。涂虽殊而其归则同，虑虽百而其致则一。虽物有万殊，事有万变，统之以一，则无能违也。"（《周易程氏传》卷三）在此，程颐强调理是万事万物的本原，"万物皆只是一个天理"；各个事物的理有其特殊情形，彼此千差万别。正是这种一面强调万物同具一理、一面突出事物之理各不相同的思路直接奠定了朱熹"理一分殊"的思维格局。在程颐的基础上，朱熹接续了"理一分殊"的话题，并转述其师李侗的话说："吾儒之学，所以异于异端者，理一分殊也。理不患其不一，所难者分殊耳"（《李延平先生答问录·后录》）。由于朱熹在不同地点、不同场合并从不同角度对"理一分殊"进行解释和界说，致使这一命题拥有了丰富的内涵，成为朱熹哲学的主要命题和重要组成部分。

一　理之一

朱熹的"理一分殊"与他的理本论密切相关。或者说，在朱熹的本体哲学中，"理一分殊"的主要作用之一就是凸显理的权威性和至上性。在这方面，朱熹认为，理是天地万物的本原，宇宙之间的万事万物都由于禀得了理而存在，都是理的派生物。有鉴于此，他宣称："宇宙之间，一理而已。天得之以为天，地得之以为地。而凡生于天地之间者，又各得之以为性。"（《朱文公文集卷七十·读大纪》）按照朱熹的说法，理派生万物也就是使万物禀得理而存在，这是一个外在的、作为本体的理转化为内在的事物本性的过程。于是，便出现了这样的问题：作为宇宙本体的理与万物禀得的或者说体现于万物之上的理是否是同一个理？作为同一个宇宙本体，理在万物之上的显现是否相同？为了解释这些问题，朱熹搬出了"理一分殊"。借助"理一分殊"，朱熹既说明了万物的共同本原，又道出了其间的差异："理一"是说作为本原的天理只有一个，是独一无二的；"分殊"是说绝对无二的天理在不同天地万物上的表现不同，致使万物呈现出差异性。这样一来，宇宙本体之理与事物之理便有了一理与万理的区别；这种一理与万理之间的关系呈现为"理一分殊"。为此，朱熹援引"月印万川"的例子解释说：天理只有一个、绝对无二，好比天上的月亮只有一个，这是"理一"；天理体现在万物之上呈现出彼此差异的万理，犹如天上的一轮月亮映在地上的川河湖海之中形成了无数各不相同的月亮，这是"分殊"。不仅如此，为了强调"理一分殊"，也为了区分作为本体的一理与具体事物禀得的万理，他借鉴了中国哲学的古老范畴——太极，在通常情况下，把一理、理的全体称为太极。这便是所谓的"总天地万物之理，便是太极"（《朱子语类》卷九十四）。这个本原之理、一理、太极又称天理。

"理一分殊"表明了宇宙本体之理与万物之理的区别，也突出了同禀一理的万物之理以及万物之间的差异性。问题的关键是，既然万物"本乎一源"——源于同一个天理，为什么会有分殊？天理在派生万物时为什么会在不同事物上有不同显现？朱熹用气揭开了这个谜底。具体地说，为了解决万物之理只是一个、而同一个天理又在万物之上有万种呈现这个难题，正如理本论上以理为主、为本而以气为从、为末却不得不借助气这一构成材料一样，他借助气，从安顿处的差异入手说明了万物之理的不同。对于作为世界本原的理，朱熹描述说："理却无情意，无计度，无造作。……若理，则只是个净洁空阔底世界，无形迹，他却不会造作。"（《朱子语类》卷一）这样一来，由于"无形迹""无计度""无造作"，理成为虚悬之物。这个虚悬之理需要一个"挂搭处"和"附着处"，是气承担了这个任务，使虚托的理安顿下来。朱熹指出："有这气，道理便随在里面；无此气，则道理无安顿处。如水中月，须是有此水，方映得那天上月；若无此水，终无此月也。"（《朱子语类》卷六十）按照他的说法，理需要气作安顿处，理在气中的安顿犹如"月印万川"一般。这表明，理不能单独创造世界，理派生万物需要借助能运动、会造作的气。于是，在朱熹哲学中，"在理上看"即从世界本根处看，"理在物先"，理本气末。这正如虽然水月相互依存，但是，"天上月"逻辑地先于"水中月"，"水中月"是"天上月"的影子一样。正是基于这种认识，他一再断言：

　　有是理便有是气，但理是本。（《朱子语类》卷一）

　　然必欲推其所从来，则须说先有是理。（《朱子语类》卷一）

二　气之分

朱熹认为，从具体事物上看，理和气"有则皆有""未尝分离"。万物的产生是理和气相合的产物，对于具体事物来说理和气缺一不可。如果说前者注定了"理一"的话，那么，后者则注定了"分殊"。这是因为，对于万物而言，理虽相同，所禀之气却千差万别；正是气的精粗、厚薄和清浊之分使万物迥然悬殊。对此，他解释说："天地之间，理一而已。然乾道成男，坤道成女，二气交感，化生万物，则其大作，意盖如此，程子以为'明理一而分殊'，可谓一言以蔽之矣。"（《张子全书卷一·西铭解》）这就是说，理是天地万物的共同本原，总天地万物之理只是一个理；由于气的不同，理在不同的安顿处有不同的表现，这个不同究其极是由气造成的。还以"月印万川"为例，人间的月亮之所以呈现出大小、清浊、明暗之差，取决于江河乃至渠沟之水的水质和水量。换言之，天上的月亮只有一个，投射到万川之中形成了万个月亮，万川之中的月亮之所以彼此不同，是因为水的不同造成的。

通过如此一番论证和阐释，朱熹将一理"散"或"印"到各个具体事物之中，以此强调物各有一个理，却都是一理的体现。正是在这个意义上，他申明："物物各有理，总只是一个理。"（《朱子语类》卷九十四）就"万物各具一理，万理同出一原"来说，万物之理其实是"一个一般道理，只是一个道理。恰如天上下雨：大窝窟便有大窝窟水，小窝窟便有小窝窟水，木上便有木上水，草上便有草上水。随处各别，只是一般水"（《朱子语类》卷十八）。这就是说，"一水"犹如"一个一般道理"，尽管随着"大窝窟"与"小窝窟"、"木上"与"草上"而随处各别，说到底"只是一般水"。对此，朱熹再次举例子说：

> 如这片板，只是一个道理，这一路子恁地去，那一路子恁地去。如一所屋，只是一个道理，有厅，有堂。如草木，只是一个道理，有桃，有李。如这众人，只是一个道理，有张三，有李四；李四不可为张三，张三不可为李四。（《朱子语类》卷六）

需要说明的是，在论证万理一源却又随处不同时，朱熹既强调同一天理在不同事物上的显现不同，又强调理不会随之而被分割。拿"月印万川"的例子来说，他一面强调"月印万川"时在万川之中有不同显现，一面断言"不可谓月已分",万物全具本体之理而毫不欠缺。对理可分殊却不可分割的观点,朱熹解释说:"本只是一太极,而万物各有禀受,又自各全具一太极尔。如月在天,只一而已,及散在江湖,则随处而见,不可谓月已分也。"(《朱子语类》卷九十四)

事实上,朱熹之所以在讲"分殊"时维护理的不可分割,与其不遗余力地推崇"理一分殊"的目的如出一辙,除了试图通过"理一"凸显理的权威性、夯实其理本论之外,最主要的原因是在"理一"与"分殊"的相互印证中阐明宇宙之秩序,为宗法等级社会的和谐建构提供本体框架和形上背景。具体地说,"理一分殊"表达了他对宇宙秩序的构思和理解:"理一"表明万物来自一体、本乎一源,共同构成了一个不可分割的整体。对此,朱熹一再申明:

> 只是此一个理,万物分之以为体。(《朱子语类》卷九十四)

> 熹窃谓天地生物,本乎一源,人与禽兽草木之生,莫不具有此理。(《朱子遗书·延平问答》)

"分殊"说明一体之中的万物既非浑然不分、也不相互平等,而是处于不同的等级,共同构成了宇宙秩序。在这里,"理一"是体,"分殊"是用。这正如朱熹所言:"盖至诚无息者,道之体也,万殊之所以一本也;万物各得其所者,道之用也,一本之所以万殊也。"(《四书集注·论语集注卷二》)不仅如此,本着"体用不二""体用一源"的原则,他强调:"万个是一个,一个是万个。盖体统是一太极,然又一物各具一太极。"(《朱子语类》卷九十四)至此,朱熹所描述的宇宙秩序豁然开朗:一方面,宇宙万物为一体,都是理之用;另一方面,万物之间各不相同,居于不同的等级之中。在此,他旨在说明,"分殊"即万物之间的差异不仅不妨碍其一体、一本,相反,在某种意义上,正是"分殊"成全了理一、使万物共处一体之中。这是因为,万物之间"分得愈见不同,愈见得理大"(《朱子语类》卷六)。

至此,朱熹阐释了理派生世界、宇宙万殊统一于理的理本论,更为重要的是，凭借"理一分殊"设计了一种永恒的宇宙秩序，表达了自己的和谐理念："理一"标志着世界万物的统一性，"分殊"体现着万物的差异性，理与万物是本体与现象的等级关系；就万物而言，虽然同样禀理而生，气禀的不同却注定了其间的差异，这种差异在人类社会就是尊卑等级之序。在这里，一体、一本是原则，一体之中有分别、有等级，一而万、同而殊的等级秩序就是和谐。按照他的说法，和谐的前提和根基是万物源于理的统一性、一体性，万物之间的统一性和一体性的具体表现不是平等而是等级。和谐就是一体之中的等级和一本之中的分殊。这不仅从形而上的高度伸张了和谐、等级的正当性、合理性和神圣性，而且为宗法社会的和谐建构提供了本体辩护和宇宙模式。

第二节　天命之"理一"与气禀之"分殊"

为了让宇宙秩序转化为人间秩序，朱熹将"理一分殊"进行到底，通过对性、心、命的说明，从不同角度展示了"理一分殊"在人身上的反映，从而把人类社会的宗法等级以及人与人之间的长幼尊卑都说成是天理和气生人时赋予人的先天命令，为宇宙秩序的人间化提供人学根基和支持。

朱熹之所以不遗余力地伸张"理一分殊"的宇宙秩序和分殊等级，目的是将其贯彻到人类社会，为现实社会的宗法和谐提供辩护。在此过程中，通过对人之性命的阐释，他将"理一分殊"由本体领域的宇宙秩序扩展到人性和道德领域，转化为人间的等级名分和宗法秩序。在这方面，朱熹的具体做法是，通过"理一分殊"在性、心和命等诸多方面的展开，使本体领域的本原之一与万物之殊转化为人的共性之同与个性之异。正如世界分为"理一"与"分殊"两个层面一样，人之性、心和命均一分为二，拥有双重结构——天命之性与气质之性、道心与人心以及天理之命与气禀之命同时并存。

在人之性上，"理一分殊"决定了人性是双重的，包括体现理一的天命之性与作为分殊的气质之性两个部分。朱熹宣称，作为宇宙本体——理

在人和万物之上的体现，天命之性是共性。因此，天命之性人人相同乃至
人与万物未尝不同。有鉴于此，他断言："此理亦只是天地间公共之理，
禀得来便为我所用。"（《朱子语类》卷一百一十七）作为"分殊"的体
现，气质之性是人与万物乃至人与人各自不同的个性，是理气相合的产
物，气的精与粗、正与不正之差造就了人与物以及人与人的分殊：第一，
就人与物而言，虽然两者都禀气而生，但是，万物得到的只是"偏气"，
禽兽横生，草木大头朝下，尾反在上而无所知；惟有人禀得的是正气，才
会头象天、平正端直，懂道理，有知识，无不能，无不知。于是，朱熹反
复指出：

> 自一气而言之，则人物皆受是气而生；自精粗而言，则人得其气
> 之正且通者，物得其气之偏且塞者。惟人得其正，故是理通而无所
> 塞；物得其偏，故是理塞而无所知。且如人，头圆象天，足方象地，
> 平正端直，以其受天地之正气，所以识道理，有知识。物受天地之偏
> 气，所以禽兽横生，草木头生向下，尾反在上。物之间有知者，不过
> 只通得一路，如鸟之知孝，獭之知祭，犬但能守御，牛但能耕而已。
> 人则无不知，无不能。人所以与物异者，所争者此耳。（《朱子语类》
> 卷四）

> 论万物之一源，则理同而气异。观万物之异体，则气犹相近，而
> 理绝不同也。气之异者，粹驳之不齐；理之异者，偏全之或异。（《朱
> 文公文集卷四十六·答黄商伯之四》）

第二，就人与人而言，所禀之气"又有昏明清浊之异"，于是形成了
各不相同的本性。人与万物尤其是人与人之间各自差异的本性就是气质之
性。这就是说，每个人得到的气的成分并不一样，正是其中的精英渣滓之
差和昏明清浊之异造就了人与人之间的圣愚贤不肖之别。于是，朱熹指
出："气，是那初禀底；质，是成这模样了底。如金之矿，木之萌芽相
似。……只是一个阴阳五行之气，滚在天地中。精英者为人，渣滓者为
物；精英之中又精英者，为圣，为贤；精英之中渣滓者，为愚，为不肖。"

（《朱子语类》卷十四）可见，对于人乃至万物的双重本性而言，如果说天命之性是"理一"的话，那么，气质之性则是"分殊"。双重人性论准确地应叫作双重物性论——因为不仅人类如此，"分殊"的万物都有双重本性；更为重要的是，双重人（物）性论不仅体现了人与万物的一体，而且显示了人与万物的区别和等级。尽管如此，从根本上说，"理一分殊"内涵的和谐秩序主要是人类社会的等级秩序。因此，为了把这种秩序和等级贯彻到人间，朱熹由讲人性（物性）深入到人心，以便抛开万物、专就人与人之间的共性与个性进行专门阐释和分析。

在人之心上，循着类似于天命之性与气质之性的逻辑和思路，"理一分殊"使人之心呈现出道心与人心之别。按照朱熹的理解，道心是天命之性在人身上的体现，作为"理一"的反映而人人相同；人心源于气质之性，由于气禀而人人各殊。

在朱熹那里，就人性与人心的相互比较而言，人性侧重先天的本性、本能和行为资质，人心侧重后天的心理动机和行为选择。通过对天命之性与气质之性、道心与人心的阐述，他把"理一分殊"蕴涵的和谐理念和等级秩序印到了人类社会，用气禀的不同为宗法等级辩护。在此基础上，朱熹一面把"理一"标志的天理、太极之善说成是人的本性，一面把"分殊"中蕴涵的私心、杂念归于人欲，视之为恶和不善，进而使"去人欲，存天理"成为人的追求目标与和谐建构的不二法门。

在人之命上，理与气决定了人命是双重的，"理一分殊"还体现在人的命运上。朱熹在讲命时一再把人命分为两个部分，以此强调人之命运的"理一分殊"。于是，他反复断言：

> 命有两种：一种是贫富、贵贱、死生、寿夭，一种是清浊、偏正、智愚、贤不肖。一种属气，一种属理。（《朱子语类》卷四）

> 命之正者出于理，命之变者出于气质。（《朱子语类》卷四）

在这里，朱熹明确指出，人有两种命，一种是作为共性的"理一"，一种是作为个性即气禀的"分殊"。前者表现为人命天赋，无人不同。对此，他解释说，天赋人以命，如父母君上命人以命一样，"天命，如君之命令"（《朱子语类》卷四）。所不同的只是天命不像君父之命那样耳提面命、言语以告而已。后者表现为气禀之异不仅先天决定人的智慧、善恶和性格，而且决定人后天的社会地位和遭遇。对此，朱熹多次宣称：

命者万物之所同受，而阴阳交运，参差不齐；是以五福、六极，值遇不一。（《朱子语类》卷四）

有人禀得气厚者，则福厚；气薄者，则福薄。禀得气之华美者，则富盛；衰飒者，则卑贱；气长者，则寿；气短者，则夭折。此必然之理。（《朱子语类》卷四）

对于性、心和命之间的关系，朱熹形象地解释说："命，便是告札之类；性，便是合当做底职事，如主薄销注，县尉巡捕；心，便是官人；气质，便是官人所习尚，或宽或猛；情，便是当听处断事，如县尉捉得贼。情便是发用处。"（《朱子语类》卷四）

通过对性、心、命的分析，朱熹旨在说明：一方面，人之性、心和命皆源于理，不仅皆由天定，不可逃避，而且无一例外，是人所共同遵循的命令。另一方面，气禀使每个人的性、心和命显示出不同。正是人与人之间的这种与生俱来的"理一"与"分殊"——尤其是差异、分殊构成了人类社会的等级之序。至此，通过性、心和命的相互支撑和层层推进，"理一分殊"中的形而上的宇宙模式和等级秩序逐渐世俗化，使人类社会的所有人乃至宇宙万物都居于不同的位置上，由它们的不同位置构成了整个宇宙的等级秩序。在这里，朱熹的具体做法是，在用"理一"渲染一体的前提下，用"分殊"、气禀之殊强化等级，把人与人、人与物的分殊归结为气禀。正因为如此，正如本体领域的"分殊"源于气禀一样，在讲性命之学时，他同样断言"禀气"的不同形成了万理之间以及事物之间的差别。鉴于气禀对"分殊"的至关重要性，朱熹对气禀问题非常重视，多次对之予以论述和比喻。例如：

盖尝窃论之，天下之理，未尝不一，而语其分。则未尝不殊，此自然之势也。盖人生天地之间，禀天地之气，其体即天地之体，其心即天地之心，以理而言，是岂有二物哉？（《四书或问·中庸或问下》）

造化之运如磨，上面常转而不止。万物之生，似磨中撒出，有粗有细，自是不齐。（《朱子语类》卷一）

二气五行，始何尝不正。只衮来衮去便有不正。（《朱子语类》卷四）

按照朱熹的说法，气是理的凑泊、附着，是气禀注定了人的性、心和命之异，致使现实社会中的人具有了不同的等级名分。于是，他一再断言：

禀得精英之气，便为圣，为贤，便是得理之全，得理之正。禀得清明者，便英爽；禀得敦厚者，便温和；禀得清高者，便贵；禀得丰厚者，便富；禀得久长者，便寿；禀得衰颓薄浊者，便为愚、不肖，为贫，为贱，为夭。……富贵、死生、祸福、贵贱，皆禀之气而不可移易者。（《朱子语类》卷四）

这个物事，即是气，便有许多道理在里。人物之生，都是先有这个物事，便是天当初分付底。既有这物事，方始具是形以生，便有皮包裹在里。若有这个，无这皮壳，亦无所包裹。如草木之生，亦是有个生意了，便会生出芽蘖。芽蘖出来，便有皮包裹著。而今儒者只是理会这个，要得顺性命之理。……所以死生祸福都不动。只是他去作弄了，……各正性命，保合太和。……人之所以为人，物之所以为物，都是正性命。保合得个和气性命，便是当初合下分付底。保合，便是有个皮壳包裹在里。如人以刀破其腹，此个物事便散，却便死。（《朱子语类》卷十六）

如此说来，尽管理未尝不同，以气言却有差等："物我自有一差等，……人我只是理一，分自不同。"（《朱子语类》卷三十六）在朱熹看来，决定人与人之不同的是气禀，气禀之差显示为人的性、心、命之异。这就是说，万物之殊的根本原因在于禀气的不同；由于万物所居之位不同，天理体现出来也就各显其殊。正是在这个意义上，他比喻说："人物之生，天赋之以此理，未尝不同，但人物之禀受自有异耳。如一江水，你将勺去取，只得一勺；将碗去取，只得一碗；至于一桶一缸，各自随器量不同，故理亦随以异。"（《朱子语类》卷四）

更为重要的是，"理一分殊"的和谐模式先天地规定了朱熹对两种性、心、命的不同态度。具体地说，尽管对于每个人来说天命之性与气质之性、道心与人心、正命与变命一个都不能少，但是，理与气的本末关系先天地注定了在对待两种性和心时，代表"理一"的天命之性和道心是主宰，代表"分殊"的气质之性和人心要受制于前者。有鉴于此，在讲人性之双重时，基于天命之性源于天理、至善纯美，气质之性源于气禀、有善有不善的认定，他让人变化气质，以气质之性合于天命之性的方式达到人性的统一。基于同样的思路和逻辑，朱熹断言体现天理的道心是至善的，源于气禀的人心有善有恶；在把人心之善归为天理的同时，把人心之恶归为人欲，进而告诫人们"革尽人欲，复尽天理"，以此达到人心与道心的合一。饶有兴趣的是，人之命与人之性、人之心一样体现了"理一分殊"，与变化气质以与天命之性统一、去除人欲使人心归于道心的做法不同，他不是让人改变命运，而是让人安于命运的安排；尽管将命分为两种，却让人对之皆安之、顺之。其实，朱熹对待性、心、命的不同态度一致体现了他让人安于既定的等级名分的用心良苦。

与上述做法一脉相承，出于维护宗法等级秩序的需要，为了让人安于自己的名分，朱熹惟恐人们将一理与万殊滚做一样看而不求其差别。他说道："《西铭》大纲是理一而分自尔殊。然有二说：自天地言之，其中固自有分别；自万殊观之，其中亦自有分别。不可认是一理了，只滚作一看，这里各自有等级差别。且如人之一家，自有等级之别。"（《朱子语类》卷九十八）事实上，正是出于对"滚作一看"的担心，他通过气禀注定人之性、心、命的"分殊"，在"理一分殊"的展开和推进中注定人的先天名分，为现实社会的人划定不同的身份，使之处于等级秩序之中。更有甚者，在朱熹那里，这种等级身份的先天注定在表明其神圣性和永恒性的同时，注定了人们对之不可更改、无法逃遁。换言之，"理一分殊"在人的性、心和命上的体现不仅具体说明了"分殊"是什么，而且阐明了人与人之"分殊"——不同等级、身份的由来。结论是，对于自己的名分，只能绝对服从。正是为了维护宗法等级秩序和预定和谐，朱熹让人安于命。这种做法表达了两层意思：第一，不同命运代表了人在现实社会中的不同等级和身份，即人与人之间的贫富贵贱和尊卑长幼之殊。从这个意义上说，天理即是分殊和名分。他反复强调：

> "天分"，即天理也。父安其父之分，子安其子之分，君安其君之分，臣安其臣之分，则安得私！（《朱子语类》卷九十五）

> 君臣父子皆定分也。（《朱子语类》卷六十三）

第二，"理一分殊"及其在人之性、心、命上的体现就是先天注定了现实社会中人的等级名分。因此，对于"理一分殊"的分究竟是什么，朱熹解释说："所谓分者，莫只是理一而其用不同。"（《朱子语类》卷六）这就是说，分就是理的不同作用和体现。"如君之仁，臣之敬，子之孝，父之慈，与国人交之信之类是也。……君臣、父子、国人是体，仁、敬、慈、孝与信是用。"（《朱子语类》卷六）如果说"理一"是体的话，那么，"分殊"就是用。不仅分是理之用，而且分也有地位的不同。对此，他多次明确指出：

> 万物皆有此理，理皆同出一原。但所居之位不同，则其理之用不一。如为君须仁，为臣须敬，为子须孝，为父须慈。物物各具此理，而物物各异其用，然莫非一理之流行也。（《朱子语类》卷十八）

> 夫天下之事，莫不有理。为君臣者有君臣之理，为父子者有父子之理，为夫妇、为兄弟、为朋友，以至于出入起居、应事接物之际，

亦莫不各有理焉；有一穷之，则自君臣之大，以至事物之微，莫不知其所以然与其所当然。（《朱文公文集卷十四·甲寅行宫便殿奏札二》）

总之，人之性、心、命的双重结构是"理一分殊"在人身上的具体反映和表现，证明了等级名分的先天注定和无法改变。正是基于"理一分殊"的宇宙格局、和谐模式和等级秩序，在道德选择和行为方式上，朱熹让人"去人欲，存天理"。"去人欲，存天理"是朱熹心性之学的必然结论，更是其"理一分殊"的等级理念和宗法和谐建构的必然要求。在这方面，他对人命天定的强调为区分天理、人欲进而达到"理一分殊"的预定和谐提供了判断和选择的标准。对于人心、道心究竟是什么，朱熹界定说："只是这一个心。知觉从耳目之欲上去，便是人心；知觉从义理上去，便是道心。"（《朱子语类》卷七十八）对此，他进一步解释说，人心、道心好比吃饭、穿衣，吃饭、穿衣的欲望本身是人心，在吃饭、穿衣之前想想是否该吃这样的饭、该穿这样的衣便是道心。推而广之，从自己的身份出发、安于既定名分就是天理，否则，做非分之想、僭越而为就是人欲。这就是说，天命中所决定的名分、等级是判断天理与人欲的标准，甚至可以说，天理就是等级、就是名分。

第三节　格物、致知与"穷天理，明人伦"

在朱熹那里，"理一分殊"的宇宙模式奠定了和谐、等级的形上背景，对性、心、命的阐释注定了人类社会的和谐秩序是宗法等级。接下来的问题是，如何凸显作为宇宙本体的和谐秩序和人的先天等级、进而建构人类社会的和谐？他把希望寄托于格物、致知而"穷天理，明人伦"。按照朱熹的逻辑，蕴涵等级秩序的宗法和谐是天理的题中应有之义，人类社会的和谐建构本质上就是天理的展开和实现，或者说，就是"理一分殊"的体现。进而言之，天理中的等级和谐具体到人类社会便是人人根据自己的等级践履符合自己名分的人伦规范。为此，朱熹讲"理一分殊"总是在人类社会的尊卑亲疏中为之安排落脚点，致使其具体化为道德哲学。这使"理一分殊"始于宇宙万物，终于君臣父子。正因为如此，朱熹屡屡声称：

> 盖以乾为父，以坤为母，有生之类，无物不然，所谓理一也。而人物之生，血脉之属，各亲其亲，各子其子，则其分亦安得而不殊哉！（《张子全书卷一·西铭解》）

> 万物皆有此理，理皆同出一原。但所居之位不同，则其理之用不一。如为君须仁，为臣须敬，为子须孝，为父须慈。物物各具此理，而物物各异其用，然莫非一理之流行也。（《朱子语类》卷十八）

按照朱熹的说法，人物以天地为父母，天地以人物为子女，这是"理一"；人人各亲其亲，各子其子，便是"分殊"。乾父坤母的宇宙模式与人类社会的亲亲、子子相互映摄，并以君仁臣敬、父慈子孝的人伦日用为最终落脚点。基于这种构思，他把等级秩序的实现和宗法和谐的建构具体化或归结为"穷天理"。进而言之，"穷天理"首先必须明确天理是什么，尤其要弄懂天理存在于何处。对于天理是什么，朱熹明确指出："理则为仁义礼智。"（《朱子语类》卷一）在他的哲学中，本原之理又称天理、太极，其实际所指或曰基本内容就是三纲五常及其代表的等级秩序。对理的这一特殊诠释注定了"穷天理"是一个道德过程，并且与人类社会的长幼、尊卑之序密切相关。对于天理存在于何处，朱熹认为，人和万物都是天理派生的，都体现了天理。或者说，天理就存在于人和万物之上。不仅如此，为了突出太极、天理的完美无缺和不可分割，他断言："万物各得一太极"，而且"得乎太极之全体。"（《朱子语类》卷一）这表明，万物并不是体现天理的部分或侧面，而是体现其全部。"人人有一太极，物物有一太极。"（《朱子语类》卷九十四）

天理的实际内容、存在方式奠定了"穷天理"的途径和方法。循着"理一分殊"的思路，朱熹把宇宙秩序转换为社会秩序，把人类社会的等级秩序说成是"理一分殊"的具体形态和表现。如此一来，现实的社会秩序和等级制度成为宇宙秩序的投影或一部分，和谐必须在"穷天理，明人伦"中进行。尤其重要的是，要"明人伦"必须先"穷天理"；"穷天理"是"明人伦"的前提和手段，绝对不可逾越或省略。在他那里，"穷天理"就是弄懂天理中包含的"理一分殊"——万物（包括宇宙秩序中的人与万物和人类社会中的人与人）之间的等级秩序。为此，朱熹重新解释了《大学》中的格物、致知，使之成为"穷天理，明人伦"的具体途径和方法手段。在他那里，"穷天理"一言以蔽之就是弄懂同一天理在万物上的分殊，由于天理、太极与气凑泊组成万物的具体形态是"理一分殊"，所以，理的具体表现是由"理一分殊"呈现的等级秩序。如果说"物物有一太极"注定了"穷天理"必须格物的外求路线的话，那么，天理的仁义礼智和等级内涵则注定了格物的宗旨绝非局限于一物本身而是格此物在整个宇宙等级中的位置以及万物共同组成的等级秩序。由此，可以推导出两个结论：第一，万物皆具"浑然太极之全体"——这是一体的表现。第二，人人、物物得到的太极——"一"是不同的。正是人人、物物之"一"共同构成了整个宇宙的和谐秩序。因此，对于宇宙的和谐框架和等级秩序来说，任何存在都是整体构架（一体）中的一个环节和一种形态；缺少之，整体便因为有所遗漏而不再完整。更有甚者，由于"理一"必须经过"分殊"表现出来才能由虚托变得现实，所以，必须"分殊"才能彰显"理一"，甚至可以说，是"分殊"的具体事物构成了"理一"。有鉴于此，朱熹讲"理一分殊"时侧重"分殊"而不是"理一"。据记载：

> 或问"理一分殊"。曰："圣人未尝言理一，多只言分殊。盖能于分殊中事事物物，头头项项理会得其当然，然后方知理本一贯。不知万殊各有一理，而徒言理一，不知理一在何处。圣人千言万语教人，学者终身从事，只是理会这个。要得事事物物，头头件件，各知其所当然；而得其所当然，只此便是理一矣。"（《朱子语类》卷二十七）

作为宇宙秩序的天理中包含的"理一"与"分殊"的关系决定了朱熹"穷天理"的途径和方法不是抽象的而是具体的，不是简约的而是支离的。具体地说，朱熹试图在格一草一木一昆虫中"穷天理"。这使格物、致知成为"穷天理"的重要步骤和途径。

上述分析显示，正是试图通过"分殊"凸显"理一"的动机促使朱熹把格物、致知纳入"穷天理，明人伦"的思想体系，使之成为实现人间和谐的具体途径和方法。更有甚者，受制于这一理论初衷，他在格物时总是念念不忘格物的广泛性，主张"世间之物，无不有理，皆须格过。"（《朱子语类》卷十五）在他看来，只有从事事物物上体会其当然，才能从整体上把握"分殊"共同呈现的"理一"。由于离开了万殊便说不清"理一"，所以，圣人对于"理一分殊"往往只言"分殊"而不言"理一"。这种做法本身即表明，只有在万物之上领悟"分殊"，才能体会"理一"；万物越"分殊"，理便越归一。循着这个逻辑，朱熹断言："一书不读，则阙了一书道理；一事不穷，则阙了一事道理；一物不格，则阙了一物道理。须著逐一件与他理会过。"（《朱子语类》卷十五）可见，他之所以把天理弄得支离破碎，是为了强调"理一"之"分殊"，因为越分殊、越支离才会越显合一。在这里，需要注意的是，太极、天理不是万物之理的"代数和式"的机械相加，而是由它们在各自位置共同组成的和谐整体和等级秩序。正因为如此，为了能在"分殊"中始终保持对"理一"的热情和体认，朱熹要求格物时不要着眼于物本身，而是探求其在整个宇宙秩序中的等级。"必穷物之理同出于一为格物。"（《朱子语类》卷十八）与此相一致，他强调，格物有先后缓急之序，如果忘了格物中的先后、本末之序而"兀然存心于一草木、一器用之间，……是炊沙而欲其成饭也。"（《朱文公文集卷三十九·答陈齐仲》）很显然，朱熹所讲的格物的本、先、急即物之蕴涵的等级名分，绝不是物本身的属性或规律。与此相关，对于格物，他的解释是："格物者，……须是穷尽事物之理。"（《朱子语类》卷十五）这表明，格物不是拘泥于草木、昆虫的表面现象，做春生夏长的思考，而是通过它们体会天理在此的不同表现，从宏观上把握"理一分殊"的等级秩序。于是，朱熹断言：

　　人物并生于天地之间，本同一理，而禀气有异焉。禀其清明纯粹则为人，禀其昏浊偏驳则为物，故人之与人自为同类，而物莫得一班焉，乃天理人心之自然，非有所造作而故为是等差也。故君子之于民则仁之，虽其有罪，犹不得已，然后断以义而杀之。于物则爱之而已，食之以时，用之以礼，不身翦，不暴殄，而既足以尽于吾心矣。其爱之者仁也，其杀之者义也，人物异等，仁义不偏，此先王之道所以为正，非异端之比也。（《四书或问·孟子或问卷一》）

不仅如此，为了不让人在格物时对草木、昆虫的春生夏长花大力气，朱熹呼吁人在格物之前先存心，以此端正态度，明确格物的宗旨和路线。从这个意义上说，格物的真正目的是"穷天理"，天理中蕴涵的和谐秩序正是宗法社会的尊卑长幼之序，并通过不同名分之人的道德躬行得以实现。这表明，他所讲的格物具有鲜明的伦理意图，或者说格物的过程本身就是对天理、三纲五常代表的伦理道德的认识和体悟。下面的两段话表达了朱熹的这一思想倾向：

如今说格物，只晨起开目时，便有四件在这里，不用外寻，仁义礼智是也。（《朱子语类》卷十五）

君臣父子兄弟夫妇朋友，皆人所不能无者，但学者须要穷格得尽。事父母，则当尽其孝；处兄弟，则当尽其友。如此之类，须是要见得尽。若有一毫不尽，便是穷格不至也。（《朱子语类》卷十五）

正是对格物的这种界定预示了格物、致知"是一本"的关系。朱熹认为，格物与致知在本质上是一致的，是一个过程的两个方面。按照他的解释，知是先天固有的，即"天德良知"；致，"推及也"，即扩充到极点；合而言之，致知即"推极吾之知识，欲其所知无不尽也"（《朱子语类》卷十四）。由此可见，致知就是使心中固有的天理、良知完全显露出来，把天命之性和道心发挥到极致。进而言之，由于良知的固有天理也是"理一分殊"蕴涵的等级秩序，所以，在加固对等级秩序的认识和理解上两者是一致的。另一方面，格物所格之物是宇宙秩序在庶物之上的体现，此物之中既有"理一"，又有"分殊"；致知所致之知是"理一分殊"在人、物之上的表现；前者侧重宇宙秩序的自然呈现，后者是其在人之意识中的映显。缺少任何一方，对天理即"理一分殊"的认识和贯彻都不利。于是，为了"穷天理，明人伦"，朱熹强调，仅有格物是不够的，在格物的同时还要致知，并且格物的目的是致知。基于这一理解，朱熹把格物与致知的关系表述为：致知在格物，格物所以致知。正是在格物、致知的相互作用中，"理一分殊"从外在的宇宙境界内化为人的道德观念。

进而言之，朱熹对格物的规定不仅决定了通过格物可以达到致知的目的，而且证明在"穷天理"中可以明人伦。拿天命之性来说，人皆禀天理而生，天理即仁义礼智便成了人人共有的天命之性。然而，同样的天命之性在不同身份的人那里却有不同的表现，这正如同样的药被不同的人服用之后药性不同一样。因此，犹如药性是寒是热服后方知，仁义礼智之性须格后才明。正是在这个意义上，他指出："仁义礼智，性也。然四者有何形状，亦只是有如此道理。有如此道理，便做得许多事出来，所以能恻隐、羞恶、辞逊、是非也。譬如论药性，性寒、性热之类，药上亦无讨这形状处。只是服了后，却做得冷做得热底，便是性，便只是仁义礼智。"（《朱子语类》卷四）

王守仁曾经指责朱熹的这套说法有误，尤其是"穷天理"与"明人伦"脱节，因为朱熹讲"穷天理"是让人格一草一木一昆虫之理，这种手段与"明人伦"——加强道德修养的目的之间是脱节的，在向外的格物中永远也不可能达到"明人伦"的目的。如果说格物所格之物是自然事物的本性的话，这种认识对于增益人之道德当然于事无补。然而，如果格一草一木一昆虫不是格它们的本身之理，而是体会同一个天理在它们之上的不同体现、体会其间的分殊和等级进而领会人类社会基于宇宙秩序的尊卑贵贱的话，情形会大不相同。朱熹正是在后一种情况下主张通过格物来致知，通过格物、致知、"穷天理"来"明人伦"的。更为重要的是，在他的哲学中，"人伦"作为天理在人间（人类社会）的体现是以本体领域为蓝本的，这与人间的月亮是天上之月的投影、只有从本原上体会了天上之月才能真正洞彻水中之月的道理是一样的。换言之，世间庶物——草木、昆虫、人类本身的等级就是天理的一部分，只有在深刻理解其间的等级秩序的前提下才能认识人类社会的君臣父子之伦的天经地义、与生俱来、至高无上和不可动摇。这表明，在朱熹那里，格物、"穷天理"不仅是让人认识作为伦理道德的天理无所不在、至高无上，而且是让人体会三纲五常代表的宗法等级秩序在各种事物上的不同表现；由于人类社会的等级秩序源于天理、是宇宙秩序的一部分，因此，只有格遍包括自然事物的所有事物才能体会天理的全部。正是在这个意义上，对于"穷天理"来说，格一草一木一昆虫成为不可逾越的。不仅如此，"穷天理"就是"明人伦"。对此，他指出：

> 说穷理，只就自家身上求之，都无别物事。只有个仁义礼智，看如何千变万化，也离这四个不得。公且自看，日用之间如何离得这四个。如信者，只是有此四者，故谓之信。信，实也，实是有此。论其体，则实是有仁义礼智；论其用，则实是有恻隐、羞恶、恭敬、是非，更假伪不得。试看天下岂有假做得仁，假做得义，假做得礼，假做得智！所以所信者，以言其实有而非伪也。更自一身推之于家，实是有父子，有夫妇，有兄弟；推之天地之间，实是有君臣，有朋友。都不是待后人旋安排，是合下元有此。又如一身之中，里面有五脏六腑，外面有耳目口鼻四肢，这是人人都如此。存之为仁义礼智，发出来为恻隐、羞恶、恭敬、是非。人人都有此。以至父子兄弟夫妇朋友君臣，亦莫不皆然。至于物，亦莫不然。但其拘于形，拘于气而不变。然亦就他一角子有发现处：看他也自有父子之亲；有牝牡，便是有夫妇；有大小，便是有兄弟；就他同类中各有群众，便是有朋友；亦有主脑，便是有君臣。只缘本来都是天地所生，共这根蒂，所以大率多同。圣贤出来抚临万物，各因其性而导之。如昆虫草木，未尝不顺其性，如取之以时，用之以节。（《朱子语类》卷十四）

总之，朱熹认为，通过格物、致知就可以达到"穷天理"的目的，使人明确宗法等级是天经地义的，从而加强道德修养的自觉性和主动性，自觉恪守宗法等级秩序。正是在这个意义上，他自信地宣布："天地之间，人物之众，其理本一，而分未尝不殊也。以其理一，故推己可以及人；以其分殊，故立爱必自亲始。为天下者，诚能以其心而不失其序，则虽天下之大，而亲疏远迩，无一物不得其所焉，其治岂不易哉！"（《四书或问·孟子或问卷一》）这就是说，知"理一"，所以为仁，而推己可以及人；

知"分殊"，所以为义，故立爱必自亲始。在这里，宇宙秩序被贯彻到了人类社会，并且转化成亲亲、尊尊的宗法等级秩序。对于宇宙秩序与社会秩序之间的这种关系，朱熹称之为"体用一源"。对于"体用一源"中的体，他多次予以解释。例如："理者物之体，仁者事之体。事事物物，皆具天理；皆是仁做得出来。仁者，事之体。体物，犹言干事，事之干也。"（《朱子语类》卷九十八）这就是说，"体用一源"不仅是天理的存在状态，而且是"理一分殊"的作用方式。有鉴于此，贯彻"体用一源"，就是以道德完善实现"理一分殊"。朱熹的这套理论传递的信息是，在对基于尊卑、长幼的宗法等级秩序的认识和实践中，由于各自的名分、身份，人们践履对应的道德观念和行为规范，如父之慈、子之孝等。这是建构整个宗法社会的秩序和谐的根本所在。在宗法社会的等级和谐中，宇宙本体和人学根基的"理一分殊"变成了现实。

第四节　和谐的总体思路和基本原则

上面的介绍显示，"理一分殊"贯通于本体、人性、认识和道德哲学等诸多领域，是朱熹哲学的主线。由于作为宇宙本原和"理一"的理实际所指是仁义礼智，"理一分殊"的一以贯之从一个侧面反映了朱熹和谐建构的道德主义的价值旨趣和运作方式。从根本上说，朱熹哲学就是一种道德哲学，其目的是构建宗法社会的秩序和谐：在本体领域，由于理即三纲五常代表的伦理道德，以理为本和理本气末、理主气从、理先气后等便是对伦理道德地位的提升，"理一分殊"的加盟则强化了伦理道德的等级特质；对性、心、命的阐述和"理一分殊"的展开使道德的神圣性、至上性扩展到人性哲学，变成了人的行为本能和神圣使命，奠定了宗法和谐的人学根基；对格物、致知的重视和通过"穷天理"来"明人伦"的期盼在认识和实践哲学领域为道德的躬行开辟了道路；"去人欲，存天理"与"理一分殊"相对接，并且最终把道德路线贯彻到底。这既是天理的层层推进，也是"理一分殊"蕴涵的宇宙秩序转化成社会秩序的过程。在此过程中，由于有了"理一"——天理一以贯之的"分殊"，致使社会秩序成为宗法等级制度的和谐建构。

可见，基于根深蒂固的宗法观念，朱熹推崇的伦理道德是基于宗法血缘的等级伦理，这种等级伦理具体通过"理一分殊"表达出来，为现实社会的等级制度提供合理辩护。以宗法等级秩序为依据，他将等级制度下的上下尊卑说成是天然的宇宙秩序。正因为如此，对于朱熹来说，"理一分殊"不仅是一种理念、一个命题，而且隐藏着一以贯之的思维方式和矢志不渝的价值追求。那就是，对宗法和谐的推崇和奠基于此的对等级秩序的建构。换言之，"理一分殊"不仅体现了他对和谐理念的把握，而且从本体、人性、认识等各个层面和角度伸张了等级制度的正当性、合理性、必要性和必然性。因为在他那里，这两个问题其实就是一个问题。透过"理一分殊"，可以清楚地看到朱熹和谐建构的总体思路和基本原则。

一 天人合一的思维方式和总体构思

在朱熹哲学中，用标志伦理道德的天理派生世界万物的过程与人类社会的和谐秩序在天理中寻找依据共同印证了天人合一的思维方式和价值取向，而"理一分殊"恰好是二者的契合点和关节处。从思维方式上看，"理一分殊"证明其和谐建构基于天人合一的思维方式。在这一视界中，天与人是合一的，人为了与天合一，必须服从上天之命，将宇宙秩序贯彻到人类社会。同时，宇宙秩序与社会秩序是同构的、合一的，遵循相同的法则。正是基于这样的理念，宇宙秩序可以贯彻到人类社会，人类社会的等级秩序体现了宇宙秩序。于是，朱熹再三声明：

> 要知道理只有一个，道理，中间句句段段，只说事亲事天。自一家言之，父母是一家之父母；自天下言之，天地是天下之父母；通是一气，初无间隔。（《朱子语类》卷九十八）

> 乾父坤母，皆是以天地之大，喻一家之小；乾坤是天地之大，父母是一家之小；大君大臣是大，宗子家相是小，类皆如此推之。（《朱子语类》卷九十八）

有父，有母，有宗子，有家相，此即分殊也。(《朱子语类》卷九十八)

很明显，正是基于天人合一的思路，朱熹让人相信宇宙秩序与社会秩序是一样的，宗法社会的上下尊卑之序并非人为的安排，而是源于宇宙秩序的天经地义；宇宙秩序与社会秩序是同构的——如果说宇宙秩序是社会秩序乃至家庭秩序的扩大的话，那么，家庭、社会秩序则是宇宙秩序的缩影。从价值取向上看，家庭、社会秩序源于宇宙秩序，必须与宇宙秩序一体化。这要求社会秩序必须实现并贯彻宇宙秩序，只有与宇宙等级秩序一致的宗法等级制度才是天理的体现。不仅如此，就人的作为而言，符合之，为善；背离之，为恶。

天人合一的思维方式和价值取向使朱熹的"理一分殊"、和谐理念以及社会秩序的建构呈现出两个显著特征：第一，宇宙秩序拟人化，与人类社会的宗法等级和家庭内部的成员分工相提并论。在这个意义上，宗法等级秩序下的人际关系和等级名分都被说成是基于血缘亲情的家庭内部成员之间的分工；在这种审视维度中，万物一体、民胞物与。第二，家庭关系特别是宗法社会的等级关系神圣化，被说成是基于甚至与宇宙秩序无异的天经地义、万古永恒；在这个审视维度中，人类社会的等级制度被神圣化，长幼、尊卑之序以及每个人的名分都被说成是天理赋予的先天之命，与生俱来、天然合理。

其实，天人合一的思维方式和价值取向是中国古代哲学的共同特征，在与上天的合一中突出宗法等级更是儒家尤其是理学家的一贯作风。对于这一点，不仅朱熹哲学如此，张载等人的哲学均无例外。尤其需要说明的是，正是在本体领域的气之全体与部分之差中，张载推出了"民，吾同胞；物，吾与也"的宇宙秩序，进而将宗法社会的等级秩序演绎为家庭内部成员的分工。在《正蒙·乾称》篇中，他断言："太虚者，气之体。……其散无数，……虽无数，其实一而已。阴阳之气，散则万殊，人莫知其一也；合则混然，人不见其殊也。"众所周知，《正蒙·乾称》篇的第一章即《西铭》，其中心思想是天人一体、天人相通，人伦之道源于天道。循着这个思路，张载主张，人应该以孝敬父母之心敬事天地，天下之人都是兄弟，天下之物都是同类。不难看出，张载对宇宙秩序和社会秩序的论证与朱熹别无二致，难怪朱熹对之赞叹不已。其实，张载并未明确提出"理一分殊"的命题，二程和朱熹却认为张载的《西铭》表达了这一思想。程颐宣布《西铭》明"理一而分殊"，朱熹更是再三强调：

> 《西铭》自首至末，皆是"理一而分殊"。（《正蒙·乾称》）

> 《西铭》要句句见"理一而分殊"。（《正蒙·乾称》）

> 《西铭》通体是一个"理一分殊"，一句是一个"理一分殊"。（《正蒙·乾称》）

"理一分殊"是程朱理学对张载《正蒙·乾称》篇的体认和诠释。归根结底，他们所看中的是张载在天人合一的前提下将宗法社会的等级秩序说成是宇宙秩序的做法和思路。透过他们对张载的称赞可以看到，理学家将社会秩序、家庭秩序神化为宇宙秩序，贯彻的都是天人合一的思维方式和价值取向。

在朱熹之后，明代的罗钦顺和王廷相改造了"理一分殊"说。立足于气本论，他们所讲的"理一分殊"与朱熹不可同日而语。罗钦顺指出："盖一物之生，受气之初，其理唯一；成形之后，其分则殊。其分之殊，莫非自然之理；其理之一，常在分殊之中。"（《困知记》）在他看来，"理一"指一气运动的总规律，"分殊"是万物具有的特殊规律，二者都根源于气而不是如朱熹所言先于气而存在。"气本一也"，气分阴阳、产生万物，一理即散在万理，这叫"一本万殊"。可见，无论"理一"还是"分殊"都以气为本。与此相关，太极作为众理之总名，与理一样以气为体。分阴分阳之气是太极之体，一阴一阳之道是太极之用。基于这一理解，罗钦顺否定了太极之理先于阴阳而存在及理生气的说法。王廷相认为："天地之间，一气生生，而常而变，万有不齐。故气一则理一，气万则理万，世儒专言理一而遗理万，偏矣。"（《雅述·上篇》）这就是说，具体事物不同，故其规律有别；尽管如此，由于同禀于气、气是其共同的本原。这决定了"理一"与"分殊"不仅指理，而且指气——因为所谓理一与理万都离不开气。总之，在罗钦顺和王廷相的论述中，气取代了理的本体地位，宇宙本体从朱熹的理变成了气，"理一"与"分殊"也从本体与现象、体与用的关系变成了普遍与特殊的关系，这使他们的哲学与朱熹哲学相去甚远。然而，基于"理一"的前提，并从宇宙本体的高度揭示万物关系的思维方式没有变，带有明显的天人合一的思维痕迹和特征。

可见，从张载、程颐、朱熹、罗钦顺到王廷相，无论气本论者还是理本论者，宋明时期的思想家大都对"理一分殊"兴趣盎然。进而言之，他们之所以对"理一分殊"兴趣盎然，是想表达和谐秩序的设想，只不过是这一点在朱熹的哲学中表现得尤为明显和突出而已。

二 和谐即宗法等级的价值旨趣和伦理本位

在天人合一的层面上，天理的本原地位奠定了和谐建构源于道德、一于道德的整体思路。在这方面，朱熹认为天理是本原，世间庶物统一于理，无疑奠定了和谐的本体背景和形上基础，注定了和谐建构就是一条弘扬道德之路。其实，无论他宣布天理独一无二、完美无缺，还是不可分割、绝对永恒，都突出了天理的至善纯美、至高无上，这与其对天理至高无上性的神化作用是一样的。何为"理一分殊"？朱熹解释说："伊川说得好，曰：'理一分殊'。合天地万物而言，只是一个理；及在人，则又各自有一个理。"（《朱子语类》卷一）在他看来，天理、太极就是一个至善、至高的道德，及其落实到人间，则转化为以三纲五常为代表的伦理道德。正是在这个意义上，他断言："太极只是个极好至善底道理。……周子所谓太极，是天地人物万善至好底表德。"（《朱子语类》卷九十四）中国传统文化本质上是一种宗法伦理本位文化，朱熹把理的实际内容说成是三纲五常注定了和谐建构之路及其对理的推崇就是神化宗法社会的等级秩序，"理一分殊"更是对宗法等级的哲学概括和表达。在"理一分殊"中，分殊就是等级，等级就是和谐，人人都安于宗法等级制度下的名分是和谐的前提和标准。

　　在朱熹的道德哲学以及和谐建构中，天人合一与宗法伦理本位相互作用、相互印证。一方面，天人合一的思维方式使其等级、和谐建构分为本体、人性、伦理和政治等不同层次，呈现为自高向低、由抽象至具体、由隐及显、从先天向后天的逐渐绽开。这既是一个依次递进、逐层深入的过程，也呈现出环环相扣、合而为一的结构。另一方面，天理的道德内容在天人合一的框架下随着天理的扩展渗透到各个领域，使道德贯彻始终。

　　天人合一与宗法伦理本位的相互印证和朱熹对"理一分殊"的强调表明了宇宙万物原本是一体的；然而，一体之中又分出等级，一体之中的等级就是秩序，也是和谐。具体地说，由一体与等级共同组成的秩序和谐包括人与自然、人与人和人与自身等不同维度。受此影响，在他那里，无论本体与认识哲学、认识与道德哲学，还是伦理与人性哲学都是一而二，二而一的关系，彼此呈现出一体化的态势。其实，一体化是朱熹哲学的一贯特征。在这种一体化的视界和框架中，宇宙万物以及人与人之间尽管等级森严，却非互不关涉，等级是一体中的等级；一体化是包含等级的一体化，只有等级分明才能更好地一体化。一体与等级构成的秩序就是和谐。

第七章　王守仁

　　宋明理学作为有别于先前儒学的新儒学便是建构了道德形而上学。宋明理学家对道德形而上学的建构沿着向外与向内的两个方向展开，王守仁的思想则属于后者。"致良知"是王守仁对格物、致知的新解，也使王守仁将儒家的道德诉求表达得淋漓尽致。王守仁对"致良知"的推崇无以复加，甚至标榜"吾平生讲学，只是'致良知'三字"（《王阳明全集卷二十六·寄正宪男手墨二卷》）。"致良知"由致知与良知两部分组成，致知源于《大学》八条目中的格物、致知，良知则源于孟子提出的良知。孟子断言："所不虑而知者，其良知也。"（《孟子·尽心上》）王守仁把源于《大学》八条目的致知与孟子提出的良知说相提并论，合而称为"致良知"。在王守仁的哲学中，良知即是吾心，是天理，又是是非标准。随着良知内涵的丰富，"致良知"也拥有了本体、认识和道德等多重内涵和意义。

第一节　"致良知"的含义

　　从理论来源上看，王守仁的"致良知"由《大学》的致知与孟子的良知构成。从具体解读来看，王守仁对"致良知"的诠释则始终侧重《大学》——准确地说，从对《大学》八条目的解读入手。经过对作为《大学》八条目的格物、致知的新解，为致知与良知连为一体提供了思想前提。王守仁对《大学》的解读，与朱熹等人的最大不同便是把格物、致知的前后顺序颠倒过来，使原本的格致、致知变成了致知、格物。这一颠倒不只是前后顺序的问题，而是影响着对格物、致知的界定和理解。正是基于这一认识，对于格物、致知，王守仁反复声称：

若鄙人所谓致知格物者，致吾心之良知于事事物物也。吾心之良知，即所谓天理也。致吾心良知之天理于事事物物，则事事物物皆得其理矣。致吾心之良知者，致知也。事事物物皆得其理者，格物也。（《王阳明全集卷二·答顾东桥书》）

然欲致其良知，亦岂影响恍惚而悬空无实之谓乎？是必实有其事矣。故致知必在于格物。物者，事也。凡意之所发必有其事，意所在之事谓之物。格者，正也，正其不正以归于正之谓也。正其不正者，去恶之谓也。归于正者，为善之谓也。夫是之谓格。（《王阳明全集卷二十六·大学问》）

王守仁坚决反对朱熹等人从扩充知识的角度理解致知，特意指出："'致知'云者，非若后儒所谓充广其知识之谓也，致吾心之良知焉耳。"（《王阳明全集卷二十六·大学问》）沿着这个思路，王守仁把致知解释为致吾心之良知，致知成为充分显露、发挥心中先天固有的良知。对于格物，王守仁把物训为事，把格训为正；如此一来，格物便成了"正事"——端正自己的行为，严格按照道德准则行事。至此，致知、格物都成了伦理范畴，也从根本上堵塞了向外求理的可能性和必要性。这样一来，致知、格物都成为内求的过程，也奠定了"致良知"的基础和方向。依据王守仁的说法，良知万善具足，万理具备，"完完全全"；只要忠实地将良知作为"自家底准则"和"明师"，"实实落落地依着他做去"，便能存善去恶，知是知非，"无有不是处"，"稳当快乐"。因此，他把"致良知"奉为求理明道的唯一门径和求贤入圣的不二法门。由此可见，正是将源于《大学》的格物、致知与孟子提出的良知联系起来，王守仁建构了"致良知"的体系。

王守仁对"致良知"的诠释与对格物、致知的理解密切相关，集中反映在"王门四句教"中。极负盛名的"王门四句教"是："无善无恶是心之体，有善有恶是意之动，知善知恶是良知，为善去恶是格物。"（《王阳明全集卷三·传习录下》）这就是说，心之本体无善无恶，由心所生的意念却有善有恶。原因在于，"意之所发必有其事"，由意所生的事即人的行为也有善有恶。为了使事即人的行为符合天理，必须克服意念中的不善，致吾心之良知。充分显露、发扬吾心之良知，便是致知。遇事时，在良知的指导下自觉地为善去恶，"正其不正以归于正"，使我之行为时时处处合于天理，便是格物。在这里，格物作为道德修养的方法，成为道德修养过程的一部分。同时，要保证格物的正确，必须先致知。换言之，只有在充分显露吾心之良知的前提下，用良知"正其不正以归于正"，才能达到"正事"的目的。有鉴于此，对于格物与致知之间的关系和顺序，王守仁一改《大学》先格物、后致知的惯例，反其道而行之，主张先致知而后格物。王守仁先致知、后格物的思路和主张体现在话语结构上便是，把格物致知称为"致知格物"，与《大学》及朱熹的"致知在格物""格物所以致知"的先格物、后致知顺序相反。

王守仁强调，致知不是一句空话，而"必实有其事"。这意味着致知必须落到实处，也就是必须体现在行动上。正是在这个意义上，他说道："致知必在于格物。"这就是说，只是知善知恶还不够，更重要的是切实地在行动上为善去恶；只是对善好之、对恶恶之是不够的，更重要的是在行动上"实有以为之"，"实有以去之"（《王阳明全集卷二十六·大学问》）。这表明，只有切实端正自己的行为，在事上为善去恶，致知才能落到实处。基于这种认识，王守仁不仅把致知落实到格物上，而且把"致良知"的手段和工夫最终都归结为格物，强调"致良知"应该"在格物上用功"（《王阳明全集卷三·传习录下》）。

王守仁之所以将自己的学说都归结为"致良知"三个字，是因为他对"致良知"寄予厚望。王守仁对"致良知"的界定大致框定了其思想内涵，也对"致良知"的方法和目的提出了具体要求。在这方面，王守仁将"去人欲，存天理"说成是"致良知"的具体办法和修养工夫，将成圣成贤说成是"致良知"的唯一目的和最终目标。

第二节 "致良知"与"去人欲，存天理"

王守仁重视格物与强调致知必须在事上磨练，目的只有一个，那就是：让人在道德实践上下工夫，把对伦理道德的认识最终落实到行动上。正是出于这一目的，他把德育放在首位，甚至将通过"去人欲，存天理"而成为圣人视为教育的唯一内容和根本宗旨。下面的句子在王守仁的著作中俯拾即是：

> 学校之中，惟以成德为事。（《王阳明全集卷二·答顾东桥书》）

> 古圣贤之学，明伦而已。……人伦明于上，小民亲于下，家齐国治而天下平矣。是故，明伦之外无学矣。外此而学者，谓之异端；非此而论者，谓之邪说。（《王阳明全集卷七·万松书院记》）

> 学是学去人欲，存天理；从事于去人欲，存天理，则自正。（《王阳明全集卷一·传习录上》）

> 学者学圣人，不过是去人欲而存天理耳。（《王阳明全集卷一·传习录上》）

循着这个思路，王守仁将作为"致良知"题中应有之义的格物、致知都归结为"去人欲，存天理"。从逻辑上讲，良知人人同具，因而人人都可以成为圣人。这用王守仁本人的话说便是："良知之在人心，无间于圣愚。"从现实上讲，由于人欲的障碍，每个人的良知保存或显露程度大不一样——如果说良知是日、人欲是云的话，那么，圣人如晴天朗日，万里无云，阳光普照；贤人如浮云蔽日，阳光随时照耀；常人则如阴霾天日，阳光始终无法从厚重的云层中透射出来。这就是说，一方面，在可能性上，人人都有成为圣贤的先天条件和资质，因为人有良知，正如太阳永远都光芒万丈一样。另一方面，在现实性上，大多数人成不了圣贤，因为良知被人欲遮蔽了。经过王守仁的这番论证，结论不言而喻，只要——也只有肯对良知下一番致的工夫，自觉清除人欲，才能成圣成贤。至此可见，对于王守仁来说，所谓致知、格物，也就是"致良知"，具体途径和修养工夫都可以归结为"去人欲，存天理"。王守仁坚信，只要坚持不懈地改过迁善，便可以"胜私复理"；而只要不断地"胜私复理"，便可以达到"此心纯乎天理而无人欲"的境界。如果人臻于"此心纯乎天理而无人欲"的境界，便可以使心中先天固有的良知充分显露出来。到那时，人也就修成了圣人。

在王守仁看来，既然"致良知"可以归结为"去人欲，存天理"，那么，"去人欲，存天理"便对于"致良知"至关重要而不可或缺。接下来的问题是，究竟如何"去人欲，存天理"呢？对此，王守仁提出了"静处体悟，事上磨练"等具体修养方法。他说："初学时心猿意马，拴缚不定，其所思虑多是人欲一边，故且教之静坐、息思虑。久之，俟其心意稍定，只悬空静守如槁木死灰，亦无用，须教他省察克治。"（《王阳明全集卷一·传习录上》）对于这套方法，王守仁解释说，静坐的目的是使此心清静收敛，而不是让人形若槁木、心如死灰。如果不懂得这个道理，便会陷入佛老之窠臼。正是为了与佛、老的修养方法划清界限，王守仁宣布："吾儒养心，未尝离却事物。"（《王阳明全集卷三·传习录下》）他要求，人在静坐时，必须痛下决心"省察克治"，向人欲发起主动进攻。于是，王守仁写道："省察克治之功，则无时而可间，如去盗贼，须有个扫除廓清之意。无事时，将好色好货好名等私逐一追究，搜寻出来，定要拔去病根，永不复起，方始为快。常如猫之捕鼠，一眼看着，一耳听着，才有一念萌动，即与克去，斩钉截铁，不可姑容与他方便，不可窝藏，不可放他出路，方是真实用功，方能扫除廓清。"（《王阳明全集卷一·传习录上》）基于这种认识，他反对"入坐穷山，绝世故，屏思虑"的修养方法，指出这样的修行办法不仅会沦于空寂，而且"临事便要倾倒"；相反，只有在应事接物上切实"致良知"，才能收到实效。

对于如何"去人欲"，王守仁特别强调，人一定要对好色、好货和好名等人欲发起不间断地主动进攻，坚决彻底地把它们消灭于萌芽状态。做到这一点的秘诀在于，无事时对人欲决不姑容，逐一追究搜索、加以克治，关键还要在事上磨练。正是在这个意义上，他指出："人须在事上磨练做功夫，乃有益。若只好静，遇事便乱，终无长进。"（《王阳明全集卷三·传习录下》）

在王守仁那里，就具体内容、方法途径和根本宗旨而言，"致良知"

就是"去人欲，存天理"。为了凸显"致良知"是道德修养唯一正确的方法途径，也为了切实磨练"去人欲，存天理"的工夫，他提出了"心外无学"的主张。对此，王守仁一再断言：

> 圣人之学，惟是致此良知而已。……是故致良知之外无学矣。（《王阳明全集卷八·书魏师孟卷》）

> 良知之外，更无知；致知之外，更无学。外良知以求知者，邪妄之知矣；外致知以为学者，异端之学矣。（《王阳明全集卷六·与马子莘》）

循着心外无知、致知外无学的逻辑，王守仁推出了"致良知"的两个要点：第一，"致良知"与"求理于吾心"的本体哲学一脉相承。第二，与陆九渊一样轻视读书对道德修养的作用和意义。从吾心之良知即是天理的认识出发，王守仁强调天理存在于心，无须外求。对此，他比喻说，天理好比财宝，吾心乃是装满财宝的仓库，六经则是记载财宝的账本；由于"六经之实则具于吾心"，读经的作用充其量只是印证吾心之良知而已。正是在这个意义上，他断言："万理由来吾具足，六经原只是阶梯。"（《王阳明全集卷二十·林汝桓以二诗寄次韵为别》）沿着这个思路不难想象，既然无论有无账簿都无损于库中的财宝，账簿自然成为可有可无的。同样的道理，圣贤的道理自在心中，有无经书、读不读书，都改变不了吾心之理。基于这种认识，王守仁注重"致良知"的内求工夫，坚决反对一些人皓首穷年读书明理的做法。

第三节 "致良知"与超凡入圣

无论内涵和方法都预示了王守仁所讲的"致良知"在本质上不是让人积累知识，而是让人通过道德完善超凡拔俗，成贤入圣。正是为了引导人向内而不是向外用功，切实做"致良知"的工夫，王守仁修改了圣贤标准，以期杜绝"专去知识才能上求圣人"的可能性。按照他的说法，只从知识上或者从才能上求做圣人，必然是南辕北辙，结果只能是离圣人越来越远。这种南辕北辙的结果是必然的，秘密在于，如果终日"从册子上钻研，名物上考察，形迹上比拟"来做圣贤的话，那么，势必"知识愈广而人欲愈滋，才力愈多而天理愈蔽"（《王阳明全集卷三·传习录下》）。这样一来，终究成不了圣贤。基于这种认识，王守仁对人们的求圣之方合教原有的圣贤标准极为不满，并且针锋相对地提出了自己的圣贤标准。于是，王守仁不止一次地断言：

> 圣人之所以为圣，只是其心纯乎天理，而无人欲之杂。犹精金之所以为精，但以其成色足而无铜铅之杂也。（《王阳明全集卷一·传习录上》）

> 所以谓之圣，只论精一，不论多寡。只要此心纯乎天理处同，便同谓之圣。若是力量气魄，如何同得！后儒只在分量上较量，所以流入功利。（《王阳明全集卷三·传习录下》）

王守仁反复强调，圣人之所以能够超凡入圣而最终成为圣者，关键在于圣人之心"纯乎天理而不在才力也"。王守仁比喻说，判断圣人犹如鉴别金子的道理是一样的：鉴别一块金子是否精纯，只看其成色而不在其分量；评价圣人，只看其心是否存乎天理而无人欲之杂。由此，他坚信："盖所以为精金者，在足色而不在分两，犹一两之金比之万镒，分两虽悬殊，而其到足色处可以无愧。"（《王阳明全集卷三·传习录下》）

至此，王守仁提出了一套别出心裁的圣贤标准；接下来，他又提出了一套与自己的圣贤标准相配套的做圣成贤的践履工夫。正是王守仁对圣贤标准的改变使"去人欲，存天理""致良知"成为超凡入圣的不二途径和修养工夫。

首先，王守仁宣称，人人都可以通过"致良知"而超凡入圣，最终成为圣人。"致良知"对于每个人的超凡入圣是必要的，迫切的，同样也是可能的。为了论证"致良知"的可能性和有效性，王守仁提出良知是人心中所固有。对此，王守仁一而再，再而三地申明：

个个人心有仲尼。(《王阳明全集卷二十·咏良知四首示诸生》)

人胸中各有个圣人。(《王阳明全集卷一·传习录上》)

人皆可以为尧舜。(《王阳明全集卷一·传习录上》)

鉴于良知人人皆有,"致良知"是可能的;鉴于只要"致良知"就可以成为圣人,人人都有成为圣贤的先天条件。于是,王守仁一再勉励人在道德修养中树立自信心,坚信圣人可学而至。王守仁一再强调:

自己良知原与圣人一般,若体认得自己良知明白,即圣人气象不在圣人而在我矣。(《王阳明全集卷二·启问通道书》)

各人尽着自己力量精神,只在此心纯天理上用功,即人人自有,个个圆成,便能大以成大、小以成小,不假外慕,无不具足。(《王阳明全集卷一·传习录上》)

其次,王守仁断言,超凡入圣的方法是加强道德修养和实践工夫,"去人欲,存天理""致良知"则是道德修养的不二法门。因此,人只有切实进行"去人欲,存天理""致良知"的工大,才能臻于圣人。这就是说,在通往圣贤的过程中,仅仅树立信心是不够的,还要培养主观自觉性,切切实实地践履伦理道德。在他看来,人只有时时处处自觉磨练,才能在修养中有所成就,逐渐超凡入圣。王守仁旨在强调,良知不分圣愚,人人皆同;人与人所以有圣愚之分,关键在于是否自觉地从事"致良知"。正是在这个意义上,王守仁不止一次地说:

圣人之学,惟是致此良知而已。自然而致之者,圣人也;勉然而致之者,贤人也;自蔽自昧而不肯致之者,愚不肖者也。(《王阳明全集卷八·书魏师孟卷》)

良知良能，愚夫愚妇与圣人同，但惟圣人能致其良知，而愚夫愚妇不能致，此圣愚之所由分也。（《王阳明全集卷二·答顾东桥书》）

至此可见，王守仁为人指明的超凡入圣的修养工夫以"致良知"为核心，以开显心中的良知始，通过格物、致知，在事上磨练，最终超凡入圣而以"致良知"终。总的说来，王守仁的这套成就圣贤的践履途径和修养功夫就方向、途径而言，省略了向外格物的环节，由于"致良知"而堵塞了向外穷天理、做圣贤的途径；就宗旨、目标而言，良知成为唯一的真知。

第四节 "致良知"与王学神韵

既然王守仁公开声明自己讲学的全部内容都可以归结为"致良知"，那么，"致良知"这三个字便浓缩着王守仁哲学的基本信息——至少能够概括王守仁思想的主体内容和理论特色。正是由于这个原因，以"致良知"为线索，既有助于梳理王守仁思想的理论初衷和逻辑主线，又有助于窥探王守仁与其他宋明理学家的思想异同。

首先，作为宋明理学家，王守仁的思想带有鲜明而深刻的时代烙印，"致良知"便直观地再现了宋明理学家的共同关注。用不着深谙宋明理学也可以发现一个显而易见的现象，那就是：在宋明理学中，存心、格物、致知成为关注焦点。存心、格物和致知如此备受宋明理学家的热捧，以至于与此相关的《孟子》和《大学》骤然升温：孟子的地位一再擢升，《孟子》也从此跻身于经典行列；《大学》则和《孟子》一样与《论语》《中庸》并提，于是有了四书的称谓。王守仁的"致良知"便是在这种文化背景和历史语境中提出的，在带有与生俱来的宋明理学的共同特征的同时，也注定了与其他宋明理学家的思想的一致性。这主要表现为三个方面：第一，"致良知"便是对孟子之良知与《大学》之格物、致知（尤其是致知）的和合，生动再现了宋明理学家对《孟子》和《大学》的推崇。第二，重视格物、致知，并将二者界定为伦理范畴。无论将致知诠释为充分显露心中固有的良知还是将格物训为正事都表明，王守仁与其他宋明理学家一样突出格物、致知的伦理维度和道德内涵，并且由于轻视书本与主张"求理于吾心"而将这一致思方向和意趣诉求推向了极致。第三，源自《大学》的出身表明格物、致知从严格意义上说并不是认知范畴，而是伦理道德范畴。宋明理学家则在沿袭这一思路的同时，将格物、致知与"去人欲，存天理"而超凡入圣直接联系起来。在这方面，王守仁与其他宋明理学家——尤其是与朱熹等人的做法如出一辙。如上所述，王守仁讲格物、致知的目的是加强道德修养，凭借"去人欲，存天理"的道德践履而成为圣人。

其次，"致良知"践履了王守仁的心学路线，采取有别于程朱理学的立场思考、解答宋明理学的共同话题，带有鲜明的王学风采和神韵。"致良知"旗帜鲜明地亮出了王守仁哲学的内求方向和思想旨归，也注定了他对格物、致知的理解与朱熹等人迥异其趣。王守仁之所以大声疾呼"致良知"，从理论上说，是因为不满意朱熹对格物、致知的解释。二程和朱熹在论证道德修养时极其重视格物、致知，并将其视为道德修养的根本途径。二程对格物、致知的诠释提升了《大学》的地位，也奠定了宋明理学家对格物、致知的关注和热衷。朱熹对格物、致知的关注与其他宋明理学家一样有赖于二程的引领，并且承袭了二程的衣钵。这主要表现为，朱熹沿着道问学的思路界定、理解格物和致知，寄希望于"今日格一件，明日格一件"的日积月累。与二程、朱熹的致知方向和方法途径迥然相异，王守仁的"致良知"与孟子的"先立乎其大者"、陆九渊的"自存本心"一样，走的是"求理于吾心"的内求路线。正如当年陆九渊抨击朱熹的格物说支离一样，王守仁对程朱理学特别是朱熹哲学发生怀疑是从格物开始的。有鉴于此，王守仁屡屡批判朱熹的格物说，主要论点如下：

> 朱子所谓"格物"云者，在即物而穷其理也。即物穷理，是就事事物物上求其所谓定理者也。是以吾心而求理于事事物物之中，析"心"与"理"而为二矣。（《王阳明全集卷二·答顾东桥书》）

> 先儒解格物为格天下物。天下之物，如何格得？且谓一草一木亦

皆有理，今如何去格？纵格得草木来，如何反来诚得自家意？（《王阳明全集卷三·传习录下》）

王守仁的议论显示，他对朱熹格物说的驳斥主要集中在以下三个方面：第一，王守仁指出，朱熹格物的方向不对。在王守仁那里，朱熹讲格物时要求人"求理于事事物物"，由此犯了"析'心'与'理'而为二"的错误。王守仁对朱熹格物方向的驳斥体现了两人不同的哲学理念和致思方向。朱熹与王守仁之间的最大分歧在于，朱熹声称世界万物的本原是理，理先于气，并且凌驾于天地万物之上，故而向外穷天理。王守仁则断言，"心外无理"，"心外无物"，"心外无事"以至于"心外无学""心外无仁"。这样一来，既然吾心本自具足，理并不在事物而在吾心，那么，无须像朱熹那样外求而只要向心内求就可以了。向外求理是错误的，南辕北辙。"求理于吾心"才是格物的正确方向和不二法门，当然也是认识和修养的唯一途径。第二，王守仁指出，朱熹格物的方法是错误的。朱熹认为，"理一分殊"，同一个天理在不同事物上具有不同的呈现。为了穷尽天理，必须加强格物的广泛性。他甚至认为，一物不格，便缺了一物的道理；一书不读，便缺了一书的道理。格物就是"今日格一件，明日格一件，格得多后，自脱然有贯通处"（《朱子语类卷一百〇四·自论为学工夫》）。在王守仁看来，朱熹的这套方法是要人格尽天下之物，而这是绝对不可能的。王守仁声称："要格天下之物，如今安得这等大的力量？……其格物之功，只在身心上做。"（《王阳明全集卷三·传习录下》）第三，王守仁指出，朱熹所讲的格物目的与手段脱节，永远也达不到目的。按照王守仁的说法，朱熹把"穷天理，明人伦"作为格物的目的，却把"格一草一木一昆虫之理"作为格物的手段。这使朱熹所讲的格物与道德修养脱节，终归解决不了自家诚意的问题。

正是以朱熹为前车之鉴，王守仁对格物、致知进行了自己的新解，也拉开了与朱熹思想的距离：第一，王守仁的基本思路和主旨精神是把格物、致知完全纳入到"致良知"的体系；随着将格物、致知定义为正事、扩充吾心之良知，手段与目的已经合二为一，也不会再出现朱熹哲学中格物之手段与"穷天理，明人伦"之目的之间相脱节的情况。第二，王守仁强调先致知、后格物，对格物、致知进行了顺序上的调整，以捍卫其心学体系，旨在从根本上纠正朱熹向外用工的做法。

一方面，如果说宋明理学秉持本体哲学、认识哲学与道德哲学三位一体的逻辑结构和思维方式的话，那么，王守仁则以最简捷的方式表达了这种三位一体。对于王守仁来说，良知就是本体，既是宇宙本原又是吾心之天理。这省略了程朱分两步走的程序：先是宣称天理是本原，然后断言天理体现在人性中——二程讲性即理，朱熹讲作为三纲五常的天理呈现为人与万物共有的至善的天命之性。在王守仁那里，良知存在上的优越性省略了向外求天理的步骤，也避免了天理的支离破碎，在直指本心中"致良知"使一切都变得简单、便捷起来。

另一方面，王守仁的"致良知"与朱熹思想以及程朱理学的差异归根结底是方法途径上的，他们恶思想主旨并无不同，对"去人欲，存天理"的执着、超凡入圣的道德追求等都是明证。王守仁关于格物、致知的目的是"穷天理，明人伦"，并且通过显露先天良知而加强道德修养的做法与朱熹并无本质区别。其实，这也是他们共同捍卫"去人欲，存天理"的前提所在。再加之宋明理学家对格物、致知的热衷如出一辙，讲格物、致知的初衷别无二致。这预示了他们对格物、致知的理解拥有不可否认的一致性和相同性。这具体表现为讲格物、致知时侧重知——朱熹甚至将二者一同归于知，格物、致知成为伦理、道德范畴等等。这些表明，王守仁与朱熹等人的思想异同是立体的或多维的，既要看到其中的差异，又不能将差异绝对化或扩大化。

最后，王守仁提出"致良知"与他的个人经历密不可分，是独特的个人际遇和价值诉求决定了王守仁对"致良知"的呼唤。王守仁是中国几千年的历史长河中为数不多的"三不朽"人物之一，在立德、立言的同时，为明王朝立下了赫赫战功。在多年的戎马生涯中，王守仁深切感受到"破山中贼易，破心中贼难"。特殊的经历和立场使"心中贼"成为他心中挥之不去的阴影，也激起了王守仁"破心中贼"的强烈愿望。正是围绕着"破心中贼"的宗旨，他建构了自己的哲学，提出并推崇"致良知"也不例外。那么，什么是"心中贼"？对于心中之贼究竟应该怎样破？通过"致良知"，"去人欲，存天理"是全部答案。按照王守仁本人的解释，

"心中贼"也就是隐藏着人心中的恶念，具体指不合理的欲望；"破心中贼"的含义就是"去人欲"，铲除心中的不善之念，具体途径和方法就是"致良知"，"去人欲，存天理"。正因为如此，王守仁对朱熹"去人欲，存天理"的主张完全赞同，理解完全一致。唯一不同的是，王守仁将"去人欲，存天理"纳入到"致良知"体系中，试图通过尊德性而非道问学的方式进行而已。更有甚者，出于"破心中贼"的愿望，王守仁对"去人欲，存天理"的提倡和期许与朱熹相比有过之而无不及。讲到"去人欲，存天理"，人们往往将焦点投向朱熹。其实，作为王守仁哲学宗旨的"致良知"和他念念不忘的"破心中贼"就是"去人欲，存天理"。可以看到，与"破心中贼"的理论初衷相呼应，王守仁将格物、致知等所有的道德修养都归结为"致良知""去人欲，存天理"，希望借此使人破除心中的恶念而成为圣人。他将通过"致良知"，"去人欲，存天理"成为圣人视为最高的价值追求和行为目标，而圣人在王守仁那里不过是涤除"心中贼"的典范，说到底圣人无非是心中纯乎天理而无一丝人欲之杂而已。

综上所述，"致良知"对于王守仁的思想如此重要，所以，他才开诚布公地宣布自己的学说可以归结为三个字——"致良知"。"致良知"对于王守仁的思想至关重要，不啻为解开王学的金钥匙。以"致良知"为线索疏理王守仁的思想可以深中肯綮，更好地把握王守仁思想的逻辑脉络和思想精髓，进而深刻透视王守仁与其他宋明理学家的思想异同。有鉴于此，解读王守仁的思想，切不可忘却一句话，那就是"致良知"。

第八章　颜元

儒学在不同历史时期具有不同形态，如果说二程、朱熹的思想代表了宋明儒学的道德形而上学的话，那么，颜元和戴震则被视为异端思想家。后者在对作为正统儒学的宋明理学的批判中重建儒学，建构了启蒙形态的儒学体系。颜元年轻时曾经"学神仙道引，娶妻不近。既而知其妄，乃益折节读书。……年二十余，尊陆、王学，未几归程、朱"（《颜习斋先生传》）。据此可知，颜元早年曾好陆王心学，后来又笃信程朱理学。不仅如此，颜元在笃信程朱理学期间曾经依照《朱子家礼》居丧，几乎病饿致死。这一事件成为颜元思想的转折点，让他深切感受到朱熹理学不合人情。借此，颜元对理学产生怀疑，中年以后开始批判理学。由于有了出入陆王、程朱的亲身经历，颜元对理学具有深入的了解。正如对理学弊端的揭露源于亲身实践，他以实践（力行）矫正理学之虚。在某种程度上可以说，正如没有曾经置身其中的切身感受便没有颜元对理学弊端的深入了解和深恶痛绝一样，不是出于批判理学的需要，就不能催生颜元哲学；不是为了驳斥理学，颜元的哲学可能会是另一番景象。理学对于颜元哲学来说，既是批判的靶子，又是理论建构的参照。作为明清之际早期启蒙思想家，颜元对于儒学思想的建构与对理学的批判是同步进行的。事实上，正是在批判和矫正理学弊端的过程中，他创建了自己的哲学思想。因此，颜元的哲学思想对于理解理学的致命缺陷具有独特的警醒意义。

第一节　思想建构从批判理学开始

颜元哲学体系的建构缘起于对理学的不满和批判，在这个意义上，他被称为早期启蒙思想家。与此同时，由于全部思想都可以归结为对理学的批判和矫治，颜元对理学的揭露和批判不仅是他的全部思想的前提，而且奠定了其思想建构的主要内容和理论走向。有鉴于此，剖析、探究颜元哲学的最佳视角是从他对理学的审视和揭露入手。

明清之际，随着自身弊端的逐渐暴露和社会危害的日益突出，宋明理学受到越来越多的质疑和批判，由此涌现了中国的早期启蒙思潮。在批判理学的大军中，每个人的个人经历、文化学养和兴趣爱好等并不相同，对理学的批判也各具特色、异彩纷呈。相对说来，颜元对理学的分析和批判比较全面，从理论渊源、思想内容和社会危害三个方面向理学发起了进攻。

一 东拼西凑，与佛、老有染

颜元从剖析理学的理论渊源入手，指责理学是毫无创新的拼凑之作，以期瓦解理学的正当性和存在价值。按照他的说法，理学罗列、拼凑了历史上的各种学说，不仅毫无创新可言，并且支离破碎、不成体系。对此，颜元以陆九渊与朱熹的争论以及陆王心学与程朱理学的分歧举例说，陆九渊批评朱学支离破碎，因为程朱理学注重训诂；可笑的是，陆九渊表面上鄙视汉儒的训诂，实际上自己也陷在支离的训诂中不能自拔。同样，朱熹批评陆学虚无近禅，因为陆王心学专注本心的觉悟；可悲的是，朱熹表面上攻击佛、老的虚无，实际上自己也沉溺在顿悟的虚无中浑然不知。正是在这个意义上，颜元写道："故既卑汉、唐之训诂而复事训诂，斥佛、老之虚无而终蹈虚无。以致纸上之性天愈透而学陆者近支离之讥；非讥也，诚支离也。心头之觉悟愈捷而宗朱者供近禅之消；非消也，诚近禅也。"（《存学编卷一·明亲》）在他看来，陆九渊与朱熹以及陆王心学与程朱理学的境遇惊人相似——不仅自己的毛病都被对方的攻击所言中，而且指责对方的毛病自己也同样具有。之所以会出现这种戏剧性的局面，是因为双方都拼凑了训诂和佛老之学，充其量只是或多或少而已。

颜元进而指出，不惟训诂和佛老，理学杂糅了历史上的各种学说，简直就是生拼硬凑的大杂烩。不过，在理学这个无所不包的大拼盘中，还是有主料的；就理学的主导成分而言，不外乎汉、晋、释、道四者。基于这一理解，颜元认定理学是"集汉晋释道之大成者"（《习斋记余卷三·上太仓陆桴亭先生书》）。在这里，汉指汉代出现的考据学、颜元称之为"训诂"，晋指盛行于魏晋时期的玄学、颜元称之为"清谈"，释即佛学，老指道教、颜元称之为"仙道"。他进而指出，在拼凑各家之学时，理学受佛、老熏染尤其深重。对此，颜元以理为例子论证说，理并不是悬空的，不过是事物的条理和规律而已，理学家却宣称理"无形迹"、不会造作，是"空阔洁净的世界"，使理流于空寂，显然是抄袭了佛、老的学说。更有甚者，不仅限于对理的认识，理学对佛、老的偷袭比比皆是——有些甚至是方式方法或根本性的。例如，颜元断言："佛道说真空，仙道说真静。"（《存人编卷一·唤迷途·第二唤》）于是，理学便忙不迭地主张"始无极，终主静。"（《四书正误卷二·中庸·中庸原文》）这些都证明理学就是因缘佛、道而成的。

在此基础上，颜元进一步揭露说，理学同受佛、道熏染，对比之下，受佛学浸淫更甚，简直就是被佛学同化了。鉴于这种情形，他形象地比喻说："释氏谈虚之宋儒，宋儒谈理之释氏，其间不能一寸。"（《朱子语类评》）在颜元看来，理学与佛学一个谈理、一个谈空，这些都是表面上、形式上的，两者的思想本质完全一致，都将一个空寂的精神本体奉为宇宙的本原或主宰——从这个意义上说，理学与佛学之间毫无差别、难分彼此。不仅如此，他强调，就浸染于佛学而流于空寂而言，程朱理学和陆王心学是一样的。正如讥讽朱学支离的陆九渊同样近于支离一样，攻击陆学杂于佛教的朱熹同样逃脱不了与佛教的干系。正是在这个意义上，颜元断言："朱学盖已参杂于佛氏，不止陆、王也；陆、王亦近支离，不止朱学也。"（《习斋记余卷六·王学质疑跋》）

在此，通过对理学理论来源的分析，颜元认定理学东拼西凑，不仅有失纯正学统而且不是儒门正宗。在重视学统、讲究学术传承的中国古代社会，学统正宗是其正统地位的前提。在那种文化背景和文化传统下，他有关理学学脉不正的说法对理学合法性造成的冲击在某种意义上可以说是致命的。不仅如此，在揭露理学的理论来源时，颜元对佛、老尤其是深受佛教空寂之毒的侧重从源头上证明了理学的无用虚伪、无益于现实。

二　空虚不实、无能无用

颜元对理学理论渊源庞杂、拼凑，与佛、老有染的揭露已经暗示了其思想内容的斑驳庞杂、不成体系。循着这个逻辑，他进一步揭露了理学的空虚无实。这包括两个方面：第一，理学是东拼西凑的产物，而非来自现实生活。这种虚浮学风注定了理学的冥想空谈、空无一物，由于脱离实际，理学与现实社会的政治、经济和百姓生活相去甚远。第二，深受佛、老熏染使理学之空虚变本加厉、愈演愈烈。这就是说，本来东拼西凑、毫无创新已经使理学由于严重脱离实际而无裨于现实了，沉迷、浸染于佛、老更加剧了其空谈性理、坐而论道的学术空虚。对此，颜元指出，佛、老一个尚空，一个尚无，与佛、老有染使理学的玄虚无实登峰造极，不仅把空阔洁净、无形迹、无造作之天理说成是世界本体，而且在道德修养方法上主静、尚静。正是这种妄谈玄理、坐而论道的学风注定了理学的尚空尚虚而无实。在此基础上，他宣称，由于都沉浸于佛、老的空静之中，程朱理学和陆王心学都是"镜花水月幻学"。对此，颜元批评说：

> 洞照万象，昔人形容其妙曰"镜花水月"，宋、明儒者所谓悟道，亦大率类此。吾非谓佛学中无此意也，亦非谓学佛者不能致此也，正谓其洞照者无用之水镜，其万象皆无用之花月也。……今玩镜里花，水里月，信足以娱人心目，若去镜水，则花月无有矣。即对镜水一生，徒自欺一生而已矣。若指水月以照临，取镜花以折佩，此必不可得之数也。故空静之理，愈谈愈惑；空静之功，愈妙愈妄。（《存人编卷一·唤迷途·第二唤》）

颜元指出，正是理学的虚而不实导致了其无用——无裨于现实，对国家和百姓毫无益处。在此，他强调，程朱理学和陆王心学纵然有分歧，在无用、无能、于世无补上却别无二致。正是在这个意义上，颜元宣布："两派学辩，辩至非处无用，辩至是处亦无用。"（《习斋记余卷六·阅张氏王学质疑评》）

三 惑世诬民、以理杀人

颜元认为，不论是理论来源上的东拼西凑还是浸染于佛学的空谈性理都使理学严重脱离现实，除了导致理论上的荒诞不经、虚空无用之外，还使其在社会上造成了恶劣影响而贻害无穷。值得注意的是，循着理论来源和思想内容上对理学庞杂、拼凑的揭露，他从庞杂的角度进一步论证了其学术恶果和社会危害。颜元指出，正是东拼西凑、脱离实际的虚浮学风导致了理学的冥想空谈、祸国殃民。于是，他多次写道：

> 仆尝有言，训诂、清谈、禅宗、乡愿，有一皆足以惑世诬民，而宋人兼之，乌得不晦圣道，误苍生至此也！仆窃谓其祸甚于杨、墨，烈于嬴秦；每一念及，辄为太息流涕，甚则痛哭！（《习斋记余卷三·寄桐乡钱生晓城》）

> 宋、明之训诂，视汉不益浮而虚乎？宋、明之清谈，视晋不益文而册乎？宋、明之禅宗，视释、道不益附以经书，冒儒旨乎？宋、明之乡愿，视孔孟时不益众悦，益自是，"不可入尧、舜之道"乎？（《习斋记余卷九·夫子志乱而治之滞而起之》）

在颜元看来，中国几千年的大混乱，归根结底皆起因于学术上的训诂、清谈、禅宗（佛教）、乡愿作怪；四者的危害如此严重，以至其中的任何一种都足以惑国诬民、贻误苍生。更为可怕的是，生拼硬凑的理学将四者兼收囊中、杂糅在一起。因此，与四者之中的哪一种相比，理学的虚浮无用、鱼目混珠都有过之而无不及。由此，理学造成的危害如何严重也就可想而知了。由于远离人的现实生活、无补于国家的政治、经济，理学不近人情，惨无人道，最终酿成以理杀人的惨痛后果。对此，颜元满怀悲愤地指出："果息王学而朱学独行，不杀人耶！果息朱学而独行王学，不杀人耶！今天下百里无一士，千里无一贤，朝无政事，野无善俗，生民沦丧，谁执其咎耶！"（《习斋记余卷六·阅张氏王学质疑评》）颜元痛斥理学的杀人行径，指认理学是杀人的学说。在他看来，理学尽管有程朱理学与陆王心学之分，然而，就杀人、贻害国家而言，二者别无二致。这就是说，就杀人的本质和恶果而言，所有理学无一例外。

对理学杀人本质的揭露使颜元对理学的批判达到了高潮，也更加坚定了他对理学的全面否定态度。进而言之，杀人的本质表明理学不仅无用、无能而且有毒、有害，其继续蔓延势必给社会、人生带来更大的危害和灾难。有鉴于此，在深入批判理学的同时，颜元一直在寻找着根治其病症、消除其危害的药方。

四 提倡实学、"以实药其空"

如上所示，颜元对理学的批判建立在对理学的全面审视和深入剖析之上——始于理论渊源，深入到主要内容和理论构成，最终落实到社会危害上。经过一系列的分析和揭露，他诊断出理学的主要病症有三：第一，东拼西凑，来源驳杂，尤其与佛、老有染。第二，脱离现实，坐而论道，空谈性理，无实无用。第三，贻害无穷，造成以理杀人的恶劣后果。

不难看出，颜元认定的理学的这三个病症之间具有内在联系：第一，层层递进。如果说第三方面——杀人是结果的话，那么，其起因则是第一方面——渊源庞杂尤其是浸染于佛、老以及由此导致的第二方面——思想内容的虚空无实、无能无用。第二，一以贯之。理学的这三个弊端不仅是递进的，而且一以贯之，都可以归结为脱离实际、虚玄无用。对此，颜元称之为"虚"。按照他的逻辑推理，渊源于佛、老的理学沾染了致命的空无，导致其在本体上视世界为空，所推崇的天理也随即成为空寂的存在乃至子虚乌有之物；正是这种坐而论道、空谈玄理之风造就了理学脱离实际、于现实无补的无用无能；正是在把世界和包括人在内的宇宙万物虚化的过程中，理学使人丧失了其本有的生机和活力，基本的生存被掏空，酿成杀人的悲剧。这表明，理学的错误一言以蔽之即虚。鉴于理学之虚对现实毫无用处并且酿成了巨大的社会灾难，颜元对理学之虚深恶痛绝。因此，他不仅在理论上指出了理学的病症所在，而且提出了根治的药方——"以实药其空，以动济其静。"（《存人编卷一·唤迷途·第二唤》）可见，由于认定理学的病症一言以蔽之是虚，他开出的这剂药方的秘诀在于"实"。在此，正如静与空具有内在联系、是空的表现形式之一一样，动与实相关、是实的具体表现之一。于是，为了根治理学的空和静，颜元针锋相对地提倡实和动，在批判理学、建构自己哲学体系的过程中，始终不遗余力地倡导实学。正是出于这一目的，他反复论证说：

> 佛不能使天无日月，不能使地无山川，不能使人无耳目，安在其能空乎！道不能使日月不照临，不能使山川不流峙，不能使耳目不视听，安在其能静乎！（《存人编卷一·唤迷途·第二唤》）

> 凡天地所生以主此气机者，率皆实文、实行、实体、实用，卒为天地造实绩，而民以安，物以阜。虽不幸而君相之人竟为布衣，亦必终身尽力于文、行、体、用之实，断不敢以不尧舜、不禹皋者苟且于一时，虚浮之套，高谈袖手，而委此气数，置此民物，听此天地于不可知也。亦必终身穷究于文、行、体、用之源，断不敢以惑异端、背先哲者，肆口于百喙争鸣之日，著书立言，而诬此气数，坏此民物，负此天地于不可为也。（《习斋记余卷三·上太仓陆桴亭先生书》）

针对佛、老、理学将世界虚幻化、静止化的做法，颜元论证了世界的本质是实和动而不是虚和静。在他看来，实、动不仅是世界的本质，而且是最高价值。

接下来的问题是，生活在这样的世界上，人应该务实而不是蹈空。正因为如此，颜元一面积极倡导实和动，一面坚决抵制虚和静，并将之视为人生追求和为学标准。对此，他曾经表白："宁为一端一节之实，无为全体大用之虚。"（《存学编卷一·学辨二》）可见，颜元对实的提倡和对虚的反对是相当坚定而彻底的，为了以实制虚宁可粗而不精，不惜以牺牲精为代价。与此相关，他甚至将"宁粗而实，勿妄而虚"奉为自己的座右铭。

围绕这一宗旨，颜元倡导实学，在为学和教学中均以实为第一要务，并把自己的学说都冠名以实。例如，学习科目曰"实文"，学习方法曰"实学""实习"，行为曰"实行"，事功曰"实用"，性体曰"实体"等等。简言之，实学的精神实质是实，即"利济苍生""泽被生民"的实用之学。对此，颜元称之为实学、实习、实行、实用。在具体的阐释中，他又把之概括为"六德"、"六行"和"六艺"，尤其对礼、乐、射、御、书、数构成的"六艺"倍加推崇，断言"学自六艺为要"（《颜习斋先生言行录卷上·理欲第二》）。

在颜元针对理学的荒谬、缺陷开出的药方中，实是精髓、是宗旨，也是一以贯之的基本原则。这剂药方包括四味猛药：第一，将人实化，将人性说成是由四肢、五官组成的气质之性。第二，将学实化，强调学以致用，在知行关系中注重习行，推崇实用技术和使用价值，强调躬亲践履、"亲下手一番"。第三，将人生追求和道德实化，强调义利统一，为义注入功利内涵。第四，将读书实化，读书作为辅助手段必须有利于习行，并在习行中读书。不难看出，这四点有一个共同的宗旨——实，同时又是对理学的各种弊端有备而来。其实，这几点正是颜元实学的基本内容。进而言之，由于实的一以贯之，不仅促成了颜元思想各个方面的统一，而且避免了以理杀人的结果。通过以上四个方面的矫正，理学在各个环节被实化，人也由此在各个方面——人性上、技能上、追求上、价值上和思想方法上等等变得真切、真实或实际起来。在这个过程中，人拥有了追求物质幸福的权利，更为重要的是，拥有了创造幸福的能力——习行。

第二节　人性一元论

颜元对理学杀人的揭露，从"千里无一贤"到"朝无政事，野无善俗，生民沦丧"都聚焦在理学导致的危害上。在他看来，理学之所以造成这些危害是因为严重脱离现实，一味地教人读死书、死读书，结果不仅无益于修身养性，而且使人体的各种作用得不到展示和发挥，最终养成娇弱之体而成为废人、无用之人。颜元指出，理学的这种做法本身就是对人体的摧残和对人性的扼杀。更有甚者，基于天理与人欲的不共戴天，理学为了"去人欲，存天理"而主张变化气质；气质即四肢五官百骸，生来如此、不可改变，如果硬要让人通过灭绝人欲而存天理，那就是违背人的天性、惨无人道，无异于以理杀人。这是因为，无欲就无人的生存，欲作为人与生俱来的本性不可禁绝。有鉴于此，在控诉理学灭绝人性、惨无人道时，颜元以人性哲学为主战场，对理学杀人本质的认定使他的批判聚焦在人性哲学上。

不仅如此，为了扭转理学杀人的局面，也为了彻底批判理学，颜元批判了理学的双重人性论，针锋相对地提出了自己的人性一元论。这从一个侧面表明，颜元提出人性一元论是对理学之虚而"以实药其空"的结果。在他看来，理学家离气言欲、离开人的四肢等形体构成的气质而空谈天命之性，割裂了天命之性与气质之性的联系，这是对人之存在的虚化，在使理、天命之性虚化的同时也使人性沦空了；理学之所以杀人，说到底无非是天命之性与气质之性截然二分引发了无视人的肉体存在和生命权利。基于这一理解，根据"以实药其空"的原则，颜元在批判双重人性论的同时，着重阐释了理对气的依赖，力图说明天命之性不能脱离气质之性而存在，离开气质之性的天命之性无所依附将流于空虚。在此过程中，他将气质实化，强调人之形体是人性的实体和依托，由此建构了以气质之性为唯一内容的人性一元论。

一　天理是虚

在断言理学与佛、老有染而导致其理论虚无的说明中，颜元已经指出了理学将理虚化成空寂本体。其实，按照他的说法，理学家对理的虚化并不限于本体之理，由于将理虚化并奉为宇宙本体，理学家宣扬天命之性可以脱离气质之性存在，在人性哲学上进一步使天命之性虚化，导致了种种弊端。为了纠正这一错误，颜元重新界定了理、气概念，以此强调理对气的依赖。

对于气和理，颜元的定义是："生成万物者气也。……而所以然者，理也。"（《颜习斋先生言行录卷上·齐家第三》）据此可知，气是宇宙本原或生成万物的材料，理是气及万物所以然的规律。这表明，理就是气之理，必须依附于事物而存在。正是在这个意义上，他反复断言：

> 理者，木中纹理也。其中原有条理，故谚云顺条顺理。（《四书正

误卷六·尽心》）

　　盖气即理之气，理即气之理。（《存性编卷一·驳气质性恶》）

　　基于对理、气的上述界定和理解，颜元强调，理与气相互依赖、不可分割，并把理气之间的这种关系称为"理气融为一片。"（《存性编卷二·性图》）在此基础上，他进而指出，理本来是实，作为气的条理、依于气而存在；理学家却把理虚空化，说成是凌驾于气之上、并先于万物的本原，致使理成为涵盖一切、秩序万殊的主宰。这样的理最终难免流于空寂，在本质上偷渡了佛、老的学说。鉴于理学的错误及巨大危害，颜元强调，理气相依，尤其突出理对气的依赖。他认为，作为气之所以然者，理乃气之理，不可能存在于气之外，理学家宣扬的凌驾于气之上的所谓天理更是不可能的。循着这个逻辑，颜元由理对气的依赖推出了天理对气质以及天命之性对气质之性的依赖。在他看来，既然理依于气，那么，如果依然讲天理的话，那么，必须承认其以气质为安附；进而言之，既然没有气质、天理就失去了安附处而无法存在，那么，天命之性必须依赖于气质之性。正是在这个意义上，颜元断言："若无气质，理将安附？且去此气质，则性反为两间无作用之虚理矣。"（《存性编卷一·棉桃喻性》）这表明，气质之性与天命之性相互依赖，绝对不可断然分做两截，二者是统一的。那么，天命之性与气质之性如何统一呢？颜元的回答是，正如理气统一于气一样，天命之性与气质之性统一于后者；或者更进一步地说，天命之性和气质之性都可以归结为气质之性，气质之性是人性的全部内容，天命之性压根就是不必要的甚至是多余之物。在此基础上，他宣布，理学所宣扬的脱离气质之性的天命之性根本就不存在，充其量不过是理学家的臆造、杜撰而已，原本即子虚乌有。

　　通过强调天命之性不能离开气质之性而存在，离开气质之性的天命之性纯属子虚乌有，颜元主张，对人性不可截然二分，进而推导出人性一元的结论。在他那里，由于天命之性被宣布为主观臆想，其存在的合法性受到质疑，气质之性顺理成章地成为人性的唯一内容，或者说，成为全部的人性。可见，在对理气关系的说明中，正是以天理是虚、气质是实为理由，颜元挤掉了天命之性的位置，这为他将人性实化铺垫了理论前提并引领了方向。

二　气质是实

通过对理气相互依赖的强调，颜元将人性归结为气质之性。在对气质之性的界定和说明中，他进一步将气质之性实化。颜元指出，人的气质就是由四肢、五官、百骸等生理器官组成的形体，形体是人性存在、呈现的基础。基于这种认识，他强调形性不离，特别强调性不离形，进而断言人性就是人的形体之性，无形体就无所谓人性——"性，形之性也，舍形则无性矣。"（《存人编卷一·唤迷途·第二唤》）不仅如此，颜元还列举大量的实际例子证明了性不离形的论点。例如，有棉花才有棉之暖，有眼睛才有目之明；同样的道理，"敬之功，非手何以做出恭？孝之功，非面何以做愉色婉容？"（《颜习斋先生言行录卷下·王次亭第十二》）至此，由于坚持形性不离、特别是性不离形的原则，他排除了人性的先天性，使人性实化为由人的生理器官构成的形体所具有的属性和功能。在这里，由于始终坚持人性因形体而有，颜元使人性成为具体的、鲜活的存在，不再是理学家所讲的先天的抽象之物。他的说法也从一个侧面再次证明了理学家宣扬的万古永恒的天命之性不攻自破、不知从何说起。

同样根据形性不离的原则，颜元强调，性不离形决定了性的作用必须通过形表现出来；由于人性就是人的气质——耳目口鼻等形体所具有的属性和功能，人性的实现就是人体的各种潜能的发挥和各种欲望的满足。基于这一理解，他指出，人体器官之各种功能的发挥和各种欲望的满足是人存在的前提，离开了这些，人将不复存在。在这方面，颜元对欲格外关注，强调作为人之形体的自然欲望，欲与生俱来、天然合理，人的各种器官的足欲是人性的正当要求。正是在这个意义上，他断言：

> 形，性之形也；性，形之性也，舍形则无性矣，舍性则无形矣。失性者据形求之，尽性者于形尽之，贼其形则贼其性矣。即以耳目论，……明者，目之性也，听者，耳之性也。……目彻四方之色，适

以大吾目性之用。……耳达四境之声，正以宣吾耳性之用。推之口、
鼻、手、足、心、意咸若是，推之父子、君臣、夫妇、兄弟、朋友咸
若是。故礼乐缤纷，极耳目之娱而非欲也。位育乎成，合三才成一性
而非侈也。（《存人编卷一·唤迷途·第二唤》）

在此，颜元强调，人的感官所具有的欲望与生俱来，是人生存的前
提，感官的正当运用体现了人性的作用，感官的欲望是人性的自然要求，
应该给予满足。这些属于正常的足欲范围，不能动辄就斥为私欲。按照他
的理解，正如离开形体，人性的作用便得不到展示和发挥一样，人体的欲
望得不到基本的保障和满足将影响人的存在，最终戕害人之本性。这就是
说，感官生就具有各种欲求，人对形色的要求与生俱来，是人的天性，而
非"私欲"，具有天然的正当性、合理性而应该得到满足。循着这个逻辑，
作为人之真情至性，欲应该成为备受保护的对象。有鉴于此，颜元指出：
"禽有雌雄，兽有牝牡，昆虫蝇蟒亦有阴阳。岂人为万物之灵而独无情乎？
故男女者，人之大欲也；亦人之真情至性也。"（《存人编卷一·唤迷途·
第一唤》）在他看来，作为人的真情至性，欲与生俱来、拥有天然合理
性，无法禁绝也不应该被禁绝。不仅如此，欲还是人类生存、繁衍的前提
之一；离开欲，人类的生养、繁衍将无从谈起。基于这种认识，颜元直言
不讳地反问佛教徒："若无夫妇，你们都无，佛向哪里讨弟子？"（《存人编
卷一·唤迷途·第二唤》）更有甚者，26岁寓住白塔寺椒园时，寺中僧侣
无退侈夸佛道，颜元却说："只一件不好。"僧问其故，颜元答："可恨不
许有一妇人。"无退惊曰："有一妇人，更讲何道！"对此，颜元反驳说：
"无一妇人，更讲何道？当日释迦之父，有一妇人，生释迦，才有汝教；
无退之父，有一妇人，生无退，今日才与我有此一讲。若释迦父与无退
父，无一妇人，并释迦、无退无之矣，今世又乌得佛教，白塔寺上又焉得
此一讲乎！"（《颜习斋先生年谱卷上》）

上述内容显示，在对气质之性的说明中，颜元一步步将气质之性实
化，其具体步骤是：先将气质实体化，说成是人与生俱来的形体；接着，
强调人性不外乎人之四肢、五官组成的形体所具有的属性、功能和作用；
最后，将气质之性实化，说成是人之形体的各种欲望，将欲视为人性的主

要内容。这些观点不仅伸张了欲的价值、为颜元在价值观上肯定利做了理论铺垫，而且促使他急切地反对气质有恶说，进而为气质之性正名。

三　将善实化

在宋明理学那里，理与善属于同义词。颜元对理的实化为进一步将善实化奠定了基础，对宋明理学家有关气质有恶的驳斥更是以气之实充塞了善之实。

循着理气相依的逻辑，颜元在天命之性与气质之性的统一中坚持理气的善恶统一，进而驳斥理学的气质有恶说。下面这段话集中体现了他对气质有恶说的驳斥，同时论证了自己的气质性善说：

> 若谓气恶，则理亦恶；若谓理善，则气亦善。盖气即理之气，理即气之理，乌得谓理纯一善而气质偏有恶哉！譬之目矣：眊、疤、睛，气质也；其中光明能见物者，性也。将谓光明之理专视正色，眊、疤、睛乃视邪色乎？余谓光明之理固是天命，眊、疤、睛皆是天命，更不必分何者是天命之性，何者是气质之性；只宜言天命人以目之性，光明能视即目之性善，其视之也则情之善，其视之详略远近则才之强弱，皆不可以恶言。（《存性编卷一·驳气质性恶》）

在此，颜元提出了两个理由用以驳斥气质有恶的观点，并从反面伸张了自己的气质性善说：第一，根据理气相依、形性不离的原则，抨击气质有恶说破绽百出、难以自圆其说，在逻辑上讲不通。颜元指出，理气相互依赖表明二者是统一的，这种相依、统一决定了理气善恶属性的一致性：正如理善则气善、气恶则理恶一样，如果天命之性至善的话，那么，气质之性也应该是善的；如果气质之性有恶的话，那么，天命之性必然也有不善。如此说来，哪有理善而气却恶抑或天命之性至善而气质之性有恶的道理？同样的逻辑，性与形不可分割，所谓性乃形之性；如同理善则气必善一样，性善则形亦善、绝对没有性善而形却恶的道理。以人的眼睛为例，视觉功能——性是以眼睛这个器官——形为条件的，离开了眼睛这一生理器官就无所谓视觉。怎么能说视觉专看正色、眼睛却视邪色呢？第二，列举、披露气质有恶说的实践恶果和社会危害，指出只有相信气质无恶而皆善才能督人向善。颜元指出，气质有恶说的危害并不限于理论上漏洞百出、不合逻辑的荒谬，关键在于实践上的贻害无穷，在社会上造成了极其恶劣的严重后果。他的下面两段话是从不同角度立论的，共同指向了气质有恶说的社会危害和负面效应：

> 将天生一副作圣全体，参杂以习染，谓之有恶，未免不使人去本无而使人憎其本有。蒙晦先圣尽性之旨，而授世间无志人一口柄。（《存学编卷一·上征君子小钟元先生》）

> 程、朱以后，责之气，使人憎其所本有，是以人多以气质自诿，竟有"山河易改，本性难移"之谤矣。（《存性编卷一·性理评》）

依据颜元的分析，气质有恶说无论对于何种人都是一个灾难：如果相信气质有恶的话，那么，恶人会以气质本恶为理由冥顽不化，常人会以"气质原不如圣贤"为借口放松道德修养的自觉性。由此可见，无论何人，只要相信气质有恶，就会放弃向善的希望和努力，或自甘堕落或不思进取。长此以往，整个社会真的会向善无望而陷入万劫不复之恶。对于气质有恶的巨大危害，颜元的弟子——李塨也有深刻的认识："宋儒教人以性为先，分义理之性为善，气质之性为不善，使庸人得以自诿，而牟利渔色弑夺之极祸，皆将谓由性而发也。"（《恕谷年谱》卷二）显然，李塨的这个认识与颜元是一致的。

不仅如此，鉴于气质有恶的巨大危害，出于"期使人知为丝毫之恶，皆自玷其光莹之本体，极神圣之善，始自充其固有之形骸"（《存学编卷一·上太仓陆桴亭先生书》）的初衷，颜元著《存性编》，集中阐释了自己的人性哲学。在对气质之性予以肯定的同时，他坚决反对气质有恶的说教。

颜元一面论证气质无恶，一面抨击气质有恶的危害，在两方面的相互印证中将善实化：第一，善即气之善。在他那里，善即气质之善，不再纯属理而与气无涉；作为人性的唯一内容，气质之性本身就是善的。第二，善即欲之善。颜元所讲的气质即人之形体，气质之性即人的形体所具有的属性、功能和欲望，这使欲在人性中占据了最显赫的位置。通过他的阐述，善不再与欲无缘甚至对立，相反，善成为包括欲在内的人体之属性、功能和欲求之善。与此同时，颜元对气质有恶的驳斥从另一种角度看就是对欲之善的肯定和伸张。

总之，通过以上三个方面的深入论证和相互作用，颜元将人性实化，在肯定形体重要性的同时，伸张了欲的正当性。循着他的逻辑，不论是形体作用的施展还是形体欲望的满足最终都体现在现实生活中，落实到实际行动上。有鉴于此，颜元推出了践履学说——习行哲学，鼓励人在现实生活中躬行践履以充分发挥形体的各种潜能，并通过获取现实的功利满足形体的各种需要和欲望。这暗示了颜元的人性哲学与习行哲学一脉相承，二者之间具有密切的内在联系。进而言之，虽然都是实学的一部分，人性哲学与习行哲学却各有侧重。对于人之实化而言，如果说人性哲学对气质和欲利的肯定侧重理论层面的话，那么，习行哲学则侧重实践层面。按照他的思维逻辑和价值取向，气质之性、人性哲学在人性论和存在论的维度上肯定了人的价值，对人之这一维度的实化如果不贯彻到实际行动中最终还是虚的，只有在现实生活中彰显出来才能使之实化。这是因为，人体的各种欲望只有在"动"中才能得到满足，这与人体之属性和功能只有通过习行才能得以发挥是一样的。

第三节　"以动济其静"

颜元与其弟子李塨因倡导习行、践履而名声大振，形成了一个中国历史上独具一格的学派，史称颜李学派。这一学派对行极其重视，也是其"以动济其静"的具体贯彻和主要表现。

一　人性哲学与习行哲学

人们关注习行哲学基本上侧重知行关系的维度，其实，推崇行并不是颜元建构习行哲学的全部初衷。准确地说，他最初并无意于探讨知行关系，推出习行哲学完全出于人性哲学的需要，或者说，是人性哲学的必然结果。上述分析显示，颜元的习性哲学与人性哲学具有密切关系，可以说是对人性哲学的贯彻。正因为如此，他对人性哲学与习行哲学之间的内在关系非常重视，多次予以论证和阐释。对于这一点，下面这两段话便是明证：

> 天地之实，莫重于日月，莫大于水土，使日月不照临九州，而惟于云霄外虚耗其光；使水土不发生万物，而惟以旷闲其春秋，则何以成乾坤？人身之宝，莫重于聪慧，莫大于气质，而乃不以其聪慧明物察伦，惟于玩文索解中虚耗之；不以其气质学行习艺，惟于读、讲、作、写旷闲之，天下之学人，逾三十而不昏惑衰惫者鲜矣，则何以成人纪！（《颜习斋先生言行录卷上·学人第五》）

> 吾愿求道者尽性而已矣，尽性者实征之吾身而已矣，征身者动与万物共见而已矣。吾身之百体，吾性之作用也，一体不灵则一用不具。天下之万物，吾性之措施也，一物不称其情则措施有累。身世打成一片，一滚做功，近自几席，远达民物，下自邻比，上暨庙廊，粗自洒扫，精通燮理，至于尽伦定制，阴阳和，位育彻，吾性之真全矣。以视佛氏空中之洞照，仙家五气之朝元，腐草之萤耳，何足道哉！（《存人编卷一·唤迷途·第二唤》）

按照颜元的理解，宇宙的本质是实、是动，其性能是光照天地、生发万物；人之实是聪明才智和形体气质，其作用是在不断的生命运动中明察物理、习行技艺。人有了气质这个先天条件却不去习行，本性便发挥不出来。这样的人由于不能践形、尽性而终不成人，等于虚度年华。他进而指出，人体、人性与习行密切相关，气质之性必须在习行中得以贯彻和发挥，这要求人性哲学必然转化为习行哲学。此外，颜元对朱熹的批判也从一个侧面道出了人性哲学与习行哲学的内在勾连："朱子之学，全不觉其病，只由不知气禀之善。以为学可不自六艺入，正不知六艺即气质之作用，所以践形而尽性者也。"（《存学编卷三·性理评》）颜元认为，朱熹理学的病症在于不承认人之形体——气质是善的，更不明白气质之善即在于可以习行六艺，习行六艺是气质之性的作用；人的形体生来就有各种功能，人通过后天的习行可以获得各种知识、技术和技能。与此相联系，朱熹因为放弃了习行而使人成为废人或对社会无用之人，他的失误从反面证明习行哲学与人性哲学之间具有不容割裂的内在联系。

至此可见，颜元的习行哲学直接从人性哲学推演而来，是出于人性实化的需要；出于这一动机，他提倡习行哲学，目的是把人之形体——气质的所有功能和作用充分施展出来。在这方面，如果说人性哲学是天地之实在人之本性上的体现的话，那么，习行哲学则是人性之实的具体展示。按照他的说法，习行是人之形体的必然属性、功能和要求，只有习行才能践形、尽性——使形体的作用充分发挥出来。

按照中国古代哲学特有的逻辑系统和话语习惯，习行哲学应该属于知行观，隶属认识哲学。与人性哲学的密切相关决定了颜元的习行哲学重心不是阐释知与行的关系，而是强调作为人体之作用和人性之表现的行——习行的重要性。就习行哲学所连带的知行观而言，他对行极其关注、推崇备至。进而言之，颜元之所以推崇行，是因为习行即实行、是动，习行哲学是实学的一部分。其中，最关键的还取决于他的人性哲学，因为气质之性的实现、作用的发挥在于习行。当然，也是为了批判理学的需要。这表明，习行哲学寄托了颜元的多种希望，履行着多层使命。正是在多种维度的交叉和印证中，他进一步将人性实化，将人的行动实化，将人生追求和道义实化。

二 理学的无用、无能在于不愿也不能习行

颜元认为，习行是孔子思想的宗旨，也是儒家之正义。正是在这个意义上，他说道：

> 孔子开章第一句，道尽学宗。思过、读过，总不如学过。一学便住也终殆，不如习过。习三两次，终不与我为一，总不如时习方能有得。"习与性成"，方是"乾乾不息。"（《颜习斋先生言行录卷下·学

须第十三》）

颜元指出，孔子对习行极为重视，以至《论语》开头的第一句话就用
"学而时习之"概括了儒学的习行宗旨。令人痛心的是，汉儒尤其是宋儒
背离了孔子本意和儒学圭臬，由于漠视习行最终导致了虚空无用。在此，
颜元特别把批判的重心对准了程朱理学，指出由于背离了孔子的习行原
则，朱熹对知行关系的看法陷入荒谬。对此，他评价说："朱子知行竟判
为两途，知似过，行似不及。其实行不及，知亦不及。"（《存学编卷三·
性理评》）在他看来，宋明理学家一味地推崇知而不重视习行，表面上看
"知似过，行似不及"，实质上则是行与知均不及。更有甚者，这种看法的
后果是，知而不行、以知代行，犹如以看路程本代替走路一样自欺欺人。
正是在这个意义上，颜元揭露说："宋儒如得一路程本，观一处又观一处，
自喜为通天下路程人，人亦以晓路称之；其实一步未行，一处未到。"
（《颜习斋先生年谱卷下》）他进而指出，宋明理学的无用无能以至以理杀
人在本质上都可以归结为空谈而不能习行，宋明理学脱离现实、虚而无
用，如果像宋明理学家倡导的那样去做，天下大多百姓将无法生活。这就
是说，宋明理学"不啻砒霜鸩羽"，致使"入朱门者便服其砒霜，永无生
气生机。"（《朱子语类评》）基于这种认定和评价，颜元称宋明理学家是
"与贼通气者"——与贼没什么两样。

三　习行哲学的核心是动、拥有一技之长

鉴于宋明理学的弊端均源于空谈而不能习行，颜元清醒地意识到，只
有提倡实学，推崇经世致用，才能抵制宋明理学的空洞说教。于是，他写
道："救弊之道，在实学，不在空言。……实学不明，言虽精，书虽备，
于世何功，于道何补！"（《存学编卷三·性理评》）进而言之，在颜元那
里，实与动密不可分，动本身就是实的一部分。正是在以实药空、以动济
静中，他建构了习行哲学。与此相关，习行哲学的核心是动，颜元提倡习
行哲学就是为了以动济静。与此相联系，他对宋明理学家主静深恶痛绝，
尤其不能容忍其社会危害。对此，颜元指出："晋、宋之苟安，佛之空，

老之无，周、程、朱、邵之静坐，徒事口笔，总之皆不动也。而人才尽矣，圣道亡矣，乾坤降矣。"（《颜习斋先生言行录卷下·学须第十三》）在颜元看来，由于受宋明理学影响，人们皆静而不动，思想停滞不前，身体好逸恶劳，整个社会死气沉沉，没有活力。为了扭转这种局面，他主张以动代静，"以动造成世道"，让整个社会动起来，在动中强身、强国、强天下。正是在这个意义上，颜元反复声称：

> 宋人好言习静，吾以为今日正当习动耳！（《颜习斋先生年谱卷上》）

> 吾尝言一身动则一身强，一家动则一家强，一国动则一国强，天下动则天下强。益自信其考前圣而不谬矣，后圣而不惑矣。（《颜习斋先生言行录卷下·学须第十三》）

不仅如此，基于实学和习行哲学的信念，颜元以学、习、行、能代替理学的讲、读、著、述，用22个字来概括学问，并在博学中加入了大量的实用科目、实用技术等内容。于是，他一贯声称：

> 如天不废予，将以七字富天下：垦荒，均田，兴水利；以六字强天下：人皆兵，官皆将；以九字安天下：举人材，正大经，兴礼乐。（《颜习斋先生年谱卷下》）

> 博学之，则兵、农、钱、谷、水、火、工、虞、天文、地理，无不学也。（《四书正误卷二·中庸·中庸原文》）

从中可以看出，颜元提倡并推崇实学，就是为了使知识产生实际效果，在学以致用中既实现个人价值，又服务于社会——"辅世泽民"，成就"经济"事业。与此相关，他提倡实学的主旨就是掌握实际本领，成为能做实事的、对社会有用的人。遵循这一精神主旨，颜元改变了教育方针、方法和办学宗旨。以实学为宗旨，从六艺入手，他将学习的范围扩大到水火、工虞、兵农和钱谷等学科。晚年主持漳南书院时，颜元设立了文事、武备、经史、艺能 4 科，旨在培养学生的真才实学。在这里，他把自己的实学、实行思想贯彻到办学方针和教学内容之中，从课程设置到培养目标都贯穿着经世致用的价值理念。这些与颜元对六艺的推崇一脉相承，是强调"习行""习动"，注重实用技术和动手能力的结果。

值得注意的是，为了使学以致用真正落到实处，也为了把人培养成对社会有用的人，颜元甚至认为，能够兼通"六艺"固然最好，如果不能兼通"六艺"的话，精通一艺也可为圣为贤；只要具有一技之长，就可以对人民造福不浅。对此，他一再呼吁：

> 上下精粗皆尽力求全，是谓圣学之极致矣。不及此者，宁为一端一节之实，无为全体大用之虚。如六艺不能兼，终身止精一艺可也；如一艺不能全，数人共学一艺，如习礼者某冠昏，某丧祭，某宗庙，某会同，亦可也。（《存学编卷一·学辨二》）

> 人于六艺，但能究心一二端，深之以讨论，重之以体验，使可见之施行，则如禹终身司空，弃终身教稼，皋终身专刑，契终身专教，而已皆成其圣矣。如仲之专治赋，冉之专足民，公西之专礼乐，而已各成其贤矣。不必更读一书，著一说，斯为儒者之真，而泽及苍生矣。（《颜习斋先生言行录卷下·学须第十三》）

可见，在人才培养和人生目标上，一向不尚浮华而崇尚务实的颜元脚踏实地，不是追求华而不实的大而全，而是力图让人尽可能地掌握真才实学。在他看来，只要有真才实学，只要对社会有用，人不必兼通全体。

总之，针对宋明理学空谈性理、于事无补的弊端，颜元推崇经世致用，呼吁研究学问要与社会现实联系起来，以期有利于国计民生。这一理论宗旨使他的实学成为实用之学，其具体内容以实用科目、实用技术为主，习行也成为动的实际本领。颜元的这些观点在把社会经济、百姓生活纳入道德视野的同时，伸张了物质利益的价值。

难能可贵的是，颜元不仅在理论上急切呼吁经世致用、倡导习行，而且率先垂范，终身以此为奋斗目标。针对宋明理学之虚，他一生皆思以所学匡时救世，直到 70 岁临终之年尚"思生存一日，当为生民办事一日，因自钞《存人编》"（《颜习斋先生年谱卷下》）。临终时，颜元还嘱咐门人说："天下事尚可为，汝等当积学待用。"（《颜习斋先生年谱卷下》）这些事迹感人肺腑，也为知识分子树立了榜样。颜元的身体力行流露出强烈的经世致用情结，也以自己的实际行动树立了习行哲学的榜样。

四　把格物实化、突出行的决定作用

宋明理学家都重视格物，尽管他们的具体理解有别，却都使格物、致知向知倾斜，朱熹更是把格物与致知一起归于知的范畴。颜元认为，宋明理学家把格物虚化了，关键是忽视了习行的作用。为了纠正这一错误，他对格物进行了重新解释。对此，颜元写道：

> 按"格物"之"格"，王门训"正"，朱门训"至"，汉儒训"来"，似皆未稳。窃闻未窥圣人之行者，宜证之圣人之言；未解圣人之言者，宜证诸圣人之行。但观圣门如何用功，便定格物之训矣。元谓当如史书"手格猛兽"之"格"、"手格杀之"之"格"，乃犯手捶打搓弄之义，即孔门六艺之教，是也。（《习斋记余卷六·阅张氏王学质疑评》）

在此，颜元扭转了朱熹等人以格物入知的局面，直接把格物训释为行。在颜元看来，格物之格的原意是"手格杀之"之格，格物即亲自动手做事。这就是说，格物就是亲身接触"实事实物"，"亲下手一番"或"犯手实做其事"（《四书正误卷一·大学·戴本大学》）。这样一来，格物成了"躬习实践"，由原来的知变成了行。

需要说明的是，颜元将格物入行奠定了行在知行关系中的决定作用。这一点从他对格物、致知的解释中可以窥其究竟：

> "知"无体，以物为体，犹之目无体，以形色为体也。故人目虽

明，非视黑视白，明无由用也。人心虽灵，非玩东玩西，灵无由施
也。今之言"致知"者，不过读书、讲问、思辨已耳，不知致吾知
者，皆不在此也。辟如欲知礼，任读几百遍礼书，讲问几十次，思辨
几十层，总不算知。直须跪拜周旋，捧玉爵，执币帛，亲下手一番，
方知礼是如此，知礼者斯至矣。辟如欲知乐，任读乐谱几百遍，讲
问、思辨几十层，总不能知。直须搏拊击吹，口歌身舞，亲下手一
番，方知乐是如此，知乐者斯至矣。是谓"物格而后知至"。故吾断
以为"物"即三物之物，"格"即手格猛兽之格，手格杀之之格。
(《四书正误卷一·大学·戴本大学》)

在这里，颜元赋予知、行不同于宋明理学的内涵：知不再是先天固有
之知，而是感性认识和直接经验；行不再是意念而是实际行动，即动、习
行。知与行的这种特定含义决定了知必须源于行。按照他的解释，知无体
而以物为体，知是通过接触外物得来的，而这个接触外物的过程就是格
物。这决定了知皆从格物而来，不经过格物这一步骤就不可能致知。进而
言之，颜元所讲的格物与习行、力行是同等意义的观念，致知源于格物决
定并证明了只有亲身躬行才能致知，真正的知是从行中得来的。正因为如
此，在将格物归入行、强调致知必须通过格物的基础上，他突出行在知行
关系中的决定作用。

首先，颜元强调，知源于行，都是在行中获得的；如果不行，则不会
知。对此，他列举日常生活中的例子论证说："如欲知礼，凭人悬空思悟，
口读耳听，不如跪拜起居，周旋进退，捧玉帛，陈笾豆，所谓致知乎礼
者，斯确在乎是矣；如欲知乐，凭人悬空思悟，口读耳听，不如手舞足
蹈，搏拊考击，把吹竹，口歌诗，所谓致知乎乐者，斯确在乎是矣。推之
万理皆然，似稽文义，质圣学为不谬，而汉儒、朱、陆三家失孔子学宗
者，亦从可知矣。"(《习斋记余卷六·阅张氏王学质疑评》)

通过具体的例子，颜元旨在说明，对于礼，任你读几百遍礼书，讲问
几十次，思辨几十层，总不算知礼；必须跪拜周旋，捧玉爵，执币帛，才
知道礼是如此。对于乐，任你读几百遍乐谱，讲问几十次，思辨几十层，
总不算知乐；直须搏拊击吹，口歌身舞，才知道乐是如此。这表明，学礼

不能只读礼书，学乐不能只读乐书，关键是在跪拜操作、弹奏歌舞的"动"中反复习行。

其次，颜元强调，行是知的目的和检验标准。第一，行是知的目的。颜元重视习行的作用，指出行是知的目的，知必须通过行起作用。从行是知的目的出发，他提出了寓知于行的主张。第二，行是知的检验标准。颜元认为，知的目的在于行表明知是为了指导行的，知的价值在于应用。因此，是否能行是检验知是否真的标准。一个人"读得书来，口会说，笔会做"，都无济于事，只有从身上行过，才算是真有学问。同样，一种学说只有在实际应用中才能鉴别其利弊得失、正确与否。这用他的话说便是："学问以用而见其得失。"（《颜习斋先生年谱卷上》）

颜元的习行哲学始终突出行对知的决定作用，使行成为知行关系中的决定因素。他对知行关系的界定始终让知围绕着行而发生和展开，不仅断言知来源于行并在行中加以检验，而且强调知的价值和目的在于习行。这些对于反对宋明理学家的先验之知和以知代行的做法具有积极作用。同时，颜元扩大了知与行的范围。从他所列举的实际例子中可见，颜元所讲的知行与人的日常生活、生产实践息息相关，不再限于伦理道德领域。与此相联系，对习行的极力提倡和知行范围的扩大改变了人生的价值模式，能习行、有一技之长、做对社会有用之人成为人生的追求目标。这是颜元的理论贡献，对于改变宋明理学以理杀人以及使人变成废人、弱人、病人和无用之人的社会现实具有积极意义。

与此同时，知与行的内涵和价值都是多层次、多向度的。就其内涵而言，有本体的、认识的、实践的、审美的、功利的和道德的等多维向度。在对这个问题的认识上，毋庸讳言，正如宋明理学家用道德维度遮蔽了知与行的其他意蕴、最终陷入荒谬一样，颜元用实践尤其是功利维度阉割了知行的其他维度，特别是审美意蕴。诚然，他所讲的知行有道德义，然而，与在其他领域的情形或对其他问题的理解一样，知与行的道德意蕴同样受制于功利和经验。例如，颜元断言：

> 学人不实用养性之功，皆因不理会夫子两"习"字之义，"学而时习"之习，是教人习善也；"习相远也"之习，是戒人习恶也。先

王知人不习于性所本有之善，必习于性所本无之恶。故因人性之所必至，天道之所必然，而制为礼、乐、射、御、书、数，使人习其性之所本有；而性之本所无者，不得而引之、蔽之，不引蔽则自不习染，而人得免于恶矣。（《颜习斋先生言行录卷上·学人第五》）

尽管颜元对理学知行观的揭露击中要害，却难免矫枉过正之嫌。由于一味地突出知来源于行，片面夸大感性经验尤其是直接经验的作用，他最终走向了轻视理性认识的极端，习行哲学也由此而陷入狭隘的经验论。例如，颜元断言：

予尝言孔子若生今日，必自易其语曰："礼云礼云，不玉帛云乎哉？乐云乐云，不钟鼓云乎哉？"盖深痛礼乐之仪文、器数尽亡，而其实亦随之湮没也。（《习斋记余卷三·与易州李孝廉介石》）

在孔子那里，礼、乐是本质和内容，通过玉帛、钟鼓等形式表现出来。颜元简单地把礼归结为玉帛、把乐归结为钟鼓等实体。这种做法是针对理学的虚玄之风不得已而为之，完全可以理解；然而，其中流露的片面化和简单化倾向同样是致命的。与此相关，正如不能一切都亲历诸身一样，凡事都从身上行过，一切认识都源于直接经验，不仅不可能，而且是对间接经验的浪费。循着凡事必亲历诸身的原则，可以对间接经验或书本知识置之不理，甚至把书本知识和传统文化都视为多余的。从这个意义上说，他的思想容易导致对书本知识和传统文化的蔑视，潜伏着蒙昧主义或历史虚无主义的危险。其实，颜元思想的这一端倪在他对读书的认识中已经明显地流露出来。

第四节　习行的目的是功利

颜元注重学以致用，与当时的学术风气和时代要求息息相通，也与其人性哲学一脉相承，更是他对理学以实药空、以动济静的具体方案的组成部分。按照颜元的说法，由于静坐读书、不去习行，宋明理学将人变成了弱人、病人、对社会无用之人。这既是个人的不幸，也是社会的悲哀。因为这从根本上戕害了人的肢体，使人之本性得不到发挥、使人之欲望得不到实现。在他看来，人通过习行锻炼自己的实际本领，一方面可以尽性、践形，一方面可以获取功利，使自己的追求、欲望得以满足。可见，颜元的习行哲学具有强烈的功利主义色彩，或者说，追求功利是习行的必然结果和真正目的。正因为如此，从习行哲学出发，颜元强调，人的一切行为都具有功利动机，并在此基础上阐述了功利主义的价值观。

如上所述，颜元的习行哲学从人性哲学而来。按照他的说法，一方面，人与生俱来的形体具有习行的作用，习行就是践形、尽性；另一方面，颜元强调，习行的目的是获取功利。这清楚地表明，他的习行哲学既是为了满足人性之欲利的需要，使人性现实化；也是为了使道义实化，进而为道义注入功利的内涵。

一 将行实化

颜元的习行哲学与功利主义具有内在联系，因为他所讲的习行不仅是践形、尽性的方式，而且是追求功利的手段，或者说，习行的目的在于获取功利。同时，为了反对宋明理学家死读书、读死书的做法，颜元强调学以致用，流露出强烈的功利主义的价值旨趣和理论初衷。正是在功利主义的驱动下，他把格物解释为"犯手实做其事""亲下手一番"。因为只有这样界定格物，才能在其中注入功利的内容。事实上，正是循着格物即亲自动手一番的逻辑，颜元认为，对帽子的认识是戴在头上而后知其暖与不暖，对李子的认识是亲口尝一尝而后知其滋味如何。在这里，格物（其实包括致知在内）是感性的、直接经验式的，这种强烈的经验主义归根结底是由于功利的驱使。例如，正如认识的兴趣集中在功利上而只关注冠和李子的冷暖、滋味一样，他所讲的知、行都以追逐实际效果为鹄的。与此类似，颜李学派倡导的习行哲学、践履哲学以行作为真理标准，其主要目的和做法之一便是在行动中——在亲手实验中检验知的功利实效。出于同样的原因，对于如何格物或认识事物，颜元举例子解释说：

且如此冠，虽三代圣人，不知何朝之制也。虽从闻见知为肃慎之冠，亦不知皮之如何暖也。必手取而加诸首，乃知是如此取暖。如此蔬菜，虽上智、老圃，不知为可食之物也。虽从形色料为可食之物，亦不知味之如何辛也。必箸取而纳之口，乃知如此味辛。（《四书正误卷一·大学·戴本大学》）

按照颜元的说法，对于帽子，只有亲自动手戴在头上，才能知道它是何等暖和；对于蔬菜，只有亲口尝一尝，才能知道它滋味如何。离开了"加诸首""纳之口"之行，便没有对冠之暖、蔬之味的知。在此，依据日常生活中的经验和常识，他阐明了知来源于行的道理。然而，正如颜元自己所称谓的那样，帽子是"肃慎之冠"，除了暖与不暖之外，还有"肃慎"等审美、历史、考古或伦理方面的意义和价值。显然，这些非功利因素不在他的视野之内。这个例子生动地表明，颜元的知行观带有强烈而狭隘的功利性。

在颜元的哲学中，格物属于行，格物的功利性表明了行带有功利目的。事实正是如此。他强调，人从事任何活动都带有目的性，都在追求实际效果。正是在这个意义上，颜元反问道："世有耕种，而不谋收获者乎？世有荷网持钩，而不计得鱼者乎？抑将恭而不望其不侮，宽而不计其得众乎？"（《颜习斋先生言行录卷下·教及门第十四》）对此，他进而指出，人的行为都有功利意图，一般地说，那种不计效果的人是没有的；即使有，也不是虚伪就是迂腐。基于这种认识，颜元伸张了自己的功利主义原则，同时揭露了宋明理学家重义轻利的虚伪性。按照他的说法，宋明理学家之所以对董仲舒的"正其谊不谋其利，明其道不其计功"津津乐道，主要目的是"以文其空疏无用之学"——用这种堂而皇之的理由为自己空疏的理论说教做辩护。在此基础上，颜元进一步指出，由于恪守反功利的义利观，儒学在汉代之后陷入歧途，其具体表现是以读死书、死读书、读书死为做人的途径，全然不顾国计民生，最终给社会和人身造成了巨大的危害。他指出："汉、宋之儒全以道法慕于书，至使天下不知尊人，不尚德，不贵才。"（《存学编卷四·性理评》）在这方面，颜元把批判的重心指向理学，断言程朱理学与陆王心学尽管为了争正统、辨是非打得不可开交，在反功利上二者却出奇地一致。当然，鉴于程朱理学的势力和影响，在对理学的批判中，颜元对程朱理学用力甚多。

二 将道义实化

颜元关于人之行为的目的在于追求功利的观点彰显了功利的价值。在此基础上，他系统阐述了义利关系，伸张了功利主义的价值观。在这方面，颜元强调道义与功利的统一，进而为道义注入功利的内涵而使之实化。

颜元把不同的义利观划分为三种类型，即先义后利论、急功近利论与不计功利论。对此，他分析说，急功近利论看不到义利之间的先后关系，不懂得先道义而后功利的道理，结果只能是欲速而不达；不计功利论看不出利是人的现实需要，只为佛教徒或迂腐的儒者所固守。有鉴于此，颜元既反对不计功利又反对急功近利，在突出义利统一的同时，主张先义而后利。这表明，只有先义后利论才是"无弊"的，是处理义利关系时唯一正确的选择。在这个意义上，他宣称：

> 惟吾夫子"先难后获"、"先事后得"、"敬事后食"，三"后"字无弊。盖"正谊"便谋利，"明道"便计功，是欲速，是助长；全不谋利计功，是空寂，是腐儒。（《颜习斋先生言行录卷下·教及门第十四》）

可见，倡导功利主义的颜元并没有脱离义而言利，更没有走向急功近利。事实上，为了彻底批判宋明理学的错误观念，也为了伸张自己的功利主义，他发挥了儒家的传统命题——"利者，义之和也"，在将利视为义的题中应有之义的同时，把利直接与义联系起来，进而反对离开义而逐利。"利者，义之和也"表明，义利是统一的，不可完全分开。有鉴于此，颜元反对离利讲义或把义与利对立起来的做法，不论是他对利所下的定义还是对利的追求都坚持利与义的统一，力图在不违背义的前提下讲利、逐利。这些肯定了伦理道德与日常生活中的功利密切相关，从正面承续了义利统一的话题。这表明，对于义与利的关系，他具有清醒而深刻的认识。此外，对于如何处理义与利之间的关系，颜元还有一段精彩表述：

> 以义为利，圣贤平正道理也。……利者，义之和也。《易》之言"利"更多。孟子极驳"利"字，恶夫掊克聚敛者耳。其实，义中之利，君子所贵也。后儒乃云"正其谊，不谋其利"，过矣！宋人喜道之，以文其空疏无用之学。予尝矫其偏，改云"正其谊以谋其利，明其道而计其功"。（《四书正误卷一·大学·大学章句序》）

在这里，虽然颜元对董仲舒的话只改动了两个字，但是，他所表达的却是一种新的义利观。颜元把动机与效果、道德行为与物质利益结合起来，进而强调义利的统一，要求人在义的指导下获取功利。这种义利统一的义利观无疑对义利关系做了较好的解释。

义利观关注的是人的精神生活与物质生活之间的关系。与人性领域对欲的肯定相一致，颜元在义利观上批判宋明理学家把义与利对立起来的做法，在肯定义利统一的同时伸张了功利的正当性、合理性，致使其价值观呈现出尚利、重利等倾向。应该看到，功利主义是颜元一贯的价值取向和人生追求，也是提倡习行哲学的目的所在，更是他把世界实化、道义实化的必然结果。与此同时，作为一种价值目标和人生追求，功利不仅使颜元的人性哲学和习行哲学实化，而且为他提供了审视世界、处理各种事务的思维模式和方式方法。与此相关，颜元的功利主义表现在上面的人性哲学、认识哲学和价值哲学中，也表现、贯彻在他对读书的看法和态度上。

第五节　诵读之虚与习行之实

习行哲学是实学的核心内容，也是颜元务实、倡导以实药空的具体表现。进而言之，习行哲学流露了他对行的极端推崇，也注定了两个必然结果：第一，在审视知行关系时，永远把习行、践履奉为第一性的决定因素；第二，在人生追求和现实生活中，以力行为主，主张人把主要精力用于实行、习行。正因为如此，在把人生追求实化和把为学方法实化的基础上，颜元把读书的过程、方法和目的实化，提出了一套独特的读书观。在此，他以注重习行为原则，从思想方法、修养实践上医治宋明理学的虚玄学风。

一　将人生的作为实化

循着习行哲学的思路，颜元强调，人生以实、以动为本，表现在对读书的看法上即以习行为主，以讲学为辅。这就是说，在人的一生中，用于习行的时间应该远远超过花在讲读上的时间，正确的比例是八九比一二。正是在这个意义上，他指出：

> 仆气魄小，志气卑。……而垂意于习之一字；使为学为教，用力于讲读者一二，加功于习行者八九，则先民幸甚，吾道幸甚。……但以人之岁月精神有限，诵说中度一日，便习行中错一日；纸墨上多一分，便身世上少一分。（《存学编卷一·总论诸儒讲学》）

按照颜元的说法，道理很简单：人的一生时光短暂，精力有限，读书与习行不可两用；为了把主要精力花费在习行上，就要减少读书的时间，这正如用于读书的时间多必然会占用习行的时间一样。循着这个逻辑，他甚至断言："人若外面多一番发露，里面便少一番著实，见人如不识字人方好。"（《颜习斋先生言行录卷上·理欲第二》）颜元对读书做如此观，无非是为了突出人生的意义就在于习行致用。在他看来，就人生的意义和目标来说，读书绝不是目的本身；作为致知的诸多手段之一，读书充其量只能是格物、习行的辅助手段；如果终身以读书、著书为业而荒废习行，人则会因为舍本逐末而得不偿失，最终无益于成就儒者事业。正是在这个意义上，颜元宣称："幼而读书，长而解书，老而著书，莫道讹伪，即另著一种四书、五经，一字不差，终书生也，非儒也。幼而读文，长而学文，老而刻文，莫道帖括词技，虽左、屈、班、马、唐、宋八家，终文人也，非儒也。"（《习斋记余卷三·寄桐乡钱生晓城》）

不仅如此，颜元认为，人生的意义是在习行中强身健体、践形尽性，读书方法不当或长期读书而不去习行恰恰最损害身体。他对长期读书给人的身体带来的损害具有切身感受，如"多看读书，最损精力，更伤目"（《颜习斋先生年谱卷下》）。更有甚者，由于读书不是一时能够见效的，必须花费巨大的时间和精力。因此，如果人从幼年就开始终日读书而荒废习行，等到壮衰之年，便养成娇脆病弱之体，这样的人纵然腹有诗书也成了体不能行的废人。

不难看出，颜元对读书的这些看法与其习行哲学一脉相承，也是针对朱熹的做法有感而发的。众所周知，朱熹特别重视书本知识，并把主要精力用于读书。颜元指出，朱熹等宋明理学家把一生精力都用在读书、注书和讲书上，甚至把读书当作人生的唯一目标，这样做等于让人荒废光阴、虚度年华，背离了人生的宗旨。更有甚者，朱熹把书当作疗人饥渴的精神食粮，"既废艺学，则其理会道理、诚意正心者，必用静坐读书之功，且非猝时所能奏效。及其壮衰，已养成娇脆之体矣，乌能劳筋骨，费气力，作六艺事哉！吾尝目击而身尝之，知其为害之巨也。"（《存学编卷三·性理评》）基于这一理解，颜元进而指出，朱熹的为学之方原则有误，"只是说话读书度日"，"自误终身，死而不悔"；更有甚者，由于让人常年端坐书斋死读书本，使人损耗精神，最终养成娇态病弱之体，成为弱人、病人和无用之人。有鉴于此，他多次写道：

> 千余年来率天下入故纸堆中，耗尽身心气力，作弱人、病人、无用人者，皆晦庵为之，可谓迷魂第一、洪涛水母矣。（《朱子语类评》）

> 况今天下兀坐书斋人，无一不脆弱，为武士、农夫所笑者，此岂男子态乎！（《存学编卷三·性理评》）

二 将读书的方法、作用实化

依照以实药空、以动济静的原则，颜元将读书的方法和目的实化，强调读书必须把握两个要领：一是以习行为方法，一是以习行为目的。

颜元认为，书中的文字记载是虚理，不可"徒读"；只有在"自己身上打照"而习行此理，才能将书中之理实化。有鉴于此，他强调，静坐读书永远也达不到读书的目的，因为能知、能说、能写，并不等于能做；如果不做，就等于无用，这样读书最终也等于没读。根据这一认识，针对朱熹等人"读书静坐"造成的弊端，颜元呼吁，读书必须在习行上用工，以习行作为读书的方法。对此，他不厌其烦地强调：

> 读书无他道，只须在"行"字著力。如读"学而时习"便要勉力时习，读"去为人孝弟"便要勉力孝弟，如此而已。（《颜习斋先生言行录卷上·理欲第二》）

> 凡书皆宜如此体验，不可徒读。（《颜习斋先生言行录卷下·杜生第十五》）

> 吾人要为君子，凡读书须向自己身上打照，若只作文字读，便妄读矣。（《颜习斋先生言行录卷下·习过之第十九》）

从中可见，颜元读书观的精髓是通过习行体验书中的道理，在身体力行中练习书中的技能。在他看来，读书必须以"动"而不是"静"为主，如果不亲手去做，亲身去行，那就是纸上谈兵，文字中讨生活，根本谈不上穷理。

与此同时，颜元认为，正如学问的价值在于实际应用一样，读书的目的在于习行。从作用和价值来看，书是习行之谱，读书应该以利于习行为目标。在此基础上，他进而指出，获得真知必须通过习行，不去实行，书本的作用便体现不出来，读书也就失去了意义。不仅如此，从读书的目的是习行的认识出发，颜元强调，是否读书、读书是否有用，关键取决于是否有利于习行；若因读书妨碍行，读书无用反而有害。这就是说，书不可不读，然而，若只停留在诵读上而不去习行的话，那么，读书也是徒读，甚至还会南辕北辙。

　　基于这种认识，颜元批判了朱熹等人的做法。把主要精力放在读书上的朱熹把读书视为格物的主要内容之一，并有"一书不读，则阙了一书道理"（《朱子语类卷十五·大学二·经下》）之说。与强调格物的广泛性一样，他认为，只有泛观博览圣贤之书而豁然贯通，才能窥悟圣义。与此相联系，朱熹发愤要读尽天下圣贤之书，并要求每篇经典著作要读三百遍。对此，颜元指责说，朱熹离开习行，只知读书，长期蛰居书斋、不问政事，自己不做事，也不让别人做事。这种读书方法误国害政，已非一日。由于受宋明理学的影响，当时的许多知识分子终日坐在屋里读书而不去习行，不仅学不到知，而且变得四体不勤、五谷不分，对社会毫无用处。这表明，朱熹的读书方法无一利而有百害，必须彻底改变。

三　将读书的过程和致知实化

　　颜元进一步将读书的过程和致知实化，以习行作为读书的过程和致知的方法。因此，他反对以读书作为求得真理的主要手段，更反对以读书作为认识的目的本身。在颜元看来，就读书的方法来说，读书不光是知识的积累，关键是行的问题。对此，他论证并且解释说：

　　　　盖四书、诸经、群史、百氏之书所载者，原是穷理之文，处事之道。然但以读经史、订群书为穷理处事以求道之功，则相隔千里；以读经史、订群书为即穷理处事，曰道在是焉，则相隔万里矣。……譬之学琴然：诗书犹琴谱也。烂熟琴谱，讲解分明，可谓学琴乎？故曰以讲读为求道之功，相隔千里也。更有一妄人指琴谱曰，是即琴也，辨音律，协声韵，理性情，通神明，此物此事也。谱果琴乎？故曰以书为道，相隔万里也。千里万里，何言之远也！亦譬之学琴然：歌得其调，抚娴其指，弦求中音，徽求中节，声求协律，是谓之学琴矣，未为习琴也。手随心，音随手，清浊、疾徐有常规，鼓有常功，奏有常乐，是之谓习琴矣，未为能琴也。弦器可手制也，音律可耳审也，诗歌惟其所欲也，心与手忘，手与弦忘，私欲不作于心，太和常在于室，感应阴阳，化物达天，于是乎命之曰能琴。今手不弹，心不会，但以讲读琴谱为学琴，是渡河而望江也，故曰千里也。今目不睹，耳不闻，但以谱为琴，是指蓟北而谈云南也，故曰万里也。(《存学编卷三·性理评》)

在这里，颜元对读书、知识与技能做了区分。在他看来，书中记载的都是穷理之文、处事之道而非求道之功，两者根本就不是一回事，其间相距十万八千里；如果以读书为穷理处事的方法并自以为可以求道、可以在书本中获取知识的话，那就大错特错了。之所以如此，原因在于：只读书不习行，便不能弄懂书中的技巧、知识和道理；即使心领神会了，若不能习行也等于不知，因为这样的知到头来还是无补于现实。正是在这个意义上，颜元反复强调：

人之为学，心中思想，口内谈论，尽有百千义理，不如身上行一理之为实也。(《颜习斋先生言行录卷下·刁过之第十九》)

心中醒，口中说，纸上作，不从身上习过，皆无用也。(《存学编卷二·性理评》)

有鉴于此，颜元强调，读书的过程其实就是一个习行的过程，这正如致知、认识的过程就是一个格物、习行的过程一样。在此，他关注的是读书一定要与习行联系起来，尤其要让书中的道理从身上亲自行过。基于这种认识，颜元指责宋明理学以读书为求知手段的做法，并着重批判了朱熹的读书观。众所周知，朱熹把读书当作求知穷理的主要手段，并有半日静坐、半日读书之说。颜元指出，程朱理学"以主敬致知为宗旨，以静坐读书为功夫"(《存学编卷一·明亲》)。这种做法无异让人半日当和尚、半日当汉儒，滑稽可笑、荒谬不经。与此同时，由于朱熹的读书方法脱离实际、口能言而不能行，像"砒霜鸩羽"一样，害人匪浅，给整个社会带来了极大的危害。鉴于朱熹只读书不习行，颜元称之为"率天下入故纸堆"的带头人。

总之，颜元对读书的看法独树一帜，其主导精神是倡导习行。在这方面，他的某些观点对当时以读书为业、皓首穷年死读书的文人来说具有振聋发聩的作用，对读书副作用的揭露尤其令人深思。在颜元的意识中，除了上面提到的损害身体、伤害眼睛之外，读书还有更可怕的后果，那就是：如果方法不当或者背离习行原则——特别是光读书、不实践，那么，读书不仅不能开人愚昧、益人才智，反而损害人的精神气力，使人愈读愈惑。正是在这个意义上，他宣称："读书愈多愈惑，审事愈无识，办经济愈无力。"（《朱子语类评》）不仅如此，为了反对拘泥于书本的死读书，颜元认定书中所记并非全是真理，指出就读书依据的文本来看，由于各种原因，书本知识或书中的记载往往错误百出。在此，他抓住了某些书籍的缺陷进而质疑书本的权威性和真理性，对于纠正盲目相信书本知识——四书、五经的权威具有启蒙意义；特别是在文化垄断的时代，这种怀疑精神难能可贵、值得提倡。然而，由于夸大书本的缺陷，颜元最终得出了一个十分夸张的结论："且书本上所穷之理，十之七分舛谬不实。"（《习斋记余卷六·阅张氏王学质疑评》）很明显，他的这个结论是以偏概全，难免有因噎废食之嫌。正因为如此，有人指责颜元搞蒙昧主义，理由是他反对读书。其实，这是一个误解。事实上，颜元并不一味地反对读书。下面的两则记载足以改变人们对颜元的这种错误印象：

谓门人曰："汝等于书不见意趣，如何好；不好，如何得！某平生无过人处，只好看书。忧愁非书不释，忿怒非书不解，精神非书不振。夜读不能罢，每先息烛，始释卷就寝。汝等求之，但得意趣，必有手舞足蹈而不能已者，非人之所能为也。"（《颜习斋先生言行录卷上·齐家第三》）

与李命侯言："古今旋乾转坤，开务成物，由皇帝王霸以至秦、汉、唐、宋、明，皆非书生也。读书著书，能损人神智气力，不能益人才德。其间或有一二书生济时救难者，是其天资高，若不读书，其事功亦伟，然为书损耗，非受益也。"命侯问："书可废乎？"曰："否。学之字句皆益人，读著万卷倍为累。如弟子入则孝一章，士夫一阅，终身做不尽；能行五者于天下一章，帝王一观，百年用不了，何用读著许多！千年大患，只为忘了孔门'学而时习之'一句也。"

（《颜习斋先生言行录卷下·教及门第十四》）

由上可见，颜元并不反对读书，他强调的是读书要有正确的方法和态度，读书一定要始终以习行为方法、为目的，只有把书本上的道理从身上行过才能使空虚之理变成习行之实。归根结底，这是针对朱熹的为学之方而言的，目的是让人具有真才实学——掌握实际本领、拥有一技之长，成为对社会有用的人。

应该承认，颜元露出了六经皆我注脚的思想端倪。例如，他曾经说："故仆谓古来《诗》《书》不过习行经济之谱，但得其路径，真伪可无问也，即伪亦无妨也。"（《习斋记余卷三·寄桐乡钱生晓城》）循着这个逻辑，既然对书之真伪可以不闻不问，那么，书本只是噱头或习行的口实而已。这样一来，不仅读何种书完全任由我选、各取所需，甚至有无书本也变得不再重要了。

与此同时，读书有道德修养、增长知识和实际操作等多种作用。与此相联系，读书的方法千差万别、因人而异，读书的目的和意义也丰富多彩、不一而足：就目的而言，正如读书可以助长实际本领一样，读书有时为了增智，有时为了休闲，有时为了陶冶情操；就方法而言，书中的知识有些可行，如实用科目或技术方面的；有些则不可亲身实行，如历史、考据方面的。就颜元所举的例子而言，对冠之知可以通过戴在头上知其暖与不暖，但冠中积淀的审美、人文、历史知识和价值不是通过戴可以知道的。这就是说，只通过戴——"加诸首"这一个动作或者行无法完全获得对冠的认识和了解。其实，在对冠之知中，他根本就不在意冠往日的肃穆、等级之序。更为严重的是，如果像颜元要求的那样读书都从身上行过的话，显然比读尽天下之书还难。

通过上面的介绍可以看出，颜元的思想具有内在一致性——不仅都是对理学的批判和矫正，而且其思想的各个部分之间环环相接，丝丝入扣，共同组成了一个有机整体。在这个有机系统中，各个部分相互印证，在层层递进、环环相扣中完成了对理学的批判和矫治：如果说第一部分是对理学病理的诊断的话，那么，第二、三、四、五部分则是由此而开出的药方；如果说第一部分侧重批判的话，那么，第二、三、四、五部分则批判与重建兼而有之。

从中可见，颜元的主战场不在本体领域，与以实药空相关联，纯粹的形而上学并不多见。作为其具体表现，他对理气观、道器观、有无观和动静观等哲学基本问题兴趣不浓，少有专门探讨。颜元思想的这个特征在与王夫之等人的比较中看得更加明显。同时，与李贽等人相比，颜元对宋明理学的批判并非咄咄逼人、言辞激烈。相反，与其他早期启蒙思想家对待传统文化倾向于全盘否定相比，颜元的态度显得温和而冷静。例如，在批判儒学时，他对汉儒、宋儒（理学）与孔子代表的原始儒学进行了区分，予以区别对待：一方面，颜元指责儒学在汉代之后误入歧途，汉儒的这种虚玄之风至宋儒登峰造极、无以复加。另一方面，他对周孔之道尤其是"六艺"之学倍加赞赏。这种做法使颜元在面对儒家和传统文化时避免了早期启蒙思想家的虚无态度，在当时疑古、排古成风之时尤其难能可贵。尽管没有达到王夫之那样的形而上学高度，尽管言辞并不激烈，就影响而言，应该说，在明清之际兴起的早期启蒙思潮中，颜元对宋明理学的批判是最实际甚至是最卓有成效的。这是因为，他对宋明理学的批判既有理论反思，又有实践操作；既有症状诊断，又开出了医治的药方。更为重要的是，在此过程中，无论是对宋明理学的批判还是矫正始终面对社会现实和百姓生活，注重实际操作。这一点是独树一帜的，远非其他人所能及。此外，与重建一个相比，打倒一个似乎来得更容易。正因为如此，必须对颜元思想的积极意义和影响给予高度重视。

颜元是一位思想家、教育家、实行家，很难说是一位严格意义上的形而上学家。与此相联系，正如其积极意义不容低估一样，颜元思想的理论弊端同样显而易见。其中，最明显的莫过于极度推崇实，不能辩证地理解虚实关系，有排斥形而上学的倾向。例如，由于尚实疾虚，他认为讲读有限而习行无限，断言性命之学不可言传。在颜元看来，即使讲解性命之学，别人也不明白；即使听者明白了，也不能去行。基于这种认识，他得出了可以与别人共讲、共醒、共行的只限于性命之用而非性命之理的结论。正是在这个意义上，颜元断言：

　　仆妄谓性命之理不可讲也，虽讲，人亦不能听也；虽听，人亦不能醒也；虽醒，人亦不能行也。所可得而共讲之，共醒之，共行之者，性命之作用，如《诗》、《书》、六艺而已。即《诗》、《书》、六艺，亦非徒列坐讲听，要惟一讲即教习，习至难处来问，方再与讲。讲之功有限，习之功无已。孔子惟与其弟子今日习礼，明日习射。间有可与言性命者，亦因其自悟已深，方与言。盖性命，非可言传也。不特不讲而已也；虽有问，如子路问鬼神、生死，南宫适问禹、稷、羿、奡者，皆不与答。盖能理会者渠自理会，不能者虽讲亦无益。（《存学编卷一·总论诸儒讲学》）

与此同时，颜元的思想带有极端的功利性，并且陷入了狭隘的经验论。应该承认，他对义利关系的阐释是对的。尽管如此，由于过度推崇实用性、技术性或技艺性，颜元所讲的知与行均侧重实用价值、实用技术或日常生活经验，这为他的功利主义打上了深厚的经验烙印。如上所述，由于尚实疾虚且不能辩证理解实虚关系，由于崇尚习行和强调凡事必须亲历诸身，颜元轻理性而重经验，尤其偏袒直接经验而漠视间接经验。如此一来，由于理性审视不够，由于形而上学欠缺，他对理学的批判、对人性的界定和对义利关系、知行关系的处理以及对读书的理解等均显得功利之心有余而理性沉思不足。在这方面，颜元给人留下最深印象的是，凡事都强调"亲下手一番"的对直接经验的执着和对读书、书本知识的过分怀疑乃至轻视。此外，与陷入狭隘的经验论和功利主义密切相关，他对人性的阐释以及对人的理解只重视物质方面，对人的精神生活尤其是道德完善、审美追求等关注不够。

第九章　戴震

戴震与颜元一样是明清之际的早期启蒙思想家，肩负着批判、颠覆宋明理学的历史使命。所不同的是，戴震对儒学的思想建构和对理学的批判侧重文字训诂。通过对理、道、太极、形而上的界定，戴震用训诂的方式反复回答了宇宙本体是什么的问题。这个特点使他的哲学沿着两条相反却又相成的主线展开：一边是对气之地位的提升，一边是对天理的祛魅和解构。这是一个过程的两个方面，也是戴震批判宋明理学和进行哲学建构的基本逻辑线索和精神旨归。

第一节　以训诂的方式对宇宙本体的回答

戴震哲学的建构和对宋明理学的批判从对儒学基本概念的界定开始，这一独特方式以及他对通过下定义（"字义"）来阐释哲学的热衷集中体现在《孟子字义疏证》一书一目了然。《孟子字义疏证》略过了汉儒和宋儒，是对原始儒学的复归。运用自己的文字学特长，戴震从训诂、注疏入手，对理、道、太极、形而上和形而下以及才、诚、仁义礼智等一系列范畴进行了界定，用自己的方式对宇宙本体问题予以了回答。这是一个给宋明理学的天理祛魅的过程，也是一个气的地位不断提升的过程。

一　理的特点是分

天理是宋明理学思想的核心、灵魂，为了批判宋明理学必须反驳天理。因此，戴震对理非常重视，不仅对理进行了界定，而且用力甚著。对于理，他一再断言：

就天地人物事为，求其不易之则，是谓理。（《孟子字义疏证卷上·理》）

理者，察之而几微必区以别之名也，是故谓之分理；在物之质，曰肌理，曰腠理，曰文理；得其分则有条而不紊，谓之条理。（《孟子字义疏证卷上·理》）

戴震的定义揭示，理即人、物的"不易之则"，即他所谓的"必然"；由于理是区分事物的"察之而几微必区以别之名"，理的根本属性和特点是分。因此，理的确切称谓应该是分理，这正如事物之文质不同，便会呈现出肌理、腠理、文理或条理之分一样。不仅如此，戴震还从训诂学的角度旁征博引，详细阐释了理即分理的道理。他指出：

凡物之资，皆有文理，粲然昭著曰文，循而分之、端绪不乱曰理。故理又训分，而言治亦通曰理。理字偏旁从玉，玉之文理也。盖气初生物，顺而融之以成质，莫不具有分理，则有条而不紊，是以谓之条理。以植物言，其理自根而达末，又别于干为枝，缀于枝成叶，根接于土壤肥沃以通地气，叶受风日雨露以通天气，地气必上接乎叶，天气必下返诸根，上下相贯，荣而不瘁者，循之于其理也。以动物言，呼吸通天气，饮食通地气，皆循经脉散布，周溉一身，血气之所循，流转不阻者，亦于其理也。理字之本训如是。因而推之，举凡天地、人物、事为，虚以明夫不易之则曰理。所谓则者，匪自我为之，求诸其物而已矣。（《绪言》卷上）

在这里，戴震从对理的字义训诂入手，援引动植物为证，深入阐释了理即分理的道理。他所讲的分指特殊性、具体性和差别性，理即分理的意思是说，事物具有特殊性，事物之理迥然相异。对于其中的道理，戴震解释说："人物于天地，犹然合如一体也。体有贵贱，有小大，无非限于所分也。"（《答彭进士允初书》）正由于"各限于所分"，即使是同一类事物乃至同一个事物的各个部分也会呈现出诸多差异性。对于这一点，戴震论证并解释说：

> 譬天地于大树，有华、有实、有叶之不同，而华、实、叶皆分于
> 树。形之巨细，色臭之浓淡，味之厚薄，又华与华不同，实与实不
> 同，叶与叶不同。一言乎分，则各限于所分。取水于川，盈罍、盈
> 瓶、盈缶，凝而成冰，其大如罍、如瓶、如缶，或不盈而各如其浅
> 深。水虽取诸一川，随时与地，味殊而清浊亦异，由分于川，则各限
> 于所分。人之得于天也，虽亦限于所分，而人人能全乎天德。以一身
> 譬之，有心，有耳目鼻口手足，须眉毛发，惟心统其全，其余各有一
> 德焉。……瞽者，心不能代目而视，聋者，心不能代耳而听，是心亦
> 限于所分也。（《答彭进士允初书》）

按照戴震的说法，万物各有自己的特殊性，这决定了为特殊本质所决
定的万物之理只能是分理。事物的特殊本质不同，事物也就相互有别，理
就是对具有特殊本质的事物进行分类而"区以别之名也"。更为重要的是，
由于"各限于所分"，同一事物的不同部分或不同方面也会彼此相异。例
如，一株大树，其叶、花、果各有其"分"，其叶与叶、花与花、果与果
之间也各不相同；取于同一条河的水，会因为盛水之器的形状之差而凝成
冰的形状有别，水之味道、清浊也会随时随地各殊；同得之于天的人之一
身，其各种器官具有与生俱来的分工，即使是心也不能代替耳目之功能。
所有这一切表明，千差万别的事物各有各的理，理的内容和作用就是区分
事物的差别，理是随事物的不同而千差万别的分理。正是在这个意义上，
他断言："分之各有其不易之则，名曰理。"（《孟子字义疏证卷上·理》）
在这里，戴震用分突出理是具体的，强调理只能是分理、文理和条理。这
就是说，理标志着具体事物的规律，不可能是适合所有事物的普遍规律。

此外，为了突出理的特点是分，戴震指出，认识事物就是认识事物之
分即分理。在他看来，不同的认识器官各有不同的认识对象，耳目只能反
映事物的声色之理，心则能透过事物的表面现象而通其则。戴震进一步指
出，认识事物要先通过耳目口鼻等感觉器官分辨事物之声音、颜色、气味
等，然后由心通其则而明理；所谓明理，其实就是弄明白理的区分。他断

言："举理，以见心能区分。……分之，各有其不易之则，名曰理。……是故明理者，明其区分也。"（《孟子字义疏卷上·理》）在此，戴震断言，要达到明理的目的，就要先对事物进行十分细致的分析，"必就其事物剖析至微，而后理得。"（《孟子字义疏证卷上·理》）有鉴于此，他提出了只有在具体分析、辨别中才能认识事物之理的思想。可见，戴震关于认识事物的目的是明理，而明理就是明其区分的观点从认识论的角度再次证明了理的特点是分。

戴震对理的界定始终以训诂、分析为主，这条"实学"路线与理学可谓南辕北辙。不仅如此，运用这套方法，他得出的结论——理是分理、理的特点是分对于宋明理学来说颇有颠覆性和挑战性。众所周知，为了强调理的至上性、绝对性，朱熹宣扬理是"一"，是一个不可分割的整体，以此突出理的完美无缺、至高无上。为此，他详细论证了"理一分殊"，强调天理只有一个，万物万事之理表面上看来各不相同，实质上都是天理的反映和体现。与此同时，由于理不可分割，万物都体现了天理的全部而非部分。借鉴佛教的"月印万川"，朱熹将"理一分殊"这个深奥的哲学理念举重若轻地表达了出来。循着同样的逻辑，陆九渊断言"理乃天下之公理。"（《陆九渊集卷十二·与唐司法》）于是，理在陆九渊的视界中放之四海而皆准，亘古亘今，绝对永恒，具有绝对的普适性和普世性。理学家对理的这些神化一面使理凌驾于万物之上，成为万物本原；一面使理越来越抽象虚玄、空洞无物。戴震对理的分析和阐释遵循着与理学家截然相反的思路，结果发现，理学家推崇的独一无二、亘古亘今的永恒之理根本就不存在：由于理是分理，理的根本属性是分；由于随着事物的类别而不同，理不可能无所不在，也不可能具有绝对的普遍性。对此，他宣称：

> 举凡天地、人物、事为，不闻无可言之理者也，《诗》曰"有物有则"是也。就天地、人物、事为求其不易之则是谓理。后儒尊大之，不徒曰"天地、人物、事为之理"，而转其语曰"理无不在"，以与气分本末，视之如一物然，岂理也哉！（《绪言》卷上）

由此可见，由于强调理都是分理，理最大的特点是分，戴震在使理具体化的同时，直逼天理的正当性、神圣性和权威性，也从根本上否定了理是世界本原的可能性。

二　道、太极、形而上和形而下

理在宋明理学那里是第一范畴和宇宙本体，又可以称为道、太极或形而上等。与对理的界定密切相关，戴震对道、太极、形而上、形而下等一组范畴逐一进行了界定，在将它们都归结为气的基础上，更加彻底地否定了理成为世界本原的可能性。

道在宋明理学中与天理一样举足轻重，以至于宋明理学又有道学之称。其实，在宋明理学家那里，道就是天理，与天理一样是凌驾于万物之上的形上世界。与宋明理学家的看法不同，对于道，戴震有自己的独特理解：

> 大致在天地则气化流行，生生不息，是谓道；在人物则人伦日用，凡生生所有事，亦如气化之不可已，是谓道。（《绪言》卷上）

> 道，犹行也；气化流行，生生不息，是故谓之道。（《孟子字义疏证卷中·天道》）

> 道也，行也，路也，三名而一实。（《绪言》卷上）

戴震认为，道有天道与人道之分，天道指天地生生不息之道，人道指人伦日用之道；道犹道路之道，无论是天道还是人道，其最初含义都是运动、道路等，皆指气化流行永无休止的运动轨迹。正因为如此，他进而宣称，道的本体是气，道其实就是阴阳五行，并非别有他物；所谓道，不过是阴阳五行之气流行不已、生生不息的过程而已。正是基于这种理解，戴震明确规定："阴阳五行，道之实体也。"（《孟子字义疏证卷中·天道》）

太极是中国哲学最古老的范畴之一。对于太极是什么，宋明理学家回答说，太极就是形而上之理。例如，朱熹再三强调：

太极只是一个理字。(《朱子语类卷一·理气上》)

太极只是天地万物之理。(《朱子语类卷一·理气上》)

总天地万物之理便是太极。(《朱子语类卷九十四·太极图》)

太极之义,正谓理之极致耳。(《朱文公文集卷三十七·答程可久》)

可见,太极在理学中与天理、道一样是最高范畴和绝对本体。与此不同,戴震指出:"孔子以太极指气化之阴阳。……万品之流形,莫不会归于此。极有会归之义,太者,无以加乎其上之称。"(《孟子私淑录》卷上)这表明,太极就是气,气就是太极,二者是同一种存在。进而言之,气之所以被称为太极,是为了突出气的本原性和本根性:气是宇宙间最根本的存在,任何存在都不可置于其上,故而称"太";气是万物的根源,万物皆从此出,"会归"于此,故而称"极"。

为了突出理凌驾于万物之上,故而有别于万物的特殊性和优越性,理学家沿袭了《周易·系辞传上》"形而上者谓之道,形而下者谓之器"的思路,进而以形而上指理或太极,以形而下指气或器。正是在这个意义上,朱熹一再断言:

盖太极是理,形而上者。(《朱子语类卷五·性理二》)

天地之间,有理有气。理也者,形而上之道也,生物之本也。是以人物之生,必禀此理,然后有性;必禀此气,然后有形。其性其形,虽不外乎一身,然其道器之间,分际甚明,不可乱也。(《朱文公文集卷五十八·答黄道夫》)

在此基础上,宋明理学家把形而上与形而下截然分开,并由此推演出理气关系中的理本气末、理主气从、理先气后和道器关系中的道本器末等。这样一来，经过宋明理学家的诠释，形而上与形而下之间的距离越来越远，最终分属于两个不同的世界。对于形而上与形而下，戴震界定说："气化之于品物，则形而上下之分也。……形谓已成形质，形而上犹曰形以前，形而下犹曰形以后。"（《绪言》卷上）按照这种说法，气的整个运动过程分为两种形态：一是"形而上"的分散状态，这是气还没有形成具体事物阶段；一是气在运动中凝聚成有形象的具体存在阶段，这就是"形而下"。这样，戴震便用气把形而上与形而下统一起来，使之成为气运动的两个阶段或两种形态，绝非像宋明理学家所讲的那样是理与气或道与器标志的两个不同的世界。

理、道、太极、形而上、形而下具有内在联系，都与世界的本体相关，从这个角度看，对这些概念的解释都是对何为世界本体的论证。不仅如此，在宋明理学家尤其是在朱熹那里，理、道、太极、形而上是同一种存在，拥有一个共同的名字——作为宇宙本体的天理。与此相关又截然不同，通过对这些概念的界定和解释，戴震驳斥了朱熹等人的说法，也用自己的方式，按照自己的思路，对世界本体进行了自己的回答。他对理、道、太极、形而上的诠释过程是对宇宙本原是什么进行重新思考和论证的过程，也是把它们归结为气的过程。

与此同时，戴震哲学始于训诂、注疏的下定义，却不限于此。由于界定的都是有关宇宙本体的范畴，这使他的思想极富形上神韵。从这个意义上说，戴震对宋明理学的批判虽然不像王夫之那样直接围绕着理气、道器、有无、动静关系展开，同样富有形上意味。因为这些范畴都是哲学基本范畴，对它们的界定和诠释都是对宇宙本体的回答，都属于纯粹的本体论问题。这样一来，由于是对哲学基本概念的训诂，戴震哲学没有因为为了训诂而训诂的繁琐考证和注疏而流于肤浅或琐碎；由于源自训诂，戴震哲学的形而上学有理有据、言之凿凿，避免了空疏虚玄。戴震对宋明理学的批判和自己哲学的建构正是在训诂与形上相得益彰、珠联璧合的互动中完成的。

三　气与理的较量

通过上面的介绍可以看出，依据戴震的定义，理、道、太极、形而上和形而下具有不同的内涵和自己的特定所指，呈现出不可替代的差异性；这些概念的实体都是气，彼此具有一致性。换言之，通过给这些概念下定义，他把这些概念都归结为气。可见，戴震对理、道、太极、形而上和形而下的界定与朱熹恰好相反——理、道、太极、形而上在朱熹那里是同一个存在，都可以称为天理；戴震的解释将它们统一起来，都说成是气。突出气的本原性，将朱熹之理替换为气是戴震解释这些概念一以贯之的原则。对于理，他认为，气化流行是一个有条不紊的过程，气运动、变化的固有条理和规律就是理。这表明，理是事物之理，只能存在于事物之中而不能存在于事物之外、之前或之上，更不可能成为世界本原或宇宙主宰。同样，道、太极的实际所指也是气，形而上和形而下则成为气运动的两个阶段。由此可见，如果说朱熹用理、道、太极、形而上一起建构了理之天堂的话，那么，戴震则把这一切都说成是气化流行的结果；朱熹通过这些概念共同树立了天理的权威，戴震则把这一切都归功于气。从这个意义上说，戴震对这些概念的界定都是对天理的解构。这些表明，他对理、道、太极、形而上的诠释过程就是一个气的提升和理的祛魅过程。正是通过给这些概念下定义，戴震把宇宙本体由原来的理换成了气。不仅如此，正是沿着提升气的思路，戴震对才、诚、仁义礼智等进行了界定。对于才，他写道：

> 才者，人与百物各如其性以为形质，而知能遂区以别焉。……气化生人生物，据其限于所分而言谓之命，据其为人物之本始而言谓之性，据其体质而言谓之才。由成性各殊，故才质亦殊。才质者，性之所呈也；舍才质安睹所谓性哉！以人物譬之器，才则其器之质也；分于阴阳五行而成性各殊荣，则才质因之而殊。犹金锡之在冶，冶金以为器，则其器金也；冶锡以为器，则其器锡也；品物之不同如是矣。从而察之，金锡之精良与否，其器之为质，一如乎所冶之金锡，一类之中又复不同如是矣。为金为锡，及其金锡之精良与否，性之喻也；其分于五金之中，而器之所以为器即于是乎限，命之喻也；就器而别之，孰金孰锡，孰精良与孰否，才之喻也。（《孟子字义疏证卷下·才》）

　　戴震对才的界定和理解表明，才是气化流行赋予万物的才质。在这里，他沿袭了以气为本的风格，把才说成是气使然。

　　对于诚、仁义礼智等，戴震同样试图以气加以诠释。于是，他写道：

　　　　诚，实也。据《中庸》言之，所实者，智仁勇也；实之者，仁也，义也，礼也。由血气心知而语于智仁勇，非血气心知之外别有智、有仁、有勇以予之也。就人伦日用而语于仁，语于礼义，舍人伦日用，无所谓仁、所谓义、所谓礼也。血气心知者，分于阴阳五行而成性者也，故曰"天命之谓性"；人伦日用，皆血气心知所有事，故曰"率性之谓道"。全乎智仁勇者，其于人伦日用，行之而天下睹其仁，睹其礼义，善无以加焉。（《孟子字义疏证卷下·诚》）

　　在这里，戴震把诚、仁义礼智包括性、命、善在内都归结为气或血气心知，沿袭了以气解释万物的一贯思路。在此基础上，他强调，仁义礼智离不开血气心知、人伦日用，进一步将理具体化、条理化和气化，再次以训诂的形式，从人性论、道德论等不同角度证明了气的本原性。

　　不仅如此，为了突出气化流行的万物以气类相分，也为了反驳宋明理学之理的绝对普遍性和独一无二性，针对朱熹关于天理独一无二、不可分割的说法，戴震在极力强调理的根本属性是分的基础上，将分说成是这些概念的共同特征。如上所述，与朱熹强调理一、不可分割针锋相对，戴震强调理的特点是分，将理称为分理。其实，在他看来，分不仅是理的基本特征，道、性、才等各个概念无不如此。在上面的才之定义中，戴震之所以重点解释金锡之喻，无非是为了说明人物之才或金或锡的参差不齐。由于才即万物各不相同的才质、构成材料，才之分无疑使万物之分和理之分更为具体了。不仅如此，由于才与性、命密切相关，戴震对才的这一界定为他强调性与气密切相关和性以分为特征奠定了基础。正如气化流行分为形而上与形而下一样，人物、道、性皆"限于所分"。例如，他断言："言分于阴阳五行以有人物，而人物各限于所分以成其性。阴阳五行，道之实体也；血气心知，性之实体也。有实体，故可分；惟分也，故不齐。"（《孟子字义疏证卷中·天道》）

总之，理、道、太极、形而上是理学大厦的基石，戴震的上述阐释把它们统统还原为气以及气的属性、运动或存在方式，从而抽掉了宋明理学的形上根基，也把宋明理学精心杜撰的理之天堂赶到了无何有之乡。与此同时，宇宙本体从朱熹那里的天理变成了气。他对才、诚、仁义礼智等其他概念的界定同样坚持了以气为本的原则，对分的强调以及理是分理的观点进一步解构了理的绝对权威。

在这里，有一个饶有兴趣的现象，那就是：尽管将所有的概念最终都归结为气，尽管气是其哲学的第一范畴和宇宙本体，尽管喜欢和擅长给概念下定义，戴震却从来没有对气本身进行界定。从他的整个思想和表达来看，这不应该被视为他对气的藐视或不在意。对于戴震的这种做法，合理的猜测是，这大概因为气是宇宙本体，本身具有不证自明、不言而喻的权威性吧！

第二节 "血气心知，性之实体"

沿着以气为本的思路，凭借文字学的优长，戴震对人性进行了深入界定和探讨。在定义性之内涵的基础上，他进一步对人性进行了严格定义，从中引申出血气心知之内涵；在将人性归结为气质之性的同时，指出人性包括欲、情、知三个方面的内容；在主张人性皆善的前提下，强调依据分的原则，对人之欲、情加以节制，使之顺条顺理。

一 "大致以类为之区别"

出于对"字义"的偏爱，戴震对人性的探讨起于对性这一范畴的界定。具体地说，他给性下的定义是：

> 然性虽不同，大致以类为之区别。（《孟子字义疏证卷中·性》）

> 性者，分于阴阳五行以为血气、心知、品物，区以别焉。举凡既

生以后所有之事，所具之能，所全之德，咸以是为其本，故易曰"成
之者性也"。(《孟子字义疏证卷中·性》)

戴震的定义表明，所谓性就是区别事物本质的名词或范畴，性的特
征、功能在于"区别"和"分"。在他看来，气是世界的本体，气内部阴
阳的对立统一决定了气化流行、生生不息。"气化生人生物"，天地万物和
人类都是在气化流行中产生的，物具其理，人有其性。进而言之，凡物皆
有其性，这个性就是此物与他物区别开来的本质属性；大致说来，同类之
相似、异类之差异的特征就是性。正是在这个意义上，戴震一再强调：

天道，阴阳五行而已矣。人物之性，分于道而有之，成其各殊者
而已矣；其不同类者各殊也，其同类者相似也。(《绪言》卷上)

气化生人生物以后，各以类孳生久矣；然类之区别，千古如是
也，循其故而已矣。在气化，分言之曰阴阳，又分之曰五行，又分
之，则阴阳五行杂糅万变，是以及其流形，不特品类不同，而一类之
中又复不同。(《绪言》卷上)

戴震的界定突出了性的两个内涵：第一，性的特征和功能是分。气化
生物，"以类孳生"，致使生物分为不同的种类，不同种类之事物的区别就
是性。第二，性是由气决定的，气是性的载体，因为物与物的区别说到底
是以"其气类别之"的。对此，他反复论证说：

凡有生即不隔于天地之气化。阴阳五行之运而不已，天地之气化
也，人物之本乎是，由其分而有之不齐，是以成性各殊。知觉运动
者，统乎生之全言之也，由其成性各殊，是以得之以生，见乎直觉运
动也亦殊。气之自然潜运，飞潜动植皆同，此生生之机原于天地者
也，而其本受之气，与所资以生之气则不同。(《绪言》卷上)

如飞潜动植，举凡品物之性，皆就其气类别之。人物分于阴阳五

行以成性，舍气类更无性之名。医家用药，在精辨其气类之殊，不别其性，则能杀人。……试观之桃与杏：取其核以种之，萌芽甲坼，根干枝叶，为华为实，香色臭味，桃非杏也，杏非桃也，无一不可区别，由性之不同，是以然也。其性存乎核中之白，香色臭味无一或阙也。凡植禾卉木，畜鸟虫鱼，皆务知其性。知其性者，知其气类之殊，乃能使之硕大蕃滋也。何独至于人而指夫分于阴阳五行以成性者，曰"此已不是性也"？岂其然哉？（《绪言》卷上）

在这里，与将理、道、太极的实体归结为气的做法别无二致，戴震将性的承担者也说成是气，进而宣布万物以"气类"区别，"舍气类则无性之名"。基于这种认识，他强调，万物之性皆以气为基础，离开气，性便无从谈起。对于性与气之间的关系，即性对气的依赖，戴震论述说："血气心知，性之实体也。……舍气安睹所谓性。"（《孟子字义疏证卷中·天道》）按照他的理解，事物禀气不同，性质也就不一，事物之性与其所禀之气密不可分，事物的特征与气禀是连在一起的——确切地说，是由气禀决定的。他对性的解释进一步证明了气的本原地位。不仅如此，正是通过对性的实体是气，舍气则无性的论证，戴震进一步用气来说明人性，最终将人性全部归结为血气心知。

在给性下定义时，戴震突出了性与理、道的密不可分。正如性之分是由于"分于道而有"一样，人物各成其性是因为分于"生生而条理"的气化。他断言："天之气化生生而条理，人物分于气化，各成其性。"（《绪言》卷上）进而言之，性与道、理的密切相关导致了两个后果：第一，性之分进一步验证和充实了理之分。第二，性离不开理，性之差异通过理之分（节制）体现出来。

二 "人生而有欲，有情，有知"

根据性的分之原则，戴震认为，物有物之性，人有人之性。这就是说，不仅物性与人性迥然不同，即使是人性与人性也参差不齐。因此，在阐释了性之概念之后，他又具体地说明了人性。戴震认为，人性就是人类区别于非人类的特征。进而言之，人性的具体内容究竟是什么呢？在他看来，既然事物之性与该事物密不可分，那么，人性亦不能离开人体而独立存在。就人而言，人性以人体为实体，离开人体就无所谓"人性"。循着这个逻辑，戴震进而指出，人是生物中最高级的一类，人性不同于物性；性具体为人性便是人特有的气质即四肢、血肉等身体器官，离开气质，人性便无从谈起。这表明，气是构成人的物质实体，人性离不开人的四肢、五官等形体，气质之外无所谓人性，人性就是气质之性。

戴震不仅对人性予以界定，而且揭示了人性的具体内容。对此，他反复强调：

> 夫人之生也，血气心知而已矣。（《孟子字义疏证卷上·理》）

> 人生而后有欲，有情，有知，三者，血气心知之自然也。（《孟子字义疏证卷下·才》）

沿着人性离不开血气心知的思路，戴震将人性的内容概括为欲、情、知三个方面；其中，欲指对声色嗅味的欲望，情指喜怒哀乐等情感，知指分辨是非的能力。

值得一提的是，在对人性的具体说明中，戴震对人之欲、情、知进行了深入探讨和说明，不仅贯彻了分的原则，而且从人性的角度细化、深化了理是分理的思想。

首先，戴震强调，作为血气心知之自然，人之欲、情与生俱来。在这方面，由于把感官的需求归之于性，把血气心知当作人性必不可少的载体，他认为，欲是人性中不可或缺的一项内容。

对于欲、情、知，戴震往往更侧重欲，甚至在有些情况下将欲视为人性的唯一内容。例如，他曾明确指出："口之于味，目之于色，耳之于声，鼻之于臭，四肢于安佚之谓性。"（《孟子字义疏证卷中·性》）进而言之，戴震之所以如此突出欲对于人性的至关重要性，强调欲在人性中的决定作用，除了反驳宋明理学家对欲的压制之外，还是因为他认为，没有饮食男女、"声色嗅味之欲"，人就无法"资以养其生"。无人又何谈人性呢？

基于这种认识，戴震对欲进行了充分肯定。他主张："凡有血气心知，于是乎有欲。……生养之道，存乎欲者也。"（《原善》卷上）

与此同时，戴震强调，尽管作为人性的重要内容，人之欲和情与生俱来、天然合理，然而，欲、情也各有其限，也要合乎自己的所分。为了使欲、情合乎所分，就需要理加以节制，理就是对欲、情"区以别之"之则。对此，戴震一贯主张：

> 欲者，有生则愿遂其生而备其休嘉者也。情者，有亲疏、长幼、尊卑感而发于自然者也。理者，尽夫情欲之微而区以别焉。使顺而达，各如其分寸毫厘之谓也。（《答彭进士允初书》）

> 欲不流于私则仁，不溺而为慝则义，情发而中节则和，如是之谓天理。（《答彭进士允初书》）

其次，戴震认为，知是人性的一项重要内容，具有认识、分辨能力是人与它物的根本区别，也是人性中必不可少的内容。对此，他一再断言：

> 夫人之异于物者，人能明于必然，百物之生各遂其自然也。（《孟子字义疏证卷上·理》）

> 物循乎自然，人能明于必然，此人物之异。（《绪言》卷上）

在这里，戴震重复了分的原则，并且将分贯彻到人性领域。除了前面提到的认识事物是对事物进行区分之外，他强调人的认识器官之间的职能之分。戴震认为，人的认识能力就是分辨、区别事物的能力，而人之所以能够对事物加以分辨、区分，是因为人生来就有认识器官，而人的认识器官之间各有明确的分工。具体地说，他将人的认识器官分为两类：一类是耳、目、口、鼻之官，一类是心之官。

在此基础上，戴震强调，这两类器官各有所分：第一，地位之分。心之官处于支配地位，感觉器官处于从属地位，二者是君臣关系。他宣称：

"耳目鼻口之官，臣道也；心之官，君道也，臣效其能而君正其可否。"
（《孟子字义疏证卷上·理》）第二，功能之分。戴震解释说，在认识事物
的过程中，感官与心官各有其能。例如，耳目等感觉器官只能分辨事物的
外部属性，心则把握事物的规律。心之官不仅可以判断感觉的正确与否，
而且可以突破表面现象的局限，把握事物的内在本质。这用他本人的话说
就是：

> 耳目鼻口之官，接于物而心通其则。（《原善》卷中）

> 是思者，心之能也。（《孟子字义疏证卷上·理》）

戴震的这些说法肯定了心之官具有思维能力。同时，他强调，心之官
虽然能够支配耳目等感觉器官，却不能代替感觉器官的职能。这便是：
"心能使耳目鼻口，不能代耳目鼻口之能。彼其能者各自具也，故不能相
为。人物受形于天地，故恒与之相通。盈天地之间，有声也，有色也，有
臭也，有味也，举声色臭味，则盈天地间者无或遗矣。"（《孟子字义疏证
卷上·理》）对此，他举例子说："人之得于天也，虽亦限于所分。"
（《答彭进士允初书》）在这里，戴震强调心官与感官以及感觉与感官之间
各有自己的所能，都"限于所分"。也就是说，不仅心官与感觉器官各有
所分，即使是感觉器官——耳目口鼻之间也各有其分。正因为如此，他一
再指出：

> 耳之能听也，目之能视也，鼻之能臭也，口之知味也，物至也迎
> 受之者也。（《原善》卷中）

> 味也、声也、色也在物，而接于我之血气；理义在事，而接于我
> 之心知。血气心知，有自具之能，口能辨味，耳能辨声，目能辨色，
> 心能辨夫理义。味与声色，在物不在我，接于我之血气，能辨之而悦
> 之。……理义在事情之条分缕析，接于我之心知，能辨之而悦之。
> （《孟子字义疏证卷上·理》）

戴震认为，不同的认识器官各有不同的认识对象，耳目只能反映事物的声色之理。人的感官只有与客观外界接触才能产生感觉，形成认识。其实，感觉事物的过程是分辨事物的过程。耳辨声、目辨色等等，彼此之间各有其分，各有其职，各有其功。这与理在事物上呈现为条理相契合，也证明了只有各器官进行分工才能完成对事物的认识。正是认识器官之分为认识理之分提供了前提条件。

三 "血气各资以养"

戴震认为，人性以血气心知为主，人的存在、成长以及人性的完善就是一个从外界获取营养而不断养性的过程。对此，他反复强调：

> 血气各资以养，而开窍于耳目鼻口以通之，既于是通，故各成其能而分职司之。（《绪言》卷上）

> 人之血气心知本乎阴阳五行者，性也。如血气资饮食以养，其化也，即为我之血气，非复所饮食之物矣。心知之资于问学，其自得之也亦然。以血气言，昔者弱而今者强，是血气之得其养也；以心知言，昔者狭小而今也广大，昔者闇昧而今也明察，是心知之得其养也，故曰"虽愚必明"。人之血气心知，其天定者往往不齐，得养不得养，遂至于大异。（《孟子字义疏证卷上·理》）

按照戴震的说法，人的耳目口鼻等生理器官需要外界的资养，人的心知同样源于血气自然，同样需要外界的滋养；只有在外界的不断滋养下，人才能筋骨日强，心智日开。从这个意义上说，人性就是人的生养之道。其实，所谓欲，若对之高度概括无非"生养"二字——生即求生存，养即繁衍后代。如此说来，足欲是关系人之"生养"的问题，具有人道主义的意义。离开了生养，人类也就不存在了。对此，他解释说，人有血肉之躯，饮食男女等"生养之事"是人类生存的基本要求，而生养之事皆基于欲。因此，欲是极为正当、无可非议的。在此，戴震强调，即使君子也

"不必无饥寒愁怨、饮食男女、常情隐曲之感"（《孟子字义疏证卷下·权》）。因为圣人、常人"欲同也"。当然，人性需要得以滋养，欲、情、知均是如此。

进而言之，戴震私淑孟子的性善说，认为作为人性的组成部分，欲、情、知都是善。不仅如此，为了彻底将恶逐出人性，他论证了恶与人性无涉，在宣称人性善的同时，对恶的根源予以了深入分析和透视。为此，戴震对性与才进行了区分，认为才有善恶，性无不善。具体地说，人性皆善等于宣布了作为人性基本内容的知、情、欲都是善的，这与前面提到的滋养人性具有某种相通性。他承认"性虽善，不乏小人"的事实，同时强调"不可以不善归性"。那么，既然人性非恶，恶又从何而来呢？戴震把恶视为情、欲失控而流于私的结果，并且阐明了人之欲、情失控流于恶的两点原因：第一，人之才质各殊，生来就有智愚之别，然而，才不影响性的善恶。这套用他本人的话说便是："故才之美恶，于性无所增，亦无所损。"（《孟子字义疏证卷下·才》）在这里，戴震申明了两点主张：一方面，愚者才质恶劣，认识能力较差，如果"任其愚而不学不思乃流为恶"。这就是说，愚者不知是非界限，如果不加以后天的学习或教化引导，必然纵欲无度，损及他人，酿成恶行。另一方面，生来才质恶劣的愚者并不一定成为恶人或一定为恶，因为"愚非恶也"，愚与恶是两个不同的概念；愚虽然可能导致恶行并非愚本身就是恶，不能把智愚与善恶混为一谈。况且，"虽古今不乏下愚，而其精爽几与物等者，亦究异于物，无不可移也"（《孟子字义疏证卷中·性》）。这清楚地表明，愚并非"不可移"，愚者究竟为善还是为恶，全系乎后天的习染。第二，人性本善，至于成长后是品德高尚还是沉沦堕落，全应从后天的环境熏陶、习惯影响和个人的学习操行中去查找原因。这一切证明，人无论智愚都是后天影响的结果，决定性因素是"习"。故而，戴震呼吁"君子慎习"，要慎之又慎地面对环境，选择所学所行。正是在这个意义上，他指出："分别性与习，然后有不善，而不可以不善归性。凡得养失养及陷溺梏亡，咸属于习。"（《孟子字义疏证卷中·性》）

在澄清了上述事实和认识之后，戴震批判了程朱以欲为恶的说法，指出不能像程朱理学那样以恶"咎欲"，如果"因私而咎欲，因欲而咎血气"，势必否定人类生存的自然要求，实质上是归罪于人的形体存在，这样做显然是错误的。对此，他写道：

> 盖程子、朱子之学，借阶于老、庄、释氏，故仅以理之一字易其所谓真宰真空者而余无所易。其学非出于荀子，而偶与荀子合，故彼以为恶者，此亦咎之；彼以为出于圣人者，此以为出于天。出于天与出于圣人岂有异乎！天下惟一本，无所外。有血气，则有心知；有心知，则学以进于神明，一本然也；有血气心知，则发乎血气心知之自然者，明之尽，使无几微之失，斯无往非仁义，一本然也。（《孟子字义疏证卷中·天道》）

在戴震看来，血气心知与天理是一本，程朱理学一面将心知、天理称为善，一面将出于血气之欲视为恶，在认定人性恶上与荀子的性恶论不期而遇。其实，他们的思想不是源于荀子，而是偷渡了老庄和佛教的空无思想，唯一的差别不过是用理换掉了佛老的真空、真宰而已。

总之，戴震强调，人性以血气心知为主，欲是生养之道，这肯定了人的自然需求和生理欲望的重要性，使人的生存权利受到重视。在这里，通过断言欲生而具有，他伸张了欲的正当性、合理性，不仅还原了人的自然属性，而且使欲成为人类存在、延续的前提之一。

戴震对人性的界定和解读沿袭了他一贯的风格和套路，一是采取训诂方式，二是坚持以气为本，三是突出分的原则。进而言之，正是人性之分决定了对人性之欲、情必须用理加以节制。这使他对人性的阐释从气开始、以理结束。在用血气心知伸张欲、情的正当性的同时，戴震强调以理对之加以分别的迫切性和必要性。

至此，不难看出，气与理的关系在人性领域发生了微妙的变化：如果说戴震在本体领域对理、道、太极等一系列范畴的阐释使气与理呈现出对立态势，具体表现为一面是气的地位的提升，一面是理的地位的下降的话，那么，他在人性领域对人性的阐释则拉近了气与理的距离。不论是他对性之分的解释还是对性以理加以节制的呼吁都使性离不开理。进而言之，性之所以需要理加以节制，是因为性即血气心知的实体是气，性以

"气类"为分。

与理气关系的这种微妙变化相一致，戴震强调以理节制人性之欲情，绝不像宋明理学家那样将理与欲截然分开做对立观。恰好相反，按照他的观点，气是人性的载体，人性之欲、情、知都源于血气心知；作为以气类别之的结果，人性之分、别必须通过理得以实现。正因为如此，戴震强调：

> 循理者非别有一事，曰"此之谓理"，与饮食男女之发乎情欲者分而为二也，即此饮食男女，其行之而是为循理，行之而非为悖理而已矣。（《绪言》卷下）

基于对理欲关系的这种看法，戴震始终强调二者的统一而不是对立。正是循着这个思路，才有了"理者存乎欲者"的结论。

第三节　天理与人欲

如果说戴震的理、道、太极、形而上等概念在把理还原为分理的过程中纠正了宋明理学之理的抽象化而将之实化，反对了宋明理学家将理奉为宇宙本原的做法的话，那么，他在人性领域对人性即气质之性、欲是人性的基本内容的强调则进一步动摇了宋明理学家的天理、人欲之辨，有针对性地避免了以理杀人的现象。

一　"后儒以理杀人"

戴震对宋明理学的批判与其说是一个理论问题，不如说是迫切的现实问题。尽管他对天理的祛魅以及对一系列范畴的诠释极富形上神韵，然而，从根本上说，戴震得出理学杀人的结论不是出于形而上学的思考或书斋的臆想，而是由于身处其中的社会时时上演着以理杀人的悲剧。身为安徽休宁人，戴震生活在朱熹的故乡，这里深受理学的熏染。据《休宁县志》记载，这一地区在明代有节妇 400 人，清道光年间女子"不幸夫亡，动以身殉、经者、鸠者、绝粒者，数数见焉"，"处子或未嫁而自杀，竟不嫁以终身"（《休宁县志》卷一）者，竟达二千余人。（《休宁县志》卷十六）这个数目是相当惊人的，因为这个县的人丁总数也不过区区 65000 人。需要说明的是，有些妇女成为节妇、烈女是出于自愿，大多数人则是迫于外在压力——在这里，对于"彼再嫁者必加戮辱"。还应看到，除了硬性规定和强制之外，还有"软性强制"，如正统理学思想的潜移默化、大众心理和世俗舆论的导向和监督等。与此相关，在婺源，节烈、节妇、节孝等牌坊遍地林立，总计有 107 处之多，县城有一座道光十八年竖的孝、贞、节、烈总坊，记有宋代以来节烈、节妇、节孝高达 2656 人。在这些实际例子中，虽不见刀光剑影的血雨腥风，但礼教无时不在、无孔不入的威慑力还是让人不寒而栗，对理学以理杀人的惨烈可以感同身受。《休宁县志》记载的事例就有戴震耳闻目睹的。置身于这样的环境中，惨烈空前的现实让他怒不可遏。戴震对理学杀人的揭露和分析是对当时历史状况和社会现实的真实写照，后儒以理杀人的结论是无数无辜的牺牲者堆积起来的。

戴震对这种现实深恶痛绝，揭露理学以理杀人是为无数饱受欺压之苦而敢怒不敢言者代言。他指出，自从宋明理学受到统治者的青睐，理就成了"治人者"手中"忍而残杀之具"。对于宋明理学的杀人罪行，他发出了如此控诉：

> 人知老、庄、释氏异于圣人，闻其无欲之说，犹未之信也；于宋儒，则信以为同于圣人；理欲之分，人人能言之。故今之治人者，视古贤圣体民之情，遂民之欲，多出于鄙细隐曲，不措诸意，不足为怪；而及其责以理也，不难举旷世之高节，著于义而罪之。尊者以理责卑，长者以理责幼，贵者以理责贱，虽失，谓之顺；卑者、幼者、贱者以理争之，虽得，谓之逆。于是下之人不能以天下之同情、天下所同欲达之于上；上以理责其下，而在下之罪，人人不胜指数。人死于法，犹有怜之者；死于理，其谁怜之！（《孟子字义疏证卷上·理》）

按照戴震的说法，自宋以来，由于统治者和理学家的大力宣传，理已经被神化为天理，人们对之"莫能辩"且无可疑。几百年来，作为套在人身上的沉重枷锁和杀人不见血的软刀子，理已经异化成尊者、长者、贵者压制卑者、幼者、贱者的工具。按照他的说法，长期以来，宋明理学家所讲的理已经成为尊者、长者、贵者满足其私欲的工具，而卑者、幼者、贱者正是由于这种所谓的理而受到责难和压抑，致使其正当的生存权利和需求得不到保障。千百年来，"理欲之辨"已经成为一把杀人不见血的软刀子，吞噬着中国人的身心。对此，戴震愤怒地发出了"酷吏以法杀人，后儒以理杀人"（《与某书》）的血腥控诉。

与此同时，戴震愤慨地揭露宋明理学"以理杀人"的实质，焦点同样是"去人欲，存天理"的说教。他指出，程朱理学强调"辨乎理欲之分"，把"人之饥寒号呼、男女哀怨，以至垂死冀生"统统归结为人欲去掉，致使理"空指一绝情之惑者为天理之本然"，并要人"存之于心"。在此基础上，戴震进一步揭露了"去人欲，存天理"的残酷性和反动性，指出理学对人提出的这种要求实际上是做不到的；如果硬要如此，结果只能是"穷天下之人尽转移为欺伪之人"，最终酿成社会的虚伪之风。这表明，宋明理学家主张"去人欲，存天理"是引导人走向虚无，这个口号本身是荒谬的。其错误在于，不懂得人的生存欲望是人的自然本能，只有得到满足才能动静有节、心神自宁；宋明理学家教导别人去欲、寡欲，其实他们自己并没有真正取消生存的欲望，他们的说教恰恰是要满足其最大的私欲，甚至为满足一己之贪欲而不顾人民的死活。这样做的后果是必然造成天下大乱。

二　"理者存乎欲者"

为了彻底改变宋明理学以理杀人的现状，只有形上思索或人性探讨是不够的，必须将这一切具体化，并且凝聚成对"去人欲，存天理"的批判，才能更有针对性和战斗力。同时，宋明理学家对理的神化始于本体领域，终于人性和道德领域，最终归结为"去人欲，存天理"。进而言之，理学家之所以认定为了存天理必须去人欲，是因为他们认为，天理与人欲一善一恶，势不两立、不共戴天，宋明理学家的这一说法更增加了正确认识和处理天理、人欲关系的急迫性。

戴震反对天理与人欲对立的观点，更谴责宋明理学家把理与欲截然对立的做法，指出朱熹所谓天理人欲正善邪恶的说法是错误的。对此，戴震明确声称：

> 然则谓"不出于正则出于邪，不出于邪则出于正"，可也；谓"不出于理则出于欲，不出于欲则出于理"，不可也。（《孟子字义疏证卷上·理》）

不仅如此，为了杜绝以理杀人悲剧的再度上演，戴震对理与欲的关系进行了深入探讨，强调理（道德准则）与欲（人的物质生活）密不可分。具体地说，通过对理欲关系的还原，他从理与气、理与事和必然与自然三个方面反复伸张了"理者存乎欲者"的命题。

1. 理与欲是理与气的关系

戴震认为，欲根源于气，其物质承担者是气。对此，他一再强调：

> "欲"根于血气，故曰性也。（《孟子字义疏证卷中·性》）

> 欲者，血气之自然。（《孟子字义疏证卷上·理》）

戴震认为，性根于血气，气是欲的载体，这使理欲关系具体表现为理与气的关系。在他看来，气是万物的本原，气化流行中生成万物，气化流行的条理、规律就是理。这表明，理与气"非二事"，二者不可分割；理即气之理，理存在于气中。进而言之，理存在于气中表明，理不是悬空的，必须依于气而存在。正是在这个意义上，他断言："心之于理义，一同乎血气之于嗜欲，皆性使然耳。"（《孟子字义疏证卷上·理》）

在此，戴震强调，如果离开欲而言理，就会犯朱熹以理为"如有一物"、为"真宰"、为"真空"的错误。其实，宋明理学家推崇的那个先于人体而有，与人欲不可共存的理显然是不存在的，是他们杜撰出来的。不仅如此，他进一步揭露说，正由于宣布理"得于天而具于心"，离开欲言理，才使朱熹所讲的理成为祸天下之理。对此，戴震反复指出：

> 凡以为"理宅于心"，"不出于欲则出于理"者，未有不以意见为理而祸天下者也。（《孟子字义疏证卷下·权》）

> 程、朱以理为"如有物焉，得于天而具于心"，启天下后世人人凭在己之意见而执之曰理，以祸斯民。更淆以无欲之说，于得理益远，于执其意见益坚，而祸斯民益烈。岂理祸斯民哉，不自知为意见也。离人情而求诸心之所具，安得不以心之意见当之则依然本心者之所为。拘牵之儒，不自知名异而实不异，犹贸贸争彼此于名而辄蹈其实。敏悟之士，觉彼此之实无异。虽指之曰"冲漠无朕"，究不得其仿佛，不若转而从彼之确有其物，因即取此一贱之于彼。（《答彭进士允初书》）

2. 理与欲是理与事的关系

戴震断言："欲，其物；理，其则也。"（《孟子字义疏证卷上·理》）在这里，他之所以训欲为物，是因为他认为，人所进行的一切活动都有欲，都是在欲望的支配下进行的；或者说，人正是在欲望的驱使下产生了活动、产生了事，事就是人通过各种活动来满足自己的欲望。从这个意义上说，欲是事，理欲关系就是理与事的关系。进而言之，对于理与事的关系，戴震认为，二者相互依赖、不可分离；具体地说，事情内在的条理、规律就是理。他反复宣称：

> 凡事为皆有于欲，无欲则无为矣；有欲而后有为，有为而归于至当不可易之谓理；无欲无为又焉有理！（《孟子字义疏证卷下·权》）

> 天下必无舍生养之道而得存者，凡事为皆有于欲，无欲则无为
> 矣。(《孟子字义疏证卷下·权》)

基于理对事的依赖和事必出于欲的认识，戴震强调，理依赖欲而存
在，正如无为、无事即无理一样，无欲则无以见理，有欲有为而符合一定
的准则就是理。如此说来，理存于事中，也就存于欲中。对此，他一再
指出：

> 物者，事也；语其事，不出乎日用饮食而已矣；舍是而言理，非
> 古贤圣所谓理也。(《孟子字义疏卷上·理》)

> 义理非他，可否之而当，是谓理义。然有非心出一意以可否之
> 也，若心出一意以可否之，何异强制之乎。是故就事物言，非事物之
> 外别有理义也。……就人心言，非别有理以予之而具于心也；心之神
> 明，于事物咸足以知其不易之则，譬有光皆能照，而中理者，乃其光
> 盛，其照不谬也。(《孟子字义疏证卷上·理》)

3. 理与欲是必然与自然的关系

戴震认为，欲是人的生理欲望和物质需求，属于自然范畴；理指自然
之则，带有规律、法则之意，属于必然范畴。这使理欲关系成为必然与自
然的关系。进而言之，对于自然与必然的关系，他认为，必然离不开自
然，必然产生于自然之中，理就存在于欲之中。

与此同时，戴震认为，任何自然之中都存在着必然的原则，欲也是这
样：一方面，欲作为天性之自然是正当的、合理的，人要生存必然取得外
物的滋养以供身体的需要。口之于味、耳之于声等都出于自然，既然是
欲，便是性。这是人的自然需要和自然本质，故曰自然。另一方面，自然
之中又有必然，自然必须归于必然。对此，他断言：

> 天地、人物、事为，不闻无可言之理者也，《诗》曰"有物有则"

是也。物者，指其实体实事之名；则者，称其纯粹中正之名。实体实事，罔非自然，而归于必然，天地、人物、事为之理得矣。夫天地之大，人物之蕃，事为之委屈条分，苟得其理矣，如直者之中悬，平者之中水，圆者之中规，方者之中矩，然后推诸天下万世而准。……夫如是，是为得理，是为心之所同然。（《孟子字义疏证卷上·理》）

这就是说，欲虽然是自然而正当的，却不能放纵。对此，戴震解释说，人生活在社会群体中，耳目口鼻之欲必须符合道德原则而无失才能顺而安。如果允许人性任其自然而流于失，就必然丧失其自然，到头来也就不成其为自然了。这就是必然。而这个必然就存在于自然之中，即"自然之极则归于必然"。正是在这个意义上，他反复断言：

就性之自然，察之精明之灵，归于必然，为一定之限制，是乃自然之极则。若任其自然而流于失，转丧其自然而非自然也。故归于必然，适完其自然。……夫耳目百体之所欲，血气之资以养者，生道也，纵欲而不知制，其不趋于死也几希。（《绪言》卷上）

欲者，血气之自然。……由血气之自然，而审察之以知其必然，是之谓理义；自然之与必然，非二事也。就其自然，明之尽而无几微之失焉，是其必然也。……若任其自然而流于失，转丧其自然，而非自然也；故归于必然，适完其自然。（《孟子字义疏证·理》）

通过对理欲关系的深入剖析，戴震使各个方面的认识相互印证，反复论证了一个命题："理者存乎欲者也。"（《孟子字义疏证·理》）这个命题不仅肯定了理欲相依，而且进一步明确了理与欲相依的方式——欲离不开理，更重要的是理也离不开欲，理就存在于欲中。

三　遂欲达情

"理者存乎欲者"的命题不仅回答了天理与人欲的关系，强调了理对欲的依赖，而且肯定了欲、情的道德意义。在戴震看来，理是判断欲望恰当与否的标准，失去了欲、情这些被判定和节制的对象，还谈什么理呢？正是在这个意义上，他屡屡指出：

> 性，譬则水也；欲，譬则水之流也；节而不过，则为依乎天理，为相生养之道，譬则水由地中行也。（《孟子字义疏证卷上·理》）

> 理也者，情之不爽失也；未有情不得而理得者也。……天理云者，言乎自然之分理也；自然之分理，以我之情絜人之情，而无不得其平是也。……人之欲，天下人之同欲也。……情得其平，是为好恶之节，是为依乎天理。……今以情之不爽失为理，是理者存乎欲者也。（《孟子字义疏证卷上·理》）

戴震认为，正如必然不能离开自然而独立存在，必然寓于自然之中一样，理离不开欲，理就存在于欲中。这些不仅彻底否定了欲、情为恶的说法，而且伸张了其道德价值，为他接下来呼吁遂欲达情奠定了基础。不仅如此，戴震在人性中伸张欲、情正当性的同时，同样在人性中找到了节制欲、情，使之合乎规范的可能性。按照他的说法，人有血气形体，要生存繁衍，自然有对外物的欲求，会产生好恶情感；人有思维能力，能够认识事物的规律，明察行为的善恶美丑，进而处理好人伦日用中的各种关系，使欲、情、知都合乎道德规范的要求。这更坚定了他滋养人性、遂欲达情的信心。尤其是人与生俱来之知为戴震主张遂欲达情提供了认知和道德保障。他指出，人与动物同属"有血气者"，人性包括欲、情、知三个方面。不同且高于动物之性的是，人具有"大远乎"动物的认识、分辨能力。凭此，人"能扩充其知至于神明"，"于人伦日用，随之而知恻隐、知羞恶、知恭敬辞让、知是非"。这就是说，人与生俱来的认识、辨别能力完全能够指挥、控制自身的欲、情，使人"不惑乎所行"。

在进行了诸多的铺垫和准备之后，遂欲达情既有了正当性，又没有了后顾之忧，于是成为必然结论和唯一选择。戴震主张，人性之欲、情是充分合理的，不应该盲目消除之；相反，应该遂欲达情，满足人的生存需要。对此，他一而再，再而三地呼吁：

> 人之生也，莫病于无以遂其生。(《孟子字义疏证卷上·理》)

> 天下之事，使欲之得遂，情之得达，斯已矣。……道德之盛，使人之欲无不遂，人之情无不达，斯已矣。(《孟子字义疏证卷下·才》)

> 圣人治天下，体民之性，遂民之欲，而王道备。(《孟子字义疏证卷上·理》)

在戴震看来，无欲则无人的生存，人从事各种活动的目的说到底都是为了遂欲达情。故而，遂欲达情是道德的，灭欲塞情是有悖人性、违反道德的。对此，他指出，圣人治理天下，不是一味地灭欲、制欲，而是恤民之情，遂民之欲。这使遂欲达情成为王道的题中应有之义，也使是否使民遂欲达情成为衡量社会治乱的标识之一。循着这个逻辑，戴震进而指出，"治人者"应该"体民之情，遂民之欲"。只有"遂己之欲，亦思遂人之欲"，关心民生，重视生养之道，满足人们生存的基本要求，社会才能安定；也只有使人人能够"仰足以事父母，俯足以蓄妻子"，整个社会才能出现"居者有积仓，行者有行囊"，"内无怨女，外无旷夫"的美好局面。这是因为："遂己之欲者，广之能遂人之欲；达己之情者，广之能达人之情。"(《原善》卷下)"以我之情絜人之情，而无不得其平，是也。"(《原善》卷上)反之，若"快己之欲，忘人之欲"(《原善》卷下)，不体恤民情，置人民困苦于不顾，必然是"民以益困而国随以亡"(《原善》卷下)。正是在这个意义上，戴震指出："遂己之欲，亦思遂人之欲，而仁不可胜用矣；快己之欲，忘人之欲，则私而不仁。"(《原善》卷下)

戴震的这些议论使遂欲达情不仅具有了人道主义的高度，而且具有了道德意义。不仅如此，他还进一步分析了"民之所为不善"的原因，从反面说明了"体民之情，遂民之欲"的必要性、紧迫性。戴震写道："在位者多凉德而善欺背，以为民害，则民亦相欺而罔极矣；在位者行暴虐而竞

强有力，则民巧为避而回遹矣；在位者肆其贪，不异寇取，则民愁苦而动
摇不定矣。凡此，非民性然也，职由于贪暴以贱其民所致。乱之本，鲜不
成于上。"（《原善》卷下）戴震强调，即使老百姓行为不善，也是统治者
造成的，正是"在位者"的无视民情民怨、荒淫暴虐和"私而不仁"酿成
了社会动乱。他的这个说法道出了社会矛盾的根源所在，也为统治者敲响
了警钟。

第二部分

比较研究

第十章 孔子与孟子

儒学拥有不同于道家、墨家、法家的思想内容和鲜明特征，这些通过儒家人物的思想具体展示出来。作为儒家思想的致思方向和价值旨趣的体现，儒家人物的思想之间具有不容否认的相似性和相同性。孔子与孟子常常被后人合称并提为"孔孟"，两人的学说即所谓的"孔孟之道"。"孔孟之道"一词侧重孔子、孟子思想的相同、相合之处，而淡化乃至回避了其间的差异和不同之处。其实，孔子与孟子的思想既有相同的一面，又有相异的一面。这一点，通过对两人思想的比较可以看得更加清楚、明白。

第一节 "死生有命"与"天视自我民视"

天对于儒学至关重要，从儒学创始人孔子开始，天便成为举足轻重的概念。与老子、庄子代表的道家和韩非代表的法家用道建筑哲学大厦不同，孔子和孟子在天那里找到了人安身立命的最后依托。

天在孔子那里有世界万物的本原之义。孔子断言："天何言哉？四时行焉，百物生焉。天何言哉？"（《论语·阳货》）言外之意是，天主宰着四时的运行和万物的生长，是宇宙万物的本原和主宰。天的主宰作用不是用言语命令完成的，一切都在自然而必然之中。值得注意的是，不尚虚谈的孔子在讲天时，并不关注天的本体状态和形上属性，而是始终从天与人的命运之间的关系入手谈论天。因此，在孔子那里，天本论是以天命论的形式表述出来的，天命论成为孔子本体哲学的主要内容。

孔子恪守天命论，信奉天对人吉凶祸福的决定和安排。因此，他把人的生死、寿夭、贫富、贵贱均视为上天事先安排好的命中注定，把人的道德禀赋、家庭组成、遇与不遇归结为天命。不仅如此，孔子遇事总要拿上天做解释，天也成为他诅咒发誓的终极凭证——对于这一点，在见南子周面对子路的不悦，孔子的辩解便是明证。

这样一来，在对待天的态度上，孔子的做法便呈现出极大张力：一方面，孔子罕言天之状态，正如孔子的亲炙弟子——曾子所言："夫子言性与天命，不可得而闻。"（《论语·公冶长》）另一方面，孔子断言人命天定，强调"不知命，无以为君子也"（《论语·尧曰》）。并且，孔子一面视天为不言不语、自然随机之物，一面又设想天关注人类、命人以命。孔子的论证旨在强调，上天与其赋予的人命究竟有何必然联系？只能说天决定人命，天对人命的注定在自然随机之中，完全出于无意之偶然。这样一来，在上天面前，就人既定的命运而言，人是完全消极、被动的受体。天命中没有任何人意因素，其包含的惟一成分就是天意——如果这个冥冥之中的上天还有意志的话。

孟子认为，人的一切行为和命运都有一个主宰在操纵，这个神秘主宰就是天命。他指出："莫之为而为者，天也；莫之致而至者，命也。"（《孟子·万章上》）这就是说，没有人叫它这样做，而竟然这样做了的，是天意；没有人叫它来，而竟然这样来的，是命运。对于人来说，天命就是一种无法预知的外在力量。

据《孟子·梁惠王下》记载，有一次鲁平公准备外出拜访孟子。鲁平公的宠臣——臧仓挑拨说："您为什么不尊重自己的身份，而先去拜访一个普通人呢？您以为孟子是贤德的，贤德之人的行为应该合乎礼义。可孟子未必是贤德之人。您还是不要去看他吧！"鲁平公说："好吧！"于是放弃了拜访孟子的念头。乐正子把这件事告诉了孟子。对此，孟子解释说："行，或使之；止，或尼之。行止，非人所能也。吾之不遇鲁侯，天也。臧仓之子焉能使予不遇哉？"（《孟子·梁惠王下》）在孟子看来，一个人去干什么或不干什么都不是单凭自己的力量可以做得到的，一切都是天意使然。自己之所以不能与鲁君相遇，这是天意，并非臧仓三言两语的挑拨离间所能改变的。

至此，孟子把天命视为一种外在于人的、人无法干预又受制于它的异己力量，与孔子对天命的理解别无二致。接下来的内容显示，与孔子不同的是，在许多场合，孟子把人为的力量与天命相提并论，用人和天的双重因素来论证政权的更替和胜败得失。例如，相传远古之时，尧感到自己老了，便把王位禅让给舜，而没世袭给自己的儿子丹朱。对此，孟子的弟子万章请教说：听说尧把天下给了舜，有这回事吗？孟子回答说：没有这回事，因为天子不能把天下传给别人。万章问道：那么，舜有天下，是谁给他的呢？孟子回答说：是天给他的。万章又问：是天反复叮咛告诫他的吗？孟子回答说：不是的。天不能说话，只是拿行动和工作来表达罢了。他进一步解释说，天子能向天推荐人，却不能强迫天把天下给他。尧将舜推荐给了天，叫舜主持祭祀，所有的神明都来享用，这表明天接受了；尧又把舜公开介绍给老百姓，叫他主持工作。工作搞得很好，老百姓很满意，这表明老百姓接受了。舜帮助尧治理天下共 28 年，这不是某一个人的意志能够做得到的，这是天意。尧死了，三年之丧期满后，舜为了使丹朱继承王位，自己逃到了南河的南边。可是，天下的诸侯不到丹朱而到舜那里去朝见天子，打官司的人不到丹朱而到舜那里去，歌颂的人不歌颂丹朱而歌颂舜。这样，舜才回到了朝廷。这表明，舜有天下，是天授予的，也是人授予的。此外，孟子引用《尚书·泰誓》中的诗曰"天视自我民视，天听自我民听"，在天命中加入了民意的内容。

　　更有甚者，在某些场合，孟子把人心的向背和人为的努力视为决定胜负的关键力量，得出了"天时不如地利，地利不如人和"（《孟子·公孙丑上》）的结论。在他看来，个人的荣辱、家世的成毁、国家的安危都取决于人自身，是自身行为的结果。在这个意义上，他断言："夫人必自侮，然后人侮之；家必自毁，而后人毁之；国必自伐，而后人伐之。"（《孟子·离娄上》）

第二节　"唯上智与下愚不移"与"万物皆备于我"

　　认识哲学的全部问题都可以还原为能不能认识和如何认识的问题。对于人的认识能力和认识方法，孔子、孟子如是说……

一　能否认识

　　一方面，孔子断言人的认识能力生来平等，一切差别都是后天形成的——"性相近也，习相远也。"（《论语·阳货》）这表明，在对人的认识能力的认定上，孔子从人性哲学的角度否认了先天的君子与小人之别，宣称人人具有相同的认识能力。另一方面，孔子相信人生来就有上智与下愚之分，这种差异是后天的努力无法改变的——"唯上智与下愚不移。"（《论语·阳货》）不仅如此，他还按照认识能力的不同，把人分为四个等级，声称"生而知之者上也，学而知之者次也，困而学之，又其次也；困而不学，民斯为下矣"（《论语·季氏》）。在他看来，生而知之者具有上等的智慧，不用学习便可通晓天下所有的道理；下等的愚鲁之人遇到困惑也不肯学习，永远摆脱不了愚昧。这就是说，循着孔子的逻辑，上等人的智慧是上天的恩赐，这种先天的优势后天无法改变；同样，下等人的先天不足无望在后天有所改变，只能永远生活在下贱的困扰和阴影之下。

　　在此，孔子强调，生而知之者只是极少数人，自称"吾非生而知之者，好古敏以求之者也"（《论语·述而》）。对于大多数人而言，都是学而知之和困而学之的中等人。有鉴于此，他重视后天的学习，主张"多闻阙疑"，"择其善者而从之"，企图通过后天的学习丰富知识，提高道德修养。这肯定了一般人具有认识和学习的能力。不仅如此，孔子在因材施教的过程中善于根据学生不同的认识和理解能力教以不同内容。正如他自己所说："中人以上，可以语上也；中人以下，不可以语上也。"（《论语·雍也》）按照这个逻辑，具有中等以上智慧的人，可以教给他高深的学问；具有中等以下智慧的人，不能教给他高深的学问。诚然，智高教低，味如嚼蜡，是对人才的浪费；智低教高，不知所云，是对时间和知识的浪费。从这个意义上说，因材施教本身具有积极意义，是值得提倡的教学方法。与此同时，就人的认识能力和权利而言，如果智低者只能学低级的知识，反过来，低等的知识又使智力低下者永远在低智中徘徊。这种恶性循环在拒绝对鲁愚之人进行高深学问教育的同时，是不是也否定了有些人具有的认识能力和理解能力、部分地剥夺了他们受教育的权利？这与"下愚不移"一样否定了一些人的认识能力和权利。进而言之，对这部分人的认识能力的否定与上智不移一起从认识哲学和人性哲学的高度加固了人与人之间的不平等，其实是本体哲学领域上天赋予人不同命运的观点在人的认识能力方面的具体反映。

孟子宣称："人之所不学而能者，其良能也；所不虑而知者，其良知也。"（《孟子·尽心上》）这就是说，人生来就有认识本能，这种认识本能人人皆有，是一种与生俱来的先天良知。作为先验之知，良知无所不知、无所不包，涵盖宇宙的一切道理。因此，凭此良知便可分辨一切是非、真伪和曲直。正是由于良知是人的先天本能，人人皆有、圣凡同具，与生俱来的前提下，他进而指出，只要保养这种先天的良知、良能不使丧失，并在养心、尽心和存心中使之得以充分显露和发挥，"人皆可以为尧舜"。这从可能性的角度论证了人都具有认识能力，同时肯定了这种认识能力的人人平等。

二　如何认识

在孔子那里，从主体的认识能力来看，对于智商平平、不可语上的一般人而言，知天命已属奢望。从认识客体——天的存在状态来看，天之不言神秘、随机莫测更是堵塞了人窥视天机的途径。因此，尽管孔子说过"不知命，无以为君子"（《论语·尧曰》）之类的话，并自述"五十而知天命"，给人一种天命可知的印象，可是，孔子所讲的"知天命"不仅耗时甚久、劳神甚巨，而且从其整个思想和上下文的语意来看，不是弄懂、洞彻天命真谛之意，而是指知道了人的一切生死、贵贱最终都由上天操纵，人对之无可奈何。至于上天根据什么法则安排每个人的命运、人与人之间命运不同的最终原因是什么，恐怕还是不得而知。

基于对天命的这种理解，在待命的方法上，孔子以"畏"为主，把"畏天命"视为君子的"三畏"之首。不仅如此，他还主张用祭和祷等手段与鬼神、上天沟通，用后天的恭敬、审慎和安贫乐道来承受命运。

孟子所讲的"万物皆备于我"（《孟子·告子上》）便是人知性、知命、知天的状态。进而言之，人之所以可以知命、知天，是因为人生来就有良知、良能，并且"心之官则思，思则得之"（《孟子·告子上》）。在他看来，心具有思维功能，通过充分扩大和发挥心的作用，便可把握万物之理，知晓人性天命。对此，孟子解释说，心与耳目之官不同，耳目等感觉器官不会思维，往往被外物蒙蔽而误入歧途；心具有思维本能，通过思考可以通晓万物之理。因此，通过充分扩张心的作用，便可获取认识上的绝对自由，达到知性、知天进而事天、立命的境界。于是，孟子宣称："尽其心者，知其性也。知其性，则知天矣。存其心，养其性，所以事天也。夭寿不贰，修身以俟之，所以立命也。"（《孟子·尽心上》）在此，孟子不仅主张天命可知，而且以知天命为基础，提出了安身立命之方。为了更好地安身立命，孟子告诫人们一切顺应天命以接受正命。他断言："莫非命也，顺受其正；是故知命者，不立乎岩墙之下。尽其道而死者，正命也；桎梏而死者，非正命也。"（《孟子·尽心上》）这表明，死亡有两种类型：一种是尽力行道而死，这种人所受的是正命；一种是犯罪而死，这种人所受的不是正命。因此，懂得命运真谛的人不站在将要倾倒的墙壁之下，而是顺理而行、接受正命。为了迎接正命，孟子倡导人们居天下之安宅（仁）、行天下之正路（义），做充满浩然正气的大丈夫。

第三节　"性相近"与"道性善"

关于人性，《论语》留下了一句"子曰：'性相近也，习相远也。'"（《论语·阳货》）在此，孔子对人性先天的善恶不加理会，强调的是后天作为和修养造就的君子与小人之别。在他看来，从本性上说，人与人之间的差别并不大，是后天的因素拉大了其间的距离。那么，归根到底，在本性上、在人性之初，人究竟近于什么——是同于善还是同流合污？孔子并没有定论。这种避而不谈不禁使人想起了他在本体哲学上相信天命与远敬鬼神的矛盾。在中国传统哲学中，天命与鬼神具有某种内在联系，这正如"天志"、"明鬼"与"非命"构成了墨子本体哲学的三位一体一样。可是，孔子一面相信天命为有，一面淡漠鬼神，这除了理论上的困惑和迷惘之外，最主要的是出于道德方面的考虑。在孔子看来，如果认定人死后有知，可能导致孝子贤孙弃生而送死；如果认定人死后无知，可能导致不肖子孙遍弃死者、不予埋葬。无论哪种问答都不利于人的现实生活，最后只得对鬼神存而不论。循着这个逻辑，认定人性本善，便淡漠了后天学习的重要性；断言人性为恶，便杜绝了从善的可能性。所以，思前想后，只得语焉不详。

此外，《论语》有云："子不语怪、力、乱、神。"（《论语·述而》）孔子坚持"毋我"原则，不谈论高远虚玄、渺不可闻之事。根据孔子的一贯作风，对于有伤道德礼义的事，不仅不去做，而且连看也不看、说也不说——力、乱属于此；对于没有事实根据的事，也不屑去评说——怪便属于此，性与命也在其列。所以，孔子不加妄断。这与孔子讲究事实依据、反对道听途说的做法是相通的。孔子把道听途说的无稽之谈视为与道德相悖的坏毛病，指出"道听而途说，德之弃也"（《论语·阳货》）。

孟子对人性的本质进行了界定，阐释了人性的内容，还从先天的人性与后天的行为修养和社会环境的关系入手说明了人性的失与养。

孟子不仅最早建构了完备的人性理论，而且是性善说的首创者。《孟子》曰："孟子道性善，言必称尧舜。"（《孟子·滕文公上》）具体地说，孟子之所以断言人性善，是因为他认为人生来就有"四心"（即不忍人之心——又称恻隐之心、羞恶之心、辞让之心——又称恭敬之心和是非之心），"四心"是仁义礼智的萌芽，其与生俱来说明人心都悦理义、良知为人性所固有。与此同时，孟子强调，尽管心与身都是人与生俱来的，然而，耳目口鼻四肢以及由此产生的寒而欲暖、饥而欲食等并非人的本质属性，凭此不能把人与禽兽区别开来。他指出："人之有道也，饱食、暖衣、逸居而无教，则近于禽兽。"（《孟子·滕文公上》）只有"四心"才是人的本质属性，正是它们使人真正脱离动物界而成为天地之间最高贵的存在，并且促成了人群之中君子与小人之别。于是，孟子一再宣称：

　　人之所以异于禽兽者几希，庶民去之，君子存之。舜明于庶物，察于人伦，由仁义行，非行仁义也。（《孟子·离娄下》）

> 君子所以异于人者，以其存心也。君子以仁存心，以礼存心。
> （《孟子·离娄下》）

基于上述认识，孟子断言："从其大体为大人，从其小体为小人。"（《孟子·告子上》）这表明，孟子所讲的性善，是就人的社会属性而言的，其具体内容就是"四心"即仁义礼智。正是基于对人性本善的认定，孟子督促人养心、存心和尽心，以保持善良本性常驻不失。

与此同时，孟子注意到了后天环境对人性的改变和影响。他举例子说，要想让某人学习齐国话，请一个齐国人教他，众多的楚国人在旁边干扰。这样，虽然每天拿着鞭子打他，他也学不会齐国话；如果把这个人带到齐国住上几年，你再拿着鞭子让他说楚国话也不可能。再有，丰收之年，弟子多半懒惰；灾荒之年，弟子多半暴乱。造成这种差别的原因并非不同年头生下来的孩子天然资质不同，而是后天的环境改变了人的心性。懒惰和暴乱之行的产生并不是因为人性天然如此，而是其本性丧失的缘故。孟子又以"牛山之木"为例说，牛山曾经郁郁葱葱、茂盛俊美，由于位于繁华人多的大国之郊，人们总用斧斤去砍伐它。尽管树木在雨露的滋润下日夜生长，时时萌发新的幼芽，然而，由于牛羊的践踏和啃食，牛山最终还是变成了濯濯的不毛之地。人们看到牛山光秃秃的寸草不生，还以为牛山本性如此、从来没有长过树木呢。其实，这哪是牛山的本来面目呢？牛山之木如此，人性也是这样。人之所以会犯上作乱、行为暴戾，并非本性如此，而是后天的环境使然——是后天的环境使其本性丧失的缘故。循着这个逻辑，孟子呼吁，要使善良的本性在心中永驻，不仅要存心、养心，而且还必须"求放心"——把丢掉的善良本性找回来。

孟子进而指出，"求放心"的根本途径是"寡欲"——保养人性最好的办法就是减少欲望。他断言："养心莫善于寡欲。其为人也寡欲，虽有不存焉，寡矣；其为人也多欲，虽有存焉，寡矣。"（《孟子·尽心下》）孟子认为，要真正做到寡欲，不为物利而忘掉理义，就必须"养吾浩然之气"，用"志"来主宰身体，使耳目口鼻不为物欲所引，从而达到"穷不失义，达不离道"、"穷则独善其身，达则兼善天下"（《孟子·尽心上》）

的道德自觉，居天下之仁、立天下之礼、行天下之义，始终如一、坚贞不屈，"富贵不能淫，贫贱不能移，威武不能屈。"（《孟子·滕文公下》）这样一来，人便可日夜与仁义为伴，使善良之性不为外物所夺，从而达到养心、尽性的目的了。

第四节　"为政以德"与"行不忍人之政"

在政治哲学领域，孔子主张德治，反对一味地惩罚和刑杀。他认为，刑罚虽然可以使老百姓免于犯罪，却不能从根本上解决问题。与刑罚不同，道德可以通过内在力量进行自我约束，不仅使人具有羞耻心，而且行动起来规规矩矩。于是，孔子说："道之以政，齐之以刑，民免而无耻；道之以德，齐之以礼，有耻且格。"（《论语·为政》）基于这种认识，他呼吁统治者实行德治："为政以德，譬如北辰，居其所众星共之。"（《论语·为政》）凭借道德来治理国家，像北极星一般安静地居于一定的位置，所有别的星辰都环绕着自己。这句话的意思是说，统治者以德治国，便可使人心悦诚服，得到老百姓的拥护和爱戴。一次，鲁哀公的正卿季康子向孔子请教政治。季康子问："杀无道，以就有道，何如？"孔子对曰："子为政，焉用杀？子欲善而民善矣。君子之德风，小人之德草。草上之风，必偃。"（《论语·颜渊》）孔子的回答意思是说，只要您想把国家搞好，老百姓自然会好起来。这是因为，统治者的作风好比是风，老百姓的作风好比是草。风向哪边吹，草自然向哪边倒。例如，"临之以庄，则敬；孝慈，则忠；举善而教不能，则劝。"（《论语·为政》）在他看来，统治者对待老百姓的事情严肃认真，老百姓对他的命令也会严肃认真；统治者带头孝敬父母、慈爱幼小，老百姓就会对他尽心竭力；统治者带头重用有才能的人，教导没有才能的人，老百姓就会相互勉励。如此说来，仁义礼智信等道德足以治理好国家，还用什么刑罚和杀戮呢？必须指出的是，孔子主张以道德来治理国家，并不完全否认法律的作用。孔子曾说："君子怀刑，小人怀惠。"（《论语·里仁》）君子心中时刻怀念法度，只有小人才总想着恩惠。统治者治理国家，对于道德和法律两种手段只能是道德为主、法律为辅。

进而言之，孔子用道德力量统治国家的具体做法，除了"使民以时"、轻征薄敛等经济措施之外，主要是实行礼乐教化。其中，最重要一条就是统治者以身作则的道德表率作用。对于什么是政治，孔子解释说："政者，正也。子帅以正，孰敢不正？"（《论语·颜渊》）意思是说，所谓的政治，其实就是端正自己。如果统治者率先端正了自己，那么，老百姓谁还敢不端正自己呢？对于统治者来说，"其身正，不令而行；其身不正，虽令不从。"（《论语·子路》）统治者端正了自身的思想和行为，不用发号施令，事情也行得通；如果自身不正，虽然三令五申，老百姓也不会信从。于是，孔子得出了这样的结论：

上好礼，则民莫敢不敬；上好义，则民莫敢不服；上好信，则民莫敢不用情。（《论语·子路》）

苟正其身矣，于从政乎何有？不能正其身，如正人何？（《论语·子路》）

这就是说，统治者是否能自正其身是能否治理好国家的关键。如果统治者带头端正了自己的行为，那么，上行下效，治理好老百姓便没有困难；如果当权者连自己都端正不了，那还谈什么端正别人呢？这便是"为政以德"的根本所在。

孟子从"人皆有不忍人之心"出发，推出了"不忍人之政"。他说："人皆有不忍人之心。先王有不忍人之心，斯有不忍人之政矣。以不忍人之心，行不忍人之政，治天下可运于掌上。"（《孟子·公孙丑上》）"不忍人之政"又称"仁政"，是孟子追求的理想制度，也是其政治思想的核心。具体地说，仁政包括以下几个方面。

一 井田制和经济保护措施

孟子指出，没有固定的产业和收入却坚守一定的道德观念和行为准则，只有士才能做到。对于一般老百姓来说，无恒产则无恒心。无恒心，便会胡作非为、违法乱纪。等老百姓犯了罪再去处罚他们，那等于陷害。因此，英明的君主治理国家首先要规定人们的产业，使之有一定的恒产。孟子进而指出，使民有恒产的最好办法是实行井田制，因此，实行仁政要以划分井田为开端："夫仁政，必自经界始。……经界既正，分田制禄可坐而定也。"（《孟子·滕文公上》）在他看来，实行井田制的具体办法是：每一方里的土地为一块井田，每一井田有 900 亩，当中 100 亩为公田，以外 800 亩分给 8 家作私田。这 8 家共同耕种公田，先把公田耕种完毕，再来料理私人的事务。关于赋税，郊野用 9 分抽 1 的助法，城市用 10 分抽 1 的贡法。公卿以下的官员分给供祭祀的圭田，每家 50 亩；如果还有剩余的劳力，每个劳力再分给 25 亩。这样，无论是埋葬或者搬家都不离开本乡本土。共同耕作同一井田的各家各户平日出入相互友爱，防御敌人或盗贼相互帮助，有了疾病相互照顾。这样一来，老百姓之间便亲爱和睦了。（详见《孟子·滕文公上》）

与此同时，孟子强调，实行仁政必须采取经济保护政策，这些措施主要有：减少税收，轻征薄敛以减轻老百姓的经济负担；让老百姓有时间深耕细作、早日除草，以保证不违农时、使收获的谷物吃不了；规定太细的网（即"数罟"——古代 4 寸即现在 92 厘米。也就是说 2 寸 7 分 6 厘以下的网叫密网）不得入池捕鱼，这样才能保护鱼苗，使鱼吃不完；规定以时入山林，使树木用之不竭。

孟子认为，实行了井田制，并采取了经济保护措施之后，老百姓的生活基本上就有了保障："仰足以事父母，俯足以蓄妻子，乐岁终身饱，凶年免于死亡。"（《孟子·梁惠王上》）在老百姓生活上有了保障之后，再驱之向善也就容易了。

二 "或劳心或劳力"的社会分工和秩序

孟子指出，每个人的生活都需要各种工匠的成品。如果从耕种到纺织再到制造机械等每件事都自己一个人来做，就会疲于奔命，这是行不通的。因此，对于一个社会来说，既有官员的管理工作，又有人民的劳动工作。有的人从事脑力劳动，有的人从事体力劳动。从事脑力劳动的人统治别人，从事体力劳动的人受人统治；受人统治的人养活别人，统治别人的人靠人养活，这是天经地义的。有鉴于此，孟子强调，实行仁政必须有良好的社会分工。只有尽心"或劳心，或劳力"的社会分工，才能使统治者有闲暇时间做管理工作、公益事业和教化百姓，才能使人民不仅丰衣足食，而且民风淳厚。

三　以德服人、保民而王

孟子具有民本意识，实行仁政的一个重要方面就是对人民给予一定的同情和关照。他不止一次地宣称：

> 民为贵，社稷次之，君为轻。（《孟子·尽心下》）

> 天下之本在国，国之本在家，家之本在身。（《孟子·离娄上》）

这就是说，对于一个国家来说，最宝贵的是人民。只有得到人民的理解和支持，才能保全社稷和天下。在这个意义上，孟子又说："保民而王，莫之能御也。"（《孟子·梁惠王上》）基于对人民的同情和统治的需要，孟子告诫统治者治理国家的根本和关键在于安民保民。进而言之，安民保民的具体措施是：第一，省刑罚，以德服人。孟子认为，治理国家的主要手段是礼乐教化，只要统治者带头行仁义，便可安保四海。于是，他说："老吾老，以及人之老；幼吾幼，以及人之幼。天下可运于掌。……故推恩足以保四海。"（《孟子·梁惠王上》）基于这种认识，孟子要求统治者"贵德而尊士，贤者在位，能者在职；国有闲暇，及是时，明其政刑。"同时，统治者还必须以德服人，而不应该仗势欺人。这是因为"以力服人者，非心服也，力不赡也；以德服人者，中心悦而诚服也。"（《孟子·公孙丑上》）因此，孟子宣称："天下有道，小德役大德，小贤役大贤；天下无道，小役大，弱役强。斯二者，天也。顺天者存，逆天者亡。"（《孟子·离娄上》）第二，实行礼乐教化。孟子设想，在老百姓有了衣食保障之后，办理各种学校，反复讲述孝悌忠信之道，使之"入以事其父兄，出以事其长上"（《孟子·梁惠王上》）。在此，孟子特别强调礼乐教化和教育的重要性，他写道："善政不如善教之得民也。善政，民畏之；善教，民爱之。善政得民财，善教得民心。"（《孟子·尽心上》）这就是说，统治者只有善于教化，才能深得人心；只有深得人心，才能称王于天下。

总之，在孟子看来，只要统治者实行仁政，天下的人便不召自来，于是称王于天下易如反掌。他断言："今王发政施仁，使天下仕者皆欲立于王之朝，耕者皆欲耕于王之野，商贾皆欲藏于王之市，行旅皆欲出于王之涂，天下之欲疾其君者皆欲赴愬于王。"（《孟子·梁惠王上》）

第五节　孔孟之道意指什么

通过孔孟思想的比较可以得出如下认识，这些既有助于把握孔子与孟子思想的异同关系，又有助于体悟儒学的一贯诉求和思想特色。

在本体哲学领域，孔子、孟子疏于纯粹的形而上学的建构，其本体哲学主要是通过对天和天命的阐释而展开的。正如以道为本使老庄和韩非的本体哲学富有形上意味一样，以天为本使孔孟的本体哲学滑向颇具形下色彩的人生哲学和道德哲学。一方面，与老子把道描绘得"玄之又玄""惚兮恍兮"不同，孔子、孟子所讲的天尽管有虚无缥缈的成分，但始终与人生密切相关。孔子和孟子都把人的命运寄托于天，表现了对天的极大尊崇。这使孔子、孟子在本体哲学的建构上与效法自然之道的老子、庄子和韩非相去甚远，却拉近了与墨子的距离。另一方面，孟子的天命论在继承孔子的基础上又有新的拓展和发挥——在强调人命天定的同时，给人为的进取和努力留下了用武之地。孟子的这一做法使孔孟的本体哲学显示了不容忽视的差异性：如果说孔子之天俨然一尊不可泄露的神秘之神的话，那么，孟子之天则加入了人意之气息；如果说天命论是孔子本体哲学的惟一内容的话，那么，孟子的本体哲学则是天命论和人命论的综合；如果说天命论推崇的天是不以人的意志为转移的绝对的异己力量的话，那么，天命人命论所膜拜的天似乎在倾听和理解人的呼声，天意中融汇了某种人的主观精神之暗流。这些差异在证明孔孟所宣扬的天尤其是上天对人的命运的决定不可同日而语的同时，划定了两个不同的哲学阵营：孔子始终坚持客观唯心论，孟子则由客观唯心论向主观唯心论倾斜。

孔子、孟子对天的本体建构直接影响到人对上天的认识和把握。从心理感受上看，孔子觉得心中"空空如也"，一点知识也没有；孟子却说"万物皆备于我"，心中充满了宇宙万物之理。这使孔、孟的认识哲学在某种程度上显现了不可知论与可知论之差。从对人的认识能力的鉴定上看，孔子的"唯上智与下愚不移"注重人的认识能力的参差不齐，孟子的良知人皆有之宣称人人都有与尧舜等同的认识能力。这使孔孟的思想呈现出等级与平等之别。从待命的方法上看，孔子主张敬畏天命，颤栗慎独；孟子向往尽心、知性而知命、知天。这显然是两人在本体哲学领域的客观唯心主义与主观唯心主义的贯彻和展开，同时流露出消极与积极、等待与进取的不同态度。

在政治哲学领域，孔子向往德治，反对一味地刑罚；孟子反对以力服人的力政、暴政，倡导不忍人之政。可见，两人以道德手段治国平天下的政治理念别无二致。在礼乐教化的过程中，孔子一再讲统治者要宽容，宽则容众，容则民信。统治者宽宏大量，便可使近者仰慕爱戴，远者投奔而来，从而使臣民日益增多；宽容可以得到老百姓的信任，使之更容易听从统治者的感召、引导和教化。孟子强调，王道、仁政的重要标志就是以理服人、以德感人。在此，孔子、孟子都用积极主动的手段达到治国平天下的目的，相信人有向善的欲望和能力，能够听从说服教育。如果说前者拉开了与提倡无为而治的道家的距离的话，那么，后者则在积极有为的层面上与热衷于功利的墨家泾渭分明。

孔子、孟子思想的相同性和差异性为界定孔孟之道的真实内涵提供了第一手材料和直接证据。从逻辑上讲，孔孟之道不应该囊括孔子和孟子的全部思想，也不可能是两者的不同点，而只能是其相同之处。那么，通过上面的分析，孔子与孟子思想的相同之处究竟是什么呢？

本体哲学和认识哲学的客观唯心论与主观唯心论以及不可知论与可知

论的差别是原则性的，孔子、孟子思想的思维方式和价值旨趣大相径庭。因此，两人思想的相同之处显然不存在于这两个领域。他们思想的相同之处显然集中于政治哲学领域。进而言之，在政治哲学领域，孔子、孟子思想的共同之点又是什么呢？

其一，在教民理国上，孔子、孟子都信任仁义道德的力量而反对一味地暴力或刑杀，强调统治者自身的表率作用，设想在统治者的感化下，以理服人、以德服人，实施礼乐教化。他们推行上行下效的统治路线。尤其需要指出的是，孟子的仁政思想是对孔子以德为主、刑罚为辅思想的继承和发展。这一思想倾向成为儒家治国的基本主张。

其二，孔子、孟子都主张先富后教，强调在礼乐教化的过程中采取适当的经济保障措施。孔子周游列国时，看到某一地区人口稠密，就想着尽快使其富裕起来；富了之后加以教育——设庠序之学，教以君臣父子、人伦日用之礼。孟子无恒产则无恒心的说法也是先让百姓老有所赡、幼有所养，在凶年不致饿死、丰年得以温饱的基础上实施礼乐教化。

其三，教化内容既不是法家的法律条文，也不是墨家的功利主义，而是先王圣贤垂训的仁义道德。

不难看出，孔子、孟子思想的相同点一言以蔽之即洋溢着人文关怀的道德主义。孔子、孟子都崇尚道德，其道德的至高无上性的观点不囿于政治领域，而且辐射到各个领域。例如，两人所讲的仁义礼智信等道德观念和道德行为与天、天命有着某种必然联系，所以，天命论才成为两人本体哲学的中心内容，知天待命则随之成为其认识哲学的核心话题之一。这也解释了为什么尽管孔子、孟子对天的具体界定和对待不同，却都沿袭了殷周以来"以德配天"的思路，企图通过后天的道德修养来体认和顺从天命。其实，不论是对宇宙本体的追求和对待，还是对社会群体的治理，以至于对家庭关系的理顺，两人都把希望寄托于道德手段的行使。这使孔子、孟子的本体哲学、认识哲学和人性哲学都与伦理道德以及人的道德修养密切相关。就两人的本体和认识哲学而言，孔子"畏天命"而以安贫乐道来待命；孟子在四心与生俱来的前提下让人通过尽心行仁义于天下而修身、事天。再如，孔子、孟子的人性哲学的差异从一个侧面证明了两人相同的道德主义情结。如前所述，孟子对人性的界定主要做法是把仁义礼智

"四心"说成是人与生俱来的本能,告诉人"四心"是天经地义的行为规范,人理所当然地要加以弘扬和遵循。这实际上是从人性哲学的角度论证了仁义礼智等儒家道德的正当性和合理性。孟子的这个做法与孔子建构庞大的伦理思想体系以突出仁、忠、恕、孝、悌等伦理范畴具有异曲同工之妙——弘扬仁义礼智信忠孝之善。在此,孔子、孟子论证的道德哲学与人性哲学的角度之差恰好证明了两人坚贞不渝的道德主义情怀和视阈。

至此,可以断言,不论如何界定孔孟之道,有一点是不容忽视的。那就是,作为孔子、孟子思想的共同特征,对仁义礼智之道德的提倡和道德主义情怀应该是孔孟之道的主要内涵之一。接下来的问题是,这一内涵表明,孔孟之道在确切的意义上是政治学或伦理学概念,而不是哲学范畴——尤其不适合在本体和认识哲学领域使用。推而广之,与孔孟之道类似的还有儒家乃至诸子百家等称谓。这不能不引发这样的问题:孔子、孟子的本体或认识哲学是否能并提为孔孟之道?进而言之,在研究先秦哲学或对先秦诸子百家的哲学进行分类时,把孔子与孟子归为一家是否合适?如果非把他们归在一起不可,那么,其视角和标准是什么?这种划分和孔孟之道的提法是否适用于对先秦乃至整个中国传统哲学的分类和研究?明确了孔孟之道的内涵则不难看出,用孔孟之道去表达孔子和孟子的思想学说时还在无形中隐去两人的本体、认识哲学思想,其政治、伦理思想则被无端扩大乃至成为惟一内容。

与此相联系,目前学术界流行一种看法,那就是中国没有哲学。由此缘起,中国哲学面临尴尬处境,其存在的合理性、合法性成为亟待辩护的问题。退而言之,即使有人承认中国有哲学,也认为中国哲学疏于本体论证、充其量是一种道德哲学。这些评价和看法的产生,除了用西方哲学的标准来衡量中国哲学这个因素之外,在某种程度上是否受了诸如孔孟之道提法的影响?哲学不是宗教,它的家园在人间。这使人作为哲学恒提恒新的主题,是永远也不应缺席的主角。从这个意义上说,只有把自己的目光投入到人的世界,关注人的存在、人的发展和人的价值,哲学才有旺盛的生命力。与此相关,关心人的存在、境遇和未来,并不损害哲学的崇高和神圣。以此为准来衡量中西哲学,也许会发现中国哲学更具哲学神韵。在这方面,儒家哲学也是如此。现在,儒家乃至中国哲学之所以会给人不是哲学的印象，孔孟之道之类的称谓以及与此相关的用政治、伦理标准划分诸子百家的做法难辞其咎。有鉴于此，在回答中国是否有哲学或重新解读中国哲学时，必须抛开类似于孔孟之道的话语称谓和思维框架，用内涵确定、严谨的范畴，按先秦乃至整个中国哲学发展的实际情况和特点来诠释其内涵意蕴和精神风采，才能还原其本真状态，揭示其脉络沿革和递变规律。

第十一章　孟子与荀子

儒家对人性问题的重视由来已久，早在先秦就已开始。孟子与荀子作为先秦儒家的主要代表则拉开了人性的善恶之争。孟子"道性善"，荀子主性恶，两人的观点针锋相对。事实上，孟子与荀子的人性哲学不仅有分歧、有对立，而且有一致性和相通性。孟子性善说与荀子性恶论之间的异同关系突出了儒家的理论特色，同时展示了儒学的丰富性和多样性。

第一节　不同判断和论证

《孟子》书曰："孟子道性善，言必称尧舜。"（《孟子·滕文公上》）性善是孟子对人性的基本看法和总体评价。对于人性，荀子旗帜鲜明地指出："人之性恶，其善者伪也。"（《荀子·性恶》）在此，荀子申明了自己的两点主张：一是人性是恶，一是善是人为。其实，这两点主张可以归结为一个结论——人性恶。善是人为，是对人性恶的补充。荀子之所以在论证人性恶的同时指出善是人为，与人性恶一样是针对孟子的观点有感而发，甚至可以说是为了反驳孟子的观点。

孟子的性善主张是针对告子的人性论提出的，这使孟子的性善说面临着双重任务，既要反驳告子的人性主张，又要对自己的性善主张进行论证。对于后者，孟子沿着逻辑推理与行为经验两个不同的方向展开：

其一，在逻辑推理上，孟子以同类的东西具有相似性为前提，推出仁义之善为人心所固有的结论。

孟子把先秦流行的类推原则运用到自己对人性问题的论证中，使同类相似成为他的人性哲学的逻辑前提。正是在这个意义上，孟子宣称："故凡同类者，举相似也，何独至于人而疑之？圣人与我同类者。"（《孟子·告子上》）这就是说，凡是同类的东西都是相似的，因而具有相同的属性、特点和功能。同类相似是中国哲学的一贯思路和逻辑原则，墨子乃至荀子等人的类推或推类思想都不出此范围。所不同的是，墨子和荀子侧重认知和逻辑领域的演绎，孟子则把同类相似运用于人性领域、并且奉为论证人性善的逻辑前提。正是循着同类相似这个逻辑前提，孟子得出了圣人与我是同类的结论。圣人与我同类的言外之意是，圣人与我具有相似性。那么，圣人与我所同然者又是什么呢？对此，孟子进一步展开了如下论证：虽然众口难调，但是，人人都爱吃名厨易牙做的食物，可见天下人之口具有相同的嗜好；天下人都爱听师旷演奏的音乐，可见天下人之耳具有相同嗜好；看见子都的人都说他是位美男子，可见天下人之目具有相同的嗜好。既然天下人之口、耳和目都有相同的嗜好，为什么说到心就没有相同的嗜好了呢？这在逻辑上讲不通。唯一合理的解释是，天下人之心与口、耳、目一样具有相同的嗜好。进而言之，天下人之心的这个相同嗜好是什么呢？那就是：理义。在孟子看来，圣人与我都有仁、义、礼、智之心，人心都悦以仁、义、礼、智为核心的理义。于是，他断言："口之于味也，有同耆焉；耳之于声也，有同听焉；目之于色也，有同美焉。至于心，独无所同然乎？心之所同然者，何也？谓理也，义也。圣人先得我心之所同耳。故理义之悦我心，犹刍豢之悦我口。"（《孟子·告子上》）按照孟子的说法，正如天下人之口、耳、目具有相同的嗜好一样，理义是天下人之心的共同嗜好，也是圣人与我心所同然。天下人之心都好仁义表明，人心都有向善的本能，人性是善的。

其二，在行为经验上，孟子通过具体例子反复证明善出自人的先天本能，仁、义、礼、智之善为人心所固有。

支撑孟子人性理论，使他坚信人性善的两个著名的例子是：

> 所以谓人皆有不忍人之心者，今人乍见孺子将入于井，皆有怵惕恻隐之心。非所以内交于孺子之父母也，非所以要誉于乡党朋友也，非恶其声而然也。（《孟子·公孙丑上》）

> 舜之居深山之中，与木石居，与鹿豕游，其所以异于深山之野人
> 者几希。及其闻一善言，见一善行，若决江河，沛然莫之能御也。
> （《孟子·尽心上》）

第一个例子证明，人面对孺子入井自然会产生恻怵之心，不由自主地上前救助。对此，孟子分析说，人之所以对小孩发出救助的行为，绝非与小孩的父母有交情，也不是想在乡里乡亲面前沽名钓誉，更不是讨厌那个小孩的哭声。既然如此，行为背后的动机和真正原因是什么呢？第二个例子揭示，常年独居深山老林中的舜在家与土石为伴、出门与野兽为伍，无异于没有经过教化和文明洗礼的野人。可是，当他听一善言、闻一善行时心中之善就像江河决堤一般势不可挡。这又是为什么呢？按照孟子的说法，这两个问题只有一个答案，那就是：人都有善良的不忍人之心，人的善举没有任何功利之心，完全出于先天本能。

正是在逻辑推理与行为经验的双重印证下，孟子完成了自己关于人性善的理论阐述和证明。

对于荀子来说，面对性善说的先声夺人，性恶论的论证显得尤为必要和紧迫。荀子对人性的论证从澄清概念内涵入手，始于对性伪、善恶的界定。

对于性与伪，荀子界定说："生之所以然者谓之性。性之和所生、精合感应、不事而自然谓之性。性之好、恶、喜、怒、哀、乐谓之情。情然而心为之择谓之虑。心虑而能为之动谓之伪。虑积焉、能习焉而后成谓之伪。"（《荀子·正名》）在荀子的视界中，性是生而自然、与生俱来的，属于先天的范畴；伪是人心思虑、选择和作为的结果，属于后天的范畴。性与伪是两个不同的概念，具有不容混淆的本质区别。一言以蔽之，性出于自然之本能，伪出于后天之积习。

与此同时，荀子对善与恶进行了界定："凡古今天下之所谓善者，正理平治也；所谓恶者，偏险悖乱也。是善恶之分也已。……今当试去君上之势，无礼义之化，去法正之治，无刑罚之禁，倚而观天下民人之相与也；若是，则夫强者害弱而夺之，众者暴寡而哗之，天下之悖乱而相亡不待顷矣。用此观之，然则人之性恶明矣，其善者伪也。"（《荀子·性

恶》）按照这个说法，善是符合仁义礼智、维护社会治安，恶是违背仁义礼智、危害社会安定。

澄清了性与伪、善与恶的概念内涵之后，荀子以性伪、善恶的定义为标准，通过对性伪、善恶进行比对，证明善与性没有交叉，善只是人为、不属于人性的范畴。依据荀子对人性进行的分析和鉴定，如果对人性中先天固有的本性任其自然、不加节制，势必带来纷争，影响社会治安。这证明人性中先天具有为恶的萌芽，故曰人性恶。至此，通过给性伪、善恶等概念下定义，荀子完成了两方面的论证：第一，人性为恶。第二，善是人为——总之，善不属于人性范畴。

两方面的结论相互印证，人性恶已成定局。尽管如此，荀子并没有就此停下探究，而是从各个角度反复对人性善恶予以阐释和论证。

其一，从人性的具体内容来看，人性中先天包含利欲成分。对此，荀子指出："饥而欲食，寒而欲暖，劳而欲息，好利而恶害，是人之所生而有也，是无待然而然者也，是禹、桀之所同也。"（《荀子·荣辱》）在荀子看来，与生俱来地欲利本性潜藏着巨大危险，如果不能有效地对之加以节制，势必危害社会或冲击仁义之善。

其二，从人的后天追求来看，人对仁、义、礼、智的追求不能证明这些事人性所固有，反而恰恰证明了人性中没有这些东西。荀子指出，相反相求，人对自己没有的东西梦寐以求，对自己已有的东西则兴趣索然。正如富有者不再追求财富，权贵者不再梦想权势一样，贫穷者梦想发财，卑贱者梦想权贵。人对仁、义、礼、智孜孜以求，恰好论证仁、义、礼、智不在人性之中。这在《荀子》中的表达是：

> 凡人之欲为善者，为性恶也。夫薄愿厚，恶愿美，狭愿广，贫愿富，贱愿贵，苟无之中者，必求于外；故富而不愿财，贵而不愿势，苟有之中者，必不及于外。用此观之，人之欲为善者，为性恶也。今人之性，固无礼义，故强学而求有之也；性不知礼义，故思虑而求知之也。然则性而已，则人无礼义，不知礼义。人无礼义则乱，不知礼义则悖。然则性而已，则悖乱在己。用此观之，人之性恶明矣，其善者伪也。（《荀子·性恶》）

其三，人性中没有向善的因素，善是圣人后天人为的结果。荀子特意强调，人之性恶，圣人之性也是如此。圣人制定了仁、义、礼、智之善并不意味着圣人性善，因为善源于圣人之伪而非圣人之性。为了阐明其中的道理，荀子运用陶匠制造器皿的比喻解释说：

> 夫陶人埏埴而生瓦，然则瓦埴岂陶人之性也哉？工人斲木而生器，然则器木岂工人之性也哉？夫圣人之于礼义也，辟亦陶埏而生之也，然则礼义积伪者，岂人之本性也哉？……然则圣人之于礼义积伪也，亦犹陶埏而生之也。用此观之，然则礼义积伪者，岂人之性也哉？……故人之性恶明矣，其善者伪也。（《荀子·性恶》）

其四，从现实存在来看，圣王、礼义是为了矫正人性之恶的，这些存在本身就已经雄辩地证明了人性中包含为恶的可能性。对此，荀子写道："直木不待檃栝而直者，其性直也。枸木必将待檃栝烝矫然后直者，以其性不直也。今人之性恶，必将待圣王之治、礼义之化，然后皆出于治、合于善也。用此观之，然则人之性恶明矣，其善者伪也。"（《荀子·性恶》）

荀子的上述论证交互辉映，重重递进，在一步步加固性恶的同时，把善从人性中彻底剔除，最终完全排除了有善存在于人性之中的可能性。

第二节　不同认定和取材

或道性善，或言性恶，孟子、荀子的观点显示了不可调和的差异和对立。究其原因，两人是从不同角度立论的，对人性的审视沿着不同的方向展开。如果说人包括自然属性与社会属性两个方面的话，那么，孟子与荀子则分别裁取了其中的一个方面。具体地说，孟子选取了人的社会属性，并由此得出了性善的结论；荀子则选取了人的自然属性，并由此得出了性恶的结论。孟子、荀子切入人性的不同视角与两人对人性或善或恶的不同判断和认定息息相关，乃至互为表里。从这个意义上可以说，孟子、荀子对人性或社会属性或自然属性的取材是判定人性善恶的延伸和证明材料。与此同时应该看到，两人对人性的不同截取是导致对人性不同判断的原因。如果认为仁、义、礼、智为心中固有势必得出性善的结论，正如把与生俱来的利欲视为走向偏险背乱的先天可能必然导致性恶的结论一样。在某种程度上可以说，正是切入点和取材的不同注定了孟子与荀子对人性的不同判断和认定。

孟子指出："人之有是四端也，犹其有四体也。"（《孟子·公孙丑上》）按照这个说法，人之四肢与四端（指仁、义、礼、智之善端，即"四心"）一样与生俱来，人应该是自然属性与社会属性的结合体。既然四肢与四心一样与生俱来，理应拥有相同的身份证明和来源出处，因而具有同等的天然合理性和意义价值。不仅如此，如上所述，孟子在逻辑上是根据人之口、耳、目等生理器官具有相同性而推导出人心固有理义而得出性善结论的。尽管如此，孟子却对四肢与四心区别对待，一面对四端寄予厚望，一面漠视四肢的存在——至少没有像对待四心那样由于与生俱来而将之归于性的范畴。孟子这样做的结局可想而知：与四端被归结为人性形成强烈反差——或者说伴随着四端成为人性的全部内容，与四端一样与生俱来的四肢被人性拒之门外。孟子不把人的自然属性——四体、形色归入人性的范畴，人性只指社会属性——仁、义、礼、智而言。对此，孟子强调："口之于味也，目之于色也，耳之于声也，鼻之于臭也，四肢之于安佚也，性也，有命焉，君子不谓性也。仁之于父子也，义之于君臣也，礼之于宾主也，智之于贤者也，圣人之于天道也，命也，有性焉，君子不谓命也。"（《孟子·尽心下》）

由此可见，孟子有意识地对人性进行了甄别和取舍。正是这种甄别和取舍使孟子尽管看到了四体与四心一样与生俱来，却始终把四肢排斥在人性之外。正是基于对人之存在的如此甄别和划分，孟子宣称："恻隐之心，人皆有之；羞恶之心，人皆有之；恭敬之心，人皆有之；是非之心，人皆有之。恻隐之心，仁也；羞恶之心，义也；恭敬之心，礼也；是非之心，智也。仁义礼智，非由外铄我也，我固有之也。"（《孟子·告子上》）在此，孟子明确把恻隐之心、羞恶之心、辞让之心和是非之心说成是人皆有之的共同本性，致使仁、义、礼、智成为人性的全部内容。更有甚者，与对四肢的冷漠形成强烈对比的是，孟子对四心如饥似渴，强调四心的每一心对于人之为人一个都不能少。这用他本人的话说便是："无恻隐之心，非人也。无羞恶之心，非人也。无辞让之心，非人也。无是非之心，非人也。"（《孟子·公孙丑上》）按照这个说法，四心都是人之为人的必要条件，不可缺少并不充分，只有四心同俱人才能成为人。不仅如此，孟子把仁义道德说成是天爵，由是，非由外铄、我固有之便成了仁、义、礼、智的题中应有之义。孟子之所以对人性的内容进行如此界说，基于对人之存在的有意识的甄别和选取。正如孟子所言："人之于身也，兼所爱。兼所爱，则兼所养也。无尺寸之肤不爱焉，则无尺寸之肤不养也。所以考其善不善者，岂有他哉？于己取之而已矣。体有贵贱，有小大。无以小害大，无以贱害贵。养其小者为小人，养其大者为大人。"（《孟子·告子上》）

进而言之，孟子之所以做如是选择，主要是在人与动物的区别层面立论的。有鉴于此，孟子强调仁、义、礼、智是人之为人的本质："仁也者，人也。合而言之，道也。"（《孟子·尽心下》）在他看来，作为人的本质规定，仁义礼智对于人至关重要：第一，仁、义、礼、智使人异于禽兽。孟子宣称："人之有道也，饱食煖衣，逸居而无教，则近于禽兽。圣人有忧之，使契为司徒，教以人伦：父子有亲，君臣有义，夫妇有别，长幼有序，朋友有信。"（《孟子·滕文公上》）第二，仁、义、礼、智是人间正道。这用孟子本人的话说便是：

夫仁，天之尊爵也，人之安宅也。（《孟子·公孙丑上》）

仁，人之安宅也；义，人之正路也。（《孟子·离娄上》）

仁，人心也；义，人路也。（《孟子·告子上》）

与孟子选取人的社会属性充实人性内容的做法恰好相反，荀子给性下的定义和对人性的论证都是截取人的自然属性进行的。把人性限制在自然属性之内是荀子的一贯做法。例如，他宣称："若夫目好色，耳好声，口好味，心好利，骨体肤理好愉佚，是皆生于人之情性者也，感而自然、不

待事而后生之者也。"（《荀子·性恶》）

在此，荀子把耳目口心肢体和由此而来的物质欲望视为人生而具有的东西，并归为性之范畴。这一规定使荀子对人性的界定着眼人的自然属性。正由于对人的自然属性和生理欲望的选取，致使利和欲成为荀子所讲的人性的主要内容：第一，对于人性之利的成分，荀子宣称："今人之性，生而有好利焉。"（《荀子·性恶》）这表明，人生来就有好利的本能，对利的追逐是人性的重要方面。第二，对于人性之欲的成分，荀子断言："今人之性，饥而欲饱，寒而欲暖，劳而欲休，此人之情性也。"（《荀子·性恶》）在此，荀子把贪图物利、饥食渴饮和好逸恶劳说成是人性的基本内容，致使贪利和欲望成为人性的两个重要方面。

第三节　不同态度和作为

对"人性是什么"的回答奠定了对人性能做什么的基础，甚至可以说"人性是什么"本身就包含着对人性能做什么、应该做什么的回答。与时同时，如果说对人性的判断和选取还停留在理论层面的话，那么，对人性的态度和作为则被提升到了操作层面，具有了前者所没有的实践意义。具体地说，孟子、荀子对人性的不同判断和选材奠定乃至决定了其对人性的不同态度和作为：基于对人性为善的判断和对四心的取材，孟子主张保养人性，存心、尽心是其对待人性的总体态度和主要做法；基于对人性为恶的判断和对利欲的取材，荀子主张变化人性，化性起伪、积习臻善成为其对人性的基本要求和主要作为。

认定人性善的孟子急切呼吁要保持天然之善性使之不失，尤其强调后天环境对人的本性的影响。为了强调后天环境对本性的破坏和保持本性的重要性，孟子以牛山之木为例生动地指出：

牛山之木尝美矣，以其郊于大国也，斧斤伐之，可以为美乎？是其日夜之所息，雨露之所润，非无萌蘖之生焉，牛羊又从而牧之，是以若彼濯濯也。人见其濯濯也，以为未尝有材焉，此岂山之性也哉？

虽存乎人者，岂无仁义之心哉？其所以放其良心者，亦犹斧斤之于木
也，旦旦而伐之，可以为美乎？其日夜之所息，平旦之气，其好恶与
人相近也者几希，则其旦昼之所为，有梏亡之矣。梏之反复，则其夜
气不足以存；夜气不足以存，则其违禽兽不远矣。人见其禽兽也，而
以为未尝有才焉者，是岂人之情也哉？故苟得其养，无物不长；苟失
其养，无物不消。（《孟子·告子上》）

牛山之木尝美，人的本性至善，但"尝"只是说本来或曾经如此并不
代表现在。由于处在大国之郊，尽管树木在阳光雨露的滋润下日夜生长，
可斧斤之伐、牛羊之牧最终还是使牛山变成了濯濯不毛之地。人性虽然生
来本善，但是，物利的诱惑和环境的熏染使人随时都有丧失本性的可能。
正如失去保养本性会丧失殆尽一样，呵护保养可使本性充实丰沛。如此说
来，保养对于人性（本心）至关重要，于是，孟子把"养心"奉为修养方
法和人生追求。

与孟子谆谆教导养性有别，荀子一再动员人们改变本性，对性加以后
天的人为。第一，荀子揭示了人性自身的缺陷，在他给人性所下的定义中
已经包含着利欲的成分和犯上作乱的可能。第二，荀子论证了性伪关系：
"性者，本始材朴也；伪者，文理隆盛也。无性，则伪之无所加；无伪，
则性不能自美。性、伪合，然后成圣人之名，一天下之功于是就也。故曰：
天地合而万物生，阴阳接而变化起，性伪合而天下治。"（《荀子·礼论》）

在荀子看来，天然的人性是朴素的资质，后天的人为是美丽的华彩；
二者不仅相互区别、不容混淆，而且相互联系、缺一不可。正如离开人
性、人为由于没有加工的原料而失去用武之地一样，离开人为，人性不能
自行完美。正是在朴素的人性与华美的人为的相互结合中成就了圣人。可
见，在荀子的视界中，无论是人性自身的欠缺还是性伪关系都证明了改变
人性的必要性、迫切性和正当性。所不同的只是，前者是从消极的方面说
的——人性自身的缺陷使人不得不对之加以改变，后者是从积极的方面说
的——要想文质彬彬、臻于圣人，就要在化性起伪中使人性日益完善。

在确定了对待人性的原则态度之后，孟子、荀子阐明了对待人性的具
体作为。在这方面，如果说孟子突出存心、尽心的内在修养的话，那么，

荀子则重视接近良师益友和君上师法的外在强制。

孟子讲人性是针对心而非身而言的，人性具体指四端、四心，因此，保养本性就是养心。具体地说，孟子养性的方法有积极与消极之分：

其一，从积极的方面说，即充分扩大先天的善良本性。在这个意义上，保养本性之善就是存心，而存心、养心也就是充分显露先天固有的善良本性，即尽心。按照孟子的说法，人生来就有良知良能，保持本性、保养本心就是使仁义礼智之善端大而化之。对此，孟子宣称："人之所不学而能者，其良能也；所不虑而知者，其良知也。孩提之童，无不知爱其亲者；及其长也，无不知敬其兄也。亲亲，仁也；敬长，义也。无他，达之天下也。"（《孟子·尽心上》）这就是说，仁义礼智是人不待虑而知、不待学而能的本能，通过尽心使先天本能得以充分显露和发挥便可无往不胜。在这个意义上，保持和显露善良本性的过程与尽心、存心是一致的：一方面，养心体现为存心和尽心；另一方面，通过尽心、存心可以使先天的善良本性充分发挥出来，从而达到养心的目的。于是，孟子自信地宣布："尽其心者，知其性也。知其性，则知天矣。存其心，养其性，所以事天也。殀寿不贰，修身以俟之，所以立命也。"（《孟子·尽心上》）

其二，从消极的方面说，即"求放心"。孟子强调，后天环境的熏染和物质欲望的引诱使人的善良本性随时都有沦陷的可能，万一本性丧失也不能自暴自弃，而应不遗余力地把丢失的善良本性找回来。寻找丢失的善良本性，孟子称之为"求放心"。总之，为了保护人性之善，孟子把养心、存心、尽心和求放心视为对待人性的主要办法。在他看来，对于善良本性的保持来说，消极的方法与积极的方法、求放心与存心、尽心一样重要，有时甚至把全部的道德修养都归结为求放心。对此，孟子一再断言：

　　大人者，不失其赤子之心者也。（《孟子·离娄下》）

　　学问之道无他，求其放心而已矣。（《孟子·告子上》）

对人性恶的认定加剧了荀子改变人性的迫切心情，化性起伪的思路和做法更使后天的人为具有了不容置疑的重要性。具体地说，荀子所讲的人为，一项重要的内容便是学习。荀子一直强调以后天的学习改变先天的性恶，告诫人们一刻也不可以停止学习。《荀子》一书始于《劝学》，该篇的第一句话便是"君子曰：学不可以已"。荀子所讲的学习内容是义；目的是远离禽兽，完善人性。这正如荀子所指出的那样："故学数有终，若其义则不可须臾舍也。为之，人也；舍之，禽兽也。"（《荀子·劝学》）在此，荀子不否认学习的主观自觉性，同时重视外部环境对人的影响和熏染。因此，他强调接近良师益友、在良师益友的影响和熏习下化性起伪，同时重视师法的作用，认为"人之生，固小人，无师、无法，则唯利之见耳。"（《荀子·荣辱》）这表明，在荀子那里，学习就是一个在良师益友以及礼法的帮助、影响和威慑下不断化性起伪、臻于性善的过程。

总之，在对待人性的态度上，孟子与荀子的做法一是养——保养本然状态，一是化——改变本来面目。这是两种不同——确切地说相反的思路和做法。正是在相反思路的策划下，孟子寄希望于养心、存心、尽心和求放心，荀子着力于后天的学习尤其是良师益友的影响和君上师长的引导。尽管都不排除主观自觉，其间还是呈现出一个诉诸内因、一个渴望外力的差异。在这方面，如果说孟子遵循反省内求路线的话，那么，荀子则踏上了向外求索的征程。

第四节　不同调控和利导

人性问题从来都不是纯粹的理论问题，不仅包含着较强的操作性，而且往往牵涉政治哲学和统治方略。在孟子、荀子那里，对人性的作为不仅是个人的道德修养，而且是国家的行政行为；人性完善的目标不仅是个人的超凡入圣，而且是社会的稳定和谐。两人之所以对人性问题兴趣盎然，其理论初衷无非是在人性之中寻找治国平天下的理论根基。在这方面，孟子由性善说引出了仁政王道，荀子从性恶论推出了隆法尚礼。

关于治国方案和政治原则，孟子继承了孔子的德治传统，高擎仁政的大旗。如果说在孔子那里由于缺少合理性证明，德治只能停留于一厢情愿的话，那么，在孟子这里，人性的根据和依托使仁政获得了正当性和合理性。进而言之，为仁政的可行性和正当性提供辩护的便是"恻隐之心，人皆有之"的性善说。仁政与人性的内在联系，正如孟子所云："人皆有不忍人之心。先王有不忍人之心，斯有不忍人之政矣。以不忍人之心，行不忍人之政，治天下可运之掌上。"（《孟子·公孙丑上》）在此，孟子在肯定人性与政治方案之间具有内在联系、把人性说成为政之前提的基础上，用人生来性善的性善说论证了仁政（"不忍人之政"）的可能性：第一，从仁政的制定和出台来看，先王的善性决定了其不忍心用残酷的法治桎梏人民，由于心怀恻隐推出了不忍人之政。第二，从仁政的贯彻和执行来看，百姓的善性保证了仁政的贯彻和落实。因为人皆有不忍人之心，不忍人之心并非先王所特有，百姓与先王一样嗜悦仁义、听从仁政的引导。关于性善与仁政的一脉相通，韩非的思想是极好的佐证。基于人性自私自利、信凭法术而治的韩非举了这样一个例子：

> 今有不才之子，父母怒之弗为改，乡人谯之弗为动，师长教之弗为变。夫以父母之爱、乡人之行、师长之智，三美加焉，而终不动，其胫毛不改。州部之吏，操官兵，推公法，而求索奸人，然后恐惧，变其节，易其行矣。故父母之爱不足以教子，必待州部之严刑者，民固骄于爱、听于威矣。（《韩非子·五蠹》）

在这个例子中，韩非通过父母、乡邻和师长的教诲与酷吏、官兵和法律的威慑之间的鲜明对比揭示了道德说教的软弱与法制手段的有效，在表达其推行法制及反道德主义的思想主张的同时从反面证明了性善说对仁政的理论支持和奠基作用。试想，如果人性诚如韩非所言自私自利、唯利是图的话，那么，以礼乐教化、道德引导等说教手段为主的仁政便显得空洞虚伪、苍白无力，而不如法律的强制来得有力和直接。孟子的性善说对仁政的支持着重从两方面展开，在施治和受治主体的道德素质的相互印证、相得益彰中彰显了仁政的合理性和正当性。

如果说以道德手段治国平天下是儒家的共同主张的话，那么，荀子的思想则带有某种特殊性，其具体表现就是主张隆礼尚法，重视法律在治理国家中的作用。于是，他一而再，再而三地断言：

礼义者，治之始也。(《荀子·王制》)

法者，治之端也。(《荀子·君道》)

隆礼尊贤而王，重法爱民而霸。(《荀子·王制》)

其实，荀子对性恶的判断已经流露出弘扬法律的思想端倪，其对人性具体内容的选取更是为法律的行使提供了广阔空间。最能反映荀子依法而治的是其对待人性的具体做法，化性起伪少不了法礼，法礼与君上、师长一起成为化性起伪的标准、途径和方法。可见，荀子对法制的重视与其人性理论休戚相关，在某种程度上可以说，激发荀子法律兴致的主要原因之一便是对人性恶的认定。换言之，性恶论决定了荀子对礼法的重视和推崇。正因为认定人性中先天包含着利欲成分而不能自行完美、不加节制就可能引起社会混乱，荀子才推崇礼法，把礼法视为调控人性之恶的基本方法和主要手段。

总之，孟子的性善说引出了仁政的可行性，荀子的性恶论推导出礼法的必要性。在行政理念和价值取向的层面上，仁政与礼法是两种完全不同的统治方案和行政路线，具有崇尚道德自觉与信奉法律强制之异。在具体贯彻和实际操作的层面上，性善说坚信受众基于善性的主观自觉，在施政方针和治国手段上，坚持以道德引导和说教为主，心仪以理服人的王道、蔑视以力服人的霸道。孟子心仪的王道以礼乐教化为本，判断王道与霸道的根本标志之一便是推行仁政还是力政。无论是在王道与霸道的区别还是仁政的具体规划中，孟子都一再强调以德服人王天下，并反对以武力威慑为主要手段的暴政。在他看来，王道、仁政以仁得天下，暴政、力政必然由于不仁而失天下。这些看法使孟子始终把礼乐教化、道德引导奉为主要的行政手段。性恶论着眼于受众作恶的可能性，信凭外在的威慑——无论是君上、师长还是礼法在荀子的化性起伪中都有强制因素。在荀子那里，除了接近良师益友学习积善之外，君师长的作用不可低估。荀子对君上、师长和礼义法度的推崇本身就使强制成为题中应有之义。正因为信凭强制、并在此基础上推崇法制的作用，有人把荀子归为法家学派。这从一个侧面反映了孟子与荀子对人性的引导和基于人性的政治路线具有温良与威猛之别。

与对道德自觉、法律强制的不同侧重相联系，从社会效果和实际功用来看，如果说性善说论证了受众（受治主体）接受统治的可能性和统治秩序的可行性的话，那么，荀子的性恶论则为受众接受统治及统治秩序的必要性和迫切性做辩护。正如孟子在仁政的产生和推行、施治和受治主体的双重印证中阐明了仁政的可能性和可行性一样，荀子的性恶论使受众接受教育和统治拥有了十足的必要性，师法也成为必不可少的。

对于性善说与性恶论对于统治秩序的可行性与必要性的不同侧重，荀子本人有清醒的认识和理解。众所周知，正如孟子的性善说是针对告子的人性无善无不善有感而发一样，荀子的人性学说在某种程度上可以说是为了反驳孟子而提出来的。他之所以坚决反对孟子的性善说，一个主要理由就是性善说会导致"去圣王，息礼义"的后果——不仅圣王、礼法变成了多余的，而且淡化百姓接受统治的必要性和迫切性，造成不良的社会影响。依照荀子的逻辑，𣂏栝的产生由于枸木的存在，绳墨的兴起由于曲线的存在，君上、师长和礼义等规范的存在是因为人之性恶。这样说来，正如枸木、曲线证明了𣂏栝、绳墨的价值一样，君上、师长和礼义法度的价值存在于性恶之中。循着这个逻辑，如果人性真的如孟子所说的那样先天就有仁义礼智之善、能够自觉从善如流的话，那么，圣王、礼义对于这样的人性又何以复加呢？可见，主张性善等于否定了圣王、礼义的存在价值，圣王、礼义成了没有任何必要的虚设。这对于荀子来说显然是无法接受和容忍的。相反，承认了人性恶，也就等于证明了圣王、礼义和法度的必要性。于是，荀子不止一次地宣称：

故善言古者，必有节于今；善言天者，必有征于人。凡论者，贵其有辨合、有符验。故坐而言之，起而可设，张而可施行。今孟子曰"人之性善"，无辨合符验，坐而言之，起而不可设，张而不可施行，岂不过甚矣哉？故性善，则去圣王、息礼义矣；性恶，则与圣王、贵礼义矣。故𣂏栝之生，为枸木也；绳墨之起，为不直也；立君上，明礼义，为性恶也。（《荀子·性恶》）

今诚以人之性固正理平治邪，则有恶用圣王、恶用礼义矣哉？虽有圣王礼义，将曷加于正理平治也哉？今不然，人之性恶。故古者圣人以人之性恶，以为偏险而不正、悖乱而不治，故为之立君上之势以临之，明礼义以化之，起法正以治之，重刑罚以禁之，使天下皆出于治、合于善也。是圣王之治而礼义之化也。（《荀子·性恶》）

第五节　孟子、荀子的人性哲学与儒家特色

上面的介绍表明，孟子的性善说与荀子的性恶论显示了种种差异和对立：在对人性的判定上，一为善，一为恶；在对人性的截选上，一为社会属性，一为自然属性；在对人性的作为上，一为养、一为化，一内求、一外索；在对人性的利导上，一尚仁、一隆法，一可能、一必要……然而，透过这些现象便会发现，无论是性善说、性恶论的理论本身还是其对中国后续思想的影响都有互补、相通的一面，尤其是其价值取向和思维方式呈现出深层的相通性和相同性。

一　价值判断而非事实判断

对人性问题的探讨可以是事实层面的，也可以是价值层面的。事实式的探讨围绕人性是何展开，注重事实之真伪，对客观性情有独钟；价值式的探讨围绕人性如何展开，关心善恶之价值，洋溢着主观情怀。面对事实与价值这两种不同的思维方式和致思理路，孟子、荀子对人性的研究都毅然决然地投于价值之麾下。

孟子、荀子在价值而非事实层面对人性的探讨主要表现在三个方面：第一，在对人性的认定和判断上，不仅认定人性是什么，而且更热衷于对人性的善恶判断。正如《孟子》书中明确地说"孟子道性善"，把性与善联系在一起一样；荀子明确宣布人性恶，致使"故人之性恶明矣，其善者伪也"成为名言名句。与此同时，荀子还作有《性恶》篇，直接申明自己

的性恶判断和主张，并从各个角度进行了论证。这表明，孟子、荀子对人性的认定和探讨都属于价值判断而非事实判断。第二，在理论侧重和言说方式上，对人性的阐释始终围绕着善恶展开，不仅使性善、性恶成为著名的命题和响亮的口号，而且对之倾注了极大的热情，都有对人性究竟是善还是恶的证明。孟子对性善的论证从逻辑推理和行为经验同时进行，使两个方面的结论相互印证，可谓用心良苦。荀子对性恶的论证始于性伪、善恶的逻辑概念，又包含对人性的本然状态、后天追求以及圣凡比较等内容，构成其人性哲学的主体内容。与对性善、性恶的过分关注和热衷相对应，孟子、荀子对人性具体内容的说明显得单薄，且很多时候是作为性善或性恶的证明材料出现的，显然不是关注的焦点。第三，孟子、荀子没有停留在人性是什么上，而是始终对人"应是"什么充满期待，通过人性的作为而成为道德完善的圣人是其宏图大愿和共同理想。价值判断与事实判断是两种不同的思路，体现了不同的思维方式和价值取向。循着这个逻辑，孟子、荀子对人性进行价值判断的同时，已经流露了扬善抑恶的价值取向和人生追求。

二　善恶标准的一致性

热衷于对人性进行价值判断和探讨决定了在孟子、荀子的人性哲学中善恶比真伪更引人注目，因此，用善恶标准去框定、衡量人性便成为其人性哲学的相同之处。其实，不仅用善恶来衡量人性、对人性进行价值判断的做法相同，孟子、荀子对善恶的认定、理解也别无二致。换言之，被孟子、荀子用以判断人性的善恶标准是一样的。这一点在两人对人性的善恶判断中已经初露端倪：孟子之所以断言人性善，理由是良知、良能与生俱来，人性中包含仁义礼智之萌芽；反过来，理义的与生俱来本身即证明人性是善的。这表明，孟子所讲的善指仁、义、礼、智之道德或符合道德的行为。在荀子对善恶的界定中，善即正理平治，仁、义、礼、智之道德或符合理义法度的行为为善；恶即偏险悖乱，利欲带来的违背礼义法度或不利于社会安定的观念和行为为恶。可见，在对善恶的理解上，孟子、荀子的看法基本一致——善与道德如影随形、以道德为惟一标准，并且都把欲、利归之于恶。孟子、荀子都强调欲利与善对立，并在此基础上对耳、目、口、鼻等身体器官和生理欲望存有戒心。例如，孟子对待人性的根本态度和主要做法是保养本心之善，而具体方案即摈弃物质欲望、远离物利。在此，孟子强调人心的最大敌人就是物质欲望，养心就应该减少物质欲望，进而得出了"养心莫善于寡欲"的结论："养心莫善于寡欲。其为人也寡欲，虽有不存焉者，寡矣；其为人也多欲，虽有存焉者寡矣。"（《孟子·尽心下》）

这从一个侧面表明，孟子之所以尽心是为了加强道德修养的主观自觉，用道德理性来约束人的生理欲望，以免被物欲所蒙蔽而使善良本性丧失殆尽。同样，荀子之所以判定人性恶——是因为人性中生来具有欲、利等成分，断言人性恶的本身就含有利欲是恶的价值判断。更为明显的是，在通常情况下，天然性往往代表着正当性和合理性。荀子却在宣称利和欲为人性所固有的同时，不是对其放任自流，而是一面以死而后已的不倦学习改变人性，一面对利欲加以道义引导和合理节制。对于欲，荀子指出："故虽为守门，欲不可去，性之具也。"（《荀子·正名》）欲的与生俱来没有作为纵欲的借口，相反，荀子呼吁用礼来节制和引导之，正确的做法是用礼来"养人之欲，给人之求"。同样，对于利，荀子主张先义而后利。

三 圣人情结

孟子、荀子对人性进行价值而非事实判断本身就意味着他们的兴奋点不在人是什么上，而是饱含着对人"应是"什么的渴望和期盼。接下来的问题是，由于以仁义礼智之道德为善，由于儒家历来视圣人为道德完善的榜样，于是，圣人便成为孟子、荀子对人的最大期待和模塑。无论是对人性的判断、选取还是对待都以超凡入圣为鹄的，圣人是孟子、荀子人性哲学共同的理想人格和最终目标。

孟子、荀子对待人性的态度恰好相反：一个保养，一个改变。之所以如此，是因为两人对人性一善一恶的价值判断。基于对人性的不同判断，凭着对待人性的不同方法，孟子、荀子的人性哲学最后都驻足于使人臻于善而远离恶、成为圣人上，可谓殊途同归。孟子对人性的论述始终强化人与动物的界限，这使完善人性还原为远离人的自然本性而成为圣人的过程。对此，孟子一再强调：

> 形色，天性也；惟圣人然后可以践形。（《孟子·尽心上》）

> 从其大体为大人，从其小体为小人。……耳目之官不思，而蔽于物。物交物，则引之而已矣。心之官则思，思则得之，不思则不得也。此天之所与我者。先立乎其大者，则其小者弗能夺也。此为大人而已矣。（《孟子·告子上》）

按照孟子的说法，体与心虽然都与生俱来，但是，二者的功能和作用却截然不同。正是在或为利或为义，或纵体或尽心的作为中，人有了君子与小人之分。面对这两种迥然悬殊的后果，孟子让人"先立乎其大者"，在尽心中成就大人事业。

荀子把学习的目标锁定在为圣人上，并且呼吁："学恶乎始？恶乎终？曰：其数则始乎诵经，终乎读《礼》；其义则始乎为士，终乎为圣人。"（《荀子·劝学》）荀子之所以振臂高呼学习的至关重要性，是因为学习是通往圣人之途。在此，与其说荀子是对学习如饥似渴，不如说是朝圣的情真意切。

孟子、荀子不仅表达自己对圣人的期待和渴望，而且在人性中挖掘人成为圣人的先天资质和潜能。在人成为圣人的资格论证方面，孟子的名言"人皆可以为尧舜"（《孟子·告子下》），"涂之人可以为禹"（《荀子·性恶》）则是荀子的座右铭。因为人生而性善，只要保持本性而不使其丧失，便可以道德完满，于是成为圣人。在孟子那里，一切都顺乎自然，成为圣人似乎是先天注定、顺理成章的事。与此相比，断言人性恶似乎使人远离了圣人。其实不然。在荀子那里，天然的性恶不仅不是成圣的障碍，反而使圣人事业有了切实的下手处和着力点。荀子认为义与利是"人之所两有"，义为人通往圣人大开方便之门。不仅如此，在对可能性与现实性关系的阐释中，荀子强调人人皆具备成为圣人的资格："故小人可以为君子而不肯为君子，君子可以为小人而不肯为小人。小人君子者，未尝不可以相为也，然而不相为者，可以而不可使也。故涂之人可以为禹，则然；涂之人能为禹，未必然也。虽不能为禹，无害可以为禹。"（《荀子·性恶》）

在荀子看来，成为君子或小人不仅有客观条件而且有主观条件，不仅有先天资质而且有后天人为。就可能性而言，人人都具备成为圣人的先天条件和资质，之所以没有成为圣人绝对不是不具备资格。也就是说，普通人之所以没有成为圣人，不是没有先天的条件，而是后天的努力不够。其实，从先天本性和潜能来看，人与圣人是一样的。圣人并不是天然成就的，圣人的过人之处不是先天的资质而是后天的人为和努力。于是，荀子声称："尧、禹者，非生而具者也，夫起于变故，成乎修，修之为，待尽而后备者也。"（《荀子·荣辱》）

如果断定圣人天生就是圣人，也就等于把一部分甚至是大多数人排斥在圣人的门外。在此，荀子之所以不厌其烦地宣布圣人与普通人在先天本性上是一样的，目的是在常人与圣人具有相同的资质中督人向善、成为圣人。

四　人性与礼乐教化

孟子、荀子的人性哲学并没有始终囿于这一领域，最终都延伸到了政治领域。正如两人对人性的甄别与政治原则有关一样，在孟子、荀子的视界中，人性是实施治国的根基。因此，人性哲学在前，政治哲学紧随其后。与此同时，孟子、荀子所投身的圣人事业不限于精英层面而是面向大众的全民式运动，这使人性只是作为起点存在，并且只有与后天的学习和教化联系起来才有意义。有鉴于此，无论性善说还是性恶论均与统治方案有关，无论是保养还是改变人性均需动用后天的人为和努力。后天的人为和努力从个人来说即道德修养，从统治方案来说即推行礼乐教化。于是，举办各类学校、实施礼乐教化成为孟子、荀子的共同设想。孟子向往的仁政、王道在百姓衣食无忧之后设立各种学校，宣讲人伦道德，实行礼乐教化。他多次写道：

不违农时，谷不可胜食也。数罟不入洿池，鱼鳖不可胜食也。斧斤以时入山林，材木不可胜用也。谷与鱼鳖不可胜食，材木不可胜用，是使民养生丧死无憾也。养生丧死无憾，王道之始也。五亩之宅，树之以桑，五十者可以衣帛矣。鸡豚狗彘之畜，无失其时，七十者可以食肉矣。百亩之田，勿夺其时，数口之家可以无饥矣。谨庠序之教，申之以孝悌之义，颁白者不负戴于道路矣。七十者衣帛食肉，黎民不饥不寒，然而不王者，未之有也。（《孟子·梁惠王上》）

设为庠序学校以教之；庠者，养也；校者，教也；序者，射也。夏曰校，殷曰序，周曰庠，学则三代共之，皆所以明人伦也。人伦明于上，小民亲于下。（《孟子·滕文公上》）

荀子对学习的如饥似渴、竭力呼吁都与教化有关。不仅如此，荀子对礼十分重视，奉之为自己伦理体系的核心。对于礼，荀子不仅阐明了其来源、作用和特征，而且从个人的日常生活到国家的政治生活、从情感到内容逐一进行了规定，使礼乐教化落到实处，具体而详尽。正因为对礼乐教化的重视，荀子不仅著有《礼论》，而且著有《乐论》，试图在两者的相互作用中成就圣人事业。

孟子、荀子重视礼乐不是为了"极口腹耳目之欲"，满足感官刺激，而是陶冶人的心灵，达到"同民心而出治道"的境界。进而言之，对人性进行价值判断、善恶引导和道德审视注定了孟子、荀子政治哲学的伦理本位，即儒家有别于百家的伦理政治。在这里，政治是伦理、道德的推行和强化。孟子要求统治者"与民同乐"，荀子强调君人者的榜样作用以及两人的哲学王情结和仕途情结均属于此。在这方面，孟子不仅以救世者自居、发出了"当今之世，舍我其谁"的豪言壮语，而且具有"达则兼善天下"的抱负。荀子与孟子一样有周游列国、寻找仕途的经历，而且拥有同样的圣贤在位的渴望。归根结底，这些都是为了推行礼乐教化、并在督人向善中成就全民的圣人事业。

总之，对人性的价值判断、善恶标准、圣人情结和礼乐教化构成了孟子、荀子人性哲学的一致性，也是儒家的道德理想和追求在人性哲学领域的具体反映。其实，孟子、荀子对人性的不同看法如善与恶的判断、养与化的对待以及道德自觉与法律强制的调控等都基于对人性或社会属性或自然属性的不同截取，其中洋溢着相同的伦理本位和道德诉求。伦理本位和道德诉求不仅拉近了孟子、荀子人性哲学的距离、体现了儒家的一贯追求，同时显示了与其他各家的学术分野。

其一，对人性进行价值判断。把人性归于善或恶是孟子、荀子的共识，也是儒家的一贯做法。例如，在对人性是什么的认定上，告子所说的"生之谓性"与荀子对性的界定——"生之所以然者谓之性"（《荀子·正名》）同义、都把性归为先天的范畴；同时，告子的"食色性也"与荀子所讲的"食，欲有刍豢；衣，欲有文绣；行，欲有舆马；又欲夫余财蓄积之富也；然而穷年累世不知不足，是人之情也"（《荀子·荣辱》）都把食色之欲视为人与生俱来的本性。此外，韩非每每指出：

> 好利恶害，夫人之所有也。……喜利畏罪，人莫不然。（《韩非子·难二》）

> 夫安利者就之，危害者去之，此人之情也。……人焉能去安利之道而就危害之处哉？（《韩非子·奸劫弑臣》）

不难看出，韩非的这些说法与荀子不仅思想一致，而且连话语结构都如出一辙。可见，在把人性的具体内容归结为自然属性上，荀子和告子、韩非同道，与孟子相去甚远。然而，由于对人性进行的是价值而非事实判断，荀子并没有停留在人性是什么的层面上，而是及时地用恶去判断人性，这为其通过后天的人为改变人性提供了前提。荀子的这一做法与告子、韩非等人大相径庭，在本质上与孟子相契合。

其二，对待人性的做法是有为而非无为。断言人性善的孟子并没有对人性坐享其成，而是呼吁通过尽心、存心和求放心保养善性；宣称人性恶的荀子也没有自暴自弃，而是竭力呼吁通过后天的人为改变人性。这表明，孟子、荀子没有放任人性之自然，恰恰相反，无论养还是化都以人性可变为前提，并且本身就包含对人性施加作为的意思。孟子、荀子对人性的积极作为体现了儒家孜孜不倦、自强不息的一贯作风。在这方面，孟子、荀子的做法显示了不同于道家、法家的价值取向和人生追求。道家与法家一个认为人性是天然素朴，一个认为人性自私自利，可谓相差悬殊。但在对人性的作为上却都崇尚无为而治。道家尤其庄子认为，人性的天然素朴状态是真、是善、是美，为了保持天然本性，必须去知、去情，一切都任其自然。在此，无为既是个人的修身养性之方，也是国家的平治之术。道家和法家无为的处世原则与统治方案密切相关，庄子要求对百姓实行"天放"，韩非的法治思想在某种程度上就是因循人性本然、无为而治的结果。

其三，对人性作为的实质是积善去恶。孟子、荀子之所以一个主张保养人性、一个主张变化人性，是因为一个认为善与生俱来、一个认为人性为恶。两人对人性的作为和切入点不同，对善的追求和对恶的摈弃却是一致的。正因为如此，在孟子、荀子那里，不仅讲人性是什么，更在意人性是善还是恶；不仅讲人性为善为恶，更把精力投入到扬善去恶上。与此不同，韩非只讲人性是什么而不对之做善恶划分，因此，人性的天然性必然隐藏着自然性和合理性。荀子依据人性中包含利欲成为断言人性恶，进而以后天之伪改变人性之恶。法家认定人皆自为即人都自私自利。慎到指出："人莫不自为也。"（《慎子·因循》）商鞅也说："民之于利也，若水之于下也。"（《商君书·君臣》）韩非认为，人"皆挟自为心也"，人们的所作所为都是为了利己。"自为心"是人的自然本性，不具有"仁"或"贼"的道德意义，而且是不可改变的。人人利己导致人人"异利"，相互以"计算之心相待"，是赤裸裸的利益关系。尽管韩非把人的本性和人与人之间的关系描述得如此丑恶，然而，对于对人性进行事实判断的他来说人性的自私自利并不是恶，相反，利、欲作为人性之本然成为正当性的代名词。在某种程度上可以说，"凡治天下，必因人情"的法治思想正是为了迎合人对利欲的追求。

其四，用以判断和对待人性的善恶标准是儒家式的道德。孟子、荀子对人性进行价值判断的标准是善恶，其善恶标准的一致性在不同学派的映衬下更加鲜明和清楚。老子、庄子代表的道家也崇尚道德，但其道德绝非儒家所讲的仁、义、礼、智。相反，庄子认为仁义尤其是礼破坏人性之本然，是导致虚伪的罪魁祸首。有鉴于此，他强调善恶并不是儒家的仁义道德，而是保持天然本性；与善相对应，恶指对天然本性的破坏、损伤或戕害，仁义礼智当然也包括在内。在这个意义上，庄子把儒家提倡的仁、义、礼、智视为道德之大敌：

> 屈折礼乐，呴俞仁义，以慰天下之心者，此失其常然也。天下有常然。常然者，曲者不以钩，直者不以绳，圆者不以规，方者不以矩，附离不以胶漆，约束不以纆索。故天下诱然皆生，而不知其所以生；同焉皆得，而不知其所以得。（《庄子·骈拇》）

> 吾所谓臧者，非仁义之谓也，臧于其德而已矣；吾所谓臧者，非所谓仁义之谓也，任其性命之情而已矣；吾所谓聪者，非谓其闻彼也，自闻而已矣；吾所谓明者，非谓其见彼也，自见而已矣。（《庄子·骈拇》）

第六节　先秦人性哲学的一致性以及对后世的影响

作为孟子、荀子人性哲学的相同之处，如果说伦理本位体现了儒家思想的一贯追求、显示了不同于诸子百家的理论特色的话，那么，强调人生而平等不仅是两人思想的相同点，而且是先秦人性哲学的共同特征。

无论孟子的性善说还是荀子的性恶论都认为在本性或本能上人是平等的。在孟子那里，作为人生而性善的根据和内容，恻隐之心、羞恶之心、辞让之心和是非之心人人同具，无有不同。不仅如此，在人生来就有四体、四心上，人人平等，无一例外。与此同时，为了强调人在本性上是一样的，没有任何先天差别，孟子指出人的一切差异都是后天形成的，与先天的本性无关。这便是："富岁，子弟多赖；凶岁，子弟多暴。非天之降才尔殊也，其所以陷溺其心者然也。"（《孟子·告子上》）为了突出在本性上人人平等，主张人性恶的荀子宣称人人性恶——普通人如此，圣人也不例外。对此，他一而再，再而三地强调：

> 材性知能，君子、小人一也。好荣恶辱，好利恶害，是君子、小人之所同也。（《荀子·荣辱》）

> 凡人之性者，尧、舜之与桀、跖，其性一也；君子之与小人，其性一也。（《荀子·性恶》）

> 饥而欲食，寒而欲暖，劳而欲息，好利而恶害，是人之所生而有也，是无待而然者也，是禹、桀之所同也；目辨白黑美恶，耳辨音声清浊，口辨酸咸甘苦，鼻辨芬芳腥臊，骨体肤理辨寒暑疾养，是又人之所常生而有也，是无待而然者也，是禹、桀之所同也。可以为尧、舜，可以为桀、跖，可以为工匠，可以为农贾，在势注错习俗之所积耳。是又人之所生而有也，是无待而然者也，是禹、桀之所同也。（《荀子·荣辱》）

这就是说，君子与小人的生理素质和知识能力都是一样的，君子也有与小人一样的欲望。换言之，圣人之性也含有与普通人一样的恶。欲和利圣人与普通人同具，耳、目、口、鼻等身体器官及其认知能力也是凡人与圣人同具的，圣人与凡人在本性上完全一样，是生而平等的，绝无任何差异。现在的问题是，既然圣人与凡人生而平等，站在同一起跑线上，为什么会有尧舜与桀跖、君子与小人之别呢？与孟子一样，荀子把人与人之间的差别都归结为后天的人为："今将以礼义积伪为人之性邪，然则有曷贵尧、禹，曷贵君子矣哉？凡所贵尧、禹、君子者，能化性，能起伪，伪起而生礼义；然则圣人之于礼义积伪也，亦犹陶埏而生之也。"（《荀子·性恶》）

其实，强调人生而平等不仅是孟子、荀子的共识，而且是先秦人性论的一致看法。无论告子的"性无善，无不善也"（《孟子·告子上》）还是韩非的人性自私自利说都是就人"类"而非特殊的人群或个体而言的。作为先秦人性哲学的基本特征，强调在先天本性上人人平等而非差异是中国人性哲学的时代性。先秦人性哲学的这一特征在与后续的相互比较中则更加明显。

汉唐人性论习惯于对人划分等级,董仲舒的性三品论、皇侃的性分九品和韩愈的性情三品等都是典型的例子。

性三品说在汉代较为流行,最典型的例子是西汉董仲舒的人性思想。在人副天数的前提下,董仲舒伸张了自己的人性哲学:"天两,有阴阳之施;身亦两,有贪仁之性。"(《春秋繁露·深察名号》)根据人性之中所含成分的贪仁比例,董仲舒把人性分为上、中、下三品,即"圣人之性"、"中民之性"和"斗筲之性"(《春秋繁露·实性》)。其中,圣人之性只有仁没有贪、至善而无需教化,斗筲之性只有贪没有仁、至恶而无法教化,中民之性贪仁兼具、根据后天的教化可善可恶。有鉴于此,董仲舒开诚布公地讲其人性哲学主要针对中民之性。

王充认为性善是中人以上,性恶是中人以下,善恶混是中人之性。荀悦发挥刘向"性不独善,情不独恶"的观点,明确提出了"性三品"的概念,认为上品君子性善,下品小人性恶,中人则善恶混;仁与义是"道之本",体现在政治上是礼教与法治:礼教施于君子,"桎梏鞭扑"加于小人,对中人则"刑礼兼焉"。南朝时著名经学家皇侃(488~545)将性分为九品,这便是:

> 师说曰:就人之品识,大判有三,谓上、中、下也。细而分之,则有九也:有上上、上中、上下也,又有中上、中中、中下也,又有下上、下中、下下也,凡有九品。上上则是圣人,圣人不须教也;下下则是愚人,愚人不移,亦不须教也。而可教者,谓上中以下,下中以上,凡七品之人也。(《论语集解义疏·卷三》)

显而易见,皇侃沿袭了董仲舒的思路,只不过是更为细化了而已。唐代的韩愈第一次明确提出了性情三品说。韩愈则讲得更细:"性之品有三,……上焉整者,善焉而已矣;中焉者,可导而上下也;下焉者,恶焉而已矣。"(《原性》)按照他的说法,性是先天具有的,包括仁、义、礼、智、信五德;情是受到外界刺激产生的内心反映,包括喜、怒、哀、惧、爱、恶、欲七情。不同的人各自具有的五德参差不齐，致使人性有上、中、下三品之分。上品的人性是善的，中品的人性可善可恶，下品的人性是恶的。上品和下品的人性都不能改变。人的情也分为三品。上品的情一发动就合乎"中"，中品的情有过或不及、但大体上合乎"中"，下品的情则完全不合乎"中"。性的三品与情的三品相对应。

如果说性分品级侧重于在人群之中用善恶归类、把善恶分予不同的人使之有善恶或高低之分的话，那么，宋明理学家则使善恶集于一人之身。宋明理学家喜欢在人的共性与个性中伸张双重人性论。从二程、张载到朱熹都断言人性是双重的，一面在共性（天命之性或天地之性）至善中以圣贤为诱饵督人向善，一面在气质之性有善有恶中强化人的等级、并从本体哲学的高度为天生的等级做辩护。例如，朱熹一再断言：

　　禀得精英之气，便为圣，为贤，便是得理之全，得理之正；禀得清明者，便英爽；禀得敦厚者，便温和；禀得清高者，便贵；禀得丰厚者，便富；禀得长久者，便寿；禀得衰颓薄浊者，便为愚、不肖，为贫，为贱，为夭。（《朱子语类·性理》）

　　有人禀得气厚者，则福厚；气薄者，则福薄。禀得气之华美者，则富盛；衰飒者，则卑贱；气长者，则寿；气短者，则夭折。此必然之理。（《朱子语类·性理》）

汉唐哲学和宋明理学把人生来就分成三六九等，这种做法与先秦人性哲学完全不同。在此，需要说明的是，唐代李翱认为，"人之性皆善"，"百姓之性与圣人之性弗差"。孤立地看，这种说法承认百姓与圣人在本性上平等、与先秦并无差别。其实不然。事实上，李翱一面断言人性平等而无差别，一面断言人情有差，这便是："人之所以惑其性者，情也。喜、怒、哀、惧、爱、恶、欲七者，皆情之所为也。情既昏，性欺匿矣。"（《复性书·上》）这实际上是在圣人能保持先天本性、百姓为情所困甚至被情所惑中根据情之不同把人分成了不同等级。因此，在断言人性生而不等上，李翱的观点与汉唐人性哲学是一致的。

　　孟子、荀子人性哲学的相同点、不同点以及与其他学派的区别和一致共同勾勒了先秦人性哲学的概貌，从中可以看出，先秦人性哲学是多元并开放的：既有事实判断，又有价值判断；既有人性为善，又有人性为恶；既看到了人的自然属性，又看到了人的社会属性；既有因循人性之自然，又有改变人性之作为；既有人性爱他，又有人性自私。这是良好的学术氛围，也为后续发展搭造了良好的理论平台。尽管如此，与先秦的争鸣局面极不协调的是，秦后人性哲学逐渐由多元走向一元、由宽松走向垄断。伴随着儒家成为霸权文化，从两汉开始，对人性的探讨抛弃了事实判断。于是，道家和法家的人性论淡出了学术视野，只剩下孟子、荀子代表的价值判断，儒家的人性哲学成为强势话语乃至拥有了话语霸权。于是，人性论、心性之学仿佛成了儒家的专利。孟子、荀子对于儒家人性哲学在秦后取得霸权地位功不可没，秦后儒家人性哲学至尊地位的确定反过来也证明了两人的人性哲学存在相通、相合之处。

　　与此同时，孟子、荀子对人性进行价值判断时，一方选取人的社会属性，一方选取人的自然属性，而人带有自然和社会双重属性。与此同时，就对人性的调理和人性对统治秩序的支持而言，专注人的社会属性往往相信人内在的道德自觉，伸张统治秩序的可能性和可行性；执着于人的自然属性常常依赖外在的法律强制，突出统治秩序的必要性和迫切性。历代的经验证明，对于封建制度来说，可能性与必要性同样是必要的——正如对于统治方案的实施来说，道德引导和武力威慑一个都不能少一样。这使孟子、荀子一善一恶、一可能一必要、一自觉一威慑的各执一词恰成互补之势，后续者对两人的思想不是取一弃一，却是兼而取之。最明显的例子是，秦后对人性的认定不是单一的或善或恶，而是善恶兼备。例如，汉代的扬雄和王充都不再把人性归为单一的善或恶。扬雄认为，人之性善恶相混，修善则为善人，修恶则为恶人。王充认为，人性的善恶是先天禀气决定的："禀气有厚泊，故性有善恶也。"人性不是固定或先天注定的，在后天的积习中人可以为善、也可以为恶。不惟扬雄和王充的人性哲学，秦后人性论在儒家价值判断的框架下一再融合孟子、荀子的观点，不论是汉唐的性分品级论还是宋明的双重人性论都是对人性善恶的综合。这不仅是对孟子、荀子的致敬，而且以事实说明了孟子性善说与荀子性恶论之间的理论相通性。

更为明显的是，孟子、荀子基于价值判断而对人的社会属性的弘扬和对自然属性的贬抑为后续哲学家所遵从和效仿。例如，主张性善情恶的李翱认为，至善的本性由于受到七情的蒙蔽藏而不露，惟有除去情欲，善性才能恢复。具体地说，去情复性的方法是"忘嗜欲"，只有排除物欲的干扰，加强内心修养，才能达到所谓空寂安静的"至诚"境界而超凡入圣。张载从气本论出发，认为气的本性就是人的本性。气之本来状态构成的"天地之性"清澈纯一无不善，为人和万物所共有；人禀受阴阳二气所形成的"气质之性"却驳杂不纯，是各种欲望和不善的根源。张载主张，人们应该通过修养功夫变化气质，以保存天地之性，恢复先天的善性。朱熹一面与张载一样在天命之性至善、气质之性有善有恶中让人改变气质使人性复归于善，一面在人心与道心的区分中宣布天理与人欲势不两立，在"去人欲，存天理"的说教中为人的超凡脱俗指点迷津。

有了秦后人性哲学发展走势这一历史维度，回过头来反观孟子、荀子乃至整个先秦人性哲学，不仅可以看到其不同点，而且容易透视其相同处。其实，孟子、荀子的人性哲学既有相同、相通之处，也有不同、差异之处。在关注其不同点的同时不应否认其相同点，在强调其相同点的同时也不应掩盖其差异点，这才是理智的态度和方法。对待孟子、荀子的人性哲学如此，对待两人其他方面的思想也应这样。

第十二章　陆九渊与王守仁

　　儒学是变化的，不同时期呈现出不同的形态，拥有不同的样式。儒学是丰富的，即使是同一时期的儒家思想也会有所差异。对于这一点，陆九渊与王守仁的思想提供了注脚。两人合称为陆王，思想具有统一的名称——陆王心学，与程朱理学相对应。这表明，陆九渊、王守仁的思想主旨相同，或者说具有极高的相似度。尽管如此，两人的思想存在诸多不容忽视的差异。作为陆王心学核心命题的"心即理"便展示了陆九渊与王守仁思想的复杂关系。"心即理"语出陆九渊，并成为陆九渊哲学的基本命题。陆九渊提出这一命题是出于对朱熹哲学的不满，从这个意义上说，"心即理"代表了陆九渊与朱熹哲学的分歧。与此同时，陆九渊与王守仁都肯定"心即理"，对"心即理"的理解并不相同。这就是说，陆九渊与王守仁的心学固然有不可否认的相同之处，其间的差异同样不容忽视。"心即理"便直观地呈现了这一点，是理解陆九渊与朱熹、王守仁哲学关系的关键。从"心即理"入手，可以更好地体悟陆九渊迥异于王守仁哲学的独特性。

第一节　"心即理"与"心皆具是理"

　　理与心的关系是宋明理学家的关注热点，也是聚讼纷纭的理论焦点。陆九渊提出"心即理"的命题，以"心即理"解释心与理的关系，由此开辟了一条有别于朱熹的哲学之路。"心即理"既回避了心与理孰先孰后的问题，又彰显了陆九渊哲学的独特性。

　　在本体哲学领域，陆九渊提出了"心即理"的命题。这一命题之所以成为陆九渊哲学的重要命题，是因为它的出现划定了陆九渊与朱熹哲学的学术分野。值得注意的是,"心即理"这一命题本身并没有直接肯定心是世界本原,只是强调心中有理。正因为如此,宣布"心即理"的陆九渊并没有否认理的权威;恰好相反,他明确宣布理是世界的本原、宇宙的主宰,把理奉为宇宙间唯一的客观存在。正是在这个意义上,陆九渊不止一次地宣称:

> 塞宇宙一理耳,学者之所以学,欲明此理耳。此理之大,岂有限量?(《陆九渊集卷十二·与赵咏道四》)

> 此理在宇宙间,未尝有所隐遁,天地之所以为天地者,顺此理而无私焉耳。(《陆九渊集卷十一·与朱济道》)

很显然,陆九渊的这两段话与朱熹对理的推崇别无二致,甚至连话语结构都如出一辙。陆九渊所讲的这个理就是天地万物存在的依据和准则,是不以人的意志为转移的。陆九渊曾经断言:"此理在宇宙间,固不以人之明不明、行不行而加损。"(《陆九渊集卷二·与朱元晦二》)进而言之,被陆九渊奉为宇宙最高本体的理,囊括了一切自然和社会现象,是对自然法则和社会法则的高度抽象。它既是"天覆地载,春生夏长,秋敛冬肃"(《陆九渊集卷三十五·语录下》)的自然法则,又是"顺之则吉,违之则凶"(《陆九渊集卷三十四·语录上》)的道德准则。在对这些问题的认识上,陆九渊与朱熹并没有什么根本性的区别。这表明,由于"心即理"没有明确否认心外有理的存在,陆九渊在推崇心的同时推崇理,在推崇理上与朱熹的哲学具有相似之处。

出于同样的原因——"心即理"这一命题并没有否认心外还有理的存在,陆九渊的"心即理"与王守仁"心外无理""心外无物"等命题在内涵上并不等同。"心即理"所表达的只是心与理相联系,并没有明确规定心与理孰主孰次,谁本谁末。因此,不能就此断言"心即理"之心就是世界的本原。

在陆九渊哲学产生之时——南宋,朱熹建构了完备的理学形态:在本体论上,宣称理是宇宙的本原和主宰。"宇宙之间,一理而已。天得之以为天，地得之以为地。而凡生于天地之间者，又各得之以为性。"（《朱文公文集卷七十·读大纪》）在认识论上，朱熹强调要穷得宇宙之理，必须先格"一草一木一昆虫"之理，如此今日格一件，明日格一件，通过格物的积累，然后"豁然贯通"，进而洞彻宇宙之理，达到"穷天理，明人伦"的目的。在陆九渊看来，朱熹的本体论与认识论之间是脱节的，难以实现最终的哲学目标。他抨击朱熹哲学的最大弊病是"支离"，原因在于：被朱熹奉为宇宙本原的这个虚托、空旷之理让人"糊涂"，无从下手、难以把握。按照陆九渊的逻辑，宇宙之理并非远在天边，而实近在眼前，就存在于人的心中。于是，他说："人皆有是心，心皆具是理，心即理也。"（《陆九渊集卷十一·与李宰二》）这样一来，陆九渊就把理从遥远的天国移植到了人的心中，克服了理的虚玄性。可见，陆九渊之所以声称"心即理"，是针对朱熹哲学有感而发，进而提出的补偏救弊之方。由于是针对朱熹的理本论提出来的，"心即理"的出现无形中给朱熹的哲学造成一定的冲击，也给陆九渊哲学蒙上了一层心学的色彩。

王守仁的哲学与陆九渊一样是针对他所认定的朱熹哲学的矛盾有感而发的，王守仁与陆九渊一样认定朱熹哲学的致命要害是"析'心'与'理'而为二"。对此，王守仁说道："朱子所谓'格物'云者，在即物而穷其理也。……是以吾心而求理于事事物物之中，析心与理而为二矣。"（《王阳明全集卷二·答顾东桥书》）为了杜绝朱熹"析'心'与'理'而为二"之弊，必须使心与理合而为一。为了达到这一目的，王守仁的做法是从不同角度反复强调心对理的绝对统辖，使心与理的合二为一成为理合于心的理心为一：第一，从本原上看，心与理是"有……即有"的先后、本末的派生关系。王守仁断言："心之本，性也；性即理也。故有孝亲之心，即有孝亲之理；无孝亲之心，即无孝亲之理矣。有忠君之心，即有忠君之理；无忠君之心，即无忠君之理矣。理岂外于吾心邪？"（《王阳明全集卷二·答顾东桥书》）理是在无数次行动中抽象出来的规律和准则，而人与动物行动的根本区别就在于人的行为都是在一定的目的和情感即"孝亲之心""忠君之心"等的支配下进行的。循着这个思路，王守仁进而得出先有情感、目的（"心"）后有行动（寓于行动之中的"理"）的结论。根据他的论证，先有……之心，才有……之理。在这个逻辑和语境中，心成为第一性的存在，理则成了心派生的第二性的存在。在这里，心与理并不等同，理源于心便是理一于心。第二，从地位上看，心是理的主宰。据载："晦庵谓：'人之所以为学者，心与理而已。'心虽主乎一身，而实管乎天下之理；理虽散在万事，而实不外乎一人之心。"（《王阳明全集卷二·答顾东桥书》）在王守仁看来，明确心与理的关系对于克服朱熹"析心与理而为二"之弊至关重要，而正确的心与理的关系就是心统辖、主宰理：心表面看来只主宰人的躯体，实际上却主宰天下万物之理，因为分散于万事之中的理未尝在人心之外。这就明确规定了心对理的绝对制约。第三，从功能上看，心是本质，理是心的条理和发迹。王守仁宣布："理也者，心之条理也。是理也，发之于亲则为孝，发之于君则为忠，发之于朋友则为信。千变万化，至不可穷竭，而莫非发于吾之一心。"（《王阳明全集卷八·书诸阳伯卷二》）在他看来，理是心的条理和表现，是用以表现心的。心发于不同的对象，便形成了不同的理。理在不同的事物上有不同的形式和表现——如忠、信等，尽管千变万化乃至不可穷尽，究其极都不离其心，都不过是心的表现而已。很显然，王守仁的这个看法与他心是理的主宰的思想是一致的。

由此可见，王守仁对"心即理"的诠释不像陆九渊那样强调理存在于心中，而是把理归于心这一存在。换言之，在王守仁那里，"心即理"表明心可以代表理，理不存在心之外，心是一个母范畴，理则是心派生出来的，完全听从和附属于心。王守仁的观点与陆九渊所讲的"心即理"强调理对心的依赖，不否认心外有理不可同日而语。这是因为，王守仁虽然沿用了陆九渊"心即理"的命题，但他对这一命题的阐述却用心吞噬、淹没了理，致使偌大的世界只剩下一个心。只见心，不见理，于是，心与理完全合一——归于心。《说文》有云："即，食也。"这用以注释王守仁"心即理"命题之中的"即"字是恰当而贴切的。

进而言之，与对理与心的关系和"心即理"的理解一脉相承，在宇宙本原问题上，王守仁不是像陆九渊那样在宣布"心即理"的同时肯定理是本原，而是坚持心的权威和至上。可以看到，推崇心为宇宙的本原和天地万物的主宰是王守仁始终如一的论调。正是在这个意义上，他重申：

> 心者，天地万物之主也。心即天，言心则天地万物皆举之矣。
> （《王阳明全集卷六·答季明德》）

> 位天地，育万物，未有出于吾心之外也。（《王阳明全集卷七·紫
> 阳书院集序》）

> 人人自有定盘针，万化根源总在心。（《王阳明全集卷二十·咏良
> 知四首示诸生》）

在这里，王守仁把心说成是产生天地万物的根源、化育万物的主宰，表达的是心学世界观。

综上所述，在理与心的关系这个宋明理学的基本问题上，"心即理"的命题充分体现了陆九渊与朱熹、王守仁哲学的差异。具体地说，朱熹的哲学是循着理—心—理的逻辑结构展开的，是纯然的理学；王守仁哲学的逻辑构架则是心（良知）—物—心（良知），是纯然的心学。与两者不同，陆九渊的哲学在"心即理"中展开，同时具有理学和心学的特征：从推崇理的角度看，与朱熹的哲学相似；由于"心即理"强调理存在于心中，倾向于心学。从推崇心的角度看，陆九渊与王守仁的哲学相似；由于"心即理"并没有否认心外有理的存在，而宣布"心外无理"的王守仁在心学的路径中走得深、走得远。

第二节 "心即理"与"心乃天下之同心"

"心即理"表明陆九渊在推崇理上与朱熹的思想具有相同之处，同时在推崇心上与朱熹迥然不同。陆九渊与王守仁都对心表现出极大的热情和兴趣，不仅都认可"心即理"这一命题，而且还提出过以"自存本心"、"心外无理"、"心外无物"、"心外无仁"或"求理于吾心"等不少关于心的命题。尽管如此，两人对"心即理"的不同阐释致使心在各自哲学中呈现出不同的意蕴和内涵。

"心即理"在陆九渊那里表示理存在于心中。从理存在于心中的逻辑前提出发，他强调人心中只有理，进而把心等同于抽象的理。如此一来，陆九渊所推崇的心便成为等同于"公理"的"同心"。于是，便出现了这个耳熟能详的名句："理乃天下之公理，心乃天下之同心。"（《陆九渊集卷十五·与唐司法》）"同心"扬弃了具体人的丰富多彩的内心世界，是高度抽象的精神本体。基于这一理解，陆九渊进一步指出，"同心"为圣贤愚鲁所同具，不会因人而异，也不会因时因地而改变。正因为如此，他经常说：

> 此心此理，我固有之，所谓万物皆备于我，昔之圣贤先得我心之所同然者耳。（《陆九渊集卷一·与侄孙濬》）

> 道理只是眼前道理，虽见到圣人田地，亦只是眼前道理。（《陆九渊集卷三十四·语录上》）

可见，在陆九渊那里，心永远具有同一个名字、同一种内容，从不曾因为你、我、他的存在和沧海桑田的变迁而有过一丝的改变。这表明，他所讲的心虽然形式上是主观的，但是，内容却是客观的。这样的心实际上只能是不分时代、区域、人我，亘古皆同、"万世揆一"的绝对精神、永恒实体或客观精神。于是，陆九渊又发出了如下论断：

> 东海有圣人出焉，此心同也，此理同也。西海有圣人出焉，此心同也，此理同也。南海北海有圣人出焉，此心同也，此理同也。千百世之上有圣人出焉，此心同也，此理同也。千百世之下有圣人出焉，此心同也，此理同也。（《陆九渊集卷三十三·象山先生行状》）

> 心只是一个心。某之心，吾友之心，上而千百载圣贤之心，下而千百载复有一圣贤，其心亦只如此。（《陆九渊集卷三十五·语录下》）

　　至此，陆九渊由强调心之同进而得出了"心只是一个心"的结论。这印证了他所讲的心侧重同的一面，具有极大的抽象性和概括性，不可能是具体人的具体的心。换言之，在陆九渊那里，心徒有一个主观的形式和外壳，这个主观的形式和外壳无济于掩盖其客观的蕴涵和内容。

　　进而言之，被陆九渊抽象和神化为绝对的心是古代社会的伦理纲常和行为规范，其具体内容便是以仁、义、礼、智为核心的道德准则和行为规范。正因为如此，他宣称："四端者，即此心也；天之所以与我者，即此心也。"（《陆九渊集卷十一·与李宰二》）把仁、义、礼、智等伦理纲常和道德规范神化为先于天地且主宰万物的宇宙本原，断言理或心的实际内容和具体规定便是仁、义、礼、智是宋明理学的共同特征。在这一点上，不仅陆九渊和王守仁相同，就是陆王心学与程朱理学也无本质区别。有鉴于此，对于心的实际内容，王守仁同样理解为仁、义、礼、智代表的伦理道德。从这个意义上说，他与陆九渊的思想是相同的。然而，这只是问题的一个方面，问题的另一方面是：为了神化心的权威，王守仁在某些场合虽然为了夸大心的永恒性而将心抽象化的倾向。因此，从根本上说，王守仁所讲的心则具有了更多的主观色彩，更接近于个人的具体的心。

　　被王守仁奉为宇宙本体和主宰的心就是个人的主观精神和主体意识，这在其对"心外无物"的论述中表现得更为明显和突出。心是宇宙本体，一切都是心派生的，不仅"心外无物"，而且"心外无理""心外无仁"等。与此同时，心还是世界的主宰，总之，世界上的一切都离不开心。王守仁曾经断言："心之所发便是意，意之本体便是知，意之所在便是物。如意在于事亲，即事亲便是一物；意在于仁民爱物，即仁民爱物便是一物；意在于视听言动，即视听言动便是一物。"（《王阳明全集卷二·答顾东桥书》）这无疑承认了心能发迹、流行出不同的意，不同的意附于不同的对象又形成不同的物（事），如事亲、事君、仁民爱物和视听言动等。这样一来，王守仁就把心的呈现归结为一个发意、运动和造作的过程，而这个过程又是看得见、摸得着的具体行动。这就赋予了心以具体乃至"形象"的特征。此外，王守仁还赋予心以是非、情感等属性。例如，他承认良知是心的本体，提出了"良知者，心之本体"的命题，并且明确规定良知就是是非、好恶之心："良知只是个是非之心，是非只是个好恶。"（《王阳明全集卷三·语录三》）不同的人从不同的好恶出发，必然要形成不同的是非观念，形成不同的心，这使王守仁所讲的心更接近具体人的内心世界，即个人的主观精神。从这个意义上说，王守仁不是像陆九渊那样突出心之同，而是力图彰显心之异。与对心之异的突出相联系，王守仁在讲心时使用最频繁的语词便是"吾心"。与在心之前加上一个"吾"字相似，在大多数情况下，他习惯于在心前面加上一个限定词，如"我的灵明""汝心""尔那一点良知"等。例如，他断言："我之灵明，便是天地鬼神的主宰。天没有我的灵明，谁去仰他高？地没有我的灵明，谁去俯他深？鬼神没有我的灵明，谁去辨他吉凶安详？天地鬼神万物离却我的灵明，便没有天地鬼神了。"（《王阳明全集卷三·语录三》）在这里，天地、万物的存在是以个人的意识即"我的灵明"为依据的。我的世界便是"我的灵明"的投影和发现，"我的灵明"覆灭了，我的世界也就随之消亡了。整个世界便是由古人的、今人的和后人的以及你的、我的和他的灵明共同组成的世界。在王守仁的哲学中，由于可在前面加上一个所属代词，心便不再是亘古亘今、混沌绝对的永恒本体，而获得了主观的情感和主体意志等意蕴。我、你等代词的出现使心有了一个定语，这个定语既是一种修饰，又是一种归属，使心具有了不同的主体内涵和个性差别。王守仁的这个做法与陆九渊讲心时喜欢说"同心""心只是一个心"相映成趣，形象地展示了一个张扬心之异、一个彰显心之同的致思方向和价值旨趣。

第三节　"心即理"与"自存本心"

陆九渊以"心即理"强调心与理的内在联系，由于在推崇心的同时推崇理，故而将明理视为认识的目标，在追求明理上与朱熹相同；与"心即理"强调理存在于心中一脉相承，陆九渊明理的方向是内求，"自存本心"，与朱熹的外求路线相去甚远。与此同时，陆九渊所讲的"心即理"没有否认心外存在理的可能性，故而与王守仁"心外无理"不同；"心外无理"决定了王守仁强调"心外无学"，不仅省略了向外求知、求理的步骤，而且在"求理于吾心"中将认识转化为"致吾心之良知于事事物物"

的"致良知"的过程。

就认识目的和宗旨来看，陆九渊与王守仁的哲学呈现出一个求理、一个求心的区别。陆九渊宣称"心即理"，解决的是理存在于何处的问题，并不是为了以心取代理的权威。从奉理为世界本原出发，他指出，认识的目的就是要穷尽宇宙之理。正是在这个意义上，陆九渊断言："塞宇宙，一理耳。学者之所以学，欲明此理耳。"（《陆九渊集卷十二·与赵咏道四》）这就是说，理是宇宙间真实而客观的存在，人进行认识的目的便是要明辨、弄懂这个宇宙之理。从这一认识出发，陆九渊把追求绝对的宇宙本体——理作为认识的最高目标和最终归宿。与陆九渊不同，断言"心外无理""心外无物"的王守仁主张"心外无学"，进而把"致良知"看作是认识的出发点和唯一目标，"致良知"是一个彻底扩充、显露先天固有良知的过程。对此，他反复宣称：

> 学者，学此心也。求者，求此心也。（《王阳明全集卷二十·语录上》）

> 圣人之学，惟是致此良知而已。（《王阳明全集卷八·书魏师孟书》）

这样，从主观出发、追求主观的内心（良知）成了王守仁认识哲学的第一原理。他的整个认识论体系便是循着这个思路展开的。并且，受"心外无理""心外无学"的制约，王守仁的认识论始终秉持着心学路线。

不同的认识目的预示了认识途径的不同。与"心即理"不否认心外之理一脉相承，陆九渊认为认识的途径是格物、致知。对于格物、致知，他强调致知以格物为先、为基础，指出"所谓格物致知者，格此物而致此知也"（《陆九渊集卷十九·武陵县学记》）。按照这个说法，只有先接触、感知这一事物，才能达到对这一事物的理解和认识。关于格物，陆九渊指出："《中庸》言博学、审问、慎思、明辨，是格物之方。"（《陆九渊集卷三十四·语录上》）其中，"博学""审问"是"物交物"，即感官接触外物获得认识，属于感性认识。具体地说，"博学"是"多闻博识"，指依赖耳目等感官与外物接触而获得直接经验；"审问"指请教师友，依靠别人帮助获得间接经验。这用他自己的话说便是："自古圣人亦因往哲之言，师友之言，乃能有进。况非圣人，岂有任私智而能进学者？"（《陆九渊集卷三十四·语录上》）

与"心即理"在本体领域既推崇理又推崇心的情况类似，陆九渊在认识领域既有格物、博学等外求倾向，又夸大心的地位和作用的心学倾向。他主张"立乎其大者"，把"自存本心""切己自反"看成是穷理的主要途径和方法。他宣称："只'存'一字，自可使人明得此理。"（《陆九渊集卷一·与曾宅之》）由此，陆九渊对存心寄予厚望，这从他将自己的书房命名为"存斋"即可见其一斑。更有甚者，循着"心即理"的思路，陆九渊断言"道不外索"，进而反对向外求知、求理，在认识论上倒向心学。

在王守仁那里，认识的途径和过程既简单又纯粹：既然"良知之外更无学"，那么，避免心驰于外物而"求理于吾心"才是正途，只有"致良知"才是认识的根本途径和最终目的。对于"致良知"，他解释说："若鄙人所谓致知格物者，致吾心良知于事事物物也。吾心之良知者，即所谓天理也。致吾心良知之天理于事事物物，则事事物物皆得其理矣。致吾心之良知者，致知也。事事物物皆得其理者，格物也。"（《王阳明全集卷二·答顾东桥书》）可见，王守仁的"致良知"就是使事事物物归于吾心之正。为了达此目的，他颠倒了格物、致知在《大学》中的顺序，将致知置于格物之前，并且把格物纳入"致良知"的体系之内，认为格物即是"正"人之行为，即"正事"——确切地说，还包括正人的观念。

与此同时，为了真正做到事事物物归于吾心之正，王守仁又提出"一念发动处，便即是行"（《王阳明全集卷三·传习录下》），让客观完全归于主观的统辖之内。为此，他不遗余力地呼吁"求理于吾心"，公开反对向外求知、求理。正是在这个意义上，王守仁断言："夫物理不外于吾心，外吾心而求物理，无物理矣。"（《王阳明全集卷二·答顾东桥书》）经过他如此这般的发挥，认识成为一个由主观（心、良知）出发，通过主观的意念（意），最终达到主观（心、良知）的过程。基于这种理解，王守仁强调："故格物者，格其心之物也，格其意之物也，格其知之物也。"（《王阳明全集卷二·答罗整庵少宰书》）至此，在王守仁的认识论中，客观完

全被主观所吞噬殆尽了，这与他在对"心即理"的理解上以心淹没理相互
印证。

第四节 "心即理"与陆九渊哲学的独特性

上述内容显示，陆九渊提出"心即理"，从立言宗旨上看是为了反对
朱熹的虚悬之理，企图将理移入人心，开辟了由朱熹理学向心学的转向。
陆九渊所讲的"心即理"并不否认心外有理存在，在推崇心的同时推崇
理，这与王守仁的心学不可同日而语。可见，"心即理"体现了陆九渊哲
学既有别于朱熹又不同于王守仁的独特性，同时奠定了陆九渊哲学在宋明
理学中的特殊地位。

一　陆九渊与朱熹以及程朱与陆王的分歧

为了争正统、辨是非，陆九渊（1139～1193）与朱熹（1130～1200）
之间进行了长期而激烈的辩论。尽管中经吕祖谦等人的调解和双方的多次
沟通，终未达成共识。"于是，宗朱者诋陆为狂禅，宗陆者以朱为俗学，
两家之学，各成门户，几如冰炭矣。"（《宋元学案卷五十八·象山学
案》）王守仁虽然对陆九渊的哲学推崇有加，但是，他对朱熹的哲学含有
微词，他的许多学说如对格物致知的解释、"知行合一"的提出等都是针
对朱熹的观点有感而发的。这些都人留下了一个共同的印象：陆九渊与朱
熹的哲学是水火不相容的，处于截然对立的态势之中。真的是这样吗？这
个问题在一定意义上与这个问题是等价的，那就是：程朱与陆王的学说分
歧究竟在何处？

这个问题相当复杂，问题的解答不容忽视如下两个问题：第一，在本
体哲学领域，朱熹主张理存在于天地之先、凌驾于万物之上。对此，陆九
渊针锋相对地坚持理就在人心之中，这就是"心即理"。王守仁的哲学与
陆九渊之间存在诸多分歧，在"心即理"上即理存在于人心之中的认识上
别无二致。基于"心即理"的逻辑，陆王指责朱熹所讲的理没有"挂搭

处"和"附着物",成了虚脱、孤立或空悬之理,这样的理容易使人联想起佛老所宣扬的空无,势必冲淡理的真实性和现实性。与此相应,只有把理移入人心之中,才能让人时时刻刻感到理的存在。第二,在认识哲学领域,朱熹宣称:"人人有一太极,物物有一太极。"(《朱子语类》卷九十四)这表明,天理既体现在人身上,又体现于万物之中。为了体认天理,必须广泛接触自然界的事物。坚持"心即理"的陆王一致反对朱熹格物的方法和手段,认为朱熹的格物是驰心于外,这样做方向错了;同时,他们指责朱熹格物操作不当,把问题弄得太复杂了,不仅支离破碎、收效甚微,而且容易使人忽略根本方向、走向歧途。在陆王看来,格物、致知在本质上属于"内入之学",离不开"自存本心"、"反省内求"和"求理于吾心",这样不仅简单直截,而且可以避免错误,从根本上把握真理。

或许正是由于程朱与陆王对于理之存于何处以及由此而引发的求理于外还是内的不同认识,黄宗羲才说朱陆之学"几如冰炭"。其实,平心静气地审视程朱与陆王的学说便会发现,彼此的差别只是细枝末节即具体操作问题,在大方向和整体上却有异曲同工之妙。这就是说,陆九渊与朱熹以及宋明理学家的认识没有原则差别,在本质上甚至可以说别无二致。

首先,在本体论上,陆王与朱熹的分歧只是就理的具体样式和存在状态展开的,在是否承认理为宇宙本体这个根本问题上,两家并无原则区别。这具体表现在他们把理都神化为天理,奉为宇宙本原的实质。在这一点上,朱熹、陆九渊如此,王守仁也不例外。王守仁明确断言:"这心之本体,原只是个天理。"(《王阳明全集卷一·传习录上》)程朱和陆王所推崇的理都指以仁、义、礼、智为核心的伦理道德和行为规范。对于理,朱熹断言:"理则为仁义礼智。"(《朱子语类》卷一)王守仁明言宣称心的本体是良知、天理,良知、天理的具体内容就是仁、义、礼、智。这表明,在对道德观念和伦理规范的推崇和神化上,程朱与陆王是一致的;不同的只是操作手段,而这种操作方法、手段的不同并不能改变或掩盖他们相同的立言宗旨和理论初衷。

其次,在认识论上,尽管朱熹与陆王之间显示了"外入之学"与"内入之学"、向外用功与向内用功的致思理路,其认识路线的最终目的和最后归宿却惊人地巧合,那就是"穷天理"。更有甚者,"穷天理"不仅表明了朱熹与陆王认识立场的一致，而且弥合了他们认识手段的差别。具体地说，朱熹虽然强调向外用功，格"一草一木一昆虫之理"，但是，他并不是让人去认识一草木、一昆虫本身的道理，而是领会同一个天理、太极在草木、昆虫等不同事物之上的不同体现和反映。有鉴于此，朱熹反复强调格物有本末先后缓急之序，如果在格物时存心于一草木、一昆虫、一器用之间，便会像炊沙成饭一样，不仅徒劳无益、达不到格物的目的，而且还会有害，妨碍人们对天理的体认。这越来越清晰地展示：在用道德约束人的身心，劝诫人加强道德修养的企图上，朱熹与陆王心心相印，他们的争论只限于如何加强以及如何约束等细枝末节问题。众所周知，朱陆争论的焦点聚集在"为学之方"即认识论上，认识论上的大同小异暗示了朱熹与陆王学说在本质上的暗合幽通。

最后，在伦理观和价值观上，陆王与朱熹不仅仅是大同小异，更确切地说是相互赞许、风雅相投。与1175年争辩"为学之方"时的不欢而散和1188年争论"太极无极""形上形下"时的各不相让形成鲜明反差的是，陆九渊于1181年2月拜访朱熹时，在白鹿洞书院讲《论语》中的"君子喻于义，小人喻于利"，朱熹赞许、折服之情溢于言表。

上述分析显示，程朱理学与陆王心学的对立只是形式上的、操作上的，在思想本质和理论内涵上，其间的差别和分歧要显得模糊和淡漠得多。之所以如此，是由他们基于相同的时代背景、理论旨趣和价值取向决定的。这正如黄宗羲在总结朱陆之争时所言："二先生（指朱熹与陆九渊、下同——引者注）之不苟同，正将以求夫正当之归，以明其道于天下后世，非有嫌隙于其间也。……二先生同植纲常，同扶名教，同宗孔孟。……原无有背于圣人。"（《宋元学案卷五十八·象山学案》）

二 陆九渊哲学的历史定位

受制于立论的角度，上述内容对陆九渊"心即理"的诠释侧重其与王守仁哲学的不同和差异。这极易给人造成一种错觉：陆九渊与王守仁的哲学是对立的；或者说，陆九渊始终如一地坚持理是世界的本原，与朱熹的理本论别无二致。事实并非如此。

首先，陆九渊与朱熹哲学的相同之处不容置疑，这一点在王守仁哲学的映衬下看得更加清楚。与此同时，陆九渊与朱熹哲学的差异是显而易见的。在本体哲学领域，陆九渊与朱熹都承认理是世界的本原和宇宙的主宰，对理的理解和界定却相差悬殊：朱熹主张理先于天地万物乃至人、人心而存在，即使山河大地都塌陷了，理还会在宇宙荡然无存之时岿然不动。这样的理只能是一种凌驾于万物与人心之外、超然于万物与人心之上的存在。难怪朱熹就把理说成是一个"净洁空阔底世界"。在陆九渊那里，理不是孤兀的，也不是悬空的；理并不遥远，它就存在于人心之中；理并不神秘，它就是人心之中先天固有之理。这表明，对于理存在于何处，朱熹与陆九渊的看法存在着不容抹杀的差异和对立。朱熹对理的理解无疑容纳了佛老的空、无要素，而陆九渊对理的诠释则援引孟子的心学资料。朱熹与陆九渊哲学的差异在认识论领域表现得更加明显和突出：尽管两人的最终目标都是"穷天理"，其手段和途径并不相同：朱熹讲存心时，强调格物、"即物穷理"，要求人们广泛接触外界事物，"格一草一木一昆虫之理"，体验天理在不同事物上的不同表现。所谓的格物，也就是"今日格一件，明日格一件，格得多后，脱然有贯通处"（《朱子语类》卷一百〇四），从而达到对天理的体认和把握。与此相反，从"心即理"的前提出发，陆九渊宣称"道不外索"，要求人向心中去求知、求理，提倡"内入之学"。陆九渊之所以特意强调为学分为"内入之学"与"外入之学"两种途径，并且提倡"内入之学"，就是为了反对朱熹的"外入之学"。与此相联系，他更反对把朱熹视之为格物的重要内容之一的读书看成是穷理明道的主要手段或方法。

其次，陆九渊并不排斥心为世界本原。在宣称理是世界的本原的同时，他并不排斥心是世界万物的本原。依据"心即理"的逻辑，宇宙万物之理就存在于人之一心之中。从这个意义上说，心就是宇宙的一个缩影。于是，才有了这个千古名句："宇宙便是吾心，吾心即是宇宙。"（《陆九渊集卷二十二·杂说》）此外，陆九渊还从"心即理"的前提出发，进一步导出了心是宇宙本体、万化之根的结论，指出"万物森然于方寸之间，满心而发，充塞宇宙"（《陆九渊集卷三十四·语录上》）。

在澄清上述事实的过程中，又引出了如下两个问题：第一，陆九渊的哲学究竟是一元论还是二元论？上述内容显示，陆九渊既推崇理为世界本原，又奉心为世界本原。这表明，他同时承认——或者说他并不否认理与心共为世界本原。那么，他的这种本体论是一种理、心并举的理—心二元论？还是承认世界具有统一本体的一元论呢？为了揭开这个谜底，先要追问陆九渊对理与心关系的理解。按照他的解释，心中包含万理、万理具于一心。从本质上说，心与理异名而同实，两者就是同一个东西。正因为如此，说理是本原与说心是本原只是表述和话语方式的不同，并无实质或根本区别。正是基于这种理解，陆九渊根据情况和语境的需要，有时侧重于理，断言理是本原；有时又侧重于心，宣布心是本体。其实，不论陆九渊讲心还是讲理，都没有把理与心视为两个互不相干或完全独立的实体。由此，可以断言，陆九渊从来就不是一位主张世界有两个本原的二元论者，他始终是站在一元论的立场上来思考宇宙的本原与万物的本体问题的。第二，既然陆九渊哲学是始终如一的一元论，那么，接下来的问题便是如何对这种一元论进行定位？换言之，陆九渊的哲学究竟是理本论还是心本论？究竟应该把之归为程朱理学之列，改写陆王心学的称呼？还是维持原有认识，仍把之留在陆王心学的阵营之中？一方面，这是一个简单的问题——当宣布理为世界本原时，陆九渊无疑是一位理本论者；当声明心是世界本原时，他则是一位心本论者。另一方面，这又是一个棘手的复杂问题——不论是在话语方式还是在思想内涵上，理与心在陆九渊哲学中都不可能各占百分之五十。如果非要弄一个究竟，问一问理与心在陆九渊的哲学中到底谁轻谁重、孰主孰次，恐怕永远也达不到目的。这或许是陆九渊留给后人的千古迷惑。要走出这个判断误区，必须改变观念：对陆九渊哲学的评判关键不在于其最终归属于理本还是心本，而在于如何超越理与心的截然二分来对之进行客观定位。其实，纠缠于陆九渊哲学属于心本论还是理本论，从根本上说属于理学还是心学并不是最重要的，更重要的问题是，如何在宋明理学中给予陆九渊哲学以恰当的定位。从这个视点来看，正是由于陆九渊哲学的既理本又心本——或者说既非彻底的理本又非彻底的心本的独特构成使之成为朱熹与王守仁哲学的中介和沟通媒体，就像一座桥梁把属于决然理本的程朱理学与纯然心学的王守仁哲学连接了起来。因此，陆九渊哲学的真正价值并不在于其从根本上属于何种哲学阵营，推崇何种本原，而在于它在承当朱熹与王守仁哲学中介的同时，在程朱理学盛极一时的南宋独辟蹊径，开始把焦点从遥远、飘渺的天堂拉回到人间，由此将天理植入人心之中，使心占据了哲学的中心舞台。陆九渊哲学开辟的这一哲学理念在当时无疑具有人性启蒙乃至个性解放的积极意义，这一端倪在王守仁、以泰州学派为代表的王门后学尤其是明末李贽等人那里进一步显露和发挥出来。

总而言之，"心即理"作为陆九渊哲学的核心命题彰显了陆九渊哲学的独特性，同时展示了陆九渊哲学与朱熹、王守仁同异并存的复杂关系。陆九渊与王守仁、朱熹以及程朱理学与陆王心学之间的同异提供了这样一个启示：在对中国哲学史上不同哲学家的思想资料进行梳理、整合、比较和研究时，既要看到他们思想的同中之异，又要看到其间的异中之同。只有这样，才能在深谙每一位哲学家的理论个性、品味其独特魅力的同时，解读不同时代哲学的共同特征和时代气息，含英咀华，进而揭示哲学流变及文化演进的内在机制，从中领悟中国哲学发展的大趋势和大方向。

第十三章　朱熹与王夫之

儒学是开放的，包容的。儒学在不同时代变换着存在样式和形态，不同时代的儒家学者之间思想呈现出不容忽视的差异性。朱熹与王夫之的思想代表了儒学的两种不同的形态和样式，王夫之更是以理学的批判者的姿态出现。"抱刘越石之孤愤"的王夫之怀抱至死不渝的明朝情结，对于明朝灭亡难辞其咎的则是宋明理学。在他看来，理学"祸烈于蛇龙猛兽"，是误国之学、亡国之学。这一认识坚定了王夫之批判宋明理学的决心，深厚的哲学素养则奠定了他批判理学的彻底性，采取"入其垒，袭其辎，暴其恃，而见其瑕"（《老子衍·自序》）的方式进行。在此过程中，王夫之通过对理气、道器、有无和动静关系的回答，从形而上学的高度对宋明理学予以批判。王夫之对宋明理学的批判始终聚焦朱熹，或者说以朱熹为批判的靶子。可以看到，王夫之哲学的核心话题与朱熹相对应，回答则截然不同。这样一来，朱熹与王夫之作为批判者与被批判者，彼此之间有了交集。王夫之通过理气观、道器观、有无观和动静观建构起来的气本论成为对朱熹理学形上根基的颠覆。通过比较作为两种不同儒学形态的朱熹与王夫之哲学，既可以直观感受朱熹与王夫之思想的分歧，又可以深刻把握宋明理学与早期启蒙思潮之间既关注相同话题又予以不同回答的复杂关系。

第一节　理先气后与理依于气

理与气何者为第一性是宋明理学的根本问题，甚至可以说，浓缩了宋明理学对哲学基本问题的表达。朱熹虽然承认对于具体事物而言理气缺一不可，但是，他强调，从源头上说——"必欲推其所从来"则必须明确理先气后、理本气末。王夫之坚持理是气之理、理依于气，在理气观上强调气比理更根本，理不能离开气而独立存在。王夫之使气成为理气关系中更为基本的存在，杜绝了理存在于气之前或凌驾于气之上的可能性。

朱熹恪守理本论，同时肯定理气相依。在他看来，作为宇宙本原的理不能单独派生万物，在创造万物时必须借助气作为中介和工具。因此，对于每一个具体事物来说，理与气相依不离、不可或缺。正是在这个意义上，朱熹一再断言：

有是理，必有是气，不可分说。（《朱子语类》卷三）

天下未有无理之气，亦未有无气之理。（《朱子语类》卷一）

值得注意的是，朱熹一面指出理与气对于人和万物而言"有则皆有"、缺一不可，一面恪守理与气之间的本末之分、主从之别：在派生万物之时，理与气的作用不容颠倒——理是本，气是末（具）。对此，朱熹有一段经典表述，现摘录如下："理也者，形而上之道也，生物之本也；气也者，形而下之器也，生物之具也。"（《朱文公文集卷五十八·答黄道夫》）在这个层面上，理是生成万物的准则和本原，气是构成万物的材料和工具，二者之间具有不容混淆的本末之分。在万物产生之后，理与气在万物中所处的地位不容颠倒——理是主，气是从。这用朱熹本人的话说便是："气之所聚，理即在焉，然理终为主。"（《朱文公文集卷四十九·答王子合》）由此可见，对于具体事物而言，理与气尽管同在，二者的地位却各不相同：理总是处于主宰、支配地位，气只能服从理，理与气的这种主从关系"如人跨马相似"。更为重要的是，朱熹所讲的理与气未尝分离是就万物产生之后的现象界而言的，在本体界或根源处，他毫不含糊地肯定理先气后："必欲推其所从来，则须说先有是理。"（《朱子语类》卷一）更有甚者，即使是对于理与气有则皆有、"未尝分离"的现象界而言，理与气也是以不相混杂而理自理、气自气的形式"相依不离"的。这从一个侧面表明，朱熹虽然宣称理气相合生物，但是，他并没有将理与气说成是并列或平等关系，而是视为派生与被派生的关系，并且将之概括为理本气末、理主气从。

朱熹对理气关系的认识可以归结为理先气后，因为从根本上看，理是本原，是第一性的存在；气是理派生的，属于第二性的存在。理先气后包括两层含义：第一，理与气一个属于形而上，一个属于形而下，二者之间的本末、主从关系不容颠倒。第二，理与气之间的地位、作用不容混淆，即使是相互依赖也以理为主。这是因为，朱熹所讲的理气相依是以理派生气为前提的。这就是说，理永远是理气关系的主导方面和决定因素，他在理气观上突出理的地位。其实，既承认理气相互依存又强调理本气末是朱熹对待理气关系的基本态度，目的是证明天理存在于天地之前、凌驾于万物之上，进而维护天理的至高无上性。正因为如此，理气观成为朱熹本体哲学的基本内容，也成为天理是宇宙本原的主要证明。

在理气观上，王夫之的看法与朱熹大相径庭：第一，理与气的关系不再是理本气末，而是以气为本。第二，就地位和作用而言，气成为理气关系的主导方面。王夫之指出，作为气之条理和属性，理即气之理，必须依赖于气而存在，而绝不可能存在于气之前或之上，这使理与气不再分属于形而上与形而下两个世界。对于理是什么，王夫之的定义是："万物皆有固然之用，万事皆有当然之则，所谓理也。……自天而言之，则以阴阳五行成万物之实体而有其理。"（《四书训义》卷八）在这里，王夫之给理下的定义是，理是事物的规律、法则，这个定义本身即预示着理依赖于气而存在，因为气作为宇宙本原是万物的实体和理的依托。宇宙万物都是气之动静、聚散的产物，气的运动有条不紊，有章可循，遵循一定的法则，这便是理。这些都表明了理对气的依赖。于是，王夫之再三指出：

天人之蕴，一气而已。从乎气之善而谓之理，气外更无虚托孤立之理也。（《读四书大全说》卷十）

天下岂别有所谓理，气得其理之谓理也。气原是有理底，尽天地之间无不是气，即无不是理也。（《读四书大全说》卷十）

气者，理之依也。（《思问录·内篇》）

在此基础上，王夫之强调，理气相互依存、不可分离，其间并不存在朱熹所讲的先后之分："理即是气之理，气当得如此便是理，理不先而气不后。"（《读四书大全说》卷十）在王夫之的视界中，理气相互依存、不可分离是双向的，表现为理依于气与气依于理两个方面。对此，他解释说："天之命人物也，以理以气。然理不是一物，与气为两，而天之命人，一半用理以为健顺五常，一半用气以为穷通寿夭。理只在气上见，其一阴一阳，多少分合，主持调剂者即理也。凡气皆有理在，则亦凡命皆气而凡命皆理矣。"（《读四书大全说》卷五）一方面，气离不开理，王夫之称之为"言气即离理不得"（《读四书大全说》卷十）。气的运动过程不是杂乱无章的，万物也并非没有一定之规。这决定了有气即有理，气离不开理。另一方面，理离不开气，理依于气。

需要说明的是，王夫之与朱熹都肯定理气相依，具体内涵却大不相同。在理与气的相互依存中，王夫之不是像朱熹那样强调理气的相依以理为主，而是更强调理对气的依赖，对这方面的论证也更多。归纳起来，理对气的依赖表现在两个方面：第一，理存在于气中。作为世界万物的本原，气是第一性的；作为事物的"固然之用"和"当然之则"，理就存在于气之中，而不可能凌驾气之上，更不可能脱离气而存在。正是在这个意义上，他不止一次地声称：

理便在气里面。（《读四书大全说》卷十）

理者理乎气而为气之理也，是岂于气之外别有一理以游行于气中者乎？（《读四书大全说》卷十）

第二，理通过气表现出来。理依于气，不仅因为其存在以气为依托，而且因为理通过气表现出来，人们只能"于气上见理"。对此，王夫之解释说："理本非一成可执之物，不可得而见；气之条绪节文，乃理之可见者也。故其始之有理，即于气上见理。"（《读四书大全说》卷九）

朱熹之所以宣布理是世界万物的本原，最主要的理由是，理存在于世界之前、凌驾于万物之上。王夫之对理依于气的强调否定了这一说法，也就否定了理成为宇宙本体的资格。不仅如此，王夫之强调，气是世界本原，世界上的所有存在都离不开气，离开了气，理、心、性、天皆不存在。他断言："盖言心言性，言天言理，俱必在气上说，若无气处则俱无也。"（《读四书大全说》卷十）可见，正是通过理气关系的论证，王夫之捍卫了气本论。

朱熹对三纲五常的推崇始于对天理的神化，其中的重头戏便是宣称天理是万物本原。可见，理气观对于朱熹来说不仅决定了何为宇宙本体，而且凝结着对世界的根本看法和何者为善，因此成为宋明理学最基本的问题。根据理对气的依赖，王夫之否定了朱熹关于理至善而气有恶的说法，在价值观上拉平了理与气之间的距离。关于理、气的善恶属性，王夫之反复强调：

> 理善则气无不善，气之不善，理之未善也。（《读四书大全说》卷十）

> 理与气互相为体，而气外无理，理外亦不能成其气，善言理气者必不判然离析之。（《读四书大全说》卷十）

按照王夫之的理解，理与气不是一体一用，而是"互相为体"；正如气外无理、理外无气一样，理与气的共存决定了其善恶的一致——理与气善则同善，恶则同恶。这明确否定了理在价值上对于气的优越性，对理、气给予了同等的善恶定位。在他那里，理不再代表三纲五常，而是指具体事物的条理或规律；气是宇宙本原——也是理的实体依托，因为气化流行的条理就是理。王夫之对理、气有别于朱熹的界定拉开了两人理气观之间的距离。

第二节　道本器末与道寓于器

道器观与理气观具有内在联系，在某种程度上可以说是理气观的延伸。正因为如此，朱熹与王夫之在理气观上的分歧必然表现、贯彻在道器观上。朱熹认为，道是形而上的理，器是形而下的具体存在，二者的关系是道本器末；王夫之则认为，道指具体事物的规律，器指具体事物，正如理依于气一样，道寓于器。

为了彰显理凌驾于万物之上，故而有别于万物的特殊性和优越性，朱熹沿袭了《周易·系辞传上》"形而上者谓之道，形而下者谓之器"的思路，以形而上指理、道或太极，以形而下指气、器或具体事物。在此基础上，他把形而上与形而下截然分开，并由此推演出理气关系中的理本气末、理主气从、理先气后和道器关系中的道本器末等。这不仅印证了朱熹的道器观与理气观密切相关，而且预示了他对道器观的认定是沿着理气关系推演出来的。因此，与理气观上理本气末、理先气后一脉相承，朱熹道器观的总命题是"道本器末"，断言道派生了器，以此认定道是第一性的存在。诚然，朱熹试图从不同角度阐释道器关系，其中不乏"道不离器"、道存在于器中的说法。例如：

> 然器亦道，道亦器也。道未尝离乎器，道亦只是器之理。如这交椅是器，可坐便是交椅之理；人身是器，语言动作便是人之理。理只在器上，理与器未尝相离。（《朱子语类》卷七十七）

> 须知器即道，道即器，莫离道而言器可也。凡物皆有此理。且如这竹椅，固是一器，到适用处，便有个道在其中。（《朱子语类》卷九十四）

必须注意的是，朱熹一面讲道不离器、道寓于器，一面强调二者之间的体用之分、本末之别。他这样做旨在告诉人们，"器即道，道即器"而"未尝相离"的道与器具有不同的地位和作用。正是出于这一目的，朱熹一再断言：

> "形而上者谓之道，形而下者谓之器。"道是道理，事事物物皆有个道理；器是形迹，事事物物亦皆有个形迹。有道须有器，有器须有道。物必有则。（《朱子语类》卷七十五）

> "形而上者谓之道"一段，只是这一个道理。但即形器之本体而离
> 乎形器，则谓之道；就形器而言，则谓之器。(《朱子语类》卷七十五)

这些说法突出了道与器的区别，始终强调二者不是平等或并列的，其间呈
现为一种体用关系。进而言之，道与器之间的体用关系在生成万物的过程
中表现为本末关系，即"道本器末"。道作为形而上之理是生物之本，器
作为道的派生物是第二性的。有鉴于此，作为理气观上理本气末的延伸，
"道本器末"不言而喻。不仅如此，朱熹对道、器之间的本末之别非常重
视，指出这种区别"分际甚明""其分守固不同"，因而"不可乱也"。于
是，他不止一次地强调：

> 天地之间，有理有气。理也者，形而上之道也，生物之本也。气
> 也者，形而下之器也，生物之具也。是以人物之生，必禀此理，然后
> 有性；必禀此气，然后有形。其性其形，虽不外乎一身，然其道器之
> 间，分际甚明，不可乱也。(《朱文公文集卷五十八·答黄道夫》)

> 夫谓道无本末者，非无本末也，有本末而一以贯之之谓也。一以
> 贯之而未尝无本末也。则本在于上，末在于下，其分守固不同矣。
> (《四书或问·论语或问卷八》)

这样一来，朱熹便在道体器用、道本器末中彰显了道与器的区别，致使二
者之间的距离越来越远。循着这个逻辑，他还提出了"道先器后"等命
题，以此加固道与器之间的防线。

至此可见，对于道与器的关系，朱熹将对理气关系的论述如法炮制，
先是承认二者相互依存、不可截然分开，然后强调其间的体用、本末和先
后之别，致使两者之间的距离越来越大，最终分属于形而上与形而下两个
不同的世界。这印证了道器观与理气观的一脉相承，也使道器观成为他的
理本论的一部分。

对气的推崇使王夫之坚持天下存在的只是具体的器，在他那里，器是
具体事物，道是具体事物的法则、规律；理依于气决定了气派生的器具有

道无可比拟的优先性，道是器之道，只能寓于器中，并且随着器的变化而变化。对于道是什么，王夫之的定义是：

> 道者，一定之理也。于理上加"一定"二字方是道。(《读四书大全说》卷九)

> 道者，物所众著而共由者也。物之所著，惟其有可见之实也；物之所由，惟其有可循之恒也。(《周易外传》卷五)

王夫之的定义突出了道的两个重要特征：第一，与朱熹一样突出道与理的内在关联，承认道属于理；所不同的是，不是像朱熹那样将道等于天理，而是强调道与理既相联系又相区别：如果说理是普遍规律的话，那么，道则是具体事物的特殊规律——这便是"一定"二字的真正含义。第二，道由于器的存在才"有可见之实"，这决定了道与器的密切相关——准确地说，是道对器的依赖。正是基于对道的如此界定，王夫之承认道与器的区别，指出二者一个是形而上，一个是形而下，对事物起着不同的作用。在这个层面上，他反复断言：

> 形而上之道与形而下之器，虽终始一理，却不是一个死印版刷定底。盖可以形而上之理位形而下之数，必不可以形而下之数执形而上之理。(《读四书大全说》卷九)

> 统此一物，形而上则谓之道，形而下则谓之器。(《思问录·内篇》)

与此同时，王夫之强调，道与器的形而上与形而下之分是就同一事物——"统此一物"而言的，正如对于具体事物而言，形而上与形而下、道与器缺一不可，道与器的区别是相对的。正是道与器的相依不离构成了一个完整的事物。

需要说明的是，对于道与器的相互依赖，王夫之既肯定器对道的依赖——"无其道则无其器"，主张"以形而上之理位形而下之数"；又肯定道对器的依赖——"无其器则无其道"，这些观点从抽象的意义上说与朱熹所讲的"器即道，道即器"极为相似。王夫之与朱熹的根本分歧是，在肯定道器相互依赖的前提下，王夫之更强调道对器的依赖，器是道器关系的根本方面。按照他的说法，充塞天地之间的都是具体事物——器，并不存在脱离具体事物的法则——道。因此，先有某一具体事物，然后才有这一具体事物的规律——道；离开了某种具体存在，便不存在此一事物的规律。沿着这个思路，王夫之得出结论："天下惟器而已矣。道者器之道，器者不可谓之道之器也。无其道则无其器，人类能言之；虽然，苟有其器矣，岂患无道哉？……无其器则无其道，人鲜能言之，而固其诚然者也。"（《周易外传》卷五）世界上存在的都是具体事物，所谓道就是具体事物的特殊规律——"一定"之理，这决定了道对器的依赖。

进而言之，道对器的依赖不仅表现在自然界，而且适用于人类社会。这就是说，在自然界和人类社会皆"无其器则无其道"。于是，王夫之又说："洪荒无揖让之道，唐、虞无吊伐之道，汉、唐无今日之道，则今日无他年之道者多矣。未有弓矢而无射道，未有车马而无御道，未有牢醴、钟磬管弦而无礼乐之道。则未有子而无父道，未有弟而无兄道，道之可有而且无者多矣。故无其器则无其道。"（《周易外传》卷五）这说明，器是道器关系的根本方面，在道与器的相互依赖中，器是第一性的。因此，道永远依赖于器而存在，其具体表现和方式是"道不离器"、"道依于器"和"道在器中"。基于这些认识，王夫之明确提出了"道寓于器"的命题，并且进行了理论阐述。对此，他反复断言：

尽器则道在其中矣。（《思问录·内篇》）

据器而道存，离器而道毁。（《周易外传》卷二）

总之，在道器观上，与朱熹的道本器末针锋相对，王夫之坚持道寓于器，始终以器为主，并在具体阐释道器关系时伸张了两个基本观点：第一，道与器是统一的，两者共同存在于同一事物之中。第二，道与器统一于器，道依赖于器而存在；在道器关系中，器更为根本。因为道者器之道，道不仅寓于器中，而且随着器的变化而变化。

第三节　由无而有与天下无无

作为对有与无及其关系的根本看法，有无观具有双重意义：第一，标志着宇宙本体的存在状态和对世界万物的说明，是本体论和存在论的一部分。第二，认识世界的思维方式和审视维度，具有认识论和价值论的意蕴。在有无观上，朱熹推崇无而贬低有——不仅将无视为天理、道的特征，而且在有无关系上以无为本，在价值追求上视无为善。无论是对气之"实有"还是道寓于器的强调都决定了王夫之对有的坚守。对于有无关系，王夫之认定，世界的本质是有，无是相对于有而言的，有比无更为根本，因而在价值观上伸张有的价值和意义。

朱熹在论证理是宇宙本原和理派生世界万物时，将理说成是无的世界，在对理无形迹的强调中突出无的价值，对形而上之理与形而下之气的分疏更是把本体与现象之间的有无之辨推向了极致。朱熹认为，无论是作为宇宙本原的天理、太极还是其基本特征都是无。对于作为万物本原的理，他的描述是，理无形迹、无计度、无造作，是空阔洁净的世界。正是理之无决定了它对有形之物的优越性。对此，朱熹反复断言：

> 今且以理言之，毕竟却无形影，只是这一个道理。……盖道无形体，只性便是道之形体。（《朱子语类》卷四）

> 以理言之，则不可谓之有。以物言之，则不可谓之无。（《朱子语类》卷一百二十六）

显然，是无与有划定了理与气之间的距离，无使理不被形气所拘，拥有最大的自由，故而凌驾于气和万物之上。与此相似，道凌驾于万物是因为它属于形而上——无形。因此，朱熹又说：

> 道本无体。此四者（即仁、义、礼、智——引者注），非道之体也。……那"无声无臭"便是道。（《朱子语类》卷三十六）

> 形而上之道，本无方所之可言也。（《朱子语类》卷九十四）

为了突出太极之无，朱熹对周敦颐"无极而太极"的说法赞叹有加，同意在太极之前加上一个无极，明显流露出将宇宙本体"无"化的思维方式和价值旨趣。朱熹之所以同意在太极的上面加上无极，就是为了彰显太极之无。于是，朱熹一而再，再而三地宣称：

> 太极本无极，上天之载，无声无臭。（《朱子语类》卷九十四）

> 太极却不是一物，无方所顿放，是无形之极。（《朱子语类》卷七十五）

> 至于所以为太极者，又初无声无臭之可言，是性之本体然也。（《朱子语类》卷九十四）

如上所述，在道器关系上，朱熹主张道本器末、道体器用，突出道与器之间的区别；道之所以在体用、本末和先后等维度上优越于器，最重要的理由是：道代表无，器代表有——道无形迹，器有形迹。正因为如此，朱熹极力渲染道之无与器之有，进而拉大两者之间不容混淆的地位和作用。对此，他一再表示：

> 形而上者，无形无影是此理；形而下者，有情有状是此器。（《朱子语类》卷九十五）

> 凡有形有象者，皆器也。其所以为是器之理者，则道也。如是则来书所谓始终、晦明、奇偶之属，皆阴阳所为之器。（《朱文公文集卷三十六·答陆子静》）

可见，在朱熹的理学系统中，无与有标志着本体与现象两个不同的世界。由于无是理、道和太极的本质特征，有是具体事物的特点，理、道和太极的本体地位决定了无对于有的本原性。更有甚者，正是理之无决定了理之善，而恶则是从有中生发出来的。在朱熹的视界中，理空阔洁净，太极"无声无臭"，它们是至善的；气有形有象、有聚散，所以有恶。对有无的这种界定最终决定了朱熹在价值观上对无的偏袒。

在对有无关系的认定上，王夫之把有说成是第一性的，并从三个方面入手予以证明：第一，强调宇宙本体——气是有而不是无，以此证明世界的本原和本质是有。在论证气作为世界本原的资格时，他把气说成是不生不灭、绝对永恒的存在，试图通过气的永恒性、客观性和绝对性证明气是有而不是无。为了论证世界的本质是有，王夫之改造了中国哲学的古老范畴——诚，把诚说成是客观存在，用以标志世界的本质。诚就是实有，即实实在在的存在。正是在这个意义上，王夫之反复强调：

> 诚也者实也，实有也固有之也。（《尚书引义》卷四）

> 实有者，天下之共有也，有目所共见，有耳所共闻也。（《尚书引义》卷三）

王夫之把诚诠释为世界的本质，旨在证明世界之实有是有目共睹、有耳共闻的常识，具有不证自明的公效性。在此基础上，他强调，诚是"极顶字"，无以为对，借此进一步彰显世界的本质是有。第二，由气的实有性证明由气构成的万物是有，并基于气无所不在的普遍性推出了虚空是有的结论。在这方面，王夫之不止一次地断言：

> 阴阳二气充满太虚，此外更无它物，亦无间隙。天之象，地之形，皆其所范围也。（《张子正蒙注·太和》）

> 虚空者，气之量；气弥沦无涯而希微不形。……凡虚空皆气也。（《张子正蒙注·太和》）

　　为了贯彻气和万物为有的原则，王夫之特别用气充满、占领了太虚，着重论证了太虚是有的观点。气无所不在，充满了整个宇宙——有形之物是气的造作，无形之太虚也充满了气。由此，王夫之得出了太虚是实，"知虚空即气则无无"的结论。第三，具体论证了有无关系，突出有对于无的绝对性。王夫之认为，世界上存在的都是有，根本就不存在绝对的无，所谓无都是相对于有而言的："言无者激于言有者而破除之也。就言有者之所为有而谓无其有也。天下果何者而可谓之无哉？言龟无毛，言犬也，非言龟也；言兔无角，言麋也，非言兔也。"（《思问录·内篇》）总之，通过以上三个方面的论证，王夫之得出结论：有是世界的本质，也是万物的存在状态。这突出了有的本原地位，明确肯定了有是有无关系的主导方面。

　　上述内容显示，如果说无与有在朱熹那里主要指无形与有形，前者是体、后者是用的话，那么，王夫之则赋予它们更多的称谓和含义。在王夫之的思想中，有除了表示有形之外，还指实、实有、诚等；无除了无形之外，还指虚、空等。正是借助诸多概念和范畴，王夫之伸张了世界是有、是实的主张，并且沿着这一思路，突出有对于无的绝对性和本原性，进而在价值观、实践论上张扬有的价值和意义。

第四节　静主动客与静者静动

　　动静观与有无观具有内在联系，不仅关系本体论，而且牵涉价值论。朱熹认为，作为宇宙本体的天理、太极是静的，它们派生世间万物的过程是世界由静而动的过程。在此基础上，他突出静动之间的主客之别，在价值观上尚静。王夫之在阐释宇宙本原——气和气派生万物时把世界说成是动的，进而突出动在动静关系中的主导地位，指出静是相对于动而言的。与此相应，他在价值观上尚动，知行观上以行为核心也印证了这一点。

　　朱熹对静的推崇始于本体领域，通过对宇宙本体天理、太极的界定将静视为宇宙本体的存在状态和本质特征。按照他的说法，宇宙本体——理是无造作的、无感的至静，正因为理不会运动，才借助能聚散、运动的气相合生物。理无形而静，没有聚散；气有形而动，有聚有散。由此可见，朱熹沿着理气观上理先气后、理本气末的思路来阐释动静关系，对理的推崇反映在动静观上便是对静的推崇。不仅如此，作为理之别称的太极同样是静的，他对"无极而太极"的认同无形中也增加了静的价值。值得注意的是，朱熹并不断然否认理或太极有动静。对于理、太极与动静之间的关系，他多次解释说：

> 静中有动，动中有静。静而能动，动而能静。言理之动静，则静中有动，动中有静，其体也；静而能动，动而能静，其用也。言物之动静，则动者无静，静者无动，其体也；动者则不能静，静者则不能动，其用也。（《朱子语类》卷九十四）

> 熹向以太极为体，动静为用，其言固有病，后已改之曰："太极者本然之妙也，动静者所乘之机也，此则庶几近也。"来喻疑于体用之云甚当，但所以疑之之说，则与熹之所以改之之意，又若不相似。然盖谓太极含动静则可，谓太极有动静则可，若谓太极便是动静，则是形而上下之不可分，而"易有太极"之言亦赘矣。（《朱文公文集卷四十五·答杨子直》）

第一段引文承认动静相互涵养、相互渗透，同时强调动静在理与气（物）的层面上具有不同的表现：就理而言，从静开始，其体"静中有动"，其用"静而能动"；就物而言，朱熹虽然没有明确指出由静而动，但是，由理派生则注定了其由静开始，理静气（物）动表明静是本，动由静而生，由静而动。朱熹的这一思想倾向在第二段引文中变得明朗起来——承认太极有动静——正如理有动静一样，然而，无论是从本体言"太极含动静"还是从流行言"太极有动静"，都不代表太极是动静，因为讲太极是动静便混淆了形而上与形而下之别。正是在这个意义上，朱熹一再强调：

> "太极者本然之妙，动静者所乘之机。"太极只是理，理不可以动静言。（《朱子语类》卷九十四）

> 若以未发时言之，未发却只是静。动静阴阳，皆只是形而下者。
> 然动亦太极之动，静亦太极之静，但动静非太极耳。(《朱子语类》卷
> 九十四)

这清楚地表明，循着理、太极是本原的思路，动静由理、太极而来，然而
动静是它们的作用而非它们本身，因为理、太极作为宇宙本体是超越动静
的。所谓超越动静，其实还是静，这用朱熹的话说便是"未发却只是静"。
正因为如此，他更明确地以静为太极之体，以动为太极之用，"盖静即太
极之体也，动即太极之用也。"(《朱子语类》卷九十四) 在此基础上，朱
熹进而强调"体静而用动"，并把动静关系表述为"静能制动"——至静
能生动，若不是极静，则天地万物不生。此外，朱熹讲到许多关于动静在
时间上无限、不可分离、相互循环、相互渗透以及互为其根之类的话。例
如，他赞同周敦颐"动静无端，阴阳无始"的观点，并进一步发挥说：
"'动静无端，阴阳无始。'今以太极观之，虽曰'动而生阳'，毕竟未动
之前须静，静之前又须是动。推而上之，何自见其端与始！"(《朱子语类》
卷九十四) 然而，通过上述分析可知，动静的这些关系都是就万物而言
的，并不适用于理、太极等宇宙本体；退一步讲，即使是对万物来说，动
静也不是平等的。对此，朱熹表述为"静主动客"。于是，便出现了如下
议论：

> 静者为主，而动者为客，此天地阴阳自然之理，不可以寂灭之嫌
> 而废也。(《朱文公文集卷五十四·答徐彦章》)

> 静为主，动为客。静如家舍，动如道路。(《朱子语类》卷十二)

至此可见，朱熹承认动静的相依、互存和渗透，从根本上说还是推崇
静而贬低动。接下来，他将静说成是世界的本质，在极力夸大静的同时，
在价值观上将静说成是善，将动与恶联系起来。朱熹在用理与气相合生物
时宣称，前者至善，后者有恶；在这里，理无形、至静而气有形、聚散似
乎成了理善而气恶的全部理由。这表明，天理、太极之所以至善与其无、

静密切相关，或者说，是无形、至静决定了它们的至善。基于这种认识，在动与静的关系上，朱熹认为，静更为根本，是第一性的——静是绝对的，并且代表着善；动则是相对的，并且与恶脱不了干系。朱熹把人生追求和为学方法定位为静坐读书，让人"半日静坐，半日读书"便是这种观念的极端表达。

王夫之从各个角度伸张动的意义和价值，使动成为动静关系的主导方面：第一，动是世界的本质。王夫之反对朱熹一面宣称天理、太极岿然不动，一面断言万物运动不息的做法。在王夫之看来，宇宙本体——气本身就是动的，气由于内部的阴阳推动而运动不已。正是在这个意义上，他声称："一动一静，皆气任之。"（《读四书大全说》卷五）循着王夫之的逻辑，动静必有其载体，气便是动静的承担者。由于内部阴阳双方的相互作用，气处于永恒的变化之中。这就是说，宇宙本体是动而不是静——即使太极也是如此。第二，由气派生的世界万物由始至终运动不息："一气之中，二端既肇，摩之荡之而变化无穷。"（《张子正蒙注·太和》）气的运动造成了世界的变化，致使天地万物都处在不断的变化之中，根本就不存在一成不变的事物。换言之，世界是变化日新的，变是宇宙万物的普遍法则："天地之德不易，而天地之化日新。今日之风雷非昨日之风雷，是以今日之日月非昨日之日月也。"（《思问录·外篇》）不仅如此，为了彻底说明世界的本质是动，王夫之强调气之本然状态——虚空（太虚）是动的：

虚空即气，气则动者也。（《张子正蒙注·太和》）

太虚者，本动者也。动以入动，不息不滞。（《周易外传》卷六）

王夫之对气、世界万物和虚空（太虚）是动的强调使动成为宇宙本原和世界万物的存在方式，从各个方面共同奠定了动的本原地位。第三，在具体阐释动静关系时，突出动的主导地位和决定作用。王夫之对动静关系的阐释包括两个方面：一方面，动静相互依赖、相互包含，不可截然分开。在这个意义上，他再三声称：

　　方动即静，方静即动。静即含动，动即含静。(《思问录·
内篇》)

　　方动即静，方静即动，静即动，动不含静。(《思问录·外篇》)

　　动而不离乎静之存，静而皆备其动之理。(《张子正蒙注·
诚明》)

王夫之认为，动与静之间你中有我、我中有你，二者相互包含、相互
渗透。这表明，动与静是相对的，不可将二者的区别绝对化。为了强调这
一点，他提出了"动静互涵"的命题。另一方面，在肯定动静相互依赖的
基础上，王夫之强调，动是动静关系的决定因素和主导方面。因为静者静
动，动比静更为根本。对此，他表达为"动者，道之枢。"(《周易外传》
卷六) 这表明，没有离开动的绝对静止，静必须依赖动而存在，世界上没
有"废然不动而静"(《思问录·内篇》) 的道理。一言以蔽之，动永恒，
静相对，静并非绝对静止而是动的一种特殊形式——静在本质上是动。有
鉴于此，他再三宣称：

　　太极动而生阳，动之动也；静而生阴，动之静也。废然无动而
　　静，阴恶从生哉？一动一静，阖辟之谓也。由阖而辟，由辟而阖，皆
　　动也。(《思问录·内篇》)

　　静者静动，非不动也。(《思问录·内篇》)

　　止而行之，动动也；行而止之，静亦动也；一也。(《张子正蒙
　　注·太和》)

总之，在动静观上，王夫之将动说成是宇宙本体和世界万物的存在状
态和基本特征，进而突出了动的作用和地位。正是沿着这一思路，他突出
动对静的决定作用，使动毫无疑义地成为动静关系的主导方面和决定

因素。

　　伴随着自身弊端的不断暴露和社会危害的日益严重，宋明理学在明清之际遭到早期启蒙思想家的质疑。与其他人不同的是，王夫之对宋明理学的批判侧重形而上学，通过彰显气的权威颠覆天理的权威。这使王夫之的哲学建构与朱熹哲学恰成对立之势：如果说朱熹哲学遵循理——气——理的逻辑结构展开的话，那么，王夫之则是沿着气——理——气的逻辑展开的。这使两人哲学的分歧聚焦在对理与气的理解及其关系的界定上。在这方面，朱熹与王夫之的理气观如此，道器观、有无观和动静观也不例外。

第三部分

宏观透视

第十四章　形而上学

　　儒学洋溢着鲜明的道德诉求，仁学则将儒家的道德情趣表达得淋漓尽致。在先秦的原始儒家中，孔子的"仁者爱人"和孟子的"不忍人之心"奠定了儒家的道德本位，荀子则通过礼乐教化进一步凸显了儒家以宗法等级为根基的道德旨归。在宋明理学中，宇宙本体——天理的基本内容即仁义礼智、三纲五常，这是对道德的提升和对孔子、孟子的敬意；以仁为首的天理体现着差等秩序，正如仁之一体中蕴涵着厚薄一样，这是对荀子开创的差等原则的张扬。宋明理学是儒学的道德形而上学形态，宋明理学家之所以对仁如此热衷，原因在于：第一，申明仁在三纲五常中的核心地位，这个层面的仁属于伦理范畴，与原始儒家理解的仁别无二致。第二，将仁界定为与天地万物为一体，成为和谐理念的浓缩，这是先秦儒家思想中所没有的。解读理学家的仁学，透过他们将三纲五常为天理的做法，可以直观感受儒家的道德理念和宋明理学的道德形而上学；透过宋明理学本体哲学—认识哲学—道德哲学的三位一体，进而领悟儒家所追求的理想道德以一体而差等为原则。

第一节　仁之地位和作用

　　如果说仁在先秦时期的原始儒家那里是伦理范畴、势力范围主要在道德领域的话，那么，仁在宋明理学中则既是伦理范畴，又拥有了本体意义。通过理学家的推崇，作为天理、良知的主要内容，随着天理、良知被说成是宇宙本原。在本体领域，仁是宇宙本原，是"天理"、是"良知"；在道德领域，仁"包四德"，总五常，是"百善之首"。这使仁的地位得以空前提升。

一 仁是"天理"、是"良知"

程朱理学推崇的理和陆王心学神化的心的基本内容之一就是仁，这为仁开辟了本体领域的统辖范围。

理（又称天理）是程朱理学的最高范畴，二程和朱熹都对理推崇备至。正是在对理的推崇中，程朱理学从本体哲学的高度突出了仁的地位和价值。

二程对理情有独钟，甚至以天理相标榜。正如程颢所自诩："吾学虽有所受，天理二字却是自家体贴出来。"（《河南程氏外书》卷十二）作为"体贴"的结果，二程夸大理的普适性，把万物视为理派生、主宰的产物，致使理成为宇宙间的最高权威。于是，两人再三强调：

> 凡眼前无非是物，物物皆有理。（《河南程氏遗书》卷十九）

> 天理云者，这一个道理，更有甚穷已？不为尧存，不为桀亡。（《河南程氏遗书》卷二上）

> 万物皆是一理，至如一物一事，虽小，皆有是。（《河南程氏遗书》卷十五）

朱熹同样夸大理的作用，把包括气在内的所有存在都说成是理的派生物。正是在这个意义上，他指出："理也者，形而上之道也，生物之本也；气也者，形而下之器也，生物之具也。是以人物之生，必禀此理然后有性，必禀此气然后有形。其性其形虽不外乎一身，然其道器之间分际甚明，不可乱也。"（《朱文公文集卷五十八·答黄道夫》）这表明，尽管理与气对于万物之生缺一不可，然而，理先于气、在时间上优于万物，并且凌驾于万物之上。对此，朱熹解释说，理在与气的相依不离中与气不混不杂，并且不会因为万物的生灭发生变化，甚至"且如万一山河大地都陷了，毕竟理却只在这里"（《朱子语类》卷一）。此外，为了淋漓尽致地伸张理的神圣性、永恒性和绝对性，他援引佛教"月印万川"的例子反复阐释"理一分殊"，旨在突出理的独一无二、不可分割、完美无缺和至善纯美。

进而言之，被程朱理学赋予神圣性、永恒性和先验性的天理，其实际内容就是以仁为核心的伦理道德。在某种程度上可以说，二程和朱熹之所以对天理予以神化和夸大，最终目的是论证以仁为核心的伦理道德的神圣性和永恒性。

以仁为核心的伦理道德被神化为天理在二程那里一目了然。在两人看来，作为万物本原的理，其基本内容是道德准则，即"人伦者，天理也"（《河南程氏外书》卷七）。具体地说，这个伦理道德的核心就是仁。

其实，理的实际内容是以仁为核心的伦理道德是宋明时期的主导观念，更是宋明理学家的共识。例如，南宋理学家张九成断言："天理者，仁义也。"（《孟子传卷十九·离娄下》）

作为程朱理学的集大成者，朱熹对理是宇宙本原、理的实际内容是三纲五常的论证最系统也最直接。他写道："宇宙之间，一理而已。天得之而为天，地得之而为地，而凡生于天地之间者，又各得之以为性。其张之为三纲，其纪之为五常，盖皆此理之流行，无所适而不在。"（《朱文公文集卷七十·读大纪》）在这里，朱熹不仅论证了天理的本原性和普适性，而且强调三纲五常是天理的实际内容。事实上，他对宇宙本体——天理就是三纲五常、就是仁义礼智的论证不厌其烦。例如：

> 理则为仁义礼智。（《朱子语类》卷一）

> 且所谓天理复是何物？仁、义、礼、智，岂不是天理？君臣、父子、兄弟、夫妇、朋友，岂不是天理？（《朱文公文集卷五十九·答吴斗南》）

从根本上说，程朱为首的宋明理学家把以仁为核心的纲常说成天理，目的是赋予仁权威性，借助天理的权威性、普适性论证包括仁在内的伦理道德的天然合理性和天经地义性，强调以仁为核心的道德准则和行为规范"皆是人所合当做而不得不然者，非是圣人安排这物事约束人"（《朱子语类》卷十八）。它们既然"天生自然，不待安排"（《朱子语类》卷四十），便是天然合理的。不仅如此，为了进一步论证包括仁在内的五常是人先天具有的内在规定性，程朱把以仁为首的五常说成是人与生俱来的道德观念和先天本性。正是在这个意义上，朱熹说道："仁义礼智，性也。……有如此道理，便做得许多事出来，所以能恻隐、羞恶、辞逊、是非也。……便只是仁义礼智。"（《朱子语类》卷四）于是，仁成为人之所以为人的内在规定性，践履仁成为人天赋的、不可推诿的神圣使命。更有甚者，为了凸显天理的神圣性和普适性，他指出，人类生来具有仁之本性，动物也有仁之道德："至于虎狼之仁，……却只通这些子，譬如一隙之光。"（《朱子语类》卷四）这就是说，仁是宇宙间的最高法则，统辖人类社会，同样适用于自然界。

推崇心为世界本原的陆王心学与程朱理学在世界本原是什么的问题上存在明显分歧，根本宗旨却同样是为了说明以仁为核心的纲常乃天生自然、不待安排，与程朱理学的唯一区别是将天理置换为吾心之良知。换言之，陆王心学虽然奉心为本原，但在认定以仁为核心的伦理道德是天理上与程朱别无二致。作为陆王心学理论基石的"心即理"表明，心与理是等价的。从这个角度看，把理还是把心奉为宇宙本体只是形式问题，其精神实质与程朱理学如出一辙。正因为如此，陆九渊把理与心同时奉为世界本原，一面宣称"塞宇宙，一理耳"（《陆九渊集卷十二·与赵咏道四》），一面断言"宇宙便是吾心，吾心即是宇宙"（《陆九渊集卷二十二·杂说》）。在王守仁那里，被奉为宇宙本体的心或良知就是天理。对于这一点，他反复指出：

夫心之本体，即天理也。天理之昭明灵觉，所谓良知也。（《王阳明全集卷五·答舒国用》）

良知即是天理。（《王阳明全集卷二·答欧阳崇一》）

这表明，在王守仁的意识中，良知、吾心与天理异名而同实。从这个意义上说，王守仁以及陆王心学宣称心是本原与程朱断言理是本原对于推崇天理的作用是一样的。同时，陆王崇尚的心与程朱推崇的理内容完全相同，都是以仁为核心的伦理道德。陆九渊所讲的心有时指人的思维器官，如"人非木石，安得无心？心于五官最尊大"（《陆九渊集卷十一·与李宰》）；然而，在大多数场合，心指仁义道德。因此，他多次声称：

仁即此心也，此理也。（《陆九渊集卷一·与曾宅之》）

仁义者，人之本心也。（《陆九渊集卷一·与赵监》）

需要说明的是，陆王奉心为本原在推崇伦理道德上与程朱理学秉持同样的宗旨、具有相同的作用，并且，就实际作用和效果而言，陆王崇奉的内在的良知、吾心显然要比外在的天理更直接、更简捷，因而更有威慑力。其实，陆九渊与朱熹关于为学之方争论中"尊德性"与"道问学"的分歧本身就从一个侧面突出了这个问题，陆九渊的观点——从"自存本心"到"先立其大"都证明了良知在践履仁义道德中的简捷、速成。同样，在王守仁那里，作为世界本原的心发之于外便是人的道德行为："发之交友治民便是信与仁。"（《王阳明全集卷一·传习录上》）按照他的逻辑，吾心之本体是天理、良知，天理、良知人人皆有，由于良知的作用，人自然会做出符合道德的反应和行动来；作为吾心之仁的发用，人"见孺子之入井自然知恻隐"（《王阳明全集卷一·传习录上》）。不仅如此，王守仁进而指出，良知是先验的，与生俱来，"完完全全""无有欠缺""不须外面添一分"。由此，他确信良知万善具足、万理具备，只要使之不受障蔽便不可胜用。基于这种认识，在作为其哲学纲领和代表作的《大学问》中，王守仁对吾心之仁进行专门阐发，全面论证了人在仁之沟通下能够臻于与天地万物为一体的境界，从而实现"天下一家，中国一人"的理想。

作为儒家道德主义的延续，宋明理学把内涵仁的天理、良知奉为宇宙本原，仁随之具有了宇宙本体、万物本原的身份。这一形上意蕴伸张了仁的神圣性、永恒性和普适性，致使仁从伦理领域扩展到本体领域，成为某种程度上的本体概念。这在改变仁之身份的同时，极大地扩展了其统辖范围。

二 仁"包四德"、总五常，是"百善之首"

如果说把以仁为核心的伦理道德奉为宇宙本原是宋明理学家的创举的话，那么，这一创举的结果对于仁或五常来说意义是一样的。从这个角度说，不追问仁与五常以及仁与其他道德条目之间的关系，就无法彻底理解仁的特殊地位。事实上，也正是通过凸显仁在五常中的特殊地位，宋明理学家将仁推向了无可比拟的首要地位。

诚然，凸显仁在五常中的地位的做法先秦早已有之。尽管如此，宋明理学家对仁之内涵的阐释、对仁与其他道德条目关系的梳理，特别是仁为百行万善之首的提法还是把仁的地位提到了前所未闻的高度。如果说当宋明理学家把天理、良知说成是宇宙本体时仁还作为五常之一、与其他德目相比并无特殊之处的话，那么，他们对五常次序及仁与其他德目关系的界定则突出了仁的地位，在仁"包四德"、含五常以及百行万善总于仁中，仁与其他德目的距离被拉大，其地位被空前提升。

宋明时期的思想家对五常之间的关系十分关注。在整理五常及论证各种道德条目之间的关系时，除北宋思想家——李觏认定礼是五常之首、把仁也归属于礼之外，仁乃五常之首是理学家的共识，也受到社会的普遍认同。

二程认为，四端、五常虽然都是天理和人性的具体内容，然而，它们之间并不是并列的，其中最根本的是仁。在两人的思想中，仁与义、礼、智、信的关系是这样的：

> 义、礼、知、信皆仁也。（《河南程氏遗书》卷二上）

> 仁载此四事，由行而宜之谓义，履此之谓礼，知此之谓智，诚此之谓信。（《河南程氏外书》卷一）

> 仁、义、礼、智、信五者，性也。仁者，全体；四者，四支。仁，体也。义，宜也。礼，别也。智，知也。信，实也。（《河南程氏遗书》卷二上）

　　且譬一身，仁，头也；其它四端，手足也。（《河南程氏遗书》卷
十五）

　　可见，对于仁与义、礼、智、信之间的关系，二程的表述前后并不一
致——有时说成是支配与被支配的纲目关系，有时说成是全体与部分的包
含关系。尽管如此，无论哪种说法或比喻都突出仁与后者的区别，在认定
仁是五常中的最高范畴这一点上是一致的。正因为如此，两人让义、礼、
智、信归于仁，还把五常、四端以外的其他道德条目和规范也归于仁的统
辖范围。按照二程的理解，各种道德观念都是仁的体现，是从属于仁这个
纲的目。正是在这个意义上，程颐强调"仁即道也，百善之首也。"（《河
南程氏遗书》卷二十二上）循着这个思路，二程多次表示：

　　盖孝弟是仁之一事。……盖仁是性也，孝弟是用也。（《河南程氏
遗书》卷十八）

　　孝弟，仁之事也。仁，性也；孝弟，用也。（《河南程氏粹言》卷
一，《论道篇》）

　　恕者入仁之门。（《河南程氏遗书》卷十五）

　　公者仁之理，恕者仁之施，爱者仁之用。（《河南程氏粹言》卷
一，《论道篇》）

　　在这里，基于仁是"百善之首"的认识，二程将传统道德的主要条
目——孝、悌、恕、公和爱等统统纳入仁这一范畴，不仅用仁将它们贯
穿、统率起来，而且确立了仁与这些德目之间的体用和主从关系。
　　南宋之时，张栻循着二程的思路强调仁对于义、礼、智的作用，彰显
仁在五常中的首要地位，并且在仁管乎万善的前提下将爱、公等归于仁的
统辖。对此，他一而再，再而三地断言：

人之性，仁、义、礼、智四德具焉：其爱之理则仁也，宜之理则义也，让之理则礼也，知之理则智也。是四者虽未形见，而其理固根于此，则体实具于此矣。性之中只有是四者，万善皆管乎是焉。而所谓爱之理者，是乃天地生物之心，而其所由生者也。故仁为四德之长，而又可以兼能焉。（《南轩集卷十八·仁说》）

是以为仁莫要乎克己，己私既克，则廓然大公，而其爱之理素具于性者无所蔽矣。爱之理无所蔽，则与天地万物血脉贯通，而其用亦无不周矣。故指爱以名仁则迷其体，（程子所谓爱是情，仁是性谓此。）而爱之理则仁也；指公以为仁则失其真，（程子所谓仁道难名，惟公近之，不可便指公为仁谓此。）而公者人之所以能仁也。夫静而仁、义、礼、智之体具，动而恻隐、羞恶、辞让、是非之端达，其名义位置固不容相夺伦，然而惟仁者为能推之而得其宜，是义之所存者也；惟仁者为能恭让而有节，是礼之所存者也；惟仁者为能知觉而不昧，是智之所存者也。此可见其兼能而贯通者矣。（《南轩集卷十八·仁说》）

人之为人，孰不具是性？若无是四端，则亦非人之道矣。然分而论之，其别有四，犹四体然，其位各置，不容相夺，而其体用互为相须，合而言之，则仁盖可兼包也。故原其未发，则仁之体立，而义、礼、知即是而存焉。循其既发，则恻隐之心形，而其羞恶、辞让、是非亦由是而著焉。（《孟子说》卷二）

四端管乎万善，而仁则贯乎四端，而克己者，又所以为仁之要也。学者欲皆扩而充之，请以克己为先。（《孟子说》卷二）

张栻对五常关系的看法包括三层意思：第一，仁为四德之长，在五常中首屈一指，与其他条目不是并列关系。第二，仁与公、爱密切相关，但公、爱并不是仁，它们是从属于仁的。第三，仁是本质，义、礼、智等均可视为仁之表现或推演。至此可见，这三层意思可以归结为一个主题，那就是：仁为万善之首。

　　在对五常之间的本末、主次关系作展开论述时，朱熹始终如一地突出仁的地位和价值。他认为，人人同具的天命之性的具体内容是仁义礼智，作为人与生俱来的本性和上天所命，四端、五常是最基本的道德观念和行为规范，是各种伦理道德的发源地。在这个意义上，朱熹再三声明：

　　　　人只是此仁义礼智四种心。如春夏秋冬，千头万绪，只是此四种心发出来。（《朱子语类》卷六）

　　　　百行皆仁义礼智中出。（《朱子语类》卷六）

　　　　天下道理千枝万叶，千条万绪，都是这四者做出来。（《朱子语类》卷二十）

　　在此基础上，朱熹强调，虽然都出于上天之命和先天本性，但是，四端、五常之间的关系并不是并列的，其核心和根本乃是仁。对此，他连篇累牍地宣称：

　　　　百行万善总于五常，五常又总于仁。（《朱子语类》卷六）

　　　　仁义礼智，便如四柱，仁又包括四者。（《朱子语类》卷九十五）

　　　　仁对义、礼、智言之，则为体；专言之，则兼体、用。（《朱子语类》卷六）

　　　　仁之包四德，犹冢宰之统六官。（《朱子语类》卷九十五）

　　在这里，朱熹从不同角度论证了仁与其他德目的关系：或统治与被统治，或体与用，或总括与条目等；尽管角度不同，却始终突出仁的地位和作用——由于含四德、总五常，为四德之体，仁成为"性中四德之首""众善之长"。不仅如此，为了更形象地说明仁与其他道德条目之间的关系，他提出了"小仁""大仁"说。对此，朱熹说道：

> 恰似有一个小小底仁，有一个大大底仁。"偏言则一事"，是小小底仁，只做得仁之一事；"专言则包四者"，是大大底仁，又是包得礼义智底。若如此说，是有两样仁。（《朱子语类》卷六）

按照上述理解，仁具有广、狭之别：与义、礼、智并列作为四德、五常之一的仁乃是狭义的仁，即"小小底仁"；包四德、总五常且作为四德之体的仁乃是广义的仁，即"大大底仁"。这表明，在朱熹那里，仁既是一种具体的道德规范，又是全德之称。正是全德之称的"大大底仁"成为包四德、体五常的百行万善之总。鉴于这些认识，他将仁视为"天理根本处"，宣称仁"上面更无本"。朱熹的这些说法使仁不仅成为四端、五常之本，而且成为全部道德之本。这就是说，仁不仅是最根本的道德，而且是诸德之源。

作为宋明理学家的共识，仁是四德之长对于许衡来说是毫无疑问的。对此，他写道："仁为四德之长，元者善之长。……仁与元，俱包四德，而俱列并称，所谓'合之不浑，离之不散'。……元者，四德之长，故兼亨利贞。仁者，五常之长，故兼义礼智信。此仁者所以必有知觉，不可便以知觉名仁也。"（《语录上》）

在宋明理学家那里，以三纲五常为核心的天理、良知被说成是宇宙本原使仁具有了宇宙本原的意义，对五常关系的说明在突出仁在五常中的首要地位的同时反过来加固了仁的本体地位。不仅如此，基于仁在五常中的首要地位，他们进一步把全部道德条目都归在仁之麾下：或者是仁的形式和表现，或者受仁之统率。如此一来，仁具有了两个基本规定：第一，仁是最高范畴，具有宇宙本体之意。第二，仁是全部伦理规范、道德条目的总称乃至代名词。

第二节　仁之内涵和境界

如上所述，宋明理学家对仁所做的阐释包括两个方面：先是将包含仁在内的伦理道德提升为宇宙本原，然后突出仁在五常乃至全部伦理道德中的首要地位，直至使之成为伦理道德的代名词。这些使他们所讲的仁与以往具有本质不同。宋明理学对仁的本体地位的提升和对仁在五常中的凸显共同为仁之内涵奠定了前提。正是在仁之身份递嬗和地位提高的背景之下，宋明理学家进行了两方面的工作：一方面，把仁界定为与天地万物为一体，这是一种宇宙境界和本体维度。另一方面，仁之以天地万物为一体的践履和展开是在公、爱和恕中进行的，这仰仗仁对其他德目的统辖。具体地说，既然仁是宇宙本体，那么，仁便是宇宙的普遍法则，不仅限于人与人之间；既然仁的内容是爱，那么，通过以爱推己及人，遍布流行，不仅爱亲、爱人，而且爱物。这种境界就是"以天地万物为一体"。在此基础上，通过仁爱之中的差等来彰显分别，宋明理学家为现实的宗法等级制度辩护，这一宗旨使他们在推崇仁时对礼予以重视。

一　以天地万物为一体

在对仁的阐释中，宋明理学家把仁的内涵和境界诠释为"以天地万物为一体"，并且在仁与公、爱、恕的密切联系中强化仁之以天地万物为一体的具体实践和操作。

二程对仁极其重视，并且自诩是两人第一次对仁作了创造性的诠释。程颐说："自古元不曾有人解仁字之义。"（《河南程氏遗书》卷十五）那么，二程独家创意的仁究竟是什么呢？程颢给出了这样的答案："仁者，浑然与物同体。"（《河南程氏遗书》卷二上）在他看来，仁的基本含义是"浑然与物同体""以天地万物为一体"。这既是仁这一范畴的内涵和境界，也是体悟、践行仁的基本要求和方法原则。与此相关，在解释何者为仁时，二程一再如是说：

医家以不认痛痒谓之不仁，人以不知觉不认义理为不仁，譬最近。（同上）

医书言手足萎痹为不仁，此言最善名状。仁者，以天地万物为一体，莫非己也。认得为己，何所不至？若不有诸己，自不与己相干。如手足不仁，气已不贯，皆不属己。（同上）

若夫至仁，则天地为一身，而天地之间，品物万形为四肢百体。夫人岂有视四肢百体而不爱者哉？……医书有以手足风顽谓之四体不仁，为其疾痛不以累其心故也。夫手足在我，而疾痛不与知焉，非不仁而何？世之忍心无恩者，其自弃亦若是而已。（《河南程氏遗书》卷四）

二程对仁的解释表明，正如人的四肢、手足与己一体，痛痒自知一样，仁者与物同体，以世间万物为四肢、百骸，与天地万物相互感应而知痛痒。这表明，仁即不分彼此、人我地将天地万物视为自己的一部分，正如对待自身的四肢、百骸一样。有鉴于此，二程进而指出，仁者"以天地万物为一体"是一种"至公无私，大同无我，虽眇然一身，在天地之间，而与天地无以异也"（《河南程氏粹言》卷一，《论道篇》）的境界。在这个意义上，他们将仁与公联系起来。在二程的论著中，多次出现这样的记载和论断：

仁道难名，惟公近之。（同上）

仁者用心以公，故能好恶人。公最近仁。（《河南程氏外书》卷四）

又问："如何是仁？"曰："只是一个公字。学者问仁，则常教他将公字思量。"（《河南程氏遗书》卷二十二上）

按照二程的说法，公是仁的基本要求，只有崇公才可能体仁。公与私是对立的，如果杂有私意，便会阻挠仁的感应，破坏与天地万物为一体。二程突出以公体仁就是让人杜绝私意、至公无私，因为"不违（指《论语·雍也》：'回也，其心三月不违仁'——引者注）处，只是无纤毫私意。有少私意，便是不仁。"（《河南程氏遗书》卷二十二上）基于这种认识，二程呼吁在践履、推广仁中以公灭私、大公无私，进而达到"以天地万物为一体"的境界。

鉴于公对于仁的重要性，二程将公视为仁之理，不仅声称天心至公，而且将公视为仁之爱、恕的原则。于是，他们说道：

> 天心所以至仁者，惟公尔。人能至公，便是仁。（《河南程氏外书》卷十二）

> 仁之道，要之只消道一公字。公只是仁之理，不可将公便唤做仁。公而以人体之，故为仁。只为公，则物我兼照，故仁，所以能恕，所以能爱，恕则仁之施，爱则仁之用也。（《河南程氏遗书》卷十五）

对于仁，朱熹的定义是："仁者与天地万物为一体。"（《朱子语类》卷三十二）显然，这个说法与二程别无二致。此外，朱熹以爱、恕释仁，强调仁的内容是爱和恕。对于爱，他解释说，既然仁者与天地万物为一体，那么，仁者便无所不爱。鉴于仁与爱的密切相关和爱对仁的至关重要，朱熹具体说明了仁与爱的关系。在此过程中，他反复强调：

> 仁之发处自是爱。（《朱子语类》卷九十五）

> 仁是根，爱是苗。（《朱子语类》卷二十）

> 仁者，爱之理；爱者，仁之事。仁者，爱之体；爱者，仁之用。（《朱子语类》卷二十）

朱熹认为，仁与爱是未发与已发、根与苗、理与事或体与用的关系。换言之，爱是仁的外在表现，仁通过爱得以显现；只有深刻理解了爱，才能领悟仁。基于上述理解，在界定和说明仁时，他一面反对人"离爱而言仁"（《朱文公文集卷六十七·仁说》），一面突出仁之爱。不仅如此，朱熹强调，仁之爱不仅爱亲，而且爱人；不仅爱人，而且爱物。爱之对象的广泛性决定了爱离不开恕，爱要靠恕来"推"。所以，在重视爱的同时或者说因为重视爱，朱熹重视恕。对此，他指出："恕是推那爱底，爱是恕之所推者。若不是恕去推，那爱也不能及物，也不能亲亲仁民爱物，只是自爱而已。"（《朱子语类》卷九十五）按照朱熹的说法，爱而不恕只是自爱，要使爱由己及人、由亲达民，必须要恕。进而言之，恕的基本要求是："所欲者必以同于人，所恶者不以加于人。"（《朱子语类》卷四十二）说到底，恕就是要"推己及人""推己及物"。显然，这个说法与他一贯推行的仁与天地万物为一体、泛爱万物是一致的，因为有了恕的广度，仁之境界和范围也就提升和加大了。

与此同时，朱熹把仁与公联系起来，于是便有了"公而无私便是仁"（《朱子语类》卷六）、公然后能仁的说法。基于这种理解，他将公说成是践履仁而臻于仁之一体境界的前提。正是在这个意义上，朱熹再三强调：

　　公是仁之方法，人身是仁之材料。（《朱子语类》卷六）

　　公却是仁发处。无公，则仁行不得。（《朱子语类》卷六）

　　仁，将"公"字体之。及乎脱落了"公"字，其活底是仁。（《朱子语类》卷六）

在朱熹的视界中，公对于仁至关重要，与爱、恕一样是仁的题中应有之义。这表现在两个方面：仁之内涵不能没有公，无公则不仁；仁之践履离不开公，不公则无法体仁。如果说仁之境界是大公无私的结果的话，那么，不仁的病症则在于私意流行而蔽塞了公。从这个意义上说，公而近仁的过程也就是克灭私意、天理流行的过程。于是，朱熹不厌其烦地断言：

只是私心，便不是仁。(《朱子语类》卷三十二)

方叔曰："与天地万物为一体是仁。"曰："无私，是仁之前事；与天地万物为一体，是仁之后事。惟无私，然后仁；惟仁，然后与天地万物为一体。"(《朱子语类》卷六)

你元自有这仁，合下便带得来。只为不公，所以蔽塞了不出来；若能公，仁便流行。(《朱子语类》卷九十五)

做到私欲净尽，天理流行，便是仁。(《朱子语类》卷六)

必须提及的是，在仁之爱、恕、公中，朱熹更强调公的地位和作用，因为只有去己之私，才能做到爱和恕，"然非公则安能恕？安能爱？"(《朱子语类》卷九十五)有鉴于此，他特别强调公是行仁的前提。从这个意义上说，没有公，便没有爱或恕，因为公是仁的道理，而仁是爱的道理；离开了公，爱则没有了章法而可能成为"错爱"，甚至导致不仁的结果。正因为如此，朱熹指出，体仁的顺序是公而仁，仁而爱——公在仁之前引导，爱、恕在仁之后推行。这是体仁的程序，这种前后次序注定了公具有爱、恕无法比拟的优越性。于是，便有了这样的记载和论断：

公在前，恕在后，中间是仁。公了方能仁，私便不能仁。(《朱子语类》卷六)

仁是爱底道理，公是仁底道理。故公则仁，仁则爱。(《朱子语类》卷六)

"公而以人体之为仁。"仁是人心所固有之理，公则仁，私则不仁。未可便以公为仁，须是体之以人方是仁。公、恕、爱，皆所以言仁者也。公在仁之前，恕与爱在仁之后。公则能仁，仁则能爱能恕故也。(《朱子语类》卷九十五)

至此可见，程朱不仅都将仁定义为与天地万物为一体，而且都突出仁与爱、恕、公的联系，使它们成为仁的内涵和践履方式。例如，在阐释公与爱、恕之间的内在关联时，朱熹特别指出，一方面，仁必须公，然而，公了未必能仁，因为仁必须爱、恕，有了爱、恕才可以公而仁。对此，他特别提醒只有公还称不上仁，进而要求将仁之公与爱联系起来。正因为如此，在突出仁与公的密切关系时，朱熹并没有给二者简单地划等号，因为他发现"世有以公为心而惨刻不恤者"，所以强调："须公而有恻隐之心，此功夫却在'人'字上。盖人体之以公方是仁，若以私欲，则不仁矣。"（《朱子语类》卷九十五）另一方面，仁必爱、恕，只有爱、恕而无公便不能体仁。这表明，爱、恕、公对于仁来说缺一不可，只有相互作用才能相得益彰；失去了任何一方，仁的与天地万物为一体都无法实现。

其实，强调仁与爱、公、无私密切相关是程朱的看法，也是宋明理学家的共识。例如，张栻不厌其烦地说：

> 克尽己私，一由于礼，斯为仁矣。（《论语解卷六·颜渊篇》）

> 己私克则天理存，仁其在是矣。（《宋元学案卷五十·南轩学案》）

> 是以为仁莫要乎克己，己私即克则廓然大公，而其爱之理素具于无所蔽矣。爱之理无所蔽则与天地万物血脉贯通，而其用亦无不周矣夫。（《宋元学案卷五十·南轩学案》）

显然，张栻的这些看法与程朱是一致的。再如，元代理学家许衡也多次说：

> 仁者，性之至而爱之理也。爱者，情之发而仁之用也。公者，人之所以为仁之道也。元者，天之所以为仁之至也。仁者，人心所固有，而私或蔽之以陷于不仁，故仁者必克己。克己则公，公则仁，仁则爱。未至于仁，则爱不可以充体，若夫知觉则仁之用，而仁者之所兼也。（《语录上》）

克己则公，公则仁，仁则爱。(《宋元学案卷九十·鲁斋学案》)

进而言之，宋明理学家之所以关注仁与公、爱和恕之间的联系，原因有三：第一，在宋明理学的视界中，仁具有前所未有的高度和境界，这种境界决定了仁与公、爱、恕等密切相关。这既是对孔子仁者爱人的深化，也是对孟子亲亲、仁民、爱物的推广。第二，从公到爱、恕，体现了践履仁即通往"与天地万物为一体"的途径，也从操作层面体现了仁对诸德的统率和支配作用。第三，无论仁是天理还是大公无私都奠定了理学价值观的基本导向和诉求，那就是崇理灭欲、以公废私。

宋明理学家关于"仁者以天地万物为一体"的命题，对于人们站在哲理的高度更深刻、全面地认识仁的丰富内涵、提升人生境界具有重要意义。不仅如此，"以天地万物为一体"的内涵注定了仁与公、爱和恕之间密切相关，对体认、践履仁提出了新的要求。同时，通过仁，宋明理学家强化了公、爱和恕等主题，重新界定了人与人以及人与万物之间的关系，开创了宇宙和谐、社会和谐的新格局。

二　仁爱与差等

仁的基本精神、内容实质是爱人，这是孔子、孟子对仁的基本界定。宋明理学家继承了这一传统，于是，爱以及与爱相关的恕被注入仁中，成为仁的题中应有之义。不仅如此，正是爱、恕、公使人与天地万物成为一体的。二程所以奉仁为五常之首是因为"仁者以天地万物为一体"，在这个前提下，推崇仁就是为了用仁建立一个与天地万物为一体的爱之世界。在凸显仁和释仁为"以天地万物为一体"上，朱熹和二程的思路、做法别无二致。不仅如此，在阐释仁与爱的密切关系和以恕、公释仁的过程中，朱熹进一步强化和扩展了仁之爱的内涵。

进而言之，程朱理学以爱、恕、公释仁不仅突出了体仁方案，而且进一步突出了仁之一体的内涵。在这个维度上，仁以爱为基本内容，与孔子、孟子讲的仁者爱人同义。然而，一个公开的秘密是，儒家所讲的仁历来都是有差等的，绝非一视同仁的爱一切人。对于这个问题，孔子的解决办法是强调仁之外在表现形式是礼，孟子则强调仁的"亲亲而仁民，仁民而爱物"（《孟子·尽心上》）的顺序。同样为了突出仁之爱人的差等，程朱在肯定仁之一体的同时，突出一体中的分别。换言之，鉴于维护宗法等级的需要，他们所讲的仁之一体不是平等的，而是有差别的。这决定了仁之爱不是一视同仁的兼爱，而是有差异、等级的分疏之爱。

程颐强调，仁爱始于亲亲，并非没有亲疏、分别的兼爱，以此强化爱之差等。据记载：

> 又问："为仁先从爱物上推来，如何？"曰（指程颐——引者注）："不敬其亲而敬他人者，谓之悖礼；不爱其亲而爱他人者，谓之悖德。故君子'亲亲而仁民，仁民而爱物'。能亲亲，岂不仁民？能仁民，岂不爱物？若以爱物之心推而亲亲，却是墨子也。"（《河南程氏遗书》卷二十三）

在程颐看来，与墨子的兼爱不同，仁"以天地万物为一体"的一体之中有森严的亲疏之分和尊卑之别，仁爱的根本原则和具体要求是差等。正是在这个意义上，他一再强调：

> 夫上下之分明，然后民志有定。民志定，然后可以言治。（《周易程氏传》卷一）

> 名分正则天下定。（《河南程氏遗书》卷二十一下）

正是出于凸显亲疏、尊卑之差等的需要，在对四端、五常的地位进行认定时，除了突出仁之外，二程特别推崇明尊卑、别上下的礼。两人之所以在重仁的前提下崇礼，流露出企图以礼规范仁爱之秩序或突出仁爱之差等的初衷。根据二程的说法，只有对"尊卑贵贱之分，明之以等威，异之以物采"，才能"杜绝陵僭，限隔上下。"（《河南程氏粹言》卷一，《论政篇》）进而言之，对于明等级、别上下而言，礼显然不可缺少。于是，他们断言："礼治则治，礼乱则乱，礼存则存，礼亡则亡。"（《河南程氏文集·遗文·礼序》）更有甚者，二程宣布："理者，礼也"，把礼与世界本原——天理（理）相提并论。二程对礼的推崇显然是看中了礼中的分别和等级。

在朱熹那里，由于推崇仁爱，他反对杨朱的"为我"；由于认定仁爱是有差等的，也反对墨家的"兼爱"。于是，朱熹反复声明：

> 如杨氏为我，则蔽于仁；墨氏兼爱，则蔽于义。（《朱子语类》卷五十二）

> 且杨墨说"为我""兼爱"，岂有人在天地间孑然自立，都不涉著外人得！又岂有视人如亲，一例兼爱得！（《朱子语类》卷五十二）

可见，在弘扬仁之一体或仁之爱的主题时，程朱强调仁爱或一体中的等差，这正如他们对五常的整理目的是更好地维护等级秩序规定的上下、尊卑一样。王守仁对礼的推崇与程朱如出一辙："礼字即是理字。……约礼只是要此心纯是一个天理。"（《王阳明全集卷一·传习录上》）在这方面，理学家的做法与李觏强调礼在五常乃至全部道德和礼仪法度中的首要地位的意图如出一辙。李觏把礼说成是五常之本，使礼乐刑政、仁义智信都"一于礼"，主要目的之一即是为了更好地"定君臣"、"别男女"、"序长幼"、"异亲疏"和"次上下"，进而维护宗法等级制度。李觏对礼的推崇反衬出理学家崇礼的初衷。

必须明确的是，宋明理学家推崇礼是为了强化宗法等级制度，并非像孔子那样认为礼是仁的外在表现，仁需要礼表现出来。在二程、朱熹的思想中，除了用仁支配、包含礼之外，仁与礼并无特殊关系，却是爱、公、恕与仁的关系更为密切。宋明理学所讲的仁爱不需要通过礼表现其差等，因为仁本身就有差等内涵，蕴含着一体与差等的秩序：一方面，仁与爱相关，然而，爱本身并不是仁，两者不能划等号的原因是仁是爱之理，仁所条分出来的爱是有差等的，仁与公、恕密切相关，仁爱的范围、对象要最大化；如果说公、无私是侧重仁之一体的话，那么，恕、推则强化了一体中的差等。

总之，宋明理学家对仁之内涵是以天地万物为一体的深入阐释和论证使仁具有了空前绝后的新气象、新境界。更为重要的是，这个命题表达了一种宇宙秩序和社会秩序，浓缩着宋明理学家的和谐理念和价值诉求。

第三节　仁之一体与厚薄

一体而差等表明仁浓缩着和谐理念。宋明理学家之所以不遗余力地推崇仁，归根结底是因为仁代表和谐，仁所体现的和谐是既与天地万物为一体，一体之中又有差等。这种一体而差等、差等而一体既是宇宙秩序，又是社会秩序、家庭秩序乃至生理秩序。这一点在王守仁的思想中表现得淋漓尽致。

如果说程朱的和谐理念和社会秩序是通过强调仁与公、爱、恕密切相关乃至崇仁时同时崇礼来实现的话，那么，在王守仁那里，一切都变得简单、直接起来——沿着吾心为宇宙本原的思路，他将仁视为吾心之仁，将差等视为良知之条理。这样一来，在仁心的沟通下通过仁民爱物而一体，一体之中自然分厚薄。于是，他一面鼓吹"万物一体"，一面强调"一体"之中有厚薄之分，致使仁爱成为差等之爱。在宣称仁者与天地万物一体上，王守仁与程朱等人的观点是一样的。所不同的是，王守仁将仁者与天地万物为一体的宇宙秩序贯彻到人类社会，建构了"天下一家，中国一人"的设想。

一　"天下一家，中国一人"

在对仁的认识上，王守仁的看法与二程、朱熹之间既有相同点又有差异处：相同点是，仁之境界是"以天地万物为一体"；差异处是，基于心本论的思路，断言天地万物与我原本一体是因为"其心之仁本若是"。对此，王守仁论证说：

> 大人者，以天地万物为一体者也，……是故见孺子之入井，而必有怵惕恻隐之心焉，是其仁之与孺子而为一体也；孺子犹同类者也，

见鸟兽之哀鸣觳觫，而必有不忍之心焉，是其仁之与鸟兽而为一体也；鸟兽犹有知觉者也，见草木之摧折而必有悯恤之心焉，是其仁之与草木而为一体也；草木犹有生意者也，见瓦石之毁坏而必有顾惜之心焉，是其仁之与瓦石而为一体也。(《王阳明全集卷二十六·大学问》)

这就是说，大人"以天地万物为一体"是其心发用、流行的结果。在仁的支配、驱使下，大人"见孺子之入井，而必有怵惕恻隐之心"，"见鸟兽之哀鸣觳觫，而必有不忍之心"，甚至见"草木之摧折""瓦石之毁坏"也有"悯恤""顾惜"之心。这样，在仁的沟通下，大人与他人以至与鸟兽、草木、瓦石连为一体。王守仁进而指出，以天地万物为一体是"其心之仁"发用、流行的结果，此之仁心圣凡皆同，人人无异。因此，人都能够、也都应该通过吾心之仁的发现而与天地万物为一体。

王守仁所讲的天地万物与我一体的仁之境界是一个爱的世界，他宣称大人以天地万物为一体就是要以大人为榜样、呼吁人们用仁爱之心来处理各种关系，自觉地维护既定的社会秩序。在这方面，通过对仁以天地万物为一体的阐发，王守仁力图让人们明白，现有的社会秩序发端于与天地万物为一体的宇宙秩序，最终体现为以血缘亲情为纽带的家庭秩序，天经地义、天然如此，犹如人自身天然的生理秩序一般。在此基础上，他将"以天地万物为一体"与"天下一家，中国一人"联系起来，将"视天下犹一家，中国犹一人"(《王阳明全集卷二十六·大学问》) 说成是以天地万物为一体之仁爱的体现。对于这种理想境界，王守仁多次展望说：

夫圣人之心，以天地万物为一体，其视天下之人，无外内远近，凡有血气，皆其昆弟赤子之亲，莫不欲安全而教养之。(《王阳明全集卷二·答顾东桥书》)

视民之饥溺犹己之饥溺，而一夫不获，若己推而纳诸沟中者。(《王阳明全集卷二·答聂文蔚》)

在对仁以天地万物为一体的论证中，王守仁侧重社会秩序，把人与人之间的关系说成是在吾心之仁的维护、沟通下的家庭血缘关系，致使社会成为爱的世界。那么，怎样才能实现这个爱无处不在的"天下一家，中国一人"的理想呢？他从正反两方面进行了阐释和说明：

其一，在消极方面，王守仁认为，与天地万物为一体是世界的天然秩序，本该如此；不能一体是因为小人"间形骸而分尔我"，"自小之耳"。（《王阳明全集卷二十六·大学问》）只要没有"私意间隔"，人人都可以达到天地万物与我一体的理想境界。循着这个逻辑，为了臻于理想境界，人必须从事道德修养、克服"私意"。对此，他解释说：

> 大人之能以天地万物为一体也，非意之也，其心之仁本若是，其与天地万物而为一也。岂惟大人，虽小人之心亦莫不然，彼顾自小之耳。……小人之心既已分隔隘陋矣，而其一体之仁犹能不昧若此者，是其未动于欲，而未蔽于私之时也。及其动于欲，蔽于私，而利害相攻，忿怒相激，则将戕物圮类，无所不为，其甚至有骨肉相残者，而一体之仁亡矣。是故苟无私欲之蔽，则虽小人之心，而其一体之仁犹大人也；一有私欲之蔽，则虽大人之心，而其分隔隘陋犹小人矣。故夫为大人之学者，亦惟去其私欲之蔽，以自明其明德，复其天地万物一体之本然而已耳；非能于本体之外而有所增益之也。（《王阳明全集卷二十六·大学问》）

这就是说，以天地万物为一体是人"心之仁"的自然发用和流行，不带有任何刻意或故意——"非意之也"；只要仁心未泯、不被私欲所夺，自然可以无所"间隙"，与天地万物为一体。如此说来，不能以天地万物为一体以及导致一体消亡的原因是人之欲与私。由于欲望作祟，人被各种私欲迷惑，于是一体不存。基于这种认识，王守仁指出，私与仁背道而驰，要臻于"以天地万物为一体"的境界，必须克私。至此，他将私置于仁的对立面，致使私成为与天地万物为一体的最大障碍。王守仁的这个说法与程朱主张在大公无私、崇公灭私中体仁走到了一起。

其二，在积极方面，王守仁呼吁显露吾心之仁。按照他的一贯说法，

"以天地万物为一体"是吾心之仁的作用，充分显露吾心之仁是以天地万物为一体的前提和方法；并且，仁与私是对立的，只有公才能有效地克服私欲，避免一体之亡。有鉴于此，王守仁对充分显露吾心之仁寄予厚望。在这方面，他将吾心之仁与《大学》中的"明德"相提并论，指出吾心之仁就是"明德"："是其一体之仁也，虽小人之心亦必有之。是乃根于天命之性，而自然灵昭不昧者也，是故谓之'明德'。"（《王阳明全集卷二十六·大学问》）这样一来，显露吾心之仁就成了"明明德"。在此基础上，王守仁进一步将吾心之仁与"明明德""亲民"联系起来，试图通过"明明德"和"亲民"实现与天地万物为一体。对于"明明德"和"亲民"的重要性，他写道："明明德者，立其天地万物一体之体也。亲民者，达其天地万物一体之用也。故明明德必在于亲民，而亲民乃所以明其明德也。"（《王阳明全集卷二十六·大学问》）在王守仁看来，彰明吾心之仁德（"明明德"）是"以天地万物为一体"的根本和实质，"亲民"是达到"以天地万物为一体"的手段和途径，二者合起来就是把吾心之仁德推广于天下，与万物没有间隙，达到一体。对此，他论证说：

> 是故亲吾之父，以及人之父，以及天下人之父，而后吾之仁实与吾之父、人之父与天下人之父而为一体矣；实与之为一体，而后孝之明德始明矣！亲吾之兄，以及人之兄，以及天下人之兄，而后吾之仁实与吾之兄、人之兄与天下人之兄而为一体矣；实与之为一体，而后弟之明德始明矣！君臣也，夫妇也，朋友也，以至于山川鬼神鸟兽草木也，莫不实有以亲之，以达吾一体之仁，然后吾之明德始无不明，而真能以天地万物为一体矣。夫是之谓明明德于天下，是之谓家齐国治而天下平，是之谓尽性。（《王阳明全集卷二十六·大学问》）

在这里，王守仁坚信，通过"明明德"和"亲民"，人可以成为推行吾心之仁的仁者；作为一个仁者，人会把吾心之仁推广于天下的每个人以至于每一物，使一人一物无不沐浴在仁爱之中。在这个意义上，他断言："仁者以天地万物为一体，使有一物失所，便是吾仁有未尽处。"（《王阳明全集卷一·传习录上》）毫无疑问，通过克灭私意与显露吾心之仁相互作用，当天地万物无一失所地沐浴在仁爱中、天地万物与我一体时，便实现了人与天地万物的一体，"仁者以万物为体，不能一体，只是己私未忘。全得仁体，则天下皆归于吾。仁就是八荒皆在我闼意，天下皆与，其仁亦在其中。"（《王阳明全集卷三·传习录下》）这时，"天下一家，中国一人"的境界便真的实现了。

王守仁对仁"以天地万物为一体"的论述基于宇宙境界或宇宙秩序，其重心和落脚点则在社会秩序；在对社会秩序、道德境界的阐释中，通过对"天下一家，中国一人"的构想，他把重点放在了对如何臻于这一境界的回答上。

二 同体之厚薄，良知之条理

王守仁不仅强调仁"以天地万物为一体"，而且描绘了"天下一家，中国一人"的现实蓝本。通过对"天下一家，中国一人"展开论述，致使仁蕴含的和谐理念更为明晰，从宇宙秩序转化为人类社会中的宗法等级秩序和家庭秩序。可以说，植根于仁以天地万物为一体的"天下一家，中国一人"说是王守仁为了挽救当时的社会危机开出的药方，也是他把社会秩序家庭秩序化的理论构想。

王守仁之所以从仁以天地万物为一体中能够推出现实社会的等级秩序，是因为这里存在一个理论前提，即和谐是仁的题中应有之义。他对此解释说，仁所蕴含的和谐即一体之厚薄。与此相关，王守仁强调，仁以天地万物为一体，一体之中有厚薄之分。这个一体之中的分别、厚薄是良知上的条理，因而自然而然。据载：

> 问："大人与物同体，如何《大学》又说个厚薄？"先生（指王守仁——引者注）曰："惟是道理，自有厚薄。比如身是一体，把手足捍头目，岂是偏要薄手足，其道理合如此。禽兽与草木同是爱的，把草木去养禽兽，又忍得。人与禽兽同是爱的，宰禽兽以养亲，与供祭祀，燕宾客，心又忍得。至亲与路人同是爱的，如箪食豆羹，得则生、不得则死，不能两全，宁救至亲，不救路人，心又忍得。这是道

理合该如此。……《大学》所谓厚薄，是良知上自然的条理，不可逾越，此便谓之义；顺这个条理，便谓之礼；知此条理，便谓之智；终始是这条理，便谓之信。"（《王阳明全集卷三·传习录下》）

在这里，王守仁一面把人与万物、人与人之间的关系定位为洋溢着爱的"一体""一家"，一面强调"一体""一家"乃至"一身"之中的厚薄之分。对于既要一体又要分出厚薄的道理，他解释说：一方面，人与天地万物是一体的，这决定了人对天地万物都是爱的；另一方面，厚薄是良知的自然条理，一体之中的厚薄使人对人类、禽兽与草木分别对待，施予不同的爱。于是，便自然而然地形成了这样的状态：在"与万物同体"中——"人与禽兽同是爱的，宰禽兽以养亲，与供祭祀、燕宾客"；在"天下一家，中国一人"中，人与人都是被爱的对象，"一家""一人"之中的厚薄又使爱先由至亲后及路人——"至亲与路人同是爱的，如箪食豆羹，得则生、不得则死，不能两全，宁救至亲，不救路人"，这正如一身之中手足与头目同是爱的，遇到危难时自然"把手足捍头目"一样。不仅如此，王守仁强调，"一体""一家"之中的厚薄基于宇宙秩序，是天经地义的；这种秩序正如生理秩序一样不仅天生如此、毋庸置疑，而且不可颠倒。如此一来，通过把人与他人、与禽兽、与草木之间的宇宙秩序、社会秩序说成是基于血缘关系的家庭秩序乃至天然的生理秩序，他为至亲、路人、禽兽、草木等宇宙万物找到了各自的位置。在此基础上，王守仁宣布，万物在宇宙中的位置基于宇宙和谐，由万物各安其位组成的这种秩序不可颠倒或改变："一体"之中，草木养禽兽，禽兽养人，小人养大人；"一家"之中，先至亲后路人；"一身"之中，手足捍卫头目。这论证了宗法社会中上下、尊卑的合理性，进而为宗法等级制度张目。

王守仁从仁以天地万物为一体推出的"天下一家，中国一人"具有泛爱色彩，仁爱是贯穿始终的主线，是手段似乎也是目的。然而，这套理论以维护上下、尊卑的等级制度为出发点和目的地。经过他的一番包装和处理，宗法等级制度规定的上下尊卑、劳心劳力的统治关系、剥削关系不仅由于是对宇宙秩序的贯彻而拥有了天经地义的合理性，而且由于成了家庭内部成员甚至一身之中各种器官的分工而天然如此、不可颠倒。正是在这个前提下，王守仁呼吁，每个人都应该在现实社会中恪守自己的等级名分，安于现状，各处其处：在下者理应安于劳苦卑贱的地位，正如"目不耻其无聪""足不耻其无执"（《王阳明全集卷二·答顾东桥书》）；在上者也要满足已有的地位，不做非分追求。基于这一思路，他对理想的社会秩序进行了这样的安排："唐、虞、三代之世，……下至闾井、田野、农、工、商、贾之贱，莫不皆有是学，而惟以成其德行为务。……当是之时，天下之人熙熙皞皞，皆相视如一家之亲。其才质之下者，则安其农、工、商、贾之分，各勤其业以相生相养，而无有乎希高慕外之心。其才能之异若皋、夔、稷、契者，则出而各效其能，若一家之务，或营其衣食，或通其有无，或备其器用，集谋并力，以求遂其仰事俯育之愿，惟恐当其事者之或怠而重己之累也。"（《王阳明全集卷二·答顾东桥书》）在这里，其才能高者，"出而各效其能"，"其才质之下者，则安其农工商贾之分，各勤其业"。为此，王守仁要求人们皆"不以崇卑为轻重，劳逸为美恶"，特别是才质下者要"终身处于烦剧而不以为劳，安于卑琐而不以为贱。"（《王阳明全集卷二·答顾东桥书》）

可见，从强调仁以天地万物为一体开始，王守仁把一体中的厚薄之分、差等之别说成是基于宇宙秩序的社会秩序，接着将作为宇宙本体——仁蕴涵的等级秩序、和谐理念贯彻到现实生活中，致使等级秩序下的社会分工成了基于一体之中的厚薄，最后将其进一步说成是基于血缘亲情的家庭成员内部的自然分工乃至一身之中的生理分工。在此过程中，通过大而宇宙秩序与小而生理秩序的相互印证，他系统、全面地证明了上下尊卑的宗法等级制度天然如此，自然而然。这使宗法等级制度下的社会秩序具有了天然性和神圣性，拥有了无可置疑的合法性、合理性，维护、顺从之也成为天经地义的。

上面的介绍表明，从二程、朱熹到王守仁，宋明理学家对仁的阐发、提倡是为了抒发自己的和谐理念；他们推崇、重视仁，是因为仁浓缩着宇宙秩序，寄托着他们对理想社会秩序的设想。通过对仁之范畴的剖析可以看出，宋明理学家所理解的和谐在本质上是不和而和、不齐而齐。受制于这种和谐理念，他们对仁的诠释呈现出两个基本特征：在内涵上，强调仁的一体之中的厚薄；在践履和操作上，突出仁爱之中的差等。作为这套理论的具体运用和展开，宋明理学家们将天地万物、人类社会视为一体，并且指出这种一体天然如此，正如家庭、一身为一体一样；在此基础上，他们突出一体之中的差等之分，宣布一体之中的差等犹如家庭成员或者身体各个器官的天然分工一样与生俱来、自然合理。进而言之，宋明理学家的和谐理念植根于现实社会的宗法等级制度，以承认、恪守每个人的等级名分为前提条件和具体内容。与此相联系，在他们设想的理想环境或和谐状态中，人并没有充分的自由，人与人的关系既非各不相关的独来独往，亦非彼此没有等级差别的平等。按照宋明理学家的设想，既要与他人、他物联为一体，又不能忽视彼此之间的名分之别。这就是所谓的一体之中有分差，不同等级的人、物共处一体之中。透过仁，可以将宋明理学的和谐理念归结为如下方面：从本体依据和形上背景来看，宇宙本体孕育着和谐，因循宇宙秩序就是和谐；从逻辑结构和思维方式来看，一体而等级即是和谐，和谐以承认差等为前提；从价值取向和现实操作来看，各安其分就是和谐。在这方面，王守仁对大同之世的描述极其具有代表性，不仅是其设想的"天下一家，中国一人"的蓝图范本，浓缩了他对和谐的理解和诠释，而且直观地展示了理学家的和谐理念。

通过大同之世，王守仁试图告诉人们：天下之人"相视如一家之亲"和"各效其能，若一家之务"便是一体，农、公、商、贾之分以及才能之殊便是差异；无一体则无差异，无差异则不能一体；一体而差异便是和谐。循着这个逻辑，在他设想的大同社会中，士农工商各守其业、各尽所能，其具体分工是：士管政治教化，农劝其田，工肆成其材，商通有无。这是一个人人各安其分、各守其位、各竭其力、各尽其能的社会；各阶层各安其业，整个社会井井有条、和谐友爱。深入剖析则会发现，这个社会之所以如此友好和谐、井然有序，根本原因在于，每一位社会成员都在与天地万物为一体之仁心的沟通下，克除私意，"皆相视如一家之亲"；各守自己的名分，各尽自己的职责，"出而效其能，若一家之务"。不难发现，这套思路与王守仁认定仁者"与天地万物为一体"，坚信通过仁心的沟通可以臻于"天下一家，中国一人"的设想完全一致——天下亲如一家，是在仁之沟通下与天地万物为一体的最佳境界；这一境界得来的前提是每个人认同、恪守一体之中的差等，坚守自己的名分而各尽其职。

第四节 仁之因循与创新

宋明理学家对仁的诠释既因循了传统哲学一贯的价值取向，又呈现出自身的特质。就前者而言，秉持孔子、孟子以爱言仁的理念，在释仁为以天地万物为一体中，沿袭了天人合一的思维方式和价值取向；就后者而言，由于从仁中引申出一体而差等的和谐理念，建构了不同以往的天人合一的具体方式。

首先，从因循古代哲学的角度来说，在对仁的阐释和论证中，宋明理学家沿袭了古代哲学尤其是《周易》关于人是"天地之心"的说法，贯彻了天人合一的价值取向和思维方式。在古代哲学中，人与天地万物是一体的，因为人与万物都是天地化生的产物，在来源或者在血缘上"一体相联"。这预示着人不仅应该"爱人如己"，而且应该爱"物"如己。此外，人在宇宙中的特殊地位注定了人与天地万物一体是人的价值追求和神圣使命。具有生生之德的天地并非僵化或静止之物，而是有生命、灵性和活力的存在，繁衍万物、生生不息。这表明，天地有"心"。"天地之心"的提法首见于《周易》，其书曰："复，其见天地之心乎。"（《周易·象传·复》）可见，《周易》并没有把"天地之心"与人联系起来。《礼记》第一次明确指出人是"天地之心"："人者，天地之心也，五行之端也，食味别声被色而生者也。"（《礼记·礼运》）这个观点突出了人的尊贵地位，也加大了人的责任和使命。在儒家看来，人是"天地之心"，得"五行之秀气"而生，可以"与天地合其德"，接继天地的生生之德。这些说法既肯定了人与万物一体，又突出了人在天地间的特殊性，使接继天地生生之德、与万物一体成为天人合一的具体方式。

宋明理学家继承了人是"天地之心"的说法，并且纷纷声称：

> 盖仁者天地之心，天地之心而存乎人，所谓仁也。人惟蔽于有己，而不能以推，失其所以为人之道，故学必贵于求仁也。（张栻：《南轩集卷十四·洙泗言仁序》）

"人者，天地之心。"没这人时，天地便没人管。（朱熹：《朱子语类》卷四十五）

夫人者，天地之心。天地万物，本吾一体者也，生民之困苦荼毒，孰非疾痛之切于吾身者乎？（王守仁：《王阳明全集卷二·答聂文蔚》）

在因循古代哲学人为天地之心的前提下，宋明理学家将仁与天地万物为一体说成是与天地合其德的具体表现和贯彻。按照他们的说法，人与天地万物浑然一体，因此，与天地万物为一体并非人类的主观愿望或幻想，而是天然且应然的。具体地说，基于天地是生养之本的理念，理学家认为，人与自然万物的关系不仅"共生"，而且"同体"，于是才有了张载的"乾称父，坤称母；民吾同胞，物吾与也"和程颢的"仁者，浑然与物同体"。不仅如此，二程特别强调："人在天地之间，与万物同流，天几时分别出是人是物？"（《河南程氏遗书》卷二上）如此说来，与天地万物为一体之仁爱不是人对万物单向的道德性施予，而是人基于天地秩序的存在方式，因为天地生物之时已经使人与天地万物浑然不分、天然一体，并且使人作为"天地之心"具有认识、践履这种一体的能力了。正是在这个意义上，程颢指出："若不一本，则安得'先天而天不违，后天而奉天时？'"（《河南程氏遗书》卷二上）王守仁更是从不同角度对人与天地万物为一体予以阐释和论证。下仅举其一斑：

盖天地万物与人原是一体，其发窍之最精处，是人心一点灵明。风、雨、露、雷、日、月、星、辰、禽、兽、草、木、山、川、土、石，与人原只一体。故五谷禽兽之类，皆可以养人；药石之类，皆可以疗疾，只为同此一气，故能相通耳。（《王阳明全集卷三·传习录下》）

又曰（指王守仁——引者注）："目无体，以万物之色为体；耳无体，以万物之声为体；鼻无体，以万物之臭为体；口无体，以万物之味为体；心无体，以万物感应之是非为体。"（《王阳明全集卷三·传习录下》）

问:"人心与物同体,如吾身原是血气流通的,所以谓之同体。若于人便异体了。禽兽草木益远矣,而何谓之同体?"先生(指王守仁——引者注)曰:"你只在感应之几上看,岂但禽兽草木,虽天地也与我同体的,鬼神也与我同体的。"请问。先生曰:"你看这个天地中间,甚么是天地的心?"对曰:"尝闻人是天地的心。"曰:"人又甚么教做心?"对曰:"只是一个灵明。""可知充天塞地中间,只有这个灵明,人只为形体自间隔了。我的灵明,便是天地鬼神的主宰。天没有我的灵明,谁去仰他高?地没有我的灵明,谁去俯他深?鬼神没有我的灵明,谁去辨他吉凶灾祥?天地鬼神万物离却我的灵明,便没有天地鬼神万物了。我的灵明离却天地鬼神万物,亦没有我的灵明。如此,便是一气流通的,如何与他间隔得!"又问:"天地鬼神万物,千古见在,何没了我的灵明,便俱无了?"曰:"今看死的人,他这些精灵游散了,他的天地万物尚在何处?"(《王阳明全集卷三·传习录下》)

可见,正是因循人是"天地之心"的思路,以天人合一为价值旨趣,宋明理学家开始了自己对仁的诠释。具体地说,他们认定天地的生生不息之德便是仁,他们对仁的诠释因循了古代哲学的思维框架,其和谐理念和社会秩序建构的本体依据就是天人合一。在宋明理学家看来,天地万物一体原本是宇宙秩序,惟有作为万物之灵的人类具有这种使命和能力继承、光大上天之德。于是,程颢又说:"所以谓万物一体者,皆有此理,只为从那里来。'生生之谓易',生则一时生,皆完此理。人则能推,物则气昏,推不得,不可道他物不与有也。人只为自私,将自家躯壳上头起意,故看得道理小了它底。放这身来,都在万物中一例看,大小大快活。"(《河南程氏遗书》卷二上)可见,与天地万物为一体从推广天地之德的意义上说具有天人合一的意蕴。这里的潜台词是,人与天合一的方式和能力在于人有心、人心就是不忍之仁。事实上,宋明理学家正是在推广天地生生之德的意义上强调仁以天地万物为一体的,他们的仁而至公说致使仁爱成为天地之公理,也使"以天地万物为一体"成为宇宙秩序在人间的光大。

其次,从理论创新的角度来说,宋明理学家将仁释为天地的生生之德,在仁之一体中强调厚薄,在"天地之心"中突出仁。这使他们的理论创新主要集中在两个方面：第一，在沿袭人是"天地之心"说法的同时，一面将天地之心、生生之德说成是仁，一面强调心是人之心，并且凸显仁心的作用。第二，在沿袭天地万物一体观念的过程中，突出仁之一体中的厚薄，并且，在以仁为核心的天理、良知是宇宙本体的前提下，将仁浓缩的一体而厚薄的等级秩序由宇宙秩序通过现实生活中的上下尊卑，转化为社会秩序和家庭秩序。

宋明理学家接续了人是"天地之心"的话题，进而突出心对人的统辖，在心是"人之心"的基础上把人是"天地之心"演绎为人心是天地万物之心。正是在这个意义上，他们异口同声地断言：

> 天地之间，非独人为至灵，自家心便是草木鸟兽之心也，但人受天地之中以生尔。（二程：《河南程氏遗书》卷一）

> 人的良知，就是草木瓦石的良知。若草木瓦石无人的良知，不可以为草木瓦石矣。岂惟草木瓦石为然，天地无人的良知，亦不可为天地矣。（王守仁：《王阳明全集卷三·传习录下》）

在人、"人之心"是"天地之心"的前提下，宋明理学家分别将仁与"天地之心"、人之心联系起来，共同突出仁的作用。

第一，就仁是"天地之心"来说，宋明理学家将仁视为天地的生生之德，在对仁的解释中侧重仁的生生之德，用生阐释仁。北宋周敦颐指出："天以阳生万物，以阴成万物。生，仁也；成，义也。故圣人在上，以仁育万物，以义正万民。"（《周子通书·顺化》）张载融合《周易》、《中庸》和《孟子》以建立天人合一的新境界。在此基础上，他写道："天体物不遗，犹仁体事无不在也。"（《正蒙·天道》）下面这则记载直观地反映了二程用生生释仁、用仁释心，进而将天地万物视为仁心之种发育出来的思想倾向：

> 问："仁与心何异？"曰（指二程——引者注）："心是所主处，仁是就事言。"曰："若是，则仁是心之用否？"曰："固是。若说仁者

心之用，则不可。心譬如身，四端如四支。四支固是身所用，只可谓身之四支。如四端固具于心，然亦未可便谓之心之用。"或曰："譬如五谷之种，必待阳气而生。"曰："非是。阳气发处，却是情也。心譬如谷种，生之性便是仁也。"（《河南程氏遗书》卷十八）

在朱熹那里，仁之内涵——"与天地万物为一体"是一种基于宇宙境界的道德境界，因为其源于"天地生物之心"，不仅关乎己、关乎人，而且关乎物。这样一来，仁便成了"天地之心"和"生生之德"。正因为如此，这样的句子俯拾即是：

仁者，天地生物之心。（《朱子语类》卷九十五）

仁者生之理，而动之机也。（《朱子语类》卷九十五）

要识仁之意思，是一个浑然温和之气，其气则天地阳春之气，其理则天地生物之心。（《朱子语类》卷六）

天地生物之心是仁；人之禀赋，接得此天地之心，方能有生。故恻隐之心在人，亦为生道也。（《朱子语类》卷九十五）

第二，就仁是"人之心"而言，程朱理学将五常说成是人之本性，通过宣布仁包含五常、把人心归结为仁爱之心；陆王心学推崇的作为宇宙本原的吾心即是灵明之心，既然良知与生俱来，见孺子入井而生惕怵的仁心便无所不在。总之，经过宋明理学家的阐释，在"人之心"和"天地之心"最终都归于仁的双重印证中，人完成自己的"天地之心"的职责转化成仁者与天地万物为一体。这里的逻辑是，人是"天地之心"，人心是"人之心"，这使人心成为"天地之心"和天地万物之心。作为"天地之心"，人意识到人类与天地万物在本原上是一体的；作为"人之心"，人心自然恻隐、怜爱万物，使自己与天地万物共处一体之中。对于这个问题，王守仁讲得最为清楚、明白。据载：

问："程子云'仁者以天地万物为一体'，何墨氏'兼爱'反不得谓之仁？"先生曰："此亦甚难言，须是诸君自体认出来始得。仁是造化生生不息之理，虽弥漫周遍，无处不是，然其流行发生，亦只有个渐，所以生生不息。如冬至一阳生，必自一阳生，而后渐渐至于六阳，若无一阳之生，岂有六阳？阴亦然。惟其渐，所以便有个发端处；惟其有个发端处，所以生；惟其生，所以不息。譬之木，其始抽芽，便是木之生意发端处；抽芽然后发干，发干然后生枝生叶，然后是生生不息。若无芽，何以有干有枝叶？能抽芽，必是下面有个根在。有根方生，无根便死。无根何从抽芽？父子兄弟之爱，便是人心生意发端处，如木之抽芽。自此而仁民，而爱物，便是发干生枝生叶。墨氏兼爱无差等，将自家父子兄弟与途人一般看，便自没了发端处；不抽芽便知得他无根，便不是生生不息，安得谓之仁？孝弟为仁之本，却是仁理从里面发生出来。"（《王阳明全集卷一·传习录上》）

由此可见，仁是生，生生表明仁之一体有一个发端和扩散的过程，这也是一个由亲及人，由人及物的次序。正因为如此，朱熹讲仁时一再讲到推爱和恕，这是为了推广仁的一体的。同时，由于对路人之爱是对亲人之爱推恕的结果，对万物之爱是对人类之爱推恕的结果，其间自然具有远近、亲疏的分别。出于同样的逻辑，张栻一再断言：

仁莫大于爱亲，其达之天下，皆是心所推也。故其等差轻重，莫不有别焉，此仁义之道相为用者也。若夫爱无差等，则是无义也；无义，则亦害夫仁之体矣，以失其所以为本之一者故也。（《孟子说》卷三）

仁者，人也。仁谓仁之理，人谓人之身。仁字本自人身上得名，合而言之，则人而仁矣，是乃人之道也。……盖人之生，其爱之理具其性，是乃所以为人之道者。惟其私意日以蔽隔，故其理虽存，而人不能合之，则人道亦几乎息矣。惟君子以克己为务，己私既克，无所蔽隔，而天理睟然，则人与仁合而为人之道矣。（《孟子说》卷七）

　　进而言之，宋明理学家所讲的仁与天地万物为一体包括并生、同体与差别、分殊两个方面，在一体中突出差别，进而将蕴涵在宇宙本体——仁中的等级秩序贯彻到人类社会才是最终目标。具体地说，他们所讲的一体之中的差异包括两个方面：第一，分殊、差异是天然秩序，天地生物之时已经注定了其间的大小差别。程颢指出："夫天之生物也，有长有短，有大有小。君子得其大矣，安可使小者亦大乎？天理如此，岂可逆哉？以天下之大，万物之多，用一心而处之，必得其要，斯可矣。"（《河南程氏遗书》卷十一）在此，他不仅肯定天地生物之时已经预设了其间的大小之分，将其安排在既定的位置上，而且认定物与物之间的这种分殊和由此分殊构成的等级秩序就是"天理"，可顺而不可逆。对于仁体现天道即仁是一体而等差的，程颐解释说："自古元不曾有人解仁字之义，须于道中与他分别出五常，若只是兼体，却只有四也。且譬一身：仁，头也；其他四端，手足也。至如《易》，虽言'元者善之长'，然亦须通四德以言之。"（《河南程氏遗书》卷十五）按照他的说法，天道即生生之德，仁之道的要求是"分别"，正如五常之间的关系并非平等而是以仁为首一样，天地与人、人与物以及物与物之间的差等天然如此，像头与手足的生理分工一样自然而然，不可颠倒。第二，由天、地、人、物的差异组成的宇宙秩序包括自然秩序、社会秩序、家庭秩序乃至人的生理秩序等各个方面。这种宇宙秩序由作为"天地之心"的人来认识和践履而落实到人类社会，上下尊卑的宗法等级秩序便是其具体化。作为宇宙秩序的浓缩，仁的一体与差等本身就是和谐，也是使自然秩序、家庭秩序一以贯之的纽带。与此相联系，在理学中，由于仁的沟通，人与自然之间的差等和人与人之间的差等是同一问题的两个方面，由人际伦理走向环境伦理或者由亲情伦理走向普遍伦理同样是一个问题的两个方面。在宋明理学中，宇宙秩序、社会秩序与家庭秩序可以相互通约。于是，便出现了社会秩序有时被大而化之为宇宙秩序，有时又被小而化之为家庭秩序乃至生理秩序。

第十五章　秩序建构

儒家重人伦，试图以宗法血缘为基础，通过亲亲尊尊建构宇宙秩序。儒家的和谐理念被宋明理学家以天理的形式表达出来而拥有了前所未有的神圣性和至上性，上下尊卑的宗法等级秩序也通过天理的落实得以贯彻到社会和家庭之中。被宋明理学家神化为宇宙本原的天理，其主要内容就是以三纲五常为核心的伦理道德。在宋明理学家的论述中，作为天理的实际内容，三纲拥有相同的出处和合法性，于是拉近了"君为臣纲"与"父为子纲"和"夫为妻纲"之间的距离。进而言之，三纲对应不同的范围，规范的分别是社会秩序（"君为臣纲"）和家庭秩序（"父为子纲""夫为妻纲"）。从这个意义上说，天理既表现为社会秩序中的君义臣忠，又表现为家庭秩序中的父慈子孝、夫礼妻顺；作为天理的表现，社会秩序与家庭秩序之间具有可通约性。甚至可以说，天理不仅凝聚着宇宙秩序，而且本身即代表着宇宙秩序、社会秩序与家庭秩序的相互通约。在理学中，宇宙秩序、社会秩序与家庭秩序的相互通约至关重要，可以说是宋明理学家和谐建构的秘密所在。由于有了这一点，在对宗法等级秩序的论证和建构中，宋明理学家一面将社会秩序说成是宇宙秩序的体现，一面将社会秩序转化为家庭秩序。需要说明的是，借助宇宙秩序、社会秩序与家庭秩序的相互通约，他们在以宇宙秩序突出社会秩序神圣性的同时，把社会秩序家庭秩序化；在将社会秩序家庭秩序化的过程中，把宗法社会的尊卑、贵贱说成是基于血缘关系的家庭内部分工。为宗法等级秩序辩护是宋明理学家共同的理论初衷和思想倾向，其中的代表人物是张载和王守仁。张载的"民胞物与"说和王守仁的"天下一家，中国一人"说以典型形态极好地表达了宇宙秩序、社会秩序与家庭秩序相互通约的理念，也更直观地展示了宋明理学和谐建构的思维向度和逻辑框架。

第一节 "民胞物与"说

张载的"民胞物与"说集中反映在著名的《西铭》一文中。熙宁三年（1070），他回归故里，专事著书立说，撰《砭愚》和《订顽》两篇分别悬挂于东、西两牖，作为自己的座右铭。程颐见后，将《砭愚》改称《东铭》、《订顽》改称《西铭》。《西铭》由此得名，并被张载收入自己的代表作《正蒙》的尾篇《乾称》中，成为该篇的首章。极负盛誉的《西铭》全文如下：

> 乾称父，坤称母；子兹藐焉，乃混然中处。故天地之塞，吾其体；天地之帅，吾其性。民吾同胞，物吾与也。大君者，吾父母宗子；其大臣，宗子之家相也。尊高年，所以长其长；慈孤弱，所以幼吾幼。圣其合德，贤其秀也。凡天下疲癃残疾，茕独鳏寡，皆吾兄弟之颠连而无告者也。于时保之，子之翼也；乐且不忧，纯乎孝者也。违曰悖德，害仁曰贼；济恶者不才，其践形，唯肖者也。知化则善述其事，穷神则善继其志。不愧屋漏为无忝，存心养性为匪懈。恶旨酒，崇伯子之顾养；育英才，颖封人之锡类。不弛劳而底豫，舜其功也；无所逃而待烹，申生其恭也。体其受而归全者，参乎！勇于从而顺令者，伯奇也。富贵福泽，将厚吾之生也；贫贱忧戚，庸玉女于成也。存，吾顺事；没，吾宁也。（《正蒙·乾称》）

通读《西铭》可以看到，全文共分六个层次和方面：

第一个层次是："乾称父，坤称母；子兹藐焉，乃混然中处。"《西铭》的开篇之语是："乾称父，坤称母。"这是全文立论的高度和根基，开宗明义且高屋建瓴，在宇宙秩序、社会秩序和家庭秩序的相互通约中，依托宇宙秩序，奠定了把社会秩序视为家庭秩序的恢宏基调和本体前提。张载是一位气本论者。正是基于天地万物同本于气的本体框架，他提出并阐发了"民胞物与"说。按照张载的理解，"天人一气"，气是宇宙本体，万物与人类都是气聚之形。作为气变化的结果，人与万物一样处于天地之间，与万物具有共同的存在根基和本原，原本是一体的，天地是人和万物共同的父母。这是对人在宇宙中的位置的定位。

第二个层次是："故天地之塞，吾其体；天地之帅，吾其性。"在人由本体层面进入存在层面、成为现实之人的转向中，"乾父坤母"的本体框架决定了人之为人的本质规定，人的本质规定也就是人与万物共同具有的天地之性。张载认为，宇宙本体——气是人与万物共同的祖先和存在根基，都禀气而生决定了人与万物拥有相同的本性——天地之性。具体地说，人与万物同具的天地之性源于气的本然状态——太虚，太虚之气的性质决定了天地之性的性质。太虚之气湛一纯净、至静无感，是善的，体现太虚之气的天地之性也是善的。在此，他以至善的天地之性作为人与万物和人与人的共性，证实并加剧了人与万物的亲近感。这个观点在定位人之为人的本质规定的同时，把人生的意义、价值和追求定位在追求至善的天地之性上。张载的这种做法不仅加固了宇宙秩序与社会秩序之间的联系，而且预示了人生的意义、价值和追求就是将宇宙秩序贯彻到社会秩序和家庭秩序之中。

第三个层次是："民吾同胞，物吾与也。""乾父坤母"的宇宙背景和天地之性的先天本性规定了人与宇宙万物和人与人之间割舍不断的亲缘关系，致使以民为同胞、以物为朋友成为人先天而无法选择的行为追求和交往方式。张载认为，人与万物一于气，人在天地之中一面与万物"混然中处"，一面又"得其秀而最灵"。这种特殊情况不仅决定了人与万物的亲密无间，而且决定了人有责任而且有能力处理好人与人、人与物的关系，把他人当作自己的兄弟姐妹和同胞，视万物为自己的亲密朋友和伙伴。至此，理论重心向人类社会倾斜。

第四个层次是："大君者，吾父母宗子；其大臣，宗子之家相也。尊高年，所以长其长；慈孤弱，所以幼吾幼。圣其合德，贤其秀也。凡天下疲癃残疾，茕独鳏寡，皆吾兄弟之颠连而无告者也。""乾父坤母"的宇宙背景和"民胞物与"的交往原则具体到人类社会和人与人之间的关系上便是彼此相爱、和睦相处，整个社会俨然一个洋溢着仁爱、充满着温馨的大家庭。在这个相亲相爱的大家庭中，每个成员都尊敬长辈、慈爱孤幼，同情、帮助身体有残疾或鳏寡孤独的人。其中，君主是家中的长子，大臣是辅助长子、管理家业的"家相"，家庭成员理当服从他们的管理；在这个大家庭中，气质生来合于天地之性的是圣人，能变化气质而使之与天地之性一致的杰出者是贤人，他们应当受到尊重。总之，这个大家庭既弥漫温馨、充满仁爱，又上下有序、秩序井然，完美理想，令人梦寐以求。然而，这并不是问题的关键所在；问题的关键是，大家庭中的仁爱和秩序是以划分管理与被管理、被他人尊重与尊重他人的上下、尊卑界限来完成和实现的。这不仅论证了宗法等级制度的合理性，而且使上下、尊卑的残酷统治在不经意之中被隐藏在亲情之下，变得温情脉脉、随之天经地义起来。显然，这部分的重点是社会秩序，侧重社会秩序与家庭秩序的相互通约。通过将社会秩序家庭秩序化，张载不仅论证了宗法等级的合理性和合法性，而且使其变得容易接受和便于实行起来。

第五个层次是："于时保之，子之翼也；乐且不忧，纯乎孝者也。违曰悖德，害仁曰贼；济恶者不才，其践形，唯肖者也。知化则善述其事，穷神则善继其志。不愧屋漏为无忝，存心养性为匪懈。恶旨酒，崇伯子之顾养；育英才，颖封人之锡类。不驰劳而底豫，舜其功也；无所逃而待烹，申生其恭也。体其受而归全者，参乎！勇于从而顺令者，伯奇也。"沿着社会秩序与家庭秩序可以通约的逻辑，张载将家庭的和谐视为社会（大家庭）和谐的落脚点，坚信社会和谐从家庭和谐做起。基于这一构想，为了臻于人人相亲相爱、井然有序的理想境界，使大家庭的理想变为现实，他把希望寄托于加强道德修养、塑造理想人格上。在此，张载援引申生宁被烹杀也不外逃、伯奇被父亲逐放就顺令而去等著名的历史事例示意人们对父母无怨、无违地尽孝。推而广之，做人应该责己无怨，即使蒙受了不白之冤，也自认是命中注定的劫难而不是以牙还牙，报复对方。在他看来，以自己的委曲求全"使不仁者仁"才是真正的"爱人"。以这种"使不仁者仁"的爱人原则处理父子、君臣关系，便会无论父母、君主如何都要尽孝尽忠而绝对服从。在这里，基于将社会秩序家庭秩序化，张载将社会和谐归结为孝道的发扬光大。

第六个层次是："富贵福泽，将厚吾之生也；贫贱忧戚，庸玉女于成也。存，吾顺事；没，吾宁也。"在家尽孝、绝对服从父母，推而广之便绝对服从君上和等级名分，即安于自己在大家庭中的位置。这是确保家庭和谐而对每个成员的具体要求。更为重要的是，每个人只有安于在大家庭中的位置，才能找到自己的安身立命之所，实现自己的价值和使命。为了保障大家庭的和谐，也为了确保道德践履的高度自觉和积极主动，张载劝导人们树立豁达的人生观。在领悟了人的富贵贫贱皆由禀气而定、不可改变之后，贫贱者把困境看作是上天安排自己培养道德、磨练意志的机会，虽苦无怨地安于自己的位置、听从命运的安排。在他看来，这不仅有利于大家庭的和谐、稳定，而且更为重要的是，如果人栖身于大家庭中而安于自己的位置就等于找到了最佳的安身立命之所，获得精神上的自由和道德上的满足，达到理想的人生境界：活着的时候顺天听命，心甘情愿地受苦受难；临死的时候内心宁静，无所怨恨。这便实现了人生的价值和意义，最终与"乾父坤母"的宇宙境界和"民胞物与"的天地境界合而为一。至此，家庭和谐定格为个人的内心和谐。在这里，张载从道德修养的角度让人安于自己在大家庭中的位置，根据自己的身份来处理与他人的关系。这是确保大家庭和谐的前提，也是大家庭中每位成员义不容辞的义务和责任。

总之，"民胞物与"说反映了张载试图通过提倡传统孝道把社会秩序说成是家庭秩序来整顿社会道德、稳定社会秩序的愿望。围绕着这一宗旨，《西铭》将社会秩序视为家庭秩序，整个论证由宇宙秩序到社会秩序，再到家庭秩序一脉相承，其中的第一、二层面侧重宇宙秩序，第三、四层面侧重社会秩序，第五、六层面侧重家庭秩序。在这个环环相扣、层层推进的逻辑结构中，先从宇宙秩序讲起，由宇宙秩序进而社会秩序和家庭秩序；前者是原则、蓝本，后者是贯彻、落实。在这六个方面的推进和论证中，贯穿其中的思维方式和逻辑框架是宇宙秩序、社会秩序与家庭秩序的相互通约。

就思想内涵和理论宗旨而言，《西铭》表达了爱的主题。通过乾父坤母→民胞物与→仁民爱物→无怨无违的依次推进，致使爱贯穿其间。爱是《西铭》的逻辑和思想主线，从宇宙境界、天地境界、人性境界、人生境界最终落实到伦理、道德境界。在这里，如果说宇宙、天地、人性和人生境界是背景、是前提的话，那么，人生和道德境界则是结果、是重心。正因为如此，在表达爱之主题的时候，张载把重心放在了人与人之间的关系上，通过宣称人与人同禀一气而生、皆是同胞兄弟，进而让人"立必俱

立""爱必兼爱"(《正蒙·诚明》)。必须指出的是,《西铭》所论之爱是
一种等差之爱。为此,他曾明确表示:"夷子谓'爱无等差',非也。"
(《张载集·张子语录上》)仁之等差性的现实表现即宗法等级,维护宗法
等级的前提是每个人恪守自己的等级名分。这就是说,爱的等差性迫切需
要顺,即绝对服从。于是,孝顺成为《西铭》的另一个主题。具体地说,
在家绝对服从父母,外出绝对服从君上。进而言之,通过提倡孝道之所以
能达到促进社会和谐的目的,在家孝顺父母之所以一定能外出服从君上,
是因为家庭秩序与社会秩序相互通约,社会就是一个大家庭。《西铭》的
主要目的是把宗法等级社会美化为一个大家庭,将社会地位的不同说成是
家庭成员内部的分工。为了使这个大家庭得以安宁,家庭内部所有成员都
必须服从社会的整体规划,尤其是处于社会底层的低贱、卑幼者更应该发
扬顺德,无论面对何种境遇都安于现状,无怨无违。

《西铭》的理论根基——宇宙秩序、社会秩序与家庭秩序相互通约是
理学家的共识,其中提倡的人人友爱、和睦相处,让社会充满温暖亲情的
设想反映了大多数宋明理学家的共同愿望。正因为如此,《西铭》受到二
程、朱熹等一批宋明理学家的充分肯定和高度评价。程颢对《西铭》大加
赞赏:"《订顽》一篇,意极完备,乃仁之体也。"(《河南程氏遗书》卷二
上)此后,"程门专以《西铭》开示学者。"南宋朱熹专门作《西铭解》,
对《西铭》的思想予以阐发。此后的陈亮、叶适和王夫之等人也对《西
铭》特别关注。不仅如此,二程和朱熹都肯定张载的《西铭》深藏"理一
分殊"之精旨,对之赞不绝口。经由他们的宣传,《西铭》及"民胞物
与"说的影响进一步扩大。

第二节 "天下一家,中国一人"说

《西铭》的中心思想是将社会秩序视为一种家庭秩序,在宇宙秩序、社
会秩序与家庭秩序相互通约的前提下抒发了社会秩序家庭秩序化的理想和信
念。在某种程度上可以说,众多人对《西铭》的赞扬恰好印证了将社会秩
序视为家庭秩序是宋明理学家的共识,或者说,宇宙秩序、社会秩序与家

庭秩序的相互通约是他们和谐理念和建构的共同的思维方式和逻辑框架。

对于《西铭》的宇宙秩序、社会秩序和家庭秩序的相互通约，王守仁的"天下一家，中国一人"说以自己的方式做出了回应，与张载的"民胞物与"具有异曲同工之妙。"天下一家，中国一人"一语始见于《礼记·礼运》，但未做详论。对此作展开论述、并赋予这一命题以崭新内容的则是王守仁。

王守仁认为，"天下一家，中国一人"是仁心发泄的结果，也是理想的社会秩序。在他看来，天地万物与我原本是一体的，因为对于人来说，"其心之仁本若是"。对此，王守仁论证说，在仁的支配、驱使下，人"见孺子之入井而必有怵惕恻隐之心"，"见鸟兽之哀鸣觳觫而必有不忍之心"，甚至见"草木之催折""瓦石之毁坏"也有"悯恤""顾惜"之心。这样，在仁的沟通下，人把仁爱之心撒向天地之间，与他人以至与鸟兽、草木、瓦石连为一体，达到与天地万物为一体的境界。王守仁认为，人们一旦达到"以天地万物为一体"，便能"视天下犹一家，中国犹一人焉"（《王阳明全集卷二十六·大学问》）。这就是说，"天下一家，中国一人"是人人具有的"其心之仁"发用、流行的结果。

进而言之，怎样才能通过仁者与天地万物为一体而实现"天下一家，中国一人"的理想呢？王守仁从正反两方面进行了论证：第一，在消极方面，他坚信，只要没有"私意间隔"，人人都可以达到天地万物与我一体的理想境界；只是小人"间形骸而分尔我者"，"自小之耳"（《王阳明全集卷二十六·大学问》）。循着这个逻辑，为了臻于理想境界，人必须从事道德修养、克服"私意"。第二，在积极方面，王守仁提出了显露吾心之仁的观点，同时发挥了《大学》"明明德"和"亲民"等主张。他写道："明明德者，立其天地万物一体之体也。亲民者，达其天地万物一体之用也。"（《王阳明全集卷二十六·大学问》）按照王守仁的说法，彰明吾心之仁德（"明明德"）是"以天地万物为一体"的根本和实质，亲民是达到"以天地万物为一体"的手段和途径，二者合起来就是把吾心之仁德推广于天下。正因为如此，通过"明明德"和"亲民"，人可以成为推行吾心之仁的仁者；作为一个仁者，人会把吾心之仁推广于天下的每个人以至每一物，使一人一物无不沐浴在仁爱之下。在这个意义上，他断言：

"仁者以天地万物为一体，使有一物失所，便是吾仁有未尽处。"(《王阳明全集卷一·传习录上》）毫无疑问，当天地万物无一所失地沐浴在仁爱之下时，天地万物与我一体的理想便真的实现了。

王守仁所讲的天地万物与我一体的仁之境界是一个爱的世界，更是一种人间秩序。对于这种理想境界，他多次展望道：

> 夫圣人之心，以天地万物为一体，其视天下之人，无外内远近，凡有血气，皆其昆弟赤子之亲，莫不欲安全而教养之。(《王阳明全集卷二·答顾东桥书》）

> 视民之饥溺犹己之饥溺，而一夫不获，若己推而纳诸沟中者。（《王阳明全集卷二·答聂文蔚》）

王守仁用仁爱之心编织的与天地万物为一体的境界始于世界秩序，这种秩序的最终实现是人与人建构的社会秩序。其实，植根于与天地万物为一体的"天下一家，中国一人"就是他为了挽救当时的社会危机开出的药方，也是他把社会秩序家庭秩序化的理论构想。这套思想具有泛爱色彩，仁爱是贯穿始终的主线，是手段似乎也是目的。然而，在本质上，这套理论以维护上下、尊卑的宗法等级制度为出发点和目的地。与此相联系，王守仁一面鼓吹"万物一体""天下一家"和"中国一人"，一面强调"一体""一家"之中的厚薄之分。这使与天地万物为一体之仁爱成为一种等差之爱。请看下面这段记载：

> 问："大人与物同体，如何《大学》又说个厚薄？"先生（指王守仁——引者注）曰："惟是道理，自有厚薄。比如身是一体，把手足捍头目，岂是偏要薄手足，其道理合如此。禽兽与草木同是爱的，把草木去养禽兽，又忍得。人与禽兽同是爱的，宰禽兽以养亲，与供祭祀，燕宾客，心又忍得。至亲与路人同是爱的，如箪食豆羹，得则生、不得则死，不能两全，宁救至亲，不救路人，心又忍得？这是道理合该如此。……《大学》所谓厚薄，是良知上自然的条理，不可逾

越，此便谓之义；顺这个条理，便谓之礼；知此条理便谓之智；终始
这个条理，便谓之信。"（《王阳明全集卷三·传习录下》）

　　在这里，王守仁不仅把人与万物、人与人之间的关系定位于洋溢着爱
的"一体""一家"的秩序之中，而且着重强调"一体""一家"乃至
"一身"之中的等级之分。在他看来，人与天地万物是一体的，然而，一
体之中的条理使人对人类、禽兽与草木的爱显示出厚薄，进而分别对待：
在"与万物同体"中——"人与禽兽同是爱的，宰禽兽以养亲，与供祭
祀、燕宾客"；在"天下一家，中国一人"中，人与人都是被爱的对象，
"一家""一人"之中的厚薄又使爱先由至亲后推及路人——"至亲与路
人同是爱的，如箪食豆羹，得则生、不得则死，不能两全，宁救至亲，不
救路人"。在此，王守仁强调，人在与天地万物为一体中，对天地万物分
别对待，完全是自然而然、天经地义的，正如一身之中手足与头目同是爱
的，遇到危难时自然"把手足捍头目"一样。这就是说，因为"一体"
"一家"之中的厚薄同样是天然合理、天经地义的，所以，"一体"之中，
草木养禽兽，禽兽养人，小人养大人；"一家"之中，先至亲后路人；"一
身"之中，手足捍卫头目。这种关系和位置不可颠倒或改变。如此一来，
通过把人与禽兽、草木之间的宇宙秩序与人与人之间的社会秩序相提并
论，并在此基础上将社会秩序说成是基于血缘关系的家庭秩序乃至生理秩
序而使宗法等级秩序具有了天然性，王守仁论证了上下、尊卑的合理性，
进而为宗法等级制度张目。

　　可见，王守仁的"天下一家，中国一人"说循着仁与天地万物为一体
的思路，从宇宙秩序讲起，进而将社会秩序家庭秩序化。经过如此一番包
装和处理之后，宗法等级社会中的上下尊卑、劳心劳力的关系统统变成了
家庭内部的分工，甚至如同一身之中生理器官的自然分工一样与生俱来、
天然如此。循着这个逻辑，人应该像"目不耻其无聪""足不耻其无执"
（《王阳明全集卷二·答顾东桥书》）那样安于劳苦卑贱的地位。当然，统
治阶级成员更应该安于自己已有的地位，不做非分的追求。基于这种考
虑，在"拔本塞源论"中，他对理想社会的秩序进行了这样的安排：其才
能高者，"出而各效其能"，"其才质之下者，则安其农工商贾之分，各勤

其业。"在此，王守仁要求人皆"不以崇卑为轻重，劳逸为美恶"，特别是才质下者要"终身处于烦剧而不以为劳，安于卑琐而不以为贱。"（《王阳明全集卷二·答顾东桥书》）至此可见，与所有理学家一样，王守仁宣传"天下一家，中国一人"，目的是让人把宗法等级制度视为天然合理的，从而心安理得地安于自己所处的社会地位，以保持宗法等级社会的和谐和安宁。他设想的与天地万物为一体的途径就是建构宗法和谐的途径。例如，按照王守仁的分析，人之所以不安于自己的名分，是因为"间于有我之私，隔于物欲之蔽"的缘故；要摈弃非分之想，就必须"克其私，去其蔽，以复其心体之同然。"（《王阳明全集卷二·答顾东桥书》）与此相联系，他提倡"拔本塞源"就是要拔去私欲之根，堵塞私欲之源，彻底去人欲，致良知，破心中贼。王守仁坚信，人一旦克私去蔽，"则自能公是非，同好恶，视人犹己，视国犹家。"（《王阳明全集卷二·答聂文蔚》）如果人人如此，到那时，"求天下无治不可得矣"。

上述介绍显示，王守仁的"天下一家，中国一人"说与张载的"民胞物与"说具有惊人的相似之处，都在宇宙秩序与社会秩序、家庭秩序的相互通约中，彰显社会秩序的天然合理、神圣有效。所不同的是，如果说张载的论述由宇宙本体——气开始，由宇宙秩序向社会秩序、家庭秩序层层推进的话，那么，王守仁则把重心放在了人类社会，在论证中将社会秩序说成是家庭秩序甚至延伸为人的生理秩序。理论重心的转变使王守仁对社会秩序的关注更密切，与现实社会的宗法等级制度的联系也更直接。

第三节　宇宙秩序、社会秩序与家庭秩序的相互通约

宋明社会是中国宗法社会的完备形态。在这一时期，等级制度森严，中央集权极度加强。为了论证宗法等级制度的合理性，维护、巩固宗法社会的等级和谐，张载的"民胞物与"说、王守仁的"天下一家，中国一人"说应运而生。作为宗法和谐建构的途径和方式，"民胞物与"和"天下一家，中国一人"内含着他们对和谐的理解和追求，不仅隐藏着相同的

思维方式，而且流露出相同的价值取向。与此相联系，在张载和王守仁的论述中，宗法等级秩序成为和谐的标本，维护宗法等级的上下、尊卑之序成为建构和谐的具体方式，甚至是和谐的价值所在。换言之，对于张载、王守仁代表的宋明理学家来说，和谐是宗法等级的和谐有序，宗法等级秩序不仅是和谐的标准，而且是价值本身。

一 相互通约

上述分析显示，张载的"民胞物与"说与王守仁的"天下一家，中国一人"说植根于己于人不同的哲学理念，前者基于气是宇宙本原、万物皆气所生的气学思路，后者基于仁心之发泄、流行的心学逻辑。除此之外，两者的理论渊源显然有别：深谙《周易》的张载著有《横渠易说》，他对宇宙秩序和社会秩序的洞彻基本因循《周易》模式；王守仁对《大学》情有独钟，其"天下一家，中国一人"之说虽然语出《礼记》，但是，它的思想主旨基本上是对《大学》的阐发。尽管如此，两者的思维方式如出一辙，那就是将社会秩序家庭秩序化，为宗法等级制度披上温情脉脉的亲情面纱。其实，朱熹早就指出了两者之间的联系。他在《西铭解》中写道：

> 《西铭》之作，意盖如此，程子以为"明理一而分殊"，可谓一言以蔽之矣。盖以乾为父，以坤为母，有生之类，无物不然，所谓理一也。而人物之生，血脉之属，各亲其亲，各子其子，则其分亦安得而不殊哉！一统而万殊，则虽天下一家，中国一人，而不流于兼爱之弊，万殊而一贯，则虽亲疏异情，贵贱异等，而不牯于为我之私。此《西铭》之大指也。

进而言之，社会秩序之所以可以被家庭秩序化，是因为二者之间可以通约。其实，在宋明理学家那里，社会秩序与家庭秩序可以通约，社会秩序、家庭秩序与宇宙秩序之间同样可以通约。也就是说，他们的和谐理念和建构秉承同一个秘密，即宇宙秩序、社会秩序与家庭秩序相互通约。正是对宇宙秩序、社会秩序与家庭秩序相互通约的心照不宣，张载和王守仁不约而同地一面把宇宙本体派生万物的过程说成是宇宙秩序社会秩序化、家庭秩序化的过程,一面将宗法社会的等级秩序说成是基于宇宙秩序的天经地义。在这方面,王守仁甚至以生理秩序的天然合理为宗法等级秩序的长幼尊卑进行辩护,致使三者的相互通约延伸为生理秩序。这种做法使宇宙秩序、社会秩序与家庭秩序的相互通约成为理学家和谐建构的最大秘密。正是在这个前提下,他们将宗法等级秩序说成是充满温情的家庭秩序,将不平等的森严等级说成是与天然的生理分工一样与生俱来、自然而然,致使宗法社会中森严的统治关系成为家庭成员之间应有的血缘亲情关系。

进而言之,在宋明理学家为宗法等级秩序辩护的过程中,宇宙秩序、社会秩序与家庭秩序的可通约性使三者之间呈现出三位一体的态势。在这个三位一体的逻辑结构和运行机制中,一方面,社会秩序、家庭秩序因为来源于宇宙秩序而拥有了正当性和神圣性,甚至成为一种无可辩驳的预定规则。另一方面,宇宙秩序贯彻到社会和家庭之中,转换为君臣父子和上下尊卑的宗法等级秩序。宇宙秩序、社会秩序与家庭秩序的三位一体指明了宗法和谐的建构之路,那就是宗法社会的和谐建构与宇宙秩序和家庭秩序息息相关:第一,社会和谐作为对宇宙秩序的贯彻,包括天人和谐,内容之一就是人与自然的和谐相处、天然一体。第二,社会和谐包括家庭和谐和个人的身心和谐,以每个人认定宗法等级秩序犹如生理秩序不可颠倒那样绝对服从为前提。

值得一提的是,在宇宙秩序、社会秩序与家庭秩序的相互通约中,社会秩序得天独厚,占据中间位置,这种位置使其作为宇宙秩序与家庭秩序的中介举足轻重。更为重要的是,在宇宙秩序与家庭秩序的相互印证中,社会秩序的绝对权威性、天然合理性得以极度张扬和证明:如果说宇宙秩序带给它的是天经地义、万古永恒的绝对权威的话,那么,家庭秩序带给它的则是与生俱来、天然合理;前者侧重神圣性辩护,后者兼顾操作实施。可见,在宇宙秩序、社会秩序和家庭秩序的相互通约中,社会秩序成为最大的受益者,其合理性得以最大限度地彰显:第一,由于依托于宇宙秩序,社会秩序具有了名副其实的天经地义和宇宙法则的普遍意义。这是对社会秩序的大而化之。这种做法赋予社会秩序以形上意蕴,与宋明理学道德哲学与本体哲学合二为一的思维方式一脉相承。第二,等级制度转化为家庭秩序乃至生理秩序。这是对社会秩序的小而化之。这种做法使社会秩序家庭秩序化，乃至成为一身之中的生理秩序，绝好地展示了宋明时期加强对人的身心控制、道德教化生活化的时代特征。正是在对社会秩序或大而化之，或小而化之的相互印证中，作为社会秩序的宗法等级制度的权威性和合理性得到了充分辩护，也有了落脚点和笃行处。不仅如此，在社会秩序的大而化之中，规范社会秩序的"君为臣纲"与规范家庭秩序的"父为子纲"和"夫为妻纲"由于天理的庇护在某种程度上拥有了宇宙法则的意味；在家庭秩序的小而化之中，"君为臣纲"体现在"父为子纲"和"夫为妻纲"统辖的家庭秩序中，事上之忠从父子、夫妻关系做起，细化、落实在家庭的日常生活之中。至此，通过家庭秩序大而化之与小而化之的相互印证，忠、孝、节相互推演、互为表里。三纲既有不同的侧重，又相互支撑，共同组成了一个有机系统。宇宙秩序、社会秩序、家庭秩序的相互通约打通了三纲之间的壁垒，淡化了"君为臣纲"与"父为子纲"和"夫为妻纲"之间的统辖权限，为宗法社会的和谐建构提供了可行性论证。正是宇宙秩序、社会秩序与家庭秩序的相互通约使理学家对宗法等级秩序的论证意境高远，措施缜密，既有恢宏之高度，又不乏精微之切实。

二　相互通约的现实模本

张载、王守仁将社会秩序视为家庭秩序的做法代表了宋明理学家一贯的思维方式和价值取向，也就是说，认定宇宙秩序、社会秩序、家庭秩序可以通约是宋明理学家的共识。不仅如此，"民胞物与"和"天下一家，中国一人"表达的将社会秩序家庭秩序化的做法具有现实的社会基础。只有结合当时的社会存在理解其出现的必然性，才能体会这种做法对于维护宗法等级秩序的重要作用。

从社会存在来看，宋明时期大家庭的急剧增多提供了家庭秩序社会秩序化的现实模本，为宇宙秩序、社会秩序和家庭秩序的相互通约奠定了基础。具体地说，家庭一般分为三个类型，即小家庭、折中家庭和大家庭。小家庭指由一对夫妇或加上子女的家庭，也称"核心家庭"；折中家庭指一对夫妇加上其父母和子女，即包括祖孙三代的家庭，也称"主干家庭"；

大家庭指大到包含直系亲属的夫妇、父母、子孙及其妻子在内的"本房"加上旁系亲属的伯叔、兄弟、侄及其妻子的"别房",数百人同居的家庭,也称"联合家庭"。如果依照这个标准进行划分的话,那么,宋明社会的家庭以大家庭为主。

中国人的家庭、家族观念向来十分浓厚,大家庭更是宋明社会的普遍现象:一方面,受多子多孙为福观念的影响,中国人不仅以人丁兴旺为福,而且向往儿孙绕膝、子孙满堂的生活,这使父母一般都选择与儿孙同住。另一方面,中国素有敬老、养老之美德,为父母养老送终是每个人的基本义务和责任,与父母分开居住往往被视为不孝;受孝顺观念的影响,一般人都选择与父母一齐居住。这使子孙与父母、祖父母同居共爨成为中国古代最常见的生活方式和家庭模式。于是,可以看到,在中国古代社会中,家庭形态决少"核心家庭",甚至连"主干家庭"也不多见,而是以"联合家庭"为主。这就是所谓的大家庭。这种同居的亲属集团被明代法律称之为"户"。这种大家庭的成员不仅是直系亲属,而且包括家族的成员。古代社会提倡和表彰"联合家庭",以四世同堂、五世同堂为耀、为荣。宋明统治者特别提倡、表彰大家庭。在统治者的提倡下,宋明社会的大家庭数量越来越多,规模越来越大,四代、五代同堂者层出不穷,有的大家庭人口高达数百人之多。从量上看,以此规模推演下去,大家庭可以成为社会乃至天下。

此外,伴随着家庭的规模不断扩大乃至膨胀为数百人的大家庭,家庭成员之间的血缘关系逐渐弱化,代之而起的是各种家法族规的维系。这就是说,尽管以血缘为纽带,然而,从内部结构和运行机制来看,一个大家庭俨然就是一个结构完整的小社会。在大家庭内部,有严格的管理系统和机制,有完备的奖励或惩罚措施,有自给自足的经济供给等。在宋明大家庭中,家产是大家的,归家庭成员共有。例如,福州杨崇其家法规定:"子弟无私财,若田圃所入谷米之属,必白于长,藏之廪;若商贾所得,钱帛之属必白于长,藏之库",以供家庭成员"婚姻、丧葬、祭祀、饮食之用。"① 家庭中如买卖土地、购置房产虽然要"父子兄弟商议",但是,

---

① 龚书铎主编《中国社会通史·明代卷》,山西教育出版社,1996,第379页。

家长（尊男）对家庭财产拥有绝对的管理权和处理权。例如，《大明会典·户部·户口·分户继绢》规定："凡祖父母、父母在者，子孙不许分财异产，其父祖许令分析者听。"① 更为重要的是，大家庭内部等级森严，成员之间不仅是亲属关系，而且是尊卑森严的等级关系。其中，家长具有绝对权威，乃至掌握生杀大权。同时，家庭成员之间也是不平等的，彼此之间地位悬殊。例如，明代家庭是"同居共财"的亲属组织，理论上家产是"公家物事"，为家庭成员所共有，实际上却是由家长所拥有、管理或控制的。再如，分产时，以诸子均分为原则，然而，女性成员待遇要低：若已嫁人，不能参与分产；若未嫁人，如守节妇，则由大家庭负责养老送终。大家庭的运行机制表明，血缘亲情在淡化和松弛，逐步让位于家法族规。家法族规虽然是"私法"，却具有国家承认的法律效力。它与公法的并行不悖使之拥有了某种意义的"公法"性质，也表明了大家庭与社会管理模式的相通性。这就是说，宋明大家庭的运行机制表明，家庭秩序与社会秩序具有可通约性。

总之，随着人数的增加和规模的扩大，大家庭在量上无限伸展，具有了"社会"的意义，其管理方式更是与社会趋同：第一，从规模的扩大和人数的增加来看，大家庭为家庭秩序社会秩序化提供了支持。随着规模、人数的扩大和增加，大家庭在量上急速膨胀，就此规模和逻辑无限推演，大家庭具有膨化为国家乃至天下的可能性。第二，从运作机制和管理模式来看，随着人数的增加和血缘关系的松弛，家法族规的作用明显增强，尤其是其中的等级尊卑之别掩盖、代替了家庭成员之间天然的血缘亲情，成为调节人际关系的主要力量。从具有国家认可的公法效益的角度看，家法族规为家庭秩序社会秩序化提供了支持。正是在这种社会存在和历史背景下，出现了宋明理学家把社会秩序视为家庭秩序的做法。这就是说，大家庭规模的越来越大和数量的不断增多打通了社会秩序家庭秩序化的思维通道，也在家庭秩序可以社会秩序化中印证了社会秩序可以宇宙秩序化。反过来，天下、社会和国家也就是一个大家庭。

---

① 李东阳等《大明会典》，万历十五年礼监刊本。

第四节 家国同构和天人合一

从文化传统来看，理学家在认定宇宙秩序、社会秩序与家庭秩序可以通约的前提下将社会秩序家庭秩序化的做法，植根于家、国同构观念，是对由来已久且根深蒂固的天人合一的全新表达和细化。对于宇宙秩序、社会秩序与家庭秩序的相互通约而言，《周易》和《大学》从不同方面提供了论证。

一 宇宙秩序家庭秩序化和社会秩序化的通路

儒家历来看中《周易》，将之奉为五经之首。对于儒家来说，《周易》最大的魅力在于通过天、地、人三个世界建构了宇宙秩序家庭秩序化和社会秩序化的天人合一模式。就天人合一而言，《周易》阐释的宇宙生成论不仅讲天道、地道，而且讲人道，其形而上学就是天人和谐之道。这正如其书所云："《易》之为书也，广大悉备。有天道焉，有人道焉，有地道焉。兼三才而两之，故六。六者非它也，三才之道也。"（《周易·系辞下》）这就是说，《周易》既讲天道、地道，又讲人道，同时建构了天、地、人三个世界：对《周易》的三画经卦来说，上、中、下分别符示天、人、地；对由经卦相重的六画别卦而言，五上、三四、初二之爻分别符示天、人、地。不仅如此，在对天、地、人三个世界的位置排列上，天在上，地在下，人在中间。这种安排寓意着人有沟通天道与地道的能力和使命。同时，《周易》的卦画系统是"变动不居，周流六虚"（《周易·系辞下》）的，预示着人只有与天、地、人和谐相处，才能实现人与天地自然的"保合太和"。

在《周易》的视界中，人与天、地、人的和谐包括相互作用的两个方面：第一，天、地、人三个世界遵循不同的法则，"立天之道，曰阴与阳；立地之道，曰柔与刚；立人之道，曰仁与义。"（《周易·说卦》）三个世界的不同法则决定了它们的不同地位和作用。天之阴阳是万物变化的总纲，是地之柔刚和人之仁义的本原所在，地道与人道因循天道而来。第二，三个世界以及万物的不同决定了它们的相互作用，人与天地之道合一是和谐的根本保障。只有整个生态环境中的万物得以"各正性命"，即各种事物皆得以圆满实现自己的性命，才能实现大环境与小环境之间、小环境与小环境之间以及小环境内部的协调平衡。可见，阴阳协调平衡是易学的精髓，和谐是从天而地而人的一脉相承。具体地说，易学的立论根基是"三才之道"，即本天道以立人道，开天文以立人文，效法天道以"自强不息"（《周易·乾·象》），效法地道以"厚德载物"（《周易·坤·象》），效法天地之道以"遏恶扬善"（《周易·大有·象》）。这一切可以概括为："乾道变化，各正性命。保合太和，乃利贞。首出庶物，万国咸宁。"（《周易·乾·卦》）

《周易》建构的宇宙模式具有两个基本特征：第一，人道与天道密切相关，是因循天道而来的，没有天道，人道便无从谈起。因此，因循天道、与天道合一是人道的根本法则。第二，天道、地道与人道各有侧重，功能不同，无论是天道之阴阳还是地道之柔刚都需要人道之仁义去和合、去完成，或者说，天道之阴阳和地道之柔刚在人道中转化为仁义。具体地说，宇宙是一个生命整体，其目的是"生"，而宇宙、天地的这个生生之德是通过人即人道之仁义完成的。可见，《周易》建构的宇宙生成模式传递出天人合一的和谐理念，并使天人合一成为人"与天地合其德"的过程，这用书中的话说便是："夫大人者与天地合其德，与日月合其明，与四时合其序，与鬼神合其吉凶。先天而天弗违，后天而奉天时。"（《周易·乾·卦》）

进而言之，《周易》所讲的"与天地合其德"奠定了天人合一的和谐方式和价值取向，其具体方法就是将宇宙秩序即天道转化为家庭秩序和社会秩序（人道）。在这方面，《周易》把整个世界说成是一个有机整体，同时强调整体中的尊卑等级；由天地之尊卑演绎出万物之等级，进而推导出人类社会的夫妇、父子和君臣关系，致使宇宙秩序转换为家庭秩序和社会秩序。于是，其书不止一次地写道：

　　天尊地卑，乾坤定矣。卑高以陈，贵贱位矣。……在天成象，在地成形，变化见矣。……乾道成男，坤道成女。乾知大始，坤作成

物。乾以易知，坤以简能。……易简而天下之理得矣。天下之理得，而成位乎其中矣。（《周易·系辞上》）

有天地然后有万物，有万物然后有男女，有男女然后有夫妇，有夫妇然后有父子，有父子然后有君臣，有君臣然后有上下，有上下然后礼义有所措。（《周易·序卦》）

在这里，《周易》把自然与人事、自然秩序与社会秩序连为一体，致使整个世界成为由天地、万物、男女、夫妇、父子、君臣组成的多层次系统。在宇宙的这个系统中，各部分处于不同的等级之中，由于各种存在具有不同的功能，各司其职，整个世界才和谐有序：自然秩序即"物则"，天地的目的是天生地养，天覆地载，日月同明，四时合序，风行雨施，也就是天地尽职尽责，生育万物；万物的目的是尽性遂生，同生共育，和谐相处，不危害他物，保持自然界生物的多样性和丰富性；社会秩序即人伦，人的目的是各安其位，各尽其分，除尽好夫妇、父子、兄弟、君臣和朋友的五伦之道外，还要帮助、参与万物的生长。只有人和自然万物都在各自的位置上尽了职责，达到了自己的目标，这个宇宙整体才能实现自己的目标。可见，《周易》的和谐思路和基本方式是将宇宙秩序家庭秩序化和社会秩序化。无论是"与天地合其德"还是以夫妇、父子代表的家庭秩序或者君臣代表的社会秩序继续天地之尊卑都是与上天合一的过程。从这个意义上说，家庭秩序、社会秩序与宇宙秩序相互通约是天人合一的具体表征和途径。

与道家之混沌未分、墨家之兼爱同一相去甚远，儒家所追求的和谐是各处其位的等级和谐，也就是说，和谐是蕴涵上下等级的和谐。正是在天、地、人三个世界的转换中，通过宇宙秩序而家庭秩序，家庭秩序而社会秩序，《周易》将上下尊卑的和谐之道不露声色地表达了出来。

《周易》开启的和谐思路与早期儒家推出的天人合德说相互印证。在这方面，《孟子》和《中庸》是典型代表：

尽其心者，知其性也；知其性，则知天矣。（《孟子·尽心上》）

唯天下至诚，为能尽其性；能尽其性，则能尽人之性；能尽人之性，则能尽物之性；能尽物之性，则可以赞天地之化育；可以赞天地之化育，则可以与天地参矣。（《中庸》）

天命之谓性，率性之谓道，修道之谓教。（《中庸》）

《周易》的和谐理念引领了后续儒家和谐理念的基本走向。宋明理学以"性与天道"为中心问题，本质上是对《周易》开启的天人合一的继承。宋明理学家对《周易》开启的与天地合德的天人合一模式的推崇早在北宋就已经初露端倪。现仅举其一斑：

儒者则因明致诚，因诚致明，故天人合一。致学而可以成圣，得天下而未始遗人。（张载：《横渠易说·系辞上》）

"生生之谓易"，是天之所以为道也。天只是以生为道，继此生理者，即是善也。善便有一个元底意思。"元者善之长"，万物皆有春意，便是"继之者善也"。"成之者性也"，成却待它万物自成其性须得。（程颢：《河南程氏遗书卷二上》）

只心便是天，尽之便知性，知性便知天。当处便认取，更不可外求。（程颢：《河南程氏遗书卷二上》）

不仅如此，循着《周易》开启的天人合一的基本思路，宋明理学家在以道德完善与上天合一的过程中重申并且细化了将宇宙秩序转化为家庭秩序和社会秩序的主题。特别是在为社会秩序辩护的过程中，他们在宇宙秩序与社会秩序、家庭秩序的相互通约中论证社会秩序的合理性。不仅如此，在宇宙秩序、社会秩序、家庭秩序相互通约的前提下，宋明理学家将社会秩序说成是家庭秩序，并且在实践操作上贯彻了本体哲学、人性哲学与道德哲学的三位一体；通过本体哲学—人性哲学—道德哲学的三位一体，他们为社会秩序的家庭秩序化找到了哲学依据。其实，"民胞物与"

和"天下一家，中国一人"不仅秉持相同的宇宙秩序、家庭秩序、社会秩序相互通约的思想主旨，而且都是从本体哲学、人性哲学、道德哲学的三位一体中推导出来的。例如，正因为本体哲学、人性哲学与道德哲学是三位一体的，所以，张载说："不闻性与天道而能制礼作乐者末也。"（《正蒙·神化》）与此相关，因为经典有言"夫子之言性与天道，不可得而闻也"（《论语·公冶长》），所以，张载的上述言论被视为离经叛道而遭到非议。其实，这句话恰好道出了张载本体哲学（天道）、人性哲学（性）与道德哲学（礼乐）三位一体的思维格局和价值旨趣。也正因为在张载那里本体哲学、人性哲学与道德哲学是三位一体的，所以，离开了性和天道，礼乐便无从谈起。受制于这套思维方式和价值系统，张载的"民胞物与"说从"乾父坤母"的宇宙模式开始，以绝对服从之孝道告终。同样，王守仁的"天下一家，中国一人"说始于与天地万物为一体是"吾心之仁"的发用流行，终于仁之一体中的厚薄犹如一身之手足与头目的关系不可倒置。透过这些可以看出，宋明理学家的本体哲学、人性哲学、道德哲学的三位一体是为人在现实的宗法社会中安排既定位置，即通过确定每个人与生俱来的等级名分为人定位。为了表明这种安排既权威又公正，他们一面将之推为宇宙本体的造作，一面将之奉为行为准则。如果说前者的重点在等级名分源于宇宙秩序的话，那么，后者则重在呼吁按照等级名分的要求安身立命、处理各种事物。于是，便有了宇宙秩序、社会秩序与家庭秩序之间的相互通约，因为三者相互通约是本体哲学—人性哲学—道德哲学三位一体的现实版和通俗化，为其找到了切实的操作处。不仅如此，由于有了本体哲学—人性哲学—道德哲学的三位一体，便有了宇宙秩序、社会秩序与家庭秩序的一脉相承、环环相接。在这个意义上，本体哲学、人性哲学和道德哲学的三位一体与宇宙秩序、社会秩序和家庭秩序的相互通约，彼此作用、彼此映衬。

二　家庭秩序社会秩序化的先河

《大学》顾名思义即高深的学问。综观《大学》八条目，个人修身养性、齐家之方、治国平天下之道一脉相承，一以贯之的是家庭秩序与社会秩序的相互通约。正是有了家庭秩序与社会秩序相互通约这个大前提，《大学》从格物、致知讲起，中经诚意、正心、修身，可以齐家；齐家之后，如法炮制，便可治国、平天下。在这里，修身、齐家是治国、平天下的前提和准备，治国、平天下是修身、齐家的结果和外推。其中的潜台词是，内圣、外王是相通的，齐家与治国、平天下同道。

与《大学》的久负盛名相联系，作为内圣外王理念的具体化，在中国人的思维方式和价值观念中，家和国是同构的——家是国的缩影，国是家的放大，其间并无本质区别，遵循同样的法则，适用相同的治理之方。作为这一理念的直接表现，天下可以视为家，即四海为家，家也可以视为天下。于是，忠孝互为表里、相提并论。久而久之，在中国人的思维观念和汉语实践中，家与国的语义相互叠合，以至于离开特定的语境无法理解其确切含义。例如，家可以指自己的血缘家庭，也可以指国家。与此类似，家庆可以指父母的生日，也可以指国家诞生之日；"家臣"可以指诸侯、王公的私臣，也可以指各国卿大夫的臣属；"家父"可以置换为"家君"，"国君"可以置换为"国父"，"家邦"与"国邦"可以换用等。进而言之，家与国的语义叠合不仅是中国人的语言习惯，而且表现出深层的认知结构和价值取向。在表层，家与国的语义叠合造成了这样的结局：从个体家庭到泱泱大国，不同的所指载入同一能指符号——"家"；在深层，齐家之术为治国之道所认同，铸定了国家政治运作模式的家长制。于是，可以看到，统治者往往将家庭关系中的孝道提升为治理国家的根本，进而标榜以孝治天下。由齐家而治国，宗法社会主流意识形态的家庭化和传统家庭成员行为规范的社会化相互映摄，父父子子的家庭伦理和君君臣臣的社会伦理一脉相承。在这种思维定式下，在家事父母孝，外出一定会事君上忠。

就具体操作而言，由齐身通向治国、平天下的思路拉近了家与国之间的距离。因循这种文化背景和思维方式，把天下、社会的上下尊卑说成是基于血缘亲情的家庭关系，给等级制度下的统治与被统治披上温情脉脉的仁爱面纱便不难理解，甚至是顺理成章的事了。与此同时，作为亲情血缘凝聚的家也成为社会化的一个缩影。由此，人们联想到，在宗法等级社会，为什么国家命运转换成朝代的更替总是王室兴衰的扩大？为什么国家命运总是皇家命运的延伸？为什么朝廷行为常常与家庭行为纠缠不清？这一切的根本原因在于，家与国之间并无固定界限，更无本质区别。因此，家庭中的行为可以被扩大、延伸而具有普遍意义，家庭秩序浓缩着社会秩序，因而可以被提升为社会秩序乃至宇宙秩序。

综上所述，儒家的和谐理念和道德诉求在宋明理学中臻于完备，集中表现在两个方面：第一，在理念上，天人合一的模式转换为本体哲学—人性哲学—道德哲学的三位一体。通过这个三位一体，宋明理学家一面将和谐说成是宇宙本体的题中应有之义，一面通过道德践履把作为宇宙本体的和谐理念转化为宗法等级制度，进而落实到君臣父子之间，使人伦日用都贯穿着和谐理念。第二，在操作上，将天人合一和宗法社会的和谐建构具体化为社会秩序家庭秩序化，不仅以最切近、最通俗的形式贯彻着天人合一，践履着仁义道德，而且在家庭秩序出于血缘亲情，犹如生理秩序一般天然如此、不容颠倒中强化宗法等级制度的天经地义、万古永恒。正是在这两个方面的相互作用中，宋明理学家将儒家的和谐理念发挥得淋漓尽致、无以复加，同时以最完美的形上方式道出了儒家所追求的和谐就是宗法社会的等级秩序。

第十六章　语言哲学

儒家具有不懈的道德情怀，道德意趣在儒家思想的各个领域显示出来，语言哲学也不例外。具体地说，正是在将语言直接与人的道德观念、社会和谐和礼仪规范联系起来的过程中，儒家建构了有别于诸子百家的语言哲学。孔子对言极其重视，提出了一套系统的语言哲学，正名主张更是奠定了儒家乃至中国语言哲学的价值旨趣和致思方向。孔子之后，荀子、董仲舒等人都对正名津津乐道。他们的思想集中表现了儒家语言哲学重视伦理本位，服务和谐建构的人文特征。

第一节　孔子的语言哲学及其道德旨趣

众所周知，儒家以及先秦语言哲学发端于孔子的正名呼吁，而正名之声则是基于言与政之关系——至少是从为政的设想引发的，这使言与政的关系成为孔子语言哲学的一个重要方面。尽管如此，由于主张为政以德，言与政的关系中也不排斥道德的意趣。事实上，孔子对言的论述从多个维度展开，道德意趣则贯彻始终。

首先，在言与政的关系上，孔子注意到了言可以兴邦，亦可以丧邦。按照他的说法，人们的言说方式和内容与政治环境的清浊密切相关。于是，孔子断言："邦有道，危言危行；邦无道，危行言孙。"（《论语·宪问》）循着这个逻辑，既然国家政治环境如何必然在言上有所反映，那么，言便成为显示一个国家或地区政治环境好坏的指示器和晴雨表。据《论语》记载：

> 定公问："一言而可以兴邦，有诸？"孔子对曰："言不可以若是其几也。人之言曰：'为君难，为臣不易。'如知为君之难也，不几乎

一言而兴邦乎?"曰:"一言而丧邦,有诸?"孔子对曰:"言不可以若是其几也。人之言曰:'予无乐乎为君。唯其言而莫予违也。'如其善而莫之违也,不亦善乎?如不善而莫之违也,不几乎一言而丧邦乎?"(《论语·子路》)

在孔子看来,语言的舆论导向可以决定国家的兴衰,以至于可以达到一言或兴邦,或丧邦的地步。鉴于语言在国家政治生活中的重要作用,在言与政的关系上,孔子设想为政从语言入手,把正名奉为为官的第一步。名是言的基本单位和构成要件,孔子对语言与政治关系的重视在为政从正名做起中可见一斑。

其次,在言与德的关系上,由于看到了言与德的分离现象,孔子意识到了言可以乱德,并且针对言对德的破坏发出了"巧言乱德"(《论语·卫灵公》)的警告。与此同时,在言与德的关系上,他讲究语言的朴实真诚,对花言巧语(佞)特别反感。孔子特意强调,花言巧语是道德的大敌,尤其与正直的品德相左。所以,《论语》中屡屡出现这样的话语:

巧言令色,鲜矣仁。(《论语·学而》)

巧言,令色,足恭,左丘明耻之,丘亦耻之。(《论语·公冶长》)

孔子之所以反对花言巧语、巧舌如簧,是为了杜绝心口不一、言不由衷的现象。在这方面,他给人的忠告是"言思忠"(《论语·季氏》),要讲真话、实话,不说谎话、假话和没有根据的话,著名的"道听而途说,德之弃也"(《论语·阳货》)就是从这个角度立论的。除此之外,孔子还要求,与人交谈要保证内容真实、态度诚恳。

再次,在言与行的关系上,由于在自己的学生那里发现了言行分离的现象,震惊之余,孔子调整了自己的言行观。据载:

> 宰予昼寝。子曰："朽木不可雕也，粪土之墙不可圬也，于予与何诛。"子曰："始吾于人也，听其言而信其行。今吾于人也，听其言而观其行。于予与改是。"（《论语·公冶长》）

又次，在言与行的关系上，孔子之所以将"听其言而信其行"改为"听其言而观其行"是为了确保言行一致，让人不仅以光说不行为耻，而且耻于做得少说得多的言过其实。不仅如此，为了避免说大话、说空话，他要求人们在说之前想想是否能够做到，最好是做了之后再说。换言之，孔子注意到了言可以掩行，为了言行一致，主张先行其言。正是在这个意义上，他不厌其烦地强调：

> 先行其言，而后从之。（《论语·为政》）

> 君子耻其言而过其行。（《论语·宪问》）

> 其言之不怍，则为之也难。（《论语·宪问》）

> 古者言之不出，耻躬之不逮也。（《论语·里仁》）

循着这个思路，实行太难了，由于怕自己说到做不到，有道德的君子总是选择少言寡语。至此，言行关系与言德关系汇合了。这表明二者之间具有某种内在联系，并被孔子归结为言与仁的关系。

最后，在言与仁的关系上，孔子推崇谨言、慎言和讷言。鉴于言与不言或如何言、言什么对于人的道德、行为都有影响，他把言语谨慎与人的思想品质联系起来，宣称言语谨慎是君子的品行之一。不仅如此，孔子提倡"君子欲讷于言而敏于行"（《论语·里仁》），把慎言与仁联系起来。这便是："仁者，其言也。"（《论语·颜渊》）与此相关，他视寡言为仁的表现。这方面的证据在《论语》中并不难发现：

> 刚、毅、木、讷近仁。（《论语·子路》）

> 司马牛问仁。子曰："仁者其言也讱。"曰："其言也讱，斯谓之
> 仁矣乎？"子曰："为之难，言之得无讱乎？"（《论语·颜渊》）

鉴于言的这种惟危惟微、不可小视的后果，孔子强调人要对自己说过
的话负责，始终对言持谨慎态度。例如：

> 君子一言以为知，一言以为不知，言不可不慎也。（《论语·子
> 张》）

> 惜乎！夫子之说君子也。驷不及舌。（《论语·颜渊》）

在这里，孔子虽然没有贬低语言，然而，好学不倦、敏于行的孔子却
主张在"敏于事"的同时"慎于言"（《论语·学而》），还是耐人寻
味的。

由上可见，对于语言问题，孔子主要是从言与政、言与德、言与行、
言与仁的关系切入的，致使这些关系成为其语言哲学的基本内容。如果说
言与德、言与行和言与仁的关系牵涉的是个人修养的话，那么，孔子对言
与政关系的表述则侧重言对于国家治理和天下兴衰的重要作用。这表明，
他的语言哲学侧重人生、伦理和政治哲学领域，极力突出语言的道德意蕴
和伦理维度。孔子对语言的道德定位不仅决定了其语言哲学的人文情怀和
道德意蕴，而且引领了儒家语言哲学的价值旨趣和致思方向。

第二节 正名主旨与无言基调

春秋时期出现了中国历史上少有的礼崩乐坏，剧烈变动的社会现实
使名与其所指之实发生错乱。从历史背景和立言宗旨来看，"名实相怨"
的严峻局势不仅发出了正名的要求，而且使名实相符成为孔子乃至先秦
语言哲学挥之不去的理想和主题。这决定了从根本上说孔子对语言的阐
释不是出于纯粹的理论思辨，而是基于深切的现实关怀。作为对不理想

的社会现实的回应，他的语言哲学始终凝聚着浓郁的正名情结。正是名实相符、如何相符使语言问题早在春秋时期就凸显出来，这使孔子的语言哲学饱含忧患意识，正名正是对名实相怨的担忧和解决。在他对言的人文关怀和道德侧重中，如果说名实不符的严重现实使孔子对正名寄予厚望的话，那么，对言之种种消极面的顾虑则使其崇尚谨言、慎言乃至倾心无言。

一 正名情结

急剧变化的社会现实导致了"名实相怨"，名与实的不符反过来加剧了思想界的争论和社会的混乱。作为对现实问题的回应，孔子发出了"必也正名乎"的呼吁。书载：

> 子路曰："卫君待子而为政，子将奚先？"子曰："必也正名乎！……名不正则言不顺，言不顺则事不成，事不成则礼乐不兴，礼乐不兴则刑罚不中，刑罚不中则民无所措手足。故君子名之必可言也，言之必可行也。君子于其言，无所苟而已矣。"（《论语·子路》）

如果说名实不符的社会现实注定了正名的必要性和迫切性的话，那么，正名的需要反过来又引发了对名实关系的深入研究和探讨，成为孔子语言哲学的立言宗旨和主要内容。他的语言哲学正是从正名始，以正名终。之后，荀子、董仲舒接续了孔子的思路——或者大声疾呼正名，或者"深察名号"，贯彻的都是孔子开创的正名路线。

进而言之，正名的宗旨使孔子以及儒家的语言哲学重视对名的深入研究。名狭义上指名词、概念，广义上还包括言辞、著述和名分等。在对名实关系的理解和探讨中，儒家始终坚持名实相符的原则。与此相联系，在正名的统领下，儒家语言哲学的主要内容不仅是揭露名实不符的社会现实和不良后果，追究名实不符的各种根源，论证名实相符的必要性和紧迫性，而且主要是为名实相符提出实施方案。

　　为了从方方面面共同杜绝言不符实的情况，孔子进行了层层把关和预防。言与德的层面反对巧言乱德，以期言德统一、心口一致；言与行的层面主张先行后言，以避免言过其实、言行脱离，追求言行一致；言与礼的层面主张"非礼勿言"，以便所言符合自己的名分等等。

　　荀子对正名更是极为关注，并从思维方式和逻辑方法的高度归纳了名不符实的现象，进而提出了解决方案。在这方面，他首先归纳了名实不符的三种情况，揭露了人们对名实关系的三种错误做法——"三惑"：第一，"惑于用名以乱名"，犯了偷换概念的错误。第二，"惑于用实以乱名"，用个别事实扰乱一般概念。第三，"惑于用名以乱实"，违背大家共同使用名词、概念的习惯，利用名词、概念的不同来抹杀事实。在此基础上，针对这些错误，荀子提出了一套相应的逻辑规则和思维方法。在此，他从正名开始，把正确地给事物命名作为第一步。对于命名的原则和方法，荀子坚持"制名以指实"："同则同之，异则异之"，实异则名异，实同则名同。"知异实者之异名也，故使异实者莫不异名也。"（《荀子·正名》）在对事物进行准确命名的基础上，他主张："实不喻然后命，命不喻然后期，期不喻然后说，说不喻然后辩。"（《荀子·正名》）不仅如此，荀子还专门研究了命、辞、说和辩等思维形式，试图通过正确的逻辑命题和推理确保语言的准确、恰当。

　　董仲舒一面宣称"王道之三纲，可求于天"（《春秋繁露·基义》），一面在"深察名号"中通过突出名的权威为现实社会中的君臣父子正名。他指出，作为事物的普遍概念和具体名称，号与名具有不同的内涵和外延：号的特点是"凡而略"和"独举其大"，名的特点是"详而目"和"遍辨其事"。然而，它们都有与生俱来的合理性，都与天意息息相通："謞而效天地，谓之号。鸣而施命，谓之名。"（《春秋繁露·深察名号》）可见，"名则圣人所发天意"，即"鸣号而达天意。"（春秋繁露·深察名号》）在此基础上，董仲舒从两个方面展开了正名：第一，名必须同事物完全符合，不可有毫厘之差。他强调，制名不得马虎，而要根据"《春秋》辨物之理，以正其名"（《春秋繁露·天地阴阳》）。对此，董仲舒举例说，君主之所以号称天子，是因为君主"视天如父，事天以孝道"；诸侯之所以号称诸侯，是因为他们"所候（伺候——引者注）奉之天子"；大夫之所以号称大夫，是因为他们"厚其忠信，敦其礼义"，其美德"大于匹夫"，是以教化百姓；士之所以号称士，是因为士者事也，他们的职责是做好本职工作，服从上级，不教化百姓；同样，民，瞑也，称之为民，是因为他们没有觉悟，有待于教化。第二，名都是根据事物之理制定出来的，反映了事物的本质和实质，可以作为判别事物的标准。基于这种认识，他宣称："欲审曲直，莫如引绳；欲审是非，莫如引名。名之审于是非也，就绳之审于曲直也。"（《春秋繁露·深察名号》）这就是说，正如木匠划线的墨绳是衡量曲直的准绳一样，名是检验是非的标准。因而，"随其名号以入其理，则得之矣。"（《春秋繁露·深察名号》）在此基础上，董仲舒主张："事各顺于名，名各顺于天。"（《春秋繁露·深察名号》）顺，从属之义。在他看来，各种事物都应该从属于自己对应的名号——如"器从名"（《春秋繁露·玉英》）等。与此同时，名生于正，名本来就有正物的属性和功能。正是在这个意义上，董仲舒断言："名生于真，非其真，弗以为名。名者，圣人之所以真物也，名之为言真也。"（《春秋繁露·深察名号》）这里所说的真，就是正。按照他的说法，制名的目的是为了正名，即"是非之正，取之逆顺；逆顺之正，取之名号；名号之正，取之天地。"（《春秋繁露·深察名号》）圣人制定名号就是通过对事物的命名，定天下之正。对此，董仲舒宣称："圣人之所名，天下以为正。"（《春秋繁露·定性》）可见，如果说荀子从理论上、用逻辑方式确保了名对实之符的话，那么，董仲舒则在"深察名号"的名义下，通过实对名之符从有别于荀子的思路提出了名实相符的解决方案，同时将基于阴阳的等级秩序注入正名之中。

二　从谨言、慎言到无言

受制于名不副实的社会现实，儒家往往以反思、批判的视角论及语言，以揭露言之弊端而不是以赞扬言之作用为主。这使对言之忧患、顾虑成为其语言哲学挥之不去的一个心理情结，也决定了他们对语言的根本态度和根本方式以批判和反思为主。从根本上说，儒家对语言弱点和破坏力等消极面的揭露是主要方面，以孔子的思想为例可以看出，儒家所讲的语言的消极面主要集中于言与德行的脱离和对德的破坏。孔子的"巧言乱德"揭示了言对德的破坏和对人的本质的伪装,"有德者必有言,有言者不必有德"(《论语·宪问》)更是明确指出了言与德的分离,肯定言不代表德;同样,"听其言而观其行"是受到言行不一即言对人行为、本质掩盖的震撼提出的。

就对语言的根本态度而言,名实相怨的社会阴影和反思维度使儒家对语言的阐释不是畅想的、憧憬的,而是现实的、批判的,始终笼罩着压抑气氛。结果是,尽管思想大异其趣,然而,在标榜"予欲无言"上,孔子与崇尚无言的老子走到了一起。对言的这种消极态度和处理方式决定了先秦哲学对言总有那么一些顾忌或顾虑,即使不得已而言,也绝不苟言而是慎言和谨言。孔子对语言的如此认定促使他始终对语言持消极或谨慎态度。儒家语言哲学对言的低调处理乃至批判态度仅在词语搭配和话语结构中便可一目了然。用不着过多留意即可发现,孔子在言之前多加否定词——这与孟子对心的尽、养、求之积极态度呈现鲜明对比;此外,还有限制(不是限定)词,从谨言、慎言到讷言,凡此种种、不一而足——这与孔子本人对行的先、敏等孜孜不倦形成强烈反差。仅仅如此还不够,孔子还发出了著名的"无言"声明。这些否定词和限制词的出现以及对语言的低调处理从根本上说还是出于道德原因,这正如谨言、慎言和讷于言都是从道德角度立论的、都是出于顾忌言行不符的后果一样。总之,由于笼罩在"名实相怨"的阴影之下,与畅所欲言、言论自由相反,儒家始终对言予以保留,对语言的这种消极、否定、漠视和批判态度也成为其语言哲学与生俱来的气质。

谨言、慎言的做法使为语言立法或规范、限制言之方式成为儒家学者的共识。通过对言与德、与行、与礼和与政之关系的论述,孔子主要从道德角度限制语言,反对弄虚作假,为此强调言要保证内容真实、情感真诚、有理有据、与德一致、合乎礼仪规范等。荀子虽然没有对言做危言耸听的告诫,却一直从各个方面——概念的明确、逻辑的清晰和推理的合理等为语言设立规范。董仲舒不仅强调名要符实,而且呼吁实要符名,即根据名分做事。

第三节　交往情结与和谐理念

孔子代表的儒家之所以热衷于正名，是因为他们试图通过正名达到别同异、明是非、等贵贱和审治乱的目的。无论正名、对名的重视还是呼唤名实相符都凸显了孔子及儒家语言哲学的道德本位，与其和谐理念密切相关。孔子呼吁正名是鉴于当时君不君、臣不臣、父不父、子不子的社会现象有感而发的，目的是让人按照自己的名分行事——君要有君的样子，臣要有臣的样子，父要有父的样子，子要有子的样子。这一立言宗旨和基本要求致使围绕正名展开的儒家的语言哲学与伦理、道德密切相关。更为重要的是，通过语言及正名达到和谐，即所谓的"礼之用，和为贵。先王之道，斯为美"。换言之，正名主张及纠正君不君、臣不臣的违礼僭越现象决定了孔子及儒家的语言哲学与伦理、政治具有先天的内在关联。

正名与名分密不可分。名实关系具体到社会领域侧重名分，而名分则代表着整个社会的宗法等级秩序。孔子所讲的正名之名意指周礼规定的等级名分。在孔子之后，历经荀子特别是董仲舒等人的发挥，以三纲为核心的等级秩序被制度化，正名也随之蜕变为名教即礼教。通过效仿天道、传递"天意"以制名，董仲舒在上天那里为名、号取得了合法性和权威性；在此基础上，通过事顺于名，他进而把尊卑、贵贱等宗法等级观念纳入正名体系，实质上是为名教在上天那里寻求合理辩护。不仅如此，伴随着董仲舒的新儒学被定为一尊，当名教成为教化的主要内容、三纲五常作为宗法等级的一部分被制度化时，肇始于孔子的正名和名教在汉代取得了意识形态的地位，成为社会的强制力量和主流话语，其中蕴涵的尊卑贵贱的宗法等级秩序也成为儒家和谐理念的核心。这样一来，在正名的名义下，儒家将名中蕴涵的和谐理念贯彻到人的日常生活和国家的政治生活之中，从个人的言与德、言与行的和谐扩展为整个社会的和谐。

必须指出的是，儒家所讲的名实以及名实相符具有不同的含义和层次：从名与实的实际所指和具体内容来看，名所指之实既可以是自然界的具体事物，也可以是人；与此相关，名与实的关系既可指名称与自然物的关系，也可指人的称谓与其社会地位的关系。当名所指之实是人或人的社会状况、职务和地位时，名实关系以及正名中的认识和逻辑意义便渐渐退却，让位于伦理、人生、交往和政治，其和谐理念与和谐建构也日益突出。这决定了儒家的和谐理念包括三个方面，即人与自然的和谐、人与人的和谐和人与内心的和谐。

就人与自然的和谐而言，儒家和谐理念的哲学根基是天人合一，人与自然的和谐首先转化为人与作为万物本原的上天之间的合一。这一点在孔子和董仲舒等人那里均有所体现。

在孔子那里，人与自然的和谐体现为人与宇宙本原——上天的合一，他的无言主张就是基于对上天的效仿而发的。在孔子看来，宇宙本原——上天具有不言之品格，正是对上天的这种认定——天之不言奠定了他对语言的基本态度和认识。据载：

> 子曰："予欲无言。"子贡曰："子如不言，则小子何述焉？"子曰："天何言哉？四时行焉，百物生焉，天何言哉？"（《论语·阳货》）

从中可知，孔子之所以不尚言而欲无言，具有两层意思：第一，生养并主宰万物的上天不言不语，无言既是一种姿态，又是一种素养。因此，无论从按资排辈还是效仿上天计，人都不应该冒言或妄言。第二，上天不言不语，万物却可以沐浴天的恩德——四时运行，万物并生；教育或培养学生，何以用言呢？可见，是宇宙本原——上天的不言不语启迪了孔子对无言的向往，至少影响了他对待语言的谨慎态度。从无言与宇宙本体密切相关来看，孔子的语言哲学带有本体意蕴。正如孔子的弟子所言："夫子之文章，可得而闻也。夫子之言性与天道，不可得而闻也。"（《论语·公冶长》）孔子之所以不言天道，是因为宇宙本体——天难知而难言，同时也不排除效仿上天不言之因素。

在董仲舒那里，语言——名、号是圣人传达天意的，无论正名还是命名都是天意的体现，本身就是人与上天和谐的一部分。因此，人与天之间的和谐在他的语言哲学中被发挥得淋漓尽致。具体地说，既然名、号是传达上天之意的，那么，人对万物的命名便是"人副天数"的一个方面，也是天人合一的内容之一。循着这个思路，人按照上天之意给万物命名，之后，通过以实符名，万物各处其位、各得其所。这样一来，人便达到了与上天创造的自然万物的和谐，也在与上天合一中使人与上天之间保持和谐。

就人与人的和谐而言，儒家对语言之交往层面的注重集中体现了这一维度。儒家对言之探讨在很多情况下是在人与人的交往维度上立论的，致使人与人之间的交往成为其语言哲学的题中应有之义。儒家语言哲学的伦理、道德本位本身即注定——至少暗示了其与交往的密切关系。与此相关，呼唤君之惠、臣之忠、父之慈和子之孝只是正名的一个方面，问题的另一方面是，正名的理由是名不正言不顺，其中潜藏的前提是言有交往和规范作用。事实上，正名的最重要的理由就是为了交往的方便或者规范交往，这使孔子对言的很多议论都是就言的交往层面而言的。例如，在言与德和言与行的层面上，"巧言"和言行不一都是在人与人的交往中发生的；再如，礼是仁的外在形式和礼节规范，言与行、与礼的关系归根结底是处理交往中的语言问题。同样，言与政的关系尤其是"一言以兴邦""一言以丧邦"透视舆论众口铄金的威力，侧重言在交往中造成的后果。

进而言之，出于通过语言使人与人在交往中达到和谐的理论初衷，孔子代表的儒家不仅关注人有无能力或修养去言得真实和完美，而且讲究言之环境和场合。在这方面，孔子非常注意根据不同对象和场合选择不同的言说方式和内容。据记载：

> 孔子于乡党，恂恂如也；似不能言者。其在宗庙、朝廷，便便言，唯谨尔。
>
> 朝，与下大夫言，侃侃如也；与上大夫言，訚訚如也。（《论语·乡党》）

由上可见，孔子在以不同身份出现或与不同身份的人说话时运用不同的方式。于是，或毕恭毕敬，紧张得好像连话都说不出来了；或语言流畅，谨小慎微；或侃侃而谈，和盘托出……孔子在不同场合的言说方式和内容竟然如此不同，却都真诚自然、自如自在。与注意言之场合相对应，孔子善于根据不同身份的交流对象选择不同的言说内容和方式。按照他的说法，言或不言以及话语方式、讲述或谈论话题的选择应该根据交流对象而定，应该说而没有说或可与言而未与言是失人，不可交流或不懂择言是失言；言之道理的深浅应该视交流对象的理解水平而定——这便是"中人以上，可以语上也。中人以下，不可以语上也"（《论语·雍也》）的基本含义；言之话题和时机的选择应该顾及对方的兴致和脸色，应该见颜色而言而非"瞎"说——"瞽"：

可与言而不与之言，失人。不可与言而与之言，失言。知者不失人，亦不失言。（《论语·卫灵公》）

侍于君子有三愆：言未及之而言谓之躁，言及之而不言谓之隐，未见颜色而言谓之瞽。（《论语·季氏》）

在中国传统文化中，所谓不同场合不仅指不同的地点和场所，而且指不同的言说和交流对象。讲究言之场合本质上是对言之资格的过分观照和注重，暗合了儒家以亲疏尊卑为区别对待的宗法等级观念。有鉴于此，孔子不仅把礼视为仁之爱人的外在形式，而且将言与礼联系起来，力图在礼的调节下促进人际关系的和谐。为此，他探讨了言与礼的关系，在"非礼勿言"中强调言要符合礼的要求和规定，使言成为"克己复礼"的具体条目之一。与此同时，孔子强调人言或不言、言什么以及如何言要根据礼的要求视场合、对象而定。这样才能使言与礼完全契合，尽显君子风度。

就人与内心的和谐而言，无论是对语言的谨慎态度、对言之真善美的伦理侧重都使孔子和儒家的语言哲学从主体出发，始终站在主体生成和道德完善的高度来审视语言。结果是，不仅强调所言的内容有无必要和有无水准，而且讲究言者有无资格或有无能力。在具体的话语情境中，这一追求表现为说还是不说、说什么和如何说等问题，主要视言之场合、真实、美善而定。孔子反对巧言、提倡慎言的做法都有强调言之真实、美善的意图。

儒家的语言哲学以及其中蕴涵的和谐理念影响了中国人的处世原则和交往方式。这表现在价值取向和处世原则方面便是，中国人将谦虚视为美德，推崇言行一致，反对夸大、歪曲或说谎。从这个角度看，反对说空话、大话、夸夸其谈，而是要脚踏实地的实干，注定了中国人的朴实无华、崇实风尚。从另一个角度看，正名导致了崇尚虚名的后果。就本意而言，正名包括两方面：一是名符合实，一是实符合名。不得不承认的是，尽管儒家注重名实相符，不屑于浪得虚名，耻于名浮于行，然而，正名的结果导致了对名的过度重视。受制于正名情结，名在名实关系中始终居于核心地位。这主要表现为两个方面：第一，名之尊贵和对名的推崇。第二，名之不朽和对名的追求。孔子曾经说："君子疾没世而名不称焉。"（《论语·卫灵公》）这句话的意思可以指君子死后没有得到正名——好名声，也可以指自己一生做得不好，与君子的称号不符。在儒家的价值观念中，"名存实亡"是正常的，甚至可以说是一种理想或长生不死的秘诀。在儒家看来，人的身体死亡了，精神却可以不朽。这就是说，当"实"消亡之后，"名"尚能延续一个阶段。"名"的寿命大于实，甚至可以不朽，故有名垂青史、流芳百世之说。这决定了在儒家的名实关系中，"名"比"实"更重要、更神圣。这种重名轻实的价值倾向产生了慕虚名轻实事的不良影响，致使顾及名声成为处理各种问题时首先要考虑的重要因素。

与为宗法等级辩护一脉相承，儒家对言者身份和资格的认定突出了人与人之间的不平等。排除"欲无言"的情况，说话的权利与身份、尊严成正比，并非人人皆有权利表达自己的思想、意图和愿望，有权利说是身份和地位的象征。权力大、地位高、年龄长者先说、多说，无权者、年幼者少说、不说。长者先言，幼者后言甚至没有表态的权利。长此以往，上下、尊卑之间失去平等交流和交谈的机会，以至于家长与其子女之间缺少必要的对话和交流。

第十七章　价值哲学

从儒学的创始人孔子表白"朝闻道，夕死可矣"开始，儒学便将推行伦理道德视为行为目标和人生理想。这注定了儒家的价值哲学十分发达，也大致框定了其价值哲学的核心话题。在先秦，孔子、孟子和荀子的价值哲学以义利观为核心话题和主体内容，作为儒家道德形而上学的宋明理学在延续义利观的同时，对理欲、义利和公私的关系津津乐道。由此，理欲观、义利观和公私观成为宋明理学家共同关注的话题。他们对三纲的解答既高扬了儒学的道德旨趣，又形成了不同学派。

第一节　理学家的理欲观

在理欲、义利和公私关系中，宋明理学家们更重视理欲关系，对理欲观的论述也更多。这是因为，理欲观解决的是人的生活需求、物质欲望与道德准则的关系，而如何将人的生理需求、物质欲望限定在三纲五常、宗法等级所许可的范围内对于维护社会和谐和秩序至关重要。所以，理欲观必然受到宋明理学家的高度重视。

宋明理学的理欲观不同于佛教，不能简单地将之归于禁欲主义。尽管如此，不得不承认的是，宋明理学的理欲观带有程度不同的禁欲主义色彩。可以看到，尽管对理欲关系的具体理解并不相同，然而，多数宋明理学家将欲看作是一种具有危险性的东西，因而强调天理为善、人欲为恶，在天理与人欲势不两立的基础上主张"去人欲，存天理"。

二程认为，人生来就有饮食男女之欲和喜怒哀乐之情，这是人性之自然，也是无法禁绝的，佛教要人禁绝这些欲望是荒谬的。基于这种认识，他们一再指出：

　　耳闻目见，饮食男女之欲，喜怒哀乐之变，皆其性之自然。今其（指佛教——引者注）言曰："必尽绝是，然后得天真。"吾多见其丧天真矣。（《二程集·河南程氏粹言卷一·论道篇》）

　　如人之有耳目口鼻，既有此气，则须有此识，所见者色，所闻者声，所食者味。人之有喜怒哀乐者，亦其性之自然，今强曰必尽绝，为得天真，是所谓丧天真也。（《二程集·河南程氏遗书卷二上》）

　　这表明，二程对欲并不简单地一概予以否定。然而，这并不意味着他们对欲予以肯定。在二程看来，人的各种欲望是无止境的，任其发展下去势必造成危险。对此，程颐举例说，"譬如椅子，人坐此便安"，"求安不已，又要褥子，以求温暖"，以至"无所不为"。发展下去，势必"夺之于君，夺之于父"（《二程集·河南程氏遗书卷十八》）。循着这个逻辑，二程感叹："甚矣，欲之害人也！人为不善，欲诱之也。诱之而不知，则至于灭天理而不知反。"（《二程集·河南程氏粹言卷二·心性篇》）有鉴于此，两人主张对人的欲求划定本末，以制度节之。正是在这个意义上，程颐宣称："人欲之无穷也，苟非节以制度，则侈肆，至于伤财害民矣。"（《二程集·周易程氏传卷四》）具体地说，节制人之欲的这个"本"、"制度"便是理或礼。依据程颐的说法，凡是出于本、符合理或礼的欲求便是正当的，属于至善的天理；凡是流于末、不符合理或礼的欲求便是不正当的，属于恶的人欲或私欲。于是，程颐一再强调：

　　凡人欲之过者，皆本于奉养，其流之远，则为害矣。先王制其本者，天理也；后人流于末者，人欲也。（《二程集·周易程氏传卷三》）

　　视听言动，非理不为，即是礼，礼即是理也。不是天理，便是私欲。（《二程集·河南程氏遗书卷十五》）

　　在这里，以是否符合理为标准，程颐把人的欲望分为天理与私欲两个方面。对于两者之间的区别，二程举例子说，人欲避风雨而求房屋，欲免饥渴而求饮食，这是本，属于天理；人由房屋而求"峻宇雕墙"，由饮食而求"酒池肉林"，便流于末，不符合理或礼，属于人欲。在此基础上，程颐进而强调，天理与人欲是对立的，"无人欲即皆天理。"（《二程集·河南程氏遗书卷十五》）如果允许人欲任其发展，必将破坏封建统治秩序。有鉴于此，他主张："损人欲以复天理。"（《二程集·周易程氏传卷三》）基于对天理、人欲的划分和对两者关系的认定，二程把他们所认定的不属于人基本的生理、生活欲求的东西归为恶的人欲，进而在不同场合有针对性地对欲提出节、窒、损、灭等要求，对人欲大加鞭挞。

进而言之，为了更好地损人欲、复天理，二程把天理、人欲与"道心""人心"联系起来，指出道心是天理、善之根源，人心是人欲、恶之渊薮。在这一点上，大程与小程的看法别无二致：

> "人心惟危"，人欲也。"道心惟微"，天理也。（程颢：《二程集·河南程氏遗书卷十一》）

> 人心，人欲；道心，天理。（程颐：《二程集·河南程氏外书卷二》）

二程认为，人心属于私欲，"故危殆"；道心属于天理，"故精微"。因此，在处理两者关系时，必须用道心克制并主宰人心，从思想深处自觉地从事"去人欲，存天理"的斗争。

由上可见，二程的理欲观带有明显的禁欲主义色彩，而程颐对寡妇再嫁问题的看法则将这一思想倾向推向了极致。据载：

> 问："孀妇于理似不可取，如何？"曰："然。凡取，以配身也。若取失节者以配身，是己失节也。"又问："或有孤孀贫穷无托者，可再嫁否？"曰："只是后世怕寒饿死，故有是说。然饿死事极小，失节事极大。"（《二程集·河南程氏遗书卷二十二下》）

　　张载从欲源于人性的思路出发，反对灭欲主张。他说："饮食男女皆性也，是乌可灭？"（《正蒙·乾称》）从这个意义上说，张载并不是禁欲主义者。另一方面，他把理、欲与人性联系起来，认为天地之性是天理的体现，气质之性是人欲的表现；与天地之性至善、气质之性有不善的说法相似，张载进而宣称天理至善而人欲有恶。基于这种分析，他把天理与人欲对立起来，并根据气质有恶的认定，让人通过尽心、大心来变化气质，以此返天理而循人欲。在这里，张载虽然没有像二程那样主张灭欲，但是，他把天理与人欲对立起来的做法本身即决定了他不可能主张遂欲或足欲。总的来说，张载对人欲的态度并非肯定而是否定的。

　　朱熹的理欲观源于双重人性论，与人心说息息相关。为了弄清其天理、人欲之辨，有必要先分析他的人心说。循着双重人性论的逻辑，朱熹宣布人具有两心，即人心与道心。在此基础上，他大力渲染人心与道心的区别和对立。例如：人心是气质之性的体现，道心是天命之性的反映；"一个生于血气，一个生于义理"（《朱子语类卷六十八·易四·乾上》）；一个"生于形气之私"，一个"原于性命之正"（《四书章句集注·中庸章句·序》）等等。除此之外，对于人心与道心的区别，朱熹还作了如下区分：

　　　　知觉从耳目之欲上去，便是人心；知觉从义理上去，便是道心。（《朱子语类卷七十八·尚书一·大禹谟》）

　　　　人心便是饥而思食、寒而思衣底心。饥而思食后，思量当食与不当食；寒而思衣后，思量当着与不当着，这便是道心。（《朱子语类卷七十八·尚书一·大禹谟》）

　　可见，在朱熹的视界中，人心、道心之说并非指人有两个心，而是指人的心表现为两种不同的趋向和追求：就趋向而言，人心是人的生理需要和欲望，道心是使人的需求、欲望符合封建道德要求的道德理性。就性质而言，与天命之性至善、气质之性有恶一一对应，道心是善的、人心则有善有不善。就特点而言，人心是"人欲之萌"，"泛泛无定向，或是或非不可知"，其特点是"危殆而难安"；道心体现了"天理之奥"，却常被人心所蒙蔽，其特点是"微妙而难见。"（《朱文公文集卷六十七·观心说》）

在对道心、人心作如上界定、区分之后，朱熹强调，人人都有道心和人心，即使是圣人也不例外。对此，他指出："虽圣人不能无人心，如饥食渴饮之类；虽小人不能无道心，如恻隐之心是。"（《朱子语类卷七十八·尚书一·大禹谟》）这就是说，人人都有两心，人心虽圣人不免。因此，对于人心与道心，关键是处理好两者的关系，不让"二者杂于方寸之间，而不知所以治"，因为这样必然"危者愈危，微者愈微"（《四书章句集注·中庸章句·序》）。这就是说，如果对道心与人心的关系处理不好，人便会迷失方向，陷入歧途。这是非常危险和可怕的。那么，怎样正确处理人心与道心的关系、避免这种可怕的后果呢？朱熹认为，根本原则是自觉地以道心主宰人心、节制人心。这套用他的比喻便是：

> 人心如船，道心如柁。（《朱子语类卷七十八·尚书一·大禹谟》）

> 人心如卒徒，道心如将。（《朱子语类卷七十八·尚书一·大禹谟》）

这就是说，在对待道心与人心时，要"使道心常为一身之主，而人心每听命焉"（《四书章句集注·中庸章句·序》）。此外，朱熹强调，对人心与道心要把握好"收"与"放"的关系：对于人心要自觉采取收的态度，对道心要不使放失。正是在这个意义上，他说："自人心而收之，则是道心；自道心而放之，便是人心。"（《朱子语类卷七十八·尚书一·大禹谟》）在朱熹看来，只要把握好收与放的关系，久而久之，人心会转化为道心；相反，如果把握不好，道心将蜕变为人心。

从上可见，朱熹所讲的人心主要指人的生理本能和物质欲望，在人心源于气质之性、与生俱来虽圣人难免的意义上，有肯定人的欲望的思想端倪。但是，在论证人心与道心的关系时，他明显偏袒道心，对人心始终采取谨慎乃至敌视态度。朱熹的这种态度在对人心的进一步解剖中充分体现出来。他对人心进行了深入分析，认为源于有善有不善的气质之性的人心有善有不善，不能把人心简单地等同于人欲。对此，朱熹多次指出：

　　　　人心亦不是全不好底，故不言凶咎，只言危。（《朱子语类卷七十八·尚书一·大禹谟》）

　　　　盖人心不全是人欲，若全是人欲，则直是丧乱，岂止危而已哉！（《朱子语类卷一百一十八·训门人六》）

　　　　"人心，人欲也"，此语有病。（《朱子语类卷七十八·尚书一·大禹谟》）

　　朱熹认为，人心不完全是人欲，不仅人心不同于人欲，欲也不同于人欲，人心、人欲、欲是三个不同的概念。在此，他特别对欲与人欲予以了区分，强调欲与人欲有别，指出欲是对物质生活的正当要求和欲望，对欲不能绝对地予以否定。正是在这个意义上，朱熹指出："若是饥而欲食，渴而欲饮，则此欲亦岂能无？"（《朱子语类卷九十四·周子之书·太极图》）可见，他并不否定人具有维持生存的欲望，并在一定限度内肯定欲的合理性。在这方面，朱熹反对佛教笼统地禁欲、无欲，指责佛教的主张违背了生活常识，简直就是"终日吃饭，却道不曾咬着一粒米；满身着衣，却道不曾挂着一条丝"（《朱子语类卷一百二十六·释氏》）。

　　在对人心进行深入分析的过程中，鉴于人心中有好与不好、人欲与非人欲等不同成分，朱熹进一步把人心中善的部分与道心合一、称为天理，把人心中恶的部分提取出来、称为人欲。经过如此整理和归类之后，人心中只有善的天理与恶的人欲两部分了。在此基础上，朱熹系统探讨了天理与人欲的关系。

　　朱熹承认天理与人欲相互依存、相互统一，断言天理与人欲相互安顿。正是在这个意义上，他反复断言：

> 有个天理，便有个人欲。盖缘这个天理，须有个安顿处，才安顿得不恰好，便有人欲出来。（《朱子语类卷十三·学七·力行》）

> 人欲便也是天理里面做出来。（《朱子语类卷十三·学七·力行》）

不仅如此，从天理与人欲的统一出发，朱熹得出了"人欲中自有天理"（《朱子语类卷十三·学七·力行》）的结论。这表明，天理与人欲并非各不相干，而是相互依存的。由于天理与人欲相互包涵，其界限便很难分辨。这就是说，天理与人欲的界限和划分标准是相对的。于是，他反复指出：

> 天理人欲，几微之间。（《朱子语类卷十三·学七·力行》）

> 天理人欲，无确定底界。（《朱子语类卷十三·学七·力行》）

应该看到，对于天理与人欲的关系，朱熹讲得更多的则是二者之间的对立和冲突；相对于天理与人欲之间的相依、统一而言，他对二者之间的矛盾、抵触用力甚多。按照朱熹的说法，天理与人欲"此长，彼必短；此短，彼必长"（《朱子语类卷十三·学七·力行》）。如此说来，天理与人欲不是相得益彰或相互促进的关系，而是相反相克的竞争关系、对立关系。正是在这个意义上，他断言：

> 天理、人欲相为消长分数。"其为人也寡欲"，则人欲分数少，故"虽有不存焉者寡矣"。不存焉寡，则天理分数多也。"其为人也多欲"，则人欲分数多，故"虽有存焉者寡矣"。存焉者寡，则是天理分数少也。（《朱子语类卷六十一·孟子十一·尽心下·养心莫善于寡欲章》）

进而言之，天理与人欲之间的这种此消彼长、不胜则败的关系决定了二者始终处于高度紧张的矛盾对垒之中，对此，人只能取一弃一，绝无中立、调和的可能。于是，朱熹一再强调：

人只有个天理人欲，此胜则彼退，彼胜则此退，无中立不进退之理，凡人不进便退也。（《朱子语类卷十三·学七·力行》）

天理人欲相胜之地，自家这里胜得一分，他那个便退一分；自家这里退一分，他那个便进一分。（《朱子语类卷五十九·孟子九·告子上·五穀种之美者章》）

这清楚地表明，天理、人欲代表着两股势力和趋向，其间只有竞争，没有和谐。有鉴于此，朱熹把天理与人欲绝对地对立起来，宣称天理与人欲绝对对立、不可并存，以至最终得出了"天理与人欲，不容并立"的结论。正是在这个意义上，他宣称："人之一心，天理存，则人欲亡；人欲胜，则天理灭，未有天理人欲夹杂者。"（《朱子语类卷十三·学七·力行》）不仅如此，鉴于天理与人欲的矛盾对立、不共戴天，朱熹指出，为了成为圣人，为了存天理，就必须灭人欲。进而言之，为了更好地存天理、灭人欲，必须对天理与人欲进行区分。对于朱熹如何区分天理与人欲，书载：

问："饮食之间，孰为天理、孰为人欲？"曰："饮食者，天理也；要求美味，人欲也。"（《朱子语类卷十三·学七·力行》）

在这里，以衣食为例，朱熹认定饥食渴饮的生理欲望人生来就有，是天理；若对衣食追求精细、饱美，便属于人欲。为了把人的欲望限定在天理允许的界限之内，他以维护等级制度的礼来区分天理与人欲，告诫人"非礼勿视听言动，便是天理；非礼而视听言动，便是人欲"（《朱子语类卷四十·论语二十二·先进篇下·子路曾皙冉有公西华侍坐章》）。

在明确了何为天理、何为人欲之后，鉴于天理与人欲的势不两立，朱熹呼吁人们要"革尽人欲，复尽天理"（《朱子语类卷十三·学七·力行》）。在这方面，他要求人对人欲要"克之、克之而又克之"，就像杀敌一样与人欲进行斗争，坚决把人欲消灭干净。在此，朱熹强调，革除人欲要坚决彻底，大的方面固然要克，小的方面也不能放过，尤其要在纤微细小处用力。因此，他宣称："未知学问，此心浑为人欲；既知学问，则天理自然发见，而人欲渐渐消去者，固是好矣，然克得一层又有一层，大者固不可有，而纤微尤要密察。"（《朱子语类卷十三·学七·力行》）这就是说，只有从一言一行、一举一动、一饮一食上做起，"纤微尤要密察"，"去人欲，存天理"的工夫方能收到成效。循着这个思路，朱熹要求："吃一盏茶时，亦要知其孰为天理，孰为人欲。"（《朱子语类卷三十六·论语十八·子罕上·颜渊喟然叹章》）进而言之，他之所以对人欲的态度如此决绝，不仅是因为人欲与天理势不两立，妨碍了人超凡脱俗，而且因为"人之所以不乐者，有私意耳。"人一旦"私欲克尽"，"见得那天理分明，……不被那人欲来苦楚，自恁地快活。"（《朱子语类卷三十一·论语十三·雍也第二·贤哉回也章》）

在理与欲的关系问题上，陆九渊不赞成朱熹关于人心与道心、天理与人欲的区分。他写道：

> 天理人欲之言，亦自不是至论。若天是理，人是欲，则是天人不同矣。此言盖出于老子，……《书》云："人心惟危，道心惟微。"解者多指人心为人欲，道心为天理，此说非是。心一也，人安有二心？（《陆九渊集卷三十四·语录上》）

陆九渊认为，人只有一个心，此心人人皆同，古今无异；此心完整统一，不容分解为二。这个心就是天理。他进一步解释说，有人为恶是由于物欲蒙蔽，并非本心有不良因素。并且，"心之体甚大，若能尽我之心，便与天同。"（《陆九渊集卷三十五·语录下》）可见，陆九渊不赞成把心区分为人心与道心、天理与人欲，目的是证明本心的完美无缺、不可分割，维护其心学体系，绝不是承认物欲、私欲的合理性。恰好相反，按照他的说法，人心同具万理，天理与生俱来，是人欲遮蔽了天理的显露和发挥。因此，为了恢复吾心之良必须铲除吾心之害，而这个害就是人的种种欲望。至此可见，在陆九渊的意识中，吾心之良即是天理，吾心之害即是人欲；保吾心之良、除吾心之害只不过是"去人欲，存天理"的另一种表达而已。正因为如此，他对孟子"养心莫善于寡欲"的说法坚信不疑，在存心、养心的同时不遗余力地呼吁寡欲。陆九渊的上述言论和做法与朱熹把天理与人欲置于不共戴天的对立面，进而强调若想存天理只有去人欲的做法在本质上已经大同小异。

此外，陆九渊断言："民生不能不群，群不能无争，争则乱，乱则生不可以保。"（《陆九渊集卷三十二·保民而王》）在他看来，任何人的生存都不能脱离社会群体，在群体之中，人们彼此之间不可避免地要发生争夺，争夺的结果势必造成动乱，以至影响人的生存。对此，陆九渊进一步分析说，之所以发生争夺，是因为人都具有无限度的追求物质利益和享受的欲望，追求无已势必出现争夺。正是在这个意义上，他指出："大概人之通病，在于居茅茨则慕栋宇，衣敝衣则慕华好，食粗粝则慕甘肥。此乃是世人之通病。"（《陆九渊集卷三十四·语录上》）在此，陆九渊不仅认为人有欲，而且把贪得无厌、永不满足说成是人的通病，并且认定人对欲望的追求没有止境，这种无尽之欲乃是社会不安定的重要因素。正是基于这种思路和考虑，他得出了人欲妨碍天理显露、危害社会安定的结论。解铃还须系铃人。循着陆九渊的思路，为了跳出这个陷阱、荆棘和囹圄，必须"以道制欲"。对此，他宣称："以道制欲，则乐而不厌；以欲忘道，则惑而不乐。"（《陆九渊集卷二十二·杂说》）陆九渊的这些议论目的是让人自觉地以封建道义来节制自己的欲望，遵守统治秩序，做到"动皆于义理，不任己私"（《陆九渊集卷十四·与包敏道》）。

总之，对于欲，陆九渊并没有主张"去"，而是要求"寡"和"制"，口气、态度显得比程朱温和许多。然而，他既然将欲视为"吾心之害"，并且将之与"本心"、道、理对立起来，那么，从根本上说，陆九渊对待欲的态度与程朱也就没有什么本质区别了。

在王守仁那里，理欲观不仅限于价值论，而且具有本体论的意义。他认为，作为万物本原的吾心，其本体就是天理、良知。因此，天理、良知人人皆有、与生俱来。从这个意义上说，人皆可以成为尧舜。在现实世界中，之所以没有满街都是圣人，是因为良知、天理被人欲蒙蔽的缘故。并且，他指出，正是天理被人欲遮蔽的程度不同，使人有了圣贤与愚夫愚妇之别：圣人心中纯乎天理而无人欲之杂，如晴空万里，阳光普照，天理可以尽情发挥；贤人偶然被人欲遮蔽，如浮云蔽日，转瞬之间烟消云散，阳光依旧灿烂；愚夫愚妇人欲太厚，如阴霾天日，重重云雾使天理放射不出来。这表明，人欲始终处于天理的对立面，是天理得以发挥的惟一障碍：要想天理尽显，必须除尽人欲，这正如要想阳光普照、必须拨开云雾一样。有鉴于此，在认识方法和道德修养上，王守仁断言"求理于吾心"，反对外求，要求人们向心中求知求理，鼓吹"致良知"。进而言之，"致良知"的认识路线和修养方法就是显露心中固有良知、天理。就实际内容和具体方法而言，他的"致良知"就是"去人欲，存天理""破心中贼"，即彻底灭除人欲。这决定了对于天理与人欲的关系，王守仁只能作对立观。正是在这个意义上，他一再强调：

减得一分人欲，便是复得一分天理。（《王阳明全集卷一·传习录上》）

去得人欲，便识得天理。（《王阳明全集卷一·传习录上》）

在这里，王守仁强调，只有去人欲，才能存天理。在此基础上，通过格物、致知等步骤，他把"去人欲，存天理"进一步落到实处，让人在君臣父子、人伦日用之间切切实实地进行"去人欲，存天理"的工夫。

值得注意的是，提到"去人欲，存天理"，人们最先想到的往往是朱熹。其实，王守仁不仅与朱熹一样大讲特讲"去人欲，存天理"，而且，他对"去人欲，存天理"的要求与朱熹相比均有过之而无不及。具体地说，王守仁让人时时刻刻惟"去人欲，存天理"为念、为行，"静时念念去人欲存天理，动时念念去人欲存天理"，做到"其心纯乎天理而无人欲之杂"（《王阳明全集卷一·传习录上》）。更为重要的是，为了切实地"去人欲，存天理"，他把格物解释为"正事"，进而把格物、致知与良知联系起来，在"致良知"的宗旨下教人时时处处"在事上磨练"，时刻做"去人欲，存天理"的工夫。王守仁对天理与人欲关系的对立理解及其"去人欲，存天理"之真切笃实淋漓尽致地表现在其对圣人标准的修改和成圣成贤的方法上。

可见，理欲观是宋明理学家共同关注的中心话题，不论程朱还是陆王对此都非常重视。在这里，有一点值得深思，那就是：程朱理学与陆王心学在本体领域有天理与吾心之争论，在认识领域有向外格物与向内用工之分歧，呈现出客观唯心论与主观唯心论的对立。这些对立在道德哲学中隐退了，对道德完善的共同追求使他们都提倡"去人欲，存天理"，这使他们在理欲观上达成了共识。在这方面，尽管在细枝末节上偶尔出现一些小分歧，然而，正如超凡脱俗、成为圣人是共同的理想一样，强调天理与人欲势不两立以及为了存天理必须灭人欲的认识别无二致。这使宋明理学在处理理与欲的关系时推崇天理、蔑视人欲，尽管与佛教的禁欲主义不可同日而语，然而，其禁欲主义倾向同样有目共睹。

第二节 "足欲""节欲"主张

在宋明理学家大讲理欲之辨而存理灭欲的同时，一些思想家特别是宋代的功利主义学者发出了不同的声音。在两宋，与理学并存的有以李觏、陈亮和叶适等人组成的功利主义学派。这一派学者反对宋明理学家将理、礼与欲对立起来的做法，呼吁对欲予以一定程度的肯定和重视。

李觏认为，礼、理与欲并不矛盾，礼恰恰是顺应欲的需要产生的。对此，他宣称："夫礼之初，顺人之性欲而为之节文者也。"（《李觏集卷二·礼论第一》）这就是说，欲是礼产生的基础和前提，礼是对人之欲望的节制和规范。这表明，礼与欲具有内在联系，二者是统一的。在此基础上，他进一步推导出两个结论：第一，财利是人类社会活动的基础，没有满足人之欲望的财力，人类社会的一切都无从谈起。正是在这个意义上，李觏指出："礼以是（指财、下同——引者注）举，政以是成，爱以是立，威以是行。舍是而克为治者，未之有也。"（《李觏集卷十六·富国策第一》）第二，道德教化要取得成功，必须先满足人的欲望，以足民衣食为前提。对此，他解释说："夫饮食男女，人之大欲。一有失时，则为怨旷。"（《李觏集卷五·内治第四》）这就是说，民以食为天，满足人的生存欲望是人类得以延续、社会得以发展的最基本的前提。只有使百姓的衣食有了一定的保障，生存欲望得到基本满足，才能有效地推行道德教化。

因为被教化者最先顾及的是生存而不是荣辱，"食不足，心不常"，在百姓衣食无着时驱之向善是根本不可能的。在这个意义上，李觏指出："然则民不富，仓廪不实，衣食不足，而欲教以礼节，使之趋荣而避辱，学者皆知其难也。"（《李觏集卷八·国用第十六》）基于上述认识，对于欲，李觏的态度是"足欲"而不是禁欲。

与北宋时期的李觏强调礼与欲的统一而呼吁"足欲"相似，南宋时期的功利主义学者——陈亮和叶适断言"道在事中""道在物中"，力图通过把人之生活日用、情感欲望注入道而强调道德与人的欲望密不可分，进而在伦理道德中为欲争取一席之地。

对于道是什么，陈亮再三强调：

> 夫盈宇宙者无非物，日用之间无非事。（《陈亮集卷十·书经》）

> 夫道非出于形气之表，而常行于事物之间者也。（《陈亮集卷九·勉强行道大有功》）

> 道之在天下，平施于日用之间，得其性情之正者，彼固有以知之矣。（《陈亮集卷十·诗经》）

可见，这里所讲的道，既是自然界中存在的具体事物的规律，又是人类社会的道德规范和法度政令。在陈亮看来，宇宙中存在的无非是具体事物，无论物之理还是人之道都存在于具体事物之中。这具体到伦理道德上便是，道德规范产生于人的物质生活，是对欲的适度满足和节制。从这个意义上说，道德产生于满足人之生存的需要，没有欲，道德也就失去了产生的可能和存在的必要。陈亮的这种看法从道德的起源和功能入手，论证了欲在伦理道德中的作用。与此同时，他又从欲为人性所固有的角度论证了欲的与生俱来、天然合理。在这方面，陈亮指出，人的各种欲望出于人性，甚至可以说是人性的基本内容。对此，他多次写道：

耳之于声也，目之于色也，鼻之于臭也，口之于味也，四肢之于安佚也，性也，有命焉。出于性，则人之所同欲也；委于命，则必有制之者而不可违也。（《陈亮集卷四·问答下》）

人生何为？为有其欲。欲也必争，惟日不足。（《陈亮集卷二十八·刘和卿墓志铭》）

按照陈亮的说法，欲与生俱来、天然合理，这说明，欲的存在和满足是正当的。不仅如此，他进而强调，人生活在世界上，需要各种给养，因为既然生而为人，便不可能"赤立""露处""无食"。这表明，欲不仅天然合理、无法禁绝，而且，追求生理欲望的满足是人的天性。与此相应，满足人衣食住行等各方面的欲望是人道的题中应有之义。正是在这个意义上，陈亮写道：

万物皆备于我，而一人之身，百工之所为具。天下岂有身外之事，而性外之物哉！百骸九窍具而为人，然而不可以赤立也。必有衣焉以衣之，则衣非外物也；必有食焉以食之，则食非外物也。衣食足矣，然而不可以露处也。必有室庐以居之，则室庐非外物也；必有门户藩篱以卫之，则门户藩篱非外物也。有一不具，则人道为有缺，是举吾身而弃之也。（《陈亮集卷四·问答下》）

基于上述认识和分析，陈亮进而断言，欲望对人之生存至关重要，人之荣辱从本质上说便是欲望是否得到满足或满足的程度。在这个意义上，他指出："富贵尊荣，则耳目口鼻之与肢体皆得其欲；危亡困辱则反是。"（《陈亮集卷四·问答下》）如此说来，被人所羡慕、所向往的富贵尊荣无非是耳目口鼻之欲充分得到满足，被人所厌恶、力图避免的危亡困辱无非是各种欲望无法得到满足。循着这个逻辑，陈亮进一步指出，人道不离欲，遂欲达情是人做事的动力，执政者只有足民之欲才能奏效。于是，他写道："夫喜怒哀乐爱恶，人主之所以鼓动天下而用之之具也。……弃其喜怒以动天下之机，而欲事功之自成，是闭目而欲行也。"（《陈亮集卷一·戊申再上孝宗皇帝书》）在陈亮看来，从根本上说，君主的权威正在于能够满足人的欲望，握有生杀予夺大权是君主的资本——"天下以其欲恶而听之人君"。君主应该充分认识和利用这一点，掌握好自己拥有的权力，严"执赏罚"，"使为善者得其所欲"，"为恶者受其同恶"，从而有效地引导人去恶为善，创建事功。同样的逻辑，君主若依从迂儒的主张而革尽人欲，便无以为政。

叶适宣称："夫形于天地之间者物也"，"物之所在，道则在焉。"（《习学记言序目》卷四十七）这就是说，世界上存在的都是物，道即物之道，不能离开具体事物而存在。正是循着道不离物的逻辑，他得出了如下结论："而性命道德，未有超然遗物而独立者也。"（《水心别集卷七·大学》）具体地说，性命道德与人生密切相关，不能离开人生而存在。与此相关，叶适指出，《礼记》中所说的"人生而动，天之性也"是不正确的，因为人"但不生耳，生即动"；动即有欲，故足欲是理所当然的，断不可"尊性而贱欲。"（《习学记言序目》卷八）对此，他进一步解释说，人对物欲的追求是无可厚非的。其实，人所有的喜怒哀乐无一不是为了物——"喜为物喜，怒为物怒，哀为物哀，乐为物乐。"（《水心别集卷七·大学》）

基于上述认识，叶适反对宋明理学家所谓的欲导致人之为恶的说法，指出恰好相反，人生来就有至善的"常心"，之所以为恶是因为基本欲望得不到满足——"不幸失其养"。从这个角度来看，人之有恶责任不在百姓，而在统治者，是因为在上者没有满足人的基本欲望——"牧民者之罪，民非有罪也。"（《习学记言序目》卷十四）有鉴于此，他指出，执政者要想治国、平天下，使民向善，便要先足民之欲。在这方面，叶适坚决否定朱熹的理欲之辨，指出朱熹"以天理人欲为圣狂之分者，其择义未精也。"（《习学记言序目》卷二）可见，与陈亮一样，在为欲的合理性进行辩护的同时，叶适反对宋明理学家的禁欲主义说教。

总之，在大多数宋明理学家把天理与人欲对立起来，进而宣布存天理必须灭人欲的同时，李觏、陈亮和叶适等人坚决反对将人欲与天理截然对立起来，强调伦理道德与人生密切相关，以此突出人欲与天理的统一，并在断言欲与生俱来、势不可免的前提下主张对欲给予适当满足，这使"足欲"成为他们对待欲的共同态度和根本原则。一方面，功利主义学者的

"足欲"主张与宋明理学家的禁欲主义具有原则区别，在对待欲是存还是灭的根本态度上针锋相对。另一方面，在主张"足欲"的前提下，无论李觏还是陈亮、叶适都没有走向纵欲主义或享乐主义。恰恰相反，在主张"足欲"、反对禁欲主义的同时，他们异口同声地呼吁"节欲"，不约而同地要求通过礼义的节制把欲限定在封建等级所给予的名分之内。这拉近了功利主义学者与宋明理学家之间的距离，使他们的思想与宋明理学家呈现出某种程度的相似性。

在主张"足欲"的同时，李觏反对纵欲。他认为，道德教化的目的是使人的欲望足而节之，人应该在追求欲利时进行节欲。一方面，人的欲望有合理性，应该予以满足；另一方面，人的欲望是无止境的，即使"穷天地之产"也不可能使人的欲望一一都得到满足。对此，李觏论证说：

> 天之生人，有耳焉，则声入之矣；有目焉，则色居之矣；有鼻焉，则臭昏之矣；有口焉，则味壅之矣。耳之好声亡穷，金石不足以听也；目之好色亡穷，黼黻不足以观也；鼻之好臭亡穷，郁邑非佳气也；口之好味亡穷，太牢非盛馔也。苟不节以制度，则匹夫拟万乘之富或未足以厌其心也。（《李觏集卷十八·安民策第四》）

循着这个逻辑，李觏指出，人若放任纵欲势必"道不胜乎欲"，"祸生于欲"，最后连应足之欲也无法得到满足。因此，他主张以礼制欲、节欲，将欲的满足限定在等级地位所允许的范围之内。这表明，李觏主张足欲却不赞同纵欲，并且，他呼吁的予以满足之欲是分内之欲；不仅如此，即使是分内之欲也必须节欲、寡欲。进而言之，李觏讲节欲，目的是告诫人们对于欲不可"言而不以礼"，以此让人以礼来节制自己的欲望。按照他的设想，人应该依据自己的等级地位满足相应的欲望，而不是超出自己应得的部分作非分之想；只有人人如此，整个社会才能和谐有序——"上下有等，奢俭有制。"（《李觏集卷十八·安民策第四》）

与李觏的做法别无二致，陈亮在主张对欲给予满足，并反对宋明理学禁欲主义的同时，也主张节欲。例如，在呼吁给欲一定程度满足的前提下，陈亮坚决反对纵欲。对此，他解释说："然而高卑小大，则各有分也；

可否难易，则各有辨也。徇其侈心而忘其分，不度其力，无财而欲以为悦。不得而欲以为悦，使天下冒冒焉惟美好之是趋，惟争夺之是务，以至于丧其身而不悔。"（《陈亮集卷四·问答下》）陈亮认为，在封建社会中，等级制度规定了"高卑小大，则各有分"。这是人足欲的前提条件，决定了人只能根据自己所处的等级地位来足欲，而不应该僭越礼制作非分之想；若"徇其侈心而忘其分"，"使天下冒冒焉惟美好之是趋，惟争夺之是务"，必然会引起天下大乱。有鉴于此，他断言："夫道岂有他物哉！喜怒哀乐爱恶得其正而已。行道岂有他事哉！审喜怒哀乐爱恶之端而已。"（《陈亮集卷九·勉强行道大有功》）这表明，欲有合理与不合理的区分，即所谓的分内之欲与非分之欲的差别；对于非分之欲即超过自身等级地位的欲望，必须坚决进行抵制。特别需要说明的是，陈亮不仅以人的等级身份来规定欲的满足程度，以此抵制、杜绝欲的膨胀，而且把欲的满足归结为命，断言"委于命，则必有制之者而不可违。"（《陈亮集卷四·问答下》）基于这种认识，他呼吁"故天下不得自徇其欲"，必须"因其欲恶而为之节。"（《陈亮集卷四·问答下》）对于如何节欲，陈亮主张用"五典""五礼"等行为规范和礼制来限制欲望，控制人的喜怒哀乐爱恶之情，以避免其过分或不当。

由上可见，一方面，李觏、陈亮和叶适等人对理欲关系的看法较之程朱陆王更为现实、合理，宋明理学家的"去人欲，存天理"不仅难以做到，而且不近人情、容易流于残酷。相比之下，李觏、陈亮和叶适等人在"足欲"的基础上进行节欲的说法容易接受且容易做到。功利主义学者呼吁以礼节欲，始终把人欲限定在封建等级制度划定的名分之内，与宋明理学家具有某些相似之处。这表明，在对理欲关系的认识上，就对欲的满足方面而言，功利主义者是站在宋明理学的对立面的；就对欲的节制方面而言，他们的主张与理学家又有某些相似之处。功利主义学者的这一做法与其阶级身份和时代归属密切相关，也从一个侧面反映了中国传统文化的伦理本位。

进而言之，在宋代，不论理学还是功利主义学派都关注理欲关系这一事实本身说明，如何处理好理欲关系在那个时代是一个突出而尖锐的社会问题。在宋代，随着商品经济的缓慢发展和经济的恢复、繁荣，社会上出现了一些十分富有的商贾。这些人"衣必文采，食必粱肉"，"乘坚策肥，履丝曳缟"，生活上追求奢华和物质享受。在他们的影响下，"士公卿大夫"多"争于奢侈"，各种享受僭越礼制。而且，影响所及，贪利（即所谓"民贪"）奢华渐成社会风气。那时的情况是，民间各种用品往往"以多为贵，以奢为礼"，连"妇人婢子、愚夫小儿"也"习以为俗"（《李觏集卷十八·安民策第四》）。以上是李觏对北宋中期社会风气的描绘。事实上，在此之后，追求享受、奢华之风总的说来不但没有减弱反而愈演愈烈。显然，这种社会风气势必破坏等级制度的社会秩序，不利于封建统治和社会稳定。迫于这种社会状况，宋明时期的思想家极其重视理欲、义利、公私之辨，谆谆教导人们一定要处理好这几者之间的关系，其宗旨、用心不只是让底层民众安于自己的等级地位、不作非分之想和非分之举；也是让富贵者、统治者安于既得的等级地位，不作非分之想和非分之举，以求封建统治秩序的稳定。

第三节　理学家的尚义思想

为了维护等级制度的社会秩序，也为了使纲常准则全方位、更有效地指导人的日常生活，宋明理学家不仅提出了一套系统的理欲观，而且提出了系统的义利观。对于义利关系，他们做了较之前人更为系统、深入的探讨，使义利观与理欲观一样成为宋明道德建设的中心话题之一。与对理欲关系的认识相似并受其影响，对于义与利，循着天理与人欲势不两立的思路贵义贱利，虽然没有绝对排斥利，但是，与对义的推崇相比，二程和朱熹等人对利的轻视是显而易见的。

概而言之，二程和朱熹并不简单地否定、排斥利，而是强调利要符合义，这使他们的义利观呈现出尚义轻利的倾向。

二程承认，人不可能离开利而存在，并且"人皆知趋利而避害"。因此，作为人之常情，利对于人在所难免。按照他们的一贯说法，既然君子也不能不欲利，那么，人对于利就不应该一概地加以排斥。在这个意义上，程颐一再宣称：

利害者，天下之常情也。(《二程集·河南程氏遗书卷十七》)

才不利便害性。……人无利，直是生不得，安得无利？(《二程集·河南程氏遗书卷十八》)

同样，朱熹也不简单地否定利，他对于利的看法是："利，谁不要。"(《朱子语类卷三十六·论语十八·子罕上·子罕言利章》) 在朱熹看来，如果对利一概否定，难道让人"特地去利而就害?"(《朱子语类卷三十六·论语十八·子罕上·子罕言利章》) 这显然讲不通。其实，利与人密切相关，既然人生离不开利，那么，为了人的生存就不能完全排斥利的存在和价值。

在承认利不可不要、不能完全否定利的价值的前提下，二程和朱熹一致认为，对于义与利必须先摆正两者之间的关系，求利必须遵循正确的原则，这个原则便是"顺理无害""不至妨义"。有鉴于此，二程反复声明：

圣人于利，不能全不较论，但不至妨义耳。(《二程集·河南程氏外书卷七》)

利者，众人所同欲也。专欲益己，其害大矣。欲之甚，则昏蔽而忘义理；求之极，则侵夺而致仇怨。(《二程集·周易程氏传卷三》)

二程认为，人固然不能无利，然而，如果专攻利，就会使人利令智昏而见利忘义；求利过度，势必造成争夺而导致仇恨。基于这种分析，两人的结论是：求利不可"专欲益己"，尤其不可"求自益以损于人"；求利一定要在理义的指导下"公其心"，"与众同利，无侵于人"。有鉴于此，二程提倡发扬"损己利人""自损以益于人"的精神，同时要求在上者"损上益下"。在二程看来，"损于上而益下，则民说之无疆"，这才是真正的利。

朱熹认为，利很难言，以此劝导人们对利采取谨慎态度。他以孔子"罕言利"为例分析了其中的原因，借此阐明了自己对利的态度。朱熹指出：

圣人岂不言利，但所以罕言者，正恐人求之则害义矣。……这"利"字是个监界糟糟的物事。若说全不要利，又不成特地去利而就害。若才说著利，少间便使人生计较，又不成模样。……利最难言。利不是不好，但圣人方要言，恐人一向去趋利；方不言，不应是教人去就害，故但罕言之耳。（《朱子语类卷三十六·论语十八·子罕上·子罕言利章》）

朱熹坦言，利很难说：若完全不言利，仿佛让人去就害一般，这讲不通；若畅言利，又怕人见利忘义，以利害义。这种情况让人言利时左右为难。可见，利之所以难言，关键在于很难把握好其中的度，这便是孔子等圣人"罕言利"的原因。

朱熹进而指出，罕言不等于不言，对于利不可避而不谈。同时，谈利时必须对利有正确认识，关键是先要弄清义与利的关系。为此，他多次从处事循理上解释、界定义与利的相互关系，力图说明利从属于义，是义的派生物。正是在这个意义上，朱熹每每都讲：

利，是那义里面生出来底。凡事处制得合宜，利便随之。（《朱子语类卷。六十八·易四·乾上》）

义者，宜也。君子见得这事合当如此，却那事合当如彼，但裁处其宜而为之，则何不利之有。君子只理会义，下一截利处更不理会。（《朱子语类卷二十七·论语九·里仁下·君子喻于义章》）

盖凡做事只循这道理做去，利自在其中矣。（《朱子语类卷三十六·论语十八·子罕上·子罕言利章》）

在朱熹看来，利生于义、是从义中来的；既然利是行义的必然结果，那么，离开了义便没有利。循着这个逻辑，人"不可先有个利心"，"不去利上求利"（《朱子语类卷三十六·论语十八·子罕上·子罕言利章》）。这是因为，如果离义而言利，不仅害义，而且功利也不可得。这用他本人的话说就是："专去计较利害，定未必有利，未必有功。"（《朱子语类卷三十七·论语十九·子罕下·可与共学章》）有鉴于此，朱熹一再告诫人不可离开义而言利，更是万万不能背离义而求利。

出于对义利关系的如此理解和界定，为了更好地处理义利关系，尤其是为了杜绝人背义而求利，程朱最终以义代利。程颐强调："夫利和义者善也，其害义者不善也。"（《二程集·河南程氏遗书卷十九》）这就是说，凡是符合道德准则的利就是正当的，属于善；反之则是不正当的，属于恶。根据这个标准，人们在求利时不应该计较利害得失，而应该以理义来权衡"当与不当为"。于是，他断言："圣人则更不论利害，惟看义当与不当为，便是命在其中也。"（《二程集·河南程氏遗书卷十七》）同样，为了保证人们永远都不会离义言利、背义求利，朱熹强调，在处理义与利的关系时，以何者为出发点是君子与小人的根本分野。正是在这个意义上，他多次宣称：

圣人但顾我理之是非，不问利害之当否，众人则反是。（《朱子语类卷五十六·孟子六·离娄上·恭者不侮人章》）

小人之心，只晓会得那利害；君子之心，只晓会得那义理。（《朱子语类卷二十七·论语九·里仁下·君子喻于义章》）

有鉴于此，朱熹要求人们时时处处把义放在首位，作为行为的出发点。根据这一原则，他教导人们在处事接物时"只看天理如何"，只理会"事之所宜"。循着这个逻辑，朱熹进一步指出，在治理国家的过程中，当"以仁义为先，而不以功利为急"。因为"天下万事"皆"本于一心"，如果"自天子以至于庶人"皆以仁义为心，天下将不治而治；如果一味地离仁义而求功利，结果必然是"国虽富其民必贫，兵虽强其国必病，利虽近其为害必远"（《朱文公文集卷七十五·送张仲隆序》）。基于这种认识，针对陈亮等人的功利主义观点，朱熹反驳说："今世文人才士，开口便说国家利害，把笔便述时政得失，终济得甚事！只是讲明义理以淑人心，使世间识义理之人多，则何患政治之不举耶！"（《朱子语类卷十三·学七·

力行》）在他看来，只要通过"讲明义理"，"使世间识义理之人多"，人人都循义理而行，政治自然清明，国家自然富强，人是不必去过问利害的。

程朱代表的理学家反对人背义而求利、鄙视违义之利，这同先秦儒家主张"见利思义""义然后取"的基本精神是一致的。就抽象意义而言，这些观点无疑具有积极意义。问题在于，义与利都是历史范畴，其具体内涵和要求是因时而异的。包括宋明理学家在内的中国古代思想家所讲的义，显然是封建时代的社会道德准则和行为规范。在这个大前提下，他们强调在义允许的范围内获利实际上是让人在封建道德准则许可的范围内取利。除了这一不言而喻的问题外，程朱的义利观尚存在一个不可克服的致命缺陷。那就是：由于强调正当的利与义高度统一，他们发挥了"利从义生"说，进而提出"以义为利"（《二程集·河南程氏遗书卷十六》）的主张，最终将义与利的统一说成了同一。这种"以义为利"说不仅造成了后来"君子耻于言利"一类的消极影响，而且引发了功利将随着道义的普及、伸张而自然到来的结论。这便是朱熹所说的"正其谊，则利自在；明其道，则功自在"（《朱子语类卷三十七·论语十九·子罕下·可与共学章》）。这一结论用于国家治理则是上面提到的治国"当以仁义为先，而不以功利为急"。在强敌压境、南宋偏于一隅，亟待安国强兵的时代，这种主张的"迂阔"、消极影响是显而易见的。到了近代，朱熹的这番议论又成了封建顽固派反对洋务派学习西方、办理洋务、"求强求富"的借口，再次暴露了其荒谬性和迂腐性。

不过，对于朱熹的这类"迂阔"之说，有必要再作一些深入剖析。若仅从只言片语来看，不论董仲舒的"正其谊（即义——引者注）不谋其利，明其道不计其功"（《汉书·董仲舒传》）还是朱熹的治国"当以仁义为先，不以功利为急"，的确都十分迂腐。然而，事实证明，不论董仲舒还是朱熹都不是腐儒。这就是说，董仲舒、朱熹等人之所以将"正谊"、"明道"、仁义亦即根本道德准则置于如此优先地位是有其深意的，究其极是因为他们所关注的是封建国家的根本大利。朱熹对利的解释印证了这一点。对于何为真利、大利，他曾作了如下说明：

只万物各得其分，便是利。君得其为君，臣得其为臣，父得其为父，子得其为子，何利如之！这"利"字，即《易》所谓"利者义之和"。利便是义之和处。（《朱子语类卷六十八·易四·乾上》）

朱熹发挥了《周易》关于"利者义之和"的说法，认为义所达到的和谐状态就是利。在此，他强调，"义便有分别"。质言之，利即利于宗法等级制度，而等级秩序的和谐是以人各自安于自己的名分为前提和保障的。正因为如此，朱熹强调，等级制度下的名分、区分是"截然而不可犯的"，整个社会的和谐、稳定便是利。正是在这个意义上，他断言："义之和处便是利。"（《朱子语类卷六十八·易四·乾上》）因为只有社会处于稳定、和谐状态，才可能"物物皆利"。于是，朱熹一再指出：

至君得其所以为君，臣得其所以为臣，父得其所以为父，子得其所以为子，各得其利，便是和。若君处臣位，臣处君位，安得和乎！（《朱子语类卷六十八·易四·乾上》）

义则无不和，和则无不利矣。（《朱子语类卷六十八·易四·乾上》）

按照朱熹的说法，人人都严格按照封建道德准则行事，各自安于自己所处的等级地位，各尽自己所应尽的职责，各得其所应得的利益。如此一来，整个社会协调和谐、安宁稳定，这便是大利。反之，"若君处臣位，臣处君位"，人人不安于自己的等级地位，封建等级秩序颠倒错乱，这种大不和自然不大利。这清楚地表明，朱熹之所以如此处理义利关系，是为了在保持、维护等级尊卑的前提下，使整个社会处于稳定、和谐的状态。他的这番通俗易懂的议论不仅有助于全面理解董仲舒、朱熹的"迂阔"之论，而且对于全面理解理学家所以更重义利之辨也是有帮助的。当然，问题还得全面地看，对维护封建等级秩序的根本大局而言，重义尚德无疑是首要基础。尽管如此，若因此而不顾眼前现实功利，也会带来消极影响。所以，此后的有为之君并没有完全按照朱熹的话去做。

　　此外，为了保证以义为重，朱熹在某些场合还把义与利说成是对立关系，最终同样用义取缔了利。例如，他宣称："凡事不可先有个利心，才说著利，必害于义。圣人做处，只向义边做。"（《朱子语类卷五十一·孟子一·梁惠王上·孟子见梁惠王章》）究而言之，朱熹乃至宋明理学家之所以对义利关系作如是观，是因为他们所肯定的利不是个人的利益，而是封建国家的利益。与此相联系，便出现了对利的两种态度：当利指个人的物质利益时，利被说成是"害于义"而被禁止的；当利指国家的整体利益时，利被说成是"义之和"。无论对利做何种理解，宋明理学家都让利围绕着义而展开，致使其义利观始终表现出鲜明的贵义轻利倾向。

　　应该看到，贵义贱利乃至宣称道德与物质追求截然对立的做法并不限于二程和朱熹，而是宋明理学家的一贯主张。对此，陆王的看法大致与程朱相同。例如，陆九渊断言："常人所欲在富，君子所贵在德。……无德而富，徒增其过恶，重后日之祸患，今日虽富，岂得长保？"（《陆九渊集卷二十二·杂说》）不仅如此，他把是否以义为重视为君子与小人的根本区别，进而宣称："君子义以为质。得义则重，失义则轻；由义为荣，背义为辱。轻重荣辱，惟义与否。"（《陆九渊集卷十三·与郭邦逸》）可见，在强调义利之辨而追求道义、轻视物利上，程朱理学与陆王心学的观点完全一致。正因为如此，在陆九渊与朱熹旷日持久、不可调和的争论中，面对陆九渊对"君子喻于义，小人喻于利"的解释，朱熹不惟不加反驳，反而大加赞赏。这个例子生动地证明了重义轻利是宋明理学家一贯而共同的主张。

第四节　对利的肯定

　　在宋明理学家尤其是程朱等人呼吁贵义贱利、贬低功利之时，李觏、陈亮和叶适等功利主义学者阐明了功利与道德的密切关系，以此伸张功利的价值及其追求功利的正当性。

　　李觏论证了道德与物质利益的关系，明确反对在中国历史上影响甚大的贵义贱利说。对此，他指出：

利可言乎？曰：人非利不生，曷为不可言？欲可言乎？曰：欲者人之情，曷为不可言？言而不以礼，是贪与淫，罪矣。不贪不淫而日不可言，吾乃贱人之生，反人之情，世俗之不喜儒以此。孟子谓："何必日利"，激也。焉有仁义而不利者乎？（《李觏集卷二十九·原文》）

在这里，李觏从正反两方面伸张了功利的正当性：第一，从正面说，人的生存离不开物质利益，欲利出于人之情，是人正当的生理需求，对此，不应该也无法避而不谈。况且，只要合于礼，利欲便是正当的、合理的。基于这种认识，他进而指出，道德与功利是统一的，利欲与仁义并不抵触，义最终要通过利表现出来，不能带来利的仁义是不存在的，甚至可以说，不能满足人之欲利的道德便不是真正意义上的道德。这些说法肯定了追求利欲的正当性。第二，从反面说，将义与利对立起来是"贱人之生，反人之情"的过激之言，必然造成对不言利之迂儒的憎恶和不满，同时也使道德流于空谈。

陈亮认为，人的一切行为都讲究效果，实质上都是对功利的追逐。以射禽为例，"不失其驰，舍矢如破，君子不必于得禽也，而非恶于得禽也。凡我驰驱而能发必命中者，君子之射也。岂有持弓矢审固而甘心于空返者乎！"（《陈亮集卷二十·又乙已春书之一》）人之行为的功利动机决定了人道与功利息息相关，表明道德与功利是统一的，道德必然要通过实效、实功体现出来。道德的功利内涵决定了不能离开实效、实功而空谈道义，更不能离开足民裕民、富国强兵而空谈教化。基于这种理念，他赞同功利主义，并把功利原则贯彻到自己的理想人格之中。在这方面，陈亮指出，人生的价值和目标不在于是否成为儒者，而在于是否建功立业、有利于社会。这就是说，人生的价值在于建功立业、于世有用，惟具有"推倒一世之智勇，开拓万古之心胸"的人，才能够为人所崇敬和效仿。与此相联系，正因为在他的价值天平上，"人才以用而见其能否，安坐而能者，不足恃也"（《陈亮集卷一·上孝宗皇帝第一书》），所以，面对朱熹"从事于惩忿窒欲、迁善改过之事，粹然以醇儒之道自律"（《朱文公文集卷三十六·寄陈同甫书四》）的劝导，陈亮毅然决然地表示："学者，所以学为

人也，而岂必其儒哉！"（《陈亮集卷二十·又乙已春书之一》）

与陈亮类似，叶适认为，道义的价值必须通过功利表现出来，无功利则无道义。在这个意义上，他断言："既无功利，则道义者乃无用之虚语尔。"（《习学记言》卷二十三）基于道义离开功利则流于空谈和虚伪的认识，叶适始终强调道德与功利的统一，以此突出道德对功利的依赖性，伸张功利主义原则。他断言："为文不能关教事，虽工无益也"，"立志不存于忧世，虽仁无益也。"（《叶适集卷六·送薛子长》）在此基础上，叶适建议，道德评价应以功效为主要依据，反对朱熹等人以天理、人欲作为划分圣狂标准的做法。不仅如此，基于功利主义的价值观，他公开批判了董仲舒的义利观。叶适指出：

> "仁人正谊不谋利，明道不计功"，此语初看极好，细看全疏阔。古人以利与人而不居其功，故道义光明。后世儒者行仲舒之论，既无功利，则道义者乃无用之虚语尔。（《习学记言序目》卷二十三）

总之，在宋代，与理欲观上存理灭欲等主张的遭遇一样，宋明理学家的贵义贱利的义利观遭到李觏、陈亮、叶适等功利主义学者的反驳和批判。尽管无论势力还是影响均无法与宋明理学家抗衡，然而，在对义利统一的阐释中，功利主义学者发出了不同于宋明理学家的声音，在一定程度上肯定了功利的意义和价值。

第五节　殊途同归的尚公主张

在宋明时期的道德建设中，价值观集中地通过理欲、义利、公私关系表现出来。通过上面的介绍可以看出，无论对于理欲还是义利关系，宋明思想家的回答都存在着严重的分歧和争论：在理欲观上，宋明理学家存理灭欲，功利主义学者呼吁对欲予以一定程度的满足；在义利观上，理学家贵义贱利，功利主义学者主张道德与功利密切相关，伸张功利的价值。与理欲观、义利观的对立形成强烈反差的是，在公私观上，对于公与私的关系，各派学者的观点殊途同归，达成了尚公的共识，致使崇公灭私成为理学家和功利主义学者共同的理论归宿。

在公私观上，与存理灭欲的理欲观、重义轻利的义利观相一致，宋明理学家极力推崇公的地位和价值。他们的具体做法是，将理欲观中的天理、义利观中的义归于公，同时把作为"万善之源"的仁也直接解释为公，在此基础上大力提倡大公无私、崇公灭私。

宋明理学家贵义贱利乃至以义代利的思想在其以公私来诠释、补充义利的做法中得到了充分发挥和体现。二程明确以公私释义利，并且多次申明：

> 义与利，只是个公与私也。（《二程集·河南程氏遗书卷十七》）

> 义利云者，公与私之异也。（《二程集·河南程氏粹言卷一·论道篇》）

二程认为，义利之辨的基本要求是处理好公私关系，明义利的关键就是别公私。进而言之，对于如何处理公私关系，他们认为，"以天地万物为一体"的仁之境界就是"至公无私，大同无我"（《二程集·河南程氏粹言卷一·论道篇》）的境界，通过践履、推广仁，即可以崇公灭私、大公无私。在程颐的论著中，多次出现这样的记载和论断：

> 又问："如何是仁？"曰："只是一个公字。学者问仁，则常教他将公字思量。"（《二程集·河南程氏遗书卷二十二上》）

> 公最近仁。（《二程集·河南程氏外书卷四》）

> 人能至公，便是仁。（《二程集·河南程氏外书卷十二》）

> 凡人须是克尽已私后，只有礼，始是仁处。（《二程集·河南程氏遗书卷二十二上》）

　　按照程颐的说法，公是仁的重要内容和基本要求，人若至公便能体会仁。与此相对应，仁者应该至公无私，因为"有少私意，便是不仁"（《二程集·河南程氏遗书卷二十二上》）。在此基础上，他进而声称："仁之道，要之只消道一公字。公只是仁之理，不可将公便唤做仁。公而以人体之，故为仁。只为公，则物我兼照，故仁，所以能恕，所以能爱，恕则仁之施，爱则仁之用也。"（《二程集·河南程氏遗书卷十五》）可见，在以公来诠释仁的基础上，程颐用仁把公、爱、恕等统一了起来，从而极大地彰显了公的意义和价值。

　　同样，朱熹对公私观极其重视，特别突出公私之分的重要性。他强调，哪怕是公私之心的细微差异也会引发迥然悬殊的善恶之别，进而警告学者要审慎地对待公私关系。正是在这个意义上，朱熹指出："盖心之公私小异，而人之向背顿殊，学者于此不可以不审也。"（《四书章句集注·孟子集注卷八》）有鉴于此，他把公私观提到人之根本的高度，以至得出了"人只有一个公私，天下只有一个邪正"（《朱子语类卷十三·学七·力行》）的结论。朱熹的这个结论从两个方面突出了公私关系的重要性：第一，或公或私铸就了人的不同本质。在这个意义上，朱熹把公与私作为区别君子与小人的标准。下面的记载反映了他的这一思想倾向：

　　　　问："比周。"曰："君子小人，即是公私之间。"（《朱子语类卷二十四·论语六·为政下·君子周而不比章》）

　　　　问："注云：'君子小人所以分，则在公私之际，毫厘之差耳。'何谓毫厘之差？"曰："君子也是如此亲爱，小人也是如此亲爱；君子公，小人私。"（《朱子语类卷二十四·论语六·为政下·君子周而不比章》）

　　基于这种认识，朱熹把公私观上升到价值观的高度，据此评价历史人物。在这方面，他指出，三代之君的心中全是"天理流行"，实行的是"王道"；汉唐之君的心中则是"私意"人欲，实行的是"霸道"。第二，公私观是价值观的核心。朱熹强调，天理与人欲对待的性质是公与私、是与非之分。对于公与私究竟是什么以及如何区分，他反复宣称：

> 凡一事便有两端：是底即天理之公，非底乃人欲之私。(《朱子语类卷十三·学七·力行》)

> 将天下正大底道理去处置事，便公；以自家私意去处之，便私。(《朱子语类卷十三·学七·力行》)

可见，与二程一样，朱熹所讲的公与理、义相一致，私与欲、利相伴随。这表明，朱熹在理欲、义利观上的存理灭欲、贵义贱利已经决定了公私观上的崇公灭私。正因为如此，对于如何处理公私关系，他呼吁大公无私、以公灭私。朱熹断言："官无大小，凡事只是一个公。若公时，做得来也精采。便若小官，人也望风畏服。若不公，便是宰相，做来做去，也只得个没下梢（没好下场——引者注）。"(《朱子语类卷一百一十三·训门人二》) 在此，朱熹强调，真正做到大公无私、以公灭私，就必须以国家整体利益为重，自觉地"去人欲，存天理"。

在以公私释义利和尚公灭私上，陆王与程朱的做法别无二致。例如，陆九渊在尚义抑利的同时，把欲、利与私相提并论，进而断言物质欲望、求利之心出于私，是万恶之源。基于这种认识，他大声疾呼，为了息争止乱，必须明晓公私、义利之辨，按照封建道德原则摆正义利、公私之间的关系。于是，陆九渊反复指出：

> 凡欲为学，当先识义利公私之辨。(《陆九渊集卷三十五·语录下》)

> 私意与公理，利欲与道义，其势不两立。(《陆九渊集卷十四·与包敏道》)

在这里，陆九渊不仅指出了公私之辨的重要性，而且突出公与私之间的矛盾对立；鉴于两者之间的不可调和，为了立公、立义，必须努力克制私欲。更有甚者，他指出，人若被私欲所蒙蔽、所支配，便会非常痛苦，如在陷阱、在荆棘、在泥途乃至在监狱一般倍受煎熬和束缚。对此，陆九渊描述说："今己私未克之人，如在陷阱，如在荆棘，如在泥涂，如在囹圄械系之中。"（《陆九渊集卷一·与曾宅之》）既然如此，结论不言而喻：无论是为了国家利益、公理道义还是为了个人自由、摆脱桎梏，人都应该清除、摆脱私欲，以义为重，以公灭私。

总之，经过宋明理学家的反复阐释和论证，天理与人欲、义与利、仁与不仁、善与不善的对立最终都聚焦于公与私的对立。这在使公私关系的涵盖面急剧变广、变得举足轻重的同时，也使公的地位得到了进一步突显和强化。同时，由于他们宣布人欲属私、违义之利属私，是私导致了不仁、不善，私越发被视为万恶之源。于是，以公灭私成为价值观的根本原则和道德修养的最终目标。

功利主义者虽然在理欲观和义利观上与宋明理学家的观点存在分歧，在崇公灭私这一点上，他们的观点与理学家出奇一致。例如，李觏宣称："天下至公也，一身至私也，循公而灭私，是五尺竖子咸知之也。"（《李觏集卷二十七·上富舍人书》）这说明，崇公灭私是宋明时期各派思想家的共识，也是那个时代共同的价值导向。此外，功利主义学派虽然重视兴利，但是，他们从未否定尚德、道义的重要性。其实，对于道德建设、道德教化，功利主义学者同样是高度关注的，正是对尚德、道义的肯定为他们的尚公主张铺垫了思想基础。推而广之，功利主义学者与宋明理学家的这些共同主张再次说明，通过道德教化和强化纲常准则来稳定社会秩序，使人更自觉地维护封建制度、封建国家的根本利益，进而实现社会和谐，是那一时代所有思想家的共同愿望和主张。

综上所述，在宋明时期的道德建设中，由来已久的义利观仍然是备受关注的中心话题之一。同时，理欲观和公私观也加入其中，特别是理欲观成为价值观的重中之重。正是以理欲、义利、公私观为中心话题，宋明理学家深入阐述了理与欲、义与利、公与私的关系，从各个层面大讲理欲、义利和公私之辨，进而突出天理的价值和意义，致使"去人欲，存天理"成为共同的结论。进而言之，理学家价值观上的重理、贵义主张与其本体哲学一脉相承，或者说，正是为了凸显理、义、公的地位，他们才把天理提升为宇宙本原；宋明理学家所讲的天理，实际内容就是三纲五常标志的理、义和公。这样一来，他们在本体哲学领域对天理的推崇张扬了以三纲五常为核心的伦理道德的正当性和合理性，不仅使天理成为人的价值目标和行为追求，而且奠定了价值观上重理、贵义、尚公的思想导向。

对于理欲、义利关系，两宋的理论界存在着不同声音，在宋明理学家大讲理欲、义利之辨的同时，由李觏、陈亮和叶适等人组成的功利主义学派主张对欲给予一定程度的满足，并且肯定了功利的价值，由此引发了学术辩论。虽然存在分歧和不同看法，但是，就社会影响而言，理学特别是程朱理学的思想无疑占据主导地位，以绝对优势使重理轻欲、贵义贱利成为宋明思想界和社会民间的主流价值。不过，在公私观上，宋明理学家与功利主义者的观点完全一致，崇公灭私是他们的共识。

从抽象意义上说，宋明理学家较之前人更加强调尚公去私、以公灭私，对于人克服自己的私心、私欲，在社会道德准则允许的范围内谋求个人利益，办事出于公心等等，无疑是有益的；对于协调人际关系，实现社会的和谐稳定，无疑是十分必要和重要的。而且，理学家呼吁尚公去私也含有要求统治阶层秉公执政、遏制私欲膨胀、实现政治清明等内容，这也是必须肯定的。同样毋庸置疑的是，被宋明理学家们视为公的天理、道义是纲常准则的代称，在这个前提下则不难想象，他们较前人更加崇公显然是为了强化纲常准则的权威性和统摄力。事实上，宋明理学家（以及其他古代思想家）所大力提倡的公，其实际内容说到底无非是封建制度、封建国家的根本利益。从这个意义上说，他们之所以不遗余力地提倡崇公灭私，实际上是让人更自觉地维护等级制度和国家的根本利益。中国传统道德原本具有漠视个人利益的倾向，宋明理学家所提倡的这种公私观进一步助长了这一价值导向，最终导致对个人利益的蔑视。

第十八章　知行哲学

知行问题在儒学的创始人——孔子那里就备受关注，知行观成为热点话题则是从宋代开始的。知行观在宋代成为焦点并被提升为知行哲学与宋明理学对道德的形而上学化密切相关，也极大地彰显了知与行的道德维度和内涵。

第一节　知行的内涵

宋明理学家的知行观是一个系统的理论体系，由概念内涵、关系界定、价值目标和践履工夫等多个部分共同构成。尽管如此，无论他们对知行关系的厘定还是价值目标的设置都是从对知、行内涵的阐释开始的。就对知、行内涵的阐释来说，宋明理学家的知行哲学的特色有二：一是对知行的特定理解，一是强调知行与格物、致知密切相关。

一　知、行的特定内涵

受制于加强道德教化的社会需要，宋明理学家赋予知、行特定的含义：正如知特指对伦理道德之知一样，行特指对伦理道德之行。这一点通过考察宋明理学家们对知、行的界定中可以一目了然。

将知视为先天固有的先验之知即代表伦理道德的良知是宋明理学家的一致做法。例如，张载承认"见闻之知"的存在，同时指出"见闻之知"具有自身无法克服的缺陷，进而将克服"见闻之知"缺陷的希望寄托于"德性所知"。他强调，人的"德性所知""不萌于见闻"，是天赋的。正是在这个意义上，张载将"德性所知"称为"天德良知"。这个做法实际上等于抛弃了"见闻之知",最终投靠了"天德良知"。在朱熹哲学中,知在绝大多数情况下并非指人的认识或知识,而是专指先天固有的天赋之知,即所谓的良知或称"天德良知"。在这方面,朱熹有言:"知者,吾心之知;理者,事物之理,以此知彼,自有主宾之辨,不当以此字训彼字。"(《朱文公文集卷四十四·答江德功》)陆九渊、王守仁所讲的知是吾心先天固有之知更是自不待言。在他们那里,吾心之所以能够成为亘古至今的宇宙本体,就是因为吾心先天固有良知。吾心之知是超验的,具有绝对的优先性和权威性。正是在这个意义上,王守仁直接把吾心称为良知。更有甚者,他不仅用良知来称谓吾心或天理,而且断言良知"不待学而能,不待虑而知",是"吾心天然自有之则"(《王阳明全集卷七·亲民堂记》)。循着这个提示,既然心即良知,那么,心是本原即意味着良知是本原。于是,王守仁屡屡说道:

> 人的良知,就是草木瓦石的良知。若草木瓦石无人的良知,不可以为草木瓦石矣。岂惟草木瓦石为然,天地无人的良知,亦不可为天地矣。(《王阳明全集卷三·传习录下》)

> 良知是造化的精灵,这些精灵生天生地、成鬼成帝,皆从此出。(《王阳明全集卷三·传习录下》)

> 天地万物,俱在我良知的发用流行中,何尝又有一物超出于良知之外?(《王阳明全集卷三·传习录下》)

将理与心说成是良知,然后极力神化之是王守仁哲学的逻辑进路和最大特点。这一致思方向使良知成为第一范畴,甚至可以说,王守仁学说的全部秘密都可以归结为良知。正是在这个意义上,他反复宣称:

> 除却良知,还有甚么说得?(《王阳明全集卷六·寄邹谦之二》)

> 舍此(指良知、致良知——引者注)更无学问可讲矣。(《王阳明

全集卷六·寄邹谦之一》)

　　宋明理学家对知的阐释，有两点至关重要：第一，在内容上，将知与良知相提并论是宋明理学家的一致做法。被宋明理学家神化、夸大的知，其核心内容是三纲五常、仁义礼智等伦理道德。在这个意义上，知被称为良知。这便是张载、朱熹将知称为"天德良知"的原因。知的这一内涵决定了知与天理具有同等意义。正因为如此，王守仁所说的"心之本体是良知"以及天理、良知与吾心异名而同实等对于理学家来说具有普遍意义。不仅如此，知即良知的说法极大地彰显了知的道德意蕴。第二，从存在方式上看，知即先验之知，具有永恒性和绝对权威。在良知即仁义道德的价值系统中，知是先天固有的而非后天经验的，这预示了知的先天性和神圣性。

　　宋明理学家关于知即良知、知即先验之知的说法引申出两个必然结论：第一，知的具体内容预示了知的永恒性和道德性。这一点决定了知在严格意义上属于道德范畴而非认识范畴。第二，宋明理学家关于知即天德良知的说法注定了知具有行无可比拟的从古至今的绝对权威。事实上，无论是程朱理学对天理还是陆王心学对吾心的推崇都是对知的神化、夸大和膜拜，都为知在知行关系中占据主导地位、成为根本方面提供了前提。受知影响，行具有道德属性和价值，是对伦理道德的践履躬行。这就是说，知、行均属于道德范畴，他们对知、行的理解和对知行关系的界定主要是从伦理维度、在道德领域立论的，始终突出、侧重其道德内涵和伦理维度。

二　知、行与格物、致知

　　宋明理学家对知、行道德内涵的彰显不仅奠定了知行关系中以知为先、为本的价值旨趣和思维格局，而且决定了其知行观特定的概念、术语和中心话题的表达。可以看到，在他们对知、行的诠释中，围绕着道德教化与践履工夫，诚意、正心、格物、致知以及"去人欲，存天理"变得重要起来。宋明理学家赋予这些概念不同以往的内涵，使其成为知行观的核心范畴和话题。于是，便形成了这样的局面：一方面，对知、行道德内涵的突出使他们在阐释知行关系时重视诚意、正心、格物、致知。另一方面，宋明理学家对这些概念的阐释又反过来将知、行锁定在道德领域。这是一个双向互动的过程。在这里，特别需要说明的是，知行的道德内涵和伦理维度在其与格物、致知的联系中充分体现出来：一方面，道德意蕴和伦理维度的凸显注定了宋明理学家对知、行内涵的界定与格物、致知密切相关；另一方面，他们对格物、致知的重视是其知行观的延续。随着知行观成为热点话题，格物、致知倍受关注。二程、朱熹、陆九渊和王守仁对格物、致知的见解不尽相同，却都将它们与知行联系起来，朱熹和王守仁更是强化它们与知行的内在联系，试图以知、行划分其归属。这种情况表明，格物、致知与知行具有内在一致性，考察它们的内涵有助于深刻体会理学家所讲的知、行的特定含义。

在朱熹那里，格物、致知都被明确归于知的范畴。他曾经断言："格物者，知之始也；诚意者，行之始也。"（《朱子语类》卷十五）与此相一致，对于《大学》的八条目，朱熹分析说，格物、致知属知，诚意之下属行。在他那里，不仅致知属于知，格物也属于知。正因为格物属知，朱熹讲格物时让人接触事物是为了弄懂天理在此一事物上的表现而体悟天理，这套用他本人的话语结构便是"即物穷理"。与此相关，对于如何格物、格物之何，朱熹解释说：

> 又须知如何是格物。许多道理，自家从来合有，不合有。定是合有。定是人人都有。人之心便具许多道理：见之于身，便见身上有许多道理；行之于家，便是一家之中有许多道理；施之于国，便是一国之中有许多道理；施之于天下，便是天下有许多道理。"格物"两字，知识指个路头，须是自去格那物始得。只就纸上说千千万万，不济事。（《朱子语类》卷十四）

同时，朱熹将格物、致知皆归于知，也为他的格物、致知是"一本"提供了佐证。所谓格物、致知是"一本"，除了表示两者是一个过程的两个方面、不可截然分开之外，格物、致知都属于知也是其题中应有之义。正是在这个意义上，朱熹一再强调：

致知、格物，只是一个。（《朱子语类》卷十五）

格物，是物物上穷其至理；致知，是吾心无所不知。格物，是零细说；致知，是全体说。（《朱子语类》卷十五）

朱熹认为，格物与致知在本质上是一致的，是因为知是先天固有的良知，即"天德良知"；致，"推及也"，即扩充到极点；合而言之，致知即"推极吾之知识，欲其所知无不尽也"（《四书章句·大学章句卷一》）。可见，致知就是使心中固有的天理、良知完全显露出来，这与格物在外物上穷理的结果是一样的，只不过是在方法上一个向内、一个向外用工而已。

王守仁对格物的具体看法与朱熹具有明显差异。对于格物，他的解说是："物者，事也。……格者，正也。"（《王阳明全集卷二十六·大学问》）这样一来，格物成了正事——端正行为，便不完全归于知了。因为端正行为不仅涉及端正态度——要有一个认识上的观念问题，关键是行动，这里缺不了行为。从这个意义上说，王守仁所讲的格物应该属于行或侧重于行，至少不再像朱熹那样归于知了。尽管如此，有一点还是不能忘却的，那就是：王守仁以知、行来划分格物、致知归属的致思方向与朱熹别无二致。在王守仁那里，致知即充分显露先天固有的良知，固然属于知的范畴，然而，他将格物诠释为正事，偏袒行，与朱熹的看法有别。不过，对于行，王守仁别出心裁地规定说："一念发动处，便即是行了。"（《王阳明全集卷三·传习录下》）沿着这个思路推导下去，既然行不过是知（意念），那么，正事的行动未必不可以归结为意念上的正事，夸张点说，只在意念上端正行为也算是格物了。正因为如此，才有了"人之善恶，由于一念之间"的说法。正因为格物与知密切相关，王守仁将格物与知联系起来，致使格物、致知合而为一，最终简化为"致良知"。退一步说，即使不对王守仁的格物予以硬性归属，同样可以通过他对格物、致知的界定感受它们与知、行的密不可分。

进而言之，宋明理学家对格物、致知的具体界定具有两个明显的一致性，这除了以知、行为归属之外，便是将其诠释为伦理、道德范畴。这表明，在理学中，格物、致知无论属于知还是属于行都是在道德领域立论的。

陆九渊将格物诠释为"减担"——减少物质欲望，即他崇拜的孟子的名言——"养心莫善于寡欲"的"寡欲"。在此，格物的道德意蕴和伦理内涵已经十分明朗。

到了朱熹那里，格物、致知的所知无外乎对三纲五常的体悟或认识；除此之外，别无其他。与此相联系，他强调，格物、致知的目的是"穷天理，明人伦"。天理是什么？朱熹明确指出："理则为仁义礼智。"（《朱子语类》卷一）在他的思想体系中，本原之理又称天理、太极，其实际所指或曰基本内容就是以三纲五常为核心的伦理道德。朱熹强调格物的广泛性是为了在格一草一木一昆虫中"穷天理"，天理的内容又决定了"穷天理"是为了"明人伦"和通过"穷天理"可以"明人伦"。正是围绕着"穷天理，明人伦"的目的，他指出，格物有先后缓急之序，并且警告说，如果忘了格物中的先后、缓急、本末之序而"兀然存心于一草木、一器用之间，……是炊沙而欲其成饭也"（《朱文公文集卷三十九·答陈齐仲》）。很显然，所谓格物中的本、先、急即物中蕴含的天理，也就是三纲五常标志的伦理道德，绝不是万物本身的属性或规律。不仅如此，为了不让人在格物时对草木、昆虫的春生夏长花大力气，朱熹呼吁人在格物之前先存心，以此端正态度，明确格物的宗旨，确立正确的行为路线。这表明，他所讲的格物具有鲜明的伦理意图，或者说，格物的过程就是对天理代表的三纲五常等伦理道德的认同或体悟。下面两段话表达了朱熹这方面的思想：

> 如今说格物，只晨起开目时，便有四件在这里，不用外寻，仁义礼智是也。（《朱子语类》卷十五）

> 君臣父子兄弟夫妇朋友，皆人所不能无者，但学者须要穷格得尽。事父母，则当尽其孝；处兄弟，则当尽其友。如此之类，须是要见得尽。若有一毫不尽，便是穷格不至也。（《朱子语类》卷十五）

王守仁对格物、致知的理解与朱熹在方式、方法上有别，他本人也多次声称自己的观点是针对朱熹的错误提出来的。对此，王守仁反复强调：

> 朱子所谓"格物"云者，在即物而穷其理也。即物穷理，是就事事物物上求其所谓定理者也。是以吾心而求理于事事物物之中，析"心"与"理"而为二矣。（《王阳明全集卷二·答顾东桥书》）

> 先儒解格物为格天下物。天下之物，如何格得？且谓一草一木亦皆有理，今如何去格？纵格得草木来，如何反来诚得自家意？（《王阳明全集卷三·传习录下》）

上述引文显示，王守仁认为朱熹格物的误区集中在三个方面：第一，朱熹的格物"求理于事事物物"，犯了"析'心'与'理'而为二"的错误，方向不对。按照王守仁的说法，理不在事物而在吾心，"求理于吾心"才是认识和修养的唯一途径。第二，朱熹格物的方法是错误的。朱熹要人格尽天下之物，这是不可能的。对此，王守仁反驳说："要格天下之物，如今安得这等大的力量？……其格物之功，只在身心上做。"（《王阳明全集卷三·传习录下》）第三，朱熹的格物与道德修养脱节，终归解决不了自家诚意的问题。在王守仁看来，朱熹一面把"穷天理，明人伦"作为格物的目的，一面把格一草一木一昆虫之理作为格物的手段，其目的与手段是脱节的。

综观王守仁对朱熹的诘难不难发现，与其说是不认同朱熹对格物、致知的解说，不如说是反对朱熹的理本论。前两点都是针对这一问题的，第三点则表明认同朱熹将格物、致知与"穷天理，明人伦"勾连在一起的致思方向，只是指责朱熹达此目标的方法不当。姑且不论王守仁对朱熹的批评是否恰当，其中流露的格物、致知与"穷天理，明人伦"密不可分的思想主旨昭然若揭，与朱熹完全一致。这从一个侧面表明，王守仁讲格物、致知的动机和宗旨与朱熹并无不同，他们的分歧都是技术上、方法上的。

在此基础上，以朱熹为前车之鉴，王守仁对格物、致知作了自己的新解，其基本精神是把格物、致知纳入"致良知"体系，具体做法是把《大学》的致知说与孟子的良知说结合起来，提出了"致良知"说。对于"致良知"，他的解释是："'致知'云者，非若后儒所谓充广其知识之谓也，

致吾心之良知焉耳。"(《王阳明全集卷三·传习录下》)循着这个逻辑,
王守仁对格物、致知进行了如下解释:

> 若鄙人所谓致知格物者,致吾心之良知于事事物物也。吾心之良
> 知,即所谓天理也。致吾心良知之天理于事事物物,则事事物物皆得
> 其理矣。致吾心之良知者,致知也。事事物物皆得其理者,格物也。
> (《王阳明全集卷二·答顾东桥书》)

> 然欲致其良知,亦岂影响恍惚而悬空无实之谓乎?是必实有其事
> 矣。故致知必在于格物。物者,事也。凡意之所发必有其事,意所在
> 之事谓之物。格者,正也,正其不正以归于正之谓也。正其不正者,
> 去恶之谓也。归于正者,为善之谓也。夫是之谓格。(《王阳明全集卷
> 二十六·大学问》)

在王守仁那里,随着将格物、致知定义为正事、扩充吾心之知,手段
与目的合二为一,不会再有格物之手段与"穷天理,明人伦"之目的之间
的脱节。与此相联系,他对格物、致知做了顺序上的调整,强调先致知、
后格物,以捍卫其心学体系,并且纠正了朱熹向外用工的做法。尽管如
此,王守仁关于格物、致知的目的是"穷天理,明人伦",并且通过显露
先天良知而加强道德修养的看法与朱熹的观点在大方向上并无本质区别。

通过上述考察、分析可以看出,宋明理学家对格物、致知的具体解释
虽然有分歧,但是,在他们视界中,格物、致知包括知、行等无一例外都
属于伦理范畴。基于这一共同点,宋明理学家的分歧最终走向了合一。朱
熹从理本论出发,把格物解释为"即物穷理"。然而,他所讲的格物并非
认识事物本身的规律,而是在格一草一木一昆虫之理的基础上豁然贯通,
去把握那个先于天地、先于事物的宇宙之理。对于致知,朱熹解释为推致
先天固有良知。对格物、致知的如此界定使程朱理学与陆王心学之间的界
线开始模糊。王守仁把格物、致知解释为推及吾心先天固有良知而端正自
己的行为——正事。这样一来,格物、致知便成了"正意念""去私欲"
而回复"灵昭明觉"之心——良知。至此,朱熹和王守仁把格物、致知最

终都归结为"去私欲""正君臣"的道德说教，最终演绎为"去人欲，存天理"的道德修养工夫。

宋明理学家对格物、致知的阐释至少说明了两个问题：第一，格物、致知属于伦理道德范畴，它们倍受关注与宋明时期加强道德教化的社会需要一脉相承。第二，格物、致知与知行的内在联系反过来突出了知、行的道德内涵和知行关系的伦理维度。这两点是宋明理学家的共识。也正因为如此，他们讲知、行时念念不忘尽心、存心、诚意、主敬和主静等，并将它们与格物、致知一起奉为道德修养和躬行的基本工夫。

同时，在宋明理学家的思想体系中，格物、致知是知、行的具体化，如果说知、行内涵和知行关系侧重理论形态、形上思辨的话，那么，格物、致知则侧重践履躬行、实践操作。从这个意义上说，他们将知、行具体化为格物、致知，更贴近百姓日常生活，也更能发挥、突出知行的教化功能。

第二节　知行的目标

如上所述，宋明理学家之所以探讨知行关系是宋明社会加强道德教化的需要使然，归根结底是为了推动、普及道德修养和道德教化。进而言之，推广、普及道德教化是为了自觉地维护宗法等级制度。特定的历史背景和理论初衷决定了他们所讲的知、行目标非常明确，如果说知侧重于明确天理与人欲之间的善恶分殊的话，那么，行则侧重在"去人欲，存天理"中超凡脱俗而成为圣人。

一　知之目的

与知即良知的特定内涵息息相通，宋明理学家重知、讲知，目的是知善知恶；与良知的内涵是三纲五常息息相关，天理、三纲五常等伦理道德及自觉遵守之是善，违背之是恶。这决定了知的目的是"穷天理"，在此基础上明确天理、人欲之辨。

朱熹承认天理与人欲相互依存、相互统一，并以此宣称天理与人欲相互安顿。正是在这个意义上，他断言："有个天理，便有个人欲。盖缘这个天理，须有个安顿处，才安顿得不恰好，便有人欲出来。"（《朱子语类》卷十三）不仅如此，从天理与人欲的统一出发，朱熹得出了"人欲中自有天理"（《朱子语类》卷十三）的结论。循着这个思路，天理与人欲的关系并非各不相干，更非相互矛盾，而是相互依存的。尽管如此，相对于天理与人欲之间的相依、统一而言，他对二者之间的矛盾、抵触用力甚多。在这方面，朱熹强调，天理与人欲"此长，彼必短；此短，彼必长"。（《朱子语类》卷十三）如此说来，天理与人欲不是相得益彰或相互促进的关系，而是相反相克的竞争关系、对立关系。正是在这个意义上，他断言：

> 天理、人欲相为消长分数。"其为人也寡欲"，则人欲分数少，故"虽有不存焉者寡矣"。不存焉寡，则天理分数多也。"其为人也多欲"，则人欲分数多，故"虽有存焉者寡矣"。存焉者寡，则是天理分数少也。（《朱子语类》卷六十一）

进而言之，天理与人欲之间的这种此消彼长、不胜则败的关系决定了二者始终处于高度紧张的矛盾对垒之中，对此，人只能取一弃一，绝无中立、调和的可能。于是，朱熹一再强调：

> 人只有个天理人欲，此胜则彼退，彼胜则此退，无中立不进退之理，凡人不进便退也。（《朱子语类》卷十三）

> 天理人欲相胜之地，自家这里胜得一分，他那个便退一分；自家这里退一分，他那个便进一分。（《朱子语类》卷五十九）

循着这个思路，天理、人欲代表两股势力和趋向，其间只有竞争，没有调和。有鉴于此，朱熹把天理与人欲绝对对立起来，宣称天理与人欲不可并存，得出了"天理与人欲，不容并立"的结论。正是在这个意义上，他宣称："人之一心，天理存，则人欲亡；人欲胜，则天理灭，未有天理人欲夹杂者。"（《朱子语类》卷十三）不仅如此，鉴于天理与人欲的矛盾对立、不共戴天，朱熹指出，为了成为圣人，为了存天理，就必须灭人欲。

进而言之，在理学家那里，天理、人欲与宗法等级制度规定的上下尊卑息息相关，如果说符合等级名分的是天理——甚至可以说等级名分本身即是天理的话，那么，不符合等级名分的则是人欲。书中的这则记载表达了朱熹对天理与人欲的区分，也道出了理学家讲天理、人欲之分的枕中鸿秘：

> 问："饮食之间，孰为天理、孰为人欲？"曰："饮食者，天理也；要求美味，人欲也。"（《朱子语类》卷十三）

在这里，以饮食为例，朱熹认定饥食渴饮的生理欲望人生来就有，是天理；若对饮食追求精细、饱美，便属于人欲。按照他的说法，欲是对物质生活的正当要求和欲望，人生而有欲是必然的，对欲不能绝对地予以否定。正是在这个意义上，朱熹指出："若是饥而欲食，渴而欲饮，则此欲亦岂能无？"（《朱子语类》卷九十四）可见，他并不否定人具有维持生存的欲望，并在一定限度内肯定欲的合理性。在这方面，朱熹反对佛教笼统地禁欲、无欲，指责佛教的主张违背了生活常识，简直就是"终日吃饭，却道不曾咬着一粒米；满身着衣，却道不曾挂着一条丝"（《朱子语类》卷一百二十六）。

与此同时，朱熹特别对欲与人欲予以了区分，强调欲与人欲有别，必须将欲限定在宗法等级许可的范围内，以免膨胀为人欲。为了把人的欲望限定在天理允许的界限之内，他以维护等级制度的礼来区分天理与人欲，告诫人"非礼勿视听言动，便是天理；非礼而视听言动，便是人欲"（《朱子语类》卷四十）。这个说法证明，知即牢固树立宗法等级观念，按照等级制度规定的上下、尊卑来规范自己的思想和行为，以确保自己的所思、所言、所行符合自己的等级名分。朱熹对格物的解释印证了知的这一目标。对于格物，朱熹的解释是："格物者，……须是穷尽事物之理。"（《朱子语类》卷十五）意思是说，格物不是拘泥于草木、昆虫的表面现象，做春生夏长的思考，而是通过它们体会天理在不同事物上的不同表现，从宏观上把握"理一分殊"的等级秩序。按照他的说法，天理只有一个，是万物的共同本原；同一个天理在不同事物上的具体表现迥然不同，显示出差异和分殊。在这个意义上，朱熹断言："万物皆有此理，理皆同出一原。但所居之位不同，则其理之用不一。如为君须仁，为臣须敬，为子须孝，为父须慈。物物各具此理，而物物各异其用，然莫非一理之流行也。"（《朱子语类》卷十八）

进而言之，天理在不同事物上呈现出差异，这些分殊不是杂乱无章的，而是和谐有序的。具体地说，万物之间的差异和分殊共同组成了等级秩序——"等差"，使整个宇宙处于和谐之中。对此，朱熹论证说："人物并生于天地之间，本同一理，而禀气有异焉。禀其清明纯粹则为人，禀其昏浊偏驳则为物，故人之与人自为同类，而物莫得一班焉，乃天理人心之自然，非有所造作而故为是等差也。故君子之于民则仁之，虽其有罪，犹不得已，然后断以义而杀之。于物则爱之而已，食之以时，用之以礼，不身翦，不暴殄，而既足以尽于吾心矣。其爱之者仁也，其杀之者义也，人物异等，仁义不偏，此先王之道所以为正，非异端之比也。"（《四书或问·孟子或问卷一》）

在对格物作如此规定的基础上，朱熹呼吁通过格物达到致知，并把"明人伦"的希望寄托于"穷天理"。不仅如此，依据他的理解，不论"穷天理"还是"明人伦"归根到底都是对宗法等级秩序的体悟和认同。基于这个前提，朱熹断言：

说穷理，只就自家身上求之，都无别物事。只有个仁义礼智，看如何千变万化，也离这四个不得。公且自看，日用之间如何离得这四个。如信者，只是有此四者，故谓之信。信，实也，实是有此。论其体，则实是有仁义礼智；论其用，则实是有恻隐、羞恶、恭敬、是非，更假伪不得。试看天下岂有假做得仁，假做得义，假做得礼，假做得智！所以所信者，以言其实有而非伪也。更自一身推之于家，实是有父子，有夫妇，有兄弟；推之天地之间，实是有君臣，有朋友。都不是待后人旋安排，是合下元有此。又如一身之中，里面有五脏六腑，外面有耳目口鼻四肢，这是人人都如此。存之为仁义礼智，发出来为恻隐、羞恶、恭敬、是非。人人都有此。以至父子兄弟夫妇朋友君臣，亦莫不皆然。至于物，亦莫不然。但其拘于形，拘于气而不变。然亦就他一角子有发现处：看他也自有父子之亲；有牝牡，便是有夫妇；有大小，便是有兄弟；就他同类中各有群众，便是有朋友；亦有主脑，便是有君臣。只缘本来都是天地所生，共这根蒂，所以大率多同。圣贤出来抚临万物，各因其性而导之。(《朱子语类》卷十四)

二　行之目标

道德修养的提升和道德教化的普及都不仅表现为道德观念，更主要的体现为道德行为。正因为如此，宋明理学家在探讨知行关系时关注道德修养，重视道德践履，并且不约而同地将知、行、格物、致知聚集在"去人欲，存天理"上。在某种程度上可以说，他们热衷于阐发知行关系，是为了更好地存心、格物、致知，最终目的是在"穷天理，明人伦"的基础上，通过"去人欲，存天理"而超凡脱俗、成为圣贤。与此相关，宋明理学家讲行，目的是在知善知恶的前提下去恶从善。具体地说，由于善即天理、恶即人欲，去恶从善之行转化为"去人欲，存天理"。

朱熹之所以不厌其烦地界定天理与人欲的关系，是为了在明确善恶的基础上"去人欲，存天理"；不仅如此，基于对天理与人欲的对立理解，他提出了"革尽人欲，复尽天理"(《朱子语类》卷十三)的口号，让人在去人欲中存天理。在这方面，朱熹要求人对人欲要"克之、克之而又克之"，就像杀敌一样与人欲进行斗争，坚决把人欲消灭干净。他强调，革除人欲要坚决彻底，大的方面固然要克，小的方面也不能放过，尤其要在纤微细小处用力。因此，朱熹宣称："未知学问，此心浑为人欲；既知学问，则天理自然发见，而人欲渐渐消去者，固是好矣，然克得一层又有一层，大者固不可有，而纤微尤要密察。"(《朱子语类》卷十三)这就是说，只有从一言一行、一举一动、一饮一食上做起，"纤微尤要密察"，

"去人欲，存天理"的工夫方能收到成效。循着这个思路，他甚至要求，"吃一盏茶时，亦要知其孰为天理，孰为人欲。"（《朱子语类》卷三十六）进而言之，朱熹之所以对人欲的态度如此决绝，不仅是因为人欲与天理势不两立，妨碍了人超凡脱俗，而且因为"人之所以不乐者，有私意耳。"按照他的说法，人一旦"私欲克尽"，"见得那天理分明，……不被那人欲来苦楚，自恁地快活"（《朱子语类》卷三十一）。如此说来，克服人欲是人的快乐秘方，为了跳出苦海，必须克灭人欲。

其实，"去人欲，存天理"并不是朱熹的专利，在这一点上，理学家大都与朱熹同道而同调。其中，程颐的那句"饿死事极小，失节事极大"（《河南程氏遗书》卷二十二下）对后世尤其是妇女的悲惨处境产生了深远而巨大的影响。此外，还有王守仁。

王守仁对"去人欲，存天理"的执着不仅源于知行目标，而且出于切身感受。多年的戎马生涯使他深切感受到"破山中贼易，破心中贼难"。正是围绕着"破心中贼"的宗旨，王守仁建构了自己的哲学。那么，什么是"心中贼"？对于心中之贼究竟应该怎么破？"去人欲，存天理"是全部答案。按照王守仁本人的解释，"破心中贼"就是"去人欲"，铲除心中的不善之念，其具体途径和方法就是"去人欲，存天理"。正因为如此，他对朱熹"去人欲，存天理"的主张完全赞同，理解也基本一致。唯一不同的是，王守仁将"去人欲，存天理"纳入"致良知"的体系中，致使其又多了一个术语——"致良知"。更有甚者，王守仁对"去人欲，存天理"的重视与朱熹相比有过之而无不及。

与"破心中贼"的理论初衷相呼应，王守仁将知、行、学、格物和致知等所有道德修养的最终目标都设置为"破心中贼""去人欲，存天理"而成为圣人。与此相联系，他将通过"去人欲，存天理"而成为圣人视为最高的价值追求和行为目标，并且奉其为教育、为学的唯一内容和根本宗旨。下面的句子在王守仁的著作中绝非个案：

> 学是学去人欲，存天理；从事于去人欲，存天理，则自正。（《王阳明全集卷一·传习录上》）

学者学圣人，不过是去人欲而存天理耳。（同上）

不仅如此，对于如何"去人欲，存天理"，王守仁提出了"静处体悟，事上磨练"等具体修养方法。按照他的要求，"去人欲，存天理"不能只限于事上磨练——仅仅在面对外物诱惑时克灭私欲是不够的，还要在静坐时"省察克治"、不得松懈。更有甚者，为了让人把精力都用于"去人欲，存天理"，避免向外用工，循着心外无知、致知外无学的逻辑，王守仁坚决反对一些人皓首穷年读书明理的做法，以此抵制那种"专去知识才能上求圣人"的想法和做法。在他看来，如果只从知识、才能上求做圣人，结果必然是南辕北辙——离圣人越来越远。这是因为，终日"从册子上钻研，名物上考察，形迹上比拟，知识愈广而人欲愈滋，才力愈多而天理愈蔽"（《王阳明全集卷三·传习录下》）。基于这种认识，王守仁修改了圣贤标准，推出了自己的新方案。对此，他一再指出：

圣人之所以为圣，只是其心纯乎天理，而无人欲之杂。犹精金之所以为精，但以其成色足而无铜铅之杂也。（《王阳明全集卷一·传习录上》）

所以谓之圣，只论精一，不论多寡。只要此心纯乎天理处同，便同谓之圣。若是力量气魄，如何同得！后儒只在分量上较量，所以流入功利。（《王阳明全集卷三·传习录下》）

按照王守仁的一贯说法，圣人"所以为圣者"，只在"纯乎天理而不在才力也"，这就如同鉴别一块金子是否精纯，"盖所以为精金者，在足色而不在分两，犹一两之金比之万镒，分两虽悬殊，而其到足色处可以无愧"（《王阳明全集卷三·传习录下》）。在此基础上，根据自己的圣贤标准，他提出了一套相应的做圣成贤的方法途径和践履工夫。在这方面，王守仁对圣贤标准的改变使"去人欲，存天理""致良知"成为超凡入圣的唯一途径和不二法门，除此之外，别无出路。按照他的说法，良知人人皆有，人人都可以通过"致良知"而成为圣人；超凡入圣的方法是切实进行

"去人欲，存天理""致良知"的工夫。循着这个思路，王守仁反复申明：

> 自己良知原与圣人一般，若体认得自己良知明白，即圣人气象不在圣人而在我矣。（《王阳明全集卷二·启问通道书》）

> 各人尽着自己力量精神，只在此心纯天理上用功，即人人自有，个个圆成，便能大以成大、小以成小，不假外慕，无不具足。（《王阳明全集卷一·传习录上》）

这样，王守仁的道德修养工夫便由"去人欲""破心中贼"开始，通过格物、致知而"致良知"，最后在超凡入圣中以"存天理""致良知"终。就方向、途径而言，"致良知"省略了向外格物的环节，堵塞了向外穷天理、作圣贤的途径；就宗旨而言，良知成为唯一真知。在此，一切都变得简单、明了，"去人欲，存天理"贯穿始终。

王守仁对"去人欲，存天理"的津津乐道表明，"去人欲，存天理"作为宋明理学知行观之道德意蕴和伦理维度的集中表现和最高目标，并非朱熹一人对此情有独钟。其实，宋明理学家都对"去人欲，存天理"乐此不疲，对于他们来说，这是一个共同关注的公共话题和热门话题。

总之，在宋明理学中，与为道德教化提供理论辩护的知行观注定要重视道德修养和道德实践一样，知、行、格物、致知都被归结为"去人欲，存天理"表明，按照三纲五常的道德要求和等级名分各处其处地各得其得从一开始便是注定的唯一结局。这一切决定了宋明理学家津津乐道的"去人欲，存天理"也就是打消不利于宗法等级的念头，自觉地维护现实社会的等级尊卑秩序，按照宗法等级秩序规定的名分来处理理欲、义利、公私和人我关系，在君臣、父子的人伦日用中将宗法社会的伦理道德落实到行动上。在这里，如果说各处其位、各得其所是存天理的话，那么，克服非分之欲、不存非分之欲便是去人欲。如此说来，正是在"去人欲，存天理"中，宗法名分和等级制度所代表的天理以知的身份发挥着指导作用，行在君臣父子的人伦日用中时时刻刻进行着。

第三节　知行的关系

在宋明理学家那里，对知、行内涵和目标的界定共同彰显了其道德内涵和伦理维度，与探讨知行关系的初衷是为了加强道德教化相呼应，他们对知、行的内涵界定和目标设置都是为了在认同伦理道德、宗法等级的基础上践履之、服从之。这些共同决定了理学家对知行关系的处理强调知对行的指导，于是，以知为先、知先行后成为最高呼声。诚然，综观宋明理学家对知行关系的厘定，各种说法纷至沓来，从知先行后、知本行次、知行互发、知行俱到、以行为重到"知行合一"、不分先后等，见仁见智、不一而足。这些观点表面上看来并不相同，有些甚至相互抵牾，给人针锋相对或截然对立的感觉。然而，这种嘈杂的现象背后隐藏着相同的精神实质和价值旨趣——以知为先。

一　二程的知先行后论

程颐认为，人的行为不善，关键在于不知——终归是不明事理的缘故。基于这种分析，他强调，在处理知与行的关系时必须知先行后——只有让知在前面指导行，才能确保行的正确性。正是在这个意义上，程颐不厌其烦地指出：

> 人为不善，只为不知。（《河南程氏遗书》卷十五）

> 须是识在所行之先，譬如行路，须得光照。（《河南程氏遗书》卷三）

> 不致知怎生行得？勉强行者，安能持久？除非烛理明，自然乐循理。（《河南程氏遗书》卷十八）

按照程颐的逻辑和设想，正如先有光照看清路途方能行路一样，欲行必须先知。这就是说，必须先有正确的认识，然后依此而行，才可能有正确的行为；同时，只有知之真切、笃实，才能确保行之持久、安泰。基于这种认识，他主张，知在先、行在后，告诫人们一定要在知的指导下去行。于是，程颐指出："故人力行，先须要知。……譬如人欲往京师，必知是出那门，行那路，然后可往。如不知，虽有欲往之心，其将何之？……到底，须是知了方行得。"（《河南程氏遗书》卷十八）不难看出，程颐之所以强调知先行后，除了确保行的方向正确之外，还有以知为行提供信念支持、树立信心之意。在他看来，只有在知的引领下，行动起来才能安然而持久。其实，无论用意如何，在关于知与行的先后次序上，程颐总是毫不迟疑地主张先知后行。不仅如此，循着知先行后的逻辑，二程提出了知本行次、行难知亦难等观点，以此突出知的重要性。从这个角度看，在两人的知行观中，知处于主导地位，因为知先行后的思想主旨是强调知对行的指导，在知与行的相互依赖中侧重行对知的依赖。

二 陆九渊的"博学在先，力行在后"

在知与行的关系上，陆九渊与二程一样主张知先行后。对此，他一再写道：

> 博学、审问、慎思、明辨、笃行。博学在先，力行在后。吾友学未博，焉知所行者是当为、是不当为？（《陆九渊集卷三十五·语录下》）

> 为学有讲明、有践履，……未尝学问思辨，而曰吾唯笃行之而已，是冥行者也。……讲明之未至，而徒恃其能力行，是犹射者不习于教法之巧，而徒恃其有力，谓吾能至于百步之外，而不计其未尝中也。（《陆九渊集卷十二·与赵咏道二》）

按照陆九渊的说法，只有先明白了道理，行才能有正确的方向；否则，践履便会迷失方向，成为冥行。循着这个逻辑，必须先知后行。可见，在主张知先行后上，陆九渊与二程别无二致，他力主此说的初衷也与二程如出一辙。

三　朱熹的"论先后，知在先"

朱熹认为，在处理知与行之间的关系时，就下手处而言——借用他本人的话语结构即"就其一事之中而论之"，则须知先行后。正是在这个意义上，朱熹一再指出：

> 而就一事之中以观之，则知之为先，行之为后，无可疑者。(《朱文公文集卷四十二·答吴晦叔》)

> 今就其一事之中而论之，则先知后行，固各有其序矣。(《朱文公文集卷四十二·答吴晦叔》)

朱熹的这两段话表明，在处理现实的、具体的知行关系时，必须遵守知在先、行在后的次序。正是在就一事而论中，他强调，"论先后，知在先"。进而言之，朱熹知先行后的基本含义是，在处理知行关系时，应该从知下手，知后而行，在知与行之间存在着一个逻辑上的先后顺序和价值上的本末关系。在他的著作中，许多对知行关系的论述都是从这个角度立论的。下略举其一斑：

> 须是知得，方始行得。(《朱子语类》卷一百〇一)

> 先知得，方行得。所以《大学》先说致知。(《朱子语类》卷九)

> 论先后，当以致知为先。(《朱子语类》卷九)

故圣贤教人，必以穷理为先，而力行以终之。(《朱文公文集卷五十四·答郭希吕》)

由此可见，对于为学的次序和如何处理知行关系，朱熹的看法是，人在为学或修身养性时必须先致知、穷理，然后依照所明之理去行。这里的知行具有一个先后程序，其中隐藏的理由是，凡人做事必定在明白其中的道理之后依此而行，才有可能做出符合规范的行为来。与此相关，知先行后的第二层含义是，知在行先以指导行，行在知后依照知的引领而行。在这个意义上，他再三指出：

义理不明，如何践履？……如人行路，不见便如何行？(《朱子语类》卷九)

道理明时，自是事亲不得不孝，事兄不得不悌，交朋友不得不信。(《朱子语类》卷九)

然去私欲，必先明理。……至于教人，当以知为先。(《朱子语类》卷三十七)

对于朱熹的知先行后而言，如果说第一层含义是技术上、程序上的话，那么，第二层含义则是目的性、价值性的。因为知在先是为了确保行的正确，只有先知后行方可避免行的盲目，以免误入歧途。按照他的说法，只有先明白了道德义理、树立正确的道德认识，才有可能发生正确的道德行为；只有先明晓义理，才能使行为有所规范而合于义理。否则，没有知的指导或不知而行，必然如盲人行路一般，在践行中陷于盲目，甚至是危险境地。与此相联系，知在先还有另一层含义：如果不能知行俱到、不得已做出取舍的话，那么，只能是先知后行，而万万不可先行后知或不知而行。按照朱熹的说法，如果"全不知而能行"，那太不可思议了，也太危险了。基于上述考虑，他选择知先行后。对此，朱熹解释说："切问忠信，只是泛引且已底意思，非以为致知力行之分也。质美者固是知行俱到，其次亦岂有全不知而能行者。"（《朱文公文集卷六十·答潘子善》）出于这种考虑，他坚决反对行在知先的做法。例如，朱熹曾说："有以行为先之意，而所谓在乎兼进者，又若致知力行，初无先后之分也，凡此皆鄙意所深疑。"（《朱文公文集卷四十二·答吴晦叔》）在这里，他不仅反对"以行为先"，而且反对知行"无先后之分"，对这两种观点的反对一起支持了知先行后的观点。

此外，朱熹主张知先行后，是因为坚信真知无有不行者。他认定，只要真知就一定能行，如不能行，只是知之太浅。循着"知得方行得"的思路，朱熹认为，知是行的基础和根据，若行"便要知得到，若知不到，便都没分明，若知得到，便著定恁地做，更无第二著第三著"（《朱子语类》卷十五）。这就是说，只要知之真切就必然能行，只要知在先，行是迟早的事。循着这个逻辑，不论为学还是做人，当然都应该把重点放在知上。

总之，从二程、陆九渊到朱熹都主张知先行后。对于大多数宋明理学家提倡的知先行后，有三个问题亟待澄清。

其一，二程、陆九渊和朱熹等人主张知先行后并不认为离开知就没有行，也不否认没有知也可能发生行；恰好相反，他们承认没有知也能行，并且恰恰因为存在着脱离知的行，或者说，没有知在先也一样可以行，所以才奋力疾呼知先行后。宋明理学家这样做恰恰是为了避免、杜绝不知而行，究其原因，是因为他们认为没有知的指导，便无法保证此行合乎知。与此相联系，理学家将脱离知指导的行称为妄行、冥行，在价值上对这种行为不予认可。更有甚者，在他们看来，脱离知的妄行、冥行不仅没有价值，而且非常危险。由于宋明理学家们不愿甚至害怕冒这个险，因此断言无知之行不若不行。循着这个逻辑，为了完全杜绝此类之行，唯一的办法就是知先行后，以此把行永远锁定在知的指导、监督和控制之下。对于宋明理学家心中的这个秘密，朱熹的话一语破的："行者不是泛而行，乃行其所知之行也。"（《朱文公文集卷三十二·答张敬夫》）这表明，朱熹之所以不厌其烦地嘱咐人一定要先知后行，是因为他认可、渴望的行不是宽泛的行，而是在知指导下的行。在这种特定的含义下，知先行后便是不言而喻的了。也正因为这个原因，强调知先行后的并不是朱熹一个人。在这个问题上，大多数宋明理学家与朱熹同道。

其二，为了突出知对行的指导，宋明理学家强调，行必须在知的策划、引领和监督下进行，于是推出了知先行后。其实，从行必须依赖知的指导这个角度看，他们所讲的知先行后与知行不分前后、相互依赖等观点之间并不矛盾，说的是一个意思。因为从目的是以知指导行的角度看，知先行后也是一种知行相依、不可分离——至少是相互依赖的一个方面。正因为如此，理学家都强调知行相互依赖、缺一不可，朱熹对知行关系前后看似矛盾的说法恰好证明了这一点。在他的论述中，一方面，知行相互依赖、俱到互发，一定要齐头并进、不可偏废。从这个意义上说，知与行是同时进行的，不可分为先后。另一方面，"论先后，知在先"，一定要先知后行。对于一面齐头并进俱到，一面分为先后，朱熹本人的说辞是前者是本原性的、抽象的，后者是具体的、就一事而论的。其实，一事中的知先行后以知行相互依存为前提，不仅离开知行相依这一原则便没有知先行后，而且知先行后本身就是相依的一种——说明了知行如何相互依存，只不过是侧重行如何依赖知而已。这表明，宋明理学家的知先行后不是在发生论而是在功能论上立论的，他们对抽象的、本原上的知与行孰先孰后、谁产生谁的问题不感兴趣，而是把关注的焦点聚集在具体处理知行关系时二者的相互依赖、相互作用上；尽管在知行的相互依赖中偏袒行对知的依赖，不证自明的前提还是知行相互依赖。

其三，无论对于二程、朱熹还是陆九渊而言，知先行后都不是其知行观的唯一观点，或者说，不能将他们中任何人对知行关系的理解都归结为知先行后。事实上，在他们对知行关系的厘定中，知先行后只是其中的一个环节而不是全部，因而不能将之绝对化。

基于上述分析，对宋明理学家所讲的知先行后不能简单地理解为时间上或逻辑上的先后关系，更不存在知行脱节问题，因为这里的知先行后以不证自明的知行相互依赖为前提。这也是朱熹等人为什么一面断言知在先、行在后，一面宣称知行俱到互发，并且强调行为重的秘密所在。明白了这一点便会发现，宋明理学家主张知先行后是为了说明知的价值和作用在于指导行——也只有通过行才能体现出来，原本就没有将知与行断然分作两截的意思。

第四节　知行的分歧

提起宋明理学家对知行关系的厘定，给人印象最深的莫过于知先行后：这不仅是因为二程、朱熹和陆九渊等人不约而同地呼吁知先行后，而且因为王守仁竭尽全力地反对知先行后，并且针锋相对地指出"知行合一"、不分先后。

诚然，"知行合一"这一命题并非王守仁的首创。在他之前，南宋理学家陈淳就有知行"不是截然为二事"的说法，明代理学家谢复更是明确提出了"知行合一""知行并进"的命题。然而，王守仁之所以推崇"知行合一"，是针对当时的社会恶习有感而发的，特别是为了反对朱熹的知行观。按照王守仁的说法，朱熹的知先行后在社会上造成了知行脱节、言行不一的恶劣风气，有些人就是借口先知后行而对伦理道德不肯躬行的。对于自己倡导"知行合一"的良苦用心，他曾经表白说："今人却就将知行分作两件去做，以为必先知了然后能行，我如今且去讲习讨论做知的工夫，待知得真了方去做行的工夫，故遂终身不行，亦遂终身不知。此不是小病痛，其来已非一日矣。某今说个知行合一，正是对病的药。"（《王阳明全集卷一·传习录上》）王守仁认为，朱熹的知先行后对此难辞其咎的"知得父当孝、兄当弟者，却不能孝、不能弟"的毛病不是"小毛病"，滋长下去将危害整个社会；自己提倡"知行合一"，正是为了以知行不分先后为下手处，抵制知行脱节，以此作"对病的药"来整顿道德，挽救当时的社会危机。正因为如此，王守仁十分重视"知行合一"、不可分离，致使"知行合一"成为其知行观的核心命题。

可见，王守仁是将朱熹的知行观作为批判的靶子——特别是针对其知先行后来阐释"知行合一"的。然而，如上所述，朱熹等人的知先行后在理论上并没有认为知行可以截然分开，而是在知指导行的意义上强调知行依赖。既然如此，王守仁指责朱熹等人的知先行后导致知行脱节是击中要害还是误解？尤其巧合的是，朱熹与王守仁一样反对知行脱节，他强调"知、行常相须"就是针对当时社会流行的知行脱节有感而发的。朱熹强调："大抵今日之弊，务讲学者多阙于践履，而专践履者又遂以讲学为无益。殊不知因践履之实，以致讲学之功，使所知益明，则所守日固，与彼区区口耳之间者，固不可同日而语也矣。"（《朱文公文集卷四十六·答王子允》）依据朱熹的分析，当时社会上对知行关系的认识和处理存在着两种错误观点，造成了两种流弊。进而言之，这两种错误本质只有一个——知行脱节，形成的原因也只有一个——祸起知行分离。与此相关，要医治这些病痛，方案只有一个——反对知行脱离，强调知行相互依赖。

至此，人们不禁要问，王守仁的"知行合一"与朱熹的知先行后真的如王守仁所说的那样形同冰炭吗？两者之间究竟是何关系？通过"知行合一"，王守仁达到预期效果了吗？要回答这些问题，有必要先弄清王守仁"知行合一"的基本含义。

一 "知行合一"的基本含义

作为知行观的核心命题，"知行合一"在王守仁的思想中具有重要意义。对此，他十分重视，从不同角度予以界定和阐释，赋予其多层内含和意蕴。

1. 知行并进、不分先后

如上所述，王守仁提倡"知行合一"并非突发奇想，也非书斋杜撰，而是为了反对朱熹的知先行后，扭转当时社会上盛行的言行不一的恶劣风气。与这一立言宗旨相呼应，在审视、处理知行关系时，他首先强调，知与行在时间上不分先后、同时并进，并将知与行之间的这种在时间上不分先后的并进关系说成是合一关系。对此，王守仁论证说：

> 故《大学》指个真知行与人看，说"如好好色，如恶恶臭"。见好色属知，好好色属行。只见那好色时已自好了，不是见了后又立个心去好。闻恶臭属知，恶恶臭属行。只闻那恶臭时已自恶了，不是闻了后别立个心去恶。（《王阳明全集卷一·传习录上》）

　　可见，对于知与行在时间上不分先后的合一并进，王守仁的前提和理由是，"见好色属知，好好色属行"，"闻恶臭属知，恶恶臭属行"；因为"见那好色时已自好了"，"闻那恶臭时已自恶了"。在这里，知与行在时间上不分先后，是同时并进的；既然知与行在时间上不分先后、是并进的，当然就是合一的。至此，不难发现，他对"知行合一"的所有证明都奠定在一个前提之上，这个前提是"见好色属知，好好色属行"，"闻恶臭属知，恶恶臭属行"。按照一般理解，好恶是情感，属于知；王守仁却将之界定为行，成为"知行合一"的前提。其实，他的"知行合一"就是奠基于知、行的特定含义之上的。不仅如此，王守仁对知行关系的全部理解都与对知、行的特殊诠释密切相关，或者说，是从"心外无物，心外无事，心外无理"的心学思路来解释知、行以及知行关系的。具体地说，沿着心是宇宙本体、吾心即是良知、心中包含万理的思路，他断言，知是天赋良知，并非一般的知识、理论或认识。对于行是什么，王守仁一面认定"凡谓之行者，只是著实去做这件事"（《王阳明全集卷六·答友人问》），一面宣称"一念发动处，便即是行了。"（《王阳明全集卷三·传习录下》）可见，他并不是在通常意义上给知、行下定义的，套用王夫之的话语结构便是："知者非知，而行者非行。"（《尚书引义卷三·说命中二》）不过，以宋明理学家的标准来看，如果说知为天赋良知并不奇怪甚至是意料之中，王守仁对知的理解与朱熹、陆九渊基本吻合的话，那么，王守仁对行的理解则与其他人迥异其趣，甚至有些令人匪夷所思了。因为在承认行是"著实去做"的同时，王守仁将意念归于行。这等于抽掉了知与行之间的界线，不仅导致以知代替行的后果，而且使知行同时并进、不分先后、本义合一乃至不分彼此等都成为不言而喻的了。正是循着这个逻辑，他把人的意念、动机称为行，在此基础上宣布"知行合一"、并进。其实，王守仁正是从知、行——特别是行的特定含义出发来解释知行关系的。不了解知、行的特定内涵，便无法理解他对知行关系的认定和"知行合一"的精神实质；有了知、行——特别是行的特定含义，"知行合一"便顺理成章了。

　　2. 真知、真行本义合一

　　王守仁认为，知与行在本义上是合一的。其实，由于有了一念即行的前提，知行的本义合一便可以理解了。除此之外，知行的本义合一还有更多的内容。在上面的引文，王守仁证明知行不分先后、并进合一的前提是"指个真知行与人看"，这里的知与行之所以合一并进是因为它们是"真知行"。这表明，知行并进合一、不分先后不仅是在经验层面立论的，而且是在本真层面立论的。他强调，只有相互合一的真知、真行才是知、行的整体含义和理想状态。换句话说，"知行合一"是知行的本义。知、行本义指完整意义上的知行，王守仁称之为真知、真行。在他看来，行之方显知之真，知之方显行之真；真知不仅是道理上的知，而且必定能够见之于行；真行不是泛指一切行为、活动，而是特指在知指导下的行。正是在这个意义上，王守仁宣称："知之真切笃实处即是行，行之明觉精察处即是知。"（《王阳明全集卷二·传习录中》）

基于这种认识，王守仁把"知行合一"视为判断真知、真行的标准，强调知、行只有在与对方的合一中才能成为真知、真行。第一，真知必能行，不行之知即非真知。在这个意义上，他反复申明：

> 未有知而不行者，知而不行只是未知。（《王阳明全集卷一·传习录上》）

> 真知即所以为行，不行不足谓之知。（《王阳明全集卷二·传习录中》）

按照王守仁的说法，真知与行合一包含两方面的含义：一方面，真知一定要转化为真行，只有落实到行动上，才算完结。另一方面，只有经过行才能知之真切、深刻。

第二，真行必真知，行过方谓知。对此，他反复指出：

> 如言学孝，则必服劳奉养，躬行孝道，然后谓之孝。岂徒悬空口耳讲说，而遂可以谓之学孝乎？学射则必张弓挟矢，引满中的；学书，则必伸纸执笔，操觚染翰。（《王阳明全集卷一·传习录上》）

又如知痛，必已自痛了方知痛；知寒，必已自寒了；知饥，必已
自饥了。知行如何分得开？（《王阳明全集卷一·传习录上》）

按照王守仁的标准，行并不都是真行，只有在真知指导下的行才是真
行。确切地说，评价一种行为的善恶，不仅视其行为的过程和后果，而且
兼顾其动机，应该将知（动机、意图等）纳入评价系统和考察视野。

3. 相互包含、不分彼此

王守仁认为，知与行不仅在本义上合一，而且在具体程序上合一，这
种合一使二者之间呈现出你中有我、我中有你的相互包含关系。对此，他
一再解释说：

知是行的主意，行是知的工夫；知是行之始，行是知之成。若会
得时，只说一个知已自有行在，只说一个行已自有知在。（《王阳明全
集卷一·传习录上》）

夫人必有欲食之心，然后知食，欲食之心即意，即是行之始矣。
食味之美恶，必待入口而后知，岂有不待入口而已先知食味之美恶者
邪？必有欲行之心，然后知路，欲行之心即是意，即是行之始矣。路
歧之险夷，必待身亲履历而后知，岂有不待身亲履历而已先知路歧之
险夷者邪？（《王阳明全集卷二·传习录中》）

按照王守仁的说法，人的行为都带有目的、动机和意图，由这些计
划、意图所组成的知就是行的开始。这表明，知本身就包含着行。反过
来，因为行是在意志、思想的支配下发生的，是知的践履工夫，可以说是
计划、主意的实施和贯彻。这表明，行中包含知，如何行就事先包含在知
中。知行之间这种相互渗透、相互包含的关系就是不可分割的合一关系。
不仅如此，为了强调知与行之间相互渗透、包含、合一，他强调，"知行
不可分作两事"，是"两个字说一个工夫"。更有甚者，在知行相互包含、
合一的基础上，王守仁淡化了两者之间的界线，得出了知行彼此相互代

替、说到一方即可代替另一方的结论——"只说一个知已自有行在，只说一个行已自有知在"。按照他的设想，若领悟了知行的相互包含、合一，可以只说一方即包含着另一方。这样一来，知行的相互包含便呈现为知即行、行即知的合一关系。

可见，从反对知先行后开始，王守仁急切提倡"知行合一"，通过对知行关系的阐释，从知行不分先后、相互包含最终得出了知行不分彼此、相互代替的结论。这使知与行的合一变成了同一——对于知与行而言，既然只说一个就包含、代表了另一个，那么，知与行在本质上就成了一个，当然也就完全杜绝了相互脱节的可能。至此，结论与立言宗旨相呼应。在王守仁看来，这样便化解了朱熹知行观的误导。

二 知行相依的思想主旨

透过"知行合一"——至少，在对知行关系的理解上，"知行合一"与知先行后、王守仁与朱熹等人的观点既呈现出诸多差异，又有相通之处。

1．"知行合一"的独特之处

通过对"知行合一"内涵的考察不难看出，由于是针对朱熹等人的知行观提出来的补救措施和医病药方，王守仁的"知行合一"确实存在不同于他人的独特之处。其中，最明显的是：将意念说成是行以及由此引申的对行为动机的重视。在他那里，"一念发动处，便即是行"，行的这个定义不仅奠定了"知行合一"的理论前提，由此引发了知行不分先后、相互包含乃至相互代替等结论，而且在审视、评价知行关系时动机与效果兼顾且注重动机。

鉴于对当时社会状况的分析，与社会背景和立言宗旨相呼应，王守仁在阐释"知行合一"时既看中后果又强调动机：第一，就强调行、践履而言，他声称："犹如称某人知孝、某人知弟，必是某人已曾行孝行弟，方可称他知孝知弟，不成只是晓得说些孝弟的话，便可称为知孝弟。"（《王阳明全集卷一·传习录上》）在这个意义上，是否实行以及行之效果是检验真知的标准，一个人只有对道德准则躬亲践履，方能证明他对道德准则有正确认识，是有道德的。循着这个思路，王守仁强调，格物、致知、"致良知"和"去人欲，存天理"等等均非一句空话，都必须落实到行动上。第二，就强调知、动机而言，他一再宣称：

> 今人学问，只因知行分作两件，故有一念发动，虽是不善，然却未尝行，便不去禁止。我今说个知行合一，正要人晓得，一念发动处，便即是行了；发动处有不善，就将这不善的念克倒了，须要彻根彻底，不使那一念不善潜在胸中。此是我立言宗旨。（《王阳明全集卷三·传习录下》）

> 彼一念而善，即善人矣。……尔一念而恶，即恶人矣；人之善恶，由于一念之间。（《王阳明全集卷十七·南赣乡约》）

在王守仁那里，意念即是行；只要有恶的意念，即使没有去行，也不能容忍，也要将其克灭。因此，评价一种道德行为，不能仅视其客观效果或后果，还要考察其行为动机。不仅如此，王守仁在动机与效果兼顾的同时，特别在意动机，这一点与"知行合一"的立言宗旨就是"不使那一念不善潜在胸中"一脉相承。众所周知，在多年的亲身实践中，王守仁切实感受到"破山中贼易，破心中贼难"。所谓"心中贼"，即潜伏在人心中的恶念。在他看来，与"山中贼"相比，"心中贼"、恶念更可怕，也更危险，对此不仅不能姑息，反而应该提高警惕、彻底铲除。有鉴于此，王守仁的思想建构包括"知行合一"均以"破心中贼"、铲除潜伏在人内心的恶念为初衷。为了唤起人们对不善之念的防范，他强调"知行合一"，并且别出心裁地提出了"一念发动处便即是行"的观点。进而言之，王守仁之所以把"一念发动"称为行，就是为了强调心中的恶念是危险的，目的是严密加强对人的思想统治。在这方面，他曾经说："必欲此心纯乎天理，而无一毫人欲之私，非防于未萌之先，而克于方萌之际不能也。"（《王阳明全集卷二·答陆原静·又》）更有甚者，作为动机论的极端表达和具体贯彻，王守仁修改了圣贤标准，不仅在圣人标准中删除了知识、功绩和著述等方面的内容，而且将道德躬行排除在外，致使圣人标准只剩下了心中意念之善。依照他修改后的新的圣人标准，圣人之所以成为圣人，是因为"其心纯乎天理而无一丝人欲之杂"。这样一来，人只要意念纯正，没有私心杂念，便是圣人；做圣人只需要意念纯正，不必真正去行。这一结论与"人之善恶，由于一念之间"如出一辙。王守仁的圣人标准隐藏的知行关系的误区同样显而易见，其突出表现便是用知代替了行，以动机遮蔽了后果。

可见，如果说二程、朱熹和陆九渊主张以知为先是为了确保行之正确，注重行为后果的话，那么，王守仁的"知行合一"则对行之动机予以考察，在关注后果的同时兼顾动机。由此可以看出"知行合一"的独特之处。那就是：与他人相比，王守仁对行为善恶提出了更高的要求和标准——不仅行为的后果要善，而且动机也要善。"知行合一"所包含的这种动机与效果之间的张力是王守仁对善与恶提出的不同要求。从善恶的双重标准可以看出，王守仁把意念说成是行可谓用心良苦。对于这一点，梁启超的解释可以作为参考："善而不行，不足为善。……仅恶念发，已足称为恶。"（《德育鉴·知本》）

2. 理学知行关系的相同点

尽管注重动机，然而，与其他理学家一样，王守仁关注道德教化，始终不改提高社会道德水平的初衷。与此相关，王守仁与朱熹的知行观——包括"知行合一"与知先行后流露出相同的精神实质。

首先，王守仁"知行合一"的三个方面都是对知行相互依存、不可分离的强调，可以归结为知行相互依赖。从这个意义上说，他的"知行合一"与包括朱熹在内的其他理学家主张知先行后的精神实质是一致的。

朱熹讲知先行后是就具体事件而言的，就知行关系的理想状态而言，知行俱到，不分先后。更能说明问题的是，他虽然没有提出"知行合一"，但是，朱熹却强调知行相须、互发，这与王守仁的思想倾向基本一致。在讲述知行关系时，朱熹指出，知与行相互依赖，谁也离不开谁。正像走路一样，只有眼睛没有脚走不了，只有脚没有眼睛也走不好。他同样以走路为例解释说，知与行之间的相互依赖、相互作用就像两条腿走路一样，必须一齐用力才能做好。基于这种认识，朱熹强调，知行相依，不可分离，必须"俱到"，决不可以对二者厚此薄彼。不仅如此，鉴于知与行的相互依赖，他反对知至后行。"若曰必俟知至而后可行，则夫事亲从兄，承上接下，乃之所不能一日废者，岂可谓吾知未至而暂辍，以俟其至而后行哉?"（《朱文公文集卷四十二·答吴晦叔》）在此基础上，朱熹进一步指出，知行不仅相互依赖，而且相互促进。正如知之明会促进行之笃一样，行之笃反过来也会促进知之明。在这个层面上，知与行的相互依赖表现为二者相互提高、相互促进，这套用他本人的话语结构便是"知行互发"。基于这种认识，朱熹劝导人们，对知、行不可偏废，知未至就着力于知，行未至就着力于行，在知行各项"俱到"的前提下，使知行"互发"。书中的很多记载表达了他这方面的思想。例如：

问："南轩云：'致知、力行互相发。'"曰："未须理会相发，且各项做将去。若知有未至，则就知上理会，行有未至，则就行上理会，少间自是互相发。"（《朱文公文集卷四十二·答吴晦叔》）

□□宋体鉴于知与行的相互依赖和相互提高，也为了防止人对知行举一弃一或厚此薄彼，朱熹强调，在为人、为学的过程中，知行必须齐头并进、不可偏废。正是在这个意义上，他一再声称：

知与行，工夫须著并到。知之愈明，则行之愈笃；行之愈笃，则知之盖明。二者皆不可偏废。如人两足相先后行，便会渐渐行得到。若一边软了，便一步也进不得。（《朱子语类》卷十四）

知与行须是齐头做，方能互相发。……不可道知得了方始行。（《朱子语类》卷一百十七）

在朱熹看来，知行并进、相互促进，两者必须一齐去做，才能收到成效；相反，如果只偏向一边，必然导致失败——无论偏向知或行哪一边都一样。有鉴于此，他一再强调：

致知力行，用功不可偏，偏过一边，则一边受病。（《朱子语类》卷九）

且《中庸》言学问思辨，而后继以力行。程子于涵养、进学亦两言之，皆未尝以此包彼，而有所偏废也。（《朱文公文集卷三十三·答吕伯恭》）

可见，对于知行关系，朱熹始终强调二者的相互依赖，知与行相互促进、俱到互发，说的都是这个意思。这是他审视知行关系的大方向、大原则，更是知行关系的理想状态。显然，朱熹的这个观点与王守仁所讲的知行本义相互映衬。不仅如此，在实践操作上，与抵制知行脱节相一致，朱熹反对"知至而后可行"的做法，将知、行视为不可分离、相互促进的。与此相关，他要求人们在为学、为人中做到知行齐头并进、知行相长。在这个意义上，朱熹对知行关系的理解可以视为不分先后。这不禁使人想起了王守仁"知行合一"的第一层含义。不仅如此，朱熹从各个角度界定知行关系，为的就是将二者统一起来。具体地说，他对知行关系的总看法是："知、行常相须，如目无足不行，足无目不见。论先后，知在先；论轻重，行为重。"（《朱子语类》卷九）可见，朱熹所理解的知行关系包括三个方面，即知行相依、知先行后、以行为重。这三个方面各有侧重，是从不同角度立论的。同时，它们相互联系，共同构成对知行关系的整体考察。因此，对于任何一方面都不可绝对化。这就是说，这三个方面不是对知行关系的横向考察或静态审视，而是对知行关系的动态考察。因此，对三个方面的理解应该相互参照。此外，朱熹对知行关系有一段概括，可以与上述对知行关系三个方面的论述相互参照。现摘录如下："力行其所已知，而勉求其所未至，则自近及远，由粗至精，循循有序，而日有可见之效矣。"（《朱文公文集·续集卷六·答卢提翰》）

在此，朱熹勾勒了知行关系的动态轨迹，也可以视为对知行三方面关系的总结和概括。在这个轨迹和程序中，行为重。并且，行不是妄行，是行其所已知，这里有个知在先的问题。然而，无论知还是行都不是一劳永逸的。知、行均不是一日之功，而是一个长久的过程。具体地说，知、行都有远近、精粗之分，每一次由近及远、由粗至精都是在知而行、行而知的相须、互发中完成的。与此相关，朱熹所讲的知行关系的三个方面均不是孤立的，只有在相互参照中才能避免其片面性。于是，可以看到，在他那里，知行相互依存、不可偏废，必须齐头并进一起做是在抽象意义上讲的，并且是一种理想状态。一旦落实到现实生活和实际操作中，反对"知而后行"的朱熹讲知行互发俱到并不妨碍他强调知先行后。与此相联系，刚说到"知、行常相须"，马上就出现了"论先后，知在先"。同样，与知行相互依赖、互发俱到一样，知先行后是朱熹关于知行关系的另一种主要观点。

至此可见，知行相互依赖是王守仁"知行合一"的理论宗旨和价值取向，也是王守仁与程朱等人的相同之处，甚至可以说代表了理学知行观的共同特征。在这个大同的前提下，如果说还有小异的话，那便是：王守仁将知与行的相互依赖进一步夸大，由相互依赖上升为不分彼此、完全合一乃至相互代替。

其次，王守仁对真知必能行的论证重申了行的重要性。在他那里，由于行为知中固有、不再是外在的强制而具有了本能的意味，更显自然和正当。王守仁所讲的"行是知的工夫""只说一个知已自有行在"无非督促人们将知落实到行动上。此外，他宣称"致良知"不是一句空话等也是在知必须落实到行动上立论的，其中流露的重行、强调践履的价值旨趣显而易见。作为儒家的一贯原则，这一点同样为二程、陆九渊和朱熹所恪守。

尽管以知为先、为本，二程同样以行为重，强调知必须最终落实到行上；如果不落实到行上，知的价值便无从谈起，知也等于不知。在知务必落实到行这个层面上，程颐指出，没有行，知将流于空谈，因为知的价值体现于行。正是在这个意义上，他一再断言：

君子之学贵乎行，行则明，明则有功。（《周易程氏传》卷四）

夫人幼而学之，将欲成之也；既成矣，将以行之也。学而不能成其学，成而不能行其学，则乌足贵哉？（《河南程氏遗书》卷二十五）

陆九渊认为，所谓博学并非"口耳之学"，而是"一意实学，不事空言"；学是为了用，知是为了行。由此，他宣称：

孟子曰："幼而学之,壮而欲行之。"……少而学道,壮而行道者,士君子之职也。(《陆九渊集卷二·与朱元晦二》)

鉴于这种认识,陆九渊反对只说不做、只学不用的做法,强调学道是为了行,坚持将道德修养落实到践履上。他的这种看法反映在知行关系上就是,认定真知必须通过实行表现出来,肯定真知即包含着行的自觉;否则,知而不行便称不上真知。对此,陆九渊解释说:"自谓知非而不能去非,是不知非也。自谓知过而不能改过,是不知过也。真知非则无不能去,真知过则无不能改。"(《陆九渊集卷十四·与罗章夫》)按照他的逻辑,正如知非必能在行动上去非、知过必能在行动中改过一样,一切知最终都应该通过行表现出来。这就是说,知而不去行,知便没有意义,知的价值只有通过践履才能最终体现出来。

在偏祖知的同时重行并不止于二程和陆九渊,朱熹也是一样。他宣称:"德者,行之本。……言德,则行在其中矣。"(《朱子语类》卷六十九)这就是说,道德的重要品格是实践性,行对于德至关重要。按照他的说法,只有通过行才能使我与善合一,使善成为我之善;不去行,善与我毫不相干,对于我便毫无意义。所以,朱熹再三强调:

善在那里,自家却去行他。行之久,则与自家为一;为一,则得之在我。未能行,善自善,我自我。(《朱子语类》卷十三)

学之之博,未若知之之要;知之之要,未若行之之实。(《朱子语类》卷十三)

又问真知。曰:曾被虎伤者,便知得是可畏,未曾被虎伤底,须逐旋思量个被伤底道理,见得与被伤者一般方是。(《朱子语类》卷十五)

亲历其域,则知之益明,非前日之意味。(《朱子语类》卷九)

在这里,朱熹着重阐明了行对知的促进,强调只有经过亲历诸身之行，才能知之真切、笃实；践行越深，获得的认识也就越多。基于这一理解，他对行非常重视，刚讲到"论先后，知在先"，马上让"论轻重，行为重"紧随其后。以行为重是朱熹的一贯主张。在他看来，仅仅有知是不够的，还要把知落实到行动上。因为只有经过行，才可使知更真切、更深刻。譬如要知道果子的酸甜滋味，"须是与他嚼破，便见滋味。"（《朱子语类》卷八）有鉴于此，朱熹反复强调：

致知力行，论其先后，固然以致知为先；然论其轻重，则得之以力行为重。（《朱文公文集卷五十·答程正思》）

论轻重，当以力行为重。（《朱子语类》卷九）

进而言之，朱熹之所以断言"论轻重，行为重"，是因为行是检验知的标准。这包括两个方面的含义：第一，知之是非必须通过行来检验。这便是所谓的"必待之皆是，而后验其知至。"（《朱子语类》卷十五）对父之孝、对兄之悌的认识是否正确，只有通过其事父、事兄的行为才能检验出来。第二，知之真切要通过行表现出来、加以验证。这便是所谓的"欲知知之真不真，意之诚不诚，只看做不做如何。真个如此做底，便是知至、意诚。"（《朱子语类》卷十五）在他看来，考查一个人知是否真、意是否诚，只有一条标准——力行。这就是说，仅仅知理而不去实行，这样的知便没有价值，知也等于不知。正是在这个意义上，朱熹一再断言：

苟徒知而不行，诚与不学无异。（《朱文公文集卷五十九·答曹元可》）

既致知，又须力行。若致知而不力行，与不知同。（《朱子语类》卷一百一十五）

在此基础上，朱熹进而指出，力行是明理之终。之所以要知，目的是行。于是，他再三强调：

　　为学之功，且要行其所知。(《朱文公文集卷四十六·答吕
道一》)

　　夫学问岂以他求，不过欲明此理，而力行之耳。(《朱文公文集卷
五十四·答郭希吕》)

　　书固不可不读，但比之行，实差缓耳。(《朱文公文集卷四十八·
答吕子约》)

　　再次，王守仁"知行合一"中的"知是行的主意""知是行之始"以
自己的方式重申了知对行的指导，都是在知指导行的意义上说的，与其他
理学家的观点惊人相似。尤其是朱熹，之所以在就一事而论时念念不忘知
在先就是为了以知指导行，在知的监督下进行。不仅如此，王守仁的"只
说一个知已自有行在，只说一个行已自有知在"强化了知对行的指导，使
知指导行从朱熹等人的自觉行动、理性选择变成了无意识的行为"本能"，
甚至是行与生俱来的"先天本性"。

　　综合以上情况，王守仁的"知行合一"与朱熹等人的知先行后并无本
质区别，其理论意图和精神实质基本相同。具体地说，二程、陆九渊、朱
熹对知先行后的陈述出于相同的意图和动机，那就是：若行，要先明白做
什么、如何做；所以，必须知在先。同样，为了反对脱离知而冥行，必须
知在先、行在后。这表明，他们讲知先行后是为了以知指导行。其实，这
也是王守仁断言知行不分先后、合一并进的题中应有之义，他的名言"知
是行的主意，行是知的工夫"已经把行牢牢地锁定在知的计划之内，目的
是将行永远控制在知的主意之下。尤其是在知行的相互依赖上，朱熹等人
的知先行后与王守仁的"知行合一"别无二致。在某种程度上可以说，正
是知指导行将宋明理学家的知先行后、知行相依和"知行合一"统一了起
来，因为从知行相互依赖的角度看，知先行后与知行相依、"知行合一"
以及不分先后等等观点之间并无本质区别，只是侧重不同而已。在这个视
界中，宋明理学家对知行关系的种种界说——前面提到的知先行后、知本
行次、行难知亦难、知行相依、以行为重、"知行合一"、不分先后等原来

说的是一个意思，这个共同的思想主旨既可以概括为知先行后，也可以表述为知行相依；当然，表达为以行为重或"知行合一"也未尝不可。因为这些说法都是技术性的，充其量只是表达方式或侧重不同，其思想主旨未尝有别。同样，在这个思维框架中透视王守仁对知行关系的看法则会发现，原来他所讲的"知行合一"也不是单向的，既包括行合于知，又包括知合于行；知与行之间的这种双向性的合一既是为了避免行脱离知，也是为了避免知落空。既然这样，"知行合一"与知先行后或知行相依之间还有什么不可逾越的鸿沟呢？换言之，宋明理学家关于知行关系的分歧只限于具体表达或侧重，具有一以贯之、殊途同归的思想实质。

这一点也是审视朱熹与王守仁知行观分歧的一个参考系数。王守仁的"知行合一"与其他人的知先行后之间既有相同点又有差异性；前者是大同，后者是小异。

第五节　知行的定位

宋明理学家知行观的所有特征和精神实质，一言以蔽之即道德内涵和伦理维度。由于将知认定为道德观念和道德体认，将行认定为道德躬行和道德践履，于是才有了以知为本、知先行后的认识，才有了对行的强调以及"知行合一"的结论。这些主张出于迎合宋明时期加强道德教化、维护等级秩序的社会需要，也反过来使他们的知行观注重道德修养方法，成为建构社会和谐的一部分。

一　以知为本

在宋明理学家的意识中，建构社会和谐必须加强道德教化，道德教化的目的是认识三纲五常等道德观念和行为规范，然后按照这些伦理规范的要求，服从既定的等级名分。这决定了道德教化的核心问题是如何处理道德认识与道德实践——知与行的关系问题。由于有了这个理论初衷，无论是否在时间上分先后，宋明理学家对知行关系的认定都强调行以知为指导——道德实践一定在道德观念和行为规范的指导下进行。究其原因，是为了强调只有在领悟道德原则和行为规范的前提下避免行动上的盲目性，才能保证所行符合道德要求，进而将行限定在等级名分的许可之内。这使以知为本成为理学家的一致观点，也成为其知行观的精神实质。在某种程度上可以说，他们对知行关系的所有表述——从知先行后、知行相依到"知行合一"等本质上都可以归结为以知为本。

以知为本是二程明确提出的，他们将之表述为知本行次。对此，程颐反复强调：

> 君子以识为本，行次之。今有人焉，而识不足以知之，则有异端者出，彼将流宕而不知反。（《河南程氏遗书》卷二十五）

> 学以知为本。……行次之。（《河南程氏遗书》卷二十五）

程颐认为，人若不知而行，便可能在异端、邪说的蛊惑下走上歧途。如此说来，要保证行之正确，必须以知为本。可见，知本行次论与前面的知先行后论之间具有相通性——都有以知指导行，以此确保行之正确的含义。此外，程颐还从知对行之安危的决定作用方面阐明了知本行次的道理。对此，他举例子说，人即使饥饿难忍也不去吃有毒的食物，因为知道那样做会危害生命；人不往水火里走，因为知道那样做危险。这些都证明，是知在保证着行的安全，使人远离危险。循着这个逻辑，若事先不知，懵懂而为，后果十分可怕。

程颐之所以主张知本行次，除了上面提到的只有先知才能保证行动的正确之外，还基于如下考虑：只要真知，便能行；只要知得深，便能无所不行。正是在这个意义上，他说道："须以知为本。知之深，则行之必至，无有知之而不能行者，知而不能行，只是知得浅。饥而不食乌喙，人不蹈水火，只是知。"（《河南程氏遗书》卷十五）按照程颐的说法，行以知为本，因为知中潜藏着行；只要知之深，自然能行。循着这个逻辑，若知而不行，那只是知之太浅或不知的缘故。正是出于这种考虑，他断言："未有知之而不能行者。谓知之而未能行，是知之未至也。"（《河南程氏粹言》

卷一，《论学篇》）这表明，知愈明白，行愈果断；反之，不知则不能行。可以作为反证的是，如果"力行"而不知，则会流于异端。有鉴于此，程颐明确指出，在知与行的关系中，知为本，行次之，知比行更重要。

不仅如此，为了更加突出知的价值和作用，针对《尚书·说命》的"知之非艰，行之惟艰"之语及由此而来的知易行难说，二程强调知亦难。对此，程颐指出，行固然难，然而，承认行难并不意味着知就不难。其实，行难知亦难。正是在这个意义上，他一再断言：

非特行难，知亦难也。（《河南程氏遗书》卷十八）

古之言"知之非艰"者，吾谓知之亦未易也。今有人欲之京师，必知所出之门，所由之道，然后可往。未尝知也，虽有欲往之心，其能进乎？后世非无美材能力行者，然鲜能明道，盖知之者难也。（《河南程氏粹言》卷一，《论学篇》）

在此，程颐反击知易行难的理由无非是不知即不能行，与知本行次确保行之方向异曲同工。这再次证明，他强调知亦难无非是为了在知与行都难的前提下提升知的重要性，在这个层次上，行难知亦难与知本行次在思想内涵和理论宗旨上完全相同。此外，知难还有另一层含义，即脱离明道之行——不以知为指导的行不具有道德价值。二程认为，从根本上说，知的目的是行，正如进行道德认识和修养的最终目的是要有正确的道德行为一样，行一定要以道德观念和行为规范为标准，符合其要求。通过强调知难，程颐旨在告诉人们，行为的本身并不难，难的是使行具有意义和价值。这正如美才能力行者有之，之所以行而无功，在于道不明一样。从这个意义上说，行并不难，难的是行而有功——所行符合等级名分的要求。这就是说，要说行难，难的也是明道、是知。可见，行难知亦难不是从行为的发生角度立论的，而是侧重行为的效果——是否符合知。二程对行必须符合知的要求决定了行对知的依赖，并由此得出了知亦难的结论。

总之，二程的知行观突出知的地位，从知先行后、知本行次到行难知亦难，一言以蔽之，都是以知为本。不仅如此，两人对知行关系的界定指引了理学的学术导向，致使以知为先、以知为本成为理学知行观的基本原则。此后，无论朱熹还是陆九渊、王守仁，不管提倡知先行后还是"知行合一"，在审视、处理知行关系时都明显地偏向知的一边。例如，断言"论轻重，行为重"的朱熹不厌其烦地强调以知为本、为先。在他的著作中，这样的句子并不难找到：

> 既知则自然行得，不待勉强。却是"知"字上重。（《朱子语类》卷十八）

> "穷理之要，不必深求"，此语有大病，殊骇闻听。行得即是，固为至论。然穷理不深，则安知行之可否哉？……则凡所作为，皆出于私意之凿，冥行而已，虽使或中，君子不贵也。（《朱文公文集卷四十·答程允夫》）

> 力行而不学文，则无以考圣贤之成法，识事理之当然。而所行或出于私意，非但失之于野而已。（《四书章句·论语章句卷一》）

在理学家重知这个问题上，尤其能说明问题的是朱熹和王守仁的分歧。如上所述，朱熹与王守仁一个主张知先行后、一个宣布"知行合一"，其思想实质都是重知。对于这一点，早期启蒙思想家王夫之、颜元的看法具有借鉴价值。

王夫之透视了朱熹与王守仁知行观的异同：第一，对于两人的分歧，他指出，朱熹知行观的核心命题是知先行后，这一观点"立一划然之次序，以困学者于知见之中。"（《尚书引义卷三·说命中二》）意思是说，朱熹的错误在于强调先知后行，由于知无止境而最后抛弃了行——"先知以废行"，"先知后行，划然离行以为知者也。"（《尚书引义卷三·说命中二》）王守仁知行观的核心命题——"知行合一"违反常识，是"知者非知，而行者非行也"。（《尚书引义卷三·说命中二》）意思是说，王守仁所讲的知并不是通常意义上的知，而是天赋良知；行并不是主观见之于客观的活动，而是意识活动。王守仁的错误在于"以知代行"乃至"销行以归知"，即以知吞并了行，从而取消了行。基于这种分析，王夫之反复断言：

> 以知为行，则以不行为行。……是其销行以归知，终始于知，而杜足于履中蹈和之节文，本汲汲于先知以废行也。(《尚书引义卷三·说命中二》)

> 不知其各有其功效而相资，于是而姚江王氏知行合一之说籍口以惑世；盖其旨本诸释氏，于无所可行之中，立一介然之知日悟，而废天下之实理，实理废则亦无所不包忌惮而已矣。(《礼记章句卷三十一·中庸》)

第二，对于两人思想的相同点，王夫之指出，朱熹与王守仁的主张表面看来截然对立——一先后、一合一，其精神实质和思维方式却别无二致，在对知行关系的认定上，二人"异尚而同归"。这里所讲的"同归"即先知废行、以知代行。可见，致使朱熹与王守仁殊途同归的是尚知、以知为本的价值旨趣和精神实质。

颜元不同意宋明理学家对知行关系的论述，并就朱熹的知先行后指出："朱子知行竟判为两途，知似过，行似不及。其实行不及，知亦不及。"(《存学编卷三·性理评》) 在此基础上，他进一步强调，理学家对知行关系的看法简直就是自欺欺人，犹如以看路程本代替走路一样，"观一处又观一处，自喜为通天下路程人。人亦以'晓路'称之，其实一步未行，一处未到。"(《颜习斋先生年谱卷下》) 按照颜元的说法，宋明理学家表面上既讲知又讲行，其实是知而不行、以知代行，让人始终在知这里兜圈子。这种评价与王夫之的观点非常相似，也印证了宋明理学家们以知为本的价值旨趣。

二　知、行的多重内涵和向度

上述介绍显示，对于宋明理学家的知行观来说，有了加强道德教化和维护宗法等级制度的立言宗旨，便有了对知、行道德内涵和伦理维度的彰显；有了知、行皆指对伦理道德之知、行，便出现了在以知为先、为本的同时强调以行为重这种貌似矛盾的做法：一方面，以知为先、为本是为了突出伦理道德的神圣性和权威性，在此基础上以知为指导，保证行的正确——所行即符合等级名分、维护等级秩序之行。另一方面，以行为重是因为只明白道德观念和行为规范是什么还不够，更为重要的是把所知落实到行动上，以三纲五常规范自己的行为，自觉地按照等级名分的规定为人处世。同时，宋明理学家以知为本也是由知、行的特定内涵决定的，在某种程度上可以说是基于知、行内涵的必然结论和不二选择。在他们那里，知的先验性或良知的与生俱来否定了知源于行的必要性，知的良知内涵决定了行的是非、荣辱完全取决于知。两方面共同决定了理学家在审视、处理知与行的关系时对知格外重视。这就是说，他们之所以如此推崇知，归根到底取决于其知、行不是对自然事物的认识或改造世界的活动，而是道德认识和道德实践。而要保证所行符合道德要求，最基本的一点是先明白道德准则和行为规范是什么。于是，便有了知先行后、以知为本之说。需要说明的是，他们所讲的知先行后是就如何在现实生活中处理知行关系而言的，不是发生论而是实践论——并且主要是道德论层面上的。即使在实践领域，知先行后也不是事实层面而是价值层面的。在事实领域，宋明理学家们不否认行先知后的可能性，承认没有知也可以行，存在着不知而行的现象。然而，他们认为这种行属于冥行、妄行，是危险或不善的，在价值上不予认可。所以，在价值领域，只有知先行后，决不允许不知而行。换言之，不知而行只存在于事实领域，价值领域的行一定要在知的指导下进行，只能知先行后；一定要行其所知，只能以知为本。

从客观效果来看，宋明理学家的知行观在社会上产生了重大影响，不论是知先行后还是以知为本，抑或是知行相互依赖都有效地维护了宋明社会的和谐稳定，尤其是在督促人们自觉加强道德修养、严格按照等级名分处理各种关系方面发挥了重要作用。

从理论层面来看，宋明理学家对知、行道德意蕴的挖掘和伦理维度的观照具有积极意义和永恒价值。抛开宋明特定的历史环境不谈，不论何时何地，不管对于知还是对于行，道德意蕴和伦理维度都不可或缺；离开了这一点，知、行残缺，人也将由于远离理想、高尚而变得庸俗不堪，甚至堕落而变得畸形。历史以雄辩的事实昭示人们，人的价值理性内涵在知、行的道德意蕴和伦理维度中，并且通过它们彰显出来。在这方面，宋明理学家对知、行和知行关系的道德意蕴、伦理维度的关注具有永恒的启迪意义，对于提高人的生活品位、净化人的心灵功不可没。同时，由于突出道德意蕴和伦理维度，他们的知行观也成为中国古代哲学和传统文化伦理本位的典型形态之一。

与此同时，就知、行的道德内涵和伦理维度而言，宋明理学家对知先行后的强调和对以知为先、为本的执着具有无可辩驳的合理性。这是因为，一个最简单的事实是，道德行为的发生不是随意的，也不是懵懂的，它需要道德选择的引导、道德理念的支持、道德舆论的监督和道德规范的评价。所有这些显然都是知所承载或给予的。知在道德领域的这种无可比拟的重要性与在其他领域的情形不可同日而语。例如，在认识或实践领域，往往是通过行而突破原有的认识，甚至是带来由无知到有知的飞跃。有鉴于此，科学研究、科学实验鼓励开拓和创新，允许存在某种程度的猜测、假设、探索或冒险成分。这种情况决定了行在这里有时具有决定性的意义，在这些领域不必一定要知在先。特别是在本体领域，从发生学的角度看，一定是先行后知。之所以具有如此差异，根本原因在于，在道德领域，行的后果是善或恶，而行为后果的善恶评价系统是由知提供的，或者说，是知事先预设的。除此之外，是否应该行，应该怎么行，也是知所给予的。这就是说，在道德领域，行的各个环节——从计划、实施到结果都是在知的策划、监督和评价中进行的。这一切决定了离开知的参与，就无法行。与道德领域的情况有别，在认识或实践领域，行的结果是成功或失败，而不再是善或恶。与此相关，在这些领域，知的作用是保证行的功效，侧重实用效果和使用价值，而不是意义或价值本身。在道德领域，知变得举足轻重，由道德观念、道德选择、道德目标、道德原则、道德条目和道德规范等组成的价值系统直接决定了行的意义和后果。如果不明白什么是对什么是错，不知道是非臧否，分不清真善美与假恶丑，便没有行动上的方向和尺度。在这种情况下，绝对无法保证行为的高尚和行动的正确。宋明理学家对知行关系的认定道出了这一真理。

当然，道德内涵和伦理维度不可缺少，决不意味着这些是知行的全部内涵和知行关系的唯一维度。正如知可以分为感性的、理性的、道德的、功利的等不同层次一样，行有存在的、认知的、审美的、实践的等诸多意蕴。宋明理学家在界定知、行内涵和处理知行关系时关注道德意蕴、侧重伦理维度没有错，甚至可以说，这是他们的理论特色和优长之处。理学家的错误在于，由于将道德意蕴和伦理维度无限夸大、膨胀，进而遮蔽、隐去了知、行的其他内涵和知行关系的其他维度，致使知、行的内涵变得狭隘而残缺不全，知行关系也成为单向度的伦理关系。在这方面，王夫之、颜元等早期启蒙思想家对宋明理学知行观的批判具有借鉴价值，对知行向实践和认知领域的拓展具有积极意义。

此外，宋明理学家的知行观在以最完整、最典型乃至最极端的形式彰显中国古代哲学和传统文化的伦理本位的同时，也像一面最澄澈的镜子折射出伦理本位的长短得失。上述透视显示，如果说对伦理本位的凸显优点是张扬人的价值理性或实践理性、进而提升人的生存品位的话，那么，缺点则是漠视与价值理性相对应的工具理性和人的物质需要。这既是价值天平的失衡，也是对人的阉割——与价值观上极度偏袒价值理性相呼应，宋明理学家的知行观具体到人生意义和行为追求上便是用精神追求、道德完善淹没人的生理欲望和物质追求。

第十九章　修养工夫

儒学的道德情结通过不同侧面充分体现出来，除了在本体领域彰显伦理道德的地位和权威，形成纯粹的道德形而上学，还包括在实践领域对人伦道德的践行推广。对于儒家的道德哲学而言，如果说知行哲学侧重道德观念向道德践履的转换的话，那么，践履方法和修养工夫则聚焦实践领域的具体操作。事实上，宋明理学家探讨知行关系是出于加强道德教化，这决定了他们对知、行内涵和知行关系的厘定与宗法等级秩序息息相通；因而不可能只限于理论认识，而必须落实到实践领域，甚至关键在于躬行践履。有鉴于此，宋明理学家注重道德修养工夫，一面把对知、行以及知行关系的理解推进到操作层面，一面在实践领域将知、行蕴含的等级观念践履出来。在这方面，他们极其重视诚、敬、存心、格物、致知等躬行践履和道德实践，形成了系统的道德修养工夫论。在当时，无论是程朱的"格物致知"说、"主敬"说还是陆九渊的"自存本心""先立其大"说、王守仁的"致良知"说均有很大的社会影响，都对道德教化的深入和宗法等级秩序的加强起到了推动作用。宋明理学家的道德修养工夫出于维护宗法等级秩序的需要，植根于以宗法等级制度为依托的和谐理念，作为和谐理念的操作方法、践履躬行反映出他们对和谐操作进路的设计和构想。

第一节　二程的敬诚、格物和致知

为了突出道德教化和道德实践的作用，二程强调后天学习的重要性。正是在这个意义上，程颐反复指出：

> 人初生，只有吃乳一事不是学，其他皆是学。（《河南程氏遗书》

卷十九)

> 生而知之固不待学，然圣人必须学。（《河南程氏遗书》卷十九）

只有肯定后天学习的重要性才能突出道德教化的可能性、可行性和必要性。正是由于这个原因，二程非常重视后天的学习和修养，并且提出了道德教育和道德修养的根本方针。对此，程颐概括为"涵养须用敬，进学则在致知。"（《河南程氏遗书》卷十八）

对于敬，二程极为重视。他们说："识道以智为先，入道以敬为本。……故敬为学之大要。"（《河南程氏粹言》卷一，《论学篇》）这就是说，敬是入道的关键，无敬则不能入道。这使敬作为道德修养的第一步显得非常重要。对于敬是什么以及如何敬，程颐是这样解释的：

> 所谓敬者，主一之谓敬。所谓一者，无适之谓一。（《河南程氏遗书》卷十五）

> 主一者谓之敬。一者谓之诚。（《河南程氏遗书》卷二十四）

> 一心之谓敬。（《河南程氏粹言》卷二，《心性篇》）

> 有为不善于我之侧而我不见，有言善事于我之侧而我闻之者，敬也，心主于一也。（《河南程氏粹言》卷二，《心性篇》）

在程颐的视界中，所谓敬，与主一、诚或无适说的是一个意思，是指在接受道德教育和从事道德修养的过程中，在识道、入道等各个环节使心收敛专一、不分散、不二用，"不敢欺""不敢慢"。在此，二程强调，释、老让人形如槁木是错误的，因为"人者生物也，不能不动，而欲槁其形；不能不思，而欲灰其心；心灰而形槁，则是死而后已也。"（《河南程氏粹言》卷二，《心性篇》）按照两人的说法，敬并非释、老之静——既不是道家的"绝圣弃智"，也不是佛家的坐禅入定。因为人心"如明鉴在此，万物毕照"，断"不能不交感万物，亦难为使之不思虑"。释、老因为"患其纷乱"而让人"屏去思虑"，这是行不通的。二程强调，要想免除纷乱，正确的方法只有一个，那就是："唯是心有主"。在两人看来，一旦用敬使心有主，便可做到"邪不能入"，这才是最高明的办法。

二程不仅以诚释敬，而且将敬与诚并提，进而对诚十分重视。对于何为诚，程颐解释说："真近诚，诚者无妄之谓。"（《河南程氏遗书》卷二十一下）这就是说，诚即真实不欺。不仅如此，他强调，真实不欺之诚是道德修养以至一切事业成败的关键；缺少诚，道德修养必将流于空伪。基于这种认识，程颐断言："学者不可以不诚，不诚无以为善，不诚无以为君子。修学不以诚，则学杂；为事不以诚，则事败；自谋不以诚，则是欺其心而自弃其忠；与人不以诚，则是丧其德而增人之怨。"（《河南程氏遗书》卷二十五）

在"涵养须用敬"的同时，二程更重视和强调致知，因为致知是为学之道，更是道德修养的根本工夫。进而言之，两人所讲的致知是以"知者吾之所固有"为前提的。二程认为，仁义礼智信即吾德，为吾心所固有。这表明，人人心中皆有一种"不假见闻"的德性之知。然而，这固有之知却时时为物欲所迷惑而"迷而不知"；要使吾心之知显现出来，必须下一番工夫——致。对此，程颐解释说："知者吾之所固有，然不致则不能得之，而致知必有道，故曰'致知在格物'。"（《河南程氏遗书》卷二十五）他认为，欲致知必须格物，格物是致知的手段和途径。对于格物，程颐作了自己的解释："格犹穷也，物犹理也；犹曰穷其理而已也。穷其理，然后足以致之，不穷则不能致也。"（《河南程氏遗书》卷二十五）在他看来，格物便是穷理。作为致知的手段和途径，格物的方式是多种多样的，这用程颐的话说便是："穷理亦多端：或读书，讲明义理；或论古今人物，别其是非；或应接事物而处其当，皆穷理也。"（《河南程氏遗书》卷十八）基于这种认识，他要求人通过各种途径格物而穷理。程颐强调，穷理从本质上说并不是认识事物本身固有之理，而是领悟天理在各种事物上的不同体现，因为格物的目的是致知，穷理归根结底是明吾心固有之理。同时，他认为，格物、致知是一个逐渐积累的过程，"须是今日格一件，明日又格一件，积习既多，然后脱然自有贯通处。"（《河南程氏遗书》卷十八）这就是说，通过不懈的格物致知，内外印证，逐渐便能豁然贯通，使我心之理大明。当然，在此过程中，还必须按照孟子的教导而不断地寡欲和求放心。

第二节　朱熹的存心、格物和致知

为了配合、推进道德教化，朱熹提出了一套道德实践和修养方法，其核心便是存心、格物和致知。他把人的命与性都分为两种，并要人正确对待，是为了通过践履天理、超凡入圣，这使其人命论与人性论最终都汇聚为"去人欲，存天理"。其实，在朱熹哲学中，不论是"去人欲，存天理"还是对待性命的方法在现实生活和道德修养中都具体转化为存心、格物和致知等践履工夫。

朱熹认为，天命人以命就是使天理体现为人之性命，而这是通过心完成的。对于天命人以命的方式，他进行了如下比喻和说明：

> 命，便是告札之类；性，便是合当做底职事，如主薄销注，县尉巡捕；心，便是官人；气质，便是官人所习尚，或宽或猛；情，便是当听处断事，如县尉捉得贼。情便是发用处。（《朱子语类》卷四）

> 心固是主宰底意，然所谓主宰者，即是理也。不是心外别有个理，理外别有个心。……"人"字似"天"字，"心"字似"帝"字。（《朱子语类》卷一）

在朱熹看来，天命人以命即把天理注入人心，命好比告命公文，吩咐人所应当做的事，这使命在实践操作层面转化成了性和心。如此说来，既然心中包含的是天赋予人的性命，那么，通过存心便可知性、尽性、尽命、待命。同时，他指出，人禀理而生，生来即具仁义礼智之善，这使人心至灵，宇宙万物之理都被包容于人的一心之内。对此，朱熹反复宣称：

心包万理，万理具一心。(《朱子语类》卷九)

盖人心至灵，有什么事不知，有什么事不晓，有什么道理不具在这里。(《朱子语类》卷十四)

基于这种认识，朱熹呼吁存心。对于存心的重要性，他声称："人只一心为本。存得此心，于事物方知有脉络贯通处。"(《朱子语类》卷十四) 朱熹认为，存心是尽性、穷理、至命的前提和必要条件：心包含理，理就存在于心中；只有存心，才可能尽性、穷理。与此同时，他强调，对于穷理、尽命来说，仅有存心还不够，必须在存心的同时，把存心与格物、致知结合起来，才能达到预想之目的。这是因为："心之所主，又有天理人欲之异。二者一分，而公私邪正之涂判矣。"(《朱文公文集卷十三·辛丑延和奏札二》) 格物、致知就是要保存人心的善良本性而"去人欲，存天理"。

朱熹强调，人心本来是善良而全知的，这种至善的心却被气禀所蒙蔽，因而不能得到充分的体现和发挥。对此，他断言："人心莫不有知，所以不知者，但气禀有偏，故知之有不能尽。所谓致知者，只是教他展开使尽。"(《朱子语类》卷十四) 这就是说，要使人的至善之心充分发挥出来，就必须涤除物欲，拨开气禀所拘。这个过程或工夫就是格物、致知。

朱熹认为，存心就是不失本心，人心是至善的，因为人生来都具有至善的天命之性，是后天物欲的引诱、蔽障使之不断地丧失了。对此，他指出："人性无不善，只缘自放其心，遂流于恶。"(《朱子语类》卷十二) 循着这个逻辑，要抵制物欲的诱惑必须进行道德修养，而道德修养的具体方法便是从存心做起。因此，对于存心，朱熹十分重视并每每断言：

圣人千言万语，只要人不失其本心。(《朱子语类》卷十二)

能存得自家个虚灵不昧之心，足以具众理，可以应万事，便是明得自家明德了。(《朱子语类》卷十四)

在朱熹看来，存心的目的是"不失其本心"，一旦本心丧失就要把已经放失的心"收拾回来"。在这个意义上，存心即"求放心"。按照他的说法，"求放心"的工夫要不间断地去做才能收到良好效果，"只是此心频要省察，才觉不在，便收之尔。"（《朱子语类》卷五十九）

朱熹进而指出，对于道德修养来说，存心、"求放心"只是第一步，还要在此基础上做格物、致知的工夫，后者较之前者更为重要。出于对格物、致知的重视，他指出，在《大学》八条目中，格物、致知是"源头上工夫"，是诚意、正心、修身、齐家、治国和平天下的基础。

鉴于格物、致知的极端重要性，朱熹对之展开了深入的论述和阐释。关于致，他界定："致者，推至其极之谓。"（《朱子语类》卷六十二）知，则是吾心固有之知。所谓致知，就是把吾心固有之知推广、扩充到极致。对此，朱熹解释说："人于仁义礼智，……此四者皆我所固有，其初发时毫毛如也。及推广将去，充满其量，则广大无穷。"（《朱子语类》卷五十三）这决定了人进行道德修养必须自觉地做致知的工夫。进而言之，既然致知如此重要，人应该如何从事致知呢？朱熹强调"致知在格物"，与二程一样将格物视为致知的根本方法。关于格物，他将"格"诠释为"至""尽"，认定物即事物，致使格物成为穷尽事物之理。于是，朱熹再三指出：

> 格物者，格，尽也，须是穷尽事物之理。（《朱子语类》卷十五）

> 所谓格物，便是要就这形而下之器，穷得那形而上之道理而已。（《朱子语类》卷六十二）

> 格物，是穷得这事当如此，那事当如彼。如为人君，便当止于仁；为人臣，便当止于敬。又更上一著，便要穷究得为人君，如何要止于仁；为人臣，如何要止于敬，乃是。（《朱子语类》卷十五）

由此可见，格物就是要彻底弄懂、弄通事物之理。按照朱熹的理解，彻底弄懂事物之理就是深刻体悟天理在不同事物上的表现。与此相关，他强调格物的广泛性，要求人最大限度地接触外界事物，格一草一木一昆虫之理。对此，朱熹解释说，眼前凡所应接的都是物，宇宙中的事物各有其理，格物时一定要一一格过。基于这种认识，他指出："上而无极、太极，下而至于一草、一木、一昆虫之微，亦各有理。一书不读，则阙了一书道理；一事不穷，则阙了一事道理；一物不格，则阙了一物道理。须著逐一件与他理会过。"（《朱子语类》卷十五）这就是说，对于格物来说，一物不格，便缺了一物的道理；一书不读，便缺了一书的道理。格物就是"今日格一件，明日格一件，格得多后，自脱然有贯通处。"（《朱子语类》卷一百〇四）换言之，格物的方法和过程是先接触各类事物，进行量的积累，积累多了豁然贯通，进而穷得天理。正是在这个意义上，朱熹又云：

> 世间之物，无不有理，皆须格过。古人自幼便识其具。且如事君事亲之礼，钟鼓铿锵之节，进退揖逊之仪，皆目熟其事，躬亲其礼。及其长也，不过只是穷此理，因而渐及于天地鬼神日月阴阳草木鸟兽之理，所以用工也易。今人皆无此等礼数可以讲习，只靠先圣遗经自去推究，所以要人格物主敬，便将此心去体会古人道理，循而行之。如事亲孝，自家既知所以孝，便将此孝心依古礼而行之；事君敬，便将此敬心依圣经所说之礼而行之。一一须要穷过，自然浃洽贯通。（《朱子语类》卷十五）

朱熹进而指出，是否能够通过格物达到致知的目的，取决于格物时是否存心。为了真正在格物中"穷天理"，他强调，存心是格物的前提，格物前一定要先存心；不仅如此，格物以致知为目的，格物应该始终围绕致知这一目的展开。有鉴于此，在强调格物要广泛、不能遗漏一物的前提下，朱熹指出，格物"须有缓急先后之序"，不应在广泛格物的过程中"泛然以观万物之理"。这是因为，格物就是领会体现在一草一木一昆虫之中的天理而非真的要以草木、昆虫本身为对象，如果在格物时忘了其中的先后、本末、缓急之序而"兀然存心于一草木、一器用之间，……是炊沙而欲其成饭也"（《朱文公文集卷三十九·答陈齐仲》）。这就是说，格物的目的是"穷天理，明人伦"，格物的主要意图是让人在应事接物中晓得采取何种正确的道德行为，真正弄懂为什么要这样做的道理，知"至善之所在"而把握天理。这一初衷决定了格物要始终围绕着致知展开，否则就会像炊沙成饭一样劳而无功。这再次表明，在他的意识中，格物是致知的一个步骤、一种手段，其真正目的不是穷尽事物本身之理，而是"穷天理，明人伦"。与此相关，从本质上说，朱熹所讲的格物是对伦理道德的体悟。下面两段话都证明了这一点：

> 如今说格物，只晨起开目时，便有四件在这里，不用外寻，仁义礼智是也。（《朱子语类》卷十五）

> 君臣父子兄弟夫妇朋友，皆人所不能无者，但学者须要穷格得尽。事父母，则当尽其孝；处兄弟，则当尽其友。如此之类，须是要见得尽。若有一毫不尽，便是穷格不至也。（《朱子语类》卷十五）

不仅如此，基于对格物的特定理解，朱熹主张，格物以致知为归宿、格物与致知是"一本"。在他看来，格物与致知讲的是一回事，只是侧重和视角不同——格物就主体作用于认识对象而言，致知则就认识过程在主体方面引起的结果而言。因此，格物与致知决无本质之别，且"无两样工夫"。正是在这个意义上，朱熹再三宣称：

> 格物，以理言也；致知，以心言也。（《朱子语类》卷十五）

> 致知，是自我而言；格物，是就物而言。（《朱子语类》卷十五）

> 致知、格物，只是一事，非是今日格物，明日又致知。（《朱子语类》卷十五）

基于这种认识，朱熹进而指出，格物与致知同时进行，在时间上是同步的，甚至是同一过程。致知与格物并不是截然分开的两个过程：一方面，致知是目的，格物是手段；通过格物，可以达到致知的目的。另一方面，格物、致知不仅在时间上同步，而且在内容上同一，都可以归结为使良知、天理逐渐显露而豁然开朗的过程。这表明，格物与致知不仅在本质上一致、在内容上相通，而且在时间上同步。对于这个与格物无别，并且作为格物目的的致知究竟是什么，朱熹指出，致，"推极也"，即扩充到极点之义；知主要指人内心先天固有的天赋之知即良知，或称"天德良知"。致与知合而言之，即"推极吾之知识，欲其所知无不尽也"（《四书章句·大学章句卷一》）。简言之，致知就是彻底扩充、显露内心先天固有的天理良知。这借用他本人的话说就是："致知工夫，亦只是且据所已知者，玩索推广将去。具于心者，本无不足也。"（《朱子语类》卷十五）这个说法使致知与格物一样成为一个伦理范畴。事实上，朱熹每每都在人伦日用间、围绕伦理道德来理解致知。据载：

> 问："致知莫只是致察否？"曰："如读书而求其义，处事而求其当，接物存心察其是非、邪正，皆是也。"（《朱子语类》卷十五）

进而言之，朱熹所讲的格物、致知不仅是认识方法和道德修养，更重要的是明天所命、尽性至命的功夫。因此，无论格物还是致知都是体悟上天赋予人的、作为人之性命的天理——仁义礼智。不仅如此，他确信，通过存心、格物和致知等一系列的修养工夫，人完全能够明天所命，进而通过穷理、明命、明德而尽性、至命。正是在这个意义上，朱熹说道：

> （明德、明命——引者加）便是天之所命谓性者，……自人受之，唤做"明德"；自天言之，唤做"明命"。今人多鹘鹘突突，一似无这个明命。若常见其在前，则凛凛然不敢放肆……人之明德，即天之明命。虽则是形骸间隔，然人之所以能视听言动，非天而何。……天岂曾有耳目以视听！只是自我民之视听，便是天之视听。如帝命文王，岂天谆谆然命之。……若一件事，民人皆以为是，便是天以为是；若人民皆归往之，便是天命之也。（《朱子语类》卷十六）

在重视格物、致知的同时，朱熹强调诚意，指出诚意是从事道德修养的工夫，是为善去恶的关键。在他那里，诚意就是"表里如一""不自欺。"人只有做到诚实无欺，才算过了善恶关。鉴于诚意的重要性，朱熹把之与致知一起说成是学者的两个关，强调此两关对于学者至关重要。因此，他再三指出：

> 透得致知之关则觉，不然则梦；透得诚意之关则善，不然则恶。（《朱子语类》卷十五）

> 格物是梦觉关，格得来是觉。（《朱子语类》卷十五）

> 过此一关，方是人，不是贼。（《朱子语类》卷十五）

朱熹认为，致知乃梦与觉之关，诚意乃恶与善之关；只有过了这两道关，方是人。他进而指出，从存心、格物到致知，"敬"字贯穿道德修养的全程，乃是道德修养的根本态度和基础工夫。于是，朱熹一再强调：

> "敬"字工夫，乃圣门第一义。（《朱子语类》卷十二）

> "敬"之一字，直圣门之纲领，存养之要法。（《朱子语类》卷十二）

有鉴于此，朱熹对敬非常重视，从诸多方面界定了敬的内涵：第一，敬是"主一"，"主一只是专一。"（《朱子语类》卷九十六）在这个意义上，敬是心志专一，"整齐纯一"。第二，"敬是戒慎恐惧之义。"（《朱子语类》卷六十九）在这个意义上，敬是"身心收敛，如有所畏"，"不敢放纵"，"整齐严肃"，"内无妄思，外无妄动。"（《朱子语类》卷十二）第三，敬是"常敬"，不可间断。在这个意义上，敬须持之以恒，不论有事无事都要敬——"无事时敬在里面，有事时敬在事上。有事无事，吾之敬未尝间断也。"（《朱子语类》卷十二）

第三节　陆九渊的"自存本心""先立其大"

陆九渊认为，对于宗法等级秩序的和谐建构而言，"正人心"即整顿、强化道德是为政的根本。因此，他对道德修养和道德教化十分重视，提出了一套系统的道德修养方法，其核心就是所谓的"自存本心""先立其大"。

陆九渊"自存本心""先立其大"的理论基础是良心、正性与生俱来，人人皆有完整无缺的道德意识和判断是非善恶的能力。因此，只要此心不受蒙蔽、不使丧失，便可"当恻隐时自然恻隐，当羞恶时自然羞恶，当宽裕温柔时自然宽裕温柔，当发强刚毅时自然发强刚毅"（《陆九渊集卷三十五·语录下》）。这就是说，在善良本心的支配下，人自然会做出符合伦理道德的反应和行动来。所以，他再三宣称：

> 良心正性，人所均有。不失其心，不乖其性，谁非正人？纵有乖失，思而复之，何远之有？（《陆九渊集卷十三·与郭邦瑞》）

> 心苟不蔽于物欲，则义理其固有也，亦何为而茫然哉！（《陆九渊集卷十四·与傅齐贤》）

> 苟此心之存，则此理自明。……是非在前，自能辨之。（《陆九渊集卷三十四·语录上》）

陆九渊认为，许多人之所以"为愚为不肖"是善良的本性受到了蒙蔽和伤害，"气有所蒙，物有所蔽，势有所迁，习有所移"，因而"迷而不解"（《陆九渊集卷十九·武陵县学记》）。如此说来，人之大患在于不知保养本心而使之被戕贼、被放失。正是在这个意义上，他反复声称：

> 此心之良，人所均有，自耳目之官不思而蔽于物，流浪辗转，戕

贼陷溺之端不可胜穷。(《陆九渊集卷五·与徐子宜》)

人孰无心，道不外索，患在戕贼之耳、放失之耳。(《陆九渊集卷五·与舒西美》)

有鉴于此，陆九渊极其重视存心在道德修养中的作用，以至把自己的书斋命名为"存斋"。按照他的说法，存心是进行道德修养的根本方法和途径，存心的工夫是"为学之门，进德之地"(《陆九渊集卷五·与舒西美》)。进而言之，为了更好地存心，陆九渊大力宣传孟子"先立其大"的观点，指出人的耳目口鼻("小体")都是受心("大体")支配的，只有"先立其大"、做存心养心的工夫，使此心清明端正，耳目口鼻才不致被物欲所引诱、所蒙蔽；也只有在此心的支配下，耳目口鼻的一切反应才能符合伦理道德的要求。由于一再教人"先立其大"，"先立其大"简直成了陆九渊的口头禅。对此，他本人直言不讳地说："近有议吾者云，除了'先立乎其大者'一句，全无伎俩，吾闻之曰：诚然。"(《陆九渊集卷三十四·语录上》) 对于怎样才能"自存本心""先立其大"，陆九渊的回答是："将以保吾心之良，必有以去吾心之害。何者？吾心之良，吾所固有也；吾所固有而不能以自保者以其有以害之也。有以害之而不知所以去其害，则良心何自而有哉？故欲良心之存者，莫若去吾心之害。"(《陆九渊集卷三十二·养心莫善于寡欲》)

按照陆九渊的理解，存心就是养心，其根本原则和方法在于清除戕害吾心的种种因素。为了说明这个道理，他常引用《孟子》牛山之木的例子一再告诫弟子说："'牛山之木尝美'，以下，常宜讽咏。"(《陆九渊集卷三十四·语录上》) 陆九渊之所以反复讲牛山之木这一章，旨在说明要想保持"吾心之良"就必须像严防"斧斤之伐"和"牛羊之牧"那样"去吾心之害"，确保吾心无所损伤；同时，还要进一步保养吾心，使心像树木得到"雨露滋润"一样"日以畅茂条达""光润日著"(《陆九渊集卷三·与刘深父》)。如此说来，"保吾心之良"与"去吾心之害"是一个问题的两个方面，可以说"保吾心之良"的关键在于"去吾心之害"。那么，吾心之害究竟是什么呢？对此，陆九渊援引孟子的观点宣称："夫所以害吾心者何也？欲也。欲之多则心之存者必寡，欲之寡则心之存者必多。故君子不患夫心之不存，而患夫欲之不寡。欲去，则心自存矣。"（《陆九渊集卷三十二·养心莫善于寡欲》）基于这种分析，陆九渊的结论回到了孟子的"养心莫善于寡欲"——一旦通过寡欲而无欲，则"天理自全"。为此，他要求人放弃对外物的追求，主动清除潜入吾心之中的物欲。陆九渊解释说，人心本自清明，如同一面没有染尘、生锈的镜子，是晶莹透亮的；此心"才一逐物，便昏眩"了，就如同镜子染尘、生锈不再明亮了。为了使心恢复清明，必须清除物欲，做除尘、去锈的工作。这就是"剥落"的工夫。对此，他宣称："人心有病，须是剥落。剥落得一番即一番清明。后随起来又剥落，又清明。须是剥落得净尽方是。"（《陆九渊集卷三十五·语录下》）陆九渊进而指出，主动清除物欲的过程就是把已经放失的本心收拾回来的过程。为了把物欲清除干净，人必须按孟子的教导，像"饥之于食，渴之于饮，焦之待救，溺之待援"一样增强"求放心"的紧迫性，把自己放失的善良之心收拾回来。进而言之，存心、寡欲、剥落和"求放心"落到实处就是"切己自反，改过迁善"（《陆九渊集卷三十四·语录上》）。在他看来，恢复本心的过程就是改过迁善的过程，一旦知非，则"本心即复"。因此，陆九渊一再告诫人对过错要"猛省勇改"。

值得注意的是，在道德修养的方法上，陆九渊与朱熹的观点存在巨大分歧，这用陆九渊的话说就是：前者"简易"，后者"支离"。在南宋和后来，人们曾经将陆九渊与朱熹之间的分歧归结为陆九渊重"尊德性"，朱熹重"道问学"。对此，他们本人也是同意的。存心之说来自孟子，陆九渊对此推崇备至。尽管朱熹也十分强调存心，然而，他一面讲存心，一面大讲格物，主张从外面的事物上体认天理，并泛观圣贤之书，通过逐渐积累的方法去领悟天理。陆九渊指责说，朱熹的这套方法显然是"道在迩而求诸远，事在易而求诸难"（《陆九渊集卷三十五·语录下》）——不仅做起来舍近求远、支离破碎，而且在效果上收效甚微，容易让人舍本逐末，忽略根本问题而走向迷途。按照陆九渊的说法，天理即是吾心，"非由外铄"，只要存得心，"则此理自明"，是十分简易的。相反，如果"必求外铄，则是自湮其源，自伐其根"（《陆九渊集卷十二·与赵咏道四》）。对此，他进一步解释说，向外求道便是"精神在外"，而"精神在外至死也劳攘",是徒劳无益的。基于这种认识,陆九渊把前者称为"内入之学",把后者称为"外入之学",并把"从里面出来"视为唯一正确的方法,坚决反对"外入之学"。按照陆九渊的划分,朱熹的方法显然属于"外入之学",因而他坚决予以反对。与此相联系,陆九渊偶尔也讲格物,但与朱熹的理解大相径庭。陆九渊把格物解释为"减担",进而指出:"圣人之言自明白。且如弟子入则孝、出则弟,是分明说与你入便孝、出便弟,何须得传注?学者疲精神于此,是以担子越重。到某这里,只是与他减担,只此便是格物。"(《陆九渊集卷三十五·语录下》)

陆九渊所谓的"减担"就是不让人疲精神于外、劳精神于书本,从而去掉因精神在外造成的负担。可见,这样的格物属于"简易工夫",在本质上依然是反省内求、存心养心的工夫,依然属于"内入之学"。

第四节　王守仁的"致良知"

如上所述,程朱讲道德修养时极其重视格物、致知,并将其视为道德修养的根本途径。王守仁对程朱理学特别是朱熹哲学发生怀疑正是从格物开始的。有鉴于此,他屡屡批判朱熹的格物说,其主要论点如下:

> 朱子所谓"格物"云者,在即物而穷其理也。即物穷理,是就事事物物上求其所谓定理者也。是以吾心而求理于事事物物之中,析"心"与"理"而为二矣。(《王阳明全集卷二·答顾东桥书》)

> 先儒解格物为格天下物。天下之物,如何格得?且谓一草一木亦皆有理,今如何去格?纵格得草木来,如何反来诚得自家意?(《王阳明全集卷三·传习录下》)

可见,王守仁是从三个方面反对朱熹对格物的理解的:第一,指出朱熹的格物"求理于事事物物",犯了"析'心'与'理'而为二"的错误,方向不对。按照王守仁的说法,理不在事物而在吾心,"求理于吾心"

才是认识和修养的唯一途径。第二，指出朱熹格物的方法是错误的。朱熹要人格尽天下之物，这是不可能的。王守仁认为，朱熹"要格天下之物，如今安得这等大的力量？……其格物之功，只在身心上做。"（《王阳明全集卷三·传习录下》）第三，宣布朱熹的格物与道德修养脱节，终归解决不了自家诚意的问题。在王守仁看来，朱熹一面把"穷天理，明人伦"作为格物的目的，一面把"格一草一木一昆虫之理"作为格物的手段，其目的与手段是脱节的。

从此出发，王守仁对格物、致知作了自己的新解，其基本精神便是把格物、致知完全纳入其"致良知"体系。于是，对于格物、致知，他一再界定说：

> 若鄙人所谓致知格物者，致吾心之良知于事事物物也。吾心之良知，即所谓天理也。致吾心良知之天理于事事物物，则事事物物皆得其理矣。致吾心之良知者，致知也。事事物物皆得其理者，格物也。（《王阳明全集卷二·答顾东桥书》）

> 然欲致其良知，亦岂影响恍惚而悬空无实之谓乎？是必实有其事矣。故致知必在于格物。物者，事也。凡意之所发必有其事，意所在之事谓之物。格者，正也，正其不正以归于正之谓也。正其不正者，去恶之谓也。归于正者，为善之谓也。夫是之谓格。（《王阳明全集卷二十六·大学问》）

在这里，王守仁把《大学》的致知说与孟子的良知说结合起来，提出了"致良知"说。他指出："'致知'云者，非若后儒所谓充广其知识之谓也，致吾心之良知焉耳。"（《王阳明全集卷二十六·大学问》）在此基础上，王守仁把致知解释为致吾心之良知，致知成为充分显露、发挥心中先天固有的良知。与此同时，他把物训为事，把格训为正；如此一来，格物便成了"正事"——端正自己的行为，严格按照道德准则行事。至此，致知、格物都成了伦理范畴，也从根本上堵塞了向外求理的可能性和必要性。从这个意义上说，格物、致知就是"致良知"。依据王守仁的说法，良知万善具足，万理具备，"完完全全"，只要忠实地将良知作为"自家底准则"和"明师"，"实实落落地依着他做去"，便能存善去恶，知是知非，"无有不是处"，"稳当快乐"。因此，他把"致良知"奉为求理明道的唯一门径和求贤入圣的不二法门。对此，王守仁自鸣得意地说："吾平生讲学，只是'致良知'三字。"（《王阳明全集卷二十六·寄正宪男手墨二卷》）

王守仁的格物致知说集中反映在"王门四句教"中："无善无恶是心之体，有善有恶是意之动，知善知恶是良知，为善去恶是格物。"（《王阳明全集卷三·传习录下》）他认为，心之本体无善无恶，由心所生的意念却有善有恶。因为"意之所发必有其事"，由意所生的事亦即人的行为也有善有恶。为了使事即人的行为符合天理，必须克服意念中的不善，致吾心之良知。充分显露、发扬吾心之良知，便是致知。遇事在良知的指导下自觉地为善去恶，"正其不正以归于正"，使我之行为时时处处合于天理，便是格物。在这里，格物成为道德修养的方法。同时，要保证格物的正确，必须先致知。换言之，只有在充分显露吾心之良知的前提下，用良知"正其不正以归于正"才能达到"正事"的目的。有鉴于此，对于格物与致知之间的关系和顺序，王守仁一改《大学》先格物、后致知的惯例，而主张先致知、后格物。他的这个说法体现在话语结构上便是把格物致知称为"致知格物"，与朱熹的"致知在格物""格物所以致知"的先格物、后致知顺序相反。

王守仁强调，致知不是一句空话，而"必实有其事"，必须落到实处，即体现在行动上。正是在这个意义上，他说："致知必在于格物。"这就是说，只是知善知恶还不够，更重要的是切实地在行动上为善去恶；只是对善好之、对恶恶之不够的，更重要的是在行动上"实有以为之""实有以去之。"（《王阳明全集卷二十六·大学问》）这表明，只有切实端正自己的行为，在事上为善去恶，致知才能落到实处。基于这种认识，王守仁不仅把致知落实到格物上，而且把"致良知"的手段和工夫最终都归结为格物，强调"致良知"应该"在格物上用功"（《王阳明全集卷三·传习录下》）。

进而言之，王守仁对格物的重视以及对致知必须在事上磨练的强调是为了让人在道德实践上下工夫，把对伦理道德的认识最终落实到行动上。正是出于这一目的，他把德育放在首位，甚至将通过"去人欲，存天理"

而成为圣人视为教育的唯一内容和根本宗旨。下面的句子在王守仁的著作中俯拾即是：

> 古圣贤之学，明伦而已。……人伦明于上，小民亲于下，家齐国治而天下平矣。是故，明伦之外无学矣。外此而学者，谓之异端；非此而论者，谓之邪说。（《王阳明全集卷七·万松书院记》）

> 学是学去人欲，存天理；从事于去人欲，存天理，则自正。（《王阳明全集卷一·传习录上》）

> 学者学圣人，不过是去人欲而存天理耳。（《王阳明全集卷一·传习录上》）

> 学校之中，惟以成德为事。（《王阳明全集卷二·答顾东桥书》）

至此，格物、致知等都被王守仁归结为"去人欲，存天理"而成为圣人。他认为，"良知之在人心，无间于圣愚"，人人同具。由于人欲的障碍，每个人的良知保存或显露程度大不一样——如果说良知是日、人欲是云的话，那么，圣人如晴天朗日，万里无云，阳光普照；贤人如浮云蔽日，阳光随时照耀；常人如阴霾天日，阳光透射不出来。这就是说，一方面，在可能性上，人人都有成为圣贤的可能性，因为人有良知，正如日光永远光芒万丈一样。另一方面，大多数人成不了圣贤，因为良知被人欲遮蔽了。结论不言而喻，只要——也只有肯下一番致的工夫，自觉清除人欲，才能成圣成贤。至此可见，所谓致知、格物、"致良知"，其具体内容都可以归结为"去人欲，存天理""破心中贼"。于是，王守仁坚信，只要不断改过迁善，"胜私复理"，逐渐做到"此心纯乎天理而无人欲"，便可使良知充分显露出来，便修成了圣人。

对于如何"去人欲，存天理"，王守仁提出了"静处体悟，事上磨练"等具体修养方法。他说："初学时心猿意马，拴缚不定，其所思虑多是人欲一边，故且教之静坐、息思虑。久之，俟其心意稍定，只悬空静守如槁木死灰，亦无用，须教他省察克治。"（《王阳明全集卷一·传习录上》）王守仁指出，静坐的目的是使此心清静收敛，而不是让人形若槁木、心如死灰。有鉴于此，他反对"入坐穷山，绝世故，屏思虑"的修养方法，认为这样不仅沦于空寂，而且"临事便要倾倒"；相反，只有在应事接物上切实"致良知"，才能收到实效。正是为了与佛、老的修养方法划清界限，王守仁自我标榜："吾儒养心，未尝离却事物。"（《王阳明全集卷三·传习录下》）按照他的说法，在静坐时，必须痛下决心"省察克治"，向人欲发起主动进攻。于是，王守仁写道："省察克治之功，则无时而可间，如去盗贼，须有个扫除廓清之意。无事时，将好色好货好名等私逐一追究，搜寻出来，定要拔去病根，永不复起，方始为快。常如猫之捕鼠，一眼看着，一耳听着，才有一念萌动，即与克去，斩钉截铁，不可姑容与他方便，不可窝藏，不可放他出路，方是真实用功，方能扫除廓清。"（《王阳明全集卷一·传习录上》）

王守仁强调，对好色、好货和好名等人欲要不间断地主动进攻，坚决彻底地把之消灭于萌芽状态。为了达到这个要求，无事时对人欲决不姑容，逐一追究搜索、加以克治，关键还要在事上磨练。正是在这个意义上，他指出："人须在事上磨练做功夫，乃有益。若只好静，遇事便乱，终无长进。"（《王阳明全集卷三·传习录下》）

在王守仁那里，就具体内容、方法途径和根本宗旨而言，"致良知"就是"去人欲，存天理""破心中贼"。为了强调"致良知"是道德修养唯一正确的方法途径，也为了切实磨练"去人欲，存天理""破心中贼"的工夫，他提出了"心外无学"的主张。对此，王守仁一再断言：

圣人之学，惟是致此良知而已。……是故致良知之外无学矣。（《王阳明全集卷八·书魏师孟卷》）

良知之外，更无知；致知之外，更无学。外良知以求知者，邪妄之知矣；外致知以为学者，异端之学矣。（《王阳明全集卷六·与马子莘》）

　　循着心外无知、致知外无学的逻辑，王守仁得出了两点重要认识：第一，与陆九渊一样轻视读书对道德修养的作用和意义。从吾心之良知即是天理的认识出发，王守仁比喻说，天理好比财宝，吾心乃是装满财宝的仓库，六经则是记载财宝的账本；由于"六经之实则具于吾心"，读经的作用充其量只是印证吾心之良知而已。正是在这个意义上，他断言："万理由来吾具足，六经原只是阶梯。"（《王阳明全集卷二十·林汝桓以二诗寄次韵为别》）有鉴于此，王守仁坚决反对一些人皓首穷年读书明理的做法。第二，为了引导人向内而不是向外用功，切实做"致良知"的工夫，他修改了圣贤标准，坚决反对那种"专去知识才能上求圣人"的想法和做法，指出如果只从知识、才能上求做圣人，结果必然是南辕北辙，离圣人越来越远。这是因为，终日"从册子上钻研，名物上考察，形迹上比拟，知识愈广而人欲愈滋，才力愈多而天理愈蔽"（《王阳明全集卷三·传习录下》）。基于这种认识，王守仁提出了自己的圣贤标准。对此，他一再如是说：

　　　　圣人之所以为圣，只是其心纯乎天理，而无人欲之杂。犹精金之所以为精，但以其成色足而无铜铅之杂也。（《王阳明全集卷一·传习录上》）

　　　　所以谓之圣，只论精一，不论多寡。只要此心纯乎天理处同，便同谓之圣。若是力量气魄，如何同得！后儒只在分量上较量，所以流入功利。（《王阳明全集卷三·传习录下》）

　　在这里，王守仁一再表示，圣人"所以为圣者"，只在"纯乎天理而不在才力也"，这就如同鉴别一块金子是否精纯，只看其成色而不在其分量一样。这是因为，"盖所以为精金者，在足色而不在分两，犹一两之金比之万镒，分两虽悬殊，而其到足色处可以无愧"（《王阳明全集卷三·传习录下》）。

　　更为重要的是，王守仁不仅提出了一套自己的圣贤标准，而且提出了一套与此对应的做圣成贤的方法途径和践履工夫。正是他对圣贤标准的改变使"去人欲，存天理""致良知"成为超凡入圣的唯一途径和修养工夫。

在这方面，王守仁主要做了两方面的工作：第一，宣称人人都可以通过"致良知"而成为圣人。为了说明"致良知"既可能又必要，王守仁坚信良知是人心中所固有，并且再三指出：

> 个个人心有仲尼。（《王阳明全集卷二十·咏良知四首示诸生》）

> 人胸中各有个圣人。（《王阳明全集卷一·传习录上》）

> 人皆可以为尧舜。（《王阳明全集卷一·传习录上》）

鉴于良知人人皆有，鉴于只要"致良知"就可以成为圣人，人人都有成为圣贤的先天条件。于是，王守仁一再勉励人在道德修养中树立自信心，坚信圣人可学而至。于是，他反复申明：

> 自己良知原与圣人一般，若体认得自己良知明白，即圣人气象不在圣人而在我矣。（《王阳明全集卷二·启问通道书》）

> 各人尽着自己力量精神，只在此心纯天理上用功，即人人自有，个个圆成，便能大以成大、小以成小，不假外慕，无不具足。（《王阳明全集卷一·传习录上》）

第二，宣布超凡入圣的方法是加强道德修养和实践工夫，只有切实进行"去人欲，存天理""致良知"的工夫，才能臻于圣人。王守仁强调，在道德修养和道德实践的过程中，仅仅树立信心是不够的，还要培养主观自觉性，切切实实地践履伦理道德。在他看来，只有时时处处自觉磨练，才能在修养中有所成就。其实，良知不分圣愚，人人皆同；人与人所以有圣愚之分，关键在于是否自觉地从事"致良知"。正是在这个意义上，王守仁不止一次地说：

> 圣人之学，惟是致此良知而已。自然而致之者，圣人也；勉然而

致之者，贤人也；自蔽自昧而不肯致之者，愚不肖者也。（《王阳明全集卷八·书魏师孟卷》）

良知良能，愚夫愚妇与圣人同，但惟圣人能致其良知，而愚夫愚妇不能致，此圣愚之所由分也。（《王阳明全集卷二·答顾东桥书》）

这样，王守仁的道德修养工夫便由"致良知"开始，通过格物、致知，最后在超凡入圣中以"致良知"终。就方向、途径而言，"致良知"省略了向外格物的环节，堵塞了向外穷天理、作圣贤的途径；就宗旨而言，良知成为唯一真知。

第五节　修养的不同层次和逻辑推进

综上所述，为了配合道德教化，宋明理学家重视道德修养和践履方法，提出了系统的道德修养工夫论。这些道德修养工夫是对知行观的贯彻、落实和具体化，不仅与知行观一起证明了道德实践和道德教化的可行性、必要性，而且从实践上回答了知、行的具体操作问题。其实，他们提出的修养方案、践履工夫不仅是重行的表现，而且本身即是行的方法和方式。不仅如此，正如知是对三纲五常、宗法等级的认识一样，行是对这种观念的服从和身体力行。这使宋明理学家的道德修养工夫成为和谐理念的具体操作和践履躬行，它的特殊地位决定了其在和谐建构中的不可或缺。

进而言之，宋明理学体系的逻辑框架是本体、工夫与境界三位一体，其和谐理念和建构便是这种三位一体的层层推进。在这个本体、工夫、境界三位一体的逻辑结构中，作为联结本体与境界的中介，工夫具有举足轻重的意义：一方面，上承本体，将宇宙本体中的和谐理念凸显出来。另一方面，下启境界，展开出至善的理想境界。对于宋明理学家的和谐建构而言，这个理想境界包括两个相互作用、不可缺少的方面：就个人而言，促进身心和谐，成为道德完善、超凡脱俗的圣人；就群体而言，促进整个宗法社会的和谐，将宇宙秩序社会秩序化、家庭秩序化。至此，本体哲学转化为道德哲学。这就是说，他们的和谐理念及建构是多层次的，至少包括三个层面：第一，本体浓缩着和谐。天理是对宗法等级制度的形上化，其实际内容是仁义礼智、三纲五常。作为其具体化，仁与天地万物为一体，一体之中分厚薄。这是宇宙秩序，也是一种形上和谐。第二，本体将其蕴含的等级秩序赋予人性，使人与生俱来地拥有不同名分。这种差异来自宇宙本体的注定，不可改变，是宇宙和谐在人类社会乃至家庭中的表现。第三，道德领域践履宇宙本体，完成宇宙本体的预定和谐。

可见，为了维护宗法等级制度、建构社会和谐，宋明理学家提出了系统的道德修养工夫论。在此过程中，他们不仅要回答为什么和怎么样进行道德修养的问题，而且要回答这些修养方法的合理性、可行性问题。换言之，理学家的道德修养工夫不仅要与社会现实相呼应，而且要依托厚重的哲学根基。前者受制于加强道德教化的目的，后者出于提供合理性证明的需要。就后者而言，他们的辩护涵盖本体论、认识论、人性论、价值论、知行观、理欲观和义利观等诸多方面。同时，应该看到，鉴于本体、工夫、境界三位一体的逻辑架构，宋明理学家道德修养工夫的哲学依据主要集中在本体和人性领域：第一，在本体领域，对以三纲五常为核心的伦理道德予以夸大和神化，进而奉为宇宙本原。第二，在人性领域，对人性的阐释到宇宙本体中寻求依据，一面伸张道德践履的可行性，一面夸大信凭这些修养工夫成圣成贤的有效性。这使本体哲学和人性哲学一起成为道德修养工夫最基本的哲学依据。在此，需要特别注意的是，在宋明理学的思维框架中，人性哲学与本体哲学一脉相承，人性的内容和属性是宇宙本体先天赋予或注定的。这使人性哲学不单属于人性领域，而且承载着宇宙本体的信息，具有浓郁的本体哲学意蕴。从这个意义上说，人性哲学是道德修养工夫最重要也最切近的哲学依据。事实上，与维护宗法等级秩序相呼应，宋明理学家在讲人性时始终注重其与践履工夫的协调一致。

一 人性善恶与修养工夫的可行性、必要性

要引导人们自觉、主动地进行道德修养，必须对道德修养的可行性和有效性做出说明。对此，宋明理学家通过强调人性至善，将践履仁义道德

说成是人与生俱来的先天本性和行为本能，以此论证道德修养的可行性。在这方面，张载宣称天地之性至善，是人与万物的共同本性。朱熹认为，天命之性人人相同，皆正皆善。按照他的说法，人皆禀天理而生，作为天理体现的天命之性人人皆善，其具体内容就是仁义礼智。对此，朱熹说道："仁义礼智，性也。然四者有何形状？亦只是有如此道理。有如此道理，便做得许多事出来，所以能恻隐、羞恶、辞逊、是非也。譬如论药性，性寒、性热之类，药上亦无讨这形状处。只是服了后，却做得冷做得热底，便是性，便只是仁义礼智。"（《朱子语类》卷四）在宋明理学家那里，人性之善是超凡入圣的先天条件，表明了人具有躬行道德的可能性。这一点非常重要，然而还不够，尚需对加强道德修养的迫切性予以论证。与此相联系，尽管理学家都承认人具有至善的共性，然而，他们又声称人与人的气质之性相差悬殊、有善有不善。例如，张载一面宣称天地之性人人皆同乃至人、物无异，作为宇宙本体——气之整体是至善的，一面认定气的粗精、厚薄和清浊之分决定了人与人的气质之性迥然相异。朱熹更是用气突出人性的参差不齐。他强调，气禀有清浊偏正之殊，不仅使人与天地万物相去甚远，而且决定了每个人的气质之性有善有不善。正因为如此，朱熹一再指出：

> 天命之性，非气质则无所寓。然人之气禀有清浊偏正之殊，故天命之正，亦有浅深厚薄之异，要亦不可不谓之性。（《朱子语类》卷四）

> 天命之性，本未尝偏。……然仁义礼智，亦无缺一之理。但若恻隐多，便流为姑息柔懦；若羞恶多，便有羞恶其所不当羞恶者。……谓如五色，若顿在黑多处，便都黑了；入在红多处，便都红了。却看你禀得气如何，然此理却只是善。既是此理，如何得恶！所谓恶者，都是气也。（《朱子语类》卷四）

基于这种认识，朱熹一面强调天命之性无有偏塞，人人皆善；一面宣称气禀有通有塞，人之不善皆气禀所拘。这就是说，对于现实生活中的人而言，究竟行善还是作恶，器量是大还是小，完全取决于气禀之性。可见，在用理和气共同说明人性善恶时，朱熹没有对理与气一视同仁，而是念念不忘其间的差异——理至善纯一、气有善有恶。理至善纯美，作为理之显现的天命之性也是至善的，此善人人无异，乃至人物皆同；人之所以有恶，是因为先天禀气的性质不好，与理无关——"人之所以有善有不善，只缘气质之禀各有清浊。"（《朱子语类》卷四）现在的问题是，既然人人皆禀正气，为何又分出善恶呢？对此，他的回答是："人所禀之气，虽皆是天地之正气，但衮来衮去，便有昏明厚薄之异。盖气是有形之物。才是有形之物，便自有美有恶也。"（《朱子语类》卷四）

众所周知，宋明人性论的特征是人性善恶双重，从二程、张载到朱熹都秉持这种观点。在这种理论框架中，作为共性的至善本性规定了人生的终极轨迹和尽命目标，那就是追求天理、扩充良知而成为圣贤——这侧重道德修养的可行性；善恶混杂的气禀——个性指示了人通向圣贤的具体道路和方法，那就是变化气质，在日常生活中锻炼道德意志，自觉加强道德修养——这侧重道德修养的必要性。与此同时，气禀的善恶之差也决定了人用功磨炼的程度——气禀愈下，其工愈劳。这就是说，对于那些先天气禀差的人而言，只有"人一己百、人十己千"地在自身努力上下工夫，才能真正变化气质。可见，正是气质之性的参差不齐突出了加强道德修养的迫切性，甚至为刑法介入提供了辩护。这是宋明理学家的一致思路，在朱熹那里表现得最为明显。在区分天命之性与气质之性，并进行善恶判定之后，他指出，至善的天命之性与有善有不善的气质之性在少数人身上是统一的——由于禀得气好，天命之性与气质之性皆善，这样的人便是圣贤。对于大多数人来说，天命之性与气质之性是矛盾的——尽管其天命之性与圣贤的天命之性一样是善的，然而，由于所禀之气成分不好，气质之性却是恶的。这样一来，天命之性决定他向善，气质之性又决定他作恶，结果陷入善恶的矛盾挣扎之中不能自拔。要解决这个矛盾，挣脱善恶的冲突，唯一的途径就是变化气质。具体地说，朱熹所讲的变化气质就是改造恶的气质之性使之日臻于善，从而达到气质之性与天命之性的统一。正是在这个意义上，他反复断言：

性只是理。然无那天气地质，则此理没安顿处。但得气之清明则不蔽锢，此理顺发出来。蔽锢少者，发出来天理胜；蔽锢多者，则私欲胜，便见得本原之性无有不善。……只被气质有昏浊，则隔了，故"气质之性，君子有弗性者焉。学以反之，则天地之性存矣。"故说性，须兼气质说方备。(《朱子语类》卷四)

> 人之为学，却是要变化气禀，然极难变化。……若勇猛直前，气禀之偏自消，功夫自成，故不言气禀。看来吾性既善，何故不能为圣贤，却是被这气禀害。如气禀偏于刚，则一向刚暴；偏于柔，则一向柔弱之类。人一向推托道气禀不好，不向前，又不得；一向不察气禀之害，只昏昏地去，又不得。须知气禀之害，要力去用功克治，裁其胜而归于中乃可。(《朱子语类》卷四)

在此基础上，为了变化气质，达到气质之性与天命之性的和谐，朱熹提出了一套以存心、格物、致知为核心的修养功夫和践履之方。这表明，宋明理学家的道德修养工夫出于变化气质的目的，本质上就是彰显天理之善、去除气质之恶的修养方案。

二 性命不一与等级名分

对于宋明理学家而言，气质之性非常重要——如果说其有不善突出了道德修养的紧迫性和必要性的话，那么，其参差不齐则预示了等级名分的与生俱来、天然合理。其实，与加强道德修养的初衷是维护宗法等级秩序息息相关，道德修养工夫的最高目标和境界是在自觉服从宗法等级名分中超凡脱俗。于是，为了证明等级名分与生俱来、天然合理，他们不仅讲性，而且讲命，并且用性命不一伸张宗法等级秩序的合理性。

朱熹指出命就是天赋予人的性，以此强调命与性的内在联系。不仅如此，他一再指出：

> 只是这理，在天则曰"命"，在人则曰"性"。(《朱子语类》卷五)

> 性则命之理而已。(《朱子语类》卷四)

这就是说，命与性都是理的表现，在本质上是一致的，只是侧重不同而已。与此相关，在讲命的过程中，朱熹用气说明命的迥然不同。由于生动活泼，具有"凝聚""造作"等特点，气能在与理的结合中赋万物以形，天地万物之所以生都离不开气的造作。基于这种认识，他强调人之命由理和气共同决定、缺一不可，并用二者来共同解释人之性命。对此，朱熹比喻说：

> 尝谓命，譬如朝廷诰敕；心，譬如官人一般，差去做官；性，譬如职事一般，郡守便有郡守职事，县令便有县令职事。职事只一般，天生人，教人许多道理，便是付人许多职事。气禀，譬如俸给。贵如官高者，贱如官卑者，富如俸厚者，贫如俸薄者，寿如三两年一任又再任者，夭者如不得终任者。朝廷差人做官，便有许多物一齐趁。……如禀得气清明者，这道理只在里面；禀得昏浊者，这道理也只在里面，只被昏浊遮蔽了。譬之水，清底里面纤毫皆见，浑底便见不得。（《朱子语类》卷四）

按照朱熹的说法，所谓命，就是理与气在生人之初先天赋予人的道理，命即命人应该如此。人之命都是由理和气决定的，理对于每个人乃至万物未尝有别，是理和气的结合造就了人与万物以及人与人之间命的参差不齐。沿着这个思路，在分析、阐释人物之命时，他指出"命有两种"，并把人与物、人与人之命的悬殊不齐归结为气。对此，朱熹解释说，气生万物的过程如磨盘一样运转不止，磨出之物定然有粗有细。由于所禀之气有粗有细，万物禀受不同之气致使其命有别便是顺理成章的了。同样的道理，在人、物禀气而生的过程中，气的运动、聚散、造作使人、物所禀之气具有厚薄精粗、偏正清浊之不同也在情理之中。正因为如此，他总是不厌其烦地在气禀中申明人命之迥异、参差和不齐。下仅举其一斑：

> 天之所命，固是均一，到气禀处便有不齐。看其禀得来如何。（《朱子语类》卷四）

> 气，是那初禀底；质，是成这模样了底。如金之矿，木之萌芽相似。……只是一个阴阳五行之气，滚在天地中。精英者为人，渣滓者

为物；精英之中又精英者，为圣，为贤；精英之中渣滓者，为愚，为不肖。（《朱子语类》卷十四）

都是天所命。禀得精英之气，便为圣，为贤，便是得理之全，得理之正；禀得清明者，便英爽；禀得敦厚者，便温和；禀得清高者，便贵；禀得丰厚者，便富；禀得久长者，便寿；禀得衰颓薄浊者，便为愚、不肖，为贫，为贱，为夭。天有那气生一个人出来，便有许多物随他来。（《朱子语类》卷四）

有人禀得气厚者，则福厚；气薄者，则福薄。禀得气之华美者，则富盛；衰飒者，则卑贱；气长者，则寿；气短者，则夭折。此必然之理。（《朱子语类》卷四）

循着这个逻辑，既然气是人的构成质料，那么，所禀之气的性质必然要在人之命上有所反映和体现。人与人所禀之气的性质不同，其性命也就各不相同。如此看来，是气注定了人与人之间的寿夭、贵贱、贫富和圣愚之别。

进而言之，以朱熹为代表的宋明理学家所讲的贫富、贵贱、圣愚之命，其实是对宗法等级名分的神化和包装。为了使人自觉、自愿地恪守等级秩序，即为了让人安命、顺命，朱熹强调命的随机莫测、不可改变。按照他的说法，气禀之命完全是随机的，根本没有固定的因果关系或必然法则可寻。例如，有人问，一阴一阳，宜若平均，则贤不肖宜均。何故君子常少，而小人常多？朱熹曰："自是他那物事驳杂，如何得齐！且以扑钱譬之：纯者常少，不纯者常多，自是他那气驳杂，或前或后，所以不能得他恰好，如何得均平！且以一日言之：或阴或晴，或风或雨，或寒或热，或清爽，或鹘突，一日之间自有许多变，便可见矣。"（《朱子语类》卷四）在这里，气禀之命是如此随机而飘忽不定，乃至与扑钱一样，与阴晴一般；气禀之命如此随机莫测、飘忽不定，却又是先天注定的。朱熹之所以这样回答，道理很简单：既然是先天禀气所致，一切即为命中注定、不可改变。于是，他连篇累牍地断言：

> 富贵、死生、祸福、贵贱，皆禀之气而不可移易者。（《朱子语类》卷四）

> 死生有命，当初禀得气时便定了，便是天地造化。（《朱子语类》卷三）

> 命者万物之所同受，而阴阳交运，参差不齐，是以五福、六极，值遇不一。（《朱子语类》卷四）

> 人之禀气，富贵、贫贱、长短，皆有定数寓其中。禀得盛者，其中有许多物事，其来无穷，亦无盛而短者。若木生于山，取之，或贵而为栋梁，或贱而为厕料，皆其生时所禀气数如此定了。（《朱子语类》卷四）

朱熹把气禀之命视为"不可移易者"，目的是让人安命、认命。为此，他告诉人们："只人心归之，便是命。"（《朱子语类》卷十四）具体地说，朱熹把人之命分为贫富、贵贱、死生、寿夭之命与清浊、偏正、智愚、贤不肖之命两种类型，一面指出这是两种不同性质的命——一个出于气、一个出于理，一面让人对二者都视为正命而安之、顺之。尤其是对于贫富贵贱、死生寿夭之命，朱熹一再让人在知命的前提下安于既定的安排，对命不做强求。正是在这个意义上，他指出：

> "不知命"（即"不知命无以为君子"之命——引者注）亦是气禀之命，知天命知其性中四端之所自来。如人看水一般，常人但见为水流，圣人便知得水之发源处。（《朱子语类》卷四）

朱熹认为，人往往计较自己的命不如别人，其实，你的命之所以会夭、会凶，别人的命之所以会寿、会吉，完全是先天禀气决定的，怪不得别人，只能怪自己运气不佳。有鉴于此，他反复强调：

> 以此气遇此时，是他命好；不遇此时，便是有所谓资适逢世是

也。如长平死者四十万，但遇白起，便如此。只他相撞着，便是命。
（《朱子语类》卷四）

> 人之生，适遇其气，有得清者，有得浊者，贵贱寿夭皆然，故有
> 参错不齐如此。圣贤在上，则其气中和；不然，则其气偏行。故有得
> 其气清，聪明而无福禄者；亦有得其气浊，有福禄而无知者，皆其气
> 数使然。（《朱子语类》卷一）

这就是说，人的社会地位和生死寿夭之所以不同，在于禀赋了性质不
同的气。对于这种气禀之命，朱熹让人任其自然、不去改变。进而言之，
由于把贫富、贵贱归于此命之中，他的这个说法实际上是把等级制度规定
的上下、尊卑奉为先天所禀之命，进而让人对此知之、认之，不去计较现
实社会的等级名分之殊。从这个角度看，气禀之命从本体论的高度为人提
供了安时处顺、听命任命的安身立命原则。同时，为了使人真正安于等级
之命，朱熹把超出宗法等级名分的欲望称为人欲，判斥为恶，致使人安于
气禀之命的过程成为"去人欲"的过程。至此，他所讲的性和命都落实在
修养实践上，从先天禀赋转化为道德实践。与此相应，朱熹的性命论也转
换成认识论、实践论即功夫论。

综上所述，为了维护宗法等级秩序，宋明理学家重视道德教化。为
此，他们提出了"成善以教"的命题，从理论上阐明道德教化、道德躬行
和后天实践的必要性，形成了系统的道德修养工夫论。不仅如此，为了给
道德修养工夫提供哲学依据，宋明理学家从各个角度展开论证，特别是对
人性展开深入挖掘，并在双重人性的思维框架中以人性之善恶印证道德修
养工夫的可行性和必要性。同时，与维护宗法等级制度的立言宗旨一脉相
承，通过强调气质之性的差异以及性命的参差不齐，他们将尊卑贵贱说成
是人与生俱来的"天命之性"，以期让人在现实生活中各处其处、各安其
位。这表明，他们的道德修养工夫是为了在建构宗法和谐的过程中使人们
将恪守宗法等级名分、维护等级秩序转化为自觉的认识和行动。由于既有
理论根基，又有躬行践履，宋明理学家的道德修养工夫以及和谐建构发挥
了巨大作用。

第二十章　教化哲学

儒家具有执着的道德诉求，儒家所追求的道德包括个人的修身养性和国家的社会治理两个方面，前者是内圣，后者是外王。从内圣推及外王，离不开礼乐教化。这决定了儒家对学习、教育的重视和对仕途、为政的热衷。正是在始于个人的修身养性，终于治国平天下的层层推进中，儒家在一步步推行着自己的道德理想。《论语》以《学而》开篇，《荀子》的第一章是《劝学》，都从学讲起，可见儒家对学的重视。儒家所讲的学是什么？与其对仕途的热衷有无必然联系？同时，《论语》云"学而优则仕"，《孟子》曰"达则兼善天下"，都流露出仕途情结和哲学王理想。对此，人们不禁要问：儒家为什么具有浓郁的仕途情结？儒家的仕途情结与哲学王构想之间有无必然关联？通过对儒家之学、仕以及哲学王情结的考察，不仅可以领略三者之间的内在联系，而且可以体悟儒家以道德主义为旨归的和谐建构和人生追求。

第一节　"学而时习之"

儒家对学的关注由来已久，学早在先秦就已经成为儒家关注的热门话题之一。先秦儒家的代表作——《论语》和《荀子》均以学来开篇和开语，足见孔子和荀子对学的重视。

学在《论语》中出现频繁，高达 65 次之多。那么，《论语》中的学具体指什么？或者说，孔子让人学什么？对于这些问题，《论语》中的记载做出了如下的解答：

> 哀公问："弟子孰为好学？"孔子对曰："有颜回者好学，不迁

怒，不贰过。不幸短命死矣！今也则亡，未闻好学者也。"（《论语·雍也》）

子曰："君子食无求安，敏于事而慎于言，就有道而正焉，可谓好学而已。"（《论语·学而》）

由此可见，孔子所讲的学是道德观念和行为规范即为人处世之道，而非单纯的知识或学问。事实上，《论语》也大都是在这层意义上使用学的。在上述的引文中，无论是第一段的"不迁怒，不贰过"还是第二段的"食无求安，敏于事而慎于言，就有道而正焉"均指人品、修养而非智识。同样可以作为例证的是，孔子在回忆和总结自己的学习过程时，肯定自己"十有五而志于学"——从十五岁开始立志于学，然后是"三十而立，四十而不惑，五十而知天命，六十而耳顺，七十而从心所欲，不逾矩"（《论语·为政》）。在这里，孔子学的结果和进步是道德的提升，并非知识的积累或增加。与此相联系，由于学的内容是做人的道理和规范，学的结果是道德的提升和人格的完善，所以，孔子有"古之学者为己，今之学者为人"（《论语·宪问》）的感叹；由于学是学习行为规范和做人的道理，做人对于任何人都概莫能外，所以，学具有最大的普遍性和必要性。于是，有了"有教无类"的教育普及和"君子学道则爱人，小人学道则易使也"（《论语·阳货》）的学习效果。正因为学的普遍性和必要性，孔子打破门第观念，广收门徒；正因为学的是做人的道理和规范，"子以四教：文，行，忠，信"（《论语·述而》）——讲授内容除了古代文献外，皆属道德教育。

《荀子》的第一章为《劝学》，第一句话即"君子曰：学不可以已。"（《荀子·劝学》）这句话不仅开宗明义地强调了学习的重要性，而且宣称学不可以停止、颇有终身学习的理念。那么，荀子劝导人们学什么？对此，他明确指出：

故学数有终，若其义则不可须臾舍也。为之，人也；舍之，禽兽也。（《荀子·劝学》）

　　故学也者，礼法也；夫师，以身为正仪而贵自安者也。(《荀子·修身》)

　　在这里，荀子的回答是义、礼法是学习的内容。那么，义与礼法又是什么呢？在对人的本质的说明中，他曾经试图以义规定人的本质。按照荀子的理解，宇宙中的存在分为四类，从低到高依次为只有气的土石、有气有生的草木、有气有生有知的禽兽和"有气、有生、有知，亦且有义"(《荀子·王制》) 的人类。如此说来，义是人的本质规定性，也是人与其他存在的本质区别和可贵之处。学义就是学如何为人、充实人的本质规定性。这表明，荀子之学同样是学做人，其宗旨与孔子别无二致。对于礼，荀子称之为"人道之极"，是"治辨之极"(在这个意义上，礼与法相近，统称为礼法) 和"道德之极"。其实，在他看来，无论义还是礼法都指做人的道理和规范。学礼法、学为义都是学做人。正是学的这一根本宗旨决定了荀子对学之程序、内容和目标的如下安排："学恶乎始？恶乎终？曰：其数则始乎诵经，终乎读《礼》；其义则始乎为士，终乎为圣人。"(《荀子·劝学》) 学"终乎为圣人"准确而直接地点明了荀子乃至儒家重视学的初衷和目的，由于学的内容是仁义道德，即做人的准则和规范，因此，学的效果就是道德的净化和人格的提升，其最高境界就是成为道德完善的圣人。

　　需要说明的是，孔子和荀子所讲的学不仅指对仁义礼智和做人道理的认识，而且包括甚至主要指对做人规范的实行和践履；前者属于知，后者属于行。换言之，儒家所讲的学包括知与行两个方面。因为学包括行，所以，《论语》开篇曰："学而时习之，不亦说乎？"(《论语·学而》) 习即习行，原意为小鸟振翅练飞，在这里引申为练习、习行。"学而时习之"就是要在学了之后去行——不断地练习和效仿。对于"学而时习之"，朱熹注释说：

　　"学"，是未理会得时；"习"，是已学了，又去重学。非是学得了，顿放在一处，却又去习也。只是一件事。(《朱子语类》卷二十)

> 未知未能而求知求能，之谓学；已知已能而行之不已，之谓习。
> （《朱子语类》卷二十）

其实，正是学中包含的行之内涵使习、练成为学的必要环节。正因为学本身就有行，孔子讲的"好学"的例子都侧重行。孔子的这一思想倾向在上面所举的"子以四教：文，行，忠，信"和"敏于事而慎于言，……可谓好学"等例子中均有所体现。同样，在荀子那里，学也包括知与行两个方面。正因为如此，他宣称："君子博学而日参省乎己，则知明而行无过矣。"（《荀子·劝学》）在这里，不仅博学的内容和做法是"日参省乎己"的道德反省，而且其最终目的和落脚点是在知明的前提下达到"行无过"。

对于孔子之学的具体含义和内容，朱熹多次指出：

> 博学，慎思，审问，明辨，笃行，皆学效之事也。（《朱子语类》卷二十）

> 学，效也，是效其人，未能孔子，便效孔子；未能周公，便效周公。（《朱子语类》卷二十）

这点明了孔子之学的本质，也道出了包括朱熹在内的所有儒家对学的两点共识：第一，学是在道德领域立论的，属于伦理范畴，主要内容是做人的道理和规范。第二，学包括知与行两个方面。进而言之，正因为儒家孜孜以求、好学不倦之学包括知与行两个方面，孔子判断一个人是否好学或者是否是君子的标准不是局限于知而是"听其言而观其行"，荀子把真理的标准说成是"坐而言之，起而可设，张而可施行"（《荀子·性恶》），断言真理性的认识必须具有可操作性，可行、在实践中行得通是真理的必要条件。进而言之，儒家之行的起点是效仿圣人，终点是成为圣人。对学的界定和阐释在某种程度上决定了儒家对仕的态度——包括为何仕的从政宗旨和如何仕的为政方案。

总之，儒家对学的重视与其道德主义的理想追求和价值观上的重行倾向相互印证：一方面，道德主义的理想追求和价值观上的重行影响了对学的内涵的界定，证明了学不止于知、并且包含行或主要指行。另一方面，学的道德内涵和知行兼顾彰显并强化了儒家重行的价值旨趣。

第二节 "达则兼善天下"

儒家的好学不倦给人留下了深刻的印象，儒家对政治的关注和对仕途的渴望同样令人难以忘怀。从孔子的德治、孟子的仁政到荀子的隆礼重法，先秦儒家的代表人物都设计了完整的治国方案。不仅如此，他们本人都对从政充满渴望，具有强烈的仕途情结。

孔子对仕途怀有强烈的欲望。"如有用我者，吾其为东周乎？"（《论语·阳货》）他对仕途的渴望如此执着，以至于不放弃任何可能进入仕途的机会。据载：

> 佛肸召，子欲往。子路曰："昔者由也闻诸夫子曰：亲于其身为不善者，君子不入也。佛肸以中牟畔，子之往也，如之何！"子曰："然。有是言也。不曰坚乎，磨而不磷；不曰白乎，涅而不缁。吾岂匏瓜也哉？焉能系而不食？"（《论语·阳货》）

在这里，孔子之所以欲往不是出于对佛肸的尊敬，原本就与斯人没有交情，还要打破自己原先订立的"亲于其身为不善者，君子不入"的交往原则，可谓勉为其难。尽管如此，面对佛肸之召，他还是选择了"欲往"。孔子之所以这样做，正如他自己坦言，无非是想借助佛肸的势力步入仕途。孔子这种曲意而为、委曲求全的做法使人不禁想起了"子见南子"。面对"好德不如好色"的卫灵公，孔子不惜顶着巨大的舆论压力，做破釜沉舟之一搏。这与他在"知其不可而为之"的前提下历时十四载，不辞辛苦，周游列国的悲壮之旅共同证明了他对仕途的强烈渴望。

孟子不仅如孔子般周游列国、苦苦寻找进入仕途的机会，而且多次表白自己治国平天下的政治抱负和超级自信。为此，他先是归纳出人类历史

"一治一乱"的递嬗轨迹，精确推导出治乱的周期是五百年，宣称"五百年必有王者兴，其间必有名世者"（《孟子·公孙丑下》）。然后是根据这一历史运行周期推断出自己正逢王者兴起之世，并以救世的王者自居，喊出了"夫天，未欲平治天下也；如欲平治天下，当今之世，舍我其谁"（《孟子·公孙丑下》）的豪言壮语，其中既流露出无以言表的自负，又有担当天下兴亡的豪迈。这不啻为治国平天下的竞职宣言。

荀子同样游走于列国之间，三次被推举为齐国稷下学宫的"祭酒"。这一身份虽然是学术职务，却在某种程度上弥补了他对仕途的渴望。

可见，儒家的仕途情结浓郁而强烈，孔子、孟子和荀子为谋取仕途所做的努力给人留下了难以磨灭的印象。进而言之，为什么儒家个个都是"官迷"？为什么从孔子、孟子到荀子每个人都痴迷于仕途？谜团只有在儒家为政的目的和宗旨中才能揭开。对于为政是什么，《论语·为政》中的一则故事亮出了孔子的答案：

> 或谓孔子曰："子奚不为政？"子曰："书云：'孝乎惟孝，友于兄弟，施于有政。'是亦为政，奚其为为政？"

按照孔子的说法，把对父母之孝、对兄弟之友推及于天下万民就是为政，为政与"为为政"有别：为政以普及孝悌等道德为目的，"为为政"以为政为目的，与孝、悌等道德并不相干。在对为政与"为为政"进行了如此甄别之后，孔子一面表白自己是在为政、一面对"为为政"——为了仕途即个人的飞黄腾达而从政不屑一顾。与孔子类似，对于人的毕生追求和行为操守，孟子发出了这样的誓言："居天下之广居，立天下之正位，行天下之大道。得志与民由之，不得志独行其道。"（《孟子·滕文公下》）在他看来，作为"天爵"，仁义礼智是人的神圣使命，仁是天下之"安宅"，义是天下之"正路"，无论富贵、贫贱都惟以仁义是行，这才是"富贵不能淫，贫贱不能移，威武不能屈"（《孟子·滕文公下》）的大丈夫。从中不难看出，"得志"——为官的目的是与民一起由仁义而行。对于为学目的和遇与不遇都忠贞不渝的道德操守，荀子表达了与孟子相同的看法：

　　君子之学，非为通也，为穷而不困、忧而意不衰也，知祸福终始而心不惑也。夫贤不肖者，材也；为不为者，人也；遇不遇者，时也；死生者，命也。今有其人不遇其时，虽贤，其能行乎？苟遇其时，何难之有？故君子博学、深谋、修身、端行以俟其时。(《荀子·宥坐》)

　　孔子和孟子的说法使人不禁要问：既然为政是孝于父母、友于兄弟而且在家就可实行，那么，何必还要出而仕？既然穷达通塞都不能改变对仁义之善的践履，那么，仕或不仕又有何妨呢？这些问题直接关系到儒家之学与仕的关系。

　　首先，儒家之学包括内圣与外王两个方面，这是两种不同的境界。儒家的内圣、外王之分以及两者之间的关系最早通过《大学》系统表达出来。该书开宗明义地指出："大学之道，在明明德，在亲民，在止于至善。"高深的、根本的学问以"明明德"、"亲民"和"止于至善"为根本宗旨和最终目标。这就是《大学》的三纲领。与此相关，实现三纲领的具体方法和步骤是格物、致知、诚意、正心、修身、齐家、治国和平天下。这被称为八条目。对于大学的纲领与步骤之间的关系，《大学》云："古之欲明明德于天下者，先治其国；欲治其国者，先齐其家；欲齐其家者，先修其身；欲修其身者，先正其心；欲正其心者，先诚其意；欲诚其意者，先致其知；致知在格物。"

　　不难看出，如果说三纲领是宗旨和目标的话，那么，八条目则是步骤和方法；对于具体的践履条目和步骤而言，如果说格物、致知、诚意、正心和修身是内圣的话，那么，齐家、治国和平天下则是外王；对于由三纲领和八条目共同组成的有机系统而言，纲领与条目、内圣与外王相互作用、缺一不可——正如外王离不开内圣、以内圣为前提保障一样，内圣之学必须开显为"外王之道"，才能使天下臻于至善。这就是说，大学不仅有个人修身养性的内圣，而且有兼善天下的外王；由于外王只有通过仕才能实现，这成为儒家追逐仕途的根本原因。学与仕的密切相关表明，没有进入仕途对仁义道德的践履只能局限于父母、兄弟等家庭成员之间，无法施于万民、广播天下，这只是内圣之学，没有达到外王之境界。循着这个逻辑，学中包括的外王境界使仕成为孔子之学的题中应有之义，也注定了推行仁义道德于天下的儒家热衷于仕途。

进而言之，鉴于内圣与外王之间的密切关系，先秦儒家从孔子、孟子到荀子都内外兼治。在《论语》所讲的"学而优则仕"中，学侧重内圣之学，仕则侧重外王之道。不仅如此，《论语》有"修己以安人"和"修己以安百姓"（《论语·宪问》）之语。不难看出，修己做到极处就是内圣，安人做到极处就是外王。在孟子那里，"独善其身"侧重于内圣，"兼善天下"显然是外王的工夫。鉴于学与仕的密不可分，出于外王的需要，孔子之学的具体内容除了事父母之孝，还有事君主之忠。例如，子夏说："贤贤易色，事父母能竭其力，事君能致其身，与朋友交而有信。虽曰未学，吾必谓之学矣。"（《论语·学而》）学的"贤贤易色，事父母能竭其力，事君能致其身，与朋友交而有信"方面的内容使其为"学而优则仕"、由内圣达到外王而时刻准备着。

其次，仕是为了使仁义道德广播天下。在儒家那里，只有外王才能使内圣凸显出来，只有仕才能使学变成实现。就上面所举的例子而言，孝于父母、友于兄弟固然在家中可以实行，要把之"施于万民"则必须通过仕不可。在孟子的解释中，尽管士、大丈夫无论何时都由仁义而行，然而，通与塞的不同境况却直接影响仁义的普及程度：在没有进入仕途的贫寒之时，只能保证自己对仁义道德的践履，充其量只能是"独善其身"；只有在进入仕途的通达之时，才可以用仁义道德对百姓进行礼乐教化，使仁义通行天下，这便是"穷不失义，达不离道；……穷则独善其身，达则兼善天下"（《孟子·尽心上》）的真正意思。可见，正是"施于万民"、"兼善天下"——推行仁义于天下的意图使孔子和孟子对仕途迫不及待。这就是说，在儒家那里，尽管热衷于政治，然而，当官、仕本身并不是目的而是手段，推行仁义道德、实现王道政治才是目的。

同样的道理，因为仕不是为自己谋求仕途通达，而是为了推行仁义道德，所以，儒家关注的不是个人宦海的沉浮，而且仁义道德的伸张。于是，当孔子认清卫灵公"好德不如好色"、无心推行德治时便离开了卫国，孔子的这个做法与他对蘧伯玉的赞扬如出一辙："君子哉蘧伯玉！邦有道，则仕；邦无道，则可卷而怀之。"（《论语·卫灵公》）在孔子的眼中，蘧伯玉之所以是君子，是因为蘧伯玉邦有道，能推行道德则出仕；邦无道，不能推行道德宁可不仕。同样，孟子被加齐之卿相，得到齐宣王的尊重，然而，他却不久辞官，原因是齐宣王无心实行仁政。

上述分析显示，儒家所讲的学与仕密切相关，为学与为政具有一致性。学与仕的区别仅仅在于一个是理论设计、一个是操作践履；一个是"独善其身"，一个是"兼善天下"。正是在这个意义上，朱熹说："仕与学理同而事异，故当其事者，必先有以尽其事，而后可及其余。然仕而学，则所以资其仕者益深；学而仕，则所以验其学者益广。"（《四书章句·论语章句卷十》）仕与学的关系表明，正如只有学在先才能更好地仕一样，只有仕才能使所学充分发挥出来，最终达到学的目的。有鉴于此，在对学孜孜不倦的同时，儒家热衷于政治，对仕途表现出浓厚的兴趣。

第三节　"学而优则仕"

儒家对学的孜孜不倦与对仕的热切企盼密切相关，只有相互观照才能相得益彰：学的内容和宗旨通过仕才能充分发挥出来，仕的目的就是为了彰显所学之道德。儒家之学与仕之间的这种内在关联和理想状态套用《论语》的话语结构即"学而优则仕"。

"学而优则仕"语出《论语·子张》篇："子夏曰：'仕而优则学，学而优则仕。'"按照《说文》的解释："优，饶也。"朱熹的解释与此类似："优，有余力也。"（《四书章句·论语章句卷十》）子夏的意思是说，当官有余力则学，学有余力则仕。这句话通过仕而学与学而仕的相互印证揭示了儒家之学与仕的密切关系，也反映出当时存在着仕而未学、未学先仕的现象。春秋之时，仕者多为世族，未学而仕者并不鲜见，子夏的"仕而优则学"就是针对这种情况有感而发的。尽管已经当官，按照儒家的从政目的和要求，学必不可免，"仕而优则学"便是为了杜绝仕免于为学提出的。尽管如此，"仕而优则学"还不够，先仕后学只是亡羊补牢的权宜之计，只能算是不得已的无奈之举，最好的方法是"学而优则仕"，即先学后仕。因此，孔子赞成"学而优则仕"即先学后仕而不是先仕后学。他曾明确表示："先进于礼乐，野人也；后进于礼乐，君子也。如用之，则吾从先进。"（《论语·先进》）在这里，与君子对举的野人是对与贵族有别的平民的称谓，野人与君子则用以分别平民与贵族。平民无爵位，必须先学习礼乐然后才有可能步入仕途，故谓之"先进"——先进于礼乐之谓；贵族世袭爵位，先进入仕途，然后才学习礼乐，故谓之"后进"——后进于礼乐之谓。孔子赞成先学习礼乐后步入仕途，故曰"吾从之先进"。先学后仕、"学而优则仕"与先内圣然后外王一脉相承，《论语》中反映孔子先学后仕即只有先内圣才可以外王思想的证据不乏其例：

> 子使雕漆开仕。对曰："吾斯之未能信。"子说。（《论语·公冶长》）

> 子路使子羔为费宰。子曰："贼夫人之子。"子路曰："有民人焉，有社稷焉。何必读书，然后为学？"子曰："是故恶夫佞者。"（《论语·先进》）

在这两个例子中，孔子对雕漆开与对子路的态度截然相反——一喜悦一不满，原因是前者认为自己学未成而不便出仕，符合"学而优则仕"的程序；后者急于做官，并且认为不必从政之前先读书、为学，与"学而优则仕"的思路相左。

进而言之，学与仕的内在联系决定了应该先学后仕，"学而优则仕"强调只有内圣者才能外王，外王应该以内圣为前提、是内圣之外王，它们的最高境界和理想状态就是天下是学之大成者——圣人的天下，只有道德完善者才能拥有天下。这使儒家的"学而优则仕"最终凝聚成哲学王情结。基于哲学王情结，儒家主张圣贤在位、仁者执政。天下为公的大同世界就是这样一幅图景："大道之行也，天下为公，选贤与能，讲信修睦。"（《礼记·礼运》）可见，大同社会的标志之一就是圣贤在位、尚贤使能。孟子也主张仁人在位，在其政治方案中多次流露出对圣贤的推崇和期待：

> 贤者在位，能者在职。（《孟子·公孙丑上》）

尊贤使能，俊杰在位，则天下之士皆悦而愿立于其朝矣。(《孟子·公孙丑上》)

儒家之所以具有哲学王情结，认为统治天下的人应该是道德完善者即学之典范——圣人，是因为在他们看来，当官、出仕意味着权利，更重要的是责任和义务。循着这个逻辑，教化万民、拥有天下是最高的责任，只有学之最高的哲学王才能担起这份重任。荀子的话最直接地表达了儒家的这一构想：

故天子唯其人。天下者，至重也，非至强莫之能任；至大也，非至辨莫之能分；至众也，非至明莫之能和。此三至者，非圣人莫之能尽，故非圣人莫之能王。圣人者，备道全美者也，是县天下之权称也。(《荀子·正论》)

国者，小人可以有之，然而未必不亡也；天下者，至大也，非圣人莫之能有也。(《荀子·正论》)

在荀子看来，天子这一位置意味着权利，更意味着责任。只有"备道全美"的哲学王才能肩负天下的责任而不辜负天下人的重托。因此，天下必然是王者的；哲学王得天下便可以长久，小人即使侥幸得天下也会因为其德行的缺失而不能长久。

众所周知，在古希腊哲学家柏拉图描述的理想国中，有智慧的哲学王统一天下。其实，儒家对哲学王的企盼及其哲学王情结与柏拉图相比有过之而无不及。所不同的是，由于历史传统和价值旨趣的差异，中西文化对哲学王的具体理解各有不同：在膜拜知识的西方文化中，哲学王是智慧之王；在崇尚伦理道德的中国传统文化——特别是儒家思想中，哲学王主要指道德完善的圣人。这一点正如梁启超所说："我们所谓哲，即圣哲之哲，表示人格极其高尚。"[1] 循着这个思路可以看出，受哲学王情结的驱使，孔

---

[1] 《梁启超哲学思想论文选》，北京大学出版社，1984，第491页。

子倾慕的圣人从尧舜禹汤到文王武王都是一统天下者：有天下、是国君，这是他们的政治身份；此外，他们还有一个学术或品行身份，即哲学王、圣人。孟子的哲学王情结与孔子相比毫不逊色甚至有增无减，他所讲的以德服人而王天下者就是哲学王——以道德立身且立国者。在孟子向往的理想国度里，天下理应归于行不忍人之政的仁者，不行仁义道德即不能得天下。按照他的说法，"三代之得天下也以仁，其失天下也以不仁。"（《孟子·离娄上》）这更加强调了拥有天下者与哲学王应该是统一的。不仅如此，孟子还把人类历史说成是"一治一乱"的递嬗循环，进而宣称每当天下大乱的历史关头，都是王者兴起扭转乾坤，使天下由乱至治。治乱交错的历史进程体现了王者的作用和意义。在他的视界中，如果说"穷则独善其身"而"富贵不能淫，贫贱不能移，威武不能屈"者是大丈夫的话，那么，"达则兼善天下"者则是拥有天下的哲学王。与此同时，孟子还以"兼善天下"自励，终身为王天下的事业而呕心沥血、奔走呼号，俨然就是一位无冕的哲学王。

进而言之，哲学王情结直接导致了儒家对先王的膜拜和神化，最终演绎为法先王路线。孔子、孟子都对古代先王表现出浓厚的兴趣和敬意："仲尼祖述尧舜，宪章文武。"（《中庸》）孟子则"言必称尧舜。"（《孟子·滕文公上》）在孔孟的眼中，尧舜文武是道德完善的圣人，又是平天下的贤君，这些人都是哲学王，从事着哲学王的事业。需要说明的是，荀子先王与后王并举，在法先王的同时法后王，这个观点与孔子、孟子、似乎有别。其实，荀子所法之王同样是哲学王——兼具内圣与外王，只是时间上分为三代之前后而已。在以哲学王为法这个意义上，他与孔子、孟子的主张别无二致。荀子多次宣称：

> 上则法舜、禹之制，下则法仲尼、子弓之义。（《荀子·非十二子》）

> 不闻先王之言，不知学问之大也。（《荀子·劝学》）

> 王者之制：道不过三代（指夏商周——引者注），法不贰后王（不背离当代的帝王——引者注）。道过三代谓之荡，法贰后王谓之不

雅。……夫是之谓复古。是王者之制也。(《荀子·王制》)

可见，无论孔子、孟子、还是荀子所法之王都是内圣与外王的完美结合；先王之所以可法，是因为他们师范百世，具有治国平天下的外王之道，而且以仁义得天下，具有内圣之学。只要符合了内圣和外王这两个条件，先王与后王本无不同，所以才有荀子先王与后王同时并举的做法。在儒家一贯主张的法先王中，所谓先王都是哲学王，法先王路线是哲学王情结的必然结论和具体贯彻，因为所谓法先王就是把哲学王情结提升为思想路线、行为原则和价值取向，是对哲学王情结的肯定和伸张。正是在这一点上，儒家的法先王显示了与墨家迥然不同的思想内涵和价值旨趣：第一，王即道德完善之内圣之王，是道德典范。第二，王以道德手段得天下而治天下，其行政路线是以道德手段进行和谐建构。

第四节 "礼之用，和为贵"

对于学与仕的关系，儒家强调"学而优则仕"——至少是先学后仕而不是先仕后学，这从根本上说是为了保证外王是内圣之外王，并在此基础上确保从政是为了推行仁义之道。这就是说，只有内圣者从政才能避免为官异化为个人谋利的手段或推行力政和暴政。按照儒家的理解，仕就是要把所学"教之万民"，这决定了学的步骤之一就是通过仕来教化万民。儒家的这一设想使礼乐教化成为为政的主要手段，使广播仁义礼智于天下成为从政的根本宗旨和目标。这些构成了儒家的道德主义和谐建构之路：学的内容是孝悌仁义之道德，学的最高境界是通过仕使道德达于天下；仕者应该是学之优者、必须先学而后仕。这使推行道德成为仕的唯一目标。"学而优则仕"是为了确保仕者以仁义礼智达于天下，建构社会和谐。

儒家之学与仕的内在联系表明，无论圣人情结还是法先王主张都可以在"学而优则仕"的哲学王情结中得到解释和说明。归根结底，儒家之所以呼吁"学而优则仕"、幻想由学而极致的哲学王统治天下，就是为了使仁义道德流行天下，使天下臻于和谐。基于道德主义的理想，儒家的和谐理念具有浓郁的道德主义情调，其突出表现即把和谐的建构途径和理想状态说成是依靠为政者礼乐教化的引导而达到的道德和谐。《论语》中不止一次地表达了儒家的和谐理念和对和谐社会的理想建构：

> 齐景公问政于孔子。孔子对曰："君君，臣臣，父父，子子。"公曰："善哉！信如君不君，臣不臣，父不父，子不子，虽有粟，吾得而食诸？"（《论语·颜渊》）

> 有子曰："礼之用，和为贵。先王之道，斯为美，小大由之。有所不行，知和而和，不以礼节之，亦不可行也。"（《论语·学而》）

在上面的两段引文中，如果说前者是对和谐社会的理想状态的描述和向往的话，那么，后者则侧重和谐建构的方法和途径。在这里，不论是对和谐目标的设定还是达到目标的手段都是道德式的，因而，也可以说是儒家式的。这就是说，不仅限于孔子，以道德手段、推及道德的和谐理念是包括孟子和荀子在内的所有儒家的一贯主张，也是孔子之德治、孟子之仁政和荀子之隆礼重法所追求的最高境界。

进而言之，儒家的和谐理念使儒家的学、仕与哲学王统一了起来——都成为和谐建构的具体步骤和组成部分。

首先，理想社会的和谐建构不是凭借法律的强制或诉诸武力，而是依靠道德的感化。在为政的方法和原则上，孔子反对刑罚而依靠道德，因为他坚信"君子之德风，小人之德草。草上之风，必偃。"（《论语·颜渊》）循着这一逻辑，只有统治者自身道德高尚、率先垂范才能带动百姓从善如流。在孔子的设想中：

> 上好礼，则民莫敢不敬。上好义，则民莫敢不服。上好信，则民莫敢不用情。夫如是，则四方之民襁负其子而至矣。（《论语·子路》）

> 其身正，不令而行；其身不正，虽令不从。（《论语·子路》）

按照孔子的说法，在上者的行为会对在下者产生莫大的榜样引导作用。在上者好礼、好义和好信，百姓会随之上行下效。这表明，只要在上者自正就能得到老百姓的拥护和爱戴。基于这种认识，孔子将为政者自身的道德表率作用进行到底。其实，崇尚礼乐教化、道德感召是儒家的一贯做法，孟子的以德服人遵循的也是这一理念。

接下来的问题是，儒家奉行的这条上行下效的上层路线凸显了上者行为的示范作用和榜样意义，无形之中置在上者于万众瞩目之位置。孔子给政下的定义是"政者，正也"，理由很简单——为政者是万众之师，"子帅以正，孰敢不正。"（《论语·颜渊》）荀子也一再强调：

> 上者，下之仪也。（《荀子·正论》）

> 君者，仪也；民者，影也；仪正而景正。君者，槃也；民者，水也；槃圆而水圆。君者，盂也；盂方而水方。君射而臣决。楚庄王好细腰，故朝有饿人。故曰：闻修身，未尝闻为国也。（《荀子·君道》）

孟子重视统治者的榜样作用，并且用王者、圣人、贤能和俊杰等组成了一个精英集团，在各个环节都以正面形象来示范、教化万民。正是出于教化百姓的目的，他对为政者的考核侧重政治素质，甚至把道德品行视为唯一指标。下面这则故事集中地流露了孟子的这一思想端倪：

> 鲁欲使乐正子为政。孟子曰："吾闻之，喜而不寐。"公孙丑曰："乐正子强乎？"曰："否。""有知虑乎？"曰："否。""多闻识乎？"曰："否。""然则奚为喜而不寐？"曰："其为人也好善。""好善足乎？"曰："好善优于天下，而况鲁国乎？夫苟好善，则四海之内，皆将轻千里而来告之以善。夫苟不好善，则人将曰：'訑訑，予既已知之矣。'訑訑之声音颜色，拒人于千里之外。士止于千里之外，则谗陷面谀之人至矣。与谗陷面谀之人居，国欲治，可得乎？"（《孟子·告子下》）

在孟子的表述中，善与仁义道德同义，好善即追求仁义道德之谓。循着只有在上者好善才能使国家得治、和谐有望的思路，对于为政者而言，身体素质、智力水平或知识积累等都无关大局甚至可以忽略不计，最要紧的是人品即道德素质——好善。好善被奉为选择、评价或考察从政人员的最高乃至唯一标准，反映了他试图通过为政者好善的带动使庶民对善驱之若鹜的理论初衷。这就是说，既然仁政信凭的是以德服人，那么，德——为政者的政治素质、好善便显得至关重要——只有好善者为政才能具有礼乐教化的感召力。

其次，在信凭上行下效的道德感召进行和谐建构的过程中，礼乐教化成为至关重要的内容和环节。儒家历来重视教化，视之为从政的主要手段和基本途径。有鉴于此，儒家把和谐建构的希望寄托于礼乐教化。

教化的推行需要两个条件：第一，百姓有接受教化的可能性和必要性。在这方面，儒家的人性理论对之做了充分的阐释和证明。在某种意义上甚至可以说，儒家对人性论的热衷本质上是出于教化的需要。拿孟子与荀子的人性论来说，一个主性善，一个阐性恶，表面上针锋相对、截然相反，实质上都是为礼乐教化服务的，只是侧重不同而已——一个侧重可能性，一个侧重必要性：在性善说中，孟子从施政与受政的主体双方相互印证了教化的可能性。对于施政的主体——先王来说，"先王有不忍人之心，斯有不忍人之政矣。"（《孟子·公孙丑上》）由于恻隐之心的驱使，先王不忍心用法律来桎梏人民，于是推出了以礼乐教化为主的不忍人之政——仁政；对于受政的主体——百姓来说，人皆有不忍人之心，在施政者的向善引导下会从善如流。同样，荀子肯定人与人的差异都是后天培养的，究其极是教化使然。对此，他指出："干、越、夷、貉之子，生而同声，长而异俗，教使之然也。"（《荀子·劝学》）更有甚者，荀子断言人性好利的性恶论使教化变得尤其必要和急迫起来。可见，正如对性善的论证坚定了孟子对百姓实施教化的步伐、增加了凭借仁政通往和谐的信心一样，性恶论使教化变得必要和迫切起来，也使礼成为荀子和谐建构的行政措施和依托标准。进而言之，对于儒家以礼乐教化为主要手段的和谐建构之路而言，教化的可能性和必要性缺一不可，这决定了对其可能性与对其必要性的论证一样必不可少，也使孟子与荀子表面上各执一词的人性理论在客观效果上相互补充、珠联璧合。这也是中国的人性理论在后世的发展中不再像孟子或荀子那样断言人性或善或恶，而是或三品，或双重地对孟子和荀子的人性理论兼容并蓄即对人之善恶兼而陈之的根本原因。第二，教化在本质上是一个上行下效的过程，其主动权操诸在上者。"教，《说文》：'上所施下所效也。'"（《集韵·效韵》）所谓教就是在上者对在下者实施教育和感化。在上者的道德素养和人格感召力直接决定着对百姓如何引导以及教化的效果如何。人性论所揭示的人性内容为在上者对百姓的礼乐教化提供了前提条件，在这个平台上，是否实施礼乐教化以及教化的结果如何完全在于施政者。基于这种认识，儒家设想，从政的秘诀是自正，只有为政者先正己，然后才能通过正己而正人。这正如孟子所云：

> 有大人者，正己而物正者也。（《孟子·尽心上》）

> 惟大人为能格君心之非。君仁莫不仁，君义莫不义，君正莫不正。一正君而国定矣。（《孟子·离娄上》）

循着这个逻辑，只有在上者才能在上行下效中使天下至于和谐，只有内心道德完满的哲学王才能使仁义道德广播天下。孟子宣称："亲亲，仁也；敬长，义也。无他，达之天下也。"（《孟子·尽心上》）这与梁启超对孟子思想的转述息息相通：

> 孟子说得好："惟仁者宜在高位，不仁者在高位，是播其恶与众也。"①

同样，荀子认为，人要学于君。君之所以可君，前提是君身正德高学广。这表明，出于礼乐教化的需要，儒家对君、在上者提出了更高的要求，对他们的责任界定决定了只有先学后仕才可能具有君临天下的能力和资格——因为只有这样才能保证其行仁义。为了配合仕的需要，儒

---

① 《梁启超哲学思想论文选》，北京大学出版社，1984，第495页。

家之学的内容侧重道德观念和行为实践，其中包括出而仕的事君之忠，并且蕴含治国平天下的外王之道。"子曰：'弟子入则孝，出则弟，谨而信，泛爱众，而亲仁。行有余力，则以学文。'"（《论语·学而》）儒家对学的内容、宗旨的如此安排是为了适应仕者以礼乐教化来治国平天下的需要。

再次，为了配合仕的需要，儒家之学不仅在内容上侧重仁义道德，而且将目标设定为塑造圣人。这使儒家所讲的圣人成为仁义道德的典范，因而具有道德教化的魅力和感召力。对此，孟子再三指出：

圣人，人伦之至也。（《孟子·离娄上》）

圣人，百世之师也。（《孟子·尽心下》）

充实之谓美，充实而有光辉之谓大，大而化之之谓圣。（《孟子·尽心下》）

舜生于诸冯，迁于负夏，卒于鸣条，东夷之人也。文王生于歧周，卒于毕郢，西夷之人也。地之相去也，千有余里；世之相后也，千有余岁。得志行乎中国，若合符节。先圣、后圣，其揆一也。（《孟子·离娄下》）

在这里，圣人是人伦之师、垂教百姓，并且"大而化之"——以自己之内圣教化万民是其题中应有之义。与孟子的思路如出一辙，荀子多次指出人应该向圣人学习——一面将成为圣人奉为学之目标，一面督促人接近良师益友学为圣人。

总之，在儒家看来，圣人是学之至者，学不仅统知行，而且兼内圣和外王之功；作为学之至者，圣人具有兼善天下的素质和能力，只要有机会施展抱负，就可以行仁义于天下，使社会臻于和谐。

综上所述，学—仕—教构成了儒家和谐建构的关键环节和主要步骤，通过它们的相互作用和层层推进建构社会和谐是儒家的宏观构想。这套构想洋溢着道德主义的主题，贯穿始终的是儒家的仁义道德：学是对道德观念和行为规范的学习，仕是对道德的推行，为政的手段是以礼乐教化为主的和谐建构，和谐建构的理想状态是"君君，臣臣，父父，子子"的道德实现。儒家和谐建构的价值理想和道德主义情怀表明，只有从和谐建构这一最终目标来审视儒家思想，才能更好地理解儒家所讲的学、仕的基本含义以及为什么儒家总是对之乐此不疲。就其哲学王情结而言，伴随着对从政者的道德素质和责任心要求的增高，儒家赋予从政者的权利和期待也随之加大。《中庸》的这两段话集中表达了儒家的这一思想端倪：

> 非天子，不议礼，不制度，不考文。今天下车同轨，书同文，行同伦。虽有其位，苟无其德，不敢作礼乐焉。虽有其德，苟无其位，亦不敢作礼乐焉。子曰："吾说夏礼，杞不足征也。吾学殷礼，有宋存焉。吾学周礼，今用之，吾从周。"

> 其人存，则其政举。其人亡，则其政息。人道敏政，地道敏树。夫政也者，蒲卢也。故为政则人，取人以身，修身以道，修道以仁。仁者，人也；亲亲为大。义者，宜也；尊贤为大。亲亲之杀，尊贤之等，礼所生也。

这些观点就侧重为政者的责任，督促其提高自身的道德自律而言具有警世作用。需要说明的是，儒家赋予天子如此大的权利，是就哲学王治国平天下的理想状态而言的，这本来是权利与责任、自身道德素质与拥有行政权力对等的平衡状态和理想诉求。换言之，天子之所以具有如此大的权利，集礼节、制度、文化大权于一身，是以其哲学王的身份和修养为前提的。离开这一前提，君主的一切权利都等于零——不仅得不到万民的爱戴，甚至不应该拥有天下、成为天子。但是，不得不承认，儒家基于哲学王的前提赋予天子的特权在宗法社会蜕变为人治传统，为君主专制推波助澜；与此相应，儒家的道德和谐建构思路从西汉董仲舒开始异化为宗法等级的辩护工具，发展到极致便是宋儒的"以理杀人"。

儒家的"学而优则仕"表达的和谐理念和建构方式启示人们，要保持社会秩序的稳定、维护群体和谐，在处理人与人的关系时，道德手段是必要并且有效的，和谐理念及建构的伦理维度不容忽视。在建构和谐社会的过程中，领导者的道德素质和榜样作用至关重要。这要求领导者不仅要以身作则，而且应随着自己手中权力的增大而不断提高自身的道德修养和业务能力，以期不辱使命。

同样，和谐的建构关涉人与自然、人与人、人与内心等诸多维度，是一项伦理、法律、政治和经济等各个领域相互协调、共同促进的系统工程。像儒家那样惟道德是用，必然导致因人而治和道德僭越。这在本质上是与和谐相悖的。

第四部分

儒学内外

第二十一章 儒家与墨家

先秦时期，学术繁荣，百家争鸣。在先秦的诸子百家之中，思想最为相近的莫过于儒家与墨家。无论对天的尊崇还是热心于公共事业都拉近了两家之间的距离，而与道家、法家渐行渐远。从学术传承和历史命运来看，儒家与墨家在先秦时期都十分盛行，同时号称"显学"。在秦后的历史长河中，两家的命运则差若云泥：一边是儒家成为主流，一度被"独尊"、二次被奉为官方哲学；一边是墨家在秦汉之后走向衰微，乃至成为绝学。面对儒家和墨家的际遇，人们不禁要问：儒家和墨家在先秦共显的原因何在？在秦后一荣一毁的悬殊命运又是为何？儒学与墨学的比较，既有助于深刻把握儒学有别于墨学的特质，又有助于深入体悟儒学的初衷以及与墨家不同的历史际遇。对于儒家与墨家的比较，选择仁爱与兼爱进行则饶有趣味。

第一节 共同的交往原则和立论根基

先秦时期是中国文化的"轴心时代"，出现了"百家争鸣"的繁荣景象。在这一时期，学说蜂起，异彩纷呈。先秦时期的诸子百家之所以可以展开争鸣，除了宽松的社会环境和自由学术氛围之外，还有一个重要的思想前提，那就是：诸子百家之间拥有共同的热点话题，面对相同的问题发出不同声音，由此形成了对话和争鸣。事实上，正如中国哲学侧重人生问题，旨在为人寻找安身立命之所一样，先秦时期诸子百家的思想都围绕着人如何安身立命展开：在安身即进行道德修养和处理人与人之间的关系问题上，儒家和墨家走到了一起——都把治理国家和处理人际关系的希望寄托于爱；在立命即探寻人的本体依托和形上玄思上，儒家和墨家不约而同地企盼上天的庇护。呼吁爱和奉天祭天不仅构成了儒家和墨家思想的相同之处，而且成为两家与道家、法家的学术分野。

一　仁和兼爱

孔子的思想非常博大，甚至有些博而寡要。或许正是针对这一讥讽，对于自己博大的思想体系，孔子明言"吾道一以贯之"。尽管孔子表示自己的学说有一条贯穿始终的主线，然而，他并没有具体说明或解释。孔子学说一以贯之的这条主线究竟是什么，孔子的亲炙弟子——曾子一语破的："夫子之道，忠恕而已。"（《论语·里仁》）依据曾子的说法，忠恕是孔子整个思想体系的核心，即一以贯之的主题。被曾子用以概括孔子思想的"忠恕"，质言之，也就是仁。曾子以"忠恕"作为"夫子之道"的逻辑主线彰显了仁对于孔子思想的首屈一指。

在孔子那里，仁最基本的含义就是爱人。《论语》记载："樊迟问仁。子曰：'爱人。'"（《论语·颜渊》）从积极方面看，仁是忠；从消极方面看，仁是恕。作为爱人之方，忠和恕合而言之即是仁。正因为如此，曾子以仁贯道突出了孔子思想的仁爱主题。在对仁的彰显和弘扬上，孟子与孔子相比有过之而无不及——不仅从人性哲学的角度论证了仁即不忍人之心"人皆有之"，是人与生俱来的本能，而且在本体哲学、认识哲学领域为仁的确证提供论据。更为重要的是，孟子提出的仁政直接阐述了仁的贯彻实施，使仁从道德观念、先天本性转化为具体行动和治国方略。

无独有偶，在诸子百家之中，墨家的思想同样表现出对爱的渴望和呼唤。墨子作《兼爱》三篇，通过"兼相爱"达到"交相利"的目的。在此过程中，墨子竭力劝导天子及圣明的君主以兼爱行政，臣众以兼爱处世。墨家向往"兼以易别"，试图以此来避免战争、争夺、厮杀和犯罪。

儒家提倡的仁爱也好，墨家呼吁的兼爱也罢，基本含义和思想主旨都是爱。孔子、孟子对仁的大声疾呼和墨子对兼爱的奔走呼号表明，儒家和墨家都把爱作为人的行为规范和交往原则，都试图通过设身处地、将心比心来达到最真诚、最切实的爱人目的。呼唤爱、渴望用爱来处理人与人之间的关系是儒家和墨家思想的相同之处。儒家和墨家思想的这一相同点在与道家和法家的比较中则看得更加清楚、明白。

众所周知，道家尤其是庄子主张"君子之交淡若水"，把人情视为人生的累赘和自由的羁绊，追求摆脱相濡以沫的拖累之后的相忘于江湖之大乐。无论老子的"鸡犬之声相闻，民至老死不相往来"（《老子·第80章》）还是庄子淡若水的"君子之交"都透露出豁达和超脱的逍遥自在之时，总难免给人一种凄凉、沧桑之感。老子、庄子代表的道家对人际关系的处理淡化了人对亲情的渴望法家的做法则有悖人性和亲情。为了推行法治，韩非代表的法家把自私自利说成是人的本性。在韩非眼里，人与人之间的关系——包括血肉亲情的父子、家庭关系和君臣、上下关系都成了血淋淋的利益关系、战争关系和买卖关系。法家基于人性的自私自利所勾勒的尔虞我诈、钩心斗角的人际关系令人冰冷刺骨、不寒而栗。如果人与人之间的关系果真如韩非描述得如此险恶和残酷，那么，人生还有什么意义和价值呢？如果这样，即使是取得了霸主地位，享受着荣华富贵，人就拥有幸福了吗？

与道家的超脱出世、对他人的漠不关心和法家的冷酷无情、阴险狡诈形成强烈反差的是，儒家和墨家对人的美好情感和善良之心的呼唤和渴望。儒家对仁爱的执着追求和墨家对兼爱的奔走呼号便是这种美好情愫及良好愿望的表达和倾诉。孔子强调："能近取譬，可谓仁之方也已。"（《论语·雍也》）爱人最好的办法就是自己想要的，要想着别人，给别人机会；自己不想要或不愿面对的，也不强加于人。这用孔子本人的话说便是：

> 己欲立而立人，己欲达而达人。（《论语·雍也》）

> 己所不欲，勿施于人。（《论语·卫灵公》）

与孔子的主张相似，墨子强调，兼爱的具体做法，墨子提出的设想是："视人之国若视其国，视人之家若视其家，视人之身若视其身。"（《墨子·兼爱中》）引文中的"其"，指自己。兼爱就是在感情上和心理上把别人的一切（包括国、家乃至身）都看成是自己的，就像对待自己的一样倍加爱护和关心。试想，天底下还有什么比这更真诚、更实在的爱呢！

二　尊天祭天

如果说追求爱、渴望爱是儒家和墨家思想的共同点的话，那么，两家思想的另一个共同之处便是请天为爱作证。换言之，为了表明仁和兼爱的正当性、合理性和权威性，儒家和墨家都到上天那里寻找立论根基。孟子认为，正如公侯伯子男是人爵一样，仁是上天赋予人的天爵。因此，仁是天下最尊贵的爵位，也是人最安逸的住宅。三代以仁得天下，以不仁失天下；个人则以仁保家和保身，以不仁毁家和自毁。沿着相同的思路，墨子一面声称天是宇宙间之最尊贵、最智慧的存在，一面断言上天具有意志和好恶。在此基础上，墨子让上天为兼爱张目，断言兼爱就是上天最大的意志和愿望。

大致说来，百家争鸣的先秦哲学在本体哲学领域可以归结为两个阵营：一是天本论，一是道本论。在诸子百家之中，只有儒家和墨家哲学以天为本、把天奉为宇宙间的最高存在和绝对权威。同样，到天那里为爱寻找立论根据流露出儒家和墨家试图用上天抬高仁和兼爱的地位的理论初衷，表明了两家所讲的爱与他们的本体哲学（天论）具有某种内在联系。

孔子一面断言上天主宰人的命运、安排人的生死寿夭和贫富贵贱，一面宣称"天何言哉？四时行焉，百物生焉，天何言哉？"（《论语·阳货》）如此说来，既然上天对人的命运的注定是一种随机莫测的无言之举、人们无法洞察天机，那么，"畏"便成了人对待天命的最佳选择乃至是无奈之举。因此，对于孔子来说，以仁爱等手段修身俟命也就是顺理成章的事了。当恪守天命论的孟子把仁说成是天爵时即暗含了仁是上天赋予人的神圣使命和人生追求之意，尽力行道而死、以得正命的主张便是孟子这一心态的最好注脚。

墨子一边坚信"天志"，断言上天可以对人事进行赏罚；一边竭力"非命"，否认既定之命，断言人的一切命运都与自身的行为有关。墨子要求人法天，并且坚信天有一定之规：人为天之所欲得赏，为天所不欲遭罚。兼爱是"天志"，攻伐是天所不欲。如此一来，既然交相亲爱是天之所欲、相恶相贼是天所不欲，那么，兼爱也就成了人们顺天、法天的不二法门。

总之，渴望爱、呼唤爱、相信人都有爱使儒家和墨家在交往原则和为人处世上与心仪淡若水之交的道家分歧日显，更与血腥残酷的法家背道而驰。与此同时，天又使儒家、墨家与效法自然之道的道家、法家在本体依托和哲学建构上差若云泥。这表明，爱和天在彰显儒家、墨家与道家、法家的学术分野的同时，突出了两家的思想特色，当然也成为儒家和墨家思想的共同点。

第二节　相去霄壤的理论意蕴和价值旨趣

儒家和墨家都把爱作为处理人际关系的基本原则，并由此产生了与道家、法家的学术分野。进而言之，爱是什么？如何去爱？儒家与墨家对这些基本问题的回答大相径庭，充分展示了各自不同的意趣诉求和理论特色。简言之，儒家之爱的基本范畴是仁，仁的基本内涵是"爱人"；墨家之爱的基本范畴是兼爱，兼爱的基本含义是"兼相爱"。孔子、孟子所讲的"仁者爱人"与墨子所讲的"兼相爱"不论立言宗旨、意蕴内涵和存在方式还是价值目标、行政操作和社会效果都不可同日而语。这就是说，儒家和墨家都高举爱的大旗，各自的爱之旗帜上却书写着不同的内容，故而传达出不同的信息。

一　理论初衷和立言宗旨之分

同样是对爱的渴望和呼唤，孔孟与墨子的出发点和主观动机判然分明。如果说儒家之仁的理论初衷是道德之完善的话，那么，墨家之兼爱的立言宗旨则是功利之追逐。

孔子是一位道德主义者，"朝闻道，夕死可矣"（《论语·里仁》）将他对道义的殚精竭虑表达得淋漓尽致。令孔子魂牵梦绕的道不同于道家推崇的天道而是指人道，具体指以仁为核心的伦理道德和行为规范。孟子把仁奉为上天最尊贵的爵位和人心最安逸的住宅，于是，"杀身成仁""舍生取义"便成为最高的道德操守。与物质追逐有别，道德追求总带有某种理想色彩。因此，与对仁的朝思暮想、寤寐以求形成强烈反差的是，孔子、孟子对物质利益和衣食住行的淡漠。正如孔子所言："士志于道，而耻恶衣恶食者，未足与议也。"（《论语·里仁》）孔子强调，君子具有"忧道不忧贫""谋道不谋食"的品格。孟子更是将为义与为利之动机作为判定为善与作恶的标准，得出了如下结论："鸡鸣而起，孳孳为善者，舜之徒也。鸡鸣而起，孳孳为利者，跖之徒也。欲知舜与跖之分，无他，利与善之间也。"（《孟子·尽心上》）从这个意义上说，儒家为仁而生，为仁而死，人生的意义和价值就是行仁义于天下。对于儒家来说，热衷于仁正是出于道德完善和精神追求，具有浓郁的道德理想主义情结。

墨子主张兼爱是出于现实的功利考虑，兼爱的目的是最大限度地获取利，即"兴天下之利"。在他看来，仁人从事以"兴天下之利，除天下之害"为主观动机和行为后果；若要"兴天下之利"，必须先"除天下之害"。那么，所谓的天下之害是什么呢？墨子解释说：

> 若大国之攻小国也，大家之乱小家也，强之劫弱，众之暴寡，诈之谋愚，贵之敖贱，此天下之害也。人与为人君者之不惠也，臣者之不忠也，父者之不慈也，子者之不孝也，此又天下之害也。又与今人之贱人，执其兵刃、毒药、水火以交相亏贼，此又天下之害也。（《墨子·兼爱下》）

墨子进而指出，天下之害"以不相爱生"，为了除天下之大害，必须兼爱。这就是说，兼爱的基本要求就是"兼爱天下之人"（《墨子·天志中》）；兼爱的作用原则就是"兼以易别"（《墨子·兼爱下》）。沿着这个思路，墨子坚信，兼爱是兴天下之利的根本途径和治天下的最好办法。这用他本人的话说便是："若使天下兼相爱，国与国不相攻，家与家不相乱，盗贼无有，君臣父子皆能孝慈，若此，则天下治。"（《墨子·兼爱上》）基于这种认识，墨子得出了如下结论："故圣人以治天下为事者，恶得不禁恶而劝爱？故天下兼相爱则治，相恶则乱。"（《墨子·兼爱上》）由此可见，追求功利是墨子所有理论和行为的最终动机，在围绕现实的功利主义展开论证上，兼爱的提出也不例外。具体地说，墨子之所以为实施兼爱奔走呼号，目的有二：第一，在人与人的关系层面达到"交相利"的目的。墨子把人间的一切罪恶、不幸、犯罪和征伐等等都归结为人与人不能"兼相爱"。兼爱主张正是针对相恶相贼的局面有感而发的，是针砭时弊之策。第二，在天与人的关系层面得天之赏。在墨子看来，天有意志，可以对人事进行赏罚。人与人"兼相爱"是天之所欲，必得天赏，故而为之。

　　尚需进一步澄清的是，墨家和法家都有功利主义倾向，两家对功利的界定、追求利的手段相去霄壤。与法家的极端功利主义——损人利己、为富不仁有别，墨子反对"亏人自利"。兼爱的目的就是追求利益共享，确保天、鬼、人三方面的利益。这用他本人的话说便是："上中天之利，而中中鬼之利，而下中人之利。"（《墨子·非攻下》）由此可见，推行兼爱便是利益均沾、天鬼人共同获利的惟一办法。墨子对人际关系的界定突出了利益原则，甚至把君臣、父子之间的关系都归结为利益关系。他断言："故虽有贤君，不爱无功之臣；虽有慈父，不爱无益之子。"（《墨子·亲士》）可见，在墨子那里，利益是人的最终目标和行为鹄的，具有至爱亲情的父子之间尚且如此，对于那些没有血缘关系、萍水相逢的路人而言，彼此的关系也就可想而知了。

　　一方面，就诸子百家对人与人之间关系的分析和界定而言，墨家的观点与法家最为类似，墨子对功利的追逐与韩非代表的法家对利的趋之若鹜极为相似。儒家以血缘亲疏厘定人与人的关系，这用有子的话说便是："孝弟也者，其为仁之本与！"（《论语·学而》）道家从逍遥的角度审视人与人之间的关系，在心仪无情之情的过程中超越亲情和功利。一言以蔽之，就人与人的关系建构来说，儒家建构的是道德形态和样式，道家建构的是人与人关系的自由形态和样式，墨家和法家建构的则是利益形态和样式。如果说儒家和道家的道德和自由样式饱含理想的话，那么，墨家和法家的功利样式则更注重现实。

　　另一方面，墨家与法家对利的理解，不可对二者等量齐观。具体到处理人际关系和如何获利等具体操作上，墨子的做法与韩非的极端自私自利和残酷狡诈截然不同。在这方面，如果说韩非是为了获利而不择手段的话，那么，墨子则期望运用善的手段——"兼相爱"达到善的目的——"交相利"。循着墨子的逻辑，正如素丝染之苍则苍、染之黄则黄一样，国或士皆有所染。在周围环境的影响和他人的感染下，人会由于有所染而改变自己——染之兼爱则兼爱矣。如此一来，我爱人，人必从而爱我；我利人，人必从而利我。墨子正是想通过爱人、利人来达到人爱我、利我之目的，从而获得自己之利。

二 思想内涵和心理机制之别

儒家之仁与墨家之兼爱的主观动机和理论初衷在一定程度上决定了两家之爱的思想内涵和心理机制之别。一言以蔽之，如果说孔子、孟子之仁的精神实质是别的话，那么，墨子兼爱的原初含义则是兼；如果说仁的心理机制是由己及人的层层推进的话，那么，兼爱的心理机制则是放射性的释放和平铺。

儒家历来强调"爱有差等"，注重分别是儒家爱人的理论特色，甚至是基本原则。在孔子关于仁的论述中，当作为思想内涵、内心情感和道德观念的仁转化为外在形式和道德行为——礼时，必须做到尊卑有等、亲疏有分、厚薄有别、长幼有序，以期达到整个社会"君君、臣臣、父父、子子"（《论语·颜渊》）的状态。为了凸显被爱者与爱者的名分和把握爱的分寸，孟子依据差等原则将仁者爱人概括为"亲亲"、"仁民"和"爱物"三个境界和等级，进而强调其先后、本末之分，其间的秩序是："亲亲而仁民，仁民而爱物。"（《孟子·尽心上》）

孔子、孟子之仁的差等原则决定了两人注重爱人在心理机制上恪守先后、远近和厚薄之别。对于仁的逻辑结构，有子曾言："其为人也孝弟，而好犯上者鲜矣；不好犯上而好作乱者，未之有也。君子务本，本立而道生。孝弟也者，其为仁之本与！"（《论语·学而》）这表明，儒家所讲的仁从爱自己的亲人（父兄）开始，然后将心比心，由己及人，推广到爱别人之亲。出于同样的逻辑，孟子宣称："老吾老，以及人之老；幼吾幼，以及人之幼。"（《孟子·梁惠王上》）由此可见，在仁之爱人的心理机制上，儒家试图从家庭关系开始，由此由点到面、由近达远、由己及人，达到由爱己之亲、再爱路人乃至爱天下人以及天地万物的目的。正如孟子所言："仁者以其所爱，及其所不爱，不仁者以其所不爱，及其所爱。"（《孟子·尽心下》）这再次印证了仁之由己及人、由近及远的行为路线和逻辑思路。

如上所述，墨子提倡兼爱，要求"爱天下之人"。在向天下之人施予爱时，"兼以易别"——对所有人都平等地、一视同仁地、同时地予以对待。在这里，不仅没有了大国与小国、大家与小家的对峙，而且没有了君与臣、贵与贱、上与下、尊与卑的区分，当然也没有了强与弱、父与子、众与寡、诈与愚的差异。一旦达到这种境界，便可以弥合尊卑、长幼、厚薄和亲疏，不仅同时兼爱天下之人，而且平等地兼爱天下之人。

兼爱的平等、同时内涵预示了墨子推行兼爱的心理机制必然是超越尊卑、贵贱、人我之别的平面铺开。事实正是如此，墨子强调，在给予和承受爱时，人与人之间的关系平等。这种平等关系表现为时间上和心理上的同时而无先后、本末之分，同时表现为空间上和效果上的互动而无强权特权。换言之，兼爱的平等原则既体现在动机，又体现在效果上：第一，从动机来看，兼爱并非"无私的奉献"而是"施恩图报"。兼爱具有强烈而明确的功利动机，墨子不从隐瞒兼爱的目的是得到他人的爱。逻辑很简单，为了得到他人的爱，我必须先去爱他人，所以才对天下人"兼相爱"。对此，墨子断言：

> 即必吾先从事乎爱利人之亲，然后人报我以爱利吾亲也。……《大雅》之所道，曰："无言而不仇，无德而不报。投我以桃，报之以李。"（《墨子·兼爱下》）

这清楚地表明，兼爱绝不是无偿的，我之所以爱利天下之人，就是为了收获天下人爱我利我之效。兼爱是有偿的。第二，从效果来看，只有先"兼相爱"才能达到"交相利"的目的。墨子认为，人与人之间的关系是相互的或曰互动的，并把人与人之间的这种互动关系称为"所染"。在这种关系中，要想获取别人的爱，必须先给予别人爱；你先给予他人爱，他人也会以爱来回报你。正是在这个意义上，墨子写道："爱人者，人亦从而爱之；利人者，人亦从而利之。恶人者，人必从而恶之；害人者，人必从而害之。"（《墨子·兼爱中》）

在孔子那里，人与人之间也是相爱的，仁就是爱。同时应该看到，在孔子设想的人与人之间的爱的关系中，人与人之间的权利与义务并不对等。换言之，上者对下者的爱——君对臣之惠和父对子之慈等与下者对上者的爱——臣对君之忠和子对父之孝等并不等价：上者所享有的权利远远大于其承担的义务，下者则相反，基于血缘关系的亲人与路人之差则突出了被爱人群的亲疏、远近和厚薄之别。与儒家之仁的爱人方式和原则截然不同，墨家向往的兼爱完全是平面铺开的，其中没有差别、没有等级、没有远近以至于没有人我之分，因而是完全平等和相互的。

三　价值取向和人生追求之差

尽管孔子、孟子和墨子都讲爱，然而，大相径庭的立言宗旨却使爱在他们的价值系统中占有的位置和拥有的地位不可能相同。具体地说，从价值取向和人生追求来看，仁在追求道德完善的孔子、孟子那里是人生目的和最高价值，兼爱在追逐功利的墨子那里是获得利益、达到"交相利"这一价值目标的手段。

孔子、孟子视仁为价值目标和人生追求。孟子声称："仁也者，人也。"（《孟子·尽心下》）这就是说，作为人的本质，仁是人之所以成为人的内在规定。因此，人要由野蛮臻于文明，成为真正意义上的人，就必须时时刻刻"以仁存心"。正是在这个意义上，孟子一再强调：

　　恻隐之心，人皆有之。（《孟子·告子上》）

　　无恻隐之心，非人也。（《孟子·公孙丑上》）

对于孟子来说，仁是判断君子与小人的衡量标准，也是人的神圣使命。对仁的追求使人"穷则独善其身，达则兼善天下"（《孟子·尽心上》），以天下为己任。有鉴于此，儒家不放过任何机会，以便把仁之道德和理想普播天下。孔子、孟子和荀子周游列国，其目的皆在于斯。这表明，儒家把仁视为人生的价值目标和神圣使命，仁也由此成为是人生的惟一意义和最高价值。仁不仅是人安身立命之本，而且是为人处世之方。

在墨子那里，兼爱既非人的本质，也不是人的本性。这意味着兼爱与人之所以成为人并无直接关系。对于兼爱，人们可为可不为。为与不为，对人之所以成为人没有直接影响，不同的只是结果——或得赏而天下治和富贵饱暖，或遭罚而天下乱和贫贱饥寒。换言之，兼爱或不兼爱对人的影响只在于生活境况不同，对人的本质和人之为人却毫发无损。从这个意义上说，墨子大声疾呼剪子，具有权衡利弊做出选择的意味。其实，墨子的兼爱是"兴天下之利，除天下之害"的一个步骤和手段，是达到"交相利"目的的过渡环节——总之，绝非目的本身。正因为如此，在墨子的话语结构中，"兼相爱"与"交相利"如影随形，总是同时出现。"兼相爱"之后总有"交相利"跟随不仅反映出墨子以"兼相爱"之名行"交相利"之实的良苦用心，而且体现了"兼相爱"是手段和前提，"交相利"是目的和后果的精神实质。不仅如此，手段是为目的服务的，与此相一致，墨子讲"兼相爱"总是紧紧围绕着"交相利"这个终极目的展开、并且受制于后者。对于墨子来说，之所以"兼相爱"，归根结底是为了"交相利"，因为兼爱是天之所欲，而"我为天之所欲，天亦为我所欲"（《墨子·天志中》）。具体地说，天之所欲为何？天所不欲为何？人何为而得天赏？何为又遭天罚？墨子宣称："顺天意者，兼相爱，交相利，必得赏。反天意者，别相恶，交相贼，必得罚。"（《墨子·天志上》）如此说来，兼爱与其说是人的道德操守，不如说是人与天的一种交换。人之所以兼爱即使不是迫于天的威力——求天之赏、也是权衡利弊——怕天之罚的结果。主张"天志""明鬼"的墨子坚信天与人的祸福息息相关，不止一次地发出了如下断语：

　　爱人利人者，天必福之；恶人贼人者，天必祸之。（《墨子·法仪》）

今若天飘风苦雨，臻臻而至者，此天之所以罚百姓之不上同于天者也。（《墨子·尚同上》）

这清楚地表明，墨子之所以坚定不移地提倡兼爱，根本原因在于，兼爱是天之所欲，福禄是我之所欲。循着他的逻辑，我行兼爱，天予我以福禄；我不行兼爱，必遭天罚。

四 立论根基和存在方式之异

从立论根基和存在方式来看，孔子、孟子和墨子都在上天那里为爱找到了合理依托和本体证明，这是儒家和墨家思想的共同之处。接下来的问题是，上天如何为爱作证？儒家、墨家做出的具体解释并不相同。在这方面，儒家尤其是孟子把仁视为人与生俱来的本能，使仁成为人的内在本质和先天本性。墨子把兼爱说成是天之所欲，兼爱对于人来说作为上好之、下从之的外在约束。这样一来，儒家之仁与墨家之兼爱便显示出内与外、先天本能与后天抉择差等异。

按照孔子的一贯主张，人的一切命运包括生死富贵、智力才华等都是上天注定的，道德观念也在上天生人之时的命定之列，所以才有了"天生德于予"（《论语·述而》）的自负。道德是天生的，仁也概莫能外。这就是说，仁对于人而言与生俱来，是先天的。孔子的这一思想端倪被其后学孟子发挥得淋漓尽致。在孟子那里，正因为仁是上天生人之时就已经赋予人的一种本性和本能，所以，人见孺子入井产生惕怵之心。这种同情、恻隐之心的产生，既非想在乡党之间沽名钓誉，也不是与小孩的父母有交情、更不是讨厌小孩的哭声，而是先天的一种本能反应。有鉴于此，他断言："仁义礼智，非由外铄我也，我固有之也。"（《孟子·告子上》）孔子、孟子乃至后来的儒家都众口一词地强调仁与生俱来，是人的一种先天本能或本性。这些共同证明，儒家所讲的仁，从存在方式来看，是内在的。

墨子的兼爱与上天具有某种内在联系，在这个层面上显示出与儒家的某种相似性。尽管如此，墨子所讲的兼爱对于人而言绝不是孟子所说的先天赋予，这从他的"非命"思想中便可一目了然。事实上，墨子的兼爱是上天对人的行为的一种外在约束。墨子强调，天是宇宙间最高贵、最智慧的存在，人的行为"莫若法天"。对于如何"法天"，墨子写道："既以天为法，动作有为，必度于天，天之所欲则为之，天所不欲则止。然而天何欲何恶者也？天必欲人之相爱相利，而不欲人之相恶相贼也。"（《墨子·法仪》）这清楚地表明，墨子呼吁的"法天"就是指人的一切行为都以天为法——上天喜欢的便做，上天不喜欢的便止。具体地说，相爱相利是天之所欲，人们必须为之；相恶相贼是天所不欲，人们决不能为。由此可见，兼爱是天之所欲，并非人之所欲，当然更谈不上是人之本性或本能。正因为兼爱并非人的本性或人之所欲，而是天之所欲，所以，兼爱只是对于人顺天、法天的要求，或者说人上同于天的一种方式。准确地说，人们之所以兼爱只不过是敬畏上天、讨好上天的一种权宜之计而已。这再次表明，兼爱对于人而言，充其量只不过是来自上天的外在约束而已，绝不是内在本性或本质。

五 行政贯彻和操作措施之殊

从行政贯彻和操作措施来看，儒家和墨家的设想具有相同之处——因循上层路线，注重由上而下的运作，都把推行爱的希望寄托在统治者的身上。在这个前提下尚须看到，两家的具体做法迥然相异。孔子、孟子之仁的贯彻实施依靠君主以及统治者的礼乐教化和率先垂范，寄希望于道德感化和引导；墨子兼爱的推行凭借上天、君主的好恶、赏罚，诉诸行政命令和赏罚措施。在此过程中，儒家侧重主体的自觉和道德的自律，墨家则侧重上天的权威和利益的驱使。

孔子相信道德自居，对仁的践行也是如此。正是在这个意义上，他反复宣称：

为仁由己，而由人乎哉？（《论语·颜渊》）

我欲仁，斯仁至矣。（《论语·述而》）

正如仁者爱人在孔子那里是道德范畴和伦理规范一样，仁的推行和实施信凭统治者的人格力量和道德感召力，而不是——至少主要不是依靠行政命令。基于"道之以政，齐之以刑，民免而无耻。道之以德，齐之以礼，有耻且格"（《论语·为政》）的认识，孔子把仁的推行寄托在统治者自身的道德感召力和榜样作用上。他宣称："其身正，不令而行；其身不正，虽令不从。"（《论语·子路》）这套主张表明了孔子的德治路线，而德治的突出特征就是依靠统治者的榜样作用来带动百姓。按照孔子的说法，"君子之德风，小人之德草。草上之风，必偃。"（《论语·颜渊》）既然风往哪边吹，草自然就向哪边倒，那么，风向便起着决定作用。对于国家治理来说，在上者就是方向标，决定着国家的治乱和百姓的走向。这用孔子本人的话说便是："上好礼，则民莫敢不敬；上好义，则民莫敢不服。上好信，则民莫敢不用情。夫如是，则四方之民襁负其子而至矣。"（《论语·子路》）孟子行仁义于天下的仁政讲的也是以德服人，基本思路和要义便是通过统治者率先垂范的榜样作用和道德说教使老百姓心悦诚服，从而达到王天下的目的。孟子的仁政主张进一步继承和发挥了孔子注重主体自觉的思想倾向，并且为其具体操作提出了经济上（井田制）、管理上（劳心劳力的社会分工）和思想上（庠序之学）的保护措施。

深入分析孔子、孟子关于仁的贯彻措施和推行操作不难发现，在儒家的视界中，无论统治者还是被统治者都是出于主体自愿和道德自觉。行之，没有好处——行仁于天下没有物质利益和经济奖赏；不行，没有恶果——不行仁不会遭罚。这从一个侧面印证了一个事实，儒家推崇的仁始终是纯粹的道德观念和伦理范畴，不具有法律效力或威严。韩非正是因此揭露儒家伦理道德的软弱无力进而推行法治的。

与儒家所讲的仁相比，墨子的兼爱与其说是伦理、道德范畴，不如说更接近于一种法律条文——上天所欲、上者（天子、君主等）所命。在墨子的视界中，正因为兼爱具有法律意蕴，所以，人行或不行兼爱结果不同——正如行之得赏一样，不行遭罚。从这个意义上说，墨子提倡的兼爱最先考虑的不是人的主观意愿和主体自觉，而是看中了兼爱的行为后果。具体地说，墨子呼吁"尚同"，"尚同"的意思是同于上：在天与人的关系层面，人同于天；在君与民的关系层面，民同于君。总之，"尚同"强调下级对上级的绝对服从，以至于在下者必须以在上者的是非为是非。这用墨子本人的话说便是："上之所是，必亦是之；上之所非，必亦非之。"（《墨子·尚同中》）据此，墨子把推行兼爱的希望寄托在君主的命令和好恶上，相信只要君主提倡，便可以上行下效，兼爱很快便会成为一种时尚风行天下。为了阐明其中的道理，以此证明自己此言不虚，墨子列举了晋文公好士之恶衣、楚灵王好士之细腰和越王勾践好士之勇等例子予以证明。在他看来，晋文公、楚灵王和越王勾践的嗜好十分荒诞，因为恶衣、少食和杀身而为名都是老百姓所难以做到的。尽管如此，"苟君悦之，则众能为之。"（《墨子·兼爱中》）晋文公好士之恶衣、楚灵王好士之细腰和越王勾践好士之勇等足以证明，只要国君大力提倡，没有做不到的。恶衣、少食和杀身而为名如此难为的嗜好都是如此，更何况兼爱既容易做到又可以获利，只要君主肯行，老百姓何乐而不为呢！

第三节 儒学与墨学荣辱原因之探讨

一种学说的历史命运取决于内外两方面的因素：一是理论精神，一是社会需要；前者是内因，后者是外因。社会需要最终受理论精神的决定和制约。以此观之，儒家和墨家思想在先秦时期并称"显学"和后来一盛一衰强烈对比的历史命运与中国古代的社会环境和政治需要密切相关，同时也要到儒学、墨学的理论本身探寻根本原因。

一 相同点是同为"显学"的原因

如上所述，儒家和墨家思想的共同点主要集中在两个方面：一是对上天的尊崇，一是对爱的呼吁。这两点在春秋战国之时具有一定的现实需要性，与儒学、墨学成为"显学"不无关系。

作为中国哲学的萌芽和初始阶段，先秦哲学与宗教处于混沌未分的合一状态。中国古代始终没有形成与世俗世界截然二分的出世宗教，这并不意味着中国人没有宗教观念。事实上，中国古人的宗教情结绵长而浓厚。在中国先民的世界里，巫术出现很早，祭祀之风盛行不衰。祭天不仅是个人日常生活中的大事，而且是国家政治生活的主要内容。《左传》上记载的"国之大事，在祀与戎"便是对先秦社会的真实写照。早在殷周之际，中国人的上天观念就已根深蒂固。孔子、孟子和墨子以天为本，伸张了上天的地位和权威。孔子断言："巍巍乎！唯天为大。"（《论语·泰伯》）孔子一再告诫人们对决定其生死寿夭的上天要敬畏，并虔诚地进行祭祀。即使主张天时不如地利，地利不如人和的孟子也呼吁人祭祀上天。墨子宣称："天之行广而无私，其施厚而不德，其明久而不衰。"（《墨子·法仪》）上天的这些美德和品质使其成为宇宙间最高贵、最智慧的存在，人们的一切行为"莫若法天"；天有意志和好恶，人们不仅要为天之所欲、不为天所不欲，而且包括天子在内都要"斋戒沐浴，洁为酒醴粢盛，以祭祀天"（《墨子·天志中》）。孔子、孟子和墨子的言论使天具有了某种宗教意蕴，俨然成了一尊人格之神。这些观点既符合中国人的心理传统，又满足了人的感情需要，并且弥补了出世宗教的欠缺。这或许是儒学和墨学在先秦时期的诸子百家中能够出类拔萃、进而成为"显学"的原因吧！

与儒家、墨家崇奉、祭祀的天相比，在先秦哲学中与天分庭抗礼的道，既缺乏心理传统和宗教基础，又恍惚寂寥、若有若无。道比天更富形而上学色彩，却终归难以被普罗大众为主体的大多数中国人所接受，进而成为世俗文化的主流。因此，在与诸子百家的抗衡中，推崇道的道家和法家没有进入"显学"行列。

有人说，东周时期是中国历史上最酷烈、最黑暗的一页，臣弑君、子杀父事件屡屡发生，致使西周之礼遭受致命打击。与此同时，法先王和复古情结更让人感到今非昔比。面对群雄逐鹿的混乱不堪，爱对于礼崩乐坏、人心不古不啻为一种心理安慰和理论补偿。正因为如此，尽管用道德手段治理国家和以爱处理人际关系不如法家的法治主张来得直接实惠、收效明显，然而，爱的主张和以爱为核心的德治、仁政表面上并不被统治者所拒绝。这一点在孔子、孟子周游列国的遭遇中得到了绝好的说明。各诸侯国的国君在骨子里不想采纳儒家以道德手段治理国家的主张，却在表面上表示欢迎，孟子还被"加齐之卿相"（《孟子·公孙丑上》）。这从一个侧面表明，爱的呼吁和主张在先秦时期具有一定的现实土壤，迎合了统治者的某些需要。例如，春秋战国时期的各国战争是军事和经济实力的角逐，背后隐藏的则是人才的争夺。对于亟须收买人心、笼络人才的各个诸侯国来说，不好断然拒绝儒家、墨家对爱的呼唤。此外，墨家的主张如向往和平、改善人际关系等也反映了平民百姓的心声，因而拥有更为广泛的大众基础。循着这个逻辑，为爱奔走呼号的儒家和墨家成为"显学"也就是顺理成章的事了。

二　不同点解释了儒墨历史命运的迥然悬殊

一方面，儒家和墨家思想有相同之处，这一点通过与道家、法家的比较可以看得更加清楚。另一方面，儒家与墨家的思想存在着不容忽视的差异和对立。正是这些差异和对立，使儒家和墨家之间的理论官司在先秦时期从未间断。墨子的许多言论如天志、明鬼、兼爱、尚贤、非命、节用、节葬、非乐等都是针对孔子的观点有感而发的，甚至可以说是与后者针锋相对的。不仅如此，墨子还作《非儒》上下篇，历陈儒学之弊。以其人之道还治其人之身，身为儒家的孟子指责墨子的兼爱是禽兽逻辑，措辞可谓激烈之至。荀子即使接纳法家也不能容忍墨家，对墨家的谴责、批判可谓连篇累牍。

墨子的这段话概括了儒家与墨家的理论分歧：

> 儒之道足以丧天下者，四政焉。儒以天为不明，以鬼为不神；天鬼不说，此足以丧天下。又厚葬久丧，重为棺椁，多为衣衾，送死若徙，三年哭泣，扶后起，杖后行，耳无闻，目无见，此足以丧天下。又弦歌鼓舞，习为声乐，此足以丧天下。又以命为有，贫富寿夭、治乱安危有极矣，不可损益也。为上者行之，不必听治矣；为下者行之，必不从事矣。此足以丧天下。（《墨子·公孟》）

这段议论出自《墨子》的《公孟》篇，将儒家与墨家的分歧概括为四个要点：第一，以孔子为代表的儒家所讲的天是冥冥之天，墨子所讲的天则是意志之天。第二，孔子代表的儒家主张厚葬，墨子主张节葬。第三，儒家推崇礼乐教化，墨子主张非乐的差异。第四，儒家将人的生死寿夭和社会治乱皆归于命，墨子旗帜鲜明地呐喊"非命"。其中，第一点是本体哲学之辨，第二点和第三点再现了儒家道德主义与墨家功利主义的对立，第四点折射出儒家的等级观念与墨家平等思想的不同。墨子对儒家弊端的揭露基本上对应着儒家与墨家思想的差异。正是这些差异和对立决定了两家在秦后的历史变迁中的悬殊命运。

其实，作为儒家思想核心的仁与墨家的兼爱不仅浓缩了儒家与墨家思想的差异和对立，而且生动地展示了两家悬殊命运的真正原因。

1. 根深蒂固的宗法等级观念

中国古代是以血缘关系为纽带建立起来的宗法社会，自然亲情和人伦纲常被视如神圣。与此同时，中国是闻名于世的"礼仪之邦"，礼在中国人的政治生活和日常生活中占有举足轻重的地位。从思想内涵和社会功效来看，礼在中国古代社会集道德与法律为一身，是国家和百姓必须遵守的行为规范。众所周知，中国古代社会之礼，最基本的特征和功能就是分别。在这方面，儒家关于"礼之用，和为贵"（《论语·学而》）的说法以及"爱有差等"的原则可以为宗法等级辩护，得到历代统治者的青睐——儒学在汉代和南宋之后两次被奉为官方哲学便是明证。与此不同，墨子的兼爱要求视人之国、之家乃至之身若视其国、其家和其身，这淡化了人、己之别，甚至剥夺了吾之父优于人之父的特权。更有甚者，兼爱中流露的天与人、上与下的平等、互惠和互利原则冲击了在上者的利益。正因为如此，孟子抨击墨子的兼爱思想是禽兽逻辑，君和父是兼爱最直接的"受害者"。正是在这个意义上，孟子抨击说："墨氏兼爱，是无父也。无父无君，是禽兽也。"（《孟子·滕文公下》）孟子的看法在某种程度上代表了中国人的大众心理，也从一个侧面揭示了统治者不喜欢墨家的深层原因。至此，儒家与墨家一传一绝的不同命运也就在情理之中了。

2. 注重道德完善、漠视物质需求的义利观

中国人的义利之辨由来已久，根深蒂固。辨，指分别。义利之辨强调义——道德完善和精神追求与利——物质利益和生理需要的区别乃至对

立。面对义与利的这种泾渭分明、不容混淆，中国的主流意识形态始终是热衷于义而耻于言利。这显然与儒家的思想更为契合。

上述内容显示，孔子、孟子与墨子所讲的爱具有道德主义与功利主义之别，这在仁与兼爱的理论初衷、思想内涵、操作方式和社会效果等各个方面均有反映。孟子宣称："王何必曰利？亦有仁义而已矣！"（《孟子·梁惠王上》）与孟子标榜仁义相反，墨子公然宣布"兴天下之利"。孟子的"何必曰利"符合中国人耻于言利的大众心理和价值取向，为历代统治者所提倡。墨子的尚利倾向却为中国人所不耻，至少在表面上如此标榜。儒家与墨家不同的历史命运可以在各自思想对中国人心理倾向和价值评判的一迎合、一逆忤中得到解释和说明。

3. 轻视自然科学的价值取向

大致说来，人文科学满足人的精神需要，自然科学满足人的物质需要。与义利之辨相对应，中国人历来对自然科学以及相关的科学技术采取避之而唯恐不及的态度。于是，修身、齐家、治国、平天下的道德修养和政治学说被奉为"大学"，意即高深、高等的学问；与之对应的小学是文字学、音韵学和训诂学。一目了然，无论高等的还是低级的学问之中都没有自然科学的位置，自然科学以及与之相关的科学技术根本不在学问之列！孔子、孟子所讲的仁涵盖了哲学、伦理、政治等人文科学的方方面面，唯独没有自然科学方面的内容。墨子所讲的兼爱不仅具有哲学和政治内涵，而且包括自然科学和工艺技术等内容。技术是达到利益的手段——在这一点上，科学技术与墨子所讲的兼爱异曲同工——价值是一样的。例如，为了兼爱，必须非攻；为了非攻，墨子研制了备城门、备高临、备梯、备水、备突和备蛾傅等技术、技艺和设备。这些科学技术和设施不再是冰冷的器械，而是由于与兼爱的密不可分而有了爱的温度。除此之外，墨子的思想体系中还有一些自然科学方面的内容，如力学、物理学、光学、天文学和地理学等。工艺技巧在中国古代被贬为雕虫小技，热衷于自然科学被视为玩物丧志和不务正业，甚至被排斥在作为正途的科举考试的内容之外。由此不难看出，蔑视与崇尚自然科学与儒家、墨家之间一荣一辱的历史命运具有某种因果关系和内在联系。

　　总而言之，如果说以天为本和爱的呼唤是儒家和墨家在先秦成为"显学"的共同原因的话，那么，儒家与墨家之天和爱的意蕴内涵和社会效果的迥然相异则是两家历史命运相差悬殊的根本原因。具体地说，正如维护宗法等级制度、追求道德完善和轻视自然科学是儒家显赫地位的理论基石一样，兼爱平等、利益追逐和浓厚的自然科学情结及工艺技巧之长则是拉开墨家与儒家的学术地位之距离乃至使墨学最终沦为绝学的主要原因。

第二十二章　儒家与法家

儒家作为"显学"在先秦时期产生了重大影响，并且从不同角度与法家展开了争鸣。如果说儒家与墨家的争鸣在有为的视域内展开的话，那么，儒家与法家的争鸣便是有为与无为。或有为而治，或无为而治；或德治，或法治，由此汇成了先秦政治哲学领域的争鸣乃至对立。在有为而治的阵营之内，儒家与法家一个以德治国，一个奉法而治，由此拉开了中国历史上争辩不休的学术公案。事实上，奉法而治在法家看来就是无为而治。这不仅模糊了有为与无为之间的界限，而且加大了儒家与法家争鸣的复杂性。通过与法家政治方略的比较，从而对儒家的道德理想拥有更为直观的感悟。

第一节　不同的价值理想、治国方略和行政路线

对于先秦时期的百家争鸣来说，思想差异最大、持续时间最久的非儒家与法家莫属。在对世界万物本原的回答上，孔子、孟子代表的儒家尊奉天，作为法家集大成者的韩非则崇尚道。神秘之天与自然之道使儒家与法家显示了唯心主义与唯物主义的对立。然而，两家争论的焦点显然不在天（宇宙本原是什么）而在人（对人生意义和目标的回答）。尽管如此，儒家与法家在这方面，孔子、孟子代表的儒家以仁义道德为价值目标，以君君臣臣父父子子的和谐建构为社会理想；韩非代表的法家以功利为鹄的，其理想目标是称霸天下。循着不同的价值目标，儒家、法家提出了不同的行动方案和政治策略，各自建构了自己的政治哲学。

一 义与利、君臣父子与国富民强

儒家崇尚仁义道德，把道德完善视为人生目标。正如《论语》所载："子罕言利，与命与仁。"（《论语·子罕》）孔子虽然不反对所有的利益，但是，孔子始终将义置于首位，因而在谈利时总是想到义与不义。有鉴于此，孔子总把物质利益与天命、道德联系在一起，对不属于自己的利益不强求、不奢望。与对待利的淡漠相反，孔子对道德如饥似渴、日思夜想。不仅如此，孔子把忧道、闻道、学道视为不懈的价值目标，表白"朝闻道，夕死可矣"（《论语·里仁》）。对道的忧虑和渴望使儒家淡漠了物质利益和物质享乐。正如欣赏了美妙的韶乐而三月不知肉味一样，孔子主张"忧道不忧贫""谋道不谋食"，始终将对道德追求奉为最高目标。孔子特意强调："士志于道，而耻恶衣恶食者，未足与议也。"（《论语·里仁》）孟子更是对义与利做对立理解，在何必曰利、惟义而已的视界中把利归结为义的对立面，进而在追求道义中将利置之度外。

出于追求道德完善的初衷，儒家为人类设计的理想社会模式是"君君、臣臣、父父、子子"（《论语·颜渊》）。在这个社会中，君有君的威仪，臣有臣的忠贞，父有父的慈祥，子有子的孝顺。国君以道德垂范天下，境内之民的仰怀，境外之民的归顺；高贵者、尊长者受到爱戴，卑贱者、幼弱者得到关照。人人皆有自己的一种安全感和身份感，一片祥和、一派温馨。这便是其乐融融、共享天伦的理想社会。

法家并不隐讳自己的功利动机，韩非更是一位极端的功利主义者。韩非在人性论上为功利张目，把贪图功利说成是人与生俱来的本性，以此肯定追逐利的合理性。沿着这个思路，韩非断言，人的行为都以逐利为目的，人与人之间的关系都是利益关系。在此基础上，韩非把人生的追求目标和人之价值的实现都锁定在利上。对利的贪婪和渴望体现在理想的社会模式中便是，韩非怀抱国富民强之梦想，成就霸主事业和霸主的股肱之臣也随之成为他的人生宏愿。在他看来，社会的理想境界应该是繁荣昌盛、国富民强，不仅有丰衣足食的生活用品和资料，而且具有辽阔的疆土和霸主的地位。

儒家与法家的价值目标和理想社会是两种不同类型，归根结底是对义与利的不同坚守与诉求。儒家的理想模式烙有宗法等级的印记，显然与人人平等的当今潮流相去甚远，它的道德礼乐对于人类社会却似乎有不可抵挡的永恒魅力。法家的理想模式较之儒家要理智、现实得多，但其达到目的的手段却让人望而却步，进而对之理想彼岸不敢问津。如果人性和人与人之间的关系像韩非描绘得那么丑恶可怕、鲜血淋淋的话，人所追求的国富民强还有什么意义呢？面对儒家与法家的争议，合理地融通两家之精华，是弘扬传统文化无法回避的现实课题。

二　以德以理与以力以利

儒家的道德追求落实到政治领域，就是希望统治者正己以感民、用道德引导的手段达到平治天下的目的。这既是一条有别于百家的统治路线，又是儒家治国的目的和动机。孔子向往德治，把道德视为治理国家的主要手段。他之所以对道德如此器重，归根结底在于其对道德与法律的作用和功能的如下界定："道之以政，齐之以刑，民勉而无耻；道之以德，齐之以礼，有耻且格。"（《论语·为政》）在这里，孔子承认刑罚能起到"齐之以格"（让人行动起来规规矩矩）的作用，同时揭露了其治标不治本的缺陷，结果是"勉而无耻"；道德标本兼治，故而为孔子所倾慕，道德手段所达到的结果正是孔子倾心的理想境界。这表明，孔子承认治理国家的主要手段是法律和道德，但对这两种治国方式的态度迥然不同：法律是无可奈何时不得不采取的手段，带有不可掩饰的消极、迫不得已和不情愿的情绪；道德才是积极的、主要的、长久的统治手段。如果说孔子对道德与刑罚的比较曾经使法律在国家的治理中占有一席之地的话，那么，这里的回答则完全取缔了法律的地盘。孔子凸显道德的思想倾向在其后学孟子那里得到了淋漓尽致的发挥。在孟子"以不忍人之心，行不忍人之政，治天下可运之掌上"（《孟子·公孙丑上》）的自信中，道德已经轻而易举、游刃有余了，法律非但不需要而且显得多余。可见，尽管德主刑辅，孔子的政治哲学毕竟容纳了两种统治手段，到了孟子那里，只剩下了道德手段（仁政、王道），法律不再在孟子的视野之内。

为了达到对利益的追逐，为了早日实现富民强国的梦想，韩非弘扬法术。他直言不讳地表白，法术的推行并非好法而法，而是迫于对功利的追逐。具体地说，实行法治，暂时痛苦却可以长久得利；实行仁道，苟乐而后患无穷。圣人权衡利弊轻重，出于大利的考虑，才狠心地采用法术而放弃了相怜的仁道。可见，圣人采用法术并非由于残忍，实属不得已而为之。在韩非看来，法具有实用性和工具性，可以使人收到事半功倍的效果。对此，他一再强调：

> 法者，事最适者也。（《韩非子·问辩》）

> 法所以制事，事所以名功也。法有立而有难，权其难而事成，则立之；事成而有害，权其害而功多，则为之。（《韩非子·八说》）

在韩非看来，法是处理各种事物、理顺各种关系的有效手段。因此，要做大事，必须实行法治。不仅如此，推行法治，君主可受其利。法治可国富民强、拓疆辟土，帮助君主巩固自身的统治；并在国家强盛之时，使域内百姓承蒙恩泽，获取功利。鉴于法之方便、快捷和有效，韩非把法视为治国的不二法门。对此，他指出："国无常强，无常弱。奉法者强，则国强；奉法者弱，则国弱。"（《韩非子·有度》）由此可见，功利是韩非立法的原则。

与此同时，按照韩非的说法，臣民效力君主并不是因为这位君主是仁君，而是由于其重用自己、给自己以功名利禄等诸多实惠；如果别的君主给自己更多、更好的待遇，完全可以另择明主而不必从一而终，期间没有什么道义、承诺可言，只是一个利字。反过来，君主调使臣民没有丝毫爱怜、宽惠之心，只是利用自己手中的砝码进行利益的引诱。在国君的眼中，臣民就是一个棋子、一个工具，凭着法术随时可以决定其生死去留，期间不存在惠和礼，权衡的惟一尺度是国君的利益——一己之私。可见，人对利的追逐推出了法的必要。正因为人皆为利而来，韩非才以功利为诱饵，增强法治的诱惑力。

如果说道德与法律是调节人与人之间的关系、治理国家的两种手段的话，那么，孔孟代表的儒家与韩非为首的法家各自选择了其中的一条。正是在或德治或法治的选择上，儒家与法家针锋相对、各不相让。这使其政治主张基本上持敌对态度。由是，儒法之争似乎在所难免。这是历史上儒法争论不休以至有人把中国哲学史归结为儒法斗争史的原因所在。

第二节　两千年的历史公案

在儒家与法家的德治与法治之争中，儒家坚持以道德引导为主的礼乐教化是治国的最好方法，法家则把法术势奉为富国称霸的不二法门。作为国家的大政方针和统治原则，儒家与法家的主张彰显了不同的价值旨趣和行为模式，在具体贯彻中体现为不同的入手处和切入点。在治国方略上，或曰关于德治与法治的具体贯彻和实施，儒家与法家的分歧集中在以下几个方面：

一　先王与后王

追求道德完善的儒家以争做圣贤而超凡入圣为人生的价值追求和最高理想。循着道德引导的思路，为了发挥榜样的带头作用，富于幻想和诗化的儒家把古代的帝王或政治家诗化和神化，说成是道德完善和治国有方的圣人。这些圣人主要有：尧、舜、禹、汤、文王、周公和武王等。他们具有共同的特点——内圣外王，是内在修养和外在功绩的完美统一。在儒家的眼中，圣人的言论和行动，美玉无瑕、名垂千古，不仅为后人留下了道德之绝唱，而且树立了治国理民的光辉典范。因此，无论做人还是为政都可以到圣人那里找到最后的依据和绝对的权威。孔子不仅要求人们时时处处向圣人看齐，而且求圣若渴，经常思慕圣人、梦遇先贤，说自己很久没梦见周公是道德堕落的表现。孟子"五百年必有王者兴"是在"言必称尧舜"的圣贤情结的鼓动下成就的。在治国方略上，孟子的法先王更是溢于言表。

具有现实主义精神的韩非不再恪守陈规、照搬旧法，而是强调时代和社会历史的变迁性，呼吁因时制宜、不断变法，随着时代和社会历史的改变及时更换统治策略。在他看来，古今的社会状况存在巨大的差异。古代资源多、人口少，男人不耕种、女人不编织，草木之实、禽兽之皮足可以吃饱穿暖。人民的生活不用费力就有充足的养备，人民不争夺。如今的人口越来越多，致使财货匮乏，纷争日益激烈。时代变了，事情也随之发生变化。治理国家的措施也要相应地有所改变。换言之，今人所面对的是前人不曾遇到甚至不曾想到的新局面和新情况，再用先人的老一套方法对待今天的新情况，显然会力不从心、措手不及。聪明人应该抛弃先王的老框框，制定出适应新情况的新方法和新对策。这便是韩非"世异则事异，事异则备变"（《韩非子·五蠹》）的法后王主张。

圣，超凡、出众、卓越也。脱离庸俗和平凡的人就是圣人。正如在西方与人相对的是神类似，在古代中国与凡相对的则是圣；如果说在佛教那里，与人相对的是佛，那么，在儒家那里，与众相对的便是圣。其实，圣不仅是儒家而且是墨家、法家乃至道家的理想人格。当然，正如道家清高脱俗与法家尚力称霸的圣人相去天壤一样，儒家与法家的圣人也各有模式，其中最明显的差别就是儒家崇尚的是先王，法家推崇的是后王。

儒家法先王，一切遵照先王之言行，这极易助长因循守旧、裹足不前之风气。尽管其一再敦促人们终日乾乾、勤奋不懈，总难免不思进取之嫌。在历史领域，法先王的并发症便是复古主义和循环论。孔子所讲的"百世可知"、对周代的赞叹以及孟子"一治一乱"的递嬗循环都说明了这个问题。韩非的法后王在一定程度上鼓励了人的开拓进取精神，旨在告诉人们，识时务者为俊杰，只有认识到时局的态势，赶上时代的步伐，才能做时代的弄潮儿而不被后浪所吞没。辅王佐帝与惨淡经营，法家与儒家人物生前悬绝的仕途际遇无声地凸显了这一道理。

二 文行忠信与以吏为师

治理国家，就是让被统治者按照统治者的要求和意图去做。而为了把统治者的意图传达给被统治者，教育便成了不可缺少的中间环节和手段。因此，无论是身为儒家的孔孟还是身为法家的韩非都强调教育在治理国家中的重要作用。当然，想要达到的政治目的不同，教育的内容会有所改变也在常理之中。

众所周知，孔子是中国历史上第一个开办私塾讲学的人。他普及了教育，不论收容门徒还是讲授内容都扩大了教育的范围。孔子之所以主张"有教无类"，最大限度地扩大教育对象，是因为他认识到无论何人接受教育对于统治者的统治都是有益的。他说："君子学道则爱人，小人学道则易使也。"（《论语·阳货》）在孟子向往的仁政、王道中，设庠序之学、对百姓进行教化是主要内容之一。所以，在百姓保障基本的温饱之后，孟子念念不忘对之加以君臣父子、人伦日用的道德引导和教化。有鉴于此，"教化"一直是儒家政治和伦理思想的主题之一，以至其治国方案被称为礼乐教化。

韩非也强调教育的重要性，在某种程度上，这种教育是普及的，必须人人皆知。当然，韩非提倡的是法制教育。他建议政府派遣专人主管通报工作，郎中每天在郎门外传达法律，致使境内之民每天都知道新的法律法规。同时，为了让法律观念根于人心，成为人们思想意识中根深蒂固的行为信念，韩非呼吁："故明主之国，无书简之文，以法为教；无先王之语，以吏为师。"（《韩非子·五蠹》）在他看来，为了树立法术的至高无上性，必须排斥百家之学，防止其他思想观念妨碍人对法家思想的接纳和认同。法制教育让人不仅知法懂法，而且执法服法。为了达到这一目标，必须忘掉先王的谆谆教导，以官吏为师。也只有这样，才能确保人们听到的、学到的都是法律条文，看到的都是依法办事。通过这样的教育，人们便会有法可依、行不逾矩。

可见，如果说认识到教育在治理国家、规矩百姓中的重要性是儒家和法家的相同之处的话，那么，由于动机不同，两家的教育内容也大相径庭。强调礼乐教化的儒家把仁义之道德视为教育的惟一内容和目的。孔子以"文、行、忠、信"四教示人。除了文指古代文化典籍之外，行、忠和信都可以归为道德教育。这表明，孔子以道德教育为主。孟子的教育内容为忠义孝悌之义。韩非把知法懂法视为教育的惟一内容，普及法律成为教育的惟一目的。

三 表率引导与法术威慑

儒家为政主要依靠人的道德自觉，而不赞同一味地暴力刑杀。孔子所讲的德治就是以圣贤为楷模，国君率先垂范，在道德的感召下使老百姓从善如流，心服口服地听从统治者的安排，犹如众星围绕着北斗星一样。孟子所讲的仁政、王道把以理服人的道德感化视为基本手段。对此，他明言："以力服人者，非心服也，力不赡也；以德服人者，中心悦而诚服也，如七十子之服孔子也。"（《孟子·公孙丑上》）在儒家看来，口服心不服或行动规矩没有廉耻心都没有达到高度自觉的道德境界，没有解决思想意识深处的问题，对于统治者来说还潜伏着危险。要从根本上解决问题，统治者不能依靠暴力，只能靠自身的表率作用。

正是基于这种理解，孔子给政下了这样一个定义："政者，正也。子帅以正，孰敢不正？"（《论语·颜渊》）按照孔子的说法，统治者治国理民主要靠自身的榜样作用来带动民众，刑杀是万不得已而为之，也是统治者自身不正、无能为力的表现。据《论语》记载，有人问孔子说："杀无道，就有道，如何？"孔子回答说："子为政，焉用杀？子欲善，而民善矣。君子之德风，小人之德草。草上之风，必偃。"（《论语·颜渊》）意思是说，只要领导者想把国家治好，老百姓自然会好起来，其中的秘诀便是统治者带头端正自己的行为、行礼义于天下。所以，孔子连篇累牍地告诫统治者：

其身正，不令而行；其身不正，虽令而不从。（《论语·子路》）

苟正其身，于从政乎何有？不能正其身，如正人何？（《论语·子路》）

临之以庄，则敬；孝慈，则忠；举善而教不能，则劝。（《论语·为政》）

上好礼，则民莫敢不敬；上好义，则民莫敢不服；上好信，则民莫敢不用情。（《论语·子路》）

这表明，与墨家一样，儒家设想的乃是一条自上而下的上行下效之策。

韩非指出，人性自私趋利、相互争斗。在物与物、人与人之间弱肉强食的竞争中，获胜者必有利器。老虎能制服犬狗，是因为老虎有锋利的爪牙。假如老虎把爪牙送给狗，反会被狗所制服。君主要制服群臣、威临天下，必须执握利器。君主的利器便是法术势。法即国家颁布的法律，术是君主隐藏不宣的权术，势即君主高高在上的威势。韩非强调，对于国君而言，法、术、势一个都不可少。质而言之，依法术势而治就是利用刑德两种权柄实施赏罚。对此，韩非断言："明主之所导制其臣者，二柄而已矣。二柄者，刑德也。何谓刑德？曰：杀戮之谓刑，庆赏之谓德。"（《韩非子·二柄》）在他看来，有了刑与德，在残酷的暴力镇压和君主威力的压制下，人们不敢妄为；有了德与赏，在利与名的诱惑下，人们效死力为君主卖命。这样，统治者便可高枕无忧了。显而易见，奉法赏罚的韩非贯彻的是高压、强硬路线。事实上，韩非公开宣扬武力、暴政，以力服人。他宣称："力多则人朝，力寡则朝于人，故明君务力。"（《韩非子·显学》）

是靠统治者自身的道德感召、相信老百姓的道德自觉，还是依傍法术、靠威镇利诱，这反映了儒、法两家德服与力服不同的思路。儒家的道德感化相信人都有道德自觉、从善如流的可能性，体现了人类善良、光明的一面，但面对暴徒又显得软弱无力，尤其是统治者利用怀柔政策大施淫威时，不能不使这条路线带有无法克服的虚伪性和迂腐性。法家的暴力镇压体现了人类残酷、凶猛的一面，在征伐连绵、狼烟四起的战国时期，却确实却迎合了某种社会需要，有其历史进步的一面。同时，毋庸讳言，法家以力服人带有惨无人道的酷烈性和残忍性。例如，韩非为君主设计的防奸禁奸、深藏不露的法术已令人不寒而栗、冰凉透骨，而他草菅人命，怂恿国君杀戮无一罪名、仅仅不为君用的无辜隐士的做法更令人发指。这使法家渐渐不得人心。

四　中庸与必固

儒家倡导中庸之道，把之视为最高的精神境界。孔子指出："中庸之为德也，其至矣乎！"（《论语·雍也》）所谓中庸之道，就是在思考问题、做出决策时，权衡利弊、左右、正反、好坏，力图做到中正不倚，既不过分，也无不及。在儒家那里，中庸之道作为经常可用的思想方法，不仅适用于道德修养、接人待物，而且适用于从政为政、治理国家。根据中庸的原则，处理问题没有固定的、事先想好的答案，一切都根据实际情况推敲而来。孔子自称："吾有知乎哉？无知也。有鄙夫问于我，空空如也。我叩其两端而竭焉。"（《论语·子罕》）

儒家的中庸之道落实到从政上便是没有统一的规定，一切都根据具体情况加以权衡。例如，"叶都大而国小，民有背心"，所以，"叶公子问政于仲尼，仲尼曰：'政在悦近而来远。'""鲁哀公有大臣三人，外障距诸侯四邻之士，内比周而以愚君，使宗庙不扫除，社稷不血食"，所以，"哀公问政于仲尼，仲尼曰：'政在选贤。'""齐景公筑雍门，为路寝，一朝而以三百乘之家赐者三"，所以，"齐景公问政于仲尼，仲尼曰：'政在节财。'"（《韩非子·难三》）

在行政操作和法律的制定、执行上，韩非始终强调法律的固定统一、不可更改。无论何人必须依法办事，有法必依，不得以任何理由变动或篡改法律。《韩非子》中的一则故事形象而生动地说明了这个道理：

> 吴起示其妻以组曰："子为我织组，令之如是。"组已就而效之，其组异善。起曰："使子为组，令之如是，而今也异善，何也？"其妻曰："用财若一也，加务善之。"吴起曰："非语也。"使之衣归。其父往请之，吴起曰："起家无虚言。"（《韩非子·外储说右上》）

组织好了，美丽漂亮。吴妻工作完成得这么出色却遭到谴责，并因为这事被休回娘家，吴起的做法看起来似乎太不近人情了。然而，从另一个角度来看，执法首先必须维护法律的尊严，惟法必从。加入自己的好恶和修饰，便是对法律的轻漫和亵渎。循着这个逻辑，吴妻被出，亦属必然。

对于灵活性与原则性，儒家与法家各执一端。孔子注重灵活性，德治希冀的是整个社会自上而下的道德自觉，既不受制于物质利益的驱使，也不迫于外力的压逼。只要应该就去做，不应该、不符合礼义的便不去做。所以，孔子断言："君子之于天下也，无适也，无莫也，义之与比。"（《论语·里仁》）这与《论语》所讲的"子绝四：毋意、毋必、毋固、毋我"（《论语·子罕》）是一个意思。不悬空猜测、不绝对肯定、不拘泥固执、不唯我独尊，作为方法论和大的思想原则，无疑具有辩证的、可以肯定的一面。但如果用这种脱离原则的灵活性无备而来，一切都随机应变，则难免唐突和随意，让人无法遵循。韩非强调原则性却漠视灵活性。法律的固定、统一让人有章可循、有法可依，但其过分强调原则性使法生硬、强硬，不仅出现合法不合理、不合情的现象，而且会为了法而法，最终使法流于空洞的形式。

五　简约与详尽

由于靠内在信念起作用，所以，道德不可能像宗教的清规戒律或法律的条款明文那样做具体而详尽的规定。在儒家那里，尽管善恶美丑、义与不义时刻存乎胸中，但在现实操作上，究竟达到什么境界，儒家的目标（圣贤）往往可望而不可即。即使可及，也绝不是靠繁琐、冗长的戒律约束培养出来的。正因为如此，讲究礼乐教化、人伦道德的儒家对伦理观念和行为规范的界定并不详尽，尤其与韩非的变法、治国对策相比更显简约。例如，君子是孔子的理想人格，对于怎样做才能成为君子，孔子言曰君子具有谦虚、忧道不忧贫、随和而不苟同、坦荡无戚等特点，这样说来说去，究竟什么样的人是常人、什么样的人是君子、什么样的人又是德人，其间没有硬件标准和明文规定，全期他人的评价和社会的舆论。

在韩非看来，民无法必乱，法是用来禁止臣民作奸犯科的。在这个意义上，他说："圣人之治，审于法禁。法禁明著，则官治。"（《韩非子·六反》）为了达到这一目的，法律条文必须公开、清楚和明白。对此，韩非解释说，法与术虽然都是君主理国的凭证，但是，两者具有严格的区别：

不同于术的深藏不露，"法莫若显"。为此，韩非强调法律的详尽和公开："法者，编著之图籍，设之于官府，而布之于百姓者也。"（《韩非子·难三》）与此同时，为了更好地发挥法的作用，法律条文必须详细。对此，韩非声称："书约而弟子辩，法省而民讼简。是以圣人之书必著论，明主之法必详尽。"（《韩非子·八说》）这就是说，法是人行为的依据，办事、论功的凭证。人时时处处都在活动。要想有凭有据，法律条文必须兼顾细枝末节，做到详细、完备，事无巨细，一览无余。

第三节　不同的社会功效、客观影响和历史命运

儒家与法家不同的治国手段和从政原则产生了不同的社会影响，也预示了两家不同的历史命运。

一　等差与平等

儒家的政治主张带有浓郁的宗法等级色彩。正如对于利，尊者、长者可以优先于卑者、少者一样，孔子强调尊贵者在法律面前的特殊权利。在这方面，最典型的是"刑不上大夫，礼不下庶人"。正如普通老百姓唤不起别人的特殊恭敬一样，大夫以上的高级官员可以免于法律的酷刑。这在认定法律的行使权限时，姑息了法律之外的特殊公民。儒家认为三纲五常、以尊压卑、以长制幼就是天理。朱熹的这段话最能说明这个道理："凡有狱讼，必先论其尊卑、上下、长幼、亲疏之分，而后听其曲直之辞。凡以下犯上、以卑凌尊者，虽直不右；其不直者，罪加凡人之坐。"（《戊申廷和奏扎》，《朱子文集》卷十四）

为了维护法律的尊严，法家突出法律面前的一视同仁。春秋时期的管仲提出："君臣上下贵贱皆从法，此之谓大治。"韩非尤其重视法律面前人人平等，强调推行法治必须一视同仁，不论亲疏、贵贱、尊卑都要依法赏罚或举弃。量才录用、论功行赏是惟一原则，其中不存在亲疏、远近或尊卑之别。于是，韩非一再重申：

> 法不阿贵，绳不挠曲。……刑过不避大臣，赏善不遗匹夫。(《韩非子·有度》)

> 明主赏不加于无功，罚不加于无罪。(《韩非子·难一》)

> 是故诚有功，则虽疏贱必赏；诚有过，则虽近爱必诛。疏贱必赏，近爱必诛，则疏贱者不怠，而近爱者不骄也。(《韩非子·主道》)

> 故行之而法者，虽巷伯信乎卿相；行之而非法者，虽大吏诎乎民萌。(《韩非子·难一》)

在此，韩非强调法律面前人人平等，没功者不赏，有罪者必罚，即使是大夫世卿、王公太子也没有特权。这样的例子在《韩非子》中屡见不鲜。今略举其一：

> 荆庄王有茅门之法曰："群臣大夫诸公子入朝，马蹄践霤者，廷理斩其辀，戮其御。"于是太子入朝，马蹄践霤，廷理斩其辀，戮其御。太子怒，入为王泣曰："为我诛戮廷理。"王曰："法者，所以敬宗庙，尊社稷。故能立法从立尊敬社稷者，社稷之臣也，焉可诛也？……"于是太子乃还走，避舍露宿三日，北面再拜请死罪。(《韩非子·外储说右上》)

可见，无论赏还是罚，韩非都把之纳入法律条文加以规范；无论王公大人还是平民百姓，其行为都以法律为准。

王子犯法与庶民同罪，这是执法者应有的姿态和气度。没有特殊的公民和特殊的机构。政府的各级组织、部门和领导者都应遵章运作、依法办事，决不允许利用本部门的优越条件或自己手中的权力随意赏罚乃至以权谋私。这是韩非等法家的真知灼见。

二　渎职与越职

出于杜绝犯上作乱的动机，儒家强调人之思和行都不应超出自己的名分。没有职权、不担任社会组织工作的平民不应该考虑治国的大问题。所以，短短《论语》中，"不在其位，不谋其政"（《论语·宪问》）就出现了两次——另一处是《泰伯》。对此，曾参解释说："君子思不出其位。"（《论语·宪问》）害怕老百姓参政议政是孔子正名思想的一部分，也反映了统治阶级对下层民众的抵防、敌视心理。

韩非写道："夫善赏罚者，百官不敢越职。"（《韩非子·难一》）不僭越、不是自己应该干的事不要参与，这是儒家与法家的共同认识。所不同的是，儒家强调不越职，对不渎职却卷舌不议。与孔子不同，韩非强调越职者罚，渎职者也罚。《韩非子》中的许多寓言伸张了这个原则。其一曰：

> 昔者韩昭侯醉而寝，典冠者见君之寒也，故加衣于君之上，觉寝而说，问左右曰："谁加衣者？"左右对曰："典冠。"君因兼罪典衣与典冠。其罪典衣，以为失其事也；其罪典冠，以为越其职也。非不恶寒也，以为侵官之害甚于寒。（《韩非子·二柄》）

所做的事一定要与所受的职相符，言大而功小者罚，言小而功大者亦罚。有功者必赏，有罪者必罚，从而使人既不懈怠也不妄为。从这个意义上说，法家不再像儒家那样挫伤人的政治热情和参与意识了。孔子强调职位与思谋的一致性，侧重不越职的一面。或许由于道德靠自觉，别人说得再多也没有用，或许如孔子所言那样"中人以下，不可以语上"，老百姓没有理解高深的治国谋略的能力而不屑去说，对于一般老百姓，孔子不求使之知，只求他们顺从长者的意愿。他指出："民可使由之，不可使知之。"（《论语·泰伯》）对于这句话，从可能性的高度来理解，反映了孔子对下层人民的蔑视，或许流露几分同情；如果从必要性的角度来理解，则是不折不扣的愚民政策。尽管孔子说过让不会作战的人去打仗等于陷害他们，云"不教而杀谓之虐"（《论语·尧曰》），还从完善道德的角度强调对人实施教育，这都是从爱惜生命、提高生命质量的人道主义出发的。一落实到政治领域，为了杜绝人们参政议政、僭越夺权、犯上作乱，孔子宁可让人做不思不想、听任摆布的木偶。

三　护私与废私

儒家的"爱有差等"反映到政治领域就是视人之地位尊卑和血缘亲疏分别对待。尽管君与父要对臣与子以惠、以慈，但这比起臣与子对君与父之忠孝简直不足一提。所以，儒家思想助长了上位者之私。锦衣美食，下层人想都不应该想，位尊者却可以心安理得地穿之、食之，便是这个道理。

法律面前人人平等本身即露出了法不阿贵、不凌弱的端倪。韩非主张法治，目的之一便是避免君主以个人的喜怒和好恶来治理国家。法治在禁奸时，也禁私、废私。所以，韩非说："夫立法者以废私也，法令行而私道废矣。"（《韩非子·诡使》）在他看来，法不仅可以杜绝君主以自己的好恶强加于国，而且可以使群臣为官廉洁、防止腐败。真的吗？韩非讲了这样一个故事：

> 公仪休相鲁而嗜鱼，一国尽争买鱼而献之，公仪子不受。其弟谏曰："夫子嗜鱼而不受者，何也？"对曰："夫唯嗜鱼，故不受也。夫即受鱼，必有下人之色；有下人之色，将枉于法；枉于法，则免于相。虽嗜鱼，此不必致我鱼，我又不能自给鱼。既无受鱼而不免于相，虽嗜鱼，我能长自给鱼。"（《韩非子·外储说右下》）

美味佳肴，非不欲得。尽管如此，考虑到枉法、守法之利弊，还是为守职而不受鱼。这不禁令人联想到，对于那些发改革之财、公饱私囊的人而言，如果有了令人生畏的法律，他们还会如此肆无忌惮吗？

四　荣辱与显隐

正如人的命运很大程度上取决于自身作为一样，学术思想的历史命运与其理论本身具有某种必然联系。儒家与法家两家思想的不同之处在后续的历史沧桑中演绎成荣辱兴衰的轮回。

早在春秋时代，在异军突起、喧喧嚷嚷的众多学说中，儒家便脱颖而出、声名鹊起，很快成为百家之冠，而这时法家则显得相形见绌。从社会影响上看，与门徒三千、桃李遍天下的孔子相比，早期法家如商鞅、申不害、慎到等尽管靠君主大树之荫凉，面对门前冷落鞍马稀之惨状也不能不自愧弗如。

到了战国，孔子创立的儒家在其后学孟子、荀子等人那里进一步得到光大和阐扬，其"显学"地位日益巩固。法家思想同样在战末的韩非那里集其大成，对当时诸侯各国的政治、军事产生了巨大影响。总的说来，在先秦，法家势力一直没有胜过儒家。

随着汉代儒术被独尊，儒家在传统文化中的主干地位日益明朗，而人们对法家却讳莫如深。为了寻找传播的契合点，东汉传入的佛教曾与中国本土文化儒学、玄学、道家、道教比附、合流，却始终没有向法家靠拢。儒、释、道三教一体的宋明理学的出现在宣布儒学再次成为官方哲学的同时，也宣布了作为先秦四雄之一的法家与墨家一样被甩到了历史后面。

同是先秦四雄之一，墨家历经衰微之后在近代得以复活，进行了一次凤凰涅槃，而法家在近代依然昏睡沉靡、生还无望。这时的儒家，尽管其创始人孔子的圣贤地位受到威胁，然而，保守派如康有为等人曾把孔子奉为变法维新的祖师爷加以供奉，至于孟子地位之抬升更是有目共睹。在近代的文化改革和文化重建中，有道德革命、圣贤革命、诗界革命等数十个革命和建设，尤其对道德建设倍加关注，而惟独没有法学革命或建构。更意味深长的是，在严复翻译的八大西学名著中，有一部就是法学著作，即法国启蒙思想家孟德斯鸠的《法意》（今译为《法的精神》）。意味深长的是，这部书在近代中国产生的影响主要不是法律内容，而是书中涉及的地理环境决定论。严复和近代哲学家所热衷的不是原著对西欧各国法律风俗的具体研究，而是不同地理环境对社会风气和人的精神面貌、文化习俗的决定性影响。近代哲学家对《法意》进行的这种顾左右而言他的取舍方式是耐人寻味的。

与儒家和法家不同的学术命运及社会影响形成强烈反差的是，诸侯各国和历代统治者对儒家与法家、德治与法治的态度和对待。先秦的儒家虽然产生了巨大的社会影响，孔子、孟子、荀子等人虽然都周游列国贩卖儒学，但是，他们却受到同样的敬而远之的冷遇，政治抱负无一被采纳。孟子昙花一现的"加齐之卿相"不得不因齐宣王不采纳自己的仁政主张而辞官出走。饶有兴趣的是，各诸侯国不想采纳儒家的德治、仁政主张，却在表面上对儒家的游说者表示欢迎、以礼相待。与儒家的怀才不遇相比，法家可谓是官运亨通，从商鞅、李悝、申不害到韩非、李斯均成为君主成就霸主事业之股肱。出乎意料又在意料之中的是，这些被重用的法家人物在伴君如伴虎的政治生涯中均不得善终，饮尽法术之酷刑。在此之后的历代统治者都标榜自己走的是儒家路线、以德治国，而暗地里却用法家的高压政策。

出现以上种种戏剧性场面的主要原因是，以礼仪之邦著称于世的中国人喜谈道德、忌讳法律。君主推行仁政会赢得仁德的美誉，推行法治则换来残酷的恶名。中国人的这种心态与法家崇尚严刑酷法具有一定的关系。

第四节　历史的回响和时代的呼唤

儒家与法家对立的焦点、也是最代表两家特色的便是德治与法治之争——采取什么方式和手段达到天下平治的目的。德治与法治、仁政与暴政以及其间的温良与激进之差，一言以蔽之，即关于道德与法律的分歧，其间的差别只存在于对其手段和效果的事实判断上，而不存在于善恶、良暴的价值判断上。只有以公正、平和的心态重新审视道德与法律的作用，才能更客观地理解儒家与法家的争论。

一 怀刑与适古

孔子、孟子与韩非生前并未进行过正面交锋，通过对其思想资料的具体研究和整体把握，可以看到他们对道德与法律以及德治和法治所持的态度。

儒家崇尚道德，追求德治之世，那只是一种理想的最高境界。对于并不尽如人意的现实社会，孔子在原则上并不反对法律。相反，孔子还把是否心中想着刑罚、不触犯法律视为判断君子与小人的标准。《论语》中记载："子曰：'君子怀刑，小人怀惠。'"（《论语·里仁》）可见，儒家并不否认法律的作用，它不同于法家的只不过在承认法治必要性的同时，看到离开道德的法律的局限和法治路线推至极端的可怕流弊。

法家力推法治，并为达到"以法为教"的目的而禁绝百家之学，这不能不冲击作为百家之显的儒家及其宣扬的仁义道德。韩非本人曾对儒家道德之说的软弱无力、漏洞百出进行过揭露，但那是在总结和评价先秦思想之时，并不说明他对儒家及道德说教的特殊敌意。在当时，韩非光大法术，主要是考虑到战国时代的社会情况，面对人心不古的局面道德会束手无策。事实上，韩非不否定道德适用于物多人少的古代，并对周文王用道德手段行仁义而王天下予以肯定。不难想象，在他向往的井井有条的理想社会，道德也会显得并不软弱和无力。这表明，与儒家夸大道德的至上性和法律的消极性类似，法家在隆法的过程中夸大了道德的局限性。尽管如此，正如儒家并不一味反对刑罚和法律一样，法家也承认道德的适用性，在某些时代为道德留下了一席之地。

从历史上看，道德与法律从来都不是隔绝无涉、互不相容的。历代统治者阳儒阴法便恰好证明了道德与法律、怀柔与高压缺少任何一手，都会力不从心。从思想渊源上看，尽管儒、法两家有种种差异，然而，许多思想家兼承两家之学脉，最突出的是战末的荀子——一面对孔孟之儒推崇备至，一面又主张隆法以法，以至有人把他归为法家。这种归属恰当与否，另当别论。问题的关键是，这反映了儒家与法家、道德与法律在历史沿革中不可否认的血缘关系。

儒家与法家的态度以及历代统治者的做法凸显了一个朴实无华的道理，那就是：道德与法律各有所长、各有所短，两者缺少任何一方，都会陷入极端，最终妨碍人类的文明和进步。

二 道德与法律的不同特点

儒家与法家的争论暗示了道德与法律具有不同的理论特征和社会功用，对于人们领悟道德与法律的不同作用和相互关系具有不可忽视的启迪价值。

1. 鼓励与禁防——手段的积极与消极之差

道德以鼓励为手段。道德靠内心信念和社会舆论起作用，不带有暴力或强制性。它起作用的最终凭据是人的良知和道德心，运作机制是在廉耻心和荣誉感的督促下，使人从善如流、争先恐后。所以，孟子说假如人没有羞恶之心，不以不如别人为耻，也就不可救药、永远赶不上别人了。这表明了道德催人奋进、鼓励上进的积极作用，也暗示了道德的非强制性——只要自己不以为耻，别人便奈何不得。

法律的手段是禁止和严防，把人的行为规范在某一许可的界限之内。无论理解与否、愿意与否，都要在此划定的圈内活动，超出界限就要受到惩罚——这种惩罚的方式不是舆论谴责或自我反省，而是暴力或武力镇压。

2. 自律性与他律性——对主体的不同模塑

道德的最高境界不是惧怕什么而不敢为恶，而是从内心认识到作恶的可耻、可憎和可恨。它的前提是相信人有知善、向善、从善和行善的能力，表现了对人自身本性和素质的自信乐观。道德始终是用积极主动的手段达到某种目的，道德的运用和长足进展有助于人的自律性。

法律体现了人的他律性，它在历史上的出现表示人类放任、自发的幼年时代已经过去，开始会理性地规划自己的行为了。它的出现对于天性喜欢自由的人类来说，不能不带来某种冲击。因为从本质上说，法律毕竟是以消极方式去达到目的，这就是说，正如道德体现了主体的能动性一样，法律在某种程度上带有他律性。

3. 最高目标与现实操作——普适程度不同

道德是理想的，给人提供了最高理想和审美目标。去做了，便成为圣人、君子，超凡入圣——这个圣人、君子往往离普通人又那么遥远；不去做，还可以堂堂正正地做一个平平凡凡的人。无可无不可，去不去做关键取决于每个人不同的觉悟境界和价值取向。

法律是现实的，从禁止的角度规定了做人的最低点，那就是不要做什么，然后才有生存和发展的权利。对于这种禁止，任何人都不例外，不能违背。至于在这个最低起点上，还想做些什么更高觉悟的事，那由你自己决定。这从不应该的角度规定了人能够做什么，虽然是最低限度的，但又只能这样做。否则，就要受到制裁。

有人说，法律是"先小人而后君子"，道德则是防得了君子而防不了小人。因为道德所感召的恰恰是那些安纪守法、循规蹈矩的人。一旦道德的天平失衡，道德信念发生动摇或偏离，道德便拿不出行之有效的办法来制裁其叛逆者。这种评价或许偏激，却道出了一个不容否认的事实，那就是：在阶级社会中，法律比道德更具有普适性。

道德为人提供了无限的可塑空间，使人充分发挥其内在潜能，自由挥洒，变得理想而浪漫；法律则规定了为人的时空限度，使人变得实际和现实。从理论特征上看，道德可以帮助人们模塑理想人格、追求人性醇美。只有道德，才能使人类不断冲破自我，摆脱庸俗，进而充分展示人性的光辉，使人在精神上不断超越和升华。道德无疑是人类进步和社会发展的一项重要标识。法律在道德规定的"应该"之前为人类界定出共守的"不应该"，这是人生存的基本点和第一步。法律使人充实和脚踏实地。

总之，道德与法律具有不同的特点和作用，在不同的历史时期，其地位和作用各不相同。这正如道德原始社会就有、并不会随阶级的消失而骤然消失，而法律作为暴力机器和捍卫国家的工具将与国家一起消亡一样。儒家和法家不同的个人际遇和学术命运也从一个角度证明了道德与法律的根本差异。与此同时，道德与法律都是针对人而言的。人是多面的，丰富的。对于不同的人而言，道德与法律的不同具有互补之势。

三　道德与法律的相辅为用

儒家与法家的相互态度和道德与法律的特征从历史和现实两个维度相互印证，道德与法律具有互容性。建构社会主义和谐社会需要道德，也需要法律。道德建设与法律建设犹如双翼，任何一方都不可或缺。

建构社会主义和谐社会是一场空前的伟大壮举，这种新型的实践在某种程度上与传统道德观念发生偏离和冲突是在所难免的。时代呼唤全新的道德观念，和谐社会需要与之适应的道德观念和行为规范，这是毋庸置疑的。如果说"两手抓，两手都要硬"是指物质文明和精神文明建设的话，那么，经济建设应该是社会主义和谐社会物质文明建设的主项，道德文明建设则无疑是精神文明建设的核心。

承认道德建设是社会主义和谐社会精神文明建设的核心，并不意味着道德是万能的。如果以为道德文明搞好了，社会主义和谐社会也就大功告成了，那就大错特错了。我国正处在社会主义初级阶段，人们的道德水平也参差不齐，加之物质利益的诱惑，让每个人都从国家的长远利益出发考虑问题，那等于天方夜谭。在这种情况下，用带强制性的法律规定不应该，比用建议性的道德引导应该要现实和迫切得多。有人把贪污受贿、玩忽职守、以权谋私、吸毒贩毒和卖淫嫖娼等丑恶现象说成是道德滑坡和精神堕落，这是不全面的。如果说这些现象的泛滥是道德滑坡的一种结果，那么，导致这种后果的主要原因则是法制观念的不健全，缺乏严惩的力度，打击不力致使问题越聚越多。

上述现象表明，建构社会主义和谐社会关键在于德治向法治的转变。和谐社会必须以法律为依据来理顺各种关系。增强法律意识、强化法律观念是社会文明和进步的一种表现。

对于建设社会主义和谐社会的精神文明而言，"两手抓，两手都要硬"一个指道德建设，一个指法制建设。道德与法律的互补互济、相辅相成、互动相长、协调发展，是建构社会主义和谐社会的有力保障。

第五节　儒家与法家之争留下的思考

儒家与法家的争论证明了道德与法律各具特色对于和谐社会的建设缺以不可。进而言之，在建构社会主义和谐社会时，道德建设与法制建设应该如何运作？儒家与法家的回答——因人而治现实而有效，是儒、法之争乃至古代政治哲学留下的可贵启示。

首先，儒家、法家都注重对人性的挖掘和研究。儒家开发人的光明面和善良处，得出了人性善的结论；法家侧重人的阴暗面和丑恶处，得出了人性自私自利的结论。前者的代表是孟子，后者的代表是韩非。

"言性与天命，不可得而闻"（《论语·公冶长》）的孔子对人性的建构单薄得近乎空白，只留下了"性相近也，习相远也"（《论语·阳货》）的垂训，言语匆匆中让人弄不懂他说的是人性近于恶还是近于善。孔子设置的这一悬案在孟子那里亮出了谜底。孟子不仅明确宣布人性为善，在中国历史上首当其冲地举起了性善论的大旗——"孟子道性善"（《孟子·滕文公上》），并且从逻辑推理、经验证明两个方面对性善说做了深入阐释和哲学论证。在逻辑证明方面，孟子指出："凡同类者，举相似也。"（《孟子·告子上》）在他看来，天下的东西，凡是同类都具有相同的特征。给某人做鞋，即使不看他的脚，也不会把鞋做成筐——天下所有人的脚都是相同的。就人的五官而言，口对于味有相同的嗜好，所以，天下所有人都喜欢吃名厨易牙做的食物。假如美味因人而异，犹如犬马与人那样不同，天下的人为什么偏偏都喜欢吃易牙做的食物呢？人对于美味都期于易牙表明：天下人之口具有相同的嗜好。至于声音，天下人都喜欢听名乐师旷演奏的音乐。这表明，天下人的耳朵有相同的嗜好。看见子都的人都认为子都是个美男子表明，天下人的眼睛具有相同的嗜好……孟子归纳说，既然口对于味有相同的美食、耳对于声有相同的美音、目对于色有固定的美貌，为什么说到心便"独无所同然"？这在逻辑上讲不通。惟一合理的解释是心有相同的祈向。进而言之，天下人之心都喜欢的是什么呢？那就是理义。孟子断言："故理义之悦我心，犹刍豢之悦我口也。"（《孟子·告子上》）在经验证明方面，孟子指出，任何人突然看见孺子入井都会产生惊骇、同情之心。这种心情的产生不是为了与那个小孩的父母攀结交情，也不是为了在乡里乡亲中博取名誉，更不是因为厌恶那个小孩的哭声。那么，产生这种同情心的根源是什么呢？舜在深山老林隐居时，在家与树木、土石为伴，出游与麋鹿、野猪为伍。这时的舜与野人没有什么不同。然而，等舜听到一善言、见到一善行时，就像江河决口一样沛然不能自御，这又是什么力量的驱使呢？其实，这些行为都出自于人之本能。它们的发生证明"四心"为人心所固有，并非强加于人的外来之物。于是，孟子宣称："恻隐之心，人皆有之；羞恶之心，人皆有之；恭敬之心，人皆有之；是非之心，人皆有之。"（《孟子·告子上》）人都有"四心"，犹如人都有四肢一样，"四心"是人与生俱来的东西。在此基础上，孟子指出："恻隐之心，仁也；羞恶之心，义也；恭敬之心，礼也；是非之心，智也。"（《孟子·告子上》）"四心"是仁义礼智的萌芽，与生俱来证明仁义礼智为人性所固有。因此，孟子又断言："仁义礼智，非由外铄我也，我固有之也。"（《孟子·告子上》）仁义礼智，善也。人心先天地含有仁义礼智，表明人性生来就是善的。

韩非指出："夫民之性，恶劳而乐佚。"（《韩非子·心度》）在他看来，人不仅好逸恶劳、天性懒惰，而且自私自利、钩心斗角。人皆好利而恶害，好利恶害是人的本性。因此，韩非一再重申：

> 好利恶害，夫人之所有也。……喜利畏罪，人莫不然。（《韩非子·难二》）

> 夫安利者就之，危害者去之，此人之情也。……人焉能去安利之道而就危害之处哉？（《韩非子·奸劫弑臣》）

从人皆好利出发，韩非断言人性是自私的，人的一切社会关系无非是利益关系，无不表现出人的自私性：第一，人与人之间的关系都建立在利己的基础上。韩非指出："舆人成舆则欲人之富贵，匠人成匠则欲人之夭死也，非舆人仁而匠人贼也。人不贵则舆不售，人不死则棺不卖，情非憎人也，利在人之死也。"(《韩非子·备内》）按着他的逻辑，舆人欲人富贵、匠人欲人早死并不是前者善而后者恶，究其极都是利益的驱使。舆人与匠人的做法不同，其用心却是一样的。第二，君臣之间是相互利用的买卖关系，甚至是相互争夺、残杀的战争关系。韩非写道：

> 主卖官爵，臣卖智力。（《韩非子·外储说右下》）

> 且臣尽死力以与君市，君垂爵禄以与臣市。君臣之际，非父子之亲也，计数之所出也。（《韩非子·难一》）

在韩非看来，不仅君臣之间"上下一日百战"，君主与王室宗亲之间更是血淋淋的厮杀关系。韩非指出："后妃、夫人、太子之党成而欲君之死也，君不死则势不重，情非憎君也，利在君之死也。"（《韩非子·备内》）第三，家庭中的父子、夫妻关系也是利益关系。对于父母与子女之间的相互算计，韩非揭露说："且父母之于子也，产男则相贺，产女则杀之。此俱出父母之怀衽，然男子受贺，女子杀之者，虑其后便，计之长利也。故父母之于子也，犹用计算之心以相待也，而况无父子之泽乎？"（《韩非子·六反》）第四，即使是一种利他的行为，其实质仍然是利己。正是在这个意义上，韩非一而再，再而三地指出：

> 故王良爱马，越王勾践爱人，为战与驰。医善吮人之伤，含人之血，非骨肉之亲也，利所加也。（《韩非子·备内》）

> 吴起为魏将而攻中山。军人有病疽者，吴起跪而自吮其脓。伤者之母立泣，人问曰："将军于若子如是，尚何为而泣？"对曰："吴起吮其父之创而父死，今是子又将死也，今吾是以泣。"（《韩非子·外储说左上》）

> 夫买庸而播耕者，主人费家而美食，调布而求易钱者，非爱庸客也，曰：如是，耕者且深，耨者熟耘也。庸客致力而疾耘耕者，尽巧

而正畦陌者，非爱主人也，曰：如是，羹且美，钱布且易云（有——引者注）也。此其养功力，有父子之泽矣，而心调于用者，皆挟自为心也。（《韩非子·外储说左上》）

更有甚者，韩非强调，人自私自利的本性先天注定，因而不能改变。教人实行仁义、变自利为利他，如同教人学习智寿和美貌一样是不可能的。于是，他写道："性命者，非所学于人也。……以仁义教人，是以智与寿说也，有度之主弗受也。故善毛嫱、西施之美，无益吾面。"（《韩非子·显学》）

循着善与恶、公与私两种不同的思路，儒家与法家对人性进行了不同的解剖和厘定。人性的不同，决定了后天行为和追求的天壤之别。高喊性善的孟子把仁义礼智说成是人不懈的追求目标。人都有恻隐之心，会对他人产生怜悯、同情之心。没有恻隐之心，简直不算是个人。人人皆有仁之萌芽的恻隐之心表明，仁是做人的起码原则。人都有一种知荣辱的羞恶之心，都以不如别人为耻。在羞耻心的驱动下，人会争先恐后、自强不息。羞恶之心就是义的端倪，心中有义，表明"义，人路也"（《孟子·告子上》）。义是人们为人处世、安身立命遵循的法则。人都有恭敬之心（又称辞让之心），为人处世、接人待物都"以礼存心""以礼敬人"，在人与人的交往中，能给对方以恭敬和尊重。人都有是非之心，在对不同事物进行裁决和权衡时，能够分辨善恶美丑、应不应该。

孟子强调"四心"是人性的主要内容，是性善的根本标志；每一心都是人成为人的必要条件，人生的价值就是践履仁义礼智之善。他断言："无恻隐之心，非人也；无羞恶之心，非人也；无辞让之心，非人也；无是非之心，非人也。"（《孟子·公孙丑上》）循着这个逻辑，既然人性天然自美、无所欠缺，那么，只有保持先天固有的善之本性而不丧失，便可人格完美、社会安宁、天下太平了。何必还要用法律加以干涉呢？

主张人性自私自利的韩非把人的一切行动都说成是对利益的追逐。他申明："利之所在，民归之；名之所彰，士死之。"（《韩非子·外储说左上》）既然人只好名利，道德显然失去了应有的说服力和吸引力；既然名利为人所好，只能用法术来进行赏罚。

其次，儒家和法家都认识到了人性与国家治理之间的必然联系。

孟子直接论证了性善说与治国方略——仁政的关系。他断言："人皆有不忍人之心。先王有不忍人之心，斯有不忍人之政矣。"（《孟子·公孙丑上》）这就是说，仁政——治国的正确途径是不忍人之心——善良本性的必然结果：从仁政的产生来看，先王有不忍人之心，不忍心用残酷的法律桎梏万民，只能采取礼乐教化的道德手段来治国平天下。这表明，先王的不忍人之心发之于外，便有了不忍人之政——仁政；从仁政的实施来看，因为人人皆有仁义礼智之善根，都有闻一善言、观一善行而莫之能御的趋善本能，所以才使礼乐教化、德治仁政成为可能。可见，性善论为仁政的确立提供了人性哲学方面的辩护。

韩非同样在人性中找到了法治的依据。按照他的说法，作为宇宙本体的道"无状之状，无物之象"（《韩非子·解老》），是一种无任何规定性的存在。道虚静无为，所以能放任自然而无所不为。人要图谋远虑、功成名就，必须效法道的虚静无为。君主治理国家更是这样。具体地说，君主无为而治的最好办法就是摆脱喜恶之心，真正做到无喜无恶、任其自然，因循人性之本然。他宣称："凡治天下，必因人情。"（《韩非子·八经》）因为人性自私自利、好利恶害，道德的说服教育显得空洞虚伪、无能为力，而法术之赏迎合了人的好利本性、罚则针对人的恶害本性，是整治群臣的有效手段。法术是法律治国富民的后果更是满足了君臣百姓的功利追求。

可见，儒家和法家都到人性之中寻找其治国的理论依据和合法证明，或者说都从人的本然状态、从人性出发寻找治理方法和对策。尽管在人性是什么的回答上观点截然不同，然而，两家在人性中寻找治人的初衷和思路却惊人的一致。不同的本性和行动目的注定了不同的行为准则和管理对策，儒法不同的治国之道取决于各自的人性主张：对于天性本善、追求仁义礼智的循规蹈矩者，说教劝导足以使之对善趋之若鹜——见善思齐、从善如流完全出于本能，是发自内心、自然而然的；对于见利忘义、图谋不轨的亡命犯上者，只有利诱、威镇才能使之规规矩矩——说教、劝导常常达不到目的，不如法术来得简捷明快。进而言之，就人性论为政治路线和治国方案提供立论根基而言，性善说论证了德治仁政的可能性，人性自私自利论伸张了法治的必要性和迫切性。从这个角度看，儒、法的全部政治主张和治国策略都是在其人性论的基础上展开的，其理论分歧也导源于对人性的不同审视。正是基于对人性的不同揭示，儒家与法家毅然决然地踏上了两条泾渭分明的德治与法治之途。如果从双方对人性的不同透视出发来理解其不同的政治主张，二者的对立随即变得可以理解甚至在意料之中了。

再次，政治哲学的人文情愫和人本关怀。

人不仅是社会存在的前提和发展的动力，更是其目的和价值本身。因此，无论何种统治方案都应是具体的，是基于人、通过人、为了人而展开的。这就要求其必须符合人的存在、人的需要、人的价值、人的本性和人的全面发展。在这方面，儒家和法家从人出发、以人的本性为根基的思维理路具有启迪意义。这是儒法政治哲学的优点，也是先秦各家政治主张的共同之处。例如，身为道家的庄子主张无为而治，是因为他断言人性素朴为美，任何刻意的修饰都是对天然之美的破坏，是一种伤生损性害命的行为——道德与法律当然也不例外，因此才有"殉仁义"之说。同样，墨家主张兼爱、非攻，是因为人性染之苍则苍，染之黄则黄。既然人皆有所染，爱人者人必从而爱之，利人者人必从而利之，贼人者人必从而贼之，那么，良性与恶性循环的强烈对比注定了不言自明的结论。可以作为例证的还有荀子。荀子之所以主张礼法并重，是因为：一方面，他宣称人性恶，声称人生来就有各种欲望，如果不加以节制和引导势必危害社会，这为法律的强制和严惩提供了发挥作用的空间。另一方面，他坚信"涂之人可以为禹"，通过后天的学习积善、化性起伪可以改善人性中恶的萌芽而成为圣人，这无疑又为道德的介入修筑了一条绿色通道。

历史经验证明，只有从人出发、从人的本性中寻求治国理民之术才能使政治主张奠基于坚实的现实土壤而落到实处；离开具体人的政治主张则是一厢情愿的主观玄想，不仅丧失其立论根基，而且难以收到良好的效果。其实，人的存在和人的本性不仅决定着采取道德或法律何种手段进行治理的问题，而且是对道德或法律条文进行何种定位的先决条件。离开了人的存在、人的需要、人的价值和人的全面发展，法治与德治都难免空谈之嫌，在贯彻落实中难以收到预期效果，司法实践领域的执行难便是典型表现。当今社会如果只讲奉献、牺牲不讲权利、报酬，只要共产主义道德，大讲集体主义，那么，对于广大人民群众而言，道德便成为一种空洞乃至虚伪的说教。市场经济条件下个人主义之风盛行，金钱崇拜、权利滥用，道德滑坡等现象都暴露了道德说教与现实人的距离。在这方面，儒法的做法值得深思和借鉴。这表明，政治哲学应该始终凝聚着人文情愫，洋溢着人文关怀。

应该看到，儒家和法家到人性之中寻找统治方略的做法也有不容忽视的致命缺陷。以人性为根基并非倡导人治，因人而治与人治是两个完全不同的概念。问题恰恰是，先秦哲学往往混淆两者的区别，在因人而治时推崇人治。于是，人们看到，无论是法先王还是法后王，各家都坚持自上而下的统治路线，历史和政治领域的圣贤情结便突出地流露了这一思想倾向。例如，儒家把天下太平的希望托付给统治者的表率作用，由此导致渴望贤王明君的出现。有了尧舜禹汤文武周公，便有了唐虞盛世和三代之兴；有了桀纣幽厉，夏商周之亡在所难免。人存政举，人亡政息。国家的命运乃至天下的发展趋势完全系于一人。法家怂恿君主以深藏不露之术制服群臣，使统治术最终演义为君主的权术，君主成为法的化身。由此看来，无论法先王还是法后王，其实都是以王（国君、天子或统治者）为法，这与封建社会的君主专制一拍即合，是滋生君主集中制、家长制、一言堂的政治和学术土壤。这些都窒息了古代政治哲学的人文关怀。

作为内与外、宽与紧、温与猛两种不同手段和方式，道治与法治在阶级社会不可或缺、相辅相成。但是，儒家与法家所讲的道德和法术都存在僭越现象。儒家的德治依凭统治者自身带头作用的后果是一言堂、家长制，于是，尊贵长者成为法律。法家奉法而治理、让一切领域和方面都付诸法律，使法成为惟一的解决办法和调节手段。在道德与法律的相互僭越中，道德和法律从工具变成目标本身。与此相对应，人的价值被贬损、甚至沦为工具。至此，政治哲学的人文关怀完全丧失殆尽。

第二十三章　康有为的尊孔崇儒

　　无论声称"'六经'皆孔子作"还是为立孔教为国教奔走呼号都使康有为对孔子的推崇令人瞩目，也引起了强烈的思想震动和社会反响。在康有为那里，孔子在名义上为囊括诸子百家的中国本土文化代言，实质上却为儒家代言。换言之，康有为具有明显而浓郁的儒学情结，他大声疾呼的立孔教为国教也就是立儒教为国教。因此，康有为是尊孔的，也是崇儒的。这具体表现在将诸子百家还原为孔学一家，并且将老子、墨子代表的先秦诸子都说成是孔子后学。具体地说，中国近代是西学大量东渐的时代，更是第一次全面对中国本土文化进行审视、解读和反思的时代。在对中国本土文化"学术源流"的追溯中，康有为将老子、墨子代表的先秦诸子都说成是孔子后学，得出了"百家皆孔子之学"的结论。这个结论不仅是对诸子身份和百家关系的厘定，而且决定着康有为对孔子身份和地位的确证。事实上，"百家皆孔子之学"既是康有为主张立孔教为国教的理论基础，又代表了他对先秦哲学的审视和对诸子百家的整合。从这个意义上说，"百家皆孔子之学"是康有为在全球多元文化的历史背景、文化语境下对中国本土文化进行内容转换和近代化的最初尝试，其中蕴含着尊孔崇儒的学术意趣和价值诉求。

第一节　"百家皆孔子之学"

　　康有为以孔子的继承人自居，对孔子的推崇、神化不遗余力。他之所以推崇孔子，与中国近代的政治斗争和现实需要密切相关。迫于中国近代刻不容缓的救亡图存和耶教（基督教）的强势入侵，康有为提出了以教治教的策略，进而确立了保教、保国、保种的三位一体，而与耶教分庭抗礼的便是孔教。他这样做，旨在通过寻找中华民族的精神家园，重拾中国人的自信。这使康有为的学术研究以树立孔子的绝对权威为目的，聚焦先秦哲学和诸子百家之间的关系。

通过对中国本土文化"学术源流"的追溯，康有为确信"百家""九流"皆出于孔子，进而得出了"百家皆孔子之学"的结论。正是在这个意义上，康有为一而再，再而三地断言：

孔子之道，六通四辟，无夫不在，诸子之学，悉受范围。[①]

"六经"皆孔子作，百家皆孔子之学。[②]

九流皆出儒家。[③]

从中可见，康有为断言"百家皆孔子之学"与坚持"'六经'皆孔子作"之间具有密切关系，甚至可以说，正是"'六经'皆孔子作"注定了"百家皆孔子之学"。这是因为，将六经都归到了孔子名下，不仅使孔子之学拥有了无所不包的内容，而且注定了传承六经而来的诸子皆不出孔子范围。正因为"'六经'皆孔子作"与"百家皆孔子之学"息息相通、一脉相承，所以，康有为宣布"'六经'皆孔子作"之日，也就是肯定"百家皆孔子之学"之时。正是在"'六经'皆孔子作"的前提下，康有为将"百家""九流"都归到了孔子门下，断言"百家""九流"从根本上说都是孔子之学。

众所周知，"百家""九流"是中国哲学和传统文化的活水源头，共同汇集出学派众多、异彩纷呈的先秦文化景观。康有为将它们一并归结为孔子之学，也就意味着把先秦时期相互争鸣的"百家""九流"最终都还原为孔子之学一家。当然，"九流皆出于儒家"表明，康有为视界中的孔子之

---

① 康有为：《孔子改制考》卷十七，姜义华、张荣华：《康有为全集》（第三集），中国人民大学出版社，2007，第204页。
② 康有为：《万木草堂口说·学术源流》，姜义华、张荣华：《康有为全集》（第二集），中国人民大学出版社，2007，第145页。
③ 康有为：《康南海先生讲学记·儒家》，姜义华、张荣华：《康有为全集》（第二集），中国人民大学出版社，2007，第115页。

学与儒家之间的界线是模糊的，这也为他日后的孔学与儒学、孔教与儒教的相混埋下了伏笔。这一点也预示了康有为的尊孔与尊儒是一致的，确切地说，康有为推崇的孔子之学名义上为诸子百家代言，实质上则为儒学代言。

一　先秦诸子皆是孔子后学

对于康有为来说，既然"百家皆孔子之学"，先秦诸子概莫能外。这就是说，孔子之学中既包括战国诸子，也包括春秋末期的老子和春秋战国之际的墨子等人。康有为断言战国诸子属于孔子后学可以理解，把与孔子同为春秋末期的老子和略晚的墨子说成是孔子后学要想得到认同颇为困难，甚至有些令人匪夷所思。为了达到这一目的，康有为分两步走：第一步，突出孔子在时间上对于老子、墨子的优先性，采取的具体办法是将老子、墨子的生存时间后移，说成是与孟子、庄子一辈者。这样一来，老子、墨子都成了战国时期的人，在时间上具有了成为孔子后学的逻辑前提。第二步，强调老子、墨子的思想皆从孔子所作的六经而来，老学和墨学都源自孔学，于是将两人归到孔子的麾下。

在判定老子、墨子为孔子后学之时，康有为拿出了自己的证据，让人感觉他的观点言之凿凿，有理有据。于是，康有为不厌其烦地声称：

> 老子之学，得孔子之一端。[1]

> 老氏之学乃孔子一体，不得谓孔子无之。[2]

> 墨子内称文子，是子夏弟子，疑墨子为孔子三传弟子。《淮南子》言，墨子学孔子之道，是墨子后来畔道而自为教主也。[3]

---

[1] 康有为：《万木草堂口说·学术源流》，姜义华、张荣华：《康有为全集》（第二集），中国人民大学出版社，2007，第138页。

[2] 康有为：《南海师承记·讲宋学》，姜义华、张荣华：《康有为全集》（第二集），中国人民大学出版社，2007，第252页。

[3] 康有为：《万木草堂口说·诸子》，姜义华、张荣华：《康有为全集》（第二集），中国人民大学出版社，2007，第177页。

老子之学，只偷得半部《易经》。墨子之学，只偷得半部《春秋》。[①]

老子之清虚、柔退，出于孔子；墨子兼爱，亦出孔子。[②]

按照这种说法，老子和墨子之所以是孔子后学，是因为两人的思想都从孔子所作的六经而来：老子的思想出于《易经》，墨子的思想出于《春秋》；因为老子、墨子分别对《易经》《春秋》"只偷得半部"，所以，尽管老学、墨学属于孔学范围，却不是孔学正宗，老子、墨子当然也就不是孔学的正宗传人。

在康有为那里，老子和墨子的思想出于六经，其他先秦诸子也不例外：孟子传《春秋》，由于洞察到了《春秋》的微言大义，尽管与墨子同传《春秋》却高于墨子，成为孔学正宗。庄子传《易经》，尽管与老子传承的经典一样，然而，由于得孔子的"性天之学"，不同于"只偷得半部《易经》"的老子只讲柔而不讲刚。荀子传《礼》《乐》《诗》《书》则被孟子和荀子所传。总之，如法炮制，康有为从经典传承的角度证明了先秦诸子皆孔子后学。

进而言之，"百家""九流"囊括了先秦文化的全部流派和形态，当康有为宣布他们都属于孔子之学时，也就等于宣布了孔子是全部中国文化的源头。当他将与孔子大约同时代的老子、墨子皆归于孔子之学时，也就大体上完成了"百家皆孔子之学"的论证。

二 孔子之学的传承谱系

"百家皆孔子之学"从外延上框定了孔子之学的范围，康有为显然并不满足于此。事实上，他反复从内涵上界定孔子之学，通过对孔子之学的意蕴内容、致思方向和价值旨趣的揭示，凸显儒家的地位。

[①] 康有为：《万木草堂口说·学术源流》，姜义华、张荣华：《康有为全集》（第二集），中国人民大学出版社，2007，第144页。

[②] 康有为：《万木草堂口说·学术源流》，姜义华、张荣华：《康有为全集》（第二集），中国人民大学出版社，2007，第145页。

为此，康有为从不同角度对孔门后学进行追溯，以儒家成员为主干和中坚，勾勒出孔子之学的传承谱系。于是，众多的论断和说法便纷至沓来。大致说来，康有为视界中的孔子之学的传承谱系为：从孔子到亲授弟子——颜子、有子、曾子、子夏、子贡、子游、子张、子羽等，然后是再传弟子——孟子、田子方、墨子、庄子、告子、吴起、李悝和荀子。这个勾勒显示，孔子后学阵营庞大，有作为道家创始人的老子和代表人物庄子，有墨家的创始人墨子，有法家的人物吴起、李悝，还有作为名家的惠施、公孙龙等，儒、墨、道、法、名一应俱全。这印证了"百家皆孔子之学"具有包罗百家之势。不仅如此，在对秦后思想的梳理中，康有为将两汉、唐代都说成是孔学的天下，在确信董仲舒是孔学正宗的同时，将汉武帝、司马迁、何休、刘歆等人都视为孔子的传人，再后便是周敦颐、二程、朱熹、陆九渊和王守仁等宋明理学家。

接下来的问题是，孔子后学人数众多，谁才是孔门的正宗呢？为了回答这个问题，康有为提出了孔门"十哲"之论："康先生论十哲当以颜子、曾子、有子、子游、子夏、子张、子思、孟子、荀子、董子居首，盖孔门论功不论德也。"[①] "十哲"在孔子后学中具有显赫的地位，"十哲"之中，首推孟子和董仲舒两人。这是因为，孟子和董仲舒都以今文经公羊学的方式传承孔子之道，故而深谙孔子的微言大义。

康有为进而指出，孟子和董仲舒的作用并不相同，孟子对孔子无所不学，最接近孔子的思想。与此同时，孟子还力辟杨朱和墨子之异教，对于捍卫孔教功不可没。正是在这个意义上，康有为赞誉孟子是"孔门之龙树、保罗"和捍卫师说的亚里士多德。鉴于孟子在思想和实践上的贡献，康有为对《孟子》推崇至极，认定《孟子》是孔子之学的入门书，甚至声称"举中国之百亿万群书，莫如《孟子》矣"。对于其中的奥秘和道理，康有为不止一次地解释说：

> 天下之所宗师者，孔子也。义理、制度皆出于孔子，故经者学孔

---

① 康有为：《南海师承记·讲孟荀列传》，姜义华、张荣华：《康有为全集》（第二集），中国人民大学出版社，2007，第229页。

子而已。孔子去今三千年，其学何在？曰在"六经"。夫人知之，故经学尊焉。凡为孔子之学者，皆当学经学也。人人皆当学经学，而经学之书汗牛充栋，有穷老涉学而不得其门者，则经说乱之，伪文杂之。如泛海无舟，邈然望洋而叹；如适沙漠而无向导，伥伥然迷道而返，固也。然以迷道之故，遂舍孔子而不学，可乎？今为学者觅驾海之航，访导引之人。有孟子者，古今称能学孔子，而宜可信者也。由孟子而学孔子，其时至近，其传授至不远，其道至正，宜不歧误也。孟子于孔子无不学矣。[1]

夫天地之大，测者难以骤明也。孔子之道之大，博深高远，当时弟子已难尽传，子贡已谓得见宫庙之美、百官之富者寡矣。数千年之后学，而欲知孔子之道，其益难窥万一，不待言也。虽然，天不可知，欲知天者，莫若假器于浑仪。孔子不可知，欲知孔子者，莫若假途于孟子。盖孟子之言孔道，如导水之有支派脉络也，如伐树之有干枝叶卉也，其本末至明，条理至详。通乎孟子，其于孔子之道得门而入，可次第升堂而入室矣。虽未登天圊而入地隧乎，亦庶几见百官之车服礼器焉，至易至简，未有过之。吾以信孟子者知孔子。[2]

在肯定学孔子之道从孟子开始的基础上，康有为进一步指出，要得孔子之道的大本仅仅学孟子是不够的，在上折孟子的同时，还要下折董仲舒。这是因为，董仲舒是"汉世第一纯儒""孔子之后一人"，在深谙孔子之道上过于孟子和荀子。对此，他一而再，再而三地断言：

董子之精深博大，得孔子大教之本，绝诸子之学，为传道之宗，盖自孔子之后一人哉！[3]

---

[1] 康有为：《桂学答问》，姜义华、张荣华：《康有为全集》（第二集），中国人民大学出版社，2007，第18页。

[2] 康有为：《孟子微》序，姜义华、张荣华：《康有为全集》（第五集），中国人民大学出版社，2007，第412页。

[3] 康有为：《春秋董氏学》卷七，姜义华、张荣华：《康有为全集》（第二集），中国人民大学出版社，2007，第416页。

董子传微言过于孟子，传大义过于荀子。①

　　然大贤如孟、荀，为孔门龙象，求得孔子立制之本，如《繁露》之微言奥义不可得焉。董生道不高于孟、荀，何以得此？然则是皆孔子口说之所传，而非董子之为之也。善乎王仲任之言曰：文王之文，传于孔子。孔子之文，传于仲舒。故所发言轶荀超孟，实为儒学群书之所无。若微董生，安从复窥孔子之大道哉！②

　　透过康有为勾勒的孔子之学的传承轨迹和学术谱系可以发现：一方面，与"百家皆孔子之学"相呼应，康有为让老子、墨子、庄子、李悝和吴起等人加入到孔子之学的队伍之中，孔子之学也由于这些人的加入而容纳了墨家、道家、法家和名家等思想要素，并非只有儒家一家。从这个意义上说，孔子之学并不等于儒学，而是包含儒学在内的诸子百家之学。另一方面，康有为对同样属于孔子之学的百家并不是一视同仁的，对孔门后学的正嫡筛选证明孔子之学并没有囊括诸子百家，而只有儒家一家——他颁发荣誉徽号的孔门正学均是如此。在这个视界中，相对于囊括"百家""九流"的无所不包，孔子之学的内涵急剧缩小，在内容上确定了许多，秉持和传承的就是儒家学脉。正因为如此，在对孔子和孔子后学思想的阐释中，康有为将孔子之学的主体内容锁定在儒学的范围之内，以孔子、孟子和董仲舒等人的思想为主体。

　　与此相对应，在康有为的著述中，从《春秋董氏学》《孟子微》《中庸注》《礼运注》《论语注》《春秋笔削大义微言考》都以儒家经典为文本。同样，《新学伪经考》《孔子改制考》则是推崇孔子的：《新学伪经考》通过宣布孔子之后的经典是伪经而提升今文经的地位，《孔子改制考》主张托古改制时，将孔子奉为托古改制的先师，在托古改制中坚持六经皆出自孔子一人之手，六经是孔子为了托古改制而作。这等于从经

① 康有为：《万木草堂口说·春秋繁露》，姜义华、张荣华：《康有为全集》（第二集），中国人民大学出版社，2007，第204页。
② 康有为：《春秋董氏学》"自序"，姜义华、张荣华：《康有为全集》（第二集），中国人民大学出版社，2007，第307页。

典文本的角度重申了孔子在中国文化中的至高无上性。

至此,康有为借助"百家皆孔子之学"与"'六经'皆孔子作"一起证明了孔子在中国本土文化中的至尊地位,表明孔子是中国文化第一人,任何人的地位都无法与孔子相比,先秦诸子的思想皆不出孔学范围。在康有为的视界中,孔子之学包罗万象,又称为孔学或孔教,诸子百家均被囊括其中。所谓孔教,借用康有为的话语结构即"孔子之教",泛指与外来文化相对应的中国本土文化。作为应对西方文化入侵而以教治教的产物,康有为用西方的学科分类方法对中国本土文化进行分类、整合,将诸子百家皆归入孔子之学,进而称为孔教。由于康有为教学相混,并未对孔子之学(孔学)与孔子之教(孔教)进行区分,也使孔学、孔教具有了宗教与文化的双重视域。无论孔学还是孔教都具有广义与狭义之别。就孔学来说,广义上囊括诸子百家,是中国本土文化的代名词;狭义上相当于儒学,与康有为所推崇的孔门巨擘相对应。孔学的两套之分流露出康有为的矛盾心理:既有儒学情结,想为儒教做代言;又力图让孔子代表包括儒家在内的全部中国本土文化,而不甘心孔子只为儒家所专崇。

第二节 "百家皆孔子之学"中的诸子身份

"百家皆孔子之学"是对诸子百家的整合,也是对先秦诸子的身份定位和归属。正是通过对先秦诸子学术身份和传承谱系的辨疏,诸子、百家在康有为那里最终都成了孔子之学一家。从这个意义上说,无论康有为提到名字还是没有提到名字的先秦诸子以及各家各派都是孔子后学,"百家皆孔子之学"淋漓尽致地表达了他将先秦时期的诸子、百家都归为孔子之学一家的看法。作为对诸子、百家乃至先秦哲学的整合,康有为的"百家皆孔子之学"不仅引起了广泛争论,而且导致他本人对先秦诸子及百家关系的混乱认识。

在"百家皆孔子之学"的前提下,康有为特别强调老子、墨子是孔子后学,老学、墨学也属于孔子之学。问题的纠结之处恰恰在于,老子、墨子并不只有孔子后学这一种身份。事实上，在康有为的视界中，老子、墨子的身份是双重乃至多重的，与孔子的关系也颇为复杂：除了作为孔子后学外，老子、墨子还是与孔子争教最盛者。无论是老子独立创教，还是墨子先学孔子，后叛孔子之道都表明两人的思想与孔子大不相同，老学和墨学是独立于孔子之学的。沿着这一思路，康有为分别对孔子、老子、墨子的学术谱系和后继传人予以追溯，勾勒出孔学、老学、墨学三条相对独立、分流各致的传承系统。在对孔子、老子、墨子的思想内容和孔学、老学、墨学的传承谱系的勾勒中，他分别使用了三个不同的概念——儒、道、侠来称谓孔子之教（孔教、孔学）、老子之教（老教、老学）与墨子之教（墨教、墨学），更明显地突出了三者的不同宗旨。可以作为佐证的是，有些先秦诸子的身份具有唯一性，是专属于孔学、老学或墨学而非三学共有的。例如，杨朱的唯一身份是老子后学，康有为从来没有视杨朱为孔子后学，甚至没有在老子属于孔子后学的前提下将杨朱归为孔子之学。同样，作为老子嫡传的申不害、韩非是老子不仁思想的极端发挥者，与孔子之仁始终是势不两立的，两人一直专属于老学而不属于孔学。这些都证明老学不是从属于孔子之学的。这就是说，康有为一面宣称"百家皆孔子之学"，一面在承认孔学、老学、墨学相对独立的前提下，将先秦诸子分别归入这三个系统之中。问题的关键是，即使进行了如此归属，康有为依然不能对有些先秦诸子的身份予以确证。这种现象较为普遍，具体情况也不尽相同。

一　多重归属导致身份迷失

康有为宣称"百家皆孔子之学"，使先秦诸子拥有了统一的身份归属——孔子之学。尽管如此，由于存在着独立于孔学的老学和墨学，他并没有将孔学视为先秦诸子的唯一身份归属。结果是，在康有为的视界中，有些先秦诸子的身份是双重甚至是多重的，因而不能确指到底属于哪一家。老子、墨子一会儿是孔子后学，一会儿独立创教即是如此。列子、庄子的身份则更为复杂，除了一会儿属于孔子后学，一会儿属于老子后学，再一会儿又兼孔学和老学之外，还有其他身份。此外，公孙龙、邹衍等人的身份也始终是未解之谜。以邹衍为例，康有为对邹衍的思想屡有论及，关注的视野不可谓不广，赞誉的声音不可谓不高。与此极不协调的是，他对邹衍的身份却始终没有明确认定。在论及邹衍的思想时，康有为指出："邹子之学与儒者无异，以其归必止乎仁义、节俭、君臣、上下、六亲之施也。当时孔、墨盛行，而邹子能起而与之争教，魄力可谓大已。邹子之说，墨子所无，中国向来无此奇论，惜其书不传，而弟子亦不著，或其人不寿，未有传人，亦未可知。……邹子直究天人之故，可谓聪明绝伦。"①按照这个说法，邹衍的思想与儒家大同小异，在承认邹衍的思想与孔子相通的同时，似乎在说，因其不在儒家之内，故而有异或不异之说。此外，康有为强调，邹衍思想甚奇，与西学相合便印证了这一点。于是，关于邹衍的身份归属，康有为便有了众多说法：

邹衍奇诞，与庄子皆孔学别派。②

庄子近于老，邹子近于庄。③

邹衍聪明绝世，《庄子·秋水篇》亦极聪明。邹衍与庄子相近，其最精语，则为"自小至大"一句。④

邹、墨皆天学，曾入一中用长天学也。⑤

邹衍谓中国九州仅为赤县神州，环一裨海如神州者凡九，大瀛海

---

① 康有为：《南海师承记·讲孟荀列传》，姜义华、张荣华：《康有为全集》（第二集），中国人民大学出版社，2007，第229页。
② 康有为：《万木草堂口说·学术源流》，姜义华、张荣华：《康有为全集》（第二集），中国人民大学出版社，2007，第144页。
③ 康有为：《万木草堂口说·学术源流》，姜义华、张荣华：《康有为全集》（第二集），中国人民大学出版社，2007，第145页。
④ 康有为：《万木草堂口说·诸子（四）》，姜义华、张荣华：《康有为全集》（第二集），中国人民大学出版社，2007，第180页。
⑤ 康有为：《万木草堂口说·荀子》，姜义华、张荣华：《康有为全集》（第二集），中国人民大学出版社，2007，第186页。

环之，人民、鸟兽、草木各不相通。《淮南子》分地形为九州。泰西自明末通大地，分为五洲，邹衍之旨也。[1]

康有为夸奖邹衍聪明绝顶，在这一点上与庄子最近，并在邹衍与庄子相近的前提下一会儿将之归为老学，一会儿归为孔学，有时还归为墨学。综观康有为的思想可以发现，像邹衍这样贯穿于三学之间者仅此一例。庄子、列子等人尽管身份众多，也只是或者出入于老学与孔学之间，或者独立创教，始终与墨学无涉。邹衍同时穿梭于孔学、老学和墨学之间，还与康有为认定为杂家的《淮南子》一起出现，加大了问题的复杂性。从这个意义上说，邹衍的身份归属和思想内容是最复杂的，淋漓尽致地反映了先秦诸子在康有为视界中的身份错乱和迷失。

二 朦胧模糊，不能确指

康有为视界中的有些先秦诸子的身份朦胧模糊，不能确指。朦胧模糊也属于不能确证，从这个意义上说，与第一种情况的身份迷失有相似之处；所不同的是，这种情况的不能确指不是由于多重身份引起的，而是由于没有明确认定，致使身份悬搁。属于这种情况的人物最典型的当数管仲。康有为多次论及管仲的思想，对管仲的好感更是溢于言表。尽管如此，他却偏偏没有对管仲的身份归属予以明确说明。下仅举其一斑：

孟子、荀子、管子皆以心物对举，可知物指外物。[2]

管、韩言法，《内经》言医，孟、荀言儒，庄、列言道。[3]

---

[1] 康有为：《列国政要比较表》，姜义华、张荣华：《康有为全集》（第四集），中国人民大学出版社，2007，第349页。

[2] 康有为：《南海师承记·讲格物》，姜义华、张荣华：《康有为全集》（第二集），中国人民大学出版社，2007，第246页。

[3] 康有为：《南海师承记·讲文体》，姜义华、张荣华：《康有为全集》（第二集），中国人民大学出版社，2007，第241页。

《管》、《韩》言法，《内经》言医，《孟》、《荀》言儒，《庄》、《列》言道。①

言治当如管、韩，即《素问》言医，亦成一体。②

上述引文显示，管仲在康有为那里有时与孟子、荀子一起出现，似乎应该属于孔子后学；更多的则是与韩非等人联系在一起，而韩非按照康有为的说法则属于老子后学。值得注意的是，康有为虽然让管仲频频亮相，但是，他对其身份归属语焉不详，没有像对待另一位法家先驱——子产那样将管仲归为孔子之学，以证明西方的民主政治、经济制度原本就是孔子思想的题中应有之义："政治之学最美者，莫如吾《六经》也。尝考泰西所以强者，皆暗合吾经义者也。泰西自强之本，在教民、养民、保民、通民气、同民乐。……其保民也，商人所在，皆有兵船保护之。商货有所失，则于敌国索之，则韩起买环，子产归之，且与商人有誓，诈虞之约是也。"③ 同样，康有为也没有像对待他自己频频并提的"管、韩言法"的韩非那样毅然决然地将管仲推给老子。这使管仲的身份始终是一个谜。

在其他场合，康有为给了管仲"明确的归属"，那就是与商鞅、申不害和韩非一起归为"法家"，即"同是法家，管子心最公，重民也；商君次之；至申、韩，直视民命如草芥。"④ 问题的关键是，在康有为那里，"法家"是不存在的，因为法家不是独立的学派。这就是说，康有为尽管使用了"法家"这个概念，法家却不是与儒、道、墨三家并列的，同时他也没有认定全部法家人物都是老子后学——子产被归为孔子之学就是明证。此外，与管仲同为法家的除了申不害和韩非，还有同样作为法家先驱

---

① 康有为：《万木草堂口说·骈文》，姜义华、张荣华：《康有为全集》（第二集），中国人民大学出版社，2007，第198页。

② 康有为：《我史》，姜义华、张荣华：《康有为全集》（第五集），中国人民大学出版社，2007，第62页。

③ 康有为：《日本书目志》卷五，姜义华、张荣华：《康有为全集》（第三集），中国人民大学出版社，2007，第328页。

④ 康有为：《康南海先生讲学记·古今学术源流》，姜义华、张荣华：《康有为全集》（第二集），中国人民大学出版社，2007，第108页。

的商鞅，而商鞅也像申不害、韩非那样被康有为归到了老学之中："尉缭、鬼谷、商君，皆老子学。"① 总之，在康有为那里，无论法家的尴尬处境还是法家人物与孔学、老学之间的复杂关系都增加了管仲身份的复杂性。

进而言之，康有为对法家先驱的不同归属与法家在他的思想体系中不是独立学派具有一定联系，因为法家不是独立学派，不能让法家人物单独组成一派，只好将他们归于孔学或老学。更为重要的是，这里隐藏着康有为对法家的矛盾心理：一方面，近代是法之时代，康有为并不绝对排斥法，从日本转译的西学书目中即有"法律门"，这从《日本书目志》的目录即可见其一斑。此外，他强调法与治密不可分，肯定孔子言法，《春秋》就是孔子言法的代表作，并且是万国之法的典范。从这个意义上说，康有为并不抽象地排斥法，也不一律地反对法家。可以看到，与商鞅一样重法的子产、吴起和李悝都受到康有为的青睐，并被康有为义无反顾地归到了孔子门下。从这个角度看，他承认"管、韩言法"，表示两人的思想以法为主，并无敌意。另一方面，康有为将法与刑术相提并论，认为二者都是不仁的表现。于是，他一面将大部分法家人物归为老子后学，一面对侧重于术的申不害和韩非极为仇恨，将两人说成是老子后学中不仁的极端代表。这样一来，康有为对管仲的归属便处于两难境地：一边是由于对法的消极理解，他没有明确地将管仲归入孔子之学——因为孔教以仁为宗旨，与法之严酷、不仁截然对立；一边是出于对管仲的好感，康有为也没有像对待申不害或韩非那样，将之归入以不仁为宗旨的老学。作为矛盾的表现和结果，管仲的身份始终朦胧模糊，悬而未决。

三　未被提及，没有归属

诚然，"百家皆孔子之学"表明，康有为对所有的先秦诸子都进行了身份确证和学术归属，那就是共同的归属——孔子之学。问题的关键是，这种归属是抽象的，充其量只是逻辑上的归属而非事实上的确证或经验性

---

① 康有为：《万木草堂口说·学术源流》，姜义华、张荣华：《康有为全集》（第二集），中国人民大学出版社，2007，第144页。

的实证。事实上，康有为不仅如上所述，对有些先秦诸子一再论及其思想却身份模糊不清，而且对有些重要的先秦人物闭口不谈。让人意外乃至百思不得其解的是，他论及众多的先秦诸子，却惟独没有提到兵家始祖和代表人物——孙武和孙膑。换言之，康有为对待孙武、孙膑不是像对待管仲那样身份归属不明确，也不是像对待庄子、列子、惠施、公孙龙或邹衍等人那样给予多重身份而造成身份错乱，而是对两人三缄其口。这是极为反常的。孙武、孙膑作为先秦著名的思想家远远比康有为涉及的很多先秦人物重要得多，对两人只字未提显然是说不过去的。之所以如此，原因在于：康有为认为兵家是不祥之物，大同社会戒兵。由于不方便将作为兵家代表的孙武、孙膑归为孔子之学，只好对两人敬而远之，保持缄默。这种缄默可以从两个截然不同的方向去理解：一方面，康有为对孙武、孙膑代表的兵家的讳莫如深远远大于申不害、韩非代表的法家，因为康有为对后者也不过是将其视为老子不仁的极端代表而大加鞭挞而已，远没有达到卷舌不议的程度。另一方面，作为孔子之仁的对立面，申不害、韩非是被批判的靶子，更具有典型意义。与申不害、韩非相比，孙武、孙膑不够典型，没有必要将批判的矛头聚焦两人。从这个意义上说，康有为对孙武、孙膑的态度远没有对申不害、韩非决绝。

在"百家皆孔子之学"的视域中，老学、墨学皆归于孔学，与孔学并列或独立于孔学的老学、墨学根本就不存在。令人难以置信的是，康有为一面宣称"百家皆孔子之学"，一面断言有独立于孔学之外，并且与孔学争盛的老学、墨学存在；并在这个前提下，将先秦诸子归入了孔学、老学和墨学之中。

上述内容显示并且证明，康有为将先秦诸子归为孔学、老学和墨学三家在逻辑上是不周延的，或者说，他所讲的三家并不能与先秦哲学在内涵和外延上重合，故而有些先秦诸子可以游离于三者之外。与此同时，众多先秦诸子的多重身份反过来也证明三家之间并非并列的，而是有交叉的。这些交叉不仅造成了众多先秦诸子的身份错乱，而且混淆了各家之间的界限。甚至可以说，孔学与老学、墨学的关系本身就是混乱的。事实上，当康有为在孔学之外别立了老学、墨学，并且声称后者与前者处于争教之中的时候，已经宣布了包括百家之学的孔子之学的破产。如果他依然坚持"百家皆孔子之学"的话，将永远走不出孔学等于儒学，孔学等于儒学加老学加墨学的逻辑悖论以及由此引发的诸子身份的混乱和百家关系的不自洽。

第三节　"百家皆孔子之学"中的孔子之学

"百家皆孔子之学"是一个命题，从前半部分看，是对诸子百家的身份归属，也可以说是对先秦乃至中国本土文化的整合；从后半部分看，则是对孔子的推崇，也可以说是对儒家地位的提升。之所以如此说，理由有二：第一，康有为对中国本土文化的审视与对孔子的推崇是同步的，借用他的话语方式，他声称"百家皆孔子之学"而不是"百家皆老子之学"或"百家皆墨子之学"。这使孔子之学在康有为那里成为囊括儒家、道家和墨家在内的全部中国本土文化的象征和标识。第二，在漫长的中国历史上，孔子拥有一个约定俗成且无异议的身份，那就是：儒家的创始人。康有为并不否认这一点，并且借助儒家与孔子得天独厚的渊源关系，在将百家还原为孔子之学的前提下，借助孔子和孔学提升儒学的地位和作用，致使孔学与儒学关系混乱——有时是包含与被包含关系，有时却是同一概念。

康有为的这种做法在有意无意间使他所讲的孔子之学呈现出广义与狭义两套系统：广义的孔学包括"百家""九流"，是中国本土文化的代名词；狭义的孔学与老学、墨学相对应，与当下的儒家或儒学概念外延大致相当。一目了然，康有为视界中的两套孔学既不是完全重合的同一关系，也不是并列关系；而是包含关系，后者完全被包含在前者之中。有鉴于此，两套孔学系统是不能相互替代或混用的，否则将导致逻辑上的混乱。然而，康有为本人从未对这两套孔学之间的关系进行过任何界定或说明，反倒是变本加厉地对孔子之学、孔子之教、孔教、孔学与儒教、儒学相互混用。因此，广义与狭义两套孔学系统之间难免造成逻辑上的矛盾和思想上的尴尬。更有甚者，与其说康有为所使用的两套孔教系统是从不同角度立论的，不如说是逻辑上的混乱。

事情到此并没有结束，康有为思想中的两套孔子之学所产生的逻辑上的矛盾和混乱使老子、墨子的身份以及"百家""九流"的归属都成了尴尬的问题：在广义的视界中，老学和墨学皆属于孔子之学；在这个维度上，出于推崇孔子的需要，康有为对老子、墨子的思想给予了一定程度的肯定。在狭义的视界中，孔子之学与老学（道家）、墨学（墨家）是相对独立的，不是包含关系，而是并列关系，甚至是竞争或对立关系。对于狭义的孔子之学来说，老子、墨子不仅别立学派，而且在思想旨趣上与孔子对立；在这个维度上，与对孔子的推崇相一致，康有为在抬高孔子的同时，极力贬低老子和墨子，甚至诋毁老子。因此，这样的话由康有为说出来并不令人感到意外：

今人心之坏，全是老学。[1]

老子之学，贻祸最酷。[2]

老子言失道而后德，失德而后仁，失仁而后义，此说最谬。[3]

老子险狠到极，外似仁柔，如猫之捕鼠耳。申、韩皆祖老氏也。[4]

老子言夫治"非以明民，将以愚之"，开始皇焚书之祸。[5]

在这里，康有为对老子的评价都是负面的。当老学作为孔子之学的对立面出现时，他对老子做如此评价是合乎逻辑的，客观上却造成了极大的

---

[1] 康有为：《万木草堂口说·诸子》，姜义华、张荣华：《康有为全集》（第二集）中国人民大学出版社，2007，第 178 页。

[2] 康有为：《万木草堂口说·诸子》，姜义华、张荣华：《康有为全集》（第二集），中国人民大学出版社，2007，第 178 页。

[3] 康有为：《万木草堂口说·诸子》，姜义华、张荣华：《康有为全集》（第二集），中国人民大学出版社，2007，第 177 页。

[4] 康有为：《万木草堂口说·学术源流（七）》，董士伟：《康有为学术文化随笔》，中国青年出版社，1999，第 13 页。

[5] 康有为：《万木草堂口说·诸子》，姜义华、张荣华：《康有为全集》（第二集），中国人民大学出版社，2007，第 177 页。

尴尬和冲突：一方面，与老子被归入孔子之学时的评价出入太大，甚至相互矛盾，这势必冲击康有为整个思想的连贯性和统一性。另一方面，康有为对老子的负面评价不只是影响到对老子的印象和整体评价，反过来给老子的教主——孔子带来不良影响。进而言之，康有为对老子的评价之所以相差如此悬殊，关键取决于他对老子与孔子关系的认定。与此类似，康有为对墨子的如下评价也是在墨子不属于孔子之学的维度上发出的，并且与他对墨子的正面评价之间反差很大："墨子专攻孔子，改三年丧为三月，改亲迎、薄葬、非乐、非命，能以死教人，悍极。"①

此外，康有为的两套孔学系统给列子、庄子等人的身份确证和学术归属造成的矛盾与老子、墨子的情况相比有过之而无不及。以庄子为例，康有为时而将庄子归为孔子后学——"庄子在孔子范围，不在老子范围"②、"庄子未尝归老子，亦归孔子"③，时而归为老子后学——"老子分三派，杨子、列子、庄子"④。值得注意的是，康有为在将庄子归为孔子时已经明确指出了庄子不在老子范围之内，并且言之有据。尽管如此，他又将庄子归入老子范围之内，并且时常老庄并提。这样一来，庄子的身份迷失和尴尬远远超过了老子和墨子等人。庄子一会儿孔学，一会儿老学的归属与两套孔学系统具有密切关系，也印证了两套孔子之学之间的矛盾和所引起的尴尬。当然，康有为视界中的庄子的这种矛盾和尴尬最终并没有停留在身份归属上，而必然涉及对庄子思想内容的认定和评价。将庄子归为独立于孔子之学的老子后学，也就等于排除了庄子属于孔学的可能性。正是在这个前提下，康有为宣称："自孔子外，《庄子》当为第一书，《德充符篇》直是忘形体。"⑤ 吊诡的是，他对庄子的批评也是在这个前提下发出的，

① 康有为：《万木草堂口说·学术源流》，姜义华、张荣华：《康有为全集》（第二集），中国人民大学出版社，2007，第144页。
② 康有为：《万木草堂口说·诸子》，姜义华、张荣华：《康有为全集》（第二集），中国人民大学出版社，2007，第180页。
③ 康有为：《万木草堂讲义·七月初三夜讲源流》，姜义华、张荣华：《康有为全集》（第二集），中国人民大学出版社，2007，第283页。
④ 康有为：《万木草堂讲义·七月初三夜讲源流》，姜义华、张荣华：《康有为全集》（第二集），中国人民大学出版社，2007，第283页。
⑤ 康有为：《万木草堂口说·学术源流》，姜义华、张荣华：《康有为全集》（第二集），中国人民大学出版社，2007，第145页。

"庄子智极，心热极，特不欲办事"①。按照这个评价，庄子"不欲办事"，
然而，康有为曾经断言："庄子昌经营天下，乃热人，非冷人，后来能办
事，皆用庄子之学。"②"不欲办事"与"能办事"之间是矛盾的，"不欲
办事"的庄子为什么成为"后来能办事"者的导师不是不证自明的。这里
需要必要的解释或说明，康有为对此却只字未提。更为重要的是，在将庄
子归为老学时，康有为突出庄学"清虚"的特点，以与同属于老学的其他
派别相区分。"清虚"与作为孔学的庄学之间无论思想内涵还是价值旨趣
都相互抵牾，最终造成对庄子思想内容的混乱认识。

总之，康有为的"百家皆孔子之学"造成了众多先秦诸子身份归属的
矛盾：一会儿将其归为孔子之学，一会儿将其推出孔学。这一切归根结底
与他对孔子之学的界定一脉相承：当孔子之学指"百家皆孔子之学"中的
孔子之学时，作为中国全部文化的代名词，包罗诸子百家，老子、墨子和
庄子等人当然概莫能外；当孔子之学特指孔子创立的儒家学说时，老子、
墨子和庄子等人自然被排除在外。其实，不论表达上的麻烦还是逻辑上的
混乱都是就客观后果而言的，从康有为的理论初衷来看，他对孔子的定位
与其孔教观是一致的——两套孔学同时出现，旨在从不同角度共同抒发了
他的孔教情结：与"百家皆孔子之学"同义的广义的孔学之所以将包括道
家、墨家在内的诸子百家都囊括其中，是为了彰显孔子独一无二的地位。
惟有如此，孔子才当仁不让地成为中国的教主，孔子之学才名正言顺地成
为孔教。康有为做到这一点，是借助"百家皆孔子之学"的广义的孔学完
成的。然而，毕竟康有为所推崇的孔教在内容上倾向于儒家，与"百家皆
孔子之学"有别的狭义的孔学旨在伸张儒家的理论内涵、价值观念，表明
儒家思想与道家、墨家具有明显差异。因此，在具体阐扬孔教内容时，康
有为推崇的是孔子、孟子和董仲舒等人代表的儒家思想，同时抨击老子、
墨子等人的思想。综观康有为的思想可以发现，道家、墨家思想不是主
流，甚至被边缘化，成为被攻击的对象也在所难免。康有为做到这一点，

---

① 康有为：《万木草堂口说·诸子》，姜义华、张荣华：《康有为全集》（第二集），中国人
民大学出版社，2007，第 180 页。

② 康有为：《万木草堂口说·诸子》，姜义华、张荣华：《康有为全集》（第二集），中国人
民大学出版社，2007，第 177 页。

是借助有别于"百家"的狭义的孔学完成的。

"百家皆孔子之学"表明，康有为审视先秦诸子的立场受制于他的孔教观。这是康有为与其他近代哲学家的不同之处，也给他所梳理的先秦诸子的关系造成了混乱，进而影响到对先秦哲学的整体把握。这主要表现在如下两个方面：第一，就孔子与老子、墨子的关系来说，当他声称"百家皆孔子之学"时，三家可以归为一家；当他宣布老子、墨子与孔子争教时，先秦诸子分属于三家。这样一来，由于作为孔子之学的一家有时是三家之和，有时与老学、墨学并列，其间的逻辑不能自洽。第二，一家与三家不仅造成了孔子与老子、墨子关系的变化，而且导致三人之外的众多先秦诸子的身份迷失和错乱。这种身份的迷失使整个先秦哲学都处于变动之中，即使是身份始终如一的孔子也由于老子和墨子等人一会儿是其后学，一会儿与之争教而有所不同。更有甚者，与学术身份和归属密切相关，康有为对先秦诸子尤其是老子、墨子和庄子等人的评价褒贬不一，前后之间相差悬殊。

"百家皆孔子之学"表明，康有为是最早身处全球多元的历史背景和文化语境对中国本土文化予以梳理和整合的启蒙思想家之一，以新的学科分类观念梳理百家源流作为一种全新的尝试难免带有某种程度的不确定性，这种不确定性势必对先秦诸子的身份确证和归属造成冲击而出现先后矛盾。这是康有为和同时代人都要面对的，属于客观原因。

除此之外，"百家皆孔子之学"则表达了康有为的主观意志和价值诉求，成为导致诸子身份和归属混乱的主观因素。正是在"百家皆孔子之学"的前提下，康有为在对诸子源流的考辨和孔子之学传承谱系的追溯中，一面将"百家""九流"都归为孔子之学（亦称孔子之教、孔教、孔学），以突出孔子地位的唯一性和优先性；一面在阐释孔教的思想主旨时，侧重儒家思想。一方面，为了应对全球化，尤其是与西方文化分庭抗礼，必须以孔子代表全部的中国本土文化。出于这一目的，康有为宣称"百家皆孔子之学"而不是"百家皆老子之学"或"百家皆墨子之学"。另一方面，无论是对孔子思想的阐发还是儒家情结都使他所讲的名义上囊括诸子百家的孔子之学实际所指就是儒家。这除了造成康有为自身思想建构的逻辑混乱之外，还引发了诸多的学术争议。结果是，他以"百家皆孔子之学"的名义所推崇的孔子和儒家不仅没有受到青睐和膜拜，反而受到质疑，日益被边缘化，直至五四新文化运动时期成为众矢之的，陷入万劫不复的深渊。

康有为的"百家皆孔子之学"昭示了一个朴素的道理：真相最有说服力，欲速则不达。既然事实胜于雄辩，那么，"实事求是"才是取得合理地位的有效途径。要想推崇孔子和儒学，最简单易行也最行之有效的办法是"实事求是"，而不是一味地夸大、神化，最终弄巧成拙、事与愿违。试想，如果当初康有为不是在"百家皆孔子之学"的名义下，以孔子之学代表全部中国本土文化，借助孔子之学、孔学与儒学的相混，名为提倡孔学，实则凸显、提高儒家；而是如实地将儒学视为中国本土文化的一部分，在儒家、道家、墨家相对独立而不是儒家包括道家、墨家或"九流皆出于儒家"的前提下突出儒家的地位，儒学在近代是否也会被推上风口浪尖，进而陷入万劫不复的深渊？高调未必胜出，抬得越高摔得越惨则是必然的。在这方面，被康有为一再诟病为阴险、狡诈和坏心术的老子恰好为康有为树立了榜样，足以成为他的人生导师。

第二十四章　谭嗣同的尊孔抑儒

谭嗣同的思想以激进著称于世，甚至被视为全盘否认传统文化的代表。这是因为，谭嗣同发出了"二千年来之学，荀学也，皆乡愿也"① 的呐喊。谭嗣同的这个评价是针对三代以后的文化的，并不代表对传统文化的全盘否定。事实上，谭嗣同主张"复兴古学"，而他向往的古学具体指周公之礼和孔子之学。谭嗣同之所以抨击荀子，是因为荀子代表的儒学败坏了孔学。沿着这个思路，谭嗣同一面尊孔，一面反对以儒学代替孔学。一方面，谭嗣同与康有为一样用孔教整合诸子百家，代表全部中国本土文化。谭嗣同的这个做法与康有为的"百家皆孔子之学"② 一样，流露出对孔子的推崇和以孔子对抗耶稣的意图。另一方面，谭嗣同在以孔教整合、称谓中国本土文化的前提下，声称"盖儒家本是孔教中之一门"，同时宣称"教能包政、学"，以教统辖政和学。谭嗣同的这个做法明确厘定了孔教与儒家的关系，而不是像康有为那样孔教与儒教、孔学与儒学以及教与学相混。谭嗣同对孔教与儒家以及教与政、教与学关系的厘定具有鲜明的理论特色，既旗帜鲜明地宣布了尊孔抑儒的学术立场，又在一定程度上避免了康有为孔教概念的歧义丛生。

第一节　对中国本土文化的整合

救亡图存的现实需要和历史使命在激励中国近代哲学家向西方学习真理的同时，也促使他们第一次全面审视和梳理中国本土文化。这是近代哲

---

① 谭嗣同：《仁学》，蔡尚思、方行：《谭嗣同全集》（增订本），中华书局，1998，第337页。
② 康有为：《万木草堂口说·学术源流》，姜义华、张荣华：《康有为全集》（第二集），中国人民大学出版社，2007，第145页。

学共同面对的历史背景和文化语境，谭嗣同的思想概莫能外。谭嗣同的孔学观是对中国本土文化的整合，也是应对全球多元文化的产物。

《仁学》是谭嗣同的代表作，在展开具体内容论证之前的"界说"（definition，今译为定义）中，列有一张书目单。书目单上这样写道："凡为仁学者，……于中国书当通《易》、《春秋公羊传》、《论语》、《礼记》、《孟子》、《庄子》、《墨子》、《史记》，及陶渊明、周茂叔、张横渠、陆子静、王阳明、王船山、黄梨洲之书。"① 这是谭嗣同对中学的选择和侧重，凝聚了他的中学观。出现在书目单上的"中国书"除了"《易》、《春秋公羊传》、《论语》、《礼记》、《孟子》、《庄子》、《墨子》、《史记》"八部书之外，还有"陶渊明、周茂叔、张横渠、陆子静、王阳明、王船山、黄梨洲之书"。表面看来，谭嗣同所遴选的经典包括儒家、道家和墨家，人物横跨魏晋、宋明和明清之际等不同时期，显得十分庞杂。深入剖析不难发现，谭嗣同所开具的这张书目单植根于对中学的总体看法，既体现了对中国本土文化的整合，又流露出对孔子和孔教的推崇。因此，深入思考可以发现，《仁学》书目单列举的书名和人物不是庞杂的而是统一的，贯穿其中的逻辑主线和立言宗旨是，推崇孔子，以孔学（又称孔子之学、孔教）整合诸子百家，进而代表中国本土文化。以谭嗣同遴选的七人为例，后四人分别是陆九渊、王守仁、王夫之和黄宗羲。在谭嗣同看来，这四个人都可以归为庄子后学；而庄子本人则不仅是孔子后学，而且是孔学嫡传。七人中的前三人是陶渊明、周茂叔、张横渠，而周敦颐、张载则与庄子的思想一脉相承，因而与庄子一样属于孔子后学。谭嗣同曾经说："孔教亡而三代下无可读之书矣！乃若区玉检于尘编，拾火齐于瓦砾，以冀万一有当于孔教者，即黄梨洲《明夷待访录》其庶几乎！其次，为王船山之遗书。皆于君民之际有隐恫焉。黄出于陆、王，陆、王将缵庄之仿佛。王出于周、张，周、张亦缀邹峄之坠绪。辄有一二闻于孔之徒，非偶然也。"② 在这里，谭嗣同一面宣布中国在三代以后无书可读，一面将黄宗羲、王夫之

① 谭嗣同：《仁学》，蔡尚思、方行：《谭嗣同全集》（增订本），中华书局，1998，第293页。
② 谭嗣同：《仁学》，蔡尚思、方行：《谭嗣同全集》（增订本），中华书局，1998，第338~339页。

的书说成是瓦砾中的宝石，评价之高可见一斑。不得不提的是，在谭嗣同的视界中，黄宗羲的思想来源于陆九渊、王守仁，而陆九渊、王守仁的思想则是庄子思想的余续。陆九渊和王守仁在宋明理学中延续了周敦颐、张载的思想，都属于孔子后学。至此，对于《仁学》书目单上所列举的七人，谭嗣同除了没有对陶渊明予以明确的身份界定和学术归属之外，将其余六人统统归入了孔子后学，黄宗羲、王夫之则属于孔学嫡传——庄子一支。分析至此可以发现，《仁学》书目单彰显了孔子在中国本土文化中的绝对权威和首要地位，也反映了对庄子的极力推崇和特殊定位。

经过谭嗣同对中国本土文化的整合，诸子百家都被归为孔子之学即孔学的范围之内。谭嗣同的下面这段话从作为"孔氏之嫡派"的庄子的角度展示了孔子之学的包罗万象，文中的"为其辅"既可以理解为辅庄，也可以理解为辅孔："《庄子》长于诚意正心，确为孔氏之嫡派。《列子》虽伪书，然有足以为庄辅者，必有所受之也。余如《韩非》、《吕览》长于致知，后之《论衡》、《潜夫论》，足为其辅。如《内经》、《素问》、《问髀》、《墨子》，长于格物，后之谶纬、《淮南》、足为其辅。如《荀子》长于修齐，后之《法言》、《中论》足为其辅。如《管》、《晏》、《孙》、《吴》、《司马法》、《国策》，长于治国，后之陆贾、贾谊足为其辅。如《老子》、《阴符》、《关尹》、《文子》、《鹖冠》，长于平天下，后之道家间亦足为其辅。"[1] 在谭嗣同的这个认定中，四书五经之外的各种文本和学说归根结底都可以视为孔子后学的一个分支。这是因为，既然它们的价值在于对《庄子》"足为其辅"，《庄子》又"确为孔氏之嫡派"，那么，诸子百家最终都成了一家——孔子之学。

这表明，谭嗣同与康有为一样将先秦的诸子百家归为孔子之学，突出孔子在中国传统文化中无可比拟的至尊地位。这一做法为谭嗣同将诸子百家都归结为孔教，以孔教代表、称谓中国本土文化奠定了基础。在他那里，孔子之学又称孔学，孔教是中国本土文化的代名词。显而易见，下面话语结构中的"孔"是作为整个中国文化的代名词出现的："佛教大矣，

---

[1]　谭嗣同：《与唐绂丞书》，蔡尚思、方行：《谭嗣同全集》（增订本），中华书局，1998，第265页。

孔次大，耶为小。"① 至此，谭嗣同与康有为一样支起了孔子在近代命运的第一阶段，即以孔子作为中国本土文化的象征、将诸子百家皆归入孔子之学的孔教时代。

一 孔学的传承和分支

在将诸子、百家都归结为孔子之学一家的前提下，谭嗣同进一步勾勒了孔子之学的传承谱系，进而厘清孔子之学的内容和性质。将诸子百家皆归入孔子之学壮大了孔子后学的队伍，也使对孔子之学传承谱系的勾勒势在必行；只有进一步勾勒孔子之学的传承谱系和分支，才能在众多的孔子后学中确定孔子的正宗传人，借助其嫡传更好地凸显孔子之学的主要内容和基本宗旨。凡是将百家、诸子皆归入孔子之学者，概莫能外。在这方面，断言"百家皆孔子之学"的康有为如此，将孔子奉为中国文化标识的谭嗣同也不例外。

通过对孔子之学传承谱系的追溯和勾勒，谭嗣同将孔子之学分为两大支，并对两大支的传人和思想予以概括和说明。正是在这个意义上，他不止一次地断言：

> 孔学衍为两大支：一为曾子传子思而至孟子，孟故畅宣民主之理，以竟孔之志；一由子夏传田子方而至庄子，庄故痛诋君主，自尧、舜以上，莫或免焉。不幸此两支皆绝不传，荀乃乘间冒孔之名，以败孔之道。②

> 孔子之学，衍为两大支：一由曾子，再传而至孟子，然后畅发民主理，以竟孔子之志；一由子夏，再传而至庄子，遂痛诋君主，逃之人外，不为时君之民，虽三代之君悉受其菲薄，虽似矫激，实亦孔氏之真传也。持此识以论古，则唐、虞以后无可观之政，三代以下无

① 谭嗣同：《仁学》，蔡尚思、方行：《谭嗣同全集》（增订本），中华书局，1998，第333页。
② 谭嗣同：《仁学》，蔡尚思、方行：《谭嗣同全集》（增订本），中华书局，1998，第335页。

可读之书。更以论国初三大儒，惟船山先生纯是兴民权之微旨；次则黄梨洲《明夷待访录》，亦具此义；顾亭林之学，殆无足观。①

在中国近代，康有为、谭嗣同和梁启超都明确提出孔子之学分为两大支，然而，对两大支的解释和态度却相去天壤：戊戌政变前后的梁启超秉持师说，他的观点基本上是康有为的注脚。在《读〈孟子〉界说》中，梁启超指出："孔子之学，至战国时有二大派，一曰孟子，二曰荀卿。《史记》特立《孟子荀卿列传》。《儒林传》又云：'孟子荀卿之徒，以学显于当世。'盖自昌黎以前，皆孟子、荀卿并称，至宋贤始独尊孟子与孔子等，后世遂以孔孟并举，无以孟、荀并举者矣。"② 在这里，梁启超肯定孟子、荀子是孔子之学在战国时期的两大派，相当于康有为称孟子、荀子是孔学战国"二伯"。尽管如此，梁启超没有像其师康有为那样刻意对孟子与荀子的思想予以区分，明确将孔子之学分为两派，并且突出两派之异的只有康有为和谭嗣同两个人。

问题的关键是，谭嗣同所认定的孔学两大支，一支的主力是孟子，另一支的主力则是庄子；而不像康有为认定的那样，一派是孟子，另一派是荀子。谭嗣同之所以用庄子代替了康有为视界中的荀子，既是出于对庄子的推崇，又是出于对荀子的贬斥。一方面，谭嗣同与康有为一样将孔子之学分为两大支，其中的一支以孟子为首。这决定了孟子地位的不可替代性，也是谭嗣同将《孟子》列入《仁学》单的书目，并且从佛教、性善和变化日新等多个角度阐释孟子思想的原因。另一方面，与康有为认为孔学的另一支由荀子担纲不同，谭嗣同突出庄子在孔子之学中的地位。可以看到，谭嗣同不仅让庄子取代了荀子在孔学中的位置，而且在孟子与庄子各领一支的前提下，一再强调庄子为孔学嫡传——"孔氏之嫡派""孔氏之真传"。这不仅展示了谭嗣同对庄子地位的擢升，而且注定了谭嗣同对庄子思想的深入掘发和庄子成为谭嗣同思想的主要来源，致使庄子的地位高

① 谭嗣同：《上欧阳中鹄十》，蔡尚思、方行：《谭嗣同全集》（增订本），中华书局，1998，第464页。
② 梁启超：《读〈孟子〉界说》，张品兴：《梁启超全集》（第一册），北京出版社，1999，第159页。

于孟子。

进而言之，谭嗣同对孔学两大支的表述之间略有差异，对孔学传承谱系的认定和勾勒则明确、清晰而一致。孔学的两大支之中，一支是曾子而子思而孟子，另一支是子夏而田子方而庄子。无论中间是否经过子思或田子方，可以肯定的是：孔学之所以衍为两大支，最初始于曾子与子夏思想的差异——其中，孟子承袭曾子思绪，庄子接续子夏衣钵。这就是说，谭嗣同在孔子亲授弟子中选中的最主要的代表是曾子和子夏，而不像康有为那样一再彰显有子、子游和颜回的地位，并对属于另一支的曾子极尽打压之能事。

二　孔学的内容和性质

谭嗣同对孔子之学的人员构成和传承谱系的勾勒先天地框定了孔学的基本内容。两大支共同表明，孔子之学在内容上属于政治哲学，孔子的思想是讲民主的；孔子之学之所以衍为两大支，是因为孔子的亲授弟子及后学从两个不同角度发挥孔子的思想，却始终指向民主。这表明，谭嗣同是从民主思想的角度界定孔子思想的，正因为孔子讲民主，孔子的后学才从正反两个不同的方向共同伸张民主。其中，孟子一支是从正面"畅宣""畅发"民主的，庄子一支则是从反面抨击不民主即抵制君主专制的。由此可见，孔学的两大支之分是就伸张民主的方式而言的，在伸张民主的诉求上别无二致。

不难看出，谭嗣同对孔子后学和传承谱系的追溯与对孔子之学内容的界定一脉相承、相互印证：一方面，他对孔子后学的遴选围绕着政治哲学、民主思想这个主题进行，于是才以孟子与庄子作为两大支的代表——正如仁政、性善说、井田制足以使孟子成为中国古代"畅宣"民主的代言人一样，"递相为君臣"、"时为帝"和"窃钩者诛，窃国者侯"等构成了对君主专制的批判。这使庄子作为"痛诋"君主的代表成为孔子后学，也拉近了庄子与黄宗羲、王夫之等人的距离。基于同样的逻辑，谭嗣同之所以一再提及黄宗羲的《明夷待访录》和王夫之的思想，是因为着眼于两人的思想"纯是兴民权之微旨"。另一方面，谭嗣同对孔子之学是民主思想、政治哲学的界定反过来决定了对孔子后学地位和作用的不同认定。在谭嗣同对孔子之学传承谱系的勾勒中，由于对孔子之学的内容界定侧重民主政治，关注心性之学的董仲舒和宋明理学家等不在视野之内；这与康有为对董仲舒等人的推崇备至形成强烈对比，也使康有为对孔学内容和性质的理解天差地别。此外，荀子在谭嗣同那里被提及，是作为假冒孔子之名的反面教材出现的，尊君统已经注定了谭嗣同视界中的荀子不可能像孟子、庄子那样成为提倡民主或反对君主专制的孔子之学的正宗传人。当然，有了谭嗣同对孔子之学内容的认定，便可以理解他对中学不同人物的臧否褒贬了。

在中国近代，谭嗣同与康有为均将诸子百家归为孔子之学（孔学），并以孔教称谓中国本土文化，以与耶教代表的西方文化分庭抗礼。必须说明的是，两人坚持中学高于西学、孔教优于耶教是一致的，证明的方法或提供的证据却大相径庭：康有为坚持西学是流，中学是源——耶教是墨教西传的结果，西方的自然科学、自由、平等、民主思想和进化论等等都是孔学的题中应有之义。谭嗣同也有与康有为类似的说法，如西方的格致之学受惠于中学，中国学习西方是"礼失而求诸野"等。尽管如此，谭嗣同对耶教的批判从内部的教义进行，既省去了康有为证明墨教是源、耶教是流的牵强，又超越了仅从中学在时间上早于西学便证明优于西学的逻辑漏洞。

第二节 "教能包政、学"与孔教

谭嗣同对教与学予以区分，不仅明确界定了教与学的关系，而且划定了孔教与孔学的界限。从康有为提出立孔教为国教开始，对于孔教的争议便不绝于耳。关于孔教的争论具有政治原因，同时也有更为深层的思想原因，即由于不同人对孔教概念的理解。因此，关于孔教的分歧，大多出在教字上。在康有为那里，教与学是相混的，加之泛宗教观念，最终导致了孔教概念的歧义丛生。谭嗣同与康有为一样奉孔子为教主，并且同时使用孔子之学、孔学和孔教等概念。尽管如此，对于两人来说，孔教、孔子之教、孔学和孔子之学，这四个概念的关系大不相同：在康有为那里，由于教学相混，孔教、孔子之教、孔学和孔子之学并无明确区分，故而异名而同实。在谭嗣同那里，孔学可以称为孔子之学，孔学可以归为孔教，却不可将孔教与孔学相提并论。原因在于，谭嗣同对教进行了界定，在一定程度上克服了康有为孔教概念引发的不良后果：第一，谭嗣同明确了教与学的关系。他断言："教也者，求知之方也。……盖教能包政、学，而政、学不能包教。"① 循着"教能包政、学"的思路，谭嗣同将学纳入教的统辖之内，力图证明教与学不是同一概念，甚至不是同一层次的概念。区分教与学对于孔教概念是必要的，对于国学概念的界定和厘清二者之间的关系意义尤为重大。"教能包政、学"表明，教比学的外延更广博、更宽泛。在这个意义上，孔学不同于孔教，而只是孔教的一部分。谭嗣同使用的教有些类似梁启超的学术或文化概念，与康有为所讲的教相去甚远。第二，在对宗教的理解上，谭嗣同侧重从宗教的教旨教义上来界定宗教。在这方面，他的观点是："不论何教，皆有相同之公理二：一曰慈悲，吾儒所谓'仁'也。一曰灵魂，《易》所谓'精气为物，游魂为变'也。言慈悲而不言灵魂，止能教贤智而无以化愚顽；言灵魂而不极其诞谬，又不足以化异域之愚顽。吾儒鄙外教之诞谬，外教亦不喜吾儒之无其诞谬，二者必无相从之势也。"② 这个界定表明，慈悲、灵魂是宗教的两个要义，也是判定宗教的两大标准。孔教符合这两个要件，故而属于宗教。谭嗣同对宗教的界定尽管不可能从根本上杜绝有关孔教的争议，至少明确了孔教在何等意义上属于宗教，从而使孔教拥有了相对确定的内涵。

在谭嗣同那里，由于教与学的区分，教之概念相对明晰；在这个语境下，他以孔教来称谓、代表全部中国本土文化，以此证明中国有自己的不折不扣的宗教。这使孔教拥有了与耶教一样的宗教身份，从而更好地与耶教分庭抗礼。与此相一致，谭嗣同对孔教衰微原因的分析以及提出的孔教建构的设想都是在宗教的维度上立论的，与康有为相比具有非常明确的针对性。下仅举其一斑：

① 谭嗣同：《仁学》，蔡尚思、方行：《谭嗣同全集》（增订本），中华书局，1998，第369页。
② 谭嗣同：《上欧阳中鹄十》，蔡尚思、方行：《谭嗣同全集》（增订本），中华书局，1998，第464页。

焚《诗》、《书》以愚黔首，不如即以《诗》、《书》愚黔首，嬴政犹钝汉矣乎！彼为荀学而授君主以权，而愚黔首于死，虽万被戮，岂能赎其卖孔之辜哉？孔为所卖，在天之灵，宜如何太息痛恨；凡为孔徒者，又宜如何太息痛恨，而憨不一扫荡廓清之耶！且耶教之初，亦犹是也，其立天国，即予人以自主之权，变去诸不平等者以归于平等，犹孔之称天而治也。教未及行，不意罗马教皇者出，即藉耶之说，而私天于己，以制其人。虽国王之尊，任其废立，至舐手吮足以媚之；因教而兴兵者数百，战死数千百万人；犹孔以后君主之祸也。迨路德之尝盛，而教皇始蹶，人始睹耶教之真矣。故耶教之亡，教皇亡之也；其复之也，路德之力也。孔教之亡，君主及言君统之伪学亡之也；复之者尚无其人也，吾甚祝孔教之有路德也。①

孔教何尝不可遍治地球哉！然教则是，而所以行其教者则非也。无论何等教，无不严事其教主，俾定于一尊，而牢笼万有，故求智者往焉，求财者往焉，求子者往焉，求寿者往焉，求医者往焉。由日用饮食之身，而成家人父子之天下，窹寐寝兴，靡纤靡细，人人悬一教主于心目之前，而不敢纷驰于无定，道德所以一，风俗所以同也。中国则不然。府厅州县，虽立孔子庙，惟官中学中人，乃得祀之；至不堪，亦必纳数十金鬻一国子监生，始赖以骏奔执事于其间。农夫野老，徘徊观望于门墙之外，既不睹礼乐之声容，复不识何所为而祭之，而已独不得一与其盛，其心岂不曰：孔子庙，一势利场而已矣。如此，又安望其教之行哉！且西人之尊耶稣也，不问何种学问，必归功于耶稣，甚至疗一病，赢一钱，亦必报谢曰："此耶稣之赐也。"附会归美，故耶稣庞然而日大，彼西人乃尔愚哉？事教主之道，固应如此也。……为孔者终不思行其教于民也，汉以后佛遂代为教之，至今日耶又代为教之。②

---

① 谭嗣同：《仁学》，蔡尚思、方行：《谭嗣同全集》（增订本），中华书局，1998，第338页。
② 谭嗣同：《仁学》，蔡尚思、方行：《谭嗣同全集》（增订本），中华书局，1998，第352~353页。

　　谭嗣同对孔教的热衷出于以孔教一道德、同风俗的初衷。这决定了孔教作为中国人的精神皈依必须牢笼万有，拥有最广泛的信众。只有这样，才能使孔教可以满足人的不同需求，保证求智者、求财者、求子者、求寿者和求医者对孔教无不往焉。与此背道而驰的是，中国的孔子庙并非人人得祭，将普通大众横绝在孔门之外，而为官中、学中之人垄断，最终异化为一势利场。这使孔教与百姓的日用饮食日渐疏远。由此，孔教先被佛教取代，又被耶教取代也就不足为奇了。分析至此，结论不言而喻：要想恢复孔教的地位，必须效仿耶教，对孔教进行改革；改革的目标是使孔教深入百姓生活，具体办法和途径便是"行其教于民"。

　　对宗教内涵和教学关系的厘定为谭嗣同推崇孔教廓清了思路，对孔教困境的分析更进一步为他抵制耶教指明了方向。可以看到，谭嗣同对耶教的批判不是泛泛而论的，也并非始终侧重耶教对中国社会造成的危害。事实上，基于对宗教概念的界定，他深入到耶教的教义之中，从分析其基本教义——灵魂、天堂、地狱和原罪说入手，揭露耶教的荒诞不经。正是在这个意义上，谭嗣同写道：

　　　　抑彼更有大谬不然者，既知灵魂之后果为天堂地狱，或永苦，或永乐，独不明灵魂之前因为何，求之不得，乃强为之说曰："人皆有罪。"似矣，罪于何起？则又强为之说曰："始祖亚当、夏娃，及历代祖宗所遗之罪。"夫前人之罪，前人实承之，于后人何与？罪人不孥，人法犹尔，岂天之仁爱乃不逮人乎？且彼所重者灵魂，而原罪于前人，是又专重体魄矣。体魄为前人所遗，岂灵魂亦前人所遗乎？然则前人之灵魂又何往？若谓转为后人之灵魂，是一性自为轮回，与其教之宗旨不合，与永乐永苦尤不合也。审是，则灵魂亦自有罪而自受之；自无始来，死生流转，曾无休息，复于生体魄不生灵魂之前人何与也？[①]

---

① 谭嗣同：《仁学》，蔡尚思、方行：《谭嗣同全集》（增订本），中华书局，1998，第311~312页。

在这里，谭嗣同对耶教的反驳围绕着作为基本教义的原罪说展开，以此为切入点，揭露耶教教义自相矛盾、难以自圆其说，从而避免了泛泛而论，显得有理有据。如果说对中国社会的危害是从外部进行的批判的话，那么，对教义的批判则深入到内部，是直接的，因而更能击中要害。而谭嗣同之所以能够深入到耶教内部，从揭露教义的荒谬性入手，离不开两个前提：第一，根据宗教皆言灵魂推导出耶教言灵魂。有了这一界定，谭嗣同对耶教从灵魂入手进行剖析，抓住了原罪说这一基本教义。第二，以孔教所言灵魂与耶教相对比，让耶教在孔教前相形见绌；以此证明耶教教义并不是讲灵魂的唯一方式，更不是最好方式。

在从民主政治、反对君主专制的角度界定孔子之学的前提下，谭嗣同进一步断言孔子思想以仁为宗旨，仁的基本内涵是平等。对于仁是什么，他界定说："仁以通为第一义……通之象为平等。"① 这样一来，如果说通是仁最基本的内涵和规定的话，那么，通的具体表现则是平等。不仅如此，通具有四种形式或表现，即中外通、上下通、男女内外通和人我通。如果说突出仁在孔子思想中的核心地位并非谭嗣同首创，康有为已经捷足先登的话，那么，将仁诠释为通而平等则是谭嗣同对孔学内容的创新诠释和现代转换，尤其是体现了谭嗣同哲学有别于古代的时代特征和价值取向。诚然，谭嗣同并不是唯一突出仁在孔子思想中的核心地位或奉仁为世界本原的近代思想家，在这方面，康有为与谭嗣同的思想如出一辙。尽管如此，两人对仁的具体界定和侧重却迥然不同：康有为彰显仁的博爱内涵，以至于梁启超将康有为推崇仁的哲学归结为"博爱派哲学"。与康有为对仁的界定有别，谭嗣同所讲的仁尽管包罗万象，然而，其中却没有博爱之义。对于仁，谭嗣同解释说：

> 遍法界、虚空界、众生界，有至大、至精微，无所不胶粘、不贯洽、不筦络，而充满之一物焉。目不得而色，耳不得而声，口鼻不得而臭味，无以名之，名之曰"以太"。其显于用也，孔谓之"仁"，谓之"元"，谓之"性"；墨谓之"兼爱"；佛谓之"性海"，谓之"慈

---

① 谭嗣同：《仁学》，蔡尚思、方行：《谭嗣同全集》（增订本），中华书局，1998，第291页。

悲"; 耶谓之"灵魂", 谓之"爱人如已"、"视敌如友"; 格致家谓之
"爱力"、"吸力"; 咸是物也。法界由是生, 虚空由是立, 众生由
是出。①

按照谭嗣同的说法, 仁就是元, 这是从"仁为天地万物之源"的角度
立论的, 表明仁从地位上看是世界万物的本原。从内容上看, 仁就是西方
近代自然科学所讲的以太, 是墨子所讲的兼爱和佛教所讲的慈悲, 所有这
些都与平等密不可分。其中, 作为仁之代名词的以太之所以成为世界本
原, 是因为以太就是微生灭, 微生灭使万物"旋生旋灭, 即灭即生", 这
便是混沌未分的平等状态; 墨子的兼爱就是平等之爱, 墨子之仁的任侠就
是践履这种平等之爱的; 佛教之慈悲则直指平等, 因为"慈悲则我视人平
等, 而我以无畏; 人视我平等, 而人亦以无畏"②。总之, 谭嗣同对仁的界
定始终围绕着平等展开——或者说, 平等是仁最基本的内涵。他将这一切
概括为"仁以通为第一义"。

第三节　孔教与儒家

无论是以孔学整合诸子百家, 还是以孔教代表中国本土文化, 均使
谭嗣同与康有为一起推出了一个孔教时代。孔教与中国近代思想一样肩
负着救亡图存与思想启蒙的双重历史使命, 如果说以孔教对抗耶教是救
亡图存使命的凸显的话, 那么, 借助孔教容纳中外古今各种学说, 再将
孔教的宗旨归结为仁, 通过对仁的诠释, 为孔教注入自由、平等、民主
等近代价值观念, 推动传统文化的内容转换则是谭嗣同与康有为的共同
目标。康有为、谭嗣同对孔学、孔教的推崇是一致的, 对孔学内涵的界
定和对孔教的定位却是不同的。这些既体现了谭嗣同思想的近代特征和
时代风尚, 又直观地展示了谭嗣同孔学观、中学观的独特意蕴和个性神

---

① 谭嗣同:《仁学》, 蔡尚思、方行:《谭嗣同全集》(增订本), 中华书局, 1998, 第 293~
294 页。
② 谭嗣同:《仁学》, 蔡尚思、方行:《谭嗣同全集》(增订本), 中华书局, 1998, 第 357 页。

采。具体地说，康有为教学相混，孔学与孔教在他那里并无区别。在谭嗣同那里，孔学侧重学术，可以视为诸子百家的统称；孔教囊括学术和政治，可以视为中国本土文化的称谓。这使孔学与孔教呈现出一定的差异。更为重要的是，谭嗣同不仅在外延上厘定孔学与孔教的关系，而且在内涵上厘清了孔教与儒家的关系；从而既让孔子为中国代言，又避免了孔子为儒学所专有。

首先，谭嗣同对孔子之学的认定是挖掘孔子思想内涵的过程，更是基于全球多元的历史背景和文化语境对孔子思想代表的中国本土文化予以近代诠释、内容转换的过程。这具体表现为两个方面：一是将平等、民主、民权等近代价值观念注入孔子思想之中；一是彰显孔教与佛教、耶教的一致性。拿对仁的界定来说，与近代的文化多元和全球视野相一致，谭嗣同既肯定孔子讲仁，又不把仁视为儒家、孔学乃至中学所专有，而是将其看作孔教、佛教和耶教的共同点。循着这个思路，他断言，孔教与佛教、耶教都讲仁，而仁的内涵是平等，三教在提倡平等上是一致的。谭嗣同说："其在孔教，臣哉邻哉，与国人交，君臣朋友也；不独父其父，不独子其子，父子朋友也；夫妇者，嗣为兄弟，可合可离，故孔氏不讳出妻，夫妇朋友也；至兄弟之为友于，更无论矣。其在耶教，明标其旨曰：'视敌如友。'故民主者，天国之义也，君臣朋友也；父子异宫异财，父子朋友也；夫妇择偶判妻，皆由两情自愿，而成婚于教堂，夫妇朋友也；至于兄弟，更无论矣。其在佛教，则尽率其君若臣与夫父母妻子兄弟眷属天亲，一一出家受戒，会于法会，是又普化彼四伦（指君臣、父子、夫妇和兄弟四伦——引者注）者，同为朋友矣。"① 可见，在为仁注入自由、平等和民主等近代价值理念的同时，谭嗣同基于全球多元文化的背景，用仁整合世界文化，以此彰显孔教与佛教、耶教的相通性。

梁启超在《清代学术概论》中指出："《仁学》之作，欲将科学、哲学、宗教冶为一炉，而更使适于人生之用，真可谓极大胆极辽远之一种计

① 谭嗣同：《仁学》，蔡尚思、方行：《谭嗣同全集》（增订本），中华书局，1998，第350~351页。

划。……嗣同幼治算学，颇深造，亦尝尽读所谓'格致'类之译书，……又治佛教之'唯识宗'、'华严宗'，用以为思想之基础，而通之以科学。又用今文学家'太平'、'大同'之义，以为'世法'之极轨，而通之于佛教。"① 在这里所讲的"科学"，指仁与以太、电、力等相提并论，"宗教"则指仁和合了孔教、佛教和耶教等多种宗教形态。断言谭嗣同的仁学试图将各种思想"冶为一炉"固然不错，却不应该将"冶为一炉"仅仅理解为谭嗣同思想的博杂，还应该理解为他对世界多元文化的整合，或者说，在多元文化的视界圆融中解读孔子之学和中国传统文化。惟如此，才能争取孔子之学及中学与世界文化对话的机会，从而实现中国本土文化的近代转型和内容创新。这也从一个侧面道出了一个事实，那就是：包括谭嗣同在内的近代思想家的国学研究不再像古代哲学那样在中国本土文化的视域内进行，而总是以佛学和西学为来源、为参照。

其次，谭嗣同厘清了孔子之学（孔教）与儒学之间的关系，在某种程度上克服了康有为两套孔教系统的尴尬，并且由此避免了孔教概念的歧义。作为应对全球化而反思中国传统文化的最早代表之一，谭嗣同对中国本土文化的整合避不开对诸子源流的考辨。在中国文化的视域内，他肯定孔子地位的至高无上性，将诸子百家之学都归结为孔子之学。为此，谭嗣同将孔子说成是诸子百家的共同创始人，致使孔子之学成为中国本土文化的整体称谓和基本形态。这就是说，孔子之学或孔学概念在谭嗣同那里并不专指儒学一家，而是代表全部中国本土文化，又称孔子之教或孔教：第一，就内容而言，孔子之教、孔教包括中国本土的一切礼乐教化，涵盖政治、文化、宗教、教育和哲学等各个领域。从这个意义上说，孔教具有宗教意蕴，这也是他将孔子称为教主的原因所在。当然，孔教或孔子之教并非专指宗教，因为"教能包政、学"，孔教拥有更广泛的内容。第二，就流派而言，作为中国本土文化标识的孔教并非专指儒学一家，而是包括儒、道、墨、法和阴阳等诸子百家。从这个意义上说，孔教与儒家、儒学等绝不等同，彼此不是同一层次的概念，甚至不是并列关系，故而不可相

---

① 梁启超：《清代学术概论》，张品兴：《梁启超全集》（第五册），北京出版社，1999，第3102 页。

互替代或混为一谈。

值得注意的是，谭嗣同的上述观点就将中国本土文化统称为孔教，并且肯定孔教是宗教来看，与康有为的观点是一样的。一方面，在对中国传统文化的审视中，康有为、谭嗣同都突出孔子的首要地位，在将诸子百家都归于孔子之学的同时，奉孔子为教主。于是，将全部中国本土文化归结为孔子之学，进而称为孔教成为谭嗣同和康有为不同于其他近代哲学家的共同点：一方面，谭嗣同的孔教称谓表现出对孔子和孔学的服膺，并且与康有为一起撑起了一个孔教时代。另一方面，谭嗣同对孔教的理解与康有为并不完全相同。这体现了谭嗣同思想有别于康有为的独特性，更能展示谭嗣同国学研究的特殊意义和价值。

谭嗣同明确指出，儒家、儒学只是孔教之"一端"或"一门"，而不是孔教的全部，孔教与儒学之间是包含与被包含的关系。正是在这个意义上，他不止一次地宣称：

中国之所谓儒，不过孔教中之一端而已。司马迁论六家要指，其微意可知也。而为儒者乃欲以儒蔽孔教，遂专以剥削孔子为务。于治功则曰："五尺羞称也。"于学问则曰："玩物丧志也。"于刑名又以为申、韩刻核，于兵陈又以为孙、吴惨黩，于果报轮回又以为异端邪说，皆所不容。孔子之道，日削日小，几无措足之地。小民无所归命，心好一事祀一神，甚且一人祀一神，泉石尸祭，草木神业，而异教乃真起矣。为孔者终不思行其教于民也，汉以后佛遂代为教之，至今日耶又代为教之。①

盖儒家本是孔教中之一门，道大能博，有教无类。太史公序六家要旨，无所不包，的是我孔子立教本原。后世专以儒家为儒，其余有用之学，俱摈诸儒外，遂使吾儒之量反形狭隘，而周、秦诸子之蓬蓬勃勃，为孔门支派者，一概视为异端，以自诬其教主。殊不知当时学派，原称极盛：如商学，则有《管子》、《盐铁论》之类；兵学，则有

---

① 谭嗣同：《仁学》，蔡尚思、方行：《谭嗣同全集》（增订本），中华书局，1998，第353页。

孙、吴、司马穰苴之类；农学，则有商鞅之类；工学，则有公输子之类；刑名学，则有邓析之类；任侠而兼格致，则有墨子之类；性理，则有庄、列、淮南之类；交涉，则有苏、张之类；法律，则有申、韩之类；辨学，则有公孙龙、惠施之类。盖举近来所谓新学新理者，无一不萌芽于是。①

沿着这个思路，谭嗣同指出，孔教作为中国本土文化的代名词包括诸子百家，儒家或儒学不等于孔教，而是其中的一部分。在谭嗣同那里，儒学不仅原本就不等于孔教，二者的区分是必然的。更有甚者，孔教衰微的根本原因恰恰在于儒者"以儒蔽孔教"，将治功、学问、刑名、兵陈和果报轮回等方面的内容一一从孔教中剔除。这样一来，在儒家的"剥削"下，孔教的内容日益狭隘，致使异教乘虚而入。结果是，孔教先是在汉后被佛教取代，到了近代又被耶教取代。陷孔教于此万劫不复境地的，正是儒家。这就是说，儒家实际上是败坏孔教的大敌，决不应该按照儒家的思路理解孔教，更不能将孔教归结为儒家或儒学。谭嗣同强调，孔教除了包括儒家之外，还包括商学、兵学、工学、刑名学、任侠兼格致之学、性理之学、交涉、法律和辨学等一切"有用之学"。总之，近代所讲的一切新理新学无不萌芽于孔教之中。

最后，谭嗣同对孔教与儒家关系的界定不仅表明了推崇孔子而贬低儒家的学术立场，结束了康有为开创的由推崇孔子、孔教而推崇儒家、儒教的儒学时代；而且由于贬低儒家而不再以儒释孔。这具体表现在两个方面：第一，不再将仁与儒家的仁爱尤其是孟子的不忍人之心相提并论——这正是康有为所做的。第二，一面将自由、平等说成是仁的题中应有之义，一面将仁与博爱疏离——不再像康有为那样以爱释仁，将博爱说成是仁最基本的内涵。

谭嗣同对诸子百家的整合以及对孔教的界定不仅取决于他的中学观，而且受制于他的文化观，带有明显的佛学印记。正如《仁学》书目单所

---

① 谭嗣同：《论今日西学与中国古学》，蔡尚思、方行：《谭嗣同全集》（增订本），中华书局，1998，第399页。

示，谭嗣同的哲学和文化建构是佛学（佛教）、中学（孔教）和西学（耶教）的和合，对于孔教、佛教与耶教，谭嗣同的态度和做法使，提倡佛教，打击耶教。与此相关，他承认孔教与佛教圆融无碍，在对二者相互诠释的过程中，以佛释孔而不是以孔释佛。并且，谭嗣同对孟子、庄子包括《周易》、《春秋》和《大学》以及六经的诠释无不遵循这一原则。正因为如此，被谭嗣同奉为宇宙本体的仁虽然出于孔子，但是，其基本精神则是佛教的慈悲。对于仁，他解释说："能为仁之元而神于无者有三：曰佛，曰孔，曰耶。佛能统孔、耶，而孔与耶仁同，所以仁不同。能调燮联融于孔与耶之间，则曰墨。周秦学者必曰孔、墨，孔、墨诚仁之一宗也。惟其尚俭非乐，似未足进于大同。既然标兼爱之旨，则其病亦自足相消，盖兼爱则人我如一，初非如世之专以尚俭非乐苦人也。故墨之尚俭非乐，自足与其兼爱相消，犹天元代数之以正负相消，无所于爱焉。"① 据此可见，谭嗣同对仁的理解有两点与康有为迥异其趣：第一，在中国本土文化中，康有为承认墨子"甚仁"，在这一点上与孔子一致，两人之仁与老子之不仁正相反对。在此基础上，康有为断言墨子的兼爱与佛教一样"舍其类而爱其混"，最终导致与孔子思想相悖，故而对墨子非之。在谭嗣同这里，墨子之兼爱与孔子的思想一样成为"仁之一宗"，拥有相同的地位和价值。在这个维度，康有为与谭嗣同对待墨子的态度呈现出一贬损一提升的反差。第二，康有为、谭嗣同肯定孔教、佛教和耶教都讲仁，是一致的，然而，两人对三教统一于何教的看法大不相同。有别于康有为对立孔教为国教奔走呼号，谭嗣同对佛教的情有独钟，故而断言孔教、佛教与耶教统一于佛教而不是孔教。与此相联系，他对仁的诠释不是像康有为那样以儒学为主而是以佛学为主，故而不是像康有为那样讲仁界定为仁爱而是界定为无，甚至直接将仁界定为佛教的慈悲。谭嗣同一再断言：

　　仁，从二从人，相偶之义也。无从二从儿，儿古人字，是亦仁

_____

①　谭嗣同：《仁学》，蔡尚思、方行：《谭嗣同全集》（增订本），中华书局，1998，第289页。

也。无，许说通元，为"无"，是"无"亦从二从人，亦仁也。①

慈悲，吾儒所谓"仁"也。②

这就是说，谭嗣同的仁学无论是来源还是建构都十分庞杂，除了作为中学的孔学、孔教，还包括佛学和西学即佛教和耶教。三者相比，佛教的地位最高，远非孔教或耶教可比。从这个角度看，谭嗣同的仁学建构不是像康有为那样推出了一个孔教时代，而是推出了一个佛教时代。早在讲佛、孔、耶之仁的时候，谭嗣同就一再强调"佛能统孔、耶"。以佛教统辖孔教也耶教是他的一贯主张，在《仁学》中屡见不鲜。下仅举其一斑：

今将笼众教而合之，则为孔教者鄙外教之不纯，为外教者即笑孔教之不广，二者必无相从之势也。二者不相从，斯教之大权，必终授诸佛教。佛教纯者极纯，广者极广，不可为典要。惟教所适，极地球上所有群教群经诸子百家，虚如名理，实如格致，以及希夷不可闻见，为人思力所仅能到，乃至思力所必不能到，无不异量而兼容，殊条而共贯。③

至于教则最难言，中外各有所囿，莫能折衷，殆非佛无能统一之矣。④

在这里，谭嗣同一面肯定教最难言，一面指出非佛教莫能堪此振衰疗弱、笼络群教之重任。谭嗣同对佛教的这种评价和期许使包括孔教在内的

---

① 谭嗣同：《仁学》，蔡尚思、方行：《谭嗣同全集》（增订本），中华书局，1998，第289页。
② 谭嗣同：《上欧阳中鹄十》，蔡尚思、方行：《谭嗣同全集》（增订本），中华书局，1998，第464页。
③ 谭嗣同：《仁学》，蔡尚思、方行：《谭嗣同全集》（增订本），中华书局，1998，第351~352页。
④ 谭嗣同：《仁学》，蔡尚思、方行：《谭嗣同全集》（增订本），中华书局，1998，第354页。

其他宗教在佛教的面前相形见绌。问题到此并没有结束，谭嗣同设想，在大同社会同一语言、同一文化、同一宗教，群学群教合一的形态便是佛教："佛教能治无量无边不可说不可说之日球星球，尽虚空界无量无边不可说不可说之微尘世界。尽虚空界，何况此区区之一地球。故言佛教，则地球之教，可合而为一。"① 至此，谭嗣同的佛教情结暴露无遗，也证明了他的哲学建构是从属于佛教的。

---

① 谭嗣同：《仁学》，蔡尚思、方行：《谭嗣同全集》（增订本），中华书局，1998，第352页。

第二十五章　严复的尊孔返儒

严复的思想前后之间变化巨大：1918 年之前主要精力是翻译西学，不仅抨击四书、八股考试禁锢智慧，而且率先提出了"废八股"的主张。1918 年认识到西方的进化只剩下了"寡廉鲜耻，利己杀人"之后，毅然决然地中断了二十多年的翻译，转而开始不遗余力地提倡尊孔读经。严复的这一变化反映到对中学的侧重上便是，早年连篇累牍地作文反对康有为的立孔教为国教，推崇老子和庄子代表的道家思想；后来则以儒家思想为主，提倡尊孔读经，以孔子、孟子代表的儒家思想导扬中华民族的立国精神和中国人的国性。由此可见，严复提倡尊孔读经是经过思想转变之后做出的，即使是早期思想中，严复也并不排孔，也不否认孔子思想是宗教。严复反对的是康有为将孔教说成是中国的国教，通过保教来保国保种的主张。至于儒学，严复则表现出从抑到扬的转变，晚年提倡尊孔读经则是对儒学的回归。严复对于尊孔读经的论述旨在说明中国何以成为中国，中国人何以成为中国人。严复对这些问题给出的答案再现了尊孔返儒的思想历程，也引发了人们对于中西文化关系的深入思考。

第一节　读经之必要

中国近代是西学大量东渐的时代，也是传统文化尤其是孔子思想和儒家文化备受质疑的时代。在这种背景下，尊孔读经的必要性和正当性本身成了问题。为了破除人们对群经的蔑视，端正读经的态度，严复深入挖掘时人"荒经蔑经"的根源，从不同角度阐明、论证读经的必要性和正当性。正是在这个意义上，他声称："大凡一国存立，必以其国性为之基。国性国各不同，而皆成于特别之教化，往往经数千年之渐摩浸渍，而后大著。但使国性长存，则虽被他种之制服，其国其天下尚非真亡。此在前史，如魏晋以降，五胡之乱华，宋之入元，明之为清，此虽易代，顾其彝伦法制，大抵犹前，而入主之族，无异归化，故曰非真亡也。独若美之墨西、秘鲁、欧之希腊、罗马、亚之印度、非之埃及，时移世异，旧之声明文物，斩然无余。夷考其国，虽未易主，盖已真亡。今之所谓墨西、秘鲁、希腊、罗马、印度、埃及，虽名存天壤之间，问其国性，无有存者，此犹练形家所谓夺舍躯壳，形体依然，而灵魂大异。庄生有言：'哀莫大于心死。'庄生之所谓心，即吾所谓灵魂也。人有如此，国尤甚焉。"① 这就是说，国与国之所以不同，根于各国不同的国性；各国之间的国性之所以不同，则根于各国不同的教育。国性是国家存在的根基，与国之存亡性命攸关。国性存则国存，只要国性不亡，纵然国家被他种所灭，亦非真亡——终究可以东山再起，恢复国运。对于这一点，中国历史上的五胡乱华、元代宋和清代明等事例都是明证。反之，国性亡则国亡，即使国家没有被他种所灭，却已经名存实亡。从美洲的墨西哥、秘鲁到欧洲的罗马再到亚洲的印度、非洲的埃及，这方面的例子不胜枚举。古今中外正反两方面的例子让严复深信，保国保种的秘诀在于保存国性。既然国家的存亡系乎国性，那么，要保国保种就要培固国性。中国要救亡图存，舍保存国性之外，别无他途。

在此基础上，严复进而指出，中国有别于他国的国性是"孔子之教化"，而"孔子之教化"之所以能够传承二千四百余年而不坠，功劳就在于群经。于是，他接着说道："嗟呼诸公！中国之特别国性，所赖以结合二十二行省，五大民族于以成今日庄严之民国，以特立于五洲之中，不若罗马、希腊、波斯各天下之云散烟消，泯然俱亡者，岂非恃孔子之教化为之耶！孔子生世去今二千四百余年，而其教化尚有行于今者，岂非其所删修之群经，所谓垂空文以诏来世者尚存故耶！"② 依据严复的说法，国性关乎国家之存亡，既然中国的国性在于"孔子之教化"，而"孔子之教化"就保存在群经之中，那么，为了国家之存立，中国人必须尊孔；而为了尊

① 严复：《读经当积极提倡》，王栻：《严复集》（第二册），中华书局，1986，第330页。
② 严复：《读经当积极提倡》，王栻：《严复集》（第二册），中华书局，1986，第330页。

孔，就必须读经。

更为重要的是，严复强调，从保存国性的角度看，提倡尊孔读经是惯例，对中国人提出了必须尊孔读经的要求。不仅如此，中国近代特殊的历史背景和艰难处境使尊孔读经拥有了比任何时候都迫切的必要性和正当性。对此，他解释说：

> 盖不独教化道德，中国之所以为中国者，以经为之本原。乃至世变大异，革故鼎新之秋，似可以尽反古昔矣；然其宗旨大义，亦必求之于经而有所合，而后反之人心而安，始有以号召天下。即如辛壬以来之事，岂非《易传》汤武顺天应人与《礼运》大同、《孟子》民重君轻诸大义为之据依，而后有民国之发现者耶！顾此犹自大者言之，至于民生风俗日用常行事，其中彝训格言，尤关至要。举凡五洲宗教，所称天而行之教诚哲学，征诸历史，深权利害之所折中，吾人求诸《六经》，则大抵皆圣人所早发者。显而征之，则有如君子喻义，小人喻利，欲立立人，欲达达人，见义不为无勇，终身可为惟恕。又如孟子之称性善，严义利，与所以为大丈夫之必要，凡皆服膺一言，即为人最贵。今之科学，自是以诚成物之事，吾国欲求进步，固属不可抛荒。至于人之所以成人，国之所以为国，天下之所以为天下，则舍求群经之中，莫有合者。彼西人之成俗为国，固不必则吾之古，称吾之先，然其意事必与吾之经法暗合，而后可以利行，可以久大。盖经之道大而精有如此者。①

在严复看来，由于不仅关涉中国的政治、教化、民风礼俗，而且决定中国之所以成为中国，群经对于养成中国的国性至关重要，尊孔读经对于中国人之所以成为中国人更是不可或缺。换言之，尊孔读经无论对于国家还是个人都不可或缺。尤其是在中国近代民族危机日益深重、国家面临生死存亡的历史关头，尊孔读经不惟没有失去必要性，反而拥有了更为急切的价值和意义。在这个问题上，决不能由于将中国的贫困衰微归咎于传统

---

① 严复：《读经当积极提倡》，王栻：《严复集》（第二册），中华书局，1986，第331页。

文化而轻蔑群经，反而要更加推重群经。之所以如此，原因在于：第一，群经大义具有普适性和普世性，它的价值并不因为中国政治局势的变化而改变；即使是辛亥革命、民国建立等天翻地覆的重大变革，亦可在群经中找到依据。第二，西方的民俗之成和国家之立固然有其自身的依傍，亦不必尊崇中国的先典。尽管如此，有一点是可以肯定的，那就是：西方之"意事"不惟不与中国群经大义相悖，反而相暗合。这些相互印证，凸显了群经的有效性和权威性，也共同证明了一个道理：中国若求进步，不惟不可抛经荒经，反而必须尊经读经。对于每一个中国人来说，尊经读经是"人之所以成人，国之所以为国，天下之所以为天下"的必然要求，故而不得不如此。

第二节　读经之方法

对于严复来说，明确了尊经读经的必要性和紧迫性，接下来便是如何读经的问题了。总的说来，与呼吁尊孔读经类似，他对读经方法的思考从剖析人们弃经不读的根源入手，通过驳斥群经难读，一面铲除人们对群经的轻慢懈怠心理，一面呼吁中国人必须从儿童开始终身读经。

严复审视当时的国民教育，对只追求富强之效而将读经置后的做法提出严正批评。他写道："……谓教育国民，经宜在后。此其理由，大率可言者三：一曰苦其艰深；二曰畏其浩博；三曰宗旨与时不合。由此三疑，而益之以轻薄国文之观念，于是蔑经之谈，阒然而起，而是非乃无所标准，道德无所发源，而吾国乃几于不可救矣。"[1] 在这里，严复将中国人轻经蔑经的原因归结为三条，即"一曰苦其艰深；二曰畏其浩博；三曰宗旨与时不合"。找到了问题的根源而对症下药，在对这三条理由的逐一反驳中，他既重申了尊孔读经的必要性、紧迫性和正当性，又针对时人的状况，为了克服人的畏经心理，提出了自己的读经方法。

首先，针对轻经蔑经是因为群经"艰深"的理由，严复的反驳如下：

---

① 严复：《读经当积极提倡》，王栻：《严复集》（第二册），中华书局，1986，第331页。

"夫群经乃吾国古文，为最正当之文字。自时俗观之，殊不得云非艰深；顾圣言明晦，亦有差等，不得一概如是云也。且吾人欲令小儿读经，固非句句字字责其都能解说，但以其为中国性命根本之书，欲其早岁讽诵，印入脑筋，他日长成，自渐领会。且教育固有缮帷记性之事，小儿读经，记性为用，则虽如《学》、《庸》之奥衍，《书》、《易》之浑噩，又何病焉？况其中自有可讲解者，善教者自有权衡，不至遂害小儿之脑力也。果使必害脑力，中国小子读经，业已二千余年，不闻谁氏子弟，坐读四子五经，而致神经瞀乱，则其说之不足存，亦已明矣。彼西洋之新旧二约，辣丁文不必论矣，即各国译本，亦非甚浅之文，而彼何曾废。且此犹是宗教家言，他若英国之曹沙尔、斯宾塞、莎士比亚、弥勒登诸家文字，皆非浅近，如今日吾国之教科书者，而彼皆令小儿诵而习之，又何说耶？"[①] 他承认群经是用古文写成的，却不认同时人关于用古文写成的群经"艰深"的观点。恰好相反，在严复看来，对于中国人而言，写成群经的古文字是"最正当之文字"；退一步说，即使是古文在当时来看有些"艰深"，亦不能成为蔑经荒经的理由。

为了阐明其中的道理，严复从不同角度提出了自己的理由：第一，尊孔读经对于中国人来说旨在培养国性，引导儿童读经并非令他们字字能解、句句都懂，真正目的是将经典作为中国人必读的"性命根本之书"，趁早习诵，印入脑中。第二，儿童读经全凭记忆，不会禁锢智慧。因此，尽可以选择适合的内容，对儿童施以教育。第三，至于文字"艰深"是一个普遍问题，并非中国独有，而是世界惯例。就西方教育来说，也会遇到文字艰深问题。无论是拉丁文本还是《新约》《旧约》均文字艰深，即使是各国译本，文字亦非甚浅。可是，从未听说哪个国家因为《圣经》文字艰深而废弃不读。宗教文本如此，文字亦复如是。拿英国的斯宾塞、莎士比亚等人来说，他们的文字并非"浅近"，却可以入教科书被儿童诵读、学习。既然如此，中国本土文字——古文写成的群经对于中国儿童何难之有？

值得玩味的是，严复所反驳的幼儿读经禁锢智慧代表了时人的看法，

---

① 严复：《读经当积极提倡》，王栻：《严复集》（第二册），中华书局，1986，第331~332页。

其中也包括严复本人。1895 年，他在《救亡决论》中率先提出"废八股"的主张，理由之一就是八股取士"锢智慧"，而严复列举的八股取士"锢智慧"的理由就是让人在儿童之年就开始读经。正是在这个意义上，他写道："而八股之学大异是。垂髫童子，目未知菽粟之分，其入学也，必先课之以《学》《庸》《语》《孟》，开宗明义，明德新民，讲之既不能通，诵之乃徒强记。"① 20 年后，严复由对儿童读经的痛心疾首转而批评以此为借口而荒经不读——思想转变之大，前后判若两人。这种转变直观再现了严复教育思想的转变，背后隐藏着对传统文化和中西文化关系的态度变化。

其次，针对荒经不读是因为群经"浩博"的理由，严复反驳说："若谓经书浩博，非小、中、大学年之所能尽，此其说固亦有见。然不得以其浩博之故，遂悉废之，抑或妄加删节，杂以私见，致古圣精旨坐此而亡。夫经学莫盛于汉唐，而其时儒林所治，人各一经而已。然则经不悉读，固未必亡，惟卤莽灭裂，妄加删节，乃遂亡耳。……若夫形、数、质、力诸科学，与夫今日世界之常识，以其待用之殷，不可不治，吾辈岂不知之？但四子五经，字数有限，假其立之课程，支配小、中、大三学年之中，未见中材子弟，坐此而遂困也。"② 在这里，他承认中国群经"浩博"，并非在小学、中学和大学时期所能穷尽。在这个前提下，严复强调，"浩博"并不能成为"悉废"群经的借口，甚至不可以以"浩博"为借口而对群经"妄加删节"；而之所以不允许对群经"妄加删节"，是因为这样做将会使"古圣精旨坐此而亡"。

在此基础上，面对群经浩博不能穷尽与不可不读乃至不可删节之间的巨大张力，严复总结中国历史上的成功经验，结合近代的教育实践，提出了应对之策，那就是：对于群经不必悉读，人各一经即可。他确信，一人一经可以在人的传承中确保群经"未必亡"，尽管不是万全之策，比起对群经的鲁莽灭裂、妄加删节，亦属无奈之举；因为如果妄加删节，将导致群经的精旨不再，那么，群经就真的亡了（"乃遂亡耳"）。果真如此，中

① 严复：《救亡决论》，王栻：《严复集》（第一册），中华书局，1986，第 40 页。
② 严复：《读经当积极提倡》，王栻：《严复集》（第二册），中华书局，1986，第 332 页。

国便真的亡了！

最后，针对经典"宗旨与时不合"的说法，严复反驳的理由如下："至谓经之宗旨与时不合，以此之故，因而废经，或竟武断，因而删经，此其理由，尤不充足。何以言之？开国世殊，质文递变，天演之事，进化日新，然其中亦自有其不变者。姑无论今日世局与东鲁之大义微言，固有暗合，即或未然，吾不闻征诛时代，遂禁揖让之书，尚质之朝，必废监文之典也。考之历史，行此者，独始皇、李斯已耳。其效已明，夫何必学！总之，治制虽变，纲纪则同，今之中国，已成所谓共和，然而隆古教化，所谓君仁臣忠，父慈子孝，兄友弟敬，夫义妇贞，国人以信诸成训，岂遂可以违反，而有他道之从？假其反之，则试问今之司徒，更将何以教我？此康南海于《不忍》杂志中所以反覆具详，而不假鄙人之更赘者矣。是故今日之事，自我观之，所谓人伦，固无所异，必言其异，不过所谓君者，以抽象之全国易具体之一家，此则孔孟当日微言，已视为全国之代表，至其严乱贼、凛天泽诸法言，盖深知天下大器，而乱之为祸至烈，不如是将无以置大器于常安也。苟通此义，则《六经》正所以扶立纪纲，协和亿兆，尚何不合之与有乎！"①

这就是说，正如不能因为群经"浩博"、人之精力有限不能穷尽而对群经"妄加删节"一样，不能借口"宗旨与时不合"而删经，更遑论以此为借口废经不读了。第一，严复认为，中国近代之时局与孔孟的微言大义相合，这足以证明群经之旨可行于今日。退一万步讲，纵令群经宗旨与当今之时局不合，派不上用场，也不应该由此废经。这正如文治之世不必废法典，征伐时代、法制之世不必废揖让之书一样。纵观中国历史，只有秦始皇、李斯这样做了，后果之可怕足以令人引以为戒。第二，从社会历史的发展来说，社会形态、政治制度在变，人伦纲常却古今同一，未尝改变。当时的中国虽然步入共和，但是，"君仁臣忠，父慈子孝，兄友弟敬，夫义妇贞"已成国训，骤然废弃，何以为教？如果无以为教的话，那么，国民何以适从？

---

①　严复：《读经当积极提倡》，王栻：《严复集》（第二册），中华书局，1986，第332~333页。

第三节　读经之意义

严复倡导尊孔读经，最终目的不是增长知识，而是培养中国人的人格，进而培铸中国的国格、国性和国魂。在他看来，各国的国性尽管大不相同，然而，有一点却是相同的，那就是：皆经数千年教化，通过国民教育而成。这表明，国性由教育而来，是借助教育后天养成的；要培养国性，舍教育末由。基于这一理解，严复将培养中国国性的希望寄托于尊孔读经。在这个前提下，他从不同角度对读经的具体方法、操作实施提出要求和部署。

值得注意的是，随着思想的转变和德育内容的改变，严复对康有为的态度急剧转变，从批判转向服膺。转变之后的严复不仅赞同康有为六经皆孔子所作的观点，而且肯定孔子、孟子的思想微言大义，与当今宗旨契合，群经足以成为"挺立纲常、协和亿兆"的依傍。正是由于这个原因，严复在写给朋友的信中坦言："鄙人年将七十，暮年观道，十八、九殆与南海相同，以为吾国旧法断断不可厚非。……即他日中国果存，其所以存，亦恃数千年旧有之教化，决不在今日之新机，此言日后可印证也。"① 从提倡尊孔读经来看，严复此言不虚。

总之，在严复看来，是否尊孔读经于孔子无损，关键是影响中国的命运和前途。这用他本人的话说便是："夫读经固非为人之事，其于孔子，更无加损，乃因吾人教育国民不如是，将无人格，转而他求，则亡国性。无人格谓之非人，无国性谓之非中国人，故曰经书不可不读也。"② 基于上述分析，严复得出了如下结论："吾闻顾宁人之言曰：有亡国，有亡天下。使公等身为中国人，自侮中国之经，而于蒙养之地，别施手眼，则亡天下之实，公等当之。天下兴亡，匹夫有责，正如是云。公等勿日日稗贩其言，而不知古人用意之所在也。"③ 在这里，严复之所以援引

---

① 严复：《与熊纯如书》，王栻：《严复集》（第三册），中华书局，1986，第 661~662 页。
② 严复：《读经当积极提倡》，王栻：《严复集》（第二册），中华书局，1986，第 332 页。
③ 严复：《读经当积极提倡》，王栻：《严复集》（第二册），中华书局，1986，第 333 页。

顾炎武（字宁人）的观点为自己提出的尊孔读经做辩护，是因为顾炎武有"天下兴亡，匹夫有责"之语，并且主张"明道救人"。沿着这一思路，只要文脉不绝，国家就可以浩然长存；对于肩负天下兴亡的国民而言，他们所能做的就是保存国性。这些正是严复大声疾呼尊孔读经的意图和宗旨所在。

第四节　严复对读经态度的转变及启示

对于严复的尊孔读经之举，学术界持否定态度，斥之为思想趋于保守的表现。这一评价隐含着两个理论预设：第一，严复的思想具有截然不同的前后期之分，前期尚西学，后期尚中学。第二，尚西学时期的严复是进步的（启蒙的），尚中学时期的严复是保守的（落后的）。且不论中学与西学是否可以作为评价思想保守的标准，仅就严复对西学与中学的不同侧重而言，其间明显存在着知识与德性、手段与目的之分。早在1895年提倡西学之时，严复就表明自己的初衷在于为陷入民族危机的中国瘉愚疗衰振弱，一切学术皆应以此为目标。只要能够达此目的，中西可以超越，古今可以超越。出于这一立言宗旨，加之他本人浓郁的有机体情结，严复力图建构包罗中外古今的思想体系。这表明，即使是在大力宣传西学之时，他也没有放弃中学。更为重要的是，严复明确声称自己宣传西学是为了弘扬中学，用他本人的话说叫作以西学"回照故林"。这一宗旨决定了严复的国学家身份，即使是早期对西学的宣传，充其量只是表明他在学问上是西学家，在价值上则与后期一样是国学家、中学家。对于严复来说，西学是为中学服务的，归根结底围绕着救亡图存这个不变的宗旨展开。可以作为证据的是，严复对西学的翻译有取舍、有删减，对群经的诵读却无比遵从原义，绝不可以"妄加删节"。

不可否认的是，尽管在价值观上是一以贯之的国学家，然而，从1895年在《救亡决论》中公开抨击四书五子到1913年大声疾呼积极提倡尊孔读经，严复在这近20年间对读经态度的转变是巨大的。前后之间反差极大，甚至可以说判若两人。严复思想的转变与中国近代的历史背景、文化语境和现实需要密切相关，也与他本人的价值诉求和中西文化观一脉相承。1895 年，在剖析中国在甲午海战中失败的原因时，严复宣称："夫人才者，民力、民智、民德三者之征验也。……民力已茶，民智已卑，民德已薄故也，一战而败，何足云乎！"① 此时的他认定中国"民力已茶，民智已卑，民德已薄"是导致中国战败的根本原因，在将中国的贫弱衰微、落后挨打归咎于国民素质低下的同时，进一步指出是科举制度造成了中国国民素质低劣而无人才的局面。对此，他断言，八股之大害有三："其一害曰：锢智慧。……其二害曰：坏心术。……其三害曰：滋游手。"② 这就是说，以科举取士为核心的旧式教育和人才培养模式造成了中国亡国灭种的局面，为了救亡图存、自强保种，必须废除这种教育模式。由此，严复发出了"废科举"的第一声呐喊，反对四书五子、尊孔读经亦在其中。

离严复率先喊出"废科举"过去了二十年即 1905 年，在中国存在了1300 年的科举制度被废除，与科举制度相伴而生的背诵经典和私塾教育也随之失去了存在的根基。伴随着社会现实的这一转变，严复调整了早年为废除科举制度在德智体三育中凸显智育，大力提倡输入西学的做法，开始在三育中凸显德育。1906 年，他在《论教育与国家之关系》中依然把教育分为体育、智育、德育三育，所不同的是，不再像 1895 年那样在三育中凸显智育而是转向突出德育——不仅断言"国以民德分劣优"，而且明确宣称"智育重于体育，而德育尤重于智育"。此时的严复之所以凸显德育，旨在培养中国人的国格和国性，而由重智育到重德育预示着他对读经态度的转向。

辛亥革命后，京师大学堂改名为北京大学。1912 年，严复受袁世凯任命，担任北京大学校长之职。此时，他对中西文化的比较远离了 1895 年由于甲午海战失败引发的强烈震撼和刺激，心态趋向平和。加之从甲午战争开始特别是在甲午战争之后，一大批洋务学堂兴起，既培养了大批专门、专业人才，又由于这些新式学堂重外文和西学而引发了诸多新的弊端。这引起了当时众多思想家的警觉和担忧。担任北京大学校长的严复也由此对自己从前的教育主张和中西文化观予以反省，《读经当积极提倡》便是这

① 严复：《原强修订稿》，王栻：《严复集》（第一册），中华书局，1986，第 20 页。
② 严复：《救亡决论》，王栻：《严复集》（第一册），中华书局，1986，第 40~42 页。

一反思的产物。该文是 1913 年严复在中央教育会上的演讲，也是他思想转变的标志。

促使严复这一转变的动因是多方面的：第一，从理论层面上看，新式学堂的教育使他认识到人才培养不仅在于智力开发，而且重在德性培养。基于这种认识，严复在肯定德智体三育并重的同时，强调"德育重于智育"。对于中国人来说，尊孔读经是不可或缺的内容。第二，文化分为形而上之道与形而下之器（术），两相比较，道更为根本。与西方文化重术迥然不同，中国文化重道。中国之道就蕴含在群经之中，尊孔读经就是传承中国之道。沿着这一思路，严复试图将北京大学的文科与经学合而为一，以"保持吾国四五千载圣圣相传之纲纪彝伦道德文章于不坠"。

梳理严复对尊孔读经态度的转变轨迹可以发现，他对经典的态度经历了一个由批判拒斥到认同肯定再到积极提倡的过程。严复的心路历程留给后人深刻的启示：第一，教育的根本目的不是知识的灌输，而是人格的培养。因此，无论在中国近代救亡图存刻不容缓的特殊形势下还是在其他时期，教育均离不开本民族特质的培养。这也就是严复所讲的国性、国格以及二者与人格的关系问题。第二，不同民族有不同的文化传承，经典是中国人几千年薪火相传的精神命脉和文明载体，也是中国人之所以成为中国人的特质所在。葆有对经典的敬畏，在吸收外来文化的同时，不忘经典，传承经典，是推进文化创新、弘扬传统文化的有效途径。从近代以来的百年历史雄辩证明，无论废弃经典、与传统文化决裂还是全盘西化、唯西学之马首是瞻都不利于中国文化的发展和创新。

参考文献

《诗经译注》，周振甫注，中华书局，2005。

《尚书译注》，李民、王健注，中华书局，2000。

《周易译注》，周振甫注，中华书局，2001。

《礼记译注》，杨天宇撰，上海古籍出版社，1997。

《春秋公羊传译注》，王维堤、唐书文撰，上海古籍出版社，2007。

《春秋穀梁传译注》，承载撰，上海古籍出版社，2006。

《论语译注》，杨伯峻注，中华书局，1980。

《论语注疏》，十三经疏本，中华书局，1980。

《墨子间诂》墨翟著、毕沅校注、吴旭民标点，上海古籍出版社，1995。

《孟子译注》，杨伯峻注，中华书局，1960。

《四书译注》，乌恩溥注译，吉林文史出版社，1996。

《荀子集解》，王先谦解，诸子集成本，中华书局，1996。

《韩非子》，韩非著，中华书局，2010。

《春秋繁露义证》，董仲舒，苏舆撰，钟哲校点，中华书局，1996。

《韩愈文集汇校笺注》（全七册），韩愈著，刘真伦、岳珍校注，中华书局，2010。

《张载集》，张载著，章锡琛点校，中华书局，2008。

《二程集》（上下册），程颢、程颐著，王孝鱼点校，中华书局，2004。

《李觏集》，中华书局，1981。

《叶适集》（全三册），中华书局，1961。

《习学记言序目》（全二册），叶适著，中华书局，1977。

《陈亮集》（上下册），陈亮著，中华书局，1974。

《朱子语类》，朱熹著，黎靖德编，王星贤点校，中华书局，1999。

《朱子全书》（共二十七册），朱熹著，朱杰人、严佐之、刘永翔主编，上海古籍出版社、安徽教育出版社，2002。

《陆九渊集》，陆九渊著，钟哲点校，中华书局，2008。

《王阳明全集》，王守仁著，吴光、钱明、董平、姚延福编校，上海古籍出版社，1992。

《黄宗羲全集》（共十二册），黄宗羲著，沈善洪主编，浙江古籍出版社，2005。

《船山全书》（1—10 册），王夫之著，船山全书编辑委员会编校，岳麓书社，1988~1996。

《颜元集》（上下），颜元著，中华书局，1987。

《戴震文集》（共 5 册），戴震著，清华大学出版社，1991。

《戴震集》，戴震著，上海古籍出版社，2009。

《廖平全集》（全十一册），廖平著，舒大刚、杨世文主编，上海古籍出版社，2015。

《大同书》，康有为著，李似珍评注，中州古籍出版社，1998。

《康有为全集》（共 12 集），康有为著，姜义华、张荣华编校，中国人民大学出版社，2007。

《谭嗣同全集》（增订本），谭嗣同著，蔡尚思、方行编，中华书局，1998。

《严复集》（共 5 册），严复著，王栻主编，中华书局，1986。

《天演论》，〔英〕赫胥黎著，严复译，中州古籍出版社，1998。

《原富》，〔英〕亚当·斯密著，严复译，商务印书馆，1981。

《群学肄言》，〔英〕斯宾塞著，严复译，商务印书馆，1981。

《社会通诠》，〔英〕甄克斯著，严复译，商务印书馆，1981。

《孟德斯鸠法意》，（法）孟德斯鸠著，严复译，商务印书馆，1981。

《群己权界论》，〔英〕约翰·穆勒著，严复译，商务印书馆，1981。

《穆勒名学》，〔英〕约翰·穆勒著，严复译，商务印书馆，1981。

《名学浅说》，〔英〕耶芳斯著，严复译，商务印书馆，1981。

《梁启超全集》（共 10 册），梁启超著，张品兴等主编，北京出版社，1999。

后 记

　　《儒学的四维透视》是黑龙江省后备带头人项目的最终成果，从四个不同维度共同展示儒学的内容、特质和命运：第一部分：人物聚焦。儒学是由不同时期的儒家人物建构的，正是他们的思想构成了整个儒学创立、发展和演变的历史。因此，儒家人物的思想不仅构成了儒学研究的基础，而且对于理解儒学不可或缺。本书遴选了孔子、孟子、荀子、董仲舒、二程、朱熹、颜元和戴震9个儒学人物，以他们为个案，夯实对儒学的基础研究，调适着主体内容和核心话题。第二部分：比较研究。一方面，正如儒学拥有一以贯之的思想意蕴和价值诉求一样，儒家人物的思想之间具有不可否认的相似之处。另一方面，儒学随着历史背景和文化语境的变迁而不断变化着存在的形态。因此，儒家人物的思想彼此之间具有差异性，不同时代的儒家人物的思想之间甚至会迥异其趣。这使他们之间的思想比较变得十分必要并且意义非凡起来。通过比较，借助同领悟儒学内部共同的致思方向和价值旨趣；借助异，把握儒学发展的阶段特征和人物之间的思想异同关系。第三部分：宏观透视。在聚焦儒学人物和比较研究的基础上，溯本探源，勾勒、整合儒学的基本主张、学术意趣、致思方向和价值追求。第四部分：儒学内外。无论如何理解儒家与诸子百家的关系以及在中国传统文化中的地位，有一点是不可否认的，那就是：儒家在先秦是百家之一，与各家处于争鸣之中。上述三个维度有一个共同点，那就是聚焦古代儒学。从儒家外部来看，儒家与诸子百家既相互争鸣，又相互借鉴。这使儒家与墨家、法家的比较与儒学的内部比较之间不仅相映成趣，而且具有了同等价值。通过儒家与其他各家的异同，既可以反观儒家自身的特色，又可以体悟中国哲学的地域性和民族性。与此同时，近代无论对于传统文化还是儒学都是一个特殊的时代，儒学在救亡图存和思想启蒙的历史背景下遭到前所未有的质疑。面对西学的大量东渐，儒学亟待内容转换和创新。近代哲学家对待儒学的态度是他们的中国文化观的缩影，也开启了传统儒学向现代儒学的内容转换和创新之路。每一位近代哲学家对待儒学的不同定位和态度评价既与他们的理论来源、学术意趣和政治诉求密切相关，又展示了近代儒学的丰富性和多样性。康有为具有浓郁的儒学情结，被誉为现代新儒家的先驱；谭嗣同则置身于儒家之外，极力抨击以荀子为首的后儒败坏了孔子之学；严复早期极力抵制儒学，晚年则提倡尊孔读经，回归儒学。三人分别代表了近代哲学家对儒学的三种不同解读和态度评价。透过他们的思想，既可以深刻领悟近代哲学家的儒学观、文化观，又可以直观感受儒学在近代的历史命运。儒学在近代遭遇前所未有的危机，近代哲学家对儒学的反思具有不容忽视的借鉴意义，同时也给当下的儒学重建和创新留下了诸多启示和启迪。

这是我首次在社会科学文献出版社出书，感谢黑龙江大学哲学学院和重点处的经费资助，感谢社会科学文献出版社的支持和卫羚女士的辛勤付出！

魏义霞

2018 年 8 月 26 日

图书在版编目（CIP）数据

儒学新论／魏义霞著. -- 北京：社会科学文献出
版社，2018.12
（龙江哲学研究丛书）
ISBN 978-7-5201-4077-5

Ⅰ.①儒…　Ⅱ.①魏…　Ⅲ.①儒学-研究　Ⅳ.
①B222.05

中国版本图书馆 CIP 数据核字（2018）第 288330 号

龙江哲学研究丛书

儒学新论

著　　者／魏义霞

出　版　人／谢寿光
项目统筹／卫　羚
责任编辑／袁卫华

出　　版／社会科学文献出版社·人文分社（010）59367215
　　　　　地址：北京市北三环中路甲29号院华龙大厦　邮编：100029
　　　　　网址：www.ssap.com.cn
发　　行／市场营销中心（010）59367081　59367083
印　　装／三河市龙林印务有限公司

规　　格／开　本：787mm×1092mm　1/16
　　　　　印　张：37　字　数：583千字
版　　次／2018年12月第1版　2018年12月第1次印刷
书　　号／ISBN 978-7-5201-4077-5
定　　价／189.00元

本书如有印装质量问题，请与读者服务中心（010-59367028）联系

▲ 版权所有 翻印必究